Buch

Nach der katholischen Kirchenlehre sind die Heiligen Diener Gottes, die ausgewählt werden, wenn sie die Forderungen des christlichen Tugendlebens in außergewöhnlichem Maße erfüllt haben. Im Laufe der Jahrhunderte hat sich der ursprüngliche Sinn der Heiligsprechung aber völlig verkehrt: Statt Vorbild für die Gläubigen zu sein, sind die Heiligen zu Schachfiguren im Machtspiel der Kirche verkommen, gnadenlos für kirchenpolitische Interessen eingesetzt. Und gerade der amtierende Papst Johannes Paul II. hat die Zahl der Heiligen regelrecht inflationiert.
Die Widersprüche und Hintergründe der Selig- und Heiligsprechung hat Kenneth L. Woodward erforscht. In seiner gründlichen und unerbittlichen Untersuchung ist es ihm gelungen, das Knäuel historischer, theologischer, kirchenrechtlicher und politischer Fragen zu entwirren und die handfesten politischen Interessen, die hinter der Heiligsprechung stehen, aufzudecken.

Autor

Kenneth L. Woodward berichtet seit fast dreißig Jahren über die Politik des Vatikans. Er ist praktizierender Katholik und arbeitet für *Newsweek*. Das Studium der Kirchengeschichte und zahlreiche Gespräche mit Mitgliedern der »Kongregation für die Sache der Heiligen« haben ihm das Thema für sein Buch geliefert.

Weitere kirchenkritische Sachbücher im Goldmann Taschenbuch:

Horst Herrmann: *Die sieben Todsünden der Kirche. Ein Plädoyer gegen die Menschenverachtung* (12356)

Horst Herrmann: *Die Kirche und unser Geld. Wie die Hirten ihre Schäfchen ins trockene bringen* (12344)

Uta Ranke-Heinemann: *Widerworte. Friedensreden und Streitschriften* (12027)

KENNETH L. WOODWARD

DIE HELFER GOTTES

*Wie die katholische Kirche
ihre Heiligen macht*

Aus dem Amerikanischen übertragen
von Gabriele Conrad, Till R. Lohmeyer
und Christl Rost

GOLDMANN VERLAG

Die amerikanische Originalausgabe
erschien unter dem Titel
Making Saints.
How the Catholic Church Determines Who Becomes
a Saint, Who Doesn't and Why
beim Verlag Simon and Schuster, New York.

Umwelthinweis:
Alle bedruckten Materialien
dieses Taschenbuches sind umweltfreundlich.
Sie sind chlorfrei und enthalten
Anteile von Recycling-Papier.

Der Goldmann Verlag
ist ein Unternehmen der Verlagsgruppe Bertelsmann

Made in Germany · 4/93 · 1. Auflage
Genehmigte Taschenbuchausgabe
© 1990 by Kenneth L. Woodward
© der deutschsprachigen Ausgabe 1991
by C. Bertelsmann Verlag GmbH, München
Umschlaggestaltung: Design Team München
Umschlagmotiv: Archiv für Kunst und
Geschichte, Berlin
Druck: Pressedruck, Augsburg
Verlagsnummer: 12441
SK · Herstellung: Papenbrok
ISBN 3-442-12441-7

*Für Betty
Mitverschwörerin seit dreißig Jahren
sowie für Marie Brady Woodward
und Alberta Boss Drey*

Daß das Gute in der Welt zunimmt, ist teilweise abhängig von unhistorischen Taten; und daß es um die Dinge zwischen mir und dir nicht so übel bestellt ist, wie es denkbar wäre, verdanken wir zur Hälfte jenen, die glaubenstreu ein verborgenes Leben führten und nun in Gräbern ruhen, die keiner je besucht.

George Eliot, Middlemarch

Es gibt nur eine Traurigkeit ... und zwar die, daß wir keine HEILIGEN sein können.

Leon Bloy, La Femme Pauvre

Die Welt braucht Heilige, die Genie haben, so wie eine von einer Seuche heimgesuchte Stadt Ärzte benötigt. Denn wo Not herrscht, ruft auch die Pflicht.

Simone Weil, Attente de Dieu

Inhaltsverzeichnis

Danksagung
9

Einführung
13

1. KAPITEL
Heiligkeit als Lokalpolitik
19

2. KAPITEL
Heilige, Heiligenkulte und Heiligsprechung
57

3. KAPITEL
Die Heiligmacher
105

4. KAPITEL
Das Zeugnis der Märtyrer
156

5. KAPITEL
Mystiker, Seher und Wundertäter
193

6. KAPITEL
Die Wissenschaft der Wunder
und die Wunder der Wissenschaft
237

7. KAPITEL

Der Aufbau der Heiligkeit oder
wie man heroische Tugendhaftigkeit beweist

274

8. KAPITEL

Die Harmonie der Heiligkeit:
Die Interpretation eines Lebens im Gnadenstand

313

9. KAPITEL

Päpste als Heilige –
Kanonisierung als Kirchenpolitik

351

10. KAPITEL

Pius IX. und die posthume Kanonisierungspolitik

388

11. KAPITEL

Heiligkeit und Sexualität

422

12. KAPITEL

Heiligkeit und das geistige Leben

443

Resümee: Die Zukunft der Heiligkeit

471

ANHANG

Interrogatorien

515

Anmerkungen

519

Literatur

539

Register

549

Danksagung

Während des Interviews, das ich Ende Oktober 1987 mit zwei jesuitischen »Heiligmachern« führte, die im vorliegenden Buch eine wichtige Rolle spielen, ertönte vier Stockwerke tiefer auf der Straße vor dem Haus plötzlich ein entsetzlicher Krach: Zwei Fahrzeuge waren zusammengestoßen – ein ziemlich alltägliches Ereignis im Rom unserer Tage. Der eine der beiden Männer nickte dem anderen zu und verließ auf der Stelle das Zimmer, um zu sehen, ob er Hilfe leisten könne. »Entschuldigen Sie«, sagte er zu mir, »aber wir sind auch Priester.«

Ich folgte ihm einige Minuten später und sah, wie er sich am Ort des Geschehens mit jemandem unterhielt. Der Unfall hatte sich auf der vielbefahrenen Kreuzung vor dem Generalat der Jesuiten im Borgo Santo Spiritu ereignet, einen Steinwurf weit vom Vatikan entfernt. Mein Gesprächspartner war der einzige verfügbare Priester weit und breit.

Ich erwähne diesen Vorfall hier, um damit der Tatsache Rechnung zu tragen, daß die Männer, deren Beruf es ist, »Heilige zu machen«, eben auch Priester sind, das heißt, daß ihre Berufung ihnen auch Verantwortlichkeiten auferlegt, die über den Anlaß meines Besuches bei ihnen hinausgehen. Ich möchte daher zuallererst anerkennen, daß sie – wie alle anderen Menschen auch – mehr sind als nur die Funktionäre eines Systems.

Für Journalisten gilt, wie ich denke, das gleiche. Ein Journalist platzt ungebeten ins Leben seiner Mitmenschen, stellt Fragen, giert nach Informationen, versucht, ihnen Antworten zu entlocken. Die Begegnung beruht auf gegenseitigem Vertrauen: Auf der einen Seite muß man sich darauf verlassen können, daß innerhalb der Grenzen von Diskretion und menschlicher Fehlerhaftigkeit die Wahrheit gesagt wird; auf der anderen Seite muß man selbst das Gehörte in der gebotenen Kürze wahrheitsgetreu wiedergeben. Um der Wahrheit zu dienen, müssen nicht nur die Worte, sondern auch die Zusammenhänge respektiert werden. Ich hoffe, daß ich die Fragen, die ich gestellt, und die Antworten, die ich bekommen habe, in ihrem Zusammenhang nicht nur respektiert, sondern auch richtig wiedergegeben habe. Wenn ich die Tätigkeit dieser Männer in einem etwas anderen Licht sehe, so liegt dies daran, daß ich ihre Arbeit als interessierter Außenseiter kennenlernte, dem das Privileg gewährt wurde – soweit das System es erlaubte –, die Rolle eines teilhabenden Beobachters wahrzunehmen. Meine Interessen decken sich nicht in jeder Hinsicht mit denen jener, deren Arbeit ich beschreibe, doch habe ich Abweichungen an den entsprechenden Punkten, wie ich glaube, deutlich hervorgehoben. Auch dies ist eine Anerkennung.

Der Autor eines Buches wie des vorliegenden steht unvermeidlich in der Schuld anderer: Niemand von uns arbeitet allein. Abgesehen von jenen, die ich im Text erwähne oder deren Werke ich zitiert habe, danke ich vor allem denjenigen, die das Manuskript im Laufe seiner Entstehung gelesen und kritisch kommentiert haben, darunter vor allem Richard Kieckhefer, Professor für Religionsgeschichte und religiöse Literatur an der Northwestern University, den ich hoffentlich demnächst auch persönlich kennenlernen werde, und John Coleman, SJ, Professor für Soziologie und Religion an der Jesuit School of Theology in Berkeley, Kalifornien, dessen Veröffentlichungen meine eigenen Ansichten über Heiligkeit stark beeinflußt haben. An dritter Stelle wäre Lawrence Cunningham zu nennen, Professor für Theologie an der University of Notre Dame. Ich kenne niemanden, der die Gefühlswelt der Katholiken, einschließlich der Heiligenverehrung, so plastisch geschildert hat wie er. Es erübrigt sich zu sagen, daß die Genannten für die Art und Weise, wie ich ihre Kritik und ihre Ratschläge verwertet habe, nicht verantwortlich sind.

Ich möchte mich ferner bei einer Reihe von Menschen bedanken, deren Kritik und Aufmerksamkeit mich bei meiner fast vierjährigen Arbeit zum Weitermachen ermutigten. James Gollin, Autor, Romancier und Freund, war für mich der sprichwörtlich »ideale Leser«. So freigebig mit seiner Zeit und so verschwenderisch mit seinem Zuspruch kann nur ein geplagter Schriftstellerkollege sein. An kritischen Stellen halfen mir Marvin O'Connell, Thomas F. O'Meara, OP, und James Tunstead Burtchaell (Kongregation des Heiligen Kreuzes, CSC), allesamt von der theologischen Fakultät der University of Notre Dame, sowie unser aller Lehrer Martin E. Marty von der Divinity School der University of Chicago und der geistvolle Beobachter der römisch-katholischen Kirche, Francis X. Murphy (Kongregation des Allerheiligsten Erlösers, CSSR). Schwester Flaxman bin ich für die gründliche Überprüfung der im 8. Kapitel geschilderten Fakten dankbar und Schwester Josephine Koppel von den Unbeschuhten Karmelitinnen (OCD) für ihre Informationen zu Edith Stein. Für zahlreiche Gefälligkeiten danke ich John Sullivan, OCD, dem Herausgeber der *Carmelite Studies*. John Dunne (Kongregation des Heiligen Kreuzes, CSC) wird einige seiner Gedanken wiedererkennen; ebenso sind Ansichten von Frank O'Malley, meinem inzwischen verstorbenen Mentor in Notre Dame, in das Buch eingeflossen.

Zu großem Dank bin ich Joseph Whelon, SJ, vom Generalat der Jesuiten in Rom verpflichtet. Pater Thomas Nohilly von der Diözese Brooklyn danke ich für die Übersetzung der *positio* über Papst Pius IX., auf die ich im 9. Kapitel eingehe. Robert Findley, SJ, übersetzte mir verschiedene andere Dokumente aus dem Italienischen. Sein allzu früher Tod hat ihm, wie ich hoffe, inzwischen ein tieferes Wissen über die Heiligen beschert, als ich es dem Leser im vorliegenden Buch vermitteln kann. Mein Dank gilt auch Monsignore James McGrath von der Erzdiözese Philadelphia, der mir zwei Jahre lang seine Hilfe gewährte und sich nicht scheute, mir offen die Meinung zu sagen, sowie Schwester Mary Juliana Haynes, Vorsitzende der Sisters of the Blessed Sacrament for Indians and Colored People, für ihre Bereitschaft, mir in Abkehr von bisherigen Gepflogenheiten die Kosten für die Seligsprechung der Gründerin ihrer Organisation, Mutter Katharine Drexel, zu verraten.

Mehrere Bibliothekarinnen und Bibliothekare spürten nicht nur Bücher für mich auf, sondern drückten auch ein Auge zu, wenn die Leihfrist überschritten war. Mein besonderer Dank gilt Jim O'Halloran am Maryknoll Seminary in Ossining, New York, Judith Hausler und ihrer Vorgängerin Marilyn Souders von der *Newsweek*-Bibliothek für Hilfeleistungen, die über den Rahmen ihrer dienstlichen Pflichten hinausgingen, sowie Charles Farkas und seinen stets hilfsbereiten Kollegen an der öffentlichen Bibliothek in Briarcliff Manor, New York. Ein Wort der Dankbarkeit auch an Jack Kroll und David Gates, meine Kollegen bei *Newsweek*, die mehr von Texten verstehen als die meisten Leute, die als

Rezensenten gelten. Sie ließen meine Geschichten über Heilige, die nicht die ihren sind, mit Neugier und Geduld über sich ergehen. Theresa Waldrop vom *Newsweek*-Büro in Bonn half mir beim Aufspüren bestimmter Informanten in Deutschland, die mir Näheres über das im 6. Kapitel geschilderte »Bombenwunder« erzählen konnten. Aric Press, meinem Chefredakteur bei *Newsweek* während dieser Jahre, danke ich dafür, daß er mich auf innere Widersprüche hinwies.

Meine Lektorin Alice Mayhew vom Verlag *Simon and Schuster* bestand darauf, daß dieses Buch geschrieben wurde, und ihr Mitarbeiter David Shipley griff bisweilen zur Peitsche. Ohne beider Zuspruch und Betreuung wäre dieses Buch nie entstanden. Amanda Urban erfüllte alle Anforderungen, die ein Autor an seine literarische Agentin stellen kann.

Meine Frau Betty, der ich dieses Buch gewidmet habe, bitte ich zum Schluß noch tausendmal um Vergebung für die vielen versäumten Feste und die vielen Abwesenheiten... Wer sagt, daß man Geduld nur bei Heiligen findet?

Einführung

Ist Mutter Teresa von Kalkutta eine Heilige?
Ihres selbstlosen Dienstes an Leidenden und Sterbenden, an Elenden, Heimatlosen und Ausgestoßenen wegen gilt sie für Millionen Menschen als »lebende Heilige«. Der von ihr 1949 gegründete Nonnenorden Missionarinnen der Nächstenliebe verfügt mittlerweile über ein weltumspannendes Netz von 3000 Mitgliedern mit Heimen, Hospitälern und Konventen in Indien, Afrika, Asien, Nord- und Südamerika, West- und Osteuropa; insgesamt ist er in 87 Ländern vertreten. Trauer und Bestürzung würden den Papst und alle Welt ergreifen, wenn morgen – wie 1989 beinahe geschehen – die unscheinbare, kleinwüchsige albanische Nonne und Friedensnobelpreisträgerin von 1979 sterben würde.

Zur Heiligen würde sie dadurch allerdings noch nicht, zumindest nicht offiziell in den Augen ihrer Kirche. Dazu müßte ihr Leben erst einmal von den zuständigen kirchlichen Stellen unter die Lupe genommen, ihre Schriften und ihr Lebenswandel müßten gründlich untersucht und Zeugen geladen werden, die ihr heroische Tugenden bestätigen. Auch müßten Wunder, posthum kraft ihrer Fürsprache gewirkt, nachgewiesen werden. Erst dann würde der Papst sie offiziell heiligsprechen.

Katholiken glauben an Heilige. Sie beten zu ihnen, verehren sie und ihre Reliquien, benennen ihre Kinder und ihre Kirchen nach ihnen. Dabei ist die Heiligenverehrung keineswegs eine katholische Spezialität. Buddhisten verehren ihre *Bodhisattvas* und – in Tibet – ihre *Lamas*. Hindus erweisen einer verwirrenden Vielfalt von gottähnlichen Menschen und menschenähnlichen Göttern sowie ihren eigenen *Gurus* oder geistigen Lehrern ihre Reverenz. Die Moslems kennen ihre »engen Freunde Gottes« und Sufi-

Meister. Selbst im Judentum, dessen Rabbinat nie die Anbetung lebender oder toter Menschen förderte, ist die Verehrung der Urväter Abraham und Moses, auserwählter Märtyrer, beliebter Rabbis und anderer »gerechter Männer« weit verbreitet.

Unter den anderen christlichen Bekenntnissen ist es vor allem die russisch-orthodoxe Kirche, die entschieden an der Heiligenverehrung festhält, namentlich ihrer frühen Kirchenväter und Märtyrer. Nur selten kommt es vor, daß den althergebrachten Heiligenverzeichnissen neue Namen (gewöhnlich die von Mönchen) hinzugefügt werden. In der protestantischen Kirche ist der Heiligenkult seit der Reformation weitgehend verschwunden, doch findet sich bei konservativen Evangelikalen eine besondere Verehrung für die Propheten des Alten und die Apostel des Neuen Testaments. Der Kult lebt bei Anglikanern und Lutheranern weiter, die nach wie vor an Heiligenfesten und Heiligenkalendern festhalten. Während die Anglikaner kein Verfahren zur Anerkennung neuer Heiliger kennen, empfehlen die Lutheraner ihren Gläubigen gelegentlich informell einen neuen Namen zur dankbaren Erinnerung. (Dag Hammarskjöld, Dietrich Bonhoeffer und Papst Johannes XXIII. sind Beispiele aus jüngerer Zeit.)

Der beziehungsweise die Heilige ist also eine in allen Weltreligionen vertraute Erscheinung. Einzig die römisch-katholische Kirche jedoch verfügt über ein formelles, durchgängiges und strengen Kriterien unterworfenes Verfahren zur »Schaffung« neuer Heiliger. Und einzig in der römisch-katholischen Kirche gibt es ein eigenes Gremium, das sich von Amts wegen mit der Biographie potentieller Heiliger und der Verifikation der erforderlichen Wunder befaßt. Tatsächlich hat die Kirche unter dem Pontifikat Johannes Pauls II. bisher mehr Menschen seliggesprochen und kanonisiert als unter allen seinen unmittelbaren Vorgängern. (Unter Seligsprechung ist die vorletzte Stufe der Heiligsprechung zu verstehen. Sie bestätigt die Seligkeit des Betroffenen und erlaubt eine bestimmten Beschränkungen unterworfene öffentliche Verehrung.)

Für den Außenstehenden stellt sich die Kanonisierung beinahe dar wie eine Nobelpreisverleihung: Niemand weiß genau, weshalb ein Kandidat einem anderen vorgezogen wird und wer – vom Papst einmal abgesehen – die Auswahl bestimmt. Sogar Katholiken kommt das Verfahren der Heiligsprechung lang und geheimnisumwittert vor. Im Vatikan selbst sind die wenigen Männer, die in der Kongregation für Heiligsprechungsprozesse unmittelbar mit den einzelnen Fällen befaßt sind, weder besonders bekannt noch besonders hoch in der Hierarchie angesiedelt. Ihre Mitarbeiter regieren weder die Kirche, noch bestimmen sie deren Außenpolitik; sie haben nicht über Fragen des rechten Glaubens zu entscheiden, ernennen keine Bischöfe, haben keinerlei Weisungsbefugnis gegenüber dem Klerus. Und doch ist ihre Arbeit – zumindest in ihren eigenen Augen – die einzige Tätigkeit, die regelmäßig der Inanspruchnahme der päpstlichen Unfehlbarkeit bedarf.

Aus ihrer Sicht »schafft« die Kirche natürlich keine Heiligen. Gott allein verleiht die Gnade, mittels deren ein Petrus oder ein Paulus, ein Franziskus oder Ignatius, eine Katharina, Klara oder Theresa jenen Zustand christlicher Vollkommenheit erreicht, aus dem sich, nach katholischer Überzeugung, die Heiligkeit konstituiert. Und Gott allein weiß auch, wie viele Heilige es gibt beziehungsweise gab. Die Kirche nimmt für sich lediglich die Fähigkeit in Anspruch, unter göttlicher Anleitung von Zeit zu Zeit bestimmen zu können, daß diese oder jene Person zu den Auserwählten gehört. Sinn der Bestimmung auserwählter Männer und Frauen zu Heiligen ist es, den Gläubigen nachahmenswerte Vorbilder zu präsentieren. In diesem Sinne »schafft« die Kirche tatsächlich Heilige.

Die Heiligsprechung ist daher ein rein *kirchenrechtlicher* Vorgang. Sie wird von anderen für andere vorgenommen. In erster Instanz sind die »anderen« weder Bischöfe noch mit der Prüfung Beauftragte des Vatikans, sondern all jene, die durch Gebete, Reliquienverehrung, Anrufung um göttliche Hilfe und ähnliche Zeichen der Frömmigkeit zum heiligmäßigen Ruf des Kandidaten beitragen. Ja, laut Überlieferung und Kirchenrecht muß jeder Vorschlag »aus dem Volk« kommen. In diesem Sinne kann die Heiligsprechung als »demokratischstes« kirchliches Verfahren angesehen werden, als ein Verfahren, in dem Gott selbst durch andere die Identität wahrer Heiliger kundtut. So zumindest stellt sich die Lage der Dinge aus römisch-katholischer Sicht dar. In zweiter Instanz sind die »anderen« die gegenwärtigen und zukünftigen Generationen der Gläubigen. Zu ihrer Erbauung und, so die Hoffnung, zu ihrem Vorbild »schafft« die Kirche Heilige.

Die Heiligen selbst sind natürlich auf die Verehrung gar nicht angewiesen. Sie haben, wie der heilige Paulus sagt, den Wettkampf bereits hinter sich und ihre Lorbeerkränze gewonnen. Anders gesagt: Die Kanonisierung ist eine strikt posthume Angelegenheit, das heißt, ein »lebender Heiliger« ist, kanonisch gesehen, ein Widerspruch in sich.

Kanonisieren bedeutet, eine Person der universalen Verehrung der Gläubigen für würdig zu erklären. Die Kanonisierung erfolgt durch eine feierliche Erklärung des Papstes, daß die betreffende Person sich mit Gewißheit bei Gott befindet. Aufgrund dieser Gewißheit können sich die Gläubigen in ihren Gebeten vertrauensvoll an den Heiligen wenden und für sich um seine Fürsprache bei Gott bitten. Der Name der Person wird in den Kanon (das kirchenamtliche Verzeichnis der Heiligen) aufgenommen. Außerdem wird sie »zur Ehre der Altäre erhoben«, das heißt, ihr wird ein Festtag zugewiesen, an dem die gesamte Kirche ihrer in liturgischer Verehrung gedenkt.

Doch die Päpste kanonisieren Heilige erst seit etwa 1000 Jahren. Seit dem Jahr 1234, als das Recht zur Kanonisierung offiziell in die Zuständigkeit des Papstes gestellt wurde, sind etwa 300 Personen (Stand 1989) heiliggesprochen worden. Kirchenhistoriker haben indessen an die 10 000 christliche Heiligenkulte ausgemacht. Darüber hinaus gab es zweifellos noch einige Tausend mehr, deren Namen sich im Dunkel der Geschichte verlieren. Historisch gesehen ist also die Heiligsprechung durch den Papst nur eine von mehreren Möglichkeiten der Christenheit, Heilige zu »schaffen«. Mehr noch: Wahrscheinlich ist sie sogar heute noch und sogar für Katholiken nicht einmal die bedeutsamste Möglichkeit.

Was ich damit sagen will, ist, daß die formelle Kanonisierung nur ein Teil eines viel breiteren, älteren und kulturgeschichtlich viel komplizierteren Prozesses der »Heiligmachung« ist. Um Heilige schaffen oder um sich an die bereits existierenden Heiligen wenden zu können, muß man zunächst ihre Lebensgeschichte kennen. Es ist in der Tat kaum eine Übertreibung, wenn man sagt, daß Heilige ihre Lebensgeschichte *sind*. So gesehen kann man die Heiligsprechung als einen Prozeß begreifen, in dessen Verlauf ein Leben in einen Text umgewandelt wird. Bei verschiedenen frühchristlichen Heiligen, wie zum Beispiel Christophorus, deren historische Existenz nicht gesichert ist, kleidet sich der Text in die Form der mündlich überlieferten Legende. Andererseits steht uns zusätzlich zur mündlichen Überlieferung und zu den vorliegenden historischen Dokumenten in den *Bekenntnissen* des Augustinus von Hippo eine umfangreiche autobiographische Schrift zur Verfügung, die seit 16 Jahrhunderten Millionen von Christen Einsichten in das Leben, Wirken und Werden eines Heiligen gewährt. Zudem gibt es eine Fülle verläßlicher Biographien, die die Lebensgeschichten sowohl der klassischen als auch der jüngeren Heiligen frei von den Übertreibungen der volkstümlichen Überlieferung und der einfachen Heiligenverehrung nachzeichnen.

Entscheidend ist, daß die Lebensgeschichten der Heiligen, sei es nun in Form von Selbstdarstellungen oder Schriften anderer über sie (einschließlich der Bibel), ein wichtiges Medium zur Vermittlung des christlichen Glaubens darstellen. Manche Theologen sehen in ihnen sogar das wichtigste Medium schlechthin. Selbst evangelikale Protestanten, die im Heiligenkult eine Irrlehre sehen, betrachten die Evangelien der Apostel, vor allem aber die Briefe des Apostels Paulus, als Kernstück und Richtschnur der christlichen Lehre, Erfahrung und Identität. Theologen mögen Theologie, Kirchen Lehren und Dogmen produzieren – allein die Heiligen sprechen sowohl den einfachen Gläubigen als auch den theologisch Geschulten an. In ihrem Leben, ihrer Geschichte, ihrem Glauben und in ihren Gedanken verschmelzen Zeit und Ewigkeit.

Seit den Anfängen des Christentums haben sich die Gläubigen Heiligenlegenden erzählt, wieder und immer wieder. Sie haben sie in Ikonen, auf Gemälden und in Statuen eingefangen und verherrlicht. Es war der Heiligenkult, der Friedhöfe in Tempel, ja in Städte verwandelte und der die Wallfahrt, jene unverwüstliche Form des Abenteuers und der Gemeinschaft, ins Leben rief. Sei es zum Guten oder zum Schlechten – es war, wie wir sehen werden, der Heiligenkult, der zur Verbreitung des Christentums beitrug und auch noch nach der Reformation in den katholischen Ländern Mittler blieb zwischen Glaube und Moral. Doch was geschieht, wenn der oder die Heilige nicht mehr als Vorbild gilt? Wenn die Heiligenlegenden nicht mehr weitererzählt werden und der Vergessenheit anheimfallen? Wenn niemand mehr an von Heiligen oder durch ihre Fürbitte gewirkte Wunder glaubt? Wenn die bewährten Attribute der Heiligkeit, an denen man Heilige erkennt und aufgrund deren man sie verehrt, die große Mehrheit der Gläubigen nicht mehr mitreißen? Papst Johannes Paul II. hat zum Beispiel allein im Jahre 1988 122 Männer und Frauen heilig- und weitere 22 seliggesprochen. Wie viele Katholiken kennen ihre Namen und interessieren sich für sie, und haben diese Kanonisierungen irgendeine über kirchliche Insiderkreise hinausgehende

Wirkung gehabt? Was geschieht, wenn »uns die formellen Kanonisierungsverfahren«, wie es ein amerikanischer katholischer Theologe mit dem Ausdruck des Bedauerns formulierte, »nicht mehr die Heiligen liefern, die wir brauchen«?

Ein Christentum ohne Sünder ist nicht vorstellbar, ein Christentum ohne Heilige nicht »lebbar«. Erst vor wenigen Jahren, auf dem Zweiten Vatikanischen Konzil, verkündete die Kirche in der dogmatischen Konstitution über die Kirche (*Lumen Gentium*), daß alle »zur Heiligkeit berufen« seien, nicht nur wenige Auserwählte. Dennoch werden Jahr für Jahr einige bestimmte Auserwählte aus der großen Anonymität herausgehoben und zur Anrufung, Verehrung und Nachahmung empfohlen. Wer das tut, wie es geschieht und warum – dies ist das Thema, um das es im folgenden geht. Meine Nachforschungen haben mich verständlicherweise nach Rom geführt, aber auch nach Mittelamerika, in verschiedene nordeuropäische Länder sowie quer durch die Vereinigten Staaten – an Orte, wo bestimmte Heilige geschaffen wurden oder im Entstehen begriffen sind. Meine Reisen haben mich zu der Überzeugung gebracht, daß die Gestalt des Heiligen zwar verblaßt, aber nicht verschwindet. Sie ist dem Wandel unterworfen – ebenso wie der Prozeß der Heiligsprechung. Es ist dies ein Prozeß, der in Rom endet, aber dort nicht seinen Ausgang nimmt. Beginnen kann er, wie ich herausfand, praktisch überall.

1. KAPITEL

Heiligkeit
als Lokalpolitik

Kardinal Cooke:
Bruderhilfe der Amtskollegen

Am 17. März des Jahres 1984, dem Fest des heiligen Patrick, schrieb Bischof Theodore McCarrick aus dem Staat New Jersey einen Brief an seinen Kollegen John J. O'Connor, der zwei Tage später ins Amt des Erzbischofs von New York eingeführt werden sollte. McCarrick erinnerte in seinem Schreiben daran, daß sie beide das Privileg genossen hätten, enge Mitarbeiter Terence Kardinal Cookes, des erst fünf Monate zuvor verstorbenen Vorgängers von O'Connor, gewesen zu sein. Wörtlich schrieb er: »Aus diesem Grund ersuche ich Sie vertrauensvoll, in der Erzdiözese New York ein Verfahren in die Wege zu leiten, das, so Gott es will, zur Seligsprechung und Kanonisierung von Terence James Cooke führen möge.«

McCarricks Zuversicht war durchaus begründet. Er hatte die Angelegenheit bereits mit einem halben Dutzend Kollegen O'Connors in der Erzdiözese New York besprochen, die allesamt entweder Cooke oder dessen Vorgänger, Francis Kardinal Spellman, als persönliche Sekretäre, Weihbischöfe oder hochrangige Monsignori gedient hatten. Das einstimmige Urteil dieser Gruppe genügte, um O'Connor zur Einleitung des erforderlichen Prozedere zu bewegen.

Damit begann eine konzertierte Aktion mit dem Ziel, New York seinen ersten Heiligen zu verschaffen. Da das Leben des Kardinals einer eingehenden Überprüfung unterzogen werden mußte, richtete man am Seminar der Erzdiözese ein Kardinal-Cooke-Archiv ein, in dem seine schriftliche und persönliche Hinterlassenschaft katalogisiert und aufbewahrt werden sollte. Um ferner die unerläßliche Publizierung und Finanzierung der Angelegenheit zu gewährleisten, wurde eine Kardinal-Cooke-Bruderschaft mit Sitz im Kanzleigebäude der Erzdiözese, das im Herzen der Stadt liegt, gegründet. Die Bruderschaft sollte u. a. zum Gebet zu Cooke aufrufen. Damit verband sich die Hoffnung, das eine oder andere Gebet könne »göttlicher Gnade« teilhaftig und der Kardinal mit dem *sine qua non* des kanonisierbaren Heiligen ausgezeichnet werden – der Kraft seiner Fürsprache bei Gott. Mit der Abwicklung des gesamten Verfahrens wurde Cookes ehemaliger Beichtvater, der Kapuzinerpater Benedict Groeschel, betraut, der auch den Auftrag erhielt, Cookes geistliche Biographie zu schreiben. Ihn entsandte man schließlich auch nach Rom, um weitere Schritte in die Wege zu leiten. Am 9. Oktober 1984, dem ersten Todestag Cookes, gab O'Connor bei einer Gedenkmesse in der St.-Patricks-Kathedrale offiziell bekannt, daß er sich um die Heiligsprechung seines Vorgängers bemühen wolle.

Selbst für so eine schillernde Persönlichkeit wie Erzbischof O'Connor war dies eine extravagante Tat. Nie zuvor hatte ein amerikanischer Bischof die Kühnheit besessen, seinen unmittelbaren Vorgänger zur Heiligsprechung vorzuschlagen. Doch wenn O'Connor in Rom auf Entgegenkommen spekuliert haben sollte, so hatte er seine Rechnung ohne den Wirt gemacht. Zum einen ist der Heiligenkalender der Kirche schon lange durch zu viele Kleriker einseitig »belastet«; die Kirche braucht, wie Beamte der Kurie schon seit Jahren betonen, mehr Heilige aus dem Laienstand. Zum anderen war man im Vatikan darüber überrascht, daß jemand den verstorbenen Kardinal und Erzbischof von New York der Kanonisierung für würdig hielt. Die Botschaft vom heiligmäßigen Leben Cookes war offensichtlich noch nicht über den Atlantik gedrungen. Bei der Kongregation für Heiligsprechungsprozesse erteilte man O'Connors Abgesandtem Pater Benedict Groeschel eine Lektion in römischer Zurückhaltung.

»Was veranlaßt Sie zu der Annahme, daß Ihr Kardinal ein Heiliger ist?« fragte Monsignore Fabiano Veraja, der gebieterische Untersekretär der Kongregation, ein Kroate.

»Ich glaube, daß er vielleicht einer sein könnte, Monsignore«, antwortete der Bittsteller aus New York vorsichtig.

»Gut«, sagte Veraja, »denn hielten Sie ihn nicht für einen Heiligen, so wären Sie jetzt nicht hier. Wären Sie dagegen von seiner Heiligkeit überzeugt, dann hätten Sie mir meine Arbeit weggenommen.«

Und als hätte diese Warnung noch nicht gereicht, machte Veraja Benedict noch darauf aufmerksam, in welch tückischem geistlichen Fahrwasser er sich bewege. »Ich darf Sie daran erinnern«, sagte er bedeutungsvoll, »daß die Diener Gottes in ihrem Streben nach Heiligkeit vielen Mißverständnissen und Ablenkungen ausgesetzt sind. Das gleiche gilt für die, die sich für die Diener Gottes einsetzen.«
Was die Mitglieder der Kongregation wirklich verärgerte, war das überstürzte Vorgehen O'Connors und seiner Freunde in Sachen Cooke. In seiner Hast, das Verfahren in Gang zu bringen, hatte O'Connor das kanonische Recht, dem zufolge eine offizielle Kanonisierung frühestens fünf Jahre nach dem Tod des Kandidaten eingeleitet werden kann, sowohl dem Buchstaben als auch dem Geist nach verletzt. Die Regel ist durchaus nicht obsolet. Sie gründet sich auf eine uralte Tradition, nach der der Wunsch nach einer Kanonisierung spontan aus dem Kreis der Gläubigen der örtlichen Gemeinde kommen und jahrzehntelang durch Gebete und andere Arten der Verehrung bestärkt werden muß. Dahinter steht zudem eine uralte Erfahrung, die Veraja wie folgt zusammenfaßte: »Eine Kanonisierung ist nie eilig... Er (der örtliche Bischof) sollte sich nie von leichtfertiger und gelegentlich vielleicht nicht ganz uneigennütziger Begeisterung verführen lassen. Auch sollte er nie dem Druck der öffentlichen Meinung nachgeben, die – vor allem, wenn die geballte Macht der Medien dahintersteht – etwas ganz anderes ist als eine wahre Reputation für Heiligmäßigkeit.«
Mit anderen Worten: Die erste Pflicht des zuständigen Bischofs – im vorliegenden Fall also O'Connors – besteht darin, den Ruf der Heiligmäßigkeit aus sich selbst heraus reifen zu lassen. Hält sich dieser Ruf über fünf oder zehn Jahre, so ist es dem Bischof gestattet, eine offizielle Untersuchung über Leben und Werk des Kandidaten einzuleiten, durch die herausgefunden werden soll, ob der Ruf gerechtfertigt ist. Indem er selbst die Initiative ergriff – und dies so kurz nach dem Tod des Kardinals –, gefährdete O'Connor Cookes Chancen sogar: Wie sollte Rom nun feststellen, ob Cookes heiligmäßiger Ruf spontan aus dem Volk gekommen war? Konnte er nicht ebensogut das Ergebnis der intensiven, von O'Connor, McCarrick und ihren Mitstreitern in die Wege geleiteten Public-Relations-Kampagne sein?
Tief gedemütigt kehrte Pater Benedict nach New York zurück und mußte dort feststellen, daß die Angelegenheit inzwischen

auch an der Heimatfront auf Widerstand gestoßen war. Obwohl die Kardinal-Cooke-Bruderschaft schon bald über eine eindrucksvolle Adressenliste von 10000 Befürwortern verfügte, waren längst nicht alle New Yorker, die den Kardinal kannten oder sogar liebten, damit einverstanden, daß man sich anschickte, aus ihm einen Heiligen zu machen. Cookes einzige noch lebende Schwester, Katherine, sowie mehrere alte Freunde des verstorbenen Kardinals wiesen das Ansinnen zurück, sich als Zeitzeugen für seine geistliche Biographie befragen zu lassen. Für sie war die Erinnerung an seinen Tod noch zu frisch, die Trauer noch zu nachhaltig, als daß sie sich mit der Vorstellung hätten anfreunden können, ihn plötzlich in die ikonische Gesellschaft der Heiligen versetzt zu sehen, deren Marmorstatuen und Buntglasporträts die St.-Patricks-Kathedrale schmücken.

Noch entscheidender war jedoch, daß viele Priester in der Erzdiözese von Cookes Heiligkeit einfach nicht überzeugt waren. Entsprechend skeptisch beurteilten sie O'Connors Motive. Für die kritischeren Kleriker war O'Connors Initiative nur mehr ein weiteres Beispiel für die Art und Weise, wie die New Yorker Erzdiözese seit vielen Jahren geführt wurde. Sie sahen in dem Fall eine anmaßende, von ein paar engen Freunden und Protegés Spellmans und Cookes ohne vorherige Sondierungen mit dem Klerus entfachte Kampagne, die – wie einige Kritiker argwöhnten – darauf abzielte, für eine ganze Epoche New Yorker Kirchenpolitik den posthumen Segen der Kirche zu bekommen. Jene Epoche hatte mit der Amtseinführung Spellmans im Jahre 1939 begonnen und endete 44 Jahre später mit dem Tod Cookes. Natürlich ging niemand zu O'Connor und sagte ihm diese Dinge persönlich ins Gesicht. Pater Benedict indessen wurde die Kritik nicht vorenthalten; sie bestätigte ihm die Richtigkeit der Warnungen Monsignore Verajas.

Das größte Hindernis auf dem Weg zur Kanonisierung Kardinal Cookes war jedoch Cooke selbst. Für den Erfolg der Kampagne bestand kaum Hoffnung, es sei denn, es gelang seinen Anhängern, Rom zu beweisen, daß a) der Kardinal die christlichen Tugenden – insbesondere Glaube, Hoffnung und Liebe – in heroischem Maße erfüllt habe und daß b) seine Heiligsprechung ein für die gesamte Kirche hoch bedeutsamer Akt wäre. Es war nun seiner geistlichen Biographie, mit deren Verfassung Pater Benedict betraut war, vorbehalten, den Nachweis zu führen, daß der Kardinal in beiden Punkten den Anforderungen genügte. Die Biographie erfüllte somit eine ähnliche Aufgabe wie die zu Wahlkampfzwecken erstellten Biographien von Präsidentschaftskandidaten.

Pater Benedict konnte sich bei seiner Aufgabe an einem bemerkenswerten Präzedenzfall orientieren: 1977 war der ehemalige Bischof von Philadelphia, Johann Nepomuk Neumann, als bis dahin letzter amerikanischer Bürger kanonisiert worden.* Bei seinem Tod im Jahre 1860 war Neumann ein ebenso unwahrscheinlicher Kandidat für die Heiligsprechung wie Cooke bei seinem Tod 1983. Der nur 1,57 m große Einwanderer aus Böhmen galt als unfähig in der Führung des Verwaltungsapparats und wäre wahrscheinlich nie zur Kanonisierung vorgeschlagen worden, wäre er nicht auch Mitglied des Redemptoristenordens gewesen, dessen hartnäckige Bemühungen in dieser Angelegenheit schließlich von Erfolg gekrönt waren. (Die Amtskirche in Philadelphia hielt Neumanns Vorgänger, einen gelehrten Iren namens Francis Patrick Kenrick, für den aussichtsreicheren Kandidaten.) Wie Neumann galt auch Cooke in der Kirche nicht als »starker Mann«. Er war ein frommer, zurückhaltender Mann – »die ideale Nummer zwei«, wie Monsignore Florence Cohalan, ein Historiker der Erzdiözese, es ausdrückte. Von seiner Ausbildung her Sozialarbeiter, der später auf Buchhaltung umschulte, begann er nach seiner Priesterweihe seine Karriere als persönlicher Sekretär Spellmans. Danach wurde er zunächst Generalvikar der Erzdiözese und Weihbischof. Zusätzlich zu seinen offiziellen Pflichten kümmerte Cooke sich um Spellmans persönliche Angelegenheiten und brachte dabei dem herrischen Kardinal eine Freundlichkeit entgegen, die dieser sonst nicht gewohnt war. Als Spellman 1968 starb, wurde Cooke zur allgemeinen Überraschung sein Nachfolger. Doch Cooke gewann nie die nationale und internationale Führungsrolle, die Spellman innegehabt hatte – im Gegenteil: Am wohlsten schien er sich zu fühlen, wenn er Altersheime und Krankenhäuser besuchen konnte.

In einem Punkt jedoch war Cooke gut: Er starb in Würde und mit beachtlichem Mut. Drei Monate vor seinem Tod gab das Büro des Kardinals bekannt, daß Cooke an Leukämie litt und deshalb schon seit zehn Jahren mit Bluttransfusionen und Chemotherapie behandelt wurde. Nicht einmal die engsten Mitarbeiter wie

---

* Am 3. Juli 1988 ist die Schwester Rose-Philippine Duchesne neu kanonisiert worden.

O'Connor wußten von seinem beklagenswerten Zustand. Die ganze Stadt horchte auf, als Cooke sich ruhig in sein Schicksal fügte und seinen bischöflichen Wahlspruch zitierte: »Dein Wille geschehe.« In einem bewegenden Abschiedsbrief, der am Sonntag, dem 9. Oktober, drei Tage nach seinem Tod, verlesen wurde, erinnerte Cooke die New Yorker Katholiken daran, daß »das ›Geschenk des Lebens‹, Gottes besonderes Geschenk, nicht weniger schön ist, wenn es begleitet wird von Krankheit oder Schwäche, Hunger oder Armut, geistigen oder körperlichen Gebrechen, Einsamkeit oder Alter. Ja, in solchen Zeiten gewinnt das menschliche Leben zusätzlichen Glanz, da es besonderer Sorge, Beachtung und Verehrung bedarf. In der Schwäche des menschlichen Gefäßes und durch sie offenbart der Herr immer wieder die Kraft seiner Liebe.« Kurz gesagt: Cookes zu Herzen gehender Tod brachte seine engsten Freunde und Protegés zu der Überzeugung, daß sie all die Jahre über vielleicht mit einem Heiligen zusammengelebt hatten.

Pater Benedict entschloß sich während seiner Vorstudien für die geistliche Biographie, mit dem beispielhaften Tod Cookes zu beginnen und diesen als Erfüllung eines lebenslangen geistlichen Reifeprozesses darzustellen. Dieser Ansatz war keineswegs unorthodox, auch die vier Evangelisten bauen das Leben Jesu retrospektiv auf. Der Unterschied lag unter anderem darin, daß es in Cookes Leben nur wenige Episoden gab, aus denen sich eine spannende Erzählung weben ließ.

Die Aufgabe, Cookes Leben zu *dokumentieren*, fiel Terry Webber zu, einem lutherischen Pastor, der Benedict seine Hilfe angeboten hatte und kurz darauf zum Leiter des Cooke-Archivs bestellt worden war. Als Lutheraner und als einzige mit der Angelegenheit befaßte Person, die den verstorbenen Kardinal nicht persönlich gekannt hatte, war Webber der geeignete Mann für die Funktion eines unvoreingenommenen Mitarbeiters – obgleich die Tatsache, daß ein lutherischer Pastor bereitwillig an dem Projekt mitarbeitete, bei einigen Offiziellen in Rom Verblüffung auslöste.

Webber war gerade ein Jahr lang im Amt, als ich ihm zum erstenmal begegnete. Er arbeitete im Cooke-Archiv des Seminars und zeigte mir ein Zimmer voller Erinnerungsstücke: Cookes Bett, eine Schubladenkommode, einen Schreibtisch aus seiner Sommerresidenz, seine Geige, mehrere Stapel Unterwäsche, in die nach militärischer Art der Name T. J. Cooke gestanzt war, alte

Fotografien, einen Ehrenschlüssel der Stadt, einen Federhalter von Präsident Johnson. In einem Schrank lagen Meßgewänder und Soutanen, darunter mit Chamois gesäumte Pileoli, die eigens für Prälaten mit fortschreitender Glatzenbildung entworfen waren. »Wenn er ein Heiliger ist, wird seine ganze persönliche Habe zu Reliquien«, bemerkte Webber ungerührt. »Da kommen dann ein paar alte Nonnen, zerschnippeln seine Kleider und verschikken sie als Reliquien.«

In einem zweiten Lagerraum – dem ehemaligen Schlafzimmer eines Seminaristen – türmten sich die auf Regalen gelagerten Dokumente bis unter die Decke. Unter anderem befanden sich dort 51 Bände mit Zeitungs- und Zeitschriftenausschnitten über Cooke. Webber erklärte, eine seiner Aufgaben bestehe darin, Cookes Amtszeit als Erzbischof von New York in einer chronologischen Übersicht mit den bedeutenden nationalen und internationalen Ereignissen jener Zeit zu verbinden. Ziel sei es, Cookes Leben vor dem historischen Hintergrund seiner Zeit darzustellen. So wurde zum Beispiel am Tag seiner Amtseinführung Martin Luther King jr. ermordet, und in die Woche seines Todes fiel der mysteriöse Abschuß eines südkoreanischen Passagierflugzeugs über der Sowjetunion. Dazwischen lagen Aufstieg und Niedergang der Bürgerrechtsbewegung, Amerikas erster verlorener Krieg (in Vietnam) und der Wechsel von Johnson zu Richard Nixon im Weißen Haus. Auch die Watergate-Affäre und die Präsidentschaft Jimmy Carters fielen in jene Zeit. In all diesen Jahren korrespondierte Cooke mit dem Weißen Haus, doch fand sich in seinem Briefwechsel nicht der geringste Hinweis darauf, daß er einen maßgeblichen Einfluß auf einen der vier Amtsinhaber ausgeübt hatte, weder geistlich noch politisch. Die meisten Briefe erhielt Cooke von Richard Nixon, vor allem in Wahlkampfzeiten, doch mit dem Tag von Nixons Rücktritt endete auch die Korrespondenz. Cooke hatte den Rücktritt im Fernsehen miterlebt und danach angeordnet, sämtliche Nixon-Fotos und Souvenirs aus seinen Amtsräumen zu entfernen.

Was das private und geistliche Leben des Kardinals betraf, so ließ sich noch nicht abschätzen, ob das Archiv neue, aufregende Erkenntnisse zutage fördern würde oder nicht. Einerseits durchforstete Webber Cookes Korrespondenz im Hinblick darauf, ob sie Schlüsse auf unheiligmäßige Charakterzüge zuließen, zum Beispiel, ob der Kardinal überkritisch oder anmaßend mit Untergebenen umgegangen war; andererseits hielt er Ausschau nach »zitierbaren Zitaten«, die sich zur Aufnahme in Benedicts geistliche Biographie eigneten. »Wir suchen nach dem Besonderen, dem Hervorragenden«, sagte er, gestand jedoch ein, daß »derlei nicht im Übermaß vorhanden« sei. »Viele Zitate sind fromme Platitüden, wie wir alle, die im kirchlichen Bereich tätig sind, sie von uns geben. Benedict meint, ich solle auf prophetische Aussagen achten, die als Beleg für seine Heiligkeit gelten könnten. Vor allem muß ich beharrlich bleiben. Ich darf nicht lockerlassen.«

»Glauben Sie, daß Kardinal Cooke ein Heiliger war?« fragte ich.

»Glücklicherweise liegt es nicht an mir, darüber eine Entscheidung zu treffen.«

»Gewiß.«

»Ich glaube allerdings, daß die Public Relations eine große Rolle spielen. Ich meine, es ist ja durchaus möglich, daß irgendwo ein Mensch lebt, der ein sehr heiligmäßiges Leben führt, sagen wir mal in Des Moines – nur, er lebt zur falschen Zeit am falschen Ort. Andererseits gibt es auch ganz normale Menschen – wie Kardinal Cooke –, die zur rechten Zeit am rechten Ort leben, nämlich in New York City.«

»Könnten Sie mir genauer erklären, was Sie damit meinen?«

»Cooke scheint ein Mann gewesen zu sein, der sich aufrichtig engagiert hat. Mit seiner Ernennung zum Kardinal bekam er die Möglichkeit, sein Engagement gegen Not und Elend auf der Welt auszuweiten. Es war nicht ungewöhnlich für ihn, irgendwo hinzureisen und dem dortigen Bischof einen Scheck über 10 000 Dollar in die Hand zu drücken. Der Bischof von Honolulu, den ich kürzlich dazu befragte, sagte mir, daß Cooke ihm bei jedem Besuch ein Geldgeschenk überreichte. Es war ihm, glaube ich, sehr ernst mit seinem sozialen Engagement.«

Webber machte eine Pause, blickte zur Zimmerdecke empor und wandte sich dann wieder an mich. Gelassenheit und Sachlichkeit bestimmten sein Wesen. »Nehmen wir kein Blatt vor den Mund«, sagte er. »In finanzieller Hinsicht konnte Cooke eine Menge Gutes tun und überall auf der Welt den Menschen helfen. Dies ermöglichte ihm jedoch nur das Vermögen der Erzdiözese. Ihm standen riesige Geldmengen zur Verfügung, und er machte davon regen Gebrauch. Ursprünglich stammte das Geld natürlich von den einfachen Gemeindemitgliedern.«

»Reicht das aus, um ihn zu einem Heiligen zu machen?«

»Theologisch betrachtet stellt sich das folgendermaßen dar:

Wenn Gott in seiner Vorsehung diesen Menschen erhöhen möchte, so ist es sein Wille. Wir hingegen können nicht sagen: ›Gott will dieses oder jenes.‹ Das einzige, was wir tun können, ist, der Sache nachzugehen und immer weiterzugraben. Die Entscheidung liegt letztlich bei ihm.«

Wenn es in New York überhaupt einen Menschen gab, der das Leben Cookes in eine Heiligengeschichte umwandeln konnte, dann Pater Benedict. Er hatte die Leben der klassischen Heiligen studiert und mehrere populärwissenschaftliche Bücher über geistliche Entwicklung geschrieben. Zudem kannte er aus jahrelanger Tätigkeit als Seelsorger jene Arten von Sünden, für die der zölibatäre Klerus besonders anfällig ist: Langeweile, Selbstsucht, Faulheit und – in den höheren Rängen – Machtausübung um ihrer selbst willen. Als Beichtvater Cookes, betonte er, habe er die Schwächen des Kardinals so gut gekannt wie kein anderer. In meinen Gesprächen mit Benedict interessierten mich diese Schwächen ganz besonders, schließlich hatte der Mönch die Anweisung erhalten, daß jeder, der eine Kanonisierung betreibt, Rom eine ausgewogene Lebens- und Charakterbeurteilung des Kandidaten zukommen lassen müsse. Doch in Benedicts Darstellung klangen selbst Cookes Schwächen verdächtig nach Tugenden.

»Terrys größte Schwäche war die, daß er Kontroversen möglichst aus dem Weg ging. Er wollte niemanden verletzen. Die härteste Entscheidung, zu der er sich durchrang, war seine Weigerung, den Marshal der St. Patrick's Day Parade zu begrüßen. (Der Vorfall ereignete sich im Jahre 1983, als Michael Flannery, ein prominenter Anhänger der IRA, Marshal war.) Cooke traf sich am Vortag der Parade mit Flannery und entschuldigte sich, daß er ihn offiziell nicht begrüßen könne. Er war immer so, schon seit dem Tag seiner Priesterweihe.«

Ich fragte Benedict nach anderen Schwächen Cookes, doch in dieser Hinsicht war sein Vorrat an Beispielen bereits erschöpft. Statt dessen erzählte er mir von seiner Begegnung mit Monsignore Veraja in Rom. »Er fragte mich, ob Cooke meiner Ansicht nach ein Heiliger sei, und ich antwortete, ich hielte es für möglich. Wenn er mich heute fragen würde, lautete meine Antwort: Jawohl, er *ist* ein Heiliger.«

Ich erlaubte mir die Bemerkung, andere könnten vielleicht einwenden, daß Cooke nie etwas Außergewöhnliches getan habe, das seine Erhöhung zum Vorbild, geschweige denn zum Objekt der Verehrung rechtfertige. Benedict senkte die Lider über seinen funkelnden blauen Augen, als langweile ihn die Selbstverständlichkeit dessen, was er mir darauf zu sagen hatte. Ich kannte ihn seit über 20 Jahren und wußte seine taktischen Pausen richtig zu deuten.

»In der Religion soll es um Heiligkeit gehen, verdammt noch mal. Wir vergessen das oft. Hier geht es um die Geschichte eines Mannes, der zum Heiligen wurde. Nein, er war kein großer Kirchenführer... Er hielt sich auch nicht für einen solchen. Aber er war heroisch. Zeigen Sie mir einen anderen Mann, der an Leukämie leidet und sieben 18-Stunden-Tage in der Woche arbeitet. In seinem Bemühen, Gutes zu tun, ging er weit über die ihm auferlegten Pflichten hinaus. Jeden Morgen bekam er eine Bluttransfusion, und dann blieb er noch im Krankenhaus, um sich mit einer alten Frau fotografieren zu lassen. Er fehlte bei keiner Schulabschlußfeier seiner Nichten und Neffen. Das ist alles sehr gütig. *Ich könnte so etwas nicht.*«

Beim Zuhören fiel mir auf, daß Benedict eine Welt beschrieb, die mir fremd war, eine klerikale Welt, in der normale Höflichkeitsbezeugungen, wie sie unter Familienmitgliedern und Freunden üblich sind, zu heroischen, tugendhaften Taten werden. Langsam begann ich zu verstehen. Wenn Cookes enge Freunde und Protegés in ihm etwas Heiliges sahen, das andere nicht bemerkten, so lag der Grund dafür vielleicht darin, daß Cookes Fähigkeit, sich trotz seines gehobenen Ranges in der kirchlichen Hierarchie seine Höflichkeit und Rücksichtnahme zu bewahren, unter jenen Klerikern, die Karriere gemacht und in höhere kirchliche Kreise aufgestiegen waren, tatsächlich etwas Neues war. Ich fragte nach. Es mußte gewiß doch auch noch andere Gründe dafür geben, den Kardinal zur Kanonisierung vorzuschlagen.

Die gab es. Sein geistlicher Biograph war sich, was die Bedeutung der Causa Cooke für die Kirche anging, ganz sicher: »Cooke blieb der Kirche in sehr schwierigen Zeiten stets treu ergeben. Er ist der Repräsentant eines auf Tradition bedachten Katholizismus, der nicht untergehen wird. Ich glaube schon, daß es Widerstand gegen seine Kanonisierung geben wird. Vielen einfachen Klerikern und höherrangigen Prälaten wird er zu traditionalistisch sein – und deshalb setze ich mich so für seine Sache ein. Er blieb treu im Glauben, als viele andere ins Wanken gerieten. Er führte keine progressive Bewegung an. Er bemühte sich, die Kirche auf klarem Kurs zu halten, als riesige Wellen über ihr zusammenschlugen.«

Benedict hielt erneut inne. Er hatte noch einen weiteren Pfeil in seinem Köcher. »Die Wunder«, sagte er. »Jeden Tag bekommen wir Berichte von Leuten – zum Teil von weit her, aus dem mittleren Westen sogar –, in denen uns von Heilungen und Gnadenerweisen erzählt wird, die sich nach Gebeten an Kardinal Cooke einstellten. Wie bei der heiligen Therese von Lisieux wird auch dieser Fall aufgrund der gewirkten Wunder letztlich durchgehen.«

Am 6. Oktober 1988 war Kardinal O'Connor nach kanonischem Recht frei, ein formelles Kanonisierungsverfahren für Kardinal Cooke einzuleiten. Doch ein informeller Rat aus Rom veranlaßte ihn, damit noch zu warten, um die Angelegenheit nicht durch unziemliche Eile noch weiter zu gefährden. Nichtsdestoweniger – so bemerkte er jedenfalls gegenüber Pater Benedict – gebe es nichts, das er seit seiner Ernennung zum Erzbischof von New York mit größerer innerer Überzeugung getan habe, als Cooke zur Kanonisierung vorzuschlagen.

Dorothy Day:
Politik der Verweigerung

Wie es sich trifft, war der einzige Mensch in New York, den Kardinal Cooke selbst der Kanonisierung für würdig gehalten hatte, Dorothy Day, Mitbegründerin der Katholischen Arbeiterbewegung (The Catholic Workers) und über ein halbes Jahrhundert hinweg eine der faszinierendsten Persönlichkeiten des amerikanischen Katholizismus. Als Konvertitin, Pazifistin und in gewisser Hinsicht sogar Anarchistin gehörte Dorothy Day zu jenen überall seltenen Katholiken, die dank ihrer weltzugewandten Frömmigkeit sowohl auf Menschen innerhalb wie außerhalb der Kirche anziehend wirken.

Die Argumente, die für die Heiligsprechung von Dorothy Day sprechen, sind überwältigend. Da wäre zuallererst ihr beispielhaftes Leben, das kaum der hagiographischen Schönung bedarf. Als Schriftstellerin, Politikerin und Sozialistin war die leidenschaftliche, attraktive Frau Ende der zwanziger und Anfang der dreißiger Jahre eine vertraute Erscheinung unter den Künstlern und radikalen Denkern von Greenwich Village. Zu ihrem engsten Freundeskreis zählten der Dramatiker Eugene O'Neill, der Literaturkritiker Malcolm Cowley und dessen Frau Peggy sowie der kommunistische Journalist und Herausgeber der linken Monatszeitschrift

The Masses, Mike Gold. Durch ihre Konversion im Alter von 30 Jahren verlor sie nicht nur zahlreiche Freunde (»Ich war einsam, tödlich einsam«, schrieb sie später über ihr erstes Jahr als Konvertitin), sondern auch die Liebe und Kameradschaft Forster Batterhams, mit dem sie unweit des Strands von Staten Island zusammenlebte:

> »Der Gedanke, ihn zu verlassen, brachte mich fast um... Wenn er zu Bett ging, fröstelnd von der kalten Novemberluft, nahm er mich schweigend in seine Arme und zog mich an sich. Ich liebte ihn in jeder Beziehung – als Frau, als Mutter, ja sogar um all der Dinge willen, die er wußte, und er tat mir leid wegen der Dinge, die er nicht wußte. Ich liebte ihn ... wegen des Sandes und der Muscheln, die er mit nach Hause brachte, wenn er vom Fischen zurückkehrte. Ich liebte seinen hageren, kalten Körper, wenn er ins Bett kam und nach Meer roch, und ich liebte seine Rechtschaffenheit und seinen eigensinnigen Stolz.«

Der Kirche, der sie beitrat, brachte Dorothy Day dagegen sehr ambivalente Gefühle entgegen. »Der Skandal dieser geschäftsmäßigen Priester, des kollektiven Reichtums, des fehlenden Verantwortungsgefühls gegenüber den Armen, dem Arbeiter, dem Neger, dem Mexikaner, dem Filipino« bekümmerte sie. Doch sie empfand eine verzehrende Liebe zu Jesus Christus und akzeptierte daher auch die Kirche:

> »Ich liebte die Kirche, weil sie Christus sichtbar machte – nicht um ihrer selbst willen, denn ich empfand sie oft als skandalös. Romano Guardini hat gesagt, daß die Kirche das Kreuz ist, an das Christus geschlagen wurde; man könne Christus nicht von seinem Kreuz trennen, und man müsse mit der Kirche in einem Zustand ständiger Unzufriedenheit leben.«

Nach der Begegnung mit einem französischen Katholiken namens Pierre Maurin, dessen Gedanken über den Aufbau einer neuen Gesellschaft sie sich zu eigen machte, nahm Dorothys Leben als Katholikin Gestalt an. Der Zusammenarbeit entsprangen eine Zeitung – der *Catholic Worker* –, ein weitverzweigtes Netz von »Häusern der Gastfreundschaft« für die Armen sowie die bis heute bestehende Katholische Arbeiterbewegung. Die Grundidee, die hinter der Arbeiterbewegung stand, war, daß die Bergpredigt Jesu keinen abstrakten, verehrenswürdigen Idealzustand beschreibe, sondern eine praktische Richtschnur für das christliche Leben sei. Einen Schlüssel dazu sah sie im praktischen Dienst an den Bedürftigen. Die »Häuser der Gastfreundschaft« boten daher jedem Nahrung, Kleidung und Obdach, egal wie verrückt oder streitsüchtig er sein mochte. Jeder Bedürftige war Christus selbst, der um Hilfe bat. Ein zweiter Schlüssel war der Pazifismus: Dorothy Day war nicht nur gegen die amerikanische Teilnahme am Zweiten Weltkrieg, sondern protestierte auch gegen obligatorische Luftschutzübungen in den fünfziger Jahren, den Konflikt in Korea und den nichterklärten Krieg der Vereinigten Staaten in Vietnam. Außerdem unterstützte sie Arbeiterbewegungen und ihre Rechte.

Summa summarum leistete Dorothy Day für ihre Zeit dasselbe wie der heilige Franziskus von Assisi für seine Zeit: Sie erinnerte eine selbstgefällige Christenheit an ihre radikalen Ursprünge. Persönlich bekannte sie sich zu den klösterlichen Gelübden der Armut und der Keuschheit und richtete ihr Leben danach aus – mit einer Freiheit und einem Engagement, wie sie bei Angehörigen der etablierten religiösen Orden nur selten zu finden sind. Ihre geistige Nahrung bezog sie aus dem Gebet, der Messe und der täglichen Lektüre der Bibel, die sie fast wie einen Talisman behandelte. Ziel der Katholischen Arbeiterbewegung sei es nicht, wie sie mehr als einmal betonte, »effiziente Menschenfreunde« zu werden. Sie eiferten vielmehr dem Beispiel Christi nach. Obwohl ihr Glauben streng orthodox war, funktionierte ihr Wechsel von Dienst am Nächsten und Versenkung im Gebet unabhängig von den kirchlichen Vorgaben und den Prioritäten der Institutionen. Bei ihrem Tod im Jahre 1980 wurde sie – wenngleich ein wenig überschwenglich – als »die bedeutendste, interessanteste und einflußreichste Persönlichkeit in der Geschichte des amerikanischen Katholizismus« gepriesen.

Lediglich zwei Amerikanerinnen, die Nonnen Frances Cabrini und Elizabeth Bayley Seton, und ein Amerikaner, Bischof Neumann, wurden zu Lebzeiten Dorothy Days heiliggesprochen. Als Erzbischof O'Connor daher seine Absicht bekanntgab, die Kanonisierung Kardinal Cookes in die Wege zu leiten, wollten viele New Yorker sogleich wissen, was ihn dazu veranlasse, einen unauffälligen Kardinal der weltweit verehrten Matriarchin der Katholischen Arbeiterbewegung vorzuziehen. Wenn es Hauptzweck der Kanonisierung sei, den Gläubigen unwiderstehliche zeitgenössische Vorbilder für heroische christliche Tugendhaftigkeit zu liefern, dann – so argumentierte man – liege die Wahl einer unabhängigen Laiin wie Dorothy Day doch geradezu auf der Hand.

Bei den Antrittsbesuchen, die er 1984 in seiner Eigenschaft als Oberhirte den Priestern und Ordensgemeinschaften der Erzdiözese abstattete, wurde O'Connor diese Frage auch direkt gestellt, unter anderem von mehreren Nonnen. In der ersten Januarwoche 1985 reagierte er schließlich darauf. Im Leitartikel der von der Erzdiözese herausgegebenen Wochenzeitschrift *Catholic New York* berichtete O'Connor von der Bewunderung, die er schon als Jugendlicher Dorothy Day entgegengebracht habe, und räumte ein, daß sie gewiß zu den »soliden, goldenen Wohltäterinnen« New Yorks zähle. Aber eine Heilige? In diesem Punkt zeigte er sich merkwürdig zurückhaltend. Sein Kommentar endete mit folgendem bescheidenen Vorschlag:

> »Kurz nachdem ich bekanntgegeben hatte, daß das Leben Kardinal Cookes untersucht werden solle, erhielt ich einige Briefe mit der Frage: ›Warum nicht Dorothy Day?‹ Dieselbe Frage sah ich kürzlich auch in den Printmedien. Es ist eine gute Frage, ja sogar eine sehr gute Frage. Es ist fast unmöglich, *By Little and By Little, The Selected Writings of Dorothy Day* zu lesen, ohne auf diese Frage zu kommen, vor allem wenn man selbst vor 40 Jahren von Dorothy Day zum Denken angeregt worden ist. Was meinen Sie dazu? Ich bin sehr an Ihren Antworten interessiert.«

O'Connors Appell fand einiges Echo, wenngleich die genaue Zahl der Zuschriften nie veröffentlicht wurde. Auch über O'Connors Reaktion wurde nichts bekannt. Tatsache ist, daß er in der Öffentlichkeit nie wieder auf das Thema zu sprechen kam.

Vielleicht war das ganz gut so. O'Connor, ehemaliger oberster Militärgeistlicher der US-Streitkräfte und Konteradmiral a. D., der innerhalb der amerikanischen katholischen Hierarchie eher zu den »Falken« zählte, war als Befürworter einer beharrlichen Pazifistin wie Dorothy Day ohnehin kaum vorstellbar. Abgesehen von einem parallelen Interesse am einfachen Arbeiter, deutete in seinem Werdegang nichts auf tiefgehende Sympathien für eine Frau hin, zu deren engerem Freundeskreis ein Sammelsurium aus Kommunisten, Sozialisten und Anarchisten gehörte. Das genossenschaftliche Ethos der katholischen Arbeiter war vielmehr eine glatte Antithese zu O'Connors von Rang-, Ordnungs- und Befehlshierarchien geprägter Karriere in Militär und Kirche. Selbst Dorothy Days legendäres Desinteresse an ihrer Garderobe (sie trug nur gebrauchte Kleider) bildete einen krassen Gegensatz zur äußeren Erscheinung des stets wie aus dem Ei gepellten Kirchenfürsten. Wie dem auch sein mochte – O'Connor fand nach kurzer Zeit einen absolut plausiblen Anlaß, sich aus der Causa Day zurückzuziehen: Es gab nämlich bereits jemand anderen, der sich für sie verwendete.

Im September 1983 gaben die Chikagoer Claretiner, ein Missionsorden, der mehrere der Seelsorge, dem Frieden und der sozialen Gerechtigkeit gewidmete Zeitschriften herausgibt, bekannt, daß er sich für die Kanonisierung Dorothy Days als »einer Heiligen für unsere Zeit« einsetzen wolle. Unter besonderer Hervorhebung ihrer »entschiedenen Opposition gegen den Krieg« baten die Claretiner ihr überwiegend liberal-katholisches Publikum um unterstützende Briefe und boten die traditionellen Karten an, auf denen sich ein Bild Dorothy Days und ein Gebet befanden, das Katholiken bei ihrem Bemühen um göttliche Gnadenerweise durch Dorothys Fürsprache beten konnten. Zwei Jahre später hatten sich zirka 1500 Briefe angesammelt. Viele Absender betonten den geistlichen Einfluß Dorothys auf ihr Leben.

Doch Dorothy Days Fall erwies sich als genauso problematisch wie der Cookes. Lag das Haupthindernis bei Cooke in dem Verdacht, der Kandidat könne des Verfahrens nicht würdig sein, so war es bei Dorothy Day genau umgekehrt: Das Verfahren, so lautete der wichtigste Einwand, sei der Kandidatin unwürdig. Ihrer Tochter und ihren Enkeln sowie dem Großteil ihrer Geistesverwandten unter den katholischen Arbeitern war der Gedanke an eine Kanonisierung entweder gleichgültig, oder aber man war strikt dagegen. Maggie Hennessy aus Culloden, West Virginia, war das einzige von neun Enkelkindern Dorothys, das auf den Aufruf der Claretiner überhaupt reagierte. Auf ihrem Briefbogen aus Recycling-Papier, der mit der Warnung *Fission and fusion are fatal!* ([Kern-]Spaltung und [Kern-]Fusion sind tödlich) gestempelt war, hieß es:

»Liebe Leute,
ich bin eine von Dorothys Enkelinnen, und ich wollte Euch nur wissen lassen, wie abartig Euer Kanonisierungsvorhaben ist. Wenn Ihr sie auf ein Podest stellen wollt, dann habt Ihr ihre Überzeugungen und alles, wofür sie gelebt hat, total mißverstanden. Sie war ein bescheidener Mensch und lebte so, wie sie es zur Verbesserung der Übel in dieser Welt für richtig hielt.
Nehmt all Eure Gelder und Energien, die Ihr in ihre Kanonisierung investiert, zusammen, und verteilt sie unter den Armen. Auf diese Weise könntet Ihr Eure Liebe und Euren Respekt für sie in angemessener Weise zum Ausdruck bringen.«

Andere Briefeschreiber benutzten Dorothys eigene Worte und begründeten damit ihre Ablehnung des Heiligsprechungsverfahrens. Repräsentativ dafür war der Brief von Diane L. Stier aus Vestaburg, Michigan:

»Mir ist oft berichtet worden, daß Dorothy Day Bemerkungen über ihre Heiligkeit mit dem Kommentar bedachte: ›Schließt mich nicht so einfach aus!‹ Mir kommt das etwas komisch vor, wenn sich Leute dafür einsetzen, eine Frau in den Heiligenstand zu erheben, die zeitlebens großen Wert darauf legte, eine der Ihren zu sein und als solche ernst genommen zu werden.
Solange Dorothy Day eine der Unseren ist, gilt für uns die Herausforderung, ihrem Vorbild nachzueifern. Ist sie jedoch erst einmal (eine) Heilige, so können wir passiv in unserer Sündhaftigkeit verharren.«

Die Mitarbeiter der Katholischen Arbeiterbewegung, die Dorothy Day persönlich kannten, waren in der Frage ihrer Kanonisierung uneins. Dorothy hatte jede Form des Personenkults, egal, ob er sich auf sie selbst oder jemand anderen richtete, stets abgelehnt. Für ihre ehemaligen Kollegen war es sehr schwer, herauszufinden, was Dorothy gewünscht hätte beziehungsweise was sie sich für Dorothy nun wünschen sollten.

Auf der anderen Seite war Dorothy Day selbst eine glühende Verehrerin der Heiligen gewesen. Die Heiligen waren für sie wie eine Ahnenreihe, die sie mit ihrem Übertritt zum katholischen

Glauben geerbt hatte, eine Familie aus lauter vertrauten Freunden. Es bereitete ihr keine Schwierigkeiten, mit ihnen zu kommunizieren, sei es durch das Gebet oder über das Studium ihrer Schriften. Sie selber schrieb oft und ausführlich über ihre Lieblingsheiligen, namentlich Katharina von Siena und Therese von Ávila, zwei geistliche Vorbilder, die sich nicht scheuen, Päpste und Bischöfe zur Rechenschaft zu ziehen. Ein ganzes Buch widmete sie der heiligen Therese von Lisieux, einer Gestalt des neunzehnten Jahrhunderts, deren Schlichtheit und Einfachheit sie nachzuahmen trachtete. »Wenn Heiligkeit vom Außerordentlichen abhinge, gäbe es nur wenige Heilige«, meinte sie. Sie war durchaus auch zur Kritik an den Heiligen imstande, indem sie zum Beispiel auf die Launenhaftigkeit des einen und den übertriebenen oder fehlgeleiteten Eifer des anderen verwies. »Wenn wir uns die Fehler der Heiligen zu eigen machen«, schrieb sie einmal, »landen wir vermutlich in der Hölle.«

Für Dorothy Day war es zudem eine Glaubensgewißheit, daß »alle aufgerufen sind, Heilige zu sein«. Ganz bewußt bemühte sie sich selbst um Heiligmäßigkeit. Nach ihrer Überzeugung war das Evangelium ein Aufruf zur Revolution – einer Revolution freilich, zu der jeder Mensch fähig war. So erklärte sich auch ihre Ungeduld mit jenen, die in ihr eine »lebende Heilige« sahen: Es war ihr einfach zuwider, als Ausnahmeerscheinung behandelt zu werden.

Dennoch war sich Dorothy Day vollauf der Tatsache bewußt, daß es nach ihrem Tod vermutlich Bestrebungen mit dem Ziel ihrer Kanonisierung geben werde, ja, der Gedanke daran bereitete ihr sogar beträchtlichen Kummer. Ihre engsten Freunde wußten, warum. Zum Teil entsprang ihre Sorge dem Wissen um die eigene Sündhaftigkeit. Sie neigte zu Wutausbrüchen und zu Stolz, sie war nachtragend und oft sehr harsch in ihrem Urteil. Was sie jedoch am meisten betrübte, war das Leben, das sie vor ihrer Konversion geführt hatte. Nie vergab sie sich die Sünden ihrer Jugend. Sie hatte mehrere Liebesbeziehungen hinter sich, von denen die erste – Dorothy war damals 21 – mit einer Abtreibung geendet hatte, eine Erfahrung, über die zu sprechen sie sich bis ins hohe Alter weigerte. Eine zweite Beziehung mündete in einer Ehe, die keine zwei Jahre später wieder geschieden wurde. Eine dritte führte zur unehelichen Geburt ihres einzigen Kindes und war das Ereignis, das ihre Konversion im Alter von 30 Jahren letztlich auslöste.

Dorothy hegte die Befürchtung, ihr Vorleben könne durch ein Kanonisierungsverfahren aufgedeckt und in der Öffentlichkeit breitgetreten werden. Schlimmer noch erschien ihr die Aussicht, ihre komplizierte Lebensgeschichte könne, falls das Verfahren erfolgreich verlief, zu einer klischeehaften Von-der-Sünderin-zur-Heiligen-Story für den Alltagsgebrauch verkürzt werden. Persönlich wäre es ihr am liebsten gewesen, wenn ihr Leben vor der Konversion ein für allemal der Vergessenheit anheimgefallen wäre. Nach ihrem Übertritt zum katholischen Glauben hatte sie tatsächlich versucht, sämtliche noch verfügbaren Exemplare ihres frühen Romans *The Eleventh Virgin* (Die elfte Jungfrau) – ein in fiktiver Form geschriebener Bericht über ihr Leben bis zu ihrem 22. Lebensjahr einschließlich der Abtreibung – aufzukaufen und zu vernichten. Später schrieb sie zwei Autobiographien; in keiner von beiden kamen ihre früheren sexuellen Erfahrungen zur Sprache. Sie hinterließ Notizen für ihre geistliche Biographie. Der Arbeitstitel lautete: *All Is Grace* (Alles ist Gnade).

Vielleicht gab es auch noch einen dritten Grund, warum Dorothy Day nicht besonders erpicht auf ihre Kanonisierung war: ihre Familie. Bei unserer einzigen persönlichen Begegnung unterhielten wir uns drei Stunden lang über Kindererziehung und die Freuden und Leiden der Elternschaft. Sie sprach sehr gerne über häusliche Angelegenheiten. Einmal verblüffte sie ein Publikum liberal-katholischer Aktivisten mit der Bemerkung, die einzige Autoritätsperson innerhalb der Katholischen Arbeiterbewegung sei der Koch. Niemals erwähnte sie jedoch die Tatsache, daß sich ihre Tochter Tamar Therese mitsamt ihren Kindern von der Kirche entfernt hatte. Dorothy Day nahm diesen Kummer mit ins Grab.

Unter diesen Voraussetzungen nimmt es nicht wunder, daß sich nur sehr wenige katholische Arbeiter für Dorothys Kanonisierung einsetzten. Soweit es sich feststellen läßt, schrieben nur zwei von ihnen, die beiden ehemaligen Herausgeber des *Catholic Worker*, Tom Cornell und Jim Forest, unterstützende Briefe. Beide waren von Dorothys Heiligkeit überzeugt und nach reiflicher Überlegung zu dem Schluß gekommen, daß ihr außerordentliches christliches Zeugnis den Gläubigen in künftigen Jahrhunderten wahrscheinlich nur durch die Kanonisierung erhalten bleiben und zum Nutzen gereichen könne.

Was noch fehlt, ist die Stimme des Volkstribuns der katholischen Linken. In einem Brief an die Claretiner sprach sich Daniel Berrigan, SJ, der gefeierte Friedenskämpfer, in der ihm eigenen Scharfzüngigkeit gegen die Kanonisierung aus:

»Ich danke Euch für den wunderschönen Vorschlag, Dorothy heiligsprechen zu lassen. Dazu habe ich einige Ideen, die, wie ich glaube, auf den Prioritäten basieren, die Dorothy, als sie noch unter uns weilte, gesetzt hätte.
Schlagt Euch dieses teure juristische Verfahren ein für allemal aus dem Kopf. Sollen sich all die, die darauf Wert legen, an einem dem Gebet und der Andacht gewidmeten Ort ein Foto von Dorothy aufstellen und sie dort um ihre Fürsprache für den Frieden in der Welt und um Brot für die Massen anflehen.
Nehmt das Geld, das Ihr auf diese Weise einspart und das anderenfalls für Kirchenrechtler, teure Konferenzen und Reisespesen der Experten verwendet würde, und beginnt hier und heute mit der Speisung der Massen. Schickt einen Dollar, zwei Dollar, fünf Dollar, zehn Dollar, 20 Dollar, 100 Dollar an das nächste Heim der katholischen Arbeiter. Besser noch, geht selber hin, und helft bei der Suppenverteilung. Am besten jedoch gründet ein neues Heim der katholischen Arbeiter.
Die eben erwähnten Vorschläge haben einige Vorzüge, die nicht leicht von der Hand zu weisen sind. Sie würden den alten Brauch wiederherstellen, daß das Kirchenvolk seine Heiligen wählt, in diesem Fall durch eine Art bescheidene Akklamation. Die Vorschläge würden außerdem dazu beitragen, die Einheit zwischen der Friedensbewegung und den Werken der Barmherzigkeit herzustellen, welcher durch die *Reaganomics* (Reaganomics Wirtschaftspolitik) und den Mega-Krieg so grausame Wunden zugefügt worden sind.
Dorothy ist eine Volksheilige; sie achtete sehr auf ihre Würde als Laie und war stolz darauf. Ihre Armut im Geiste, ein großes Geschenk in unserer Zeit, schließt ein Aufbauschen zu pompöser Heiligkeit im Grunde aus. Heute verfolgt uns ihr Geist in den von Gewalt gezeichneten Gesichtern der Obdachlosen von New York. Könnt Ihr Euch vorstellen, wie ihr Porträt, aufs feinste herausgeputzt, über dem Hochaltar des Petersdoms entfaltet wird? Ich sage, laßt die Kanoniker und ihresgleichen weiterhin kanonisieren. Wir haben hier

eine Heilige, deren Seele ihrem Volk – den Unglücklichen auf dieser Welt – nicht gestohlen werden sollte.«

So wie Berrigan es darstellte, ging es gar nicht um die Heiligkeit der Dorothy Day, ja nicht einmal darum, ob es angemessen wäre, sie als Heilige zu verehren, sondern um das Verfahren der Heiligsprechung an sich. Die teure, bürokratische Kanonisierung war ein Ritual der Entfremdung, dem es abzuschwören galt. Laßt Rom die eigenen Heiligen durch seine pompösen Bräuche ehren, meinte Berrigan, doch laßt das Volk die wahren Heiligen anerkennen, indem es ihrem Beispiel folgt.

Die Argumentation war bitter, und nicht nur wegen ihrer Feststellungen. Wer konnte schon daran zweifeln, daß die Kanonisierung ein langwieriges und teures Verfahren ist? Nur *wie* langwierig und teuer es ist, vermochte, abgesehen von der Kongregation für Heiligsprechungsprozesse in Rom, kaum jemand zu sagen. Und wer konnte daran zweifeln, daß Dorothy Day selbst die Nachfolge der Verehrung vorgezogen hätte? Andererseits: Hatte nicht auch der heilige Franziskus von Assisi, gewiß kein Freund von Pomp und Lobhudelei, die Prozedur offizieller Heiligung überstanden? Konnte das nicht auch Dorothy Day gelingen? Und wenn Rom sich dazu entschloß, Dorothy Day den Gläubigen als Vorbild anzuempfehlen – war es dann nicht denkbar, daß durch die feierliche Verkündung ihrer Heiligkeit auch Menschen außerhalb des beschränkten Zirkels der katholischen Arbeiter angespornt würden, ihrem Beispiel nachzueifern?

Doch Berrigans Brief war nicht geschrieben worden, um Fragen aufzuwerfen oder Empfehlungen zu geben. Es handelte sich vielmehr um eine Stellungnahme. Einfach ausgedrückt vertrat Berrigan die Ansicht, daß man den Heiligmachern in Rom Dorothy Day und ihresgleichen nicht anvertrauen konnte. Wer sie zur Kanonisierung vorschlug, so Berrigan, ging das nicht unerhebliche Risiko ein, daß sie in etwas verwandelt wurde, was sie nicht war: eine Kirchenheilige. Und nach Berrigans Überzeugung war Dorothy Day etwas unendlich viel Wertvolleres, nämlich eine Volksheilige.

Ist es möglich, sowohl Kirchen- als auch Volksheilige zu sein? Für die frühen Christengemeinden stellte sich diese Frage nicht, denn bei Heiligsprechungen war die Stimme der Kirche die Stimme des Volkes. (Ich werde darauf im nächsten Kapitel noch zurückkommen.) Heutzutage hingegen ist es die Stimme des Papstes, der für eine Kirche spricht, die längst keine Minderheitsgruppe mehr ist. Er bestimmt, wen Katholiken offiziell als heilig verehren dürfen. Die Regel lautet: Das Volk schlägt vor, und der Papst trifft nach der erforderlichen eingehenden Untersuchung die Entscheidung. Doch hatte die katholische Kirche auch immer ihre unerklärten Heiligen – Volksheilige –, vor allem dort, wo sie als Volkskirche in Erscheinung tritt.

Oscar Romero:
Die Politik eines »Volksheiligen«

Am Abend des 24. März 1980, gegen 18.30 Uhr, las Erzbischof Oscar Romero von San Salvador in der Kapelle des Krebshospitals der Karmeliterinnen, in dem er lebte, die Messe. Nur wenige Stunden zuvor hatte Romero im alten Haus der Jesuiten draußen vor der Stadt seine Sünden bekannt, um sich, wie er seinem Beichtvater sagte, »in der Gegenwart des Herrn rein zu fühlen«. Es sollte seine letzte Beichte sein. Der Erzbischof beendete gerade seine kurze Predigt, als aus dem hinteren Teil der Kapelle ein Gewehrschuß auf ihn abgefeuert wurde. Die Kugel drang in seine Brust, zerplatzte, und ihre Splitter durchsiebten seinen Oberkörper. Romero fiel hinter seinem Altar zu Boden; aus Mund und Nase sprudelte Blut. Drei Nonnen stürzten auf ihn zu und drehten ihn auf den Rücken. Eine von ihnen, Schwester Teresa von Ávila (nicht zu verwechseln mit der heiligen Therese von Ávila des sechzehnten Jahrhunderts) fühlte seinen Puls. Der Erzbischof hatte bereits das Bewußtsein verloren. Zehn Minuten später wurde er für tot erklärt.

Der Attentäter, dem Romero zum Opfer fiel, war ein erfahrener Mörder. Er hatte höchstwahrscheinlich durch das Fenster eines direkt vor der Kapelle haltenden Wagens gefeuert und sich sofort nach der Tat aus dem Staub gemacht. Er wurde nie identifiziert. Angesichts der instabilen politischen Lage in El Salvador ist kaum zu erwarten, daß die für den Mord an Romero Verantwortlichen je zur Rechenschaft gezogen werden.*

---

* Am 5. Februar 1989 verkündete die Regierung von El Salvador, der Mörder Romeros sei identifiziert: Es handele sich um Hector Antonio Regalado, einen Zahnarzt, der zum Sicherheitschef der salvadorianischen Nationalversammlung avanciert war. Die Staatsanwälte behaupteten, Regalado habe den Erzbischof

In den Tagen unmittelbar nach dem Mord behaupteten verschiedene Salvadorianer, der Attentäter sei ein bezahlter Killer aus Kuba gewesen; hinter der Tat stünden demnach die linksgerichteten Guerillas El Salvadors. Logik und Indizien deuteten jedoch nach rechts: Es war bekannt, daß Romero auf der Abschußliste der rechtsradikalen salvadorianischen Todesschwadronen stand und bei den Militärs, aus deren Reihen sich die Todesschwadronen rekrutierten, verhaßt war. In der Tat hatte der Erzbischof noch am Tag vor seiner Ermordung die Sonntagspredigt dazu genutzt, über die Köpfe des Oberkommandos der Armee hinweg einen Appell an die Soldaten zu richten: »Kein Soldat«, hatte er erklärt, »ist verpflichtet, einem Befehl zu gehorchen, der im Widerspruch zu den Geboten Gottes steht. Es ist an der Zeit, daß ihr zur Besinnung kommt und eurem Gewissen folgt anstatt sündhaften Kommandos.«

Seit der Ermordung Thomas Beckets, des Erzbischofs von Canterbury, im zwölften Jahrhundert war kein so prominenter kirchlicher Würdenträger mehr vor seinem Altar niedergestreckt worden. Romero war 62 Jahre alt und erst seit drei Jahren Erzbischof von San Salvador. Dennoch war er in jener kurzen Zeit zum gefeiertsten – und wohl auch umstrittensten – Repräsentanten der offiziellen Kirche Mittelamerikas geworden. Sein mutiger Einsatz für die Menschenrechte hatte 123 britische Parlamentsmitglieder und 16 Abgeordnete des amerikanischen Kongresses dazu veranlaßt, ihn für den Friedensnobelpreis 1979 vorzuschlagen. Seine Ermordung sorgte überall in Nord- und Südamerika sowie in Europa für Schlagzeilen. Zu den Trauerfeierlichkeiten reisten römisch-katholische Bischöfe aus weit entfernten Ländern an, darunter aus England, Irland und Frankreich, aber auch Protestanten, wie zum Beispiel Vertreter des Weltkirchenrats in Genf und des Nationalen Kirchenrats der Vereinigten Staaten. Doch die Feinde Romeros ließen sich selbst durch die

---

mit Billigung von Alvaro Rafael Saravia, einem ehemaligen Luftwaffenoffizier, und auf Befehl von Roberto D'Aubuisson, dem Führer der rechtsgerichteten Partei der Nationalen Allianz (ARENA), ermordet. Die Behauptung stützte sich auf die Aussagen von Alvaro Antonio Garay, der nach eigenen Angaben am Steuer des Fluchtfahrzeugs gesessen haben will. Nach einem Urteil des von der ARENA beherrschten Obersten Gerichtshofs El Salvadors vom Dezember 1988 war Garays Aussage jedoch zu alt und widersprüchlich. Regalado und Saravia blieb daher ein Strafverfahren erspart – ebenso wie D'Aubuisson, dessen Favorit Alfredo Cristiani im März 1989 zum Präsidenten gewählt wurde.

Anwesenheit so vieler erlauchter Kirchenfürsten nicht zur Mäßigung bewegen. Noch vor Ende der Totenmesse explodierte auf dem weiten Platz vor der Kathedrale, wo sich schätzungsweise 150 000 Menschen versammelt hatten, eine Bombe. Mindestens 30 Salvadorianer kamen ums Leben. Ungefähr ein Drittel von ihnen wurde allerdings von salvadorianischen Sicherheitskräften erschossen.

Erzbischof Romero starb, soviel ist klar, den Märtyrertod. Selbst Papst Johannes Paul II., der zwei Jahre später El Salvador besuchte, hat dies eingeräumt. Ebenso klar ist, daß die Massen in El Salvador – und zwar nicht nur die römisch-katholische Mehrheit – Romero als Heiligen, als ihren Heiligen, ansehen. Erzbischof Romeros Grab im östlichen Querschiff der baufälligen Kathedrale von San Salvador wurde zu einer nationalen Gedenkstätte für Pilger aus ganz Mittelamerika. Seiner Fürsprache werden bereits mehrere hundert Heilungen und andere Wunder zugeschrieben – und doch hat die Kirche El Salvadors auch sieben Jahre nach Romeros Tod noch kein Kanonisierungsverfahren für den Volksheiligen eingeleitet.

Warum?

Im März 1987 flog ich nach El Salvador, um das herauszufinden. Das erste, was mir auffiel, war folgendes: Obwohl Erzbischof Romero schon seit sieben Jahren tot war, war die Erinnerung an seine Ermordung so frisch wie eine offene Wunde. Dies ist bis heute so. Ein Grund dafür liegt darin, daß El Salvador heute noch zerrissener ist als zu Romeros Lebzeiten. Seit 1980 haben zahlreiche Volksbewegungen, wie einige der Oppositionsgruppen unter den Bauern, Gewerkschaftern, den freien Berufen, den Studenten und kirchlichen Sozialarbeitern genannt werden, Verbindung zu den Guerillas aufgenommen. Ein weiterer Grund ist der weitverbreitete Eindruck, daß die Hintermänner des Mordes an Romero – daß es sich um ein Komplott handelte, steht außer Frage – nach wie vor ihr Unwesen treiben. In den meisten Kirchen findet man großformatige Fotografien von Romero; wer es jedoch wagt, in der Öffentlichkeit sein Bild zur Schau zu stellen, muß damit rechnen, von Sicherheitskräften angehalten und verhört zu werden. In den ersten fünf Jahren nach Romeros Ermordung wurde den Katholiken behördlicherseits sogar eine öffentliche Gedenkprozession zum Grab untersagt. Als die Erlaubnis 1986 erstmals erteilt wurde, strömten 10 000 Menschen zur Gedenkmesse in der Kathedrale.

Im Hospital der Verklärung Christi, wo Romero erschossen wurde, beten die frommen Schwestern täglich zu ihm, und sie tun es mit der Gewißheit, daß sein Geist, wenn auch immer noch umstritten, unmittelbar bei ihnen ist. Wehmütig erinnert sich Schwester Teresa, eine rundliche Frau mit nußbrauner Haut und dichten Augenbrauen, an die merkwürdigen Umstände, die dazu geführt hatten, daß der Erzbischof an jenem schicksalhaften Montagabend in ihrer Kapelle die Messe las.

Jorge Pinto, Verleger der Wochenzeitschrift *El Independiente*, auf deren Redaktionsräume wenige Tage zuvor ein Bombenanschlag verübt worden war, hatte den Erzbischof um eine Messe zur Erinnerung an den Todestag seiner Mutter gebeten. Abgesehen von den Familienmitgliedern, bestand die Gemeinde hauptsächlich aus Angestellten des Krankenhauses und einigen Krebspatienten. Normalerweise wurden solche halbprivaten Messen zuvor nicht öffentlich angekündigt. In diesem Fall war es seltsamerweise anders: In mehreren Tageszeitungen der Stadt fanden sich Hinweise auf Ort und Zeit der Messe. Da der Erzbischof schon zahlreiche Morddrohungen erhalten hatte, drängten ihn seine Freunde dazu, sich von einem anderen Priester vertreten zu lassen. Romero bestand jedoch darauf, das Pinto gegebene Versprechen zu halten; er sah in dem Verleger einen Freund. Seltsam war auch, daß während der Messe ein Fotograf zugegen war, der ununterbrochen knipste und schließlich auch die Todesminuten des Erzbischofs im Bild festhielt. Kurze Zeit nach dem Mordanschlag verschwand Pinto aus El Salvador, und der Fotograf, der um sein Leben fürchtete, wanderte nach Schweden aus.

Wie viele andere Salvadorianer hätten es die Schwestern gern gesehen, wenn Romeros Martyrium größere öffentliche Anerkennung zuteil geworden wäre. Sie regten an, am Tatort in der Kapelle eine Gedenktafel anzubringen, doch Romeros Nachfolger, Erzbischof Arturo Rivera y Damas, bremste ihren Eifer. Selbst nach sieben Jahren, sagte er zu ihnen, sei es noch zu gefährlich, die Aufmerksamkeit solchermaßen auf das Attentat zu lenken.

Die Schwestern wünschen sich noch eine andere Gedenkstätte: Sie wollen den kleinen, knapp 50 Meter von der Kapelle entfernten Betonbungalow, in dem Romero während seiner Amtszeit als Erzbischof lebte, in ein Museum umwandeln. Die drei kleinen Zimmer wurden im selben Zustand belassen, in dem sie sich an Romeros Todestag befunden hatten. Im Schlafzimmer, an das sich ein kleines Bad anschließt, hängen mehrere Bilder. Sie zeigen die

Madonna mit dem Kind, die Kreuzigung und Papst Paul VI. Ein kleiner Schreibtisch mit einer Lampe in Form einer Pietà ist, abgesehen von dem schmalen Bett und einem Nachttischchen, das einzige Möbelstück im Raum. Im zweiten Zimmer ist eine Hängematte aufgespannt, in der Romero gerne seine Siesta hielt. Im unmöblierten Hauptzimmer sind seine Meßgewänder und Pileoli, der Bischofshut, der Bischofsstab und ein Bücherregal zu sehen. Außerhalb des Bungalows befindet sich ein kleiner Garten mit einer der Muttergottes von Lourdes geweihten Kapelle. An dieser Stelle vertraute mir Schwester Teresa, die noch immer das Krankenhaus leitet, ein Geheimnis an.

Als die Ärzte der Leiche des Erzbischofs die inneren Organe entnahmen, setzte sein Generalvikar, Pater Ricardo Urioste, durch, daß sie aufbewahrt wurden. Es handele sich schließlich, wie er sagte, um die Organe eines Heiligen. Die Ärzte taten die Organe daher in einen Plastikbeutel. Die Schwestern legten den Beutel in einen Pappkarton und vergruben diesen einen halben Meter tief im Garten. Zwei Jahre später – die Schwestern hatten inzwischen den Bau der Kapelle in Auftrag gegeben – gruben Arbeiter den Karton versehentlich aus. Die Pappe war mittlerweile verrottet, doch die Organe waren so weich wie an dem Tag, da sie der Leiche des Erzbischofs entnommen worden waren, und das Blut war noch immer flüssig. Erzbischof Rivera, dem die Organe gebracht wurden, stimmte mit den Schwestern darin überein, daß man es hier höchstwahrscheinlich mit einem Wunder zu tun hatte, wenngleich es nicht zu jener Art Wunder zu rechnen sei, die die Kongregation für Heiligsprechungsprozesse als Grund für eine Kanonisierung anerkennen würde. Er trug den Schwestern auf, die Organe Romeros wieder zu vergraben, und warnte sie davor, ihre Beobachtungen der Öffentlichkeit preiszugeben. Das Wunder würde nicht nur zu großer Aufregung unter den Gläubigen führen, sondern auch Widerspruch auslösen: Die einflußreiche, wohlhabende Elite der Stadt, für die Romero alles andere war als ein Heiliger, würde sofort behaupten, die Geschichte sei erfunden.

Obwohl sich die Kirche offiziell sehr zurückhielt, wollten die Gerüchte nicht verstummen, daß in aller Stille die Einleitung eines Kanonisierungsverfahrens für Erzbischof Romero vorbereitet werde. Pater Urioste, der auch unter Erzbischof Rivera das Amt des Generalvikars versah, verneinte jedoch ausdrücklich, daß offiziell Schritte unternommen worden seien. Dafür gebe es mehrere

Gründe, sagte er, doch am Geld liege es nicht. »Persönlich glaube ich, daß die Menschen uns das Geld geben würden, wenn wir sie darum bäten.«

»Bekämen Sie auch Geld von den Reichen, den Mitgliedern der sogenannten Oligarchie?«

»Ich glaube, unter den Mächtigen gibt es einige, die im Falle einer Heiligsprechung Romeros dem katholischen Glauben abschwören würden.«

»Würden alle Bischöfe El Salvadors die Kanonisierung begrüßen?«

»Wir haben sechs Bischöfe in El Salvador. Drei von ihnen sind für, die anderen drei gegen Romero. Sie wissen, es gibt Leute, die meinen, er sei manipuliert worden. Ich, der ich ihn kannte, bin dagegen fest davon überzeugt, daß er alles, was er privat oder in der Öffentlichkeit sagte, zuvor mit Gott besprochen hatte. Der einzige, der ihn ›manipulierte‹, war Gott. Für mich *ist* Romero ein Heiliger, und deshalb bin ich an einem formellen Kanonisierungsverfahren eigentlich gar nicht interessiert.« Er machte eine Pause und fuhr dann fort: »Verstehen Sie, wir sind so sehr von Erzbischof Romero überzeugt, daß bei uns im Grunde gar kein Bedarf besteht, ihn heiligsprechen zu lassen. Die Menschen denken an ihn, wenn sie leiden, wenn sie verfolgt und getötet werden. Er ist der einzige, der ihnen Kraft gibt. Was wollen Sie denn sonst noch von einem Heiligen?«

»Vielleicht wäre es gut für die Kirche und für die Bevölkerung El Salvadors, wenn der Papst ihn offiziell zum Heiligen erklären würde«, sagte ich.

»Heiliggesprochen zu werden ist etwas Großartiges – zur größeren Ehre Gottes, für die Kirche und aus vielen anderen Gründen. Und eines Tages wird Romero sicher heiliggesprochen werden. Allerdings werden nach meinem Dafürhalten bis dahin noch mindestens 50 Jahre vergehen.«

Bevor ich ihn fragen konnte, warum, beugte sich Vater Urioste über seinen Schreibtisch, als wollte er ganz sichergehen, daß ich ihn auch verstand. »Eines müssen Sie verstehen«, sagte er, »Erzbischof Romero war der meistgeliebte Mann in diesem Land. Und der bestgehaßte!«

Die weitaus längste Amtszeit im Dienste der Kirche war Oscar Romero alles andere als ein Priester, an dem sich die Gemüter leidenschaftlich schieden. Nach Aussagen derer, die ihn kannten, war er schüchtern, konservativ, hartnäckig moralistisch und streng kirchlich gesinnt – ein einsamer Hirte, der weit mehr an der Rettung einzelner Seelen als an der Bewältigung der sich zusehends verschärfenden sozialen Krise im Lande interessiert zu sein schien. Aus heutiger Sicht erscheint es ziemlich plausibel, daß ihm der Vatikan bei der Besetzung des bedeutendsten Bischofsstuhls von El Salvador den Vorzug vor Rivera gab, einem sehr viel liberaleren und politischeren Kopf, der vom progressiven Klerus im Lande protegiert wurde. Die Regierung El Salvadors war froh über die Ernennung Romeros, der, wie sie glaubte, sich lediglich um rein kirchliche Angelegenheiten des Glaubens und der Pastoral kümmern werde.

Drei Wochen nach der Amtseinführung des neuen Erzbischofs kam es jedoch zu einem Vorfall, der bei Romero, wie er später selbst erklärte, einen tiefgehenden Wandel im sozialen Bewußtsein auslöste. Pater Rutilio Grande, ein Jesuit, den Romero sehr bewunderte, wurde am Rande des 40 Kilometer nördlich der Hauptstadt gelegenen Dorfes Aguilares zusammen mit einem kleinen Jungen und einem alten Mann ermordet. Die politisch aktiven Jesuiten waren bei den Rechtsradikalen in El Salvador noch verhaßter als die Kommunisten. Beobachter sahen in der Ermordung Grandes einen rechtsradikalen Racheakt für die Beteiligung der Jesuiten an der Organisation eines Streiks in der örtlichen Zuckermühle im Jahre 1977. Romero war entsetzt über die Bluttat und verlangte von den Behörden eine gründliche Untersuchung. Doch die Regierung wimmelte ihn ab, und die Schuldigen wurden nie gefunden. Es war beileibe nicht die erste Untat gegen die Kirche, und es sollte auch nicht die letzte sein – aber es war das Ereignis, das Romero nach seiner eigenen Aussage die Kühnheit verlieh, eine größere, zukunftsweisende Rolle als Stimme des salvadorianischen Volkes zu übernehmen.

Vier Monate nach seinem Amtsantritt verprellte Romero den Vatikan und verstieß gegen die politische Tradition des Landes: Er weigerte sich demonstrativ, an der Amtseinführung des Präsidenten von El Salvador, des Generals Carlos Humberto Romero, teilzunehmen. Die Wahl des Präsidenten war durch weitverbreitete Gewalt und Wahlbetrug zustande gekommen. Mit seiner Geste signalisierte der Erzbischof, daß die salvadorianische Kirche fortan einen unabhängigen Kurs steuern werde.

In seinen Sonntagspredigten in der Kathedrale, seinen Rundfunkreden, besonders aber auch in vier ausführlichen Hirtenbriefen warf Romero mehreren aufeinanderfolgenden Regierungen vor, versprochene Reformen nicht durchgeführt zu haben. Insbesondere kritisierte er, daß die Landreform nicht verwirklicht wurde, durch die die verarmten *Campesinos* in den Besitz kleiner Ackerflächen kommen sollten. Seine Offenheit trug ihm die Feindschaft der Großgrundbesitzer und Industriellen ein, einer Oligarchie, die El Salvador seit langem in halbfeudaler Weise beherrschte. Die wichtigsten Medien des Landes machten es sich zur Gewohnheit, Romero regelmäßig zu kritisieren. 1978 nahm der Erzbischof direkt gegen willkürliche Morde und andere Menschenrechtsverletzungen Stellung, wodurch er den Haß der nationalen Sicherheitskräfte auf sich zog. Oppositionspolitiker suchten seinen Rat, und die Anführer der Volksbewegungen erhofften sich von ihm Unterstützung.

Nie zuvor hatte ein katholischer Bischof so unverblümt über die Unterdrückung der salvadorianischen Massen gesprochen. Nie zuvor hatte ein salvadorianischer Bischof die Kirche in dieser Weise mit dem Kampf um Gerechtigkeit identifiziert. Doch Romero lebte gefährlich. Man beschuldigte ihn der Einmischung in die Politik und warf ihm vor, kommunistische Priester zu hätscheln. Immer wieder wurden Kleriker und Bedienstete der Kirche von rechtsgerichteten Todesschwadronen gefoltert und ermordet. Einige Priester sahen sich gezwungen, ins Exil zu gehen. Die Unterdrückung der Kirche schrie zum Himmel.

Auch innerhalb der Kirche war Romero nicht unumstritten. Unter den sechs Bischöfen El Salvadors war nur Rivera ein zuverlässiger Mitstreiter. Im Sommer 1978 kam es zu einem offenen Bruch in der Hierarchie. Die sechs Bischöfe hatten sich getroffen, um einen Hirtenbrief über die zunehmende Politisierung der Volksbewegungen vorzubereiten, an denen sich mittlerweile auch einige Priester und führende Vertreter der katholischen Laienorganisationen beteiligten. Im August veröffentlichte Romero einen scharf formulierten Hirtenbrief über »Die Kirche und politische Volksbewegungen«, den außer ihm nur noch Rivera unterzeichnet hatte und in dem die Volksbewegungen generell – wenn auch nicht unkritisch – gelobt wurden. Der Hirtenbrief enthielt – neben einer klaren Absage an den Terrorismus – eine Verurteilung der »institutionalisierten Gewalt«, die durch die wirtschaftliche Unterdrückung der Massen seitens der Elite verursacht werde. Zwei Tage später erschien eine Gegenschrift, in der die vier anderen Bischöfe behaupteten, bei den Volksbewegungen handele es sich de facto um marxistische Organisationen.

Romeros Tun während seiner dreijährigen Amtszeit als Erzbischof wurde wiederholt auch vom päpstlichen Nuntius in El Salvador, Erzbischof Emmanuele Gerarda, kritisiert. Die Berichte, die Gerarda an den Vatikan schickte, beeinflußten auch die Einstellung Roms gegenüber dem umstrittenen Erzbischof. Als die Georgetown University 1978 bekanntgab, sie wolle Romero in Anerkennung seiner Verdienste als Verteidiger der Menschenrechte die Ehrendoktorwürde verleihen, versuchte Gabriel Kardinal Garrone, der Leiter der Heiligen Kongregation für das katholische Unterrichtswesen, die Zeremonie zu verhindern, wenn auch ohne Erfolg. 1979 waren vatikanische Beamte durch die freimütigen Äußerungen Romeros und die Spaltung des salvadorianischen Episkopats derart beunruhigt, daß sie empfahlen, die wichtigsten erzbischöflichen Pflichten Romeros in die Hände eines Apostolischen Administrators zu legen. Die Empfehlung wurde nie in die Tat umgesetzt, doch mußte Romero in zwei Privataudienzen bei Papst Johannes Paul II. intensive Befragungen und wiederholte Warnungen über sich ergehen lassen. Nach Ansicht einflußreicher Beamter und Diplomaten des Vatikans waren die Taten des Erzbischofs von San Salvador günstigstenfalls naiv und schlimmstenfalls sektiererisch. Man befürchtete, daß sie einem raschen Sieg der marxistischen Guerillabewegung Vorschub leisteten.

Es ist also nicht verwunderlich, daß kein Vertreter des Vatikans an den Trauerfeierlichkeiten für den ermordeten Erzbischof teilnahm. Und es überrascht auch kaum, daß sieben Jahre nach seinem Tod noch niemand in El Salvador Romero zur Kanonisierung vorgeschlagen hatte. Zum einen konnten sich die salvadorianischen Bischöfe selbst nicht einigen, ob die Heiligsprechung Romeros angemessen sei oder nicht. Ein zweiter Grund lag in der Furcht, die Bevölkerung könne in Unruhe versetzt und das Militär verärgert werden. Denkbar auch, daß der Wunsch, kein Verfahren einzuleiten, aus dem Vatikan gekommen war. Möglicherweise existierte ein der Öffentlichkeit unbekanntes Geheimnis um Romero, das seine Kanonisierung ausschloß. Doch welche Gründe waren entscheidend? Da der einzige Vertreter des salvadorianischen Episkopats, der sich in dieser Hinsicht für Romero stark machen konnte, Erzbischof Rivera war, beschloß ich, ihm diese Frage direkt zu stellen.

Unsere Begegnung fand in seinem Büro statt. Der Erzbischof, der einen grauen Anzug und ein blaßblaues Hemd trug, kam sofort zur Sache.

»Das Problem ist, daß sein Name von manchen Leuten immer noch zu politischen Zwecken verwendet wird«, sagte er. »Darin liegt die Schwierigkeit. Es wäre ein leichtes, zu beweisen, daß er ein Märtyrer der Kirche ist. Aber inzwischen gibt es verschiedene linksgerichtete Gruppen, die ihn als Märtyrer ihrer jeweiligen politischen Ziele ausgeben – und dadurch wird der Beweis erschwert, daß er ein Märtyrer der Kirche ist.«

An den Fingern einer Hand zählte Rivera nun in der Reihenfolge ihrer Bedeutung vier verschiedene Gruppen auf, die wahrscheinlich versuchen würden, aus Romeros Kanonisierung politisches Kapital zu schlagen: die Befreiungsfront Farbundo Martí (FMLN), eine marxistische Guerillabewegung; die Demokratisch-Revolutionäre Front (FDR), eine Koalition aus linksgerichteten politischen Organisationen; verschiedene andere legale Oppositionsgruppen sowie die *communidades de bas,* ein Netz aus politisch engagierten christlichen Basisgemeinden innerhalb der Kirche selbst. »Würde das Verfahren morgen eröffnet«, meinte Rivera, »dann marschierten diese Leute alle auf einmal durch die Straßen.«

Für Rivera kam daher eine Kanonisierung Romeros so lange nicht in Frage, wie die Erinnerung an ihn und sein Martyrium von verschiedenen Oppositionsgruppen zu politischen Zwecken umgemünzt werden könnten. Diese Politik diene, wie er mir versicherte, nicht dazu, die salvadorianische Rechte zu besänftigen, in deren Augen Romero bis heute eine subversive Gestalt sei. Vielmehr gelte es, Romero zu entpolitisieren. Mit anderen Worten: Romero könne erst dann als Heiliger anerkannt werden, wenn er sich zuvor einer »Transformation« unterzogen habe – aus dem Volksheiligen müsse ein Märtyrer der Kirche werden.

Ich fragte Rivera, ob er diese Strategie mit Beamten der Kongregation für Heiligsprechungsprozesse besprochen habe. Er verneinte. Mir fiel ein, daß der Papst, als er 1982 El Salvador bereiste, viele Menschen enttäuscht hatte, weil er der Kapelle, in der Romero ermordet worden war, keinen Besuch abstattete und sich statt dessen mit einem privaten Besuch am Grabmal des Märtyrers zufriedengab. War dies nicht ein Signal an die Kirche El Salvadors, die Verehrung, die Romero im Volke genoß, ein wenig zu dämpfen? Deshalb fragte ich Rivera, ob er sich mit dem Papst darüber unterhalten habe. Nein, sagte Rivera, *er* habe mit dem Papst nicht über die mögliche Kanonisierung Romeros gesprochen, wohl aber einer seiner Priester, Pater Jesús Delgado. Er lächelte. »Ich könnte Ihnen erzählen, was der Papst zu Pater Delgado gesagt hat. Wenn Sie's aber genau wissen wollen, sprechen Sie besser mit ihm selber.«

Pater Delgado war ein drahtiger salvadorianischer Priester, der in den fünfziger Jahren an der Universität Löwen in Belgien Geschichte studiert hatte und dank seiner Kompetenz von Rivera mit der Aufgabe betraut worden war, Material für jenen Tag zu sammeln, an dem die Kanonisierung Romeros problemlos eingeleitet werden könne. Das Gespräch mit Johannes Paul II. fand 1983 im Vatikan statt, und Delgado nutzte die Gelegenheit, ein wenig für die Anerkennung der Heiligkeit Romeros zu werben. Als Beweis für den übernatürlichen Zuspruch, den Romero erfahren habe, überreichte er dem Papst ein Glasfläschchen mit dem Blut des ermordeten Erzbischofs, welches man im Jahr zuvor zusammen mit den »auf wundersame Weise« erhalten gebliebenen Organen wieder ausgegraben hatte.

Der Papst habe ihn daran erinnert, berichtete Delgado, daß es zum Beweis für Romeros Märtyrertum keineswegs eines Wunders bedürfe. »Der Papst sagte: ›Er ist wirklich ein Märtyrer.‹ Er sagte es sogar zweimal. Also sagte ich zu ihm: ›Heiliger Vater, wir hoffen, daß er in ein paar Jahren kanonisiert wird.‹ Darauf der Papst: ›*Purtrobbo*‹ – ich erinnere mich noch genau des italienischen Wortes –, ›ich wünschte, es wäre so. Wie schade, daß Erzbischof Romero zu einem (politischen) Symbol geworden ist, heißt es doch, er sei ein Guerrillero gewesen.‹ Solange sich dieser Sachverhalt nicht ändere, meinte der Papst, sollten wir uns den Gedanken an eine Heiligsprechung aus dem Kopf schlagen. Von dieser Überlegung ist der Papst gleichsam besessen. Und deshalb hat Erzbischof Rivera noch kein Kanonisierungsverfahren für Erzbischof Romero eingeleitet.«

Johannes Paul II., fuhr Delgado fort, habe auch eine Obsession bezüglich des Mordes an Romero. »Der Papst fragt immer, wer Erzbischof Romero eigentlich erschossen hat. 1983 war ihm das noch nicht klar, doch heute, meint Erzbischof Rivera, weiß er Bescheid. Ich weiß allerdings nicht, zu welcher Schlußfolgerung der Papst gekommen ist. Was ich weiß, ist, daß eine Reihe von Leuten behauptet, Romero sei ein Politiker und seine Sonntagspredigten in der Kathedrale seien politische Ansprachen gewesen. Doch bei seinem Tod zelebrierte er keine seiner angeblich so provozierenden Sonntagsmessen, sondern einen Gedenkgottesdienst für eine Tote. Er sprach nicht über die Lage in El Salvador.

Er sprach über einen Menschen, der in der Nachfolge Christi gestorben war, über das Mysterium unseres Glaubens. Soviel steht fest. Und deshalb sagt der Heilige Vater auch, daß er wirklich ein Märtyrer ist.«

»Hat der Papst angedeutet, *wann* man einen erfolgversprechenden Heiligsprechungsprozeß für Romero in die Wege leiten können wird?« fragte ich.

»Wenn das Verfahren erst einmal begonnen hat, wird es recht schnell über die Bühne gehen, meint er. Deshalb sagte er auch: ›Zum jetzigen Zeitpunkt wünsche ich kein Verfahren.‹ Er will, daß wir 20, 25 Jahre warten, bis der Konflikt mit den Guerillas beendet ist. Doch dies wird nicht so rasch der Fall sein – und deshalb werden wir auf die nächste Generation, eine neue Generation warten müssen.«

Während er mir so detailliert über sein Gespräch mit Johannes Paul II. berichtete, war Pater Delgado möglicherweise auskunftsfreudiger, als er eigentlich sein wollte. Wenn er die Gedanken und Worte des Papstes richtig wiedergab, dann hatte Johannes Paul II. offenbar persönlich alle Aktivitäten der salvadorianischen Kirche zur Einleitung eines Heiligsprechungsverfahrens für Erzbischof Romero zum jetzigen Zeitpunkt unterbunden. Eine derart direkte päpstliche Intervention ist höchst ungewöhnlich, wenngleich nicht beispiellos. Es entsteht der Eindruck, als wären die Gründe, die den Papst dazu bewegten, im wesentlichen politischer, nicht theologischer Natur: Er will nicht, daß linke Oppositionsgruppen in El Salvador mit der Gestalt Romeros erfolgreiche Sympathiewerbung unter der Bevölkerung betreiben. Vielleicht ist ihm auch Romeros forsches Verhalten als Erzbischof ein Dorn im Auge, und er hält ihn daher der Kanonisierung für unwürdig. Ja, es ist durchaus möglich, daß er den Anblick von Guerillaverbänden fürchtet, die unter einem riesigen Banner mit dem Bild des Volksheiligen in die Schlacht ziehen. Was immer seine Beweggründe sein mögen – eines steht jedenfalls fest: Der Papst wird Romero nicht zum Märtyrer und zum Heiligen erklären, solange sich innerhalb der salvadorianischen Hierarchie selbst noch die Geister an seiner Person scheiden.

Es gibt allerdings auch eine theologische Erklärung für die Haltung des Papstes. Nach den Kriterien der Kirche sind nur jene wahre christliche Märtyrer, die nachweislich »aus Haß auf den Glauben« getötet wurden. Bei den frühen Christen war der entsprechende Nachweis leicht zu erbringen. Doch im zwanzigsten

Jahrhundert, in dem die meisten Märtyrer Opfer politischer Bewegungen sind – zum Beispiel in Nazi-Deutschland und in den kommunistischen Ländern –, läßt sich der »Haß auf den Glauben« nicht mehr so leicht nachweisen. Wäre zum Beispiel Martin Luther King jr. römisch-katholischer Priester gewesen, so stünde keineswegs fest, daß seine Ermordung in Memphis ihn automatisch zum Märtyrer des Glaubens gemacht hätte. In der römisch-katholischen Theologie ist eine Gestalt wie King vielleicht ein Märtyrer der Gerechtigkeit, nicht jedoch unbedingt gleich auch ein Märtyrer der Kirche. Sollte Rom also irgendwann einmal tatsächlich die Kanonisierung Romeros in Erwägung ziehen, so werden seine Anhänger den Beweis erbringen müssen, daß der Erzbischof nicht bloß seiner eigenen unverblümten Kritik an der Regierungspolitik zum Opfer fiel, sondern – wie Pater Delgado es ausdrückte – »als Mann der Kirche« ermordet wurde.

Romero hatte in Rom studiert und kannte diese theologischen Unterscheidungskriterien nur zu gut. So begriff er beispielsweise, daß Pater Grande, der ermordete Jesuit, ein Märtyrer des Volkes war, aber nicht unbedingt auch ein Märtyrer der Kirche. Gegen Ende seines Lebens neigte Romero immer mehr dazu, die Kirche mit dem salvadorianischen Volk zu identifizieren, und ahnte voraus, was sein eigenes Martyrium, so es denn über ihn käme, für das Volk von El Salvador bedeuten würde. Zwei Wochen vor seinem Tod sprach er in einem Telefoninterview mit einer mexikanischen Zeitung darüber:

> »Ich bin oft mit dem Tode bedroht worden. Als Christ glaube ich indessen nicht an einen Tod ohne Auferstehung. Wenn sie mich töten, werde ich im salvadorianischen Volk wiederauferstehen. Ich sage dies nicht, weil ich mich damit brüsten will, sondern in tiefster Demut.
> Als Seelsorger bin ich durch göttlichen Auftrag verpflichtet, mein Leben für jene zu geben, die ich liebe – also für alle Salvadorianer, selbst diejenigen, die mich vielleicht eines Tages töten werden. Sollten sich die Drohungen erfüllen, so opfere ich Gott von jenem Augenblick an mein Blut für die Erlösung und Wiederauferstehung El Salvadors.
> Das Martyrium ist eine Gnade Gottes, von der ich nicht glaube, daß ich ihrer würdig bin. Doch wenn Gott das Opfer meines Lebens annimmt, so laßt mein Blut Quell der Freiheit sein und ein Zeichen dafür, daß die Hoffnung bald zur Wirk-

lichkeit wird. Laßt meinen Tod, so Gott ihn annimmt, einen Tod für die Befreiung meines Volkes sein und ein Zeugnis für den Glauben an die Zukunft.
Man mag einwenden, daß ich denjenigen, die mich vielleicht töten werden, verzeihe und sie segne. Meine Ermordung könnte sie aber vielleicht davon überzeugen, daß sie ihre Zeit verschwenden. Ein Bischof wird sterben, aber die Kirche Gottes, welche das Volk ist, wird niemals untergehen.«

Es kann kein Zweifel daran bestehen, daß Romero sich als »Mann der Kirche« verstand. Sein Amt als Erzbischof trat er unter dem Motto »Ein Herz und eine Seele mit der Kirche« an. Ebenso steht außer Zweifel, daß er bewußt die höhere Aufgabe als Prophet des Volkes, einschließlich der damit verbundenen Risiken, übernahm. Hätte er sich in politischen Fragen mehr zurückgehalten, so wäre er gewiß nicht ermordet worden. Wollte man seine politische Rolle, die er zu einer Zeit übernahm, da jährlich 10 000 Salvadorianer eines gewaltsamen Todes starben, bestreiten oder auch nur herunterspielen, so hieße dies, die zentrale Bedeutung seines Lebens und Sterbens zu verfälschen. Andererseits: Würde man Romero als Märtyrer der Kirche anerkennen, gerade *weil* er in erster Linie ein Märtyrer der sozialen Gerechtigkeit war, so müßte die Kirche die Voraussetzungen des christlichen Märtyrertums neu überdenken. Zusammenfassend läßt sich sagen: Märtyrer sind Menschen, die als Verteidiger christlicher Glaubens- und/oder Moralvorstellungen sterben. Aber erst muß die Kirche noch soziale Gerechtigkeit – zumindest im Zusammenhang mit der politischen und ökonomischen Ausbeutung einer gesellschaftlichen Klasse durch die andere – als einen jener moralischen Werte anerkennen, für die ein der Kanonisierung würdiger Heiliger sein Leben gibt.

Dies wenigstens ist die Ansicht, welche die Jesuiten in El Salvador vertreten. Wie ihre Kollegen in Nicaragua sind die Jesuiten dort von der kirchlichen Hierarchie des Landes unabhängig und stehen als Exponenten der Befreiungstheologie in direkter Opposition zum konservativen Flügel der salvadorianischen Kirche. Fakultätsangehörige der Central American University in San Salvador halfen Romero bei der Abfassung seiner mittlerweile berühmten Hirtenbriefe. Der Theologe Jon Sobrino, ehemaliger Berater Romeros und einer von mehreren temperamentvollen Basken an der Fakultät, erklärte mir während eines langen Gesprächs an der Universität die Haltung der Jesuiten, die sich für die Anerkennung des verstorbenen Erzbischofs als eines Volksheiligen aussprechen.

»Wenn wir einen Musterheiligen suchen, der sich mit Romero vergleichen läßt«, begann Sobrino, »so finden wir ihn in Jesus. Und zwar nicht nur deshalb, weil er am Ende wie Jesus ›gekreuzigt‹ wurde, sondern auch, weil er auf der Seite des Volkes stand. Romero wurde ein Heiliger innerhalb der Gesellschaft, nicht bloß – sozusagen – in der Synagoge oder innerhalb der Stadtgrenzen von Jerusalem. Die meisten Heiligen hatten keinen unmittelbaren Kontakt mit dem Volk, so wie Jesus ihn hatte. Bei Romero war das anders. Erzbischof Romero gab den Menschen Hoffnung in einer Zeit, in der es keine Hoffnung gab. Er gab ihnen ihre Würde und ihre Selbstachtung zurück, und aus all diesen Gründen ist er sowohl ein christlicher Heiliger als auch ein salvadorianischer Held. Zum erstenmal in 500 Jahren bedeutet es ein und dasselbe, Salvadorianer und Christ zu sein. Das ist das Wunderbare, das Romero – und nicht nur er allein – symbolisiert.«

Sobrino machte eine Pause. Dann gab er mir auf mein Drängen hin eine präzise Schilderung jener Eigenschaften, die seiner Überzeugung nach Romero zum salvadorianischen Heiligen und Helden machten.

»Erzbischof Romero war ein Mann, der die Wahrheit sagte und die Menschen liebte. In Ländern der dritten Welt wie El Salvador wirkt das Aussprechen der Wahrheit wie eine Bombe. Bevor Erzbischof Romero die Dinge beim Namen nannte, glaubten die Menschen nicht, daß es überhaupt möglich war, die Wahrheit zu hören.« Für Sobrino besteht »die Grundwahrheit in diesem Land darin, daß es keine Gerechtigkeit gibt, keine Freiheit und keine Souveränität. Ein Beispiel: 60 000 Menschen sind in El Salvador umgebracht worden. Man hat die Ermordeten Kriminelle, Mörder, Kommunisten und so weiter genannt. Romero nannte sie Märtyrer. Für die Armen war es schier unglaublich, daß der Erzbischof während der Messe in der Kathedrale zu ihnen sagte: ›Wir haben Märtyrer in diesem Land.‹ Das zweite war: Er liebte die Menschen. Politische Parteien lieben die Menschen im allgemeinen nicht. Doch das Volk von El Salvador begriff, daß es von Romero geliebt wurde – vorbehaltlos und ohne Hintergedanken. Aus Liebe zu den Menschen gefährdete er sogar die Kirche als Institution. Ich sage das nicht, weil ich zu dramatischen Übertreibungen neige. Romero setzte Priester der Gefahr aus, ermordet zu werden. Hier an dieser Universität sind Bomben detoniert. Ich erinnere mich, daß er einmal sagte, all diese Verbrechen seien Zeichen dafür, daß die Kirche auf der Seite des Volkes stehe. Es wäre sehr traurig, meinte er, wenn unter so vielen Ermordeten nur Bauern wären und keine Priester. Eine Kirche, die keine Verfolgung erleidet, ist nicht die Kirche Jesu Christi. So lautete seine Botschaft. Daß man diese Botschaft in der Kirche und in der Welt nur selten zu hören bekommt, können Sie sich sicher vorstellen.«

»Ich kann mir vorstellen«, erwiderte ich, »daß der Papst über die Zwietracht besorgt war, die durch Romeros Handlungsweise in der salvadorianischen Kirche gesät wurde und die nach meinen Beobachtungen noch immer fortbesteht. Nach allem, was man weiß, war Romero ein sehr umstrittener Mann.«

Sobrino fegte diese Einwände vom Tisch: »Der umstrittene Heilige symbolisiert eine umstrittene Welt. Barmherzigkeit ist nicht die einzige christliche Reaktion auf die Zustände in der dritten Welt. Mutter Teresa von Kalkutta zum Beispiel reagiert mit Barmherzigkeit und Liebe. Ich nehme an, daß der Vatikan dieser Reaktion den Vorzug gibt. Aber Mutter Teresa ist nicht alles. Romeros Kanonisierung würde zumindest von der Logik her bestimmte Fragen aufwerfen. Zum Beispiel: Wäre eine katholische Kirche, die Romero heiligspricht, in letzter Instanz auch bereit, in seine Fußstapfen zu treten? Ich glaube nicht, daß der Vatikan heute dazu bereit wäre, weder in der Praxis noch im Prinzip. Man hält Romeros Einstellung gegenüber (den Problemen) der dritten Welt nicht für die beste, sondern zieht es vor, Konflikte mit den jeweiligen Machthabern zu vermeiden. Romero scheute diese Konflikte nicht.«

Ich erzählte Sobrino von den Gründen, die Erzbischof Rivera bewogen, Romeros Kanonisierung gegenwärtig nicht zu forcieren, sowie von den Befürchtungen Riveras und des Papstes, die salvadorianische Linke könne Romero für ihre politischen Ziele vereinnahmen. Sobrino gab zu, daß damit wohl zu rechnen wäre, doch hielt er das damit verbundene Risiko für unerheblich. »Jedenfalls ist dies keine Entschuldigung dafür, Romero als ›Mann der Kirche‹ unter Glas zu halten. Ich glaube nicht, daß wir dem Phänomen Romero auf diese Weise gerecht werden.«

»Sind Sie eigentlich wirklich daran interessiert, daß der Papst Romero heiligspricht?«

»Wenn er in 50 Jahren heiliggesprochen wird, geht die historische Perspektive zu einem großen Teil verloren. Käme es jedoch in den nächsten zehn Jahren, noch in diesem Jahrhundert, zur Kanonisierung, so hätte das eine zündende Wirkung. Wenn Sie Romero kanonisieren, so sagen Sie allein durch den Akt der Heiligsprechung, daß ein Bischof sich an Romeros Vorbild orientieren soll. Analog dazu geben Sie zu verstehen, daß Priester und Nonnen ebenfalls seinem Vorbild nacheifern sollen. Doch (im Vatikan) wünscht man grundsätzlich keine Bischöfe dieses Schlages. Es ist ja für jedermann ersichtlich, daß die Männer, die gegenwärtig zu Bischöfen ernannt werden, nicht so sind wie Romero. Im Grunde geht es um die Richtung, die der Glaube in diesem Lande nehmen wird. Die Menschen hier sind im großen und ganzen ein gekreuzigtes Volk. Wir hoffen, daß die Kirche sie vom Kreuz abnimmt. In ein oder zwei Jahrhunderten werden die Leute fragen: ›Wer hat uns vom Kreuz genommen? Waren es die, die an Gott glaubten, oder die, die nicht an ihn glaubten?‹ Romeros Heiligsprechung würde diese Botschaft rüberbringen. Er ist ein Symbol, das den Menschen hier eine Perspektive des Glaubens eröffnet.«

Am 24. März 1990, dem zehnten Todestag Romeros, kam es zu einer Reihe von politischen Protest- und Solidaritätsdemonstrationen. El Salvador war dem Frieden nicht näher als zu Lebzeiten Romeros. Am 6. November des vorangegangenen Jahres waren sechs Jesuiten, alle Kollegen Sobrinos von der Universität, zusammen mit ihrer salvadorianischen Haushälterin und deren Kind brutal ermordet worden. Einmal mehr, wie schon im Fall Romero, war die Regierung nicht imstande – oder willens, wie Kritiker meinten –, die Verantwortlichen zur Rechenschaft zu ziehen.

Erzbischof Rivera y Damas nahm die Bluttat nichtsdestoweniger zum Anlaß, auf einer Gedenkmesse für Romero öffentlich bekanntzugeben, daß er eine formelle Untersuchung über das Leben, die Tugenden und den Tod seines Vorgängers eingeleitet und somit den ersten Schritt zu seiner Kanonisierung getan habe. Was der Erzbischof damit beabsichtigte, war klar: Die Untersuchung sollte die Heiligmäßigkeit Romeros beweisen und seinen Ruf als Märtyrer festigen, eines Hirten, der sich – mit den bezeichnenden Worten Johannes Pauls II. – »für seine Herde opferte«. Gleichzeitig mit der Ankündigung des Bischofs wurde Romeros persönliches Tagebuch der Öffentlichkeit zugänglich gemacht, aus dem nach Ansicht des Weihbischofs Gregorio Rosa Chavez klar hervorgeht, daß der Verstorbene nicht nur die Regierung kritisierte, sondern auch »die Starrheit, den Dogmatismus und die

Übergriffe linker Gruppen entschieden verurteilte«. Wie zu erwarten, befand sich der Märtyrer des Volkes auf dem Wege, zu einem Märtyrer der Kirche zu werden.

Drei katholische Persönlichkeiten der Gegenwart – aus drei völlig unterschiedlichen soziokulturellen Milieus: Ein jeder dokumentiert ein anderes Verständnis dessen, was es bedeutet, im ausgehenden zwanzigsten Jahrhundert die Nachfolge Jesu Christi anzutreten. Ein jeder verkörpert ein anderes Modell von Heiligkeit. Ein jeder symbolisiert eine andere Option für die Zukunft des Katholizismus, und jeder hat auf dem Weg zur formellen Kanonisierung unterschiedliche Hindernisse zu überwinden. Vielleicht wird keiner der drei jemals offiziell heiliggesprochen. Trotz ihrer Unterschiede stellt sich bei allen dreien dieselbe Frage: Was ist ein Heiliger oder eine Heilige?

2. KAPITEL

Heilige, Heiligenkulte und Heiligsprechung

Was ist ein Heiliger?

Ein Heiliger oder eine Heilige in der christlichen Tradition ist ein Mensch, dessen Heiligmäßigkeit von anderen Christen als außergewöhnlich angesehen wird. Dies erfordert nicht, daß die Heiligmacher selber Heilige sein müssen. Es heißt lediglich, daß Christen imstande sein müssen, Heiligkeit zu *erkennen*, wenn sie ihrer ansichtig werden.

In der einen oder anderen Weise haben sich Christen seit der Frühzeit ihrer Kirche »Heilige gemacht«. Ursprünglich war die »Heiligsprechung« ein spontaner Akt der örtlichen Christengemeinde. Heutzutage ist sie ein langwieriges, penibles Verfahren, dessen Abwicklung von bestimmten Normen und Prozeduren bestimmt wird und in den Händen vatikanischer Beamter liegt. Wie und warum es sich so entwickelte, ist Thema dieses Kapitels.

Die Frage »Was ist ein Heiliger?« kann nicht gestellt werden ohne eine gewisse Kenntnis jener Gestalten, die bereits als Heilige anerkannt sind. In den ersten 1500 Jahren der Kirchengeschichte und noch darüber hinaus waren Heilige Verstorbene, um deren Gestalt sich ein Volkskult gebildet hatte. Das Wort »Kult« hat im zeitgenössischen Sprachgebrauch einen negativen Beigeschmack bekommen. Es klingt nach Irrationalität und Götzenkult, nach dem totalen Sichausliefern an einen Guru mit hypnotischen Fähigkeiten. Man tut daher gut daran, sich ins Gedächtnis zu rufen, daß auch das Christentum selbst als übel beleumundete, »götzendienerische« Bewegung begann, die den gekreuzigten Jesus verehrte und um ihn einen »Kult« aufzog. Wäre Jesus nicht den Märtyrertod gestorben, so hätte es vielleicht nie einen christlichen Heiligenkult gegeben.

Für die frühen Christen war die Einbeziehung anderer Personen in den Jesus-Kult eine organische Weiterentwicklung ihres eigenen Glaubens und ihrer Erfahrung. Die Heiligen wurden nicht nur ihrer Heiligkeit wegen verehrt; man wandte sich auch an sie, weil sie mächtig waren. Sie wirkten vor allem durch die sterblichen Überreste ihrer Körper. Die Geschichte der »Heiligmachung« ist daher aufs engste verknüpft mit der Geschichte der Heiligenkulte und der Reliquien. Die Heiligsprechung in ihrer gegenwärtigen bürokratischen Form besteht, wie wir sehen werden, im wesentlichen aus einer Reihe offizieller Verordnungen der Kirche, durch die der Papst die öffentliche Verehrung bestimmter ihm vorgeschlagener Kandidaten zuläßt. Wie und warum das Papsttum die Kontrolle über die Heiligenverehrung an sich zog – auch darum geht es in diesem Kapitel.

Schon diese knappen Hinweise zeigen, daß zur Kanonisierung weit mehr gehört als nur eine feierliche Deklaration des Papstes. »Kanonisieren« bedeutet im Wortsinn »einen Namen in den Kanon eintragen«, in das kirchenamtliche Verzeichnis der Heiligen. Die christlichen Gemeinden haben im Lauf der Jahrhunderte eine Vielzahl von Heiligen- und Märtyrerverzeichnissen zusammengestellt. Viele der darin enthaltenen Namen verloren sich im Dunkel der Geschichte. Das umfassendste Werk über Heilige ist die *Bibliotheca Sanctorum,* die bis zum Jahre 1989 18 Bände umfaßte und mehr als 10 000 Heilige aufführt. Diese Zahl beläuft sich auf ein Vielfaches der von Päpsten kanonisierten Heiligen. Die Heiligenverzeichnisse dienten nicht nur dazu, den Überblick über die verehrungswürdigsten Helden der Kirche nicht zu verlieren, sondern hatten auch eine liturgische Funktion: Wer kanonisiert war, wurde in der Messe erwähnt. Außerdem wurde ihm ein bestimmter Festtag im kirchlichen Kalender zugewiesen.

Es ist unmöglich, in einem einzigen Kapitel die Geschichte der Heiligen in all ihren schillernden Verästelungen und vielfältigen Dimensionen abzuhandeln; ein ganzes Buch würde nicht dazu ausreichen. Gerade in jüngster Zeit läßt sich eine Renaissance der wissenschaftlichen Erforschung der Heiligen und ihrer Legenden beobachten. Dabei wird vor allem versucht, die Mentalitäten und gesellschaftlichen Grundlagen antiker und mittelalterlicher Kultur herauszuarbeiten. Ohne ein Mindestmaß an Kenntnis der früheren Bedeutung der Heiligen für Kirche und Volk wird man die Probleme und Prozeduren des modernen Heiligsprechungsprozesses nicht verstehen können.

Im folgenden gebe ich eine notgedrungenerweise sehr geraffte Darstellung der wichtigsten Themen, Kontroversen und Wendepunkte in der Geschichte der Heiligen und ihrer Kulte. Die Darstellung ist in keiner Weise erschöpfend. Ihr Ziel ist es, aufzuzeigen, wie sich das Verfahren der Heiligsprechung im Lauf der Zeit in einen streng durchrationalisierten und bürokratischen Prozeß verwandelte. Wir werden sehen, wie sich bestimmte Spannungen entwickelten – namentlich zwischen dem Heiligen als Vorbild heroischer Tugendhaftigkeit und dem Heiligen als Wundertäter. Die Spannungen bestehen auch heute noch, wie das Beispiel Oscar Romeros in El Salvador gezeigt hat, und dies legt die Vermutung nahe, daß Rom die Frage »Wer ist ein Heiliger?« bis heute noch nicht zur vollkommenen Zufriedenheit gelöst hat.

Viele Kritiker des modernen Heiligsprechungsverfahrens betrachten es als zu lang und zu abgehoben von den Interessen des einfachen katholischen Gläubigen. Diese Kritik mag durchaus berechtigt sein, doch die Gründe dafür sind historischer Art. Ursprünglich gab es keinen festgelegten Normenkatalog, der a priori entschied, wer heilig ist und wer nicht, sondern eine Fülle von Einzelpersonen, deren Leben und Sterben von den Menschen, die sie kannten, in ehrenvoller Erinnerung gehalten wurden. Wir werden sehen, daß die heutigen Prozeduren, so apriorisch sie mittlerweile auch geworden sein mögen, durchaus versuchen, der frühchristlichen Absicht gerecht zu werden, bestimmte Brüder und Schwestern in den Stand besonderer Anerkennung und Verehrung zu erheben. Zumindest in der Theorie, in überraschend hohem Ausmaß aber auch in der Praxis ist Heiligkeit noch immer vom »Auge des Betrachters« abhängig – und der Hauptbetrachter ist die Gemeinde der Gläubigen.

Die Geschichte der Kirche ist zu einem großen Teil die Geschichte ihrer Heiligen. Man könnte es sogar so ausdrücken: Die Kirche existiert, um aus ihren Mitgliedern Heilige zu machen, wobei wir unter Heiligen hier all jene verstehen, die in der wahren Nachfolge Christi stehen. So jedenfalls sahen es die frühen Christen. Und sie sind es auch, bei denen wir beginnen müssen.

Die Ursprünge:
Der Tod im Leben der Heiligen

Die Christen des Neuen Testaments sahen alle getauften Gläubigen als »Heilige« (griechisch *hagioi*) an. Da die meisten von ihnen vorher Juden gewesen waren, betrachteten sie Heiligkeit als eine Eigenschaft der Gemeinde, nicht als die einer Einzelperson. Doch bereits unter den Christen der ersten Generation gab es einige Persönlichkeiten, die der besonderen Ehrung für würdig gehalten und entsprechend herausgehoben wurden. Ausschlaggebend dafür waren freilich nicht ihre Predigten oder ihre Frömmigkeit, sondern die Tatsache, daß sie für ihren Glauben Zeugnis abgelegt hatten, indem sie für ihn gestorben waren. Schon vor Ende des ersten nachchristlichen Jahrhunderts war der Begriff »Heilige« daher ausschließlich Märtyrern (griechisch *martys* = Zeuge) vorbehalten. Bis heute ist das Martyrium die zuverlässigste Voraussetzung für eine Kanonisierung.

Es gibt plausible Gründe für die Annahme, daß der erste »kanonisierte« Heilige Stephan war, der konvertierte Jude und Diakon, der, wie das Neue Testament berichtet, als erster den Märtyrertod für Christus starb. Der Bericht des Lukas über Stephans Martyrium (Apg 6–7) ist außerordentlich wichtig, um zu verstehen, wie die Urgemeinde Stephans Heiligkeit interpretierte. Der Text ist so aufgebaut, daß Stephans Verhaftung, sein Glaubenszeugnis und sein Tod eine Analogie zu der Verhaftung, dem Glaubensbekenntnis und dem Tod Jesu darstellen. Wie Jesus wird Stephan als Wundertäter und Prediger von großer Überzeugungskraft beschrieben. Und wie Jesus zieht er sich die Feindschaft der jüdischen Pharisäer und Schriftgelehrten zu. Sie lassen ihn verhaften und stellen ihn vor Gericht. Stephan nutzt die Gelegenheit zu einer langen und sehr beredten Darlegung seines Glaubens. Am Ende wird er zur Stadt hinausgeführt und gesteinigt. Noch im Sterben bittet er Gott, seinen Mördern zu verzeihen.

Diese Form der Darstellung sollte zeigen, daß Stephan das Leiden und den Tod Christi nachvollzog. Da wir über keine weiteren Schilderungen seines Martyriums verfügen, läßt sich nicht sagen, inwieweit der Bericht des Lukas dem historischen Sachverhalt entspricht. Doch darum geht es hier auch gar nicht. Entscheidend ist, daß die Christengemeinde Stephan *nur* aufgrund der Analogie zur Leidensgeschichte und dem Tod Jesu als Heiligen anerkennen konnte. Die Geschichte Stephans ist die Geschichte Christi in einem anderen Gewand. Ein Heiliger zu sein bedeutete demnach nicht nur, *für* Christus zu sterben, sondern auch *wie* er. Oder – was auf dasselbe hinausläuft: Es bedeutete, daß die Geschichte vom Tod des Heiligen in gleicher Weise erinnert und weitererzählt wurde wie die Geschichte Jesu.

Heiligkeit und Martyrium waren somit im christlichen Bewußtsein von Anfang an untrennbar miteinander verknüpft. So wie Jesus dem Vater bis in den Tod gehorsam war, so war der Heilige jemand, der um Christi willen in den Tod ging. So wie die Taufe die Aufnahme in den Leib Christi bedeutete, so bedeutete das Martyrium ein Sterben mit Christus und die Wiederauferstehung in der Fülle des ewigen Lebens. Es war das Siegel der vollkommenen Übereinstimmung mit Christus. Sehr interessant in diesem Zusammenhang ist der Umstand, daß selbst die Apostel Petrus und Paulus, die beiden Säulen der apostolischen Kirche, letztlich nicht deshalb als Heilige verehrt wurden, weil sie in den Christengemeinden eine führende Rolle gespielt hatten, sondern weil sie am Ende ihres Lebens den Märtyrertod starben.

In den ersten vier nachchristlichen Jahrhunderten war der Druck durch die Verfolgungen der Römer so stark, daß jeder, der sich zum Christentum bekannte, das Risiko einging, als Märtyrer zu enden. Viele Menschen empfanden dies sogar als besondere Gnade. Inbrünstig sehnten sie sich danach, nach Christi Vorbild leiden und sterben zu dürfen. So ließ zu Beginn des zweiten Jahrhunderts Bischof Ignatius von Antiochien vor seiner Reise nach Rom einflußreiche Bürger der Stadt den Ort seiner Hinrichtung wissen und bat sie, auf Interventionen zu seiner Rettung zu verzichten. Denn dadurch, daß er von wilden Tieren aufgefressen werde, komme er zu Gott.

Allerdings gingen nicht alle Christen, die eingekerkert, gefoltert oder zu Zwangsarbeit verurteilt wurden, tatsächlich auch zugrunde. Einige von ihnen wurden um das Martyrium betrogen, obwohl sie sich öffentlich zu ihrem Glauben bekannt hatten. Auch diese überlebenden Bekenner, wie sie genannt wurden, wurden ob ihres öffentlich abgelegten Bekenntnisses und ihrer Todesbereitschaft verehrt. Handelte es sich um Katechumenen – Menschen, die sich durch Unterricht auf die Taufe vorbereiteten, aber noch nicht getauft waren –, so galten sie aufgrund ihrer Bereitschaft, für Christus das Martyrium zu erleiden, als »durch das Blut Getaufte«. Waren sie bereits getauft, so bot man ihnen bestimmte

Privilegien (darunter ein festes Einkommen) und den Status von Klerikern an. Aufgrund ihrer Ähnlichkeit mit echten Märtyrern wurden schließlich auch einige Bekenner nach ihrem Tod als Heilige verehrt.

Unter Konstantin, dem ersten christlich gesinnten Kaiser, begann im vierten Jahrhundert eine neue, friedliche Epoche in den Beziehungen zwischen der Kirche und dem römischen Staat. Das klassische Zeitalter der Märtyrer ging zu Ende, und neben den alten Formen der Heiligkeit entwickelten sich neue. Als wichtigste bildeten sich die Gestalten des Eremiten (Anachoreten) und des Mönchs heraus. Sie eiferten Christus in einer neuen Weise nach. So wie einst Jesus, als er 40 Tage und Nächte in der Wüste fastete, entsagten diese Asketen der »Welt« und selbst deren harmlosesten Freuden und zogen sich in die Wildnisse Syriens und Ägyptens oder auf Säulen zurück. Anders gesagt: Sie verordneten sich nach strengsten Regeln die Selbstvernichtung, indem sie freiwillig auf Nahrung, Sex, Geld, bequeme Kleidung und Wohnung sowie auf jede Form der Gemeinschaft mit anderen Menschen (vor allem auf die Ehe) verzichteten. Für die Kirche war das langsame »weiße« Martyrium der Asketen ein Äquivalent zum sofortigen »roten« Martyrium jener, die tatsächlich ihr Blut vergossen.

Für die Christen der griechisch-römischen Antike waren also außergewöhnliche Leiden Kriterium der Heiligkeit. Heilig war, wer Jesus nacheiferte, indem er entweder starb, zum Sterben bereit war oder in stiller Todessehnsucht der Welt entsagte. Von allen nahm der Märtyrer den höchsten Rang ein – woran sich bis heute nichts geändert hat. Doch indem der Begriff der Heiligkeit auch auf die Lebenden ausgeweitet wurde, begann die Kirche schrittweise damit, bestimmte Menschen nicht mehr nur ihres Todes, sondern auch ihres exemplarischen *Lebens* wegen zu verehren.

Im Lauf der Zeit wurden auch noch andere Menschen, die ihr beispielhaftes Leben auszeichnete, zu anerkannten Heiligen, darunter Missionare und Bischöfe, die vor allem gegenüber den Armen besonderen seelsorgerischen Eifer an den Tag legten. Hinzu kamen christliche Herrscher, die sich in außergewöhnlicher Weise um ihre Untertanen verdient machten, und Apologeten, die als intellektuelle Verteidiger des Glaubens und durch persönliche Askese hervortraten. Im Mittelalter füllten sich die Heiligenverzeichnisse mit den Namen der verschiedensten Ordensstifter und

-stifterinnen. Die Ordensgelübde Armut, Keuschheit und Gehorsam gingen dabei auf die frühen Asketen in der Wüste zurück.

Trotz der rasch zunehmenden Zahl der Heiligen änderten sich die Kategorien, nach denen sie eingeteilt wurden, kaum. Bis in unser Jahrhundert hinein wurden Heilige nach Kriterien klassifiziert, die in den ersten vier Jahrhunderten der Kirchengeschichte entwickelt worden waren. Heilige waren entweder Märtyrer oder Bekenner. Handelte es sich um Bekenner, so wurden sie nach Geschlecht und Status unterteilt: Bischof, Priester oder Mönch bei Männern; Jungfrau oder Witwe bei Frauen. Alle anderen Heiligen (also Verheiratete) galten als »weder Jungfrau noch Märtyrer« – eine Kategorie, die soviel besagt wie »nicht zu den Obengenannten gehörig«. Heute werden Verheiratete als eigene Kategorie anerkannt, aber es gibt keine näheren Differenzierungen nach heroischen christlichen Kaufleuten, Künstlern, Gelehrten, Wissenschaftlern oder Politikern usw. Diese Typologie bedeutet nicht, daß die Kirche bei der Bestimmung ihrer Heiligen die Berufung des Kandidaten im realen Leben verkennt. Sie besagt vielmehr, daß der Begriff der Heiligkeit sich nach wie vor an den ursprünglichen Formen der Entsagung als Ausdruck der Liebe zu Christus orientiert. Der Märtyrer entsagt lieber dem Leben, als daß er Christus verleugnet; der Bekenner erklärt sich zum Sterben bereit, und die Jungfrau entsagt den normalen Freuden des Lebens, namentlich dem Sex und der ehelichen Gemeinschaft.

Die Christen in den ersten, strukturbildenden Jahrhunderten der Kirche sahen indessen bereits in ihren Heiligen weit mehr als nur die reine Entsagung. Sie glaubten, Jesus habe durch sein Leben, seinen Tod und seine Wiederauferstehung von den Toten ein neues Zeitalter, das Reich Gottes, eröffnet. Aus dieser Sicht waren die Heiligen – und unter ihnen besonders die Märtyrer – Zeugen der Entstehung dieses Reiches, hier und jetzt, eines Reiches, in dem die Mächte dieser Welt ohne Belang waren. Mehr noch: Da die Heiligen Wunder wirkten, manifestierte sich in ihnen die *Macht* des heraufziehenden Reichs Christi. Die Heiligen wurden also nicht nur verehrt, weil sie in exemplarischer Weise das Leben Jesu nachvollzogen, sondern auch wegen ihrer wundertätigen Kraft. So entwickelte sich aus der Saat des christlichen Märtyrertums innerhalb der Kirche ein neues Phänomen: der Heiligenkult.

Der Heiligenkult

Zu den frühen christlichen Glaubensformeln zählte unter anderem der Glaube an die »Gemeinschaft der Heiligen«. Da ihr Zeugnis vollendet und ihre Entsagung vollkommen war, ging man davon aus, daß Märtyrer im Augenblick ihres Todes »wiedergeboren« wurden zum ewigen Leben. Als einzige Religionsgemeinschaft erinnerten sich daher die Christen ihrer heiligen Märtyrer nicht an deren Geburtstag, sondern am *dies natalis,* dem Tag der Wiedergeburt. Sie waren aber auch davon überzeugt, daß die Heiligen in ihrer Herrlichkeit auch jene nicht vergaßen, die noch immer auf Erden ihr Leben fristeten: Es gab zwischen ihnen ein gemeinsames Band, eine Gemeinschaft der Lebenden mit den Toten. Im Himmel konnten die Märtyrer als »Freunde Gottes« Vermittlerdienste für irdische Bittsteller übernehmen. So wandten sich die Christen im Lauf der ersten drei Jahrhunderte in ihren Gebeten immer häufiger an die Heiligen und baten sie um Schutz, Mut, Heilung und andere Formen geistlicher und materieller Hilfe. Infolge der durch Fürsprache gewirkten Wunder wurde die Verehrung Christi um einen ergänzenden – und gelegentlich sogar rivalisierenden – Heiligenkult erweitert.

Es ist heute, fast 2000 Jahre danach, schwierig, die Neuartigkeit des christlichen Märtyrerkults und seinen Einfluß auf die Weltanschauung der griechisch-römischen Gesellschaft richtig einzuschätzen. Hätten die Christen sich darauf beschränkt, zu behaupten, daß Christus nur den Tod überwand, so wäre ihr Glaube möglicherweise nicht imstande gewesen, das Heidentum der Römer zu verdrängen und zu ersetzen. Was die Nichtchristen wirklich verblüffte, war der kraftvolle Märtyrerkult der jungen Religion. Die einen wurden davon angezogen, andere waren entsetzt. Der Historiker Peter Brown hat sehr detailliert geschildert, wie der Märtyrerkult der Christen die in der griechisch-römischen Welt zwischen dem Reich der Lebenden und dem Reich der Toten bestehenden »anerkannten Grenzen« in Frage stellte. »Am zuverlässigsten läßt sich der Aufstieg der christlichen Kirche nachvollziehen«, schreibt Brown, »wenn wir den heidnischen Reaktionen auf den Märtyrerkult Gehör schenken.« Als typisches Beispiel zitiert Brown den zornigen Ausbruch des Kaisers Julian Apostata im vierten Jahrhundert: »Immer neue Leichen fügt ihr der alten Leiche (Christi) hinzu. Ihr habt die ganze Welt mit Gruften und Grabmälern angefüllt.«

Der bevorzugte Ort des Märtyrerkults war die jeweilige Grabstätte. Nachdem sie der Hinrichtung beigewohnt hatten, sammelten die Gläubigen die sterblichen Überreste des Märtyrers und legten sie in Behältnisse, die daraufhin versiegelt und in den Katakomben oder an anderen geheimen Begräbnisstätten untergebracht wurden. Am Jahrestag des Todes (das heißt der Wiedergeburt) des Märtyrers versammelten sich dessen Freunde und Verwandte an der Stätte, wo sie seine Gebeine aufbewahrten, zu einer liturgischen Feier. Auf diese Weise waren, in den Worten Browns, »Grab und Altar« in einem Ritual »verbunden«, das strenggläubige Juden und fromme Heiden gleichermaßen vor den Kopf stieß.

Hierin liegt natürlich ein Paradox: Derselbe Körper, welchen der Märtyrer so bereitwillig opferte und den besonders der Asket mit disziplinierter Verachtung bedachte, war der Christengemeinde »teurer als Edelsteine und feiner als Gold«. Sie glaubten, daß der Geist des toten Heiligen – wiewohl er ja eigentlich gen Himmel gefahren war – in einer bestimmten Weise auch noch den sterblichen Überresten innewohnte. Wo immer also die Reliquien eines Heiligen verehrt wurden, begegneten sich Himmel und Erde in einer zumindest im westlichen Kulturkreis bisher unbekannten Art. Die Inschrift auf dem Grab des heiligen Martin von Tours belegt dies:

»Hier liegt Martin, der Bischof, heiligen Angedenkens,
Seine Seele ruht in Gottes Hand, und doch ist er hier,
  voll und ganz.
Und Wunder jedweder Art beweisen seine Gegenwart.«

Wunder waren für die Christen der Frühzeit und des Mittelalters alltägliche Ereignisse. Sie waren Teil einer Realität, die zwar anders war als die unsere, aber nicht weniger komplex. Für Augustinus waren »alle Dinge vom Wunderbaren erfüllt«, und die Welt selbst galt ihm als »Wunder aller Wunder«. Es war daher völlig »natürlich«, daß die Anbetung der Heiligen und ihre Fürsprache bei Gott den Herrn dazu bewegen konnten, das Übernatürliche zu offenbaren. Heutzutage ist die Kirche dagegen erheblich vorsichtiger im Umgang mit dem Wunderbaren. Das moderne Heiligsprechungsverfahren erfordert zwar nach wie vor Wunder als Zeichen göttlicher Gnade, doch verpflichtet es die Katholiken nicht, alle Wunder, von denen berichtet wird, als »übernatürlich«

anzunehmen, nicht einmal solche, die an bekannten Pilgerstätten wie Lourdes gewirkt oder ausdrücklich im Rahmen des Heiligsprechungsverfahrens anerkannt wurden. Wichtig für unser Verständnis ist jedoch die Frage, wie es kam, daß die den Heiligen zugeschriebenen wundersamen Ereignisse, vor allem an den Grabmälern und Heiligenschreinen, mit den für eine Kanonisierung erforderlichen Voraussetzungen verwoben wurden.

Die Verbindung von »Grab und Altar« kristallisierte sich mit der Zeit immer deutlicher heraus. Als sich die Heiligengräber zu Pilgerstätten entwickelten (wo auch entsprechende Feste gefeiert wurden), begann man dort Kirchen zu errichten, um den Gebeinen ein würdiges Dach und dem Ortsheiligen oder Patron eine angemessenere Andachtsstätte zu verschaffen. Dazu wurde die bisherige Stadtmauer weiter gefaßt, so daß sie in der Folgezeit auch die Friedhöfe samt den immer prunkvolleren Heiligenschreinen einschloß (eines der bekanntesten Beispiele: der Vatikan, einst eine Anhöhe vor den Toren Roms, auf der über dem Grab des Apostels die Basilica S. Petri in Vaticano errichtet wurde). Es war unvermeidlich, daß es bald zum Konflikt kam: Die Macht des Bischofs als zuständige kirchliche Autorität rivalisierte in jenem frühen Stadium der Kirchengeschichte mit der Kraft der Fürsprache des vor Ort bestatteten Heiligen. Die örtlichen Bischöfe setzten, wie Brown ausführt, alles daran, die Heiligenschreine unter Kontrolle zu bekommen, und machten sie schließlich zu Eckpfeilern ihrer kirchlichen Macht. Brown geht nicht ganz soweit, zu behaupten, das Christentum wäre in den ersten Jahrhunderten aufgrund der enormen Popularität der Heiligen und ihrer Gräber Gefahr gelaufen, in eine Art abendländischen Hinduismus verwandelt zu werden; *was* er jedoch behauptet, ist folgendes:

> »Wo immer sich das Christentum im frühen Mittelalter ausbreitete – überall führte es die ›Präsenz‹ der Heiligen mit sich. Ob unvorstellbar weit im Norden, in Schottland ... oder am Rande der Wüste, wo Rom, Persien und die arabische Welt sich am Schrein des heiligen Sergius in Resafa begegneten ... oder noch weiter im Osten, unter den nestorianischen Christen im Irak, im Iran oder in Zentralasien – überall dort, wo das spätantike Christentum mit der Außenwelt zusammenstieß, *bestand es* aus Heiligenschreinen und Reliquien.«

Daß die kultische Verehrung, die den Heiligen entgegengebracht wurde, dem Gottesdienst Konkurrenz machte, war unvermeidlich. Schon gegen Mitte des zweiten Jahrhunderts war den Christen durchaus bewußt, daß gegen ihre Heiligenverehrung der Vorwurf der Götzendienerei erhoben werden konnte. Im *Martyrium des Polykarp,* einem Brief der Christen aus dem kleinasiatischen Smyrna an ihre Glaubensbrüder im phrygischen Philomelion, berichtet der Autor, daß die Behörde der Stadt sich geweigert habe, der Gemeinde die verkohlten Reste des Bischofs auszuhändigen, um so zu verhindern, daß sie den Gekreuzigten verlassen und den Bischof statt seiner verehren. Man wollte keinesfalls einen zweiten Christus. Doch eben für einen solchen hielten die Christen in Smyrna ihren Bischof. Schließlich gelang es ihnen auch, seine Gebeine aus der Asche zu bergen. Der Brief, in dem diese Episode wiedergegeben wird, ist unter anderem deshalb historisch bedeutsam, weil in ihm zwischen der Anbetung Christi und der Liebe zu den Märtyrern als Jüngern und Nachfolgern des Herrn unterschieden wird.

Ebenso wie die Christen in Smyrna zogen auch die Kirchenväter des dritten und vierten Jahrhunderts eine deutliche Trennlinie zwischen der *Anbetung* Christi (griechisch *latreia*) und der *Verehrung* der Heiligen (griechisch *douleia*). In der Praxis war diese theoretisch durchaus plausibel klingende Unterscheidung oft nur schwer aufrechtzuerhalten. Die Heiligen waren nach alledem Objekte eines Volkskults. Über die richtige Art ihrer Verehrung entbrannte eine lebhafte intellektuelle Auseinandersetzung. Ein Beispiel: Obwohl der Leib und das Blut Christi dem Glauben nach in Brot und Wein bei der Eucharistie gegenwärtig sind, hielt der Volksglaube die Präsenz der Heiligen in ihren Gräbern und Reliquien bisweilen für stärker. Die Heiligenschreine und -grabstätten wurden daher zu Orten kultischer Handlungen, welche an die Praktiken heidnischer Kulte, wie beispielsweise des Asklepios-Kults, erinnerten. Christliche Familien veranstalteten Festgelage vor Heiligengräbern. Einige praktizierten auch den »Tempelschlaf«, das heißt, sie verbrachten die Nacht an den Schreinen, um den Schutz der Heiligen zu erlangen. Daraus entwickelte sich eine weitere Tradition, die das gesamte Mittelalter hindurch Bestand hatte: die Bestattung *ad sanctos* – neben den Heiligengräbern. Man erhoffte sich dadurch den Beistand der Heiligen für die Verstorbenen, wenn diese am Tag des Jüngsten Gerichts vor den Richterstuhl Gottes treten müßten.

Nicht nur die Leichname der Heiligen, sondern auch ihre Kleider und das Werkzeug, mit dem man sie gefoltert hatte, wurden zu Objekten der Verehrung. Nach einem zeitgenössischen Bericht sollen vor der Beerdigung des heiligen Ambrosius von Mailand im Jahre 397 die Männer und Frauen Taschentücher und Schürzen auf den Leichnam geworfen haben, in der Hoffnung, ihn damit zu berühren. Derartige *brandea,* wie sie genannt wurden, standen als wundertätige Reliquien hoch im Kurs. Nach der Berührung mit dem Körper verschloß man sie in geschmückten Reliquiaren; als »tragbare Schreine« dienten sie zum öffentlichen und privaten Gebrauch.

Einige Kirchenväter waren gegen die Reliquienverehrung; sie meinten, die durch sie in Umlauf gekommenen Formen der Verehrung seien allein Gott vorbehalten. Andere verteidigten den Kult mit der Begründung, die Leichname der Märtyrer seien geheiligt – und von daher auch die Gegenstände, die mit ihnen in Berührung kämen. Wieder andere rechtfertigten den Heiligenkult und die Verehrung ihrer Reliquien aus pädagogischen Gründen: Beides diene der Erbauung und der Erhebung der Gläubigen. Die Reliquienbefürworter behielten schließlich die Oberhand. Im Jahre 410 verkündete die Synode von Karthago, die örtlichen Bischöfe müßten alle zur Erinnerung an Märtyrer errichteten Altäre niederreißen. Neue Gedenkstätten dürfe es nur geben, wenn sie entweder Reliquien enthielten oder aber an einem Ort errichtet würden, der bekanntermaßen durch Leben oder Tod des Heiligen »geheiligt« sei. Im Jahre 767 war der Heiligenkult so weit im christlichen Glaubensleben integriert, daß das siebte ökumenische Konzil von Nizäa beschließen konnte, jeder kirchliche Altar müsse einen Altarstein mit den Reliquien eines Heiligen enthalten. Selbst heute noch wird ein Altar nach dem kanonischen Recht als »Grab, in dem die Reliquien eines Heiligen enthalten sind«, definiert.

Waren die Heiligen in ihren sterblichen Überresten *gegenwärtig,* so *erinnerte* man sich ihrer in ihren Legenden. Die nach der Bibel populärste christliche Literatur in den strukturbildenden Jahrhunderten der Kirche waren Geschichten über das Leiden und Sterben der Märtyrer. In einigen wenigen Fällen – wie beim Martyrium des heiligen Perpetua und der heiligen Felicitas im dritten Jahrhundert – konnten die örtlichen Kirchen die vom zuständigen römischen Notar angefertigte Niederschrift des Gesprächs zwischen der zuständigen Behörde und dem Angeklagten aufbewahren und in den *acta* der Heiligen der Nachwelt übermitteln. Öfter geschah es, daß die örtliche Gemeinde die Leidensgeschichte ihrer Märtyrer zusammenstellte. Dabei handelte es sich um devote, stark stilisierte Erinnerungen an das Leiden und den Tod der Märtyrer. Zweck dieser Darstellungen waren die Erbauung der Gläubigen und die Erhöhung der Heiligengestalt; sie waren daher von Legenden und wundersamen Anekdoten durchwoben, die den Mut und die moralische und geistliche Kraft des oder der Heiligen lebendig darstellten. So verwandelten sich zum Beispiel die in Wirklichkeit kurzen Pro-forma-Verhöre durch die Behörde zu langen Dialogen zwischen Ankläger und Angeklagtem. Den Leidensgeschichten wurden die sogenannten *libelli* hinzugefügt, die von den durch die Heiligen gewirkten Wundern berichteten.

Die Heiligenliteratur umfaßte bald auch ausführliche Biographien, bei denen es sich jedoch nach den Kriterien der modernen Geschichtswissenschaft ebenfalls um reine Hagiographien handelte. Zu den meistgelesenen und am häufigsten imitierten Schriften dieser Art zählt *Das Leben des Martin von Tours* von Sulpicius Severus. Erstmals im vierten Jahrhundert in lateinischer Sprache veröffentlicht, enthält das Werk eine lange Liste von Heilungen und anderen Wundern, darunter sowohl solchen, die Martin selbst zu seinen Lebzeiten wirkte, als auch solchen, die sich posthum an seinem Grab ereigneten. Der Wert derartiger Texte liegt heute nicht so sehr in der Schilderung der Fakten – in dieser Hinsicht sind sie historisch unzuverlässig –, als vielmehr in dem, was sie uns über die Einstellung der Kirche gegenüber den Heiligen sowie allgemein über das zeitgenössische Empfinden, die damalige Vorstellung von Heiligkeit und die Art und Weise, wie das Wissen über Heiligkeit der Nachwelt überliefert wurde, verraten. Hippolyte Delehaye, der bedeutendste Kenner der christlichen Hagiographie in unserem Jahrhundert, meint: »Wenn man vom üppigen Gedeihen der Legenden in der Umgebung eines Heiligenschreins spricht, so unterstreicht man damit einfach die Bedeutung des Heiligenkults im Leben der Menschen. Die Legende ist die Hommage der christlichen Gemeinde für ihre Schutzheiligen.«

Wohlgemerkt, nicht alle Heiligen waren Christen. In einigen Fällen handelte es sich um Gestalten aus der Bibel. Johannes der Täufer war nur eine jener Figuren aus vorchristlicher Zeit, denen rückwirkend der Status des Heiligen verliehen wurde (eine andere war der namenlose »gute« Schächer, der zusammen mit Jesus am

Kreuz starb). Um den heiligen Christophorus (sein Name bedeutet »Christus-Träger«) ranken sich seit Urzeiten Legenden. Die heilige Veronika war der Legende nach die Frau, die Jesus auf dem Weg nach Golgatha ein Schweißtuch reichte, auf dem der Heiland aus Dankbarkeit einen Abdruck seines blutverschmierten Antlitzes hinterließ. Wieder andere – wie der Erzengel Michael – waren überhaupt keine Menschen.

Der Heiligenkult machte also die Toten lebendig, erfüllte die Legende mit Leben und verschaffte jeder Christengemeinde ihren eigenen himmlischen Patron. Fruchtbar wie er war, schlug der Heiligenkult überall Wurzeln, wo das Christentum hinkam. Die Bischöfe erkannten mit der Zeit, daß sie diesen Wildwuchs begrenzen mußten; es kam schließlich entscheidend darauf an, *zu wem* im jeweiligen Fall gebetet wurde. Die Anrufung der Heiligen durch das Volk war schön und gut – nur stellte sich eben heraus, daß die Gläubigen in ihrer Begeisterung für himmlische Schutzherrn auch fehlgeleitet werden konnten. Wie konnten die kirchlichen Autoritäten garantieren, daß die von den Menschen angerufenen Heiligen auch wirklich bei Gott waren?

Märtyrer waren kein Problem. Ihre Heiligkeit war durch die Tatsache verbürgt, daß die Gemeinde dereinst Zeuge ihres beispielhaften Sterbens gewesen war. Das Martyrium war, wie man glaubte, mehr als nur eine Demonstration menschlichen Mutes – schließlich gab es auch Nichtchristen, die aus edlen Gründen in den Tod gingen. Der Tod für Christus setzte jedoch übernatürlichen Beistand voraus. Der Märtyrer konnte seinen Weg nur dank der in ihm wirksam werdenden Kraft Christi bis zum blutigen Ende gehen. Selbst die Sünden, die der Heilige im Lauf seines Lebens begangen hatte, wurden durch das Martyrium, die höchste Forderung, die an einen gläubigen Christen gestellt werden konnte, getilgt. Das Martyrium war, kurz gesagt, das perfekte Opfer und gewährleistete geistliche Vollkommenheit. Freilich: Die Heiligkeit der Märtyrer zu erkennen war eine Sache – ganz anders sah es jedoch bei jenen aus, die nicht den Märtyrertod gestorben waren. Woher konnte die Kirche wissen, ob sie auch bis in den Tod dem Glauben treu geblieben waren?

Diese Frage stellte sich erstmals bei den Bekennern. Genau wie die Märtyrer wurden Bekenner bisweilen schon verehrt, während sie noch in Haft saßen. Um ihnen zu helfen, gingen andere Christen große persönliche Risiken ein, und den Überlebenden wurden innerhalb der Gemeinde oft Privilegien eingeräumt. Als Menschen, die sie nun einmal waren, erwiesen sie sich jedoch gelegentlich als anfällig für die Schmeicheleien, die ihnen entgegengebracht wurden, und manchmal nahm nicht nur ihre Demut, sondern auch ihr Glaube Schaden.

Auch den Asketen begegnete man häufig schon lange vor ihrem Tod mit jener Ehrerbietung, die ansonsten den Märtyrern vorbehalten war. So wie die Märtyrer durch ihre Leiden und ihren Tod gereinigt wurden, so reinigte die Asketen, wie man glaubte, die Strenge ihrer geistlichen Disziplin. Die Analogie ist besonders auffällig im *Leben des Antonius,* ein Werk, das Athanasius zugeschrieben wird und unmittelbar nach dem Tod des Heiligen im Jahre 356 veröffentlicht wurde. Jahrhundertelang galt dieses Werk als vorbildlicher hagiographischer Text. Athanasius beschreibt darin bis in die letzte exotisch anmutende Einzelheit das ausgedehnte Fasten, Schweigen und andere Mühsale, die der Einsiedler in der Wüste auf sich nahm. Antonius in seiner Klause, schreibt Athanasius, wurde tagtäglich von Glaubenskonflikten heimgesucht.

Indem er das gesellschaftliche Leben der Städte und Dörfer mied und die ödesten Wüsteneien vorzog, strebte der Asket nach jener Herzensreinheit, die, wie es heißt, nur Adam und Eva vor der Vertreibung aus dem Paradies zu eigen war. Wie Adam mußten die Asketen die Versuchungen des Satans über sich ergehen lassen, und dies waren nicht selten Versuchungen des Fleisches. So kämpften sie mit den Mächten des Bösen, die, wie sie glaubten, eine moralisch verfallene Welt regierten. Die Asketen wurden von den Gläubigen um Heilung und geistlichen Rat angegangen (woraus ersichtlich wird, daß sie zumindest nicht immer in vollkommener Isolation lebten). Mit einem Wort: Sie galten, ähnlich wie die Bekenner, als »lebende Heilige«, und mit der Zeit glichen sich die Geschichten, die über sie erzählt wurden, den Berichten über die Märtyrer an. *Das Leben des Antonius* bewegte zum Beispiel den jungen Augustinus in solchem Maße, daß er zumindest bei der Lektüre seinem Ehewunsch entsagte.

Es stellte sich jedoch auch hier wieder die Frage: Woher konnten die Gläubigen wissen, ob die Asketen in der Einsamkeit ihrer Klause tatsächlich allen Versuchungen widerstanden hatten? Wer garantierte ihnen, daß der »lebendige Heilige« sein Leben wirklich in Gott vollendet hatte und von daher imstande war, als ihr Fürsprecher zu wirken?

Der Beweis lag, wie sich herausstellte, in ihrer Wundertätigkeit.

Die Kultwürdigkeit von Bekennern und Asketen beruhte nicht nur auf deren Reputation eines heiligmäßigen Lebenswandels, sondern auch und vor allem auf den Wundern, die sich posthum an ihren Schreinen oder durch ihre Reliquien ereigneten. Ein besonders einflußreicher Vertreter der Ansicht, daß Wunder Zeichen göttlicher Macht und Beweis für die Heiligkeit derer sind, in deren Namen sie gewirkt werden, war Augustinus. Im Jahre 415 erfuhr seine Überzeugung eine zusätzliche Bestätigung, als im Heiligen Land die sterblichen Überreste des heiligen Stephan entdeckt und an die verschiedensten Schreine im Abendland verteilt wurden. Schon bald stellten sich die ersten Wunder ein. Augustinus, dem sehr daran gelegen war, die Gläubigen in ihrem Glauben zu bestärken, führte darüber Buch. Einmal veranlaßte er einen kurz zuvor durch die Reliquien des heiligen Stephan geheilten jungen Mann, in der Kirche Zeugnis abzulegen, und stellte danach dessen Schwester vor, die an derselben Krankheit litt und noch nicht geheilt war. Mit großer Ausführlichkeit werden dieses und andere Beispiele im Schlußkapitel seines monumentalen Werks *De civitate Dei* (Über den Gottesstaat) geschildert. Sie sind dort als unanfechtbare Beweise für die Auferstehung des Fleisches in einen gehobenen Dialog mit Plato, Cicero und Porphyrios eingefügt.

Bis zum fünften Jahrhundert hatten sich verschiedene Elemente herausgeschält, die später in den formellen Heiligsprechungsprozeß der Kirche Eingang finden sollten. Heilige definierten sich demnach 1. durch ihre Reputation im Volk, namentlich durch das erlittene Martyrium; 2. durch Geschichten und Legenden, in denen ihre Biographie zum Vorbild heroischen und tugendhaften Lebenswandels stilisiert wurde; 3. durch ihren Ruf als Wundertäter, der sich vor allem aus jenen Wundern nährte, die posthum an ihren Schreinen und durch ihre Reliquien gewirkt wurden. Obwohl nicht jede Geschichte unbesehen übernommen wurde, dauerte es noch einige Jahrhunderte, bis die Kirche zur Verifizierung der genannten Elemente eine gründliche Untersuchung von Leben und Tod der Heiligen verlangte. Bis dahin waren Heilige keine Untersuchungs-, sondern Kultobjekte. Als Beweis der Heiligkeit genügte es, daß der oder die Verstorbene in den Gedanken der Menschen weiterlebte und daß er oder sie von ihnen verehrt und – vor allem – angerufen wurde.

Zwischen dem sechsten und dem zehnten Jahrhundert dehnte sich der Heiligenkult nach überallhin aus. Goten und Franken übernahmen den christlichen Glauben, danach auch die Kelten in Britannien und die Slawen Osteuropas. Die zum Christentum übertretenden Stämme und Völker verlangten alsbald die Anerkennung eigener Märtyrer und Heiliger, zu denen nicht selten die von ihnen selbst getöteten Missionare gehörten. Umgekehrt förderte auch die Kirche die Reliquienverehrung unter den Neugetauften, um so deren Glauben zu stärken und Rückfällen in den alten Götzenkult vorzubeugen. Die Päpste sahen in den römischen Friedhöfen geistliche Schatzkammern und gingen mit den Leichen der Heiligen recht großzügig um: So manch hochrangiger Besucher durfte mit einem toten Heiligen im Gepäck die Heimreise antreten.

Im Osten trieb der Heiligenkult noch ganz andere Blüten. Da das christliche Konstantinopel – das »zweite Rom« – über keine eigenen Heiligen verfügte, welche den römischen das Wasser hätten reichen können, begann man sie zu importieren. Die Gebeine des heiligen Timotheus, des heiligen Andreas und des heiligen Lukas waren die ersten, die – im Jahre 356 – überführt wurden. Dies war der Anfang eines Brauchs, der als *translatio* Geschichte machte; man verstand darunter die Entfernung und Übertragung von Heiligengebeinen aus Gräbern und Kirchen in andere. Ein weiterer Brauch war die *inventio,* das heißt die Auffindung und Verehrung von bislang unerkannt gebliebenen Heiligenreliquien; hierzu gehörte zum Beispiel die eben erwähnte Entdeckung der Gebeine des heiligen Stephan in Jerusalem. Begleiterscheinungen von *translatio* und *inventio* waren im Osten – und später, wenngleich zögernd, auch im Westen – die Zer- und Verteilung der Reliquien. So wie die Seele nach allgemeiner Überzeugung jedem Körperteil innewohnte, so wohnte jeder Reliquie der kraftvolle Geist des Heiligen inne. Somit verfügte jede Reliquie über ihre eigene Wunderkraft.

Daß der Reliquienhandel dem Mißbrauch Tür und Tor öffnete, ließ sich nicht vermeiden. Man stritt sich um Reliquien, verkaufte sie, fälschte sie und veranlaßte die kirchlichen Oberen wiederholt zum Eingreifen. Vom achten Jahrhundert an befahlen die Päpste, die sterblichen Reste der römischen Märtyrer aus den Katakomben in die Kirchen der Stadt zu überführen; damit sollten weitere Entweihungen und Mißbräuche verhindert werden. Die Durchführung dieser Maßnahme verlief jedoch schleppend und wurde nicht ausreichend überwacht. Im neunten Jahrhundert gab es ein regelrechtes Gewerbe, das sich auf Auffindung und Verkauf von

Reliquien sowie ihren Export in sämtliche Regionen Europas spezialisiert hatte. Auch Mönche erwiesen sich als geschickte Reliquiendiebe und bestahlen mit Vorliebe andere Klöster: Je wertvoller die Reliquien im Klosterschatz waren, desto größer war der Ruhm des Klosters. Im zwölften Jahrhundert erreichte der Reliquienhandel seinen Höhepunkt. Die Kreuzfahrer stahlen in Konstantinopel, Antiochia, Jerusalem und Edessa die meistverehrten Reliquien und brachten sie zurück in die Kirchen des Westens. Dennoch ließ die Nachfrage nach Reliquien nicht nach. Der Handel und alle damit verbundenen Mißbräuche dauerten an, bis Martin Luther Reliquien – und Heilige – zum Thema der protestantischen Reformation machte.

Der Heiligenkult beschränkte sich natürlich nicht auf die Reliquienverehrung. Die Überbetonung der Reliquien bestätigt allerdings, daß der Heilige in seiner Eigenschaft als Wundertäter über den Heiligen als beispielhafter Nachfolger Christi triumphierte. Im ersten christlichen Jahrtausend wurde deshalb bei der Anerkennung neuer Heiliger den Berichten über Wunderheilungen größeres Gewicht beigemessen als den Nachweisen ihrer heroischen Tugenden. Am meisten zählten im übrigen jene Wunder, die nach dem Tod der Heiligen an ihren Schreinen oder durch ihre Reliquien gewirkt wurden. Wunder wirken konnten – mit Satans Hilfe – schließlich auch Zauberer; die Fähigkeit, für die Gläubigen auf Erden im Himmel Fürsprache einzulegen, besaßen dagegen nur die, die sicher im Himmel bei Gott waren.

Zusammenfassend läßt sich sagen, daß die Verbindung von »Grab und Altar«, wie Brown es nennt, ein Prozeß war, in dessen Verlauf die kirchliche Macht der Ortsbischöfe mit der charismatischen Macht der Heiligen vereint wurde. Durch die Gebeine eines populären Heiligen gewann eine Kirche enormes Prestige, und jeder Bischof, in dessen Diözese ein bedeutendes Heiligengrab lag, konnte sich glücklich schätzen – besonders wenn es auch eine beliebte Pilgerstätte war. Unter diesen Umständen kann es kaum überraschen, daß die Geschichte der Kanonisierung in der notwendigen Überwachung von Schreinen und Reliquien ihren Ausgangspunkt hat. Erst nachdem sie dies in den Griff bekommen hatten, wandten sich die Bischöfe dem Problem der Bestätigung neuer Heiliger zu.

Die Anfänge der Kanonisierung

Nach einem uralten kirchlichen Grundsatz ist das Gesetz des Betens *(lex orandi)* das Gesetz des Glaubens *(lex credendi)*, oder mit anderen Worten: Willst du wissen, was Christen glauben, so lausche ihren Gebeten. Die Heiligenverehrung war, was immer sonst noch dazugehören mochte, ein liturgischer Akt. Überall, wo Christen sich zum Gottesdienst versammelten, gedachte man der Heiligen, rief sie an und betete zu ihnen. Ihre Namen wurden bei diesen Anlässen vorgelesen, gleichsam eine Ehrenliste der Glückseligen. Dies erklärt die ursprüngliche Bedeutung der Kanonisierung: den Namen in das Heiligenverzeichnis eintragen.

In früheren Jahrhunderten gab es zahlreiche Verzeichnisse dieser Art. Märtyrerlisten – den sogenannten Martyrologien – folgten gegliederte Kalendarien mit den Namen und Begräbnisorten der Heiligen. Ortskirchen besaßen eigene Kalendarien, die den Kanon des Sprengels enthielten; sie wurden gelegentlich ausgetauscht mit denen anderer Ortskirchen. Auch Klöster führten eigene Heiligenkalender. Erst im siebzehnten Jahrhundert, im Gefolge der Reformation, wurde ein für die gesamte Kirche gültiger universaler Kanon geschaffen.

In der Praxis war das Heiligsprechungsverfahren, wie wir gesehen haben, weit komplizierter, vom Zufall bestimmt und gewiß auch schwieriger in den Griff zu bekommen als das bloße Zusammenstellen von Listen. Zwischen dem fünften und dem zehnten Jahrhundert gewannen die Bischöfe jedoch Schritt für Schritt immer mehr Einfluß auf die entstehenden Heiligenkulte. Bevor sie dem örtlichen Kalender einen neuen Namen hinzufügten, bestanden die Bischöfe darauf, daß ihnen die Bittsteller schriftliche Berichte *(vitae)* über Leben und Tod des Kandidaten, seine Tugenden, seine Wunder und, soweit zutreffend, sein Martyrium vorlegten. Anspruchsvollere Würdenträger verlangten darüber hinaus Augenzeugenberichte, namentlich über angebliche Wunder, doch darf man nicht vergessen, daß rudimentäre Verfahren wie diese hauptsächlich dazu dienten, den heiligmäßigen Ruf des Kandidaten zu begründen, und allenfalls in zweiter Linie der Überprüfung seiner Verdienste oder seiner persönlichen Tugendhaftigkeit. Die den Bischöfen vorgelegten *vitae* waren daher oftmals klischeehafte, legendenverbrämte Darstellungen voller hagiographischer Übertreibungen; die Augenzeugenberichte stammten häufig aus dritter Hand und waren reines Geschwätz.

(Bis weit ins Mittelalter hinein gehörten zu den Wundern, die man den Heiligen zuschrieb, beispielsweise verschiedene Totenerweckungen.) Nach der Zustimmung des Bischofs oder einer regionalen Synode wurde die Leiche des Betroffenen exhumiert und zu einem Altar überführt (die *translatio*), ein Akt, der mit der Zeit zum Symbol der offiziellen Kanonisierung wurde. Zum Schluß wurde dem neuen Heiligen ein Tag zur liturgischen Begehung seines Festes zugewiesen und sein Name auf den örtlichen Heiligenkalender gesetzt. So wurde die Kanonisierung mit der Zeit zu einer kirchlichen Obliegenheit.

Die Bischöfe kamen jedoch nach einer Weile darauf, daß es durchaus ernst zu nehmende Gründe dafür gab, vor der »Absegnung« eines neuen Heiligen dessen Vorleben einer gründlichen Untersuchung zu unterziehen. Daß es gefährlich war, Häretikerkulte zu dulden, hatte bereits Augustinus erkannt: Zu seinen Lebzeiten hatten die Donatisten (die später wegen Häresie verdammt wurden) in ihrem Eifer, das Martyrium zu erleiden, bisweilen andere darum gebeten, sie zu töten. Wie konnte die Kirche Heilige verehren, deren Martyrium nicht authentisch war oder die den rechten Glauben verleugneten? Und was die Wunder betraf – wer konnte schon mit Sicherheit sagen, daß nicht der Teufel seine Hand dabei im Spiel hatte? Zweifellos war eine Art Qualitätskontrolle vonnöten.

Gegen Ende des zehnten Jahrhunderts mehrten sich die Stimmen, denen zufolge es Sache der Päpste sei, kraft ihrer höchsten Autorität zu entscheiden, wem die Ehre zuteil werden sollte und wem nicht. Man erwartete sich von einer solchen Verlagerung der Kompetenz größere überregionale Anerkennung des Heiligen. Dies zumindest scheint das Motiv gewesen zu sein, das hinter der Kanonisierung des Bischofs Udalricus (Ulrich) von Augsburg im Jahre 993 stand – dem ersten verbürgten Fall der päpstlichen Bestätigung eines Heiligenkults. Auf Ersuchen von Ulrichs Nachfolger ließ sich Papst Johannes XV. (985–996) über das Leben des Verstorbenen und die durch ihn gewirkten Wunder Bericht erstatten, bevor er die *translatio* der Gebeine genehmigte. Es sollten jedoch noch weitere sechs Jahrhunderte vergehen, bis das Heiligsprechungsverfahren vollends in die Zuständigkeit des Papstes fiel. Voraussetzung dafür waren zwei Entwicklungen: Das Verfahren als solches mußte erheblich verfeinert werden, und das Papsttum mußte seine Autorität über die Kirche konsolidieren.

Keine der beiden Entwicklungen verlief ohne Verzögerungen

und Konflikte. Die Ausweitung der päpstlichen Befugnis auf das Heiligsprechungsverfahren traf erwartungsgemäß, obwohl sie sich nur sehr langsam vollzog, vor allem nördlich der Alpen auf Widerstand. Zum einen hatte sich in vielen Fällen bereits ein eigenständiger, lokal beschränkter Kult um bestimmte Heilige herausgebildet, deren Tod überdies schon lange zurücklag. Und da fiel dem Papst plötzlich ein, die Rechtmäßigkeit des Kults in Frage zu stellen! Wer war er eigentlich? Wie wollten er oder seine Legaten rückwirkend feststellen können, ob das Leben des Heiligen tatsächlich die ihm von der Bevölkerung entgegengebrachte Verehrung verdiente? Und schließlich war da auch noch die unvermeidliche Spannung zwischen dem Zentralismus der Päpste und den auf Eigenständigkeit bedachten, oftmals weit entfernten Ortskirchen. Bezeichnend dafür war eine vielzitierte Episode, die sich nach der Eroberung Englands durch die Normannen ereignete.

Im Jahre 1078 war Lanfrank, ein kultivierter Italiener mit einer besonderen Vorliebe für die normannische Lebensart, Erzbischof von Canterbury. Er sah die ihm untergebenen Angelsachsen als ungehobelte christliche Bauern an, die lokale Heilige von zweifelhafter Qualität anbeteten. In einem Gespräch fragte Lanfrank den englischen Mönch Anselm, ob er, Anselm, es nicht für nötig halte, daß der Heilige Stuhl den Kult des Alphege, eines früheren Erzbischofs von Canterbury (auch Elphege der Märtyrer oder Godwine genannt), bestätige. Bei letzterem handelte es sich um einen angelsächsischen Mönch, der als Märtyrer und Nationalheld weithin verehrt wurde. Marodierende Dänen hatten 1011 Canterbury erobert, Alphege gefangengesetzt und ein sehr hohes Lösegeld für seine Freilassung gefordert. Alphege setzte sich dagegen zur Wehr und verbat seinen Anhängern, die geforderte Summe zu zahlen, woraufhin er ein Jahr später von betrunkenen Dänen mit einem Ochsenknochen erschlagen wurde. Er war der erste (aber nicht der letzte) Erzbischof von Canterbury, der den Märtyrertod starb.

Daß Alphege ermordet worden war, weil er sich geweigert hatte, dem Glauben an Jesus Christus abzuschwören, war für Lanfrank keineswegs klar. Er war eher der Meinung, daß rein politische Motive den Ausschlag gegeben hatten. Anselm, der später selbst heiliggesprochen wurde, entgegnete Lanfrank, daß die Kirche auch Johannes den Täufer als Heiligen betrachte, obgleich auch er nicht ermordet worden war, weil es um die Glaubenstreue zu Christus gegangen wäre. Die Analogie überzeugte Lanfrank sofort, so daß er ohne weitere Untersuchung den Kult des Alphege genehmigte.

In den folgenden Jahrzehnten wurden die päpstlichen Interventionen beim Heiligsprechungsverfahren immer prononcierter. In zunehmendem Maß verlangten die Päpste Beweise für die Wundertätigkeit und die persönliche Tugendhaftigkeit der Kandidaten, die durch zuverlässige Zeugenaussagen verbürgt sein mußten. Papst Urban II. (1088–1099) weigerte sich in einem bemerkenswerten Fall, einen Abt (Gurloes) zu kanonisieren, falls es den Mönchen nicht gelänge, für die durch ihren ehemaligen Abt gewirkten Wunder Augenzeugen beizubringen. Im darauffolgenden Jahrhundert beschwerte sich Papst Alexander III. (1159–1181) in einem zwischen 1171 und 1172 datierten Brief an den schwedischen König Kol über einen Ortsbischof, der den Kult eines bei einer Schlägerei unter Betrunkenen ums Leben gekommenen Mönchs tolerierte – die Bevölkerung behauptete nämlich hartnäckig, daß durch die Fürsprache des Verstorbenen Wunder gewirkt worden seien. Rauflustige Mönche seien eben keine Vorbilder für ein heiligmäßiges Leben, die die Kirche zur Nachahmung empfehlen könne, meinte Papst Alexander.

Mit Papst Alexander III. begann eine zunehmende Verrechtlichung in allen Bereichen kirchlichen Lebens. Auch der Heiligsprechungsprozeß wurde mit der Zeit der Jurisdiktion des Heiligen Stuhls und seiner Rechtsgelehrten unterstellt. Im Jahre 1170 erließ Alexander die Dekretale *Audivimus,* die örtliche Heiligenkulte ohne päpstliche Genehmigung untersagte, und zwar unabhängig von dem Ruf der betreffenden Personen als Wundertäter oder Menschen mit besonders heiligmäßigem Lebenswandel. Freilich bedeutete dieses Dekret weder, daß Heiligsprechungen durch die Bischöfe nun ab sofort der Vergangenheit angehörten, noch stillte es den Durst der Menschen nach neuen Kulten. 1234 veröffentlichte Papst Gregor IX. (1227–1241) seine *Dekretalen,* eine Sammlung päpstlicher Gesetze, in der er sämtliche Heiligsprechungsverfahren der absoluten Jurisdiktion des Papstes unterwarf und sie damit für die gesamte Kirche verbindlich machte. Seine Argumentation: Da Heilige von der ganzen Kirche verehrt werden, besitzt allein der Papst dank seiner universalen Jurisdiktion das Recht zur Kanonisierung.

Von diesem Zeitpunkt an wurde das Heiligsprechungsverfahren immer anspruchsvoller. Örtliche Kommissionen wurden eingesetzt, bei denen sich päpstliche Delegierte informierten, was

Zeugen über die Tugenden des Kandidaten und die Wunder, die er gewirkt hatte, zu sagen hatten. Letztere wurden einer besonders kritischen Prüfung unterzogen. Im Jahre 1247 bemerkten vom Papst beauftragte Kardinäle in ihrem Bericht über die Wunder des heiligen Edmund von Abingdon nicht ohne eine gewisse Häme, daß bei Anlegung ähnlich strenger Untersuchungskriterien nur sehr wenige der alten Heiligen kanonisiert worden wären. Gleichzeitig bemühte sich der Heilige Stuhl, spontan aufblühende neue Kulte im Keim zu ersticken, indem er sowohl die Publikation von Büchern über die Wunder und Offenbarungen nicht anerkannter Ortsheiliger als auch die öffentliche Zurschaustellung aller Bilder verbot, auf denen die Köpfe der Verehrten mit einem Heiligenschein oder einem Strahlenkranz dargestellt waren.

Es dauerte dennoch bis zum vierzehnten Jahrhundert und der Übersiedlung der Päpste ins babylonische Exil nach Avignon, ehe es ihnen gelang, einheitliche Methoden zur Erforschung des Lebens neuer Heiligsprechungskandidaten einzuführen. Die Päpste in Avignon (1309–1377) mochten »Gefangene« französischer Monarchen sein, die ihre Fäuste in Samthandschuhen verbargen – auf jeden Fall verwandelten sie die römische Kurie in eine leistungsfähige Bürokratie. Durch ihre Reformen des kanonischen Rechts nahm der Heiligsprechungsprozeß die Gestalt eines ausgewachsenen Gerichtsverfahrens an, bei dem die Antragsteller durch einen Prozeßbevollmächtigten vertreten waren, während der Papst durch einen Vertreter der Kurie, den »Verteidiger des Glaubens«, repräsentiert wurde, später unter der sich einbürgernden Bezeichnung *advocatus diaboli* bekannt. Zusätzlich verlangte der Heilige Stuhl vor der Bearbeitung eines Falles Briefe »von Königen, Fürsten und anderen hochstehenden und ehrbaren Persönlichkeiten« (zu denen natürlich auch Bischöfe gehörten), in denen im Namen des Kandidaten die Eröffnung eines Verfahrens beantragt wurde. Mit anderen Worten: *Vox populi* (die Stimme des Volkes) reichte allein nicht mehr aus, um den Ruf der Heiligmäßigkeit zu begründen. Sie bedurfte von nun an der Unterstützung durch kirchliche Obrigkeit. Die Verhandlung zog sich oft über Monate hin und wurde vor Ort durchgeführt. Kein Wunder, daß zwischen 1200 und 1334 insgesamt nur 26 Heiligsprechungen durch den Papst stattfanden.

All diesen Maßnahmen zum Trotz erlebte die abendländische Kirche in den Jahrhunderten zwischen 1200 und 1500 eine in ihrer Geschichte einmalige Ausbreitung des Heiligenkults. Jede Stadt und jedes Dorf huldigte seinem Schutzheiligen, und durch den Aufstieg der neuen Bettelorden kamen laufend Namen hinzu. Angesichts der immer chaotischeren Zustände führte die Kurie eine begriffliche Unterscheidung ein, die es bislang nicht gegeben hatte: Nur noch die vom Papst kanonisierten Heiligen durften *sancti* (Heilige) genannt werden, während die nur regional oder von Ordensgemeinschaften verehrten Personen als *beati* (Selige) bezeichnet wurden; de facto wurden die örtlichen Kulte somit geduldet. Die Unterscheidung zwischen Seligen und Heiligen, die offenbar aus rein praktischen Erwägungen getroffen worden war, löste sehr bald eine heftige theologische Debatte aus, die bis auf den heutigen Tag anhält. Die entscheidende Frage dabei lautet: Ist eine feierliche Heiligkeitserklärung, also die Kanonisierung, eine unfehlbare Handlung des Papstes? Wir werden später auf diese Frage näher eingehen. In einem Punkt waren sich die mittelalterlichen Theologen allerdings einig: Die Seligsprechung garantierte nicht, daß der Diener Gottes auch tatsächlich im Himmel war, während die Heiligsprechung dies – je nach der theologischen Auslegung – mit Sicherheit oder großer Wahrscheinlichkeit gewährleistete. Die Seligsprechung wurde schließlich in das Heiligsprechungsverfahren einbezogen, womit sich natürlich auch die theologische Frage nach der Unfehlbarkeit des Papstes bei der Seligsprechung stellte.

Heilige und das Übernatürliche: Mittelalterliche Wandlungen

Die Macht der Kanonisierung beinhaltet auch die Macht, darüber zu entscheiden, was heilig ist und was nicht. Als die Kanonisierung in die Entscheidungsbefugnis des Papstes fiel, entwickelten sich auch neue Modelle der Heiligkeit, die nicht nur die Wertvorstellungen und Prioritäten Roms widerspiegelten, sondern auch das Bild des Heiligen als solches veränderten. Der französische Mediävist André Vauchez konnte auf der Basis einer richtungsweisenden Untersuchung aller Heiligsprechungsverfahren zwischen 1181 und 1431 – darunter zahlreicher, die mit einem abschlägigen Bescheid endeten – eine Reihe allgemeiner Veränderungen in den offiziell anerkannten Heiligenmodellen nachweisen.

Vor 1270 war die Schar derer, denen Heiligkeit zuerkannt wurde, recht groß und bunt gemischt: Bischöfe, die in vorbildlicher Weise von ihrer Autorität und ihrem Reichtum Gebrauch machten; Laien, die sich für die soziale Gerechtigkeit einsetzten; Büßer, deren Abkehr vom sündhaften Leben den einfachen Gläubigen zur Nachahmung anempfohlen werden konnte; reformfreudige Ordensleute sowie vor allem die Gründer neuer Bettelorden, zum Beispiel Dominikus und Franziskus von Assisi.

Gegen Ende des dreizehnten Jahrhunderts verringerte sich die Zahl jener, deren Fall zur offiziellen Untersuchung durch die römische Kurie zugelassen wurde. Gleichzeitig verengte sich das Spektrum der Kandidaten. Die Vorrechte des Papsttums und die Interessen seiner Klienten – darunter vor allem religiöse Orden und Königshäuser, die sich der päpstlichen Gunst erfreuten – färbten nun auf das Verfahren ab. Vauchez schreibt, daß im weiteren Verlauf des Mittelalters fromme Könige und seelsorgerisch einfühlsame Bischöfe, die bisher bei den Gläubigen in hohem Ansehen gestanden hatten, »den Päpsten und dem ›hohen Klerus‹ in ihrer Umgebung als Vorbilder für die gesamte Kirche nicht mehr angemessen erschienen«. Auch Märtyrer sanken in der Gunst Roms. Obwohl die Kirche im dreizehnten und vierzehnten Jahrhundert an Fürsten und Pilgern, Missionaren und sogar Kindern, die ihr Blut vergossen, gewiß keinen Mangel hatte, wurden nur sehr wenige von ihnen kanonisiert. Zu den Ausnahmen zählten jene, die man ehrte, weil sie bei der Verteidigung kirchlicher Rechte gestorben waren, wie Erzbischof Thomas Becket von Canterbury (kanonisiert 1173) und Erzbischof Stanislaus von Krakau (kanonisiert 1253). Spätere Kandidaten wurden nach Vauchez' Ansicht vom Papst nicht akzeptiert, weil es in den Augen Roms nicht klar war, ob das Opfer ausschließlich des Glaubens wegen gestorben war. Nach Vauchez wurde zwischen 1254 und 1481 nicht ein einziger Diener Gottes kanonisiert, der eines gewaltsamen Todes gestorben war. Er kommt zu dem Schluß, daß gegen Ende des Mittelalters »die Identifizierung von Heiligkeit mit dem Martyrium nur mehr reine Erinnerung war«.

Nach den anerkannten Fällen zu urteilen, waren die päpstlichen Heiligmacher hauptsächlich an Kandidaten interessiert, deren Tugenden unter gar keinen Umständen mit rein menschlichem Erfolg verwechselt werden konnten. Im allgemeinen zogen sie Gottesdiener vor, die sich radikalen Formen von Armut, Keuschheit und Gehorsam verschrieben und damit einen Weg der Entsagung eingeschlagen hatten, durch den sich das religiöse Leben von dem der Laien unterschied. Unter den Heiliggesprochenen jener Zeit befanden sich mehrere Ordensstifter, deren persönliche Ideale durch die von ihnen gegründeten Bewegungen institutionalisiert wurden und darin weiterlebten. Auch eine Reihe von Mystikern wurde kanonisiert. Der prototypische Heilige des zwölften Jahrhunderts war laut Vauchez Franziskus von Assisi, der – nicht zuletzt deshalb, weil er der erste Mensch war, der die Stigmata (die Wundmale des Gekreuzigten) empfing – weithin als »zweiter Christus« *(alter Christus)* angesehen wurde. Franziskus wurde bereits 1228, zwei Jahre nach seinem Tod, kanonisiert.* Seine geistliche Schwester, Klara von Assisi, eine kontemplative Nonne, die den Klarissenorden begründete, beeindruckte Innozenz IV. (1243–1254) derart, daß er sie um ein Haar schon auf dem Totenbett kanonisiert hätte. Innozenz mußte ausdrücklich daran gehindert werden, bei ihrer Bestattung die Messe zu den heiligen Jungfrauen singen zu lassen, welche den bereits Kanonisierten vorbehalten war. Die Heiligsprechung erfolgte zwei Jahre später (1255) durch Papst Alexander IV. (1254–1261), Innozenz' Nachfolger.

Ein anderes beliebtes Modell war der gelehrte Kleriker; hierzu zählen der 1234 kanonisierte heilige Dominikus und der berühmte Dominikaner Thomas von Aquin, der im Jahre 1323, 49 Jahre nach seinem Tod, heiliggesprochen wurde. (Bei Gelehrten – Theologen eingeschlossen – dauert die Heiligsprechung gemeinhin länger; wir werden darauf im 12. Kapitel noch einmal zurückkommen.) Dieses Modell spiegelt den wachsenden Einfluß des Dominikanerordens sowie der großen mittelalterlichen Universitäten wider. Zum Teil ist es aber auch Ausdruck der päpstlichen Vorliebe für hochgeborene Kandidaten aus dem Klerus, deren Leben sich durch besondere intellektuelle und geistliche Leistungen auszeichnet. Die Trendwende im Heiligsprechungsverfahren war demnach unverkennbar: Von öffentlichen Wohltätern – gerechten Königen und mildtätigen Bischöfen – verlagerte sich der Schwerpunkt auf Asketen, die allem Weltlichen entsagten, sowie auf intellektuelle Verteidiger des Glaubens, von denen einige auch der Gnade außerordentlicher mystischer Erfahrungen teilhaftig wurden.

Folgt man Vauchez, so erfreuten sich allerdings die Rom geneh-

---

* Die Stigmata des heiligen Franziskus sind interessanterweise das einzige derartige Phänomen, dem ein eigener Festtag – der 17. September – zugewiesen wurde.

men Heiligen im Volk keiner besonderen Beliebtheit. (Franziskus von Assisi ist die große Ausnahme!) Dies lag zunächst einmal daran, daß die große Masse der Gläubigen an Heiligen als moralischen Vorbildern überhaupt nicht interessiert war. Sie sehnte sich vielmehr nach Schutzheiligen, die ihnen gegen Unwetter und Seuchen Beistand boten. Zum zweiten ließen sich die moralischen, asketischen und intellektuellen Tugenden, durch welche sich die vom Papst kanonisierten Heiligen auszeichneten, außerhalb der Klöster und Konvente im alltäglichen Leben nur schwer umsetzen. Die Tatsache, daß sich unter den neuen Heiligen so viele Ordensgründer befanden, unterstreicht die wachsende Überzeugung in hohen kirchlichen Kreisen, der wichtigste, wenn auch nicht einzige Weg zur Heiligkeit liege in einem religiösen Leben. Kein Wunder, daß die Orden bei ihren Bemühungen, Mitbrüder und -schwestern in den Heiligenstand versetzen zu lassen, sehr erfolgreich waren. Die Statistik zeigt, daß seit dem Mittelalter nur relativ wenige Katholiken kanonisiert worden sind, die nicht das öffentliche oder private Gelübde der Armut und Keuschheit abgelegt haben.* Und kaum einer – von Märtyrern abgesehen – schaffte es ohne die Förderung durch einen Orden.

Die päpstlichen Heiligsprechungen verfolgten die Absicht, den Gläubigen nachahmenswerte Lebensformen zu präsentieren – nicht dagegen Heilige, die man um Wunder und andere Gunstbezeigungen anflehen konnte. In dieser Hinsicht war die Trennung zwischen offiziellen Heiligen auf der einen und lokalen oder Volksheiligen auf der anderen Seite Ausdruck der wachsenden innerkirchlichen Spannung zwischen dem Heiligen als moralischem Vorbild und dem Heiligen als Wundertäter. Die dreißiger Jahre des zwölften Jahrhunderts markieren nach Vauchez einen Wendepunkt: Von nun an »verkündeten die Prediger allenthalben die Vorstellung, daß sich die Herrlichkeit der Heiligen nicht auf ihre Wunder, sondern auf ihr heiligmäßiges Leben gründe«. Dabei lag das Problem keineswegs darin, daß die gebildeten Vertreter des Christentums ihren Glauben an Wunder verloren hatten. »Auch der nüchternste Theologe rief seine himmlischen Schutzherrn an, wenn ihn Zahnschmerzen plagten oder eine ernste Er-

---

* Viele Heilige und Selige gehörten religiösen Orden wie den Franziskanern und Dominikanern als sogenannte Tertiarier oder Mitglieder des Dritten Ordens an, der in der Rangfolge nach den Mönchen und den Nonnen kam. Tertiarier legen private Gelübde ab, leben jedoch nicht im Kloster und dürfen heiraten.

krankung sein Leben bedrohte«, schreibt Vauchez, »nicht anders als der Bauer, wenn er um seine Ernte fürchtete, oder der Fischer, wenn er in Seenot geriet.« Der kritische Punkt, in dem sich Gelehrte und Laien unterschieden, lag in der Bedeutung der Wunder für die Heiligsprechung. Während die Masse der Gläubigen Wunder als *Vor*zeichen der Heiligkeit ansahen, betrachteten die Gelehrten sie »als Folgen einer moralischen und geistlichen Lebensführung, über die zu urteilen der Kirche vorbehalten war«.

Zusammenfassend läßt sich sagen: Mit der Entwicklung des Kanonisierungsverfahrens zu einer päpstlichen Befugnis verlagerte sich der Schwerpunkt vom volkstümlichen Wunderglauben zur elitären Betonung des tugendhaften Lebenswandels. Gewiß, der Nachweis der Wundertätigkeit zählte noch immer zu den Voraussetzungen der Heiligsprechung, entscheidend war jedoch, ob durch gründliche Erforschung jeweils der Nachweis der Tugendhaftigkeit erbracht wurde. Im späteren Mittelalter reichte dann auch die bloße Präsenz der Tugendhaftigkeit nicht mehr aus. Papst Innozenz IV. verkündete, Heiligkeit setze ein Leben von »zusammenhängender, ununterbrochener Tugendhaftigkeit« voraus – im Grunde also einen schlichtweg perfekten Lebenswandel. Dies bedeutete, daß zwar nach wie vor auch bekehrte Sünder für die Kanonisierung in Frage kamen, daß fortan aber Kandidaten, die von der Wiege bis zur Bahre ein nahezu sündenfreies Leben geführt hatten, den Vorzug erhielten. Die immer strengeren päpstlichen Kriterien für die Heiligsprechung hatten zur Folge, daß die *vitae* der Diener Gottes in zunehmendem Maße idealisiert und stilisiert wurden. Menschliche Schwächen der Kandidaten fielen nun gänzlich unter den Tisch; auf der anderen Seite wurden Tugenden wie Glaubensstärke, Hoffnung und Nächstenliebe durch Schilderungen übernatürlicher Begabungen und außerordentlicher Beispiele moralischer Disziplin angereichert – mit dem paradoxen Effekt, daß das »Wunderbare« auf diese Weise wieder in die Heiligkeit integriert wurde. Allerdings standen jetzt nicht mehr posthume Wunderheilungen im Mittelpunkt, sondern die erstaunlichen moralischen und geistlichen Leistungen, welche die Heiligen bereits zu Lebzeiten auszeichneten. Mit Vauchez' Worten zeigt uns das Studium der kanonischen Verfahren, »wie man das Leben eines Menschen in die *vita* eines Heiligen verwandelte«.

Stilisierungen dieser Art lassen sich schon für das dreizehnte Jahrhundert nachweisen. Die Biographen des heiligen Antonius von Padua (1195–1231) sahen sich bemüßigt, einander sukzessive zu überbieten, indem sie dem berühmten italienischen Prediger immer neue Wunder und Fähigkeiten zuschrieben. Diese hagiographischen Texte verraten, wie Vauchez anhand von Dokumenten belegt, eine wachsende Bevorzugung des kontemplativen zu Lasten des tätigen Lebens. Die Abkehr von der Welt wird höher bewertet als die aktive Teilnahme am Weltgeschehen, das Innenleben wird dem äußeren Leben vorgezogen. Langfristig führte diese Entwicklung zu einer Neudefinition der Heiligkeit »als Zustand einer so großen inneren Leere, daß die Seele Gottes und des Heiligen Geistes teilhaftig werden kann«. Selbst die Lebensgeschichten umtriebiger Bischöfe wurden in Mönchsviten verwandelt – so beispielsweise im Falle des 1320 kanonisierten heiligen Thomas von Cantilupe, von dem es heißt, er habe die Armut und die Keuschheit so sehr geliebt, daß er nicht einmal mehr baden wollte und sich nach seiner Ernennung zum Bischof von Hereford sogar weigerte, seine eigenen Schwestern zu umarmen.

Ähnlich verhält es sich auch mit den wenigen Laien, die heiliggesprochen wurden. Auch ihre Lebensläufe wurden mönchischen oder mystischen Vorbildern angepaßt. Eleazar von Sabran zum Beispiel, ein provenzalischer Graf und der einzige Laie, der im vierzehnten Jahrhundert kanonisiert wurde, zeichnete sich nicht nur durch seine Offenbarungen und Visionen aus, sondern auch durch die Tatsache, daß er bewußt seine 25jährige Ehe nie vollzog. Er übertraf in seiner Selbstdisziplin demnach sogar den heiligen Joseph, den keuschen Vater Jesu. Seine Frau, die selige Dauphine von Puy-Michel, sowie die heilige Birgitta von Schweden und die heilige Katharina von Siena – alle drei gefeierte Jungfrauen und Mystikerinnen sowie die einzigen weiblichen Laien, die im vierzehnten und fünfzehnten Jahrhundert kanonisiert wurden – standen Eleazar in ihrer Tugendhaftigkeit in nichts nach.*

Der Einfluß dieser neuen, päpstlich sanktionierten Modelle auf spätere Interpretationen der Heiligkeit läßt sich kaum überschätzen. Durch sie wurde Heiligkeit meistens, wenn nicht sogar ausschließlich, mit der *Intensität* und der *Innerlichkeit* des geistlichen Lebens sowie dem Verzicht auf Ehe und Familie identifiziert.

---

* Birgitta gründete einen Nonnenorden und führte ein klösterliches Leben in Rom. Katharina war eine Tertiarierin und lebte in einer Zelle in ihrem Elternhaus.

Obwohl ein Franziskus, ein Dominikaner oder eine Klarissin in seiner beziehungsweise ihrer Eigenart als unnachahmlich galten, wurden sie durch ihre Kanonisierung zu Vorbildern, an denen spätere Heilige ihr Leben bewußt ausrichteten. Oder aber sie dienten den Biographen anderer Heiliger als Modell für deren *vitae*. In den folgenden Jahrhunderten wurden zahlreiche *vitae* geschrieben, die ganz offensichtlich das Ziel verfolgten, dem betreffenden Kandidaten oder der betreffenden Kandidatin als neuem Franziskus beziehungsweise neuer Birgitta oder neuer Katharina von Siena Anerkennung zu verschaffen.

Der Heiligenkult zum Ausgang des Mittelalters mutet paradox an: Auf der einen Seite hatte sich die Kluft zwischen den offiziell anerkannten und vom Papst kanonisierten Heiligen und den regionalen, inoffiziellen Volksheiligen noch vertieft. Auf der anderen Seite gab es aber auch eine Konvergenz zwischen theologisch-gelehrtem und volkstümlichem Heiligkeitsverständnis: Hier wie dort suchte man zum Beweis der Heiligkeit nach Zeichen des Übernatürlichen, die man dann allerdings unterschiedlich interpretierte. Beide Seiten sahen im Heiligen einen Menschen, der von Gott für ein Leben prädestiniert war, das die Fähigkeiten der meisten anderen Christen bei weitem überforderte. Dennoch durften auch demütige Sünder hoffen: Die Kirche lehrte, daß die wenigen Vollendeten durch ihre strenge Selbstentsagung einen »Schatz an stellvertretenden Verdiensten« geschaffen hatten, der unter den »schwachen« Gläubigen verteilt werden konnte. Doch dann kam ein von seinem Gewissen getriebener deutscher Mönch und stellte diese »geistliche Ökonomie« in Frage. Im Namen eines reineren Evangeliums lehnte Martin Luther sowohl die von Rom geförderten geistlichen »Leistungssportler« als auch das von den einfachen Gläubigen angerufene Pantheon wunderwirkender geistlicher Schutzpatrone in Bausch und Bogen ab.

*Reformation, Reform
und der Triumph der Juristen*

Im nachhinein war das, was ein moderner katholischer Gelehrter einmal die »Bürokratisierung der Heiligkeit« genannt hat, ebenso unvermeidlich wie notwendig. Der Anstoß, die Anzahl der Heiligen zu vervielfachen, kam schließlich nicht von der kirchlichen Hierarchie, sondern von den Gläubigen, die sich bei vielen Fragen und Problemen auf die Unterstützung ihrer himmlischen Schutzpatrone verließen. Die Kultur des mittelalterlichen Christentums war in der Tat zu einem sehr großen Teil von Heiligen und ihrem Wirken bestimmt. Jede Stadt und jedes Dorf hatte seinen Schutzheiligen, jede Kirche ihre Reliquien. Auch Länder hatten ihre Patrone – so England den heiligen Georg und Irland den heiligen Patrick. Jedes Handwerk und jede Zunft suchte sich einen eigenen Heiligen. Schon durch die Annahme eines Heiligennamens bei der Taufe bekam jede Christin und jeder Christ einen persönlichen Fürsprecher im Himmel. Heilige heilten Krankheiten, hielten einem Unglück vom Leib, wehrten böse Geister ab und bestraften Sünder. Die Gläubigen beteten nicht nur zu den Heiligen, sie beriefen sich auch beim Schwur auf sie. Je mehr Heilige es gab, desto mehr Festtage mußten begangen werden, und desto verbreiteter wurden Pilgerfahrten zu ihren Schreinen. Für die des Lesens Kundigen waren Heiligenlegenden die Bestseller des Mittelalters, durchaus vergleichbar mit den Erfolgsromanen der Gegenwart. Wer nicht lesen konnte, hatte eine Fülle von Bildern und Statuen aller Art zur Auswahl, an die er sich halten konnte.

So war Europa am Vorabend der Reformation eine durch und durch von Heiligen, ihrem Wirken und ihren Legenden geprägte Gesellschaft, eine Gesellschaft, in der, wie der holländische Historiker Johan Huizinga ausführt, »das ganze Leben so von Religion durchtränkt (war), daß der Abstand zwischen dem Irdischen und den Heiligen jeden Augenblick verlorenzugehen drohte«. Und später schreibt Huizinga: »Der Gefühls- und Gedankeninhalt der Heiligenverehrung war zu einem so großen Teil in den Farben und Formen der Bilder festgelegt, daß dieses unmittelbar ästhetische Erlebnis ständig den religiösen Gedanken aufzuheben drohte.« Gegen den ausufernden Heiligenkult hatten bereits im frühen vierzehnten Jahrhundert einige Vorläufer der Reformation die Stimme erhoben, darunter der Tscheche Jan Hus. Doch als nun auch Männer wie Martin Luther und Johannes Calvin kritisch dagegen Stellung nahmen, horchte ganz Europa auf.

Gewiß, die Reformation hatte viele Ursachen. Was jedoch ihre Auswirkungen betraf, so war das Auseinanderfallen der zwischen Himmel und Erde vermittelnden geistlichen Strukturen, die durch den Heiligenkult repräsentiert wurden, für den einfachen Gläubigen jener Zeit am deutlichsten spürbar. Dort, wo sich die Reformation durchsetzte, verschwanden über Nacht Reliquien und Statuen aus ihren Heiligtümern, die Kanzel ersetzte den Altar, Worte ersetzten Bilder, das Ohr verdrängte das Auge, das Symbol beschränkte sich auf seine symbolische Funktion. Huizinga schreibt:

> »Die Reformation hat ... die Heiligenverehrung fast wehrlos vorgefunden und niedergeworfen, während sie auf den Hexen- und Teufelsglauben keinen Angriff unternahm, ja nicht unternehmen konnte, weil sie selbst noch darin befangen war ... Die Heiligenverehrung hatte ihre Wurzeln im Ungestalteten und Unsagbaren verloren, während in der dämonologischen Gedankensphäre diese Wurzeln noch ungeheuer stark waren.«

Luthers Einstellung gegenüber den Heiligen war – namentlich im Vergleich mit anderen protestantischen Reformatoren – besonders interessant und komplex. Sein Entschluß, Mönch zu werden, fiel während eines schweren Gewittersturms: Er flehte die heilige Anna um Beistand an und gelobte, im Falle seiner Errettung ins Kloster zu gehen. Später verlor er jedoch den Glauben an die Macht der Heiligen und ihrer Reliquien. Im Jahre 1520 veröffentlichte er anonym eine Schrift, in der er sich über die Reliquiensammlung des Erzbischofs von Mainz lustig machte, die, wie er schrieb, unter anderem »ein schön Stück vom linken Horn des Moses, drei Flammen vom (brennenden) Busch des Moses auf dem Berg Sinai, (sowie) zwei Federn und ein Ei vom Heiligen Geist« enthalte. Dabei war das offizielle erzbischöfliche Reliquienverzeichnis schon selbst Parodie genug, enthielt es doch – unter anderem – einen Klumpen Erde von jener Stelle, an der Christus das Vaterunser gesprochen hatte, eine der 30 Silbermünzen, mit denen man Judas für den Verrat an Christus bezahlt hatte, und Reste des Manna, das den Israeliten in der Wüste vom Himmel gefallen war.

Doch Luther hatte auch ernsthaftere theologische Vorbehalte gegen den Heiligenkult. Wie bereits einige der alten Kirchenväter betrachtete er ihn als heidnische Götzendienerei. Er bestritt die vermittelnde Funktion der Heiligen ebenso wie die der Priester. Einem Heiligen wurde nach seiner Ansicht nicht mehr Gnade zuteil als jedem anderen Christen. Da Christen allein durch den Glauben gerechtfertigt werden, können sie nicht durch ihre eigenen Taten gerettet werden – und schon gar nicht durch Gebete aus dem »Schatz« der Heiligen. Schließlich protestierte er auch gegen die Anreicherung der Heiligenviten mit Sagen und Legenden, akzeptierte jedoch jene, die er für authentisch hielt.

Roms Reaktion war zweischneidig. Einerseits wurde der Heiligen- und Reliquienkult auf dem Konzil von Trient (1545–1563) vehement verteidigt und bestätigt: »Nur Menschen von unreligiösem Geist bestreiten, daß man die in ewiger himmlischer Glückseligkeit lebenden Heiligen anflehen kann.« Andererseits führte das Konzil aber auch zu einer Kirchenreform. Zahlreiche Namen aus dem übervölkerten Heiligenkalender wurden gestrichen, um Platz zu schaffen für neu hinzukommende. Zu einer detaillierten Verfahrensreform kam es 1588, als Papst Sixtus V. (1585–1590) die Ritenkongregation einrichtete und ihr die Verantwortung für die Vorbereitung päpstlicher Heiligsprechungen und die Verifikation von Reliquien übertrug, doch gelang es dem Papsttum erst während des Pontifikats Urbans VIII. (1623–1644), die Kontrolle über die Heiligsprechung endgültig und in vollem Umfang an sich zu ziehen. In einer Reihe von päpstlichen Dekreten legte Urban den genauen kanonischen Gang der Selig- und Heiligsprechungsverfahren fest. Eines dieser Dekrete verdient besondere Erwähnung: Der Papst untersagte strikt jede Form der persönlichen Verehrung – einschließlich der Veröffentlichung von Büchern über angeblichen Heiligen zugeschriebene Wunder oder Offenbarungen –, solange die betreffende Person nicht durch eine feierliche päpstliche Deklaration selig- oder heiliggesprochen war. Er machte jedoch eine bemerkenswerte Ausnahme für jene Heilige, deren Kulte nachgewiesenermaßen schon »seit undenklichen Zeiten« bestanden haben oder aber »kraft dessen, was die Väter oder Heiligen mit der alten und bewußten Einwilligung des Apostolischen Stuhls (Rom) oder der lokalen Bischöfe geschrieben haben«.

Von nun an gab es also nur mehr zwei Wege zur Heiligkeit: Der eine führte durch den engen Haupteingang des formellen päpstlichen Verfahrens, der andere durch die noch engere Hintertür der *äquipollenten* (gleichwertigen) Seligsprechung oder Kanonisierung von Kulten, die zur Zeit der Veröffentlichung von Urbans Dekreten schon mindestens 100 Jahre alt waren.* Der zweite Weg lief im Grunde auf ein Toleranzedikt für lokale Volkskulte mit

---

* Im *Index ac Status Causarum* (Ausgabe 1988) sind 261 Heiligennamen aufgeführt, deren Kult bestätigt wurde. Zu den jüngsten Beispielen einer äquipollenten Kanonisierung gehört Agnes von Böhmen, die am 12. November 1989, 707 Jahre nach ihrem Tod, von Papst Johannes Paul II. heiliggesprochen wurde – also gerade rechtzeitig, um während der antikommunistischen Revolte in der Tschechoslowakei von den dortigen Katholiken angerufen zu werden.

langer Tradition hinaus. So ließ sich immerhin der Umstand leichter verschmerzen, daß die Verehrung eines Volksheiligen vor dessen Selig- oder Heiligsprechung den betreffenden Kandidaten künftig mehr oder weniger von der Kanonisierung ausschloß. Zwar durften die Gläubigen sich auch jetzt noch vor dem Grab des Verstorbenen versammeln und um göttliche Gunstbezeigungen beten. Es war ihnen auch erlaubt, in ihren eigenen vier Wänden privaten Heiligenkult zu treiben. Nicht mehr möglich war hingegen die Anrufung oder Verehrung des Toten in einer Kirche – es sei denn, man nahm bewußt in Kauf, daß man damit die Chancen seiner späteren Kanonisierung aufs Spiel setzte.

Rom hatte gesprochen. Was noch zu tun blieb, waren die Organisierung und Kodifizierung des römischen Heiligsprechungsverfahrens. Aus der einstmaligen spontanen Anerkennung durch die örtliche Gemeinde war eine retrospektive Untersuchung geworden – durchgeführt von Männern, die den jeweils zur Debatte stehenden Diener Gottes nie gekannt hatten. Der vormals »populistische« Prozeß lag nun weitgehend in den Händen römischer Kirchenrechtler. Ähnlich wie das britische oder amerikanische Common Law basiert jedoch das kanonische Recht auf Präzedenzfällen. Beim Heiligsprechungsverfahren ist die Reihe der Präzedenzfälle sehr lang, ja sie geht, wie unser kurzer Überblick gezeigt hat, bis in neutestamentliche Zeiten zurück. So dauerte es ein weiteres Jahrhundert, bis sich Prospero Lambertini, ein brillanter Kirchenrechtler, der sich vor seinem Amtsantritt als Papst Benedikt XIV. (1740–1758) seine Sporen in der Ritenkongregation verdient hatte, an die Aufgabe machte, die kirchliche Theorie und Praxis der Heiligsprechung zu überarbeiten und zu vereinfachen. Sein umfangreiches, meisterhaftes Werk *De Servorum Dei beatificatione et Beatorum canonizatione* (Über die Seligsprechung der Diener Gottes und die Kanonisierung der Seligen), das zwischen 1734 und 1738 in insgesamt fünf Bänden veröffentlicht wurde, bleibt bis auf den heutigen Tag der Prüfstein für alle Heiligsprechungen.

Die Verfeinerungen, die das Heiligsprechungsverfahren in den folgenden Jahrhunderten noch erfuhr, waren überwiegend auf Einflüsse von außen zurückzuführen. Die Entwicklung der Geschichtswissenschaft als kritische Methode beeinflußte zum Beispiel mit der Zeit die Art und Weise, wie die Kongregation mit alten Texten umging. (Weniger deutlich sind ihre Auswirkungen, wie wir sehen werden, bei der Abfassung der *vitae*). Noch wichtiger waren neue Entwicklungen auf dem Gebiet der Medizin, führten sie doch zu einer erheblichen Reduzierung jener göttlichen Gnadenerweise, die als Wunder Anerkennung finden konnten – und dies sowohl was die Zahl als auch was die Beschaffenheit der Wunder betraf. Bestimmend blieben allerdings das kanonische Recht und seine Voraussetzungen. Wichtigstes Kriterium waren nach wie vor die Augenzeugenberichte, und man konzentrierte sich vornehmlich auf den Nachweis des Martyriums oder heroischer Tugendhaftigkeit. Ziel des päpstlichen Kanonisierungsverfahrens, wie es sich zu Beginn der Neuzeit herauskristallisierte, war die Erforschung der theologischen Wahrheit, im wesentlichen also der Versuch, die Frage zu beantworten, ob sich der Kandidat tatsächlich an Gottes Seite im Himmel befand. Das Verfahren selbst war dagegen in seiner Form und – mehr noch – in seinem *Geist* ein juristisches Unterfangen, wie der von der Kirche selbst benutzte lateinische Fachausdruck *processus* (Gerichtsverhandlung) belegt.

Das moderne Verfahren:
Der Heilige als das Produkt eines Systems

1917 wurde das formelle Verfahren der Heiligsprechung in den Kodex des kanonischen Rechts übernommen. Für all jene, die mit dem Kirchenrecht nicht vertraut waren oder kein Latein konnten, war das Verfahren von Kanonikus Macken, einem englischen Kleriker, in einem 1910 erschienenen Buch bereits ausführlich dargestellt und erklärt worden. Nach vier Jahrhunderten permanenter Verbesserungen und Verfeinerungen hatte sich das System – ähnlich wie die Heiligen, die es gebar – wegen seiner juristischen Präzision bei der Entdeckung und Bestätigung echter Heiliger einen »heiligen« Respekt verschafft. Macken schreibt:

»Das ›grelle Licht, das auf einen Thron fällt‹ (Tennyson, The Idylls of the King, Dedication, I/24; Anm. d. Übs.), ist nichts, verglichen mit dieser äußerst behutsamen und peniblen Untersuchung. Das Verfahren wird durchwegs mit weit größerer Umsicht und Formalität durchgeführt als die bedeutendsten juristischen Prozesse. Nichts in der Geschichte der weltlichen Jurisprudenz kommt der außerordentlich strengen Sorgfalt dieses Verfahrens auch nur nahe.

...

In den Heiligsprechungsverfahren wird alles auf exakte Wissenschaftlichkeit reduziert. Das juristische Prozedere der Kulturnationen basiert weitgehend auf den eingeführten Methoden der Kirche. Doch nirgendwo sonst finden wir dieselbe strenge Regelhaftigkeit und strikte Disziplin, die bei diesen Verfahren Anwendung findet. In jedem Stadium herrscht äußerste Sorgfalt und Genauigkeit. Betrachtet man die Angelegenheit vom rein menschlichen Standpunkt, so wird man zugeben müssen, daß – so es überhaupt eine Institution oder eine Untersuchungsmethode gibt, die zur vollendeten Wahrheitsfindung imstande ist – die genannten Qualitäten in erster Linie dem präzisen Verfahren der Kirche zukommen. Das große Ziel aller Untersuchungen besteht von Anfang bis zum Ende darin, jede Möglichkeit des Irrtums oder der Verfälschung auszuschließen und dafür Sorge zu tragen, daß auch fürderhin die Wahrheit in all ihrem Glanz und ihrer Herrlichkeit erstrahlen möge.«

Bis heute umgibt das Heiligsprechungsverfahren die Aura des Erhabenen oder Ehrfurchtgebietenden. Dies liegt zu einem großen Teil daran, daß es kaum einer versteht. So konnte noch im Jahre 1985 der Autor einer populärwissenschaftlichen Studie über den Vatikan folgenden Satz schreiben: »Das Geheimnis der Heiligkeit und des kanonischen Verfahrens, einschließlich aller geistlichen Dimensionen der göttlichen Fürsprache, der Reliquien und der Wunder, ist wahrscheinlich das größte Rätsel der Kirche, abgesehen von der Messe selbst.« Das »Rätsel«, das der Autor im folgenden näher beschrieb, traf jedoch auf die Kirche in dieser Form nicht mehr zu. Gewiß, die juristischen Strukturen waren größtenteils dieselben geblieben, doch hatte sich die dahinterstehende Dynamik verändert.

Um die Bedeutung dieses Wandels richtig einschätzen zu können, muß man den juristischen Kontext verstehen. Veränderungen von Grund auf gibt es in der römisch-katholischen Kirche nicht; folglich blieben das juristische Gerüst und der Ablauf des Verfahrens weitgehend erhalten. Im folgenden beschreiben wir daher *das System der Heiligsprechung, wie es bis zum Jahre 1982 existierte*. Die weitreichenden und in ihrer revolutionären Bedeutung noch kaum erfaßten neuen Bestimmungen für die Heiligsprechung unter Johannes Paul II. werden nur verständlich, wenn wir uns vor Augen führen, wie das Verfahren in den Jahrzehnten davor aussah.

Das System war im wesentlichen darauf zugeschnitten, auf die folgenden Fragen Auskunft zu geben:

Steht der Kandidat in dem Ruf, den Märtyrertod gestorben zu sein oder die christlichen Tugenden in heroischem Ausmaß praktiziert zu haben?

Wird dieser Ruf dadurch bestätigt, daß die Menschen den Kandidaten um Fürsprache bitten, wenn sie göttliche Gnadenerweise erflehen?

Welche besondere Botschaft oder welches Vorbild würde die Kanonisierung des Kandidaten der Kirche einbringen?

Gründen sich der Ruf des Kandidaten als Märtyrer und/oder seine außerordentliche Tugendhaftigkeit auf nachweisbare Tatsachen?

Gibt es – andersherum gefragt – irgendwelche Hinweise im Leben und Werk des Kandidaten, die seiner Kanonisierung entgegenstehen? Genauer gesagt: Hat der Kandidat in Wort und Schrift je irgendeine unorthodoxe oder sonstwie dem katholischen Glauben oder der katholischen Moral abträgliche Meinung vertreten?

Gibt es unter den der Fürsprache des Kandidaten zugeschriebenen göttlichen Zeichen irgendwelche, die sich dem Zugriff des menschlichen Verstands entziehen und von daher als Wunder gedeutet werden können?

Gibt es irgendeinen seelsorgerischen Grund, der gegen die Seligsprechung des Kandidaten zum gegenwärtigen Zeitpunkt spricht?

Wurden seit der Seligsprechung des Kandidaten durch seine Fürsprache weitere Wunder gewirkt, die dahingehend interpretiert werden können, daß Gott ihn der Heiligsprechung für würdig hält?

Die eigentliche Praxis der Heiligsprechung erforderte – und erfordert – eine Vielzahl von Prozeduren und Techniken sowie die Beteiligung von zahlreichen Personen: Die Befürworter einer Kanonisierung müssen für ihren Kandidaten werben. Sie müssen Geld für die Finanzierung seiner Kandidatur aufbringen und für seine Heiligsprechung Publicity betreiben. Der zuständige Bischof oder die zuständigen Bischöfe müssen Untersuchungskommissionen einsetzen, die Mitarbeiter der Kongregation sich um den Verfahrensablauf kümmern. Es müssen erfahrene Gutachter und Spezialisten mit Nachforschungen betraut, die juristischen Disputationen zwischen dem Verteidiger des Glaubens (dem *advocatus diaboli*) und dem Anwalt der Befürworter in die Wege geleitet sowie die Stellungnahmen der Kardinäle der Kongregation eingeholt werden. Verbindlich ist jedoch ausschließlich das Urteil des Papstes; ihm obliegt es, definitiv darüber zu befinden, ob ein Kandidat der Selig- oder Heiligsprechung würdig ist.

Ein erfolgreiches *Heiligsprechungsverfahren nach altem Muster* verlief in der Regel folgendermaßen:

1. *Die präjudiziale Phase:* Vor 1917 erlaubte das kanonische Recht die formelle Erörterung der Tugenden oder des Martyriums eines Kandidaten in Rom frühestens 50 Jahre nach dessen Tod. Damit sollte gewährleistet werden, daß der Ruf der Heiligkeit dauerhaft war und nicht nur einer vorübergehenden Mode entsprach. (Obwohl die 50-Jahre-Regel inzwischen abgeschafft ist, sind alle Bischöfe angehalten, mit besonderer Sorgfalt zwischen dem echten Ruf der Heiligkeit, der sich im Gebet und in anderen Formen der Verehrung gegenüber dem Verstorbenen manifestiert, und einer durch die Medien oder die öffentliche Meinung stimulierten Reputation zu unterscheiden. Die Skepsis gegenüber der Presse ist kaum etwas Neues: Schon 1878 warnte die Kongregation erstmals vor der Überschätzung einer Reputation, die sich primär auf die Berichterstattung durch die Medien stützt.)

Die erste Phase erlaubt dennoch bereits eine ganze Reihe von Aktivitäten. So können (wie wir auch am Beispiel des New Yorker Kardinals Cooke gesehen haben) Einzelpersonen oder Gruppen im Vorgriff auf das eigentliche Verfahren schon mit der Organisation der finanziellen und geistlichen Unterstützung des potentiellen Kandidaten beginnen. In der Praxis handelt es sich bei den Initiatoren fast immer um Angehörige einer Ordensgemeinschaft, denn nur sie verfügen in der Regel über die für die Durchführung eines Verfahrens erforderlichen Mittel, über das entsprechende Know-how und – oft genug – auch über ein motivierendes institutionelles Eigeninteresse. Normalerweise kommt es zur Gründung einer Bruderschaft; man sammelt Geld, stellt Berichte über göttliche Gnadenerweise zusammen, versendet Rundschreiben und läßt Gebetsbilder drucken. Nicht selten wird auch eine Biographie des Kandidaten veröffentlicht, die seine Frömmigkeit hervorhebt. Man befindet sich gewissermaßen in einer Art »Werbephase«, die dazu dient, einzelne Gläubige zur Verehrung des Kandidaten anzuregen und den Bischof beziehungsweise Ordinarius der Diözese, in der der Kandidat verstorben ist, von der Echtheit und Dauerhaftigkeit seines heiligmäßigen Rufs zu überzeugen. Wird schließlich der Bischof formell um die Einleitung eines offiziellen Verfahrens ersucht, so werden aus den Initiatoren *Petitoren*.

2. *Die informative Phase:* Kommt der Bischof zu dem Schluß, daß es sich um einen würdigen Kandidaten handelt, so eröffnet er das *bischöfliche Erhebungsverfahren*. Seine Aufgabe besteht darin, das Material zusammenzutragen, anhand dessen die Kongregation entscheiden kann, ob die Einleitung eines formellen Heiligsprechungsverfahrens angebracht ist. Der zuständige Bischof beruft zu diesem Zweck eine Untersuchungskommission. Von Richtern bestellte Zeugen sprechen sich für oder gegen den Kandidaten aus, der nun als »der Diener Gottes« bezeichnet wird. Die Vernehmungen können, wenn erforderlich, überall dort abgehalten werden, wo der Diener Gottes gelebt hat. Zwei Zielvorstellungen stehen im Mittelpunkt dieser Untersuchungen: erstens die Feststellung, ob der heiligmäßige Ruf und/oder das Martyrium des Kandidaten glaubhaft sind, und zweitens die Beantwortung der Frage, ob sich dieser Ruf durch die Tatsachen bestätigen läßt. Die Originalabschriften der Zeugenaussagen werden notariell beglaubigt, versiegelt und im Diözesanarchiv hinterlegt. Versiegelte Kopien werden durch einen Sonderkurier nach Rom geschickt. (Noch bis 1982 durften maschinenschriftliche Protokolle nur mit einer entsprechenden Ausnahmegenehmigung der Kongregation eingereicht werden.)

Der zuständige Bischof muß bestätigen, daß der Diener Gottes nicht zum Gegenstand öffentlicher Verehrung geworden ist. Diese zwar nur formelle, aber unabdingbare Voraussetzung geht auf die Reformen Urbans VIII. zurück, der, wie wir gesehen haben, die öffentliche Verehrung nicht vom Papst offiziell kanonisierter Heiliger untersagt hatte.

3. *Die Beurteilung der Rechtgläubigkeit:* In einem parallelen Verfahren ernennt der Bischof Sachverständige, die mit der Zusammenstellung der Publikationen des Kandidaten beauftragt werden. Später werden auch die Briefe und andere unpublizierte Schriften erfaßt. Die Dokumente werden dann nach Rom gesandt, wo sie in der Vergangenheit von theologischen Zensoren auf Meinungen und Lehren geprüft wurden, die vom orthodoxen Glauben abwichen. Die Zensoren wurden inzwischen abge-

schafft, doch die Überprüfung findet nach wie vor statt. Es liegt auf der Hand, daß die Untersuchungen länger dauern, wenn der schriftliche Nachlaß des Kandidaten sehr umfangreich ist. Ebenso klar ist, daß kühne intellektuelle Exkurse in Glaubensangelegenheiten besonders gründlich examiniert werden. Wer von der offiziellen Lehrmeinung der Kirche abweicht, wird in der Regel ohne Umschweife abgelehnt. Zwar führt die Kongregation keine Statistik über Ablehnungsgründe, doch bestätigen ihre Mitarbeiter, daß der Hauptgrund für Verfahrenseinstellungen oder Verschiebungen im Nichtbestehen dieses dogmatischen Reinheitsgebots liegt.

Befürworter eines auf Eis gelegten Verfahrens haben allerdings die Möglichkeit, ihren Kandidaten gegen den Vorwurf der Heterodoxie (Abweichung von der kirchlichen Lehre) zu verteidigen und die Argumente der Kongregation zu widerlegen. So gelang es beispielsweise der Compagnie de Saint-Sulpice, ihren 1657 verstorbenen Ordensgründer Jean-Jacques Olier von Vorwürfen der Häresie reinzuwaschen. Das Heiligsprechungsverfahren für Olier war bereits im Gange, als im vorigen Jahrhundert von einem Jesuiten ein Buch mit unorthodoxen Ansichten über die Jungfrau Maria entdeckt und seine Autorschaft Olier zugeschrieben wurde. Das Werk kam auf den *Index librorum prohibitorum* (Verzeichnis verbotener Bücher), und das Heiligsprechungsverfahren für Olier wurde unterbrochen. In den fünfziger Jahren dieses Jahrhunderts gelang Forschern aus dem Kreis der Sulpizianer der Nachweis, daß Olier gar nicht der Autor des inkriminierten Buchs war und daß seine Lehren über die Jungfrau Maria durchaus mit der Orthodoxie übereinstimmen. Infolgedessen kam es kürzlich zur Wiederaufnahme seines Verfahrens.

Seit 1940 mußten die Kandidaten noch eine weitere Prüfung über sich ergehen lassen: Man unterwarf die Diener Gottes einer Art Sicherheitskontrolle, die darin bestand, daß man von ihnen die Beibringung eines *nihil obstat* verlangte. Darunter ist eine offizielle Erklärung Roms zu verstehen, aus der hervorgeht, daß sich in den Akten des Vatikans »nichts Tadelhaftes« über sie befindet. In der Praxis sind damit die Akten der für die Verteidigung des Glaubens und der Moral zuständigen Kongregation für Glaubensfragen und die Unterlagen der anderen neun Kongregationen gemeint (der Kongregation für die Bischöfe, der Kongregation für den Klerus, der Kongregation für die Ordensleute und Säkularinstitute usw.), sofern diese aus irgendwelchen Gründen

Informationen über den Kandidaten besitzen. Der Grund für diese Vorgehensweise ist folgender: Es läßt sich nie ausschließen, daß eine oder mehrere Kongregationen im Besitz bestimmter Informationen über die Schriften oder das moralische Verhalten des Kandidaten sind, die einer Fortführung seines Verfahrens zuwiderlaufen. In einem vielzitierten Fall verfügte der Vatikan, wie sich herausstellte, über schlüssige Beweise, daß der Kandidat – ein Priester und Ordensgründer – mehrfach der sexuellen Belästigung Minderjähriger überführt war und seine Taten offenbar nie gebeichtet hatte. Das Heiligsprechungsverfahren wurde sofort eingestellt. Generell sind Einwände jedoch ziemlich selten. So ist seit 1979 nur ein Fall bekanntgeworden, in dem das *nihil obstat* nicht gewährt wurde.

4. *Die römische Phase:* Erst in dieser Phase beginnen die eigentlichen Beratungen. Sobald die vom zuständigen Bischof eingereichten Akten der Kongregation vorliegen, wird die Verantwortung für die weitere Behandlung der Angelegenheit einem in Rom ansässigen *Postulator* übertragen. Es gibt ungefähr 230 bei der Kongregation zugelassene Postulatoren, von denen die meisten Ordenspriester sind. Der Großteil der zu verhandelnden Fälle wird allerdings von nur zehn Männern bearbeitet. Dem Postulator obliegt die Vertretung der als Petitoren bezeichneten Befürworter der Heiligsprechung, und sie werden auch – sofern nicht das Armenrecht Anwendung findet – vom Petitor bezahlt. Der Petitor bezahlt außerdem die Dienste des *Advokaten* oder Anwalts, auch *patronus* genannt, den der Postulator aus den zirka zwei Dutzend Kirchenrechtlern auswählt, die vom Heiligen Stuhl eigens für die Teilnahme an Heiligsprechungsprozessen ausgebildet und zugelassen worden sind.

Der Anwalt oder *patronus* stellt aus den vom zuständigen Bischof eingereichten Unterlagen einen juristischen Schriftsatz zusammen, mit dem er die Richter der Kongregation davon zu überzeugen sucht, daß das Verfahren offiziell eröffnet werden muß. Er legt dar, daß im vorliegenden Fall der Ruf der Heiligkeit tatsächlich existiert und daß die Beweislage eine eingehendere Beschäftigung mit den Tugenden des Dieners Gottes oder seinem Martyrium rechtfertigt.

Die anwaltliche Stellungnahme ist der Beginn einer sich oft über Jahre oder sogar Jahrzehnte hinziehenden schriftlichen Auseinandersetzung, in der der Verteidiger des Glaubens oder *advocatus diaboli* Einwände gegen die Argumente des *patronus* vorbringt, welche dann wieder der *patronus* zu entkräften sucht. Sind alle Unstimmigkeiten beseitigt, wird die sogenannte *positio* erarbeitet, eine in Buchform erscheinende Zusammenfassung aller bisher ermittelten Fakten einschließlich der vom Anwalt und vom Verteidiger des Glaubens vorgebrachten Argumente. Die *positio* wird von den Kardinälen und den offiziellen Prälaten der Kongregation (dem Präfekten, dem Sekretär, dem Untersekretär und dem Leiter der historischen Abteilung) studiert. Bei einer formellen Sitzung im Apostolischen Palast geben sie ihr Urteil bekannt. Fällt es positiv aus, so bedeutet dies, daß gute Gründe für eine Verhandlung (den *processus*) sprechen.

Sobald die Kongregation grünes Licht gegeben hat, wird der Papst darüber in Kenntnis gesetzt und erläßt – falls er selbst keine Einwände hat – ein Eröffnungsdekret. Dabei ist vor allem interessant, *wie* er es erläßt. Man geht zwar generell davon aus, daß ein bis zu diesem Punkt gediehenes Heiligsprechungsverfahren gute Erfolgsaussichten hat, aber es kommt trotzdem immer wieder vor, daß es auch danach noch scheitert. Um hervorzuheben, daß die Causa in diesem Stadium nur die administrative Zustimmung des Heiligen Vaters besitzt, unterzeichnet der Papst das Dekret nicht mit seinem Papstnamen Johannes Paul II., sondern lediglich mit seinem eigenen Vornamen: *Placet Carolus* – »Karol ist einverstanden«.

Mit dieser Anweisung fällt das Verfahren nun unter die Jurisdiktion des Heiligen Stuhls und wird fortan als *apostolischer Prozeß* bezeichnet. Der Verteidiger des Glaubens oder seine Mitarbeiter erarbeiten nun einen neuen Fragenkatalog, um weitere Informationen über Tugenden und/oder Martyrium des Dieners Gottes zu erhalten. Die Fragen werden der zuständigen Diözese zugestellt. Dort tritt dann ein neuerliches Untersuchungsgremium zusammen, diesmal jedoch mit direkten Bevollmächtigten des Heiligen Stuhls als Richtern. Aufs neue werden die noch lebenden Zeugen vernommen. Die Richter sind aber auch berechtigt, neue Zeugen vorzuladen, die, falls erforderlich, zur Beantwortung von Fragen sogar nach Rom geladen werden können.

Der apostolische Prozeß ist im Grunde genommen eine Neuauflage des bischöflichen Erhebungsverfahrens auf höherer Stufe. Er muß den Nachweis führen, daß sich der heiligmäßige Ruf des Kandidaten und sein Martyrium auf Tatsachen gründen. Nach Beendigung der Zeugenvernehmung werden die Unterlagen der

Kongregation zugestellt. Dort werden sie in eine der offiziellen Sprachen übersetzt. (Bis Anfang dieses Jahrhunderts gab es nur eine offizielle Sprache: Latein. Dann wurden nacheinander auch Italienisch, Spanisch, Französisch und Englisch zugelassen, woraus sich die wachsende Zahl der Verfahren aus jenen Ländern ablesen läßt, in denen diese Sprachen gesprochen werden.) Der Untersekretär der Kongregation und sein Mitarbeiterstab prüfen die Dokumente auf die genaue Einhaltung der juristischen und protokollarischen Formalitäten. Zum Schluß bestätigt der Heilige Stuhl den legitimen Gebrauch der Unterlagen mit einem Dekret über die Gültigkeit des Prozesses.

Nun sind wieder der Postulator und sein Anwalt an der Reihe. Sie erarbeiten eine sogenannte *informatio,* in der die Argumente, die für die heroischen Tugenden oder das Martyrium des Kandidaten sprechen, systematisch aufgeführt werden. Angefügt wird eine Zusammenfassung der beeideten Zeugenaussagen, die sich unmittelbar auf die zu beweisenden Punkte beziehen. Der Verteidiger des Glaubens studiert die Dokumente und bringt seine Einwände vor, woraufhin ein weiteres Mal der Anwalt, unterstützt vom Postulator, Stellung bezieht. Das Für und Wider wird gedruckt, und die gesamte Dokumentensammlung geht den Mitgliedern der Kongregation und ihren theologischen Beratern zum Studium und zur Beurteilung zu. Probleme und Vorbehalte, die auf einer ersten Sitzung vorgetragen werden, werden vom Verteidiger des Glaubens aufgegriffen *(animadversiones),* worauf wiederum der Anwalt entgegnet *(responsiones).* Dieser Vorgang bildet die Grundlage für eine zweite Kongregationssitzung, diesmal unter Teilnahme der Kardinäle. Wieder wird ein Urteil abgegeben. Das Ganze wiederholt sich ein drittes Mal, diesmal jedoch unter Hinzuziehung des Papstes. Wird dem Diener Gottes auch jetzt wieder bestätigt, daß er die christlichen Tugenden in heroischem Ausmaß praktiziert hat oder den Märtyrertod gestorben ist, so ist er fortan berechtigt, den Titel »Verehrungswürdiger« *(Venerabilis)* zu führen.

5. *Die historische Sektion:* Papst Pius XI. (1922–1939) richtete 1930 eine eigene historische Sektion ein, die sich zum einen mit alten Fällen befassen sollte, zum anderen aber auch mit bestimmten Problemen, die sich im rein juristischen Verfahren nicht lösen lassen. Zur ersten Kategorie gehören jene Fälle, für die es keine lebenden Augenzeugen mehr gibt. Sie werden an die historische

Sektion überwiesen, weil die Beurteilung der Tugenden und des Martyriums hier im wesentlichen von der historischen Beweislage abhängig ist. Die zweite Kategorie betrifft vor allem umstrittene Einzelfragen, die zusätzlicher archivalischer Überprüfung und anderer historischer Untersuchungen bedürfen. Ganz selten fällt den Mitgliedern der historischen Sektion auch noch eine dritte Aufgabe zu: Sie müssen in sogenannten altrechtlichen Fällen Existenz, Ursprung und Fortdauer eines echten Kultes überprüfen, der bestimmten heiligmäßigen Gestalten aus weit zurückliegenden Epochen entgegengebracht wird. Meistens handelt es sich dabei um Personen, die lange vor der Einführung päpstlicher Kanonisierungen lebten. Der Papst kann nach eigenem Gutdünken per Dekret ihre äquipollente Selig- oder Heiligsprechung ermöglichen.

6. *Die Überprüfung des Leichnams:* Vor der Seligsprechung wird der Leichnam des Kandidaten auf Veranlassung des zuständigen Bischofs exhumiert und auf seine Identität überprüft. Handelt es sich nicht um den wahren Diener Gottes, so läuft das Heiligsprechungsverfahren zwar weiter, doch dürfen fortan an der Grabstätte keine Gebete mehr verrichtet werden. Einziger Zweck der Exhumierung ist die Identifizierung des Leichnams. Stellt sich dabei allerdings heraus, daß dieser nicht verwest ist, so kann diese Entdeckung durchaus das Interesse an dem Fall steigern und das Heiligsprechungsverfahren begünstigen. So wurde beispielsweise der Leichnam von Bischof Johann Nepomuk Neumann bei seiner Bestattung im Jahre 1860 nicht einbalsamiert. Doch als das Grab einen Monat später heimlich und unerlaubt geöffnet wurde, stellte sich heraus, daß der Leichnam noch völlig unversehrt war. Die Kunde verbreitete sich rasch in ganz Philadelphia. Das Grabmal wurde zu einer Art Pilgerstätte, die Zahl der an Neumann gerichteten Gebete nahm zu, und beides trug dazu bei, den Ruf seiner Heiligkeit weithin zu verbreiten.

Im Gegensatz zu anderen christlichen Kirchen, namentlich der russisch-orthodoxen, sieht die römisch-katholische Kirche in einem unversehrten Leichnam kein Zeichen von Heiligkeit. Anomalien dieser Art, so heißt es in Kirchenkreisen, seien durch Umwelteinflüsse hinreichend erklärbar. Dies war indes nicht immer so. Jahrhundertelang glaubte man, daß Leichname von Heiligen einen süßen Duft ausströmten. Dieser bei der Verwesung auftretende »Ruch der Heiligkeit«, wie man ihn nannte, galt als besonderer Hinweis auf die göttliche Gnade. Bis heute bewegt diese Tradition die Gläubigen, wenn auch nicht die Beamten der Kongregation. Erwähnenswert in diesem Zusammenhang ist der Fall des Pier Giorgio Frassati, eines sportlichen jungen Mannes aus Turin, der 1925 im Alter von nur 24 Jahren an Kinderlähmung starb. Frassati hatte sein Studium an der Universität erfolgreich abgeschlossen, war ein hervorragender Bergsteiger und Skiläufer – und er verfügte als Sohn des Gründers der *La Stampa,* einer der einflußreichsten Tageszeitungen Italiens, über viel Geld. Der heiligmäßige Ruf des jungen Mannes beruhte auf seiner Nächstenliebe: In aller Stille hatte er damit begonnen, sein Geld unter die Armen zu verteilen. Sein Fall wurde erschwert durch die Gerüchte, die nach seinem Tod aufkamen und vor allem durch die Faschisten verbreitet wurden, denen die antifaschistische Haltung der Familie Frassati nicht paßte. Unter anderem wurde behauptet, der junge Giorgio habe eine Affäre mit einer Frau gehabt. Anderen Gerüchten zufolge war er lebendig begraben worden. Das Gerede erwies sich als so zählebig, daß der Seligsprechungsprozeß jahrzehntelang unterbrochen wurde. Als man sich schließlich zu einer Leichenschau entschloß – aus medizinischen Gründen, wie es hieß –, sah das erstaunlich gut erhaltene Gesicht entspannt und friedlich aus. Nach Auskunft von Beobachtern waren selbst die Augen noch unversehrt und glänzend klar. Kurz darauf wurde das Verfahren wiederaufgenommen. Am 20. Mai 1990 wurde Frassati seliggesprochen.

7. *Die Überprüfung der Wunder:* Die Arbeit, die bis zu diesem Punkt geleistet wurde, ist in den Augen der Kirche das Ergebnis strenger, menschlicher Untersuchungstätigkeit und Urteilskraft, nichtsdestoweniger aber dennoch fehlbar. Unerläßlich für Selig- und Heiligsprechungen sind göttliche Zeichen, die das Urteil der Kirche über die Tugendhaftigkeit oder das Martyrium des Dieners Gottes bestätigen. Als Zeichen gilt für die Kirche ein Wunder, daß durch die Fürsprache des Kandidaten gewirkt wurde. Das Prüfungsverfahren für Wunder verläuft aber genauso wie die Erforschung des Martyriums und der heroischen Tugenden nach streng juristischen Kriterien.

Die Überprüfung muß bestätigen, daß a) Gott tatsächlich ein Wunder vollbracht hat – wobei es sich fast immer um die Heilung eines körperlichen Gebrechens handelt – und daß b) das Wunder durch die Fürsprache des Dieners Gottes zustande kam.

Ähnlich wie beim bischöflichen Erhebungsverfahren sammelt zunächst der Bischof der Diözese, in der das angebliche Wunder geschah, die Beweise; er läßt Zeugen auftreten und ihre Aussagen beglaubigen. Wenn er das Material für ausreichend hält, schickt er die Unterlagen nach Rom, wo sie in Form einer *positio* gedruckt werden. Die Kongregation diskutiert nun auf mehreren Sitzungen über das Für und Wider der Belege. Oft endet die Debatte damit, daß man noch weitere Beweise anfordert. Diesmal wird jedoch ein Ärztegremium zu Rate gezogen, um herauszufinden, ob im vorliegenden Fall auch eine natürliche Heilung stattgefunden haben kann. Wird dies verneint, tritt ein theologisches Beratergremium zusammen, um darüber zu befinden, ob das angebliche Wunder auch wirklich durch das Gebet zum Diener Gottes bewirkt wurde – und nicht etwa durch gleichzeitige Gebete zu einem anderen, längst kanonisierten Heiligen. Die Urteile der theologischen Berater werden daraufhin von der Kongregation geprüft. Äußern sich die Kardinäle positiv, so bestätigt der Papst das Wunder durch ein formelles Dekret.

Wie wir im 6. Kapitel noch sehen werden, hat sich die für eine Selig- oder Heiligsprechung erforderliche Zahl der Wunder im Laufe der Zeit verringert. Bis vor kurzem lautete die Regel: In Verfahren, die sich auf die Tugendhaftigkeit des Kandidaten gründeten, genügten zwei Wunder für die Seligsprechung und zwei weitere (nach der Seligsprechung) für die Kanonisierung. Bei der Seligsprechung von Märtyrern haben die Päpste in jüngerer Zeit regelmäßig auf den Nachweis der Wundertätigkeit verzichtet. Das Opfer des Lebens gilt als ausreichend. Für die Kanonisierung von Nichtmärtyrern sind dagegen nach wie vor zwei Wunder erforderlich. Der Prozeß muß natürlich für jedes Wunder einzeln durchgeführt werden.

8. *Die Seligsprechung:* Vor der Seligsprechung findet noch eine Generalversammlung statt, an der die Kardinäle der Kongregation und der Papst teilnehmen. Dort wird entschieden, ob der richtige Zeitpunkt für die Seligsprechung des Kandidaten gekommen ist. Die Versammlung hat vorrangig zeremoniellen Charakter, doch das Thema ist durchaus aktuell. Bei umstrittenen Kandidaten – zum Beispiel bestimmten Päpsten (vgl. 10. Kapitel) und Märtyrern, die noch amtierenden Machthabern zum Opfer fielen (vgl. 4. Kapitel) – ist es durchaus möglich, daß der Papst trotz der verbürgten Verdienste des Kandidaten die Seligsprechung zum

augenblicklichen Zeitpunkt für »inopportun« hält. Wenn das Urteil positiv ausfällt, veranlaßt der Papst ein entsprechendes Dekret. Außerdem wird ein Tag für die feierliche Zeremonie bestimmt.

Anläßlich der Seligsprechungszeremonie wird ein apostolisches Sendschreiben veröffentlicht, durch das der Papst bekanntgibt, daß der Diener Gottes von nun an als Seliger der Kirche verehrt werden darf. Allerdings beschränkt sich diese Verehrung auf eine bestimmte Diözese oder ein sonstwie begrenztes Gebiet (zum Beispiel auf ein Land) oder die Mitglieder eines bestimmten Ordens. Der Heilige Stuhl genehmigt zu diesem Zweck ein eigenes, dem oder der Seligen gewidmetes Gebet sowie eine Messe zu seinen oder ihren Ehren. Ein Kandidat, der es so weit »gebracht« hat, hat gleichzeitig auch die schlimmsten Hürden auf dem Weg zur Kanonisierung genommen. Doch das Endziel liegt noch vor ihm. Der Papst trägt dieser Tatsache durch eine symbolische Unterlassung Rechnung: Das feierliche Pontifikalamt zum Abschluß der Seligsprechungszeremonie wird nicht von ihm zelebriert. Er begibt sich statt dessen nach der Messe in die Basilika, um den neuernannten Seligen zu verehren.

9. *Die Heiligsprechung:* Nach der Seligsprechung ruht der Fall, bis wieder von weiteren Zeichen Gottes berichtet wird. Sodann beginnt eine neuerliche Überprüfung der Wunder. (Im Archiv der Kongregation ruhen die Akten von mehreren hundert Seligen – darunter einige, die schon vor Jahrhunderten verstarben –, bei denen bisher der Nachweis der letzten, nach der Seligsprechung erfolgten Wunder fehlt.) Nach der erfolgreichen Überprüfung des letzten Wunders wird in einer päpstlichen Erklärung die Kanonisierung verkündet. Darin heißt es, daß der Kandidat fürderhin überall im Bereich der ganzen Kirche als Heiliger verehrt werden *muß* – es handelt sich also nicht mehr nur um eine einfache Erlaubnis. Diesmal zelebriert der Papst die feierliche Zeremonie im Petersdom selbst und bringt damit zum Ausdruck, daß die volle Autorität des Papsttums hinter der Heiligsprechung steht. In seiner Deklaration gibt der Papst einen kurzen Überblick über das Leben des Heiligen und erklärt, welches Beispiel und welche Botschaft der Kirche durch den Heiligen zuteil werden.

Dies ist im wesentlichen der Prozeß, durch den die römischkatholische Kirche in den letzten 400 Jahren ihre Heiligen gekürt hat. Vom Entwurf der Gebetsbilder bis zur abschließenden päpstlichen Erklärung wird die gesamte Untersuchung von der »exakten Wissenschaft« eines Rechtssystems geleitet, das »mit einigem Recht als das älteste und gewiß als das umfassendste der Welt« bezeichnet werden kann. Als ich im Herbst 1987 erstmals nach Rom reiste, um mir an Ort und Stelle anzusehen, wie die Heiligmacher – in den Worten des Kanonikus Macken – »zur vollendeten Wahrheitsfindung« gelangen, rechnete ich damit, diesem System zu begegnen. Was ich vorfand, war jedoch etwas ganz anderes.

3. KAPITEL

Die Heiligmacher

Die Kongregation intern

Die Kongregation für Heiligsprechungsprozesse residiert im dritten Stockwerk des Palasts der Kongregationen, einem L-förmigen Gebäude aus ziegelroten Backsteinen und blassem Travertin auf der Ostseite der Piazza di Pio XII, gleich neben dem Petersplatz. Nach vatikanischen Maßstäben ist es ein modernes Gebäude; es stammt aus der Zeit Mussolinis und verrät bescheidene kirchliche Würde. Die meisten Büros sind klein und äußerst karg ausgestattet. Noch bis 1985 waren die Mitarbeiter auf Kohlepapier angewiesen, wenn sie Dokumente vervielfältigen wollten. Inzwischen besitzt die Kongregation zwei Fotokopiergeräte, die ihr von amerikanischen Wohltätern gestiftet wurden.

Der Kardinalpräfekt der Kongregation blickt von seiner Ecksuite aus über den Petersplatz auf die Fenster des Apostolischen Palasts. Dort sind die Wände mit Gobelins behangen, die Schweizergarde schlägt die Hacken zusammen – und an Fotokopiergeräten herrscht kein Mangel. In ihrem 400. Geburtsjahr – 1988 – steht der Kongregation Pietro Kardinal Palazzini vor, ein vornehmer Prälat von leicht gebeugter Gestalt, mit kahlem Schädel unter seinem scharlachroten Käppchen. Mit elf Jahren trat Palazzini ins Priesterseminar ein. Seit einem halben Jahrhundert steht er im Dienst der Kirche. Er hat in dieser Zeit niemals außerhalb des Vatikans gearbeitet – und innerhalb nie besonderen Einfluß ausgeübt. Aber er hat überlebt.

Als Papst Johannes XXIII. Hausherr im Apostolischen Palast war, beklagte er sich manchmal über bestimmte Traditionalisten in der römischen Kurie, die mit seiner Entscheidung, das Zweite Vatikanische Konzil einzuberufen, nicht einverstanden waren. Sie galten ihm als verhängnisvolle Propheten. Palazzini, Autor mehrerer theologischer Bücher und fleißiger Kommentator der vatikanischen Tageszeitung *L'Osservatore Romano,* gehörte zu jenen, an die der Papst dabei dachte. Unter anderem führten seine engen Beziehungen zum Opus Dei, einer verschwiegenen und zunehmend einflußreichen konservativen Bewegung innerhalb der Kirche, dazu, daß er und »Papa Johannes« nie richtig warm miteinander wurden. Dessen Nachfolger, der liberale Paul VI., hielt Palazzini auf Distanz, ernannte ihn aber – primär aus Höflichkeit – im Jahre 1973 zum Kardinal. Gegen Ende der siebziger Jahre schien Palazzinis Karriere im Vatikan beendet zu sein.

Doch dann gab es 1980 einen neuen Papst, einen Papst aus Polen. Johannes Paul II. erkannte in Palazzini einen erfahrenen vatikanischen Bürokraten, dessen konservative Grundeinstellung mit der seinen harmonierte. Für Palazzinis Ernennung zum Kardinalpräfekten der Kongregation sprach auch, daß er im Gegensatz zu vielen Kurienkardinälen über Erfahrungen verfügte, die mit der Arbeit der Kongregation unmittelbar zu tun hatten: Er hatte nicht nur Moraltheologie studiert, sondern war auch ein hochqualifizierter Bibliothekar und Archivar. Vor allem aber eilte ihm der Ruf voraus, ein »Macher« zu sein. Einer seiner Vorgänger im Amt des Präfekten der Kongregation, Paolo Kardinal Bertoli, war – vollkommen frustriert durch die fehlende Unterstützung höherer Stellen – von seinem Amt zurückgetreten, nachdem man ihm eine Personalentscheidung nicht genehmigt hatte. Palazzini dagegen scheute bürokratische Auseinandersetzungen nicht. Er war 68 Jahre alt und hatte noch sieben Jahre bis zum vorgeschriebenen Ruhestandsalter für Kardinäle.

Palazzini machte sehr bald die Erfahrung, daß selbst der Präfekt einer vatikanischen Kongregation nicht immer Herr im eigenen Haus ist. Zum Sekretär der Kongregation – und somit zum zweiten Mann im Amt – mußte er auf beharrlichen Wunsch des Papstes Erzbischof T. Crisan bestellen, einen kleinwüchsigen rumänischen Emigranten, der seine gesamte 35jährige Laufbahn im Vatikan in der Kongregation zugebracht hatte. Er galt als fähiger, wenngleich ziemlich einfallsloser »Techniker«. Seinen eigenen Kandidaten für den Posten des Untersekretärs, Monsignore Fabiano Veraja, konnte Palazzini nur mit Hilfe eines persönlichen Appells an den Papst durchsetzen, nachdem man sich höheren Orts zuvor gegen dessen Ernennung gesträubt hatte. Veraja ist ein hochgewachsener, leicht buckliger Kroate, dessen Unfähigkeit zur kooperativen Zusammenarbeit ihn schließlich auch Palazzini entfremdete.

Diese drei Männer übernahmen 1982, zusammen mit Monsignore Antonio Petti, einem freundlichen, aber unerfahrenen vatikanischen Diplomaten, die Kongregation für Heiligsprechungsprozesse. Sie bestimmten den wöchentlichen Arbeitsplan und nahmen an den meisten wichtigen Sitzungen teil. Gemeinsam geboten sie über einen Mitarbeiterstab, der sich aus zirka zwei Dutzend Monsignori, Priestern und Laien sowie 23 Juristen und zwei als Sekretärinnen fungierenden Nonnen zusammensetzte. Es war nur ein kurzlebiges Triumvirat.

Von ihrer Struktur und ihrer Funktion her arbeiten die Kongregationen des Vatikans ähnlich wie die Ausschüsse des amerikanischen Senats. Rein technisch gesehen, sind nur die Kardinäle und Bischöfe, die der Papst zu Beratern und Helfern bei den Regierungs- und Verwaltungsangelegenheiten des Heiligen Stuhls bestimmt hat, Mitglieder einer vatikanischen Kongregation (*Congregatio* im engeren Sinn). In den entscheidenden Phasen des Heiligsprechungsverfahrens versammeln sie sich in einem bestimmten Raum des Apostolischen Palasts, um dort ihr Urteil abzugeben und den Papst über die Gründe für ihre Entscheidung in Kenntnis zu setzen. An den regelmäßigen Sitzungen nehmen aber in der Praxis nur jene Kardinäle und Bischöfe teil, die gesund und außerdem in Rom ansässig sind, und dies sind zur Zeit zirka 19 von 30 Kardinälen. (James Kardinal Hickey aus Washington, D.C., war beispielsweise 13 Jahre lang Mitglied der Kongregation, ohne jemals während dieser Zeit an einer Sitzung teilgenommen zu haben.) Da zudem der Kardinalpräfekt einer Kongregation jeweils auch Mitglied der anderen römischen Kongregationen ist, wird die römische Kurie, einschließlich der Kongregation für Heiligsprechungsprozesse, de facto von einem durch mehrere Querverbindungen miteinander verflochtenen »harten Kern« aus ungefähr einem Dutzend Prälaten beherrscht.

Doch wie in anderen Regierungen sind auch im Vatikan die offiziellen Meinungen nicht immer identisch mit denen der Amtsinhaber. Mehr noch als die Ministerien einer weltlichen Regierung sind die Kongregationen des Vatikans von Konsultoren abhängig. Auch das lange und penible Heiligsprechungsverfahren wird entscheidend von ihnen beeinflußt. Bei den Konsultoren handelt es sich um theologische, historische und medizinische Experten von römischen Universitäten, die der Papst mit der Erstellung von Gutachten beauftragt und dem jeweiligen Einzelfall entsprechend bezahlt. Gegenwärtig sind 128 Konsultoren für die Heiligsprechungskongregation tätig – weit mehr als für alle anderen Kongregationen des Vatikans.

Als Kardinal Palazzini die Leitung der Kongregation übernahm, erbte er ein juristisches Verfahren, das mittlerweile zum längsten und kompliziertesten der Kirche geworden war. Doch das war noch nicht alles: Kein Katholik außerhalb des Vatikans – und nur sehr wenige Insider – wußte darüber Bescheid, daß er auch mit dem päpstlichen Auftrag zur Reform des Systems betraut worden war.

Ein Jahrzehnt zuvor hatte Papst Paul VI. eine interne Kommission aus Kirchenrechtlern, Theologen und Prälaten der Kongregation beauftragt, Mittel und Wege zur Vereinfachung und Modernisierung des Heiligsprechungsprozesses zu erforschen. Zwei Ziele waren es, die Paul VI. dazu bewegten: Zum einen war er der Meinung, daß Überprüfung und Verifikation der Heiligsprechung mehr auf den Erkenntnissen der Theologie und der Humanwissenschaften denn auf kirchenrechtlichen Erwägungen beruhen sollten, und zum anderen wollte er das Verfahren nach dem Kollegialitätsprinzip des Zweiten Vatikanischen Konzils überdenken und revidieren lassen. Im Lichte dieses Prinzips gelten die Ortsbischöfe nicht mehr bloß als ausführende Organe päpstlicher Weisungen, sondern als Nachfolger des ursprünglichen Kollegiums der zwölf Apostel und sind von daher gemeinsam mit dem Papst für die Lenkung der kirchlichen Geschicke verantwortlich.

Joseph Kardinal Suenens, ein prominenter Vertreter der Progressisten, hatte sich während des Konzils darüber beschwert, daß der Heiligsprechungsprozeß zu lange dauere und zu stark auf Rom zentriert sei. Zur Abhilfe schlug er vor, wenigstens die Befugnis zur Seligsprechung wieder den Ortsbischöfen und den nationalen Bischofskonferenzen zu übertragen. Er erhoffte sich durch eine solche Regelung eine Beschleunigung des Verfahrens, vor allem aber eine buntere – und daher auch repräsentativere – Gemeinschaft von heiligen Männern und Frauen mit Vorbildcharakter für die Gläubigen. Ferner sah er darin die Wiederherstellung einer alten kirchlichen Gepflogenheit aus der Zeit, als das Papsttum die Kontrolle über Selig- und Heiligsprechungsverfahren noch nicht an sich gezogen hatte.

Diese detaillierten Vorschläge Kardinal Suenens' fanden bei den anderen Konzilsvätern keine nennenswerte Unterstützung.

Dennoch hatte Suenens vielen Bischöfen aus dem Herzen gesprochen. Sie waren der Meinung, daß der Heiligsprechungsprozeß zur Geisel der vatikanischen Bürokratie geworden war. Ihre Bedenken veranlaßten Paul VI. zur Einberufung einer internen Kommission. Doch je mehr sich ihre Arbeit in die Länge zog, desto deutlicher wurde, daß es mit einer kleinen Reform nicht getan war. Erste Vorschläge der Kirchenrechtler wurden verworfen und durch neue, weiterreichende Reformvorschläge ersetzt. Papst Johannes Paul II. erteilte nach seinem Amtsantritt Palazzini den Auftrag, die langwierigen und mit großer Verbissenheit geführten Auseinandersetzungen zu einem Ende zu bringen. Niemand in der Kommission war über die erzielten Ergebnisse besonders glücklich. Doch bis auf den heutigen Tag sind sich nur sehr wenige darüber im klaren, daß tatsächlich eine Revolution mit schweren Richtungskämpfen innerhalb des Kollegiums stattfand.

Historiker gegen Juristen:
Die innere Zerreißprobe

Am 25. Januar 1983 wurde das System offiziell geändert. An jenem Tag gab Papst Johannes Paul II. eine Apostolische Konstitution – *Divinus perfectionis Magister* – heraus, mit der die umfassendste Reform des Heiligsprechungsverfahrens seit den Dekreten Urbans VIII. beschlossene Sache war. Die Ziele der Reform bestanden darin, den Prozeß der Heiligsprechung einfacher, schneller, billiger, kollegialer und letztlich effektiver zu machen. Dies geschah mit Hilfe zweier grundlegender Veränderungen: Die erste bestand darin, daß die gesamte Verantwortung für die Beibringung der Heiligkeitsbeweise in die Hand der zuständigen Bischöfe gelegt wurde. Fortan sollte es keine zwei kanonischen Prozesse – einen bischöflichen und einen apostolischen – mehr geben, sondern nur noch einen einzigen unter der Leitung des Ortsbischofs. Die zweite Änderung war noch viel einschneidender: Die dialektische Auseinandersetzung zwischen den Anwälten und dem Verteidiger des Glaubens wurde abgeschafft. Enrico Venanzi, ein Laie und damals der letzte bei der Kongregation akkreditierte Anwalt, war entsetzt, als er das neue Gesetz durchlas. Den Tränen nahe, sagte er zu seiner Frau: »Die Anwälte haben ihre Arbeitsplätze verloren.«

Nicht nur die Anwälte verloren ihre Befugnisse. Das gleiche

galt für den Verteidiger des Glaubens und seinen juristischen Mitarbeiterstab. Nach fast 600jähriger Existenz gab es das Amt des *advocatus diaboli* in der herkömmlichen Form nicht mehr. Statt dessen erhielt der Verteidiger des Glaubens den neuen Titel *Praelatus theologus* und wurde mit der weitgehend administrativen Aufgabe betraut, die Theologenkonsultoren für die einzelnen Verfahren auszusuchen und ihre Konferenzen zu leiten. Die Verantwortung, die Wahrheit über Leben und Tod des Kandidaten herauszufinden, oblag nun einem neuen Gremium, dem *Collegium Relatorum*, unter dessen Federführung ein historisch-kritischer Bericht über das Leben des Kandidaten, seine Tugenden und gegebenenfalls auch sein Martyrium erstellt wurde. Gewiß, man würde auch in Zukunft noch die Aussagen von Zeugen berücksichtigen, die für den Diener Gottes Stellung beziehen konnten, doch die Hauptinformationsquelle war fortan die Geschichte, und letztlich bestimmte die gut dokumentierte, kritische Biographie die Urteilsfindung.

Herzstück der Reform war demnach ein auffallender Wechsel der Modelle: Nicht mehr das Gerichtsmodell diente von nun an der Kirche als Vorbild für den Wahrheitsfindungsprozeß, sondern das akademische Modell wissenschaftlicher Disputation. Über eine Heiligsprechung oder deren Ablehnung entschieden in Zukunft die Grundsätze der kritischen Geschichtswissenschaft, nicht mehr die Argumente widerstreitender Anwälte. Der Relator hatte praktisch sowohl den *advocatus diaboli* als auch den Anwalt ersetzt. Er allein war für die Feststellung von Martyrium oder heroischen Tugenden verantwortlich, und die Entscheidung über Annahme oder Ablehnung seiner Arbeit lag bei den Theologen- und Historikerkonsultoren.

Das neue Gesetz bildete den Höhepunkt einer langen und oft sehr erbittert geführten Debatte innerhalb der Kongregation, die jedoch aufgrund der Kompliziertheit der Materie von Außenstehenden kaum beachtet wurde. Die Befürworter der Reform beklagten seit über zwei Jahrzehnten, daß die eingeführten Methoden zur Anerkennung von Heiligen zu umständlich und zu kompliziert seien und daß sich die von Kanonikus Macken so hoch gelobte »exakte Wissenschaft« im Umgang mit den Feinheiten der Heiligkeit eben doch als ein zu grobes Instrument erwiesen habe. Die Erfahrung hatte zum Beispiel gezeigt, daß Zeugenaussagen nur beschränkt oder überhaupt nicht tauglich waren. Da sich der Ruf der Heiligkeit im Normalfall erst im Lauf von Jahrzehnten entwickelte, handelte es sich bei den verfügbaren Augenzeugen häufig um Leute, die den Diener Gottes nur in dessen letzten Lebensjahren gekannt hatten. Fast ebensooft kam es vor, daß die Zeugen selbst schon hochbetagt waren und sich von daher schwertaten, exakte Auskünfte über einen Kandidaten zu geben, mit dem sie lediglich Kindheits- oder Jugenderinnerungen verbanden. So konnte der Postulator zum Beispiel im Falle des berühmten französischen Laien Frédéric Ozanam (dem Gründer der Vinzenzvereine, einer heute weltweit tätigen katholischen Wohltätigkeitsorganisation) nur eine einzige lebende Zeugin auftreiben. Die 72jährige hatte Ozanam einst als zehnjähriges Mädchen kennengelernt.

Besonders schwierig war es, verläßliche Zeugen für Verfahren zu finden, in denen es um die Heiligsprechung von Ordensstifterinnen ging – einer Kandidatinnengruppe, die in den vergangenen 150 Jahren immer größer geworden ist. Oft handelte es sich bei diesen Frauen um Witwen, die erst spät in ihrem Leben die klösterlichen Gelübde abgelegt hatten. Die Zeugenaussagen gaben der Kongregation meist nur Aufschluß über das Leben der Kandidatinnen als fromme Schwestern oder Nonnen; folglich beschränkte sich die ganze Diskussion über die heroischen Tugenden dieser Frauen oft nur darauf, inwieweit sie ihre Gelübde der Armut, der Keuschheit und des Gehorsams erfüllt hatten. Ob sie auch ihre Ehegelübde erfüllt hatten und was für Mütter sie gewesen waren, wurde allzu häufig überhaupt nicht angesprochen.

Diese Schwierigkeiten bei der Wahrheitsfindung hatten innerhalb der Kongregation beträchtliches Unbehagen ausgelöst. Weil die historische Beweislage unzureichend war, wurden immer mehr Fälle entweder auf die lange Bank geschoben – manchmal jahrelang, manchmal ad infinitum –, oder aber man gab sie an die vierköpfige historische Sektion weiter. Die Historiker versuchten die Lücken erst einmal dadurch zu füllen, daß sie die Fälle an die zuständige Diözese zurückverwiesen – verbunden mit der Anweisung, die zur Erstellung einer *vita* noch fehlenden historischen Belege wie Briefe und andere Dokumente doch bitte nachzuliefern. Doch selbst im günstigsten Fall konnten die vier Männer pro Jahr höchstens vier oder fünf *positiones* fertigstellen – und so wurde das Verzeichnis der anhängigen Fälle immer länger. Im Jahre 1980 umfaßte es bereits mehr als 1000 Verfahren.

Bei diesen Voraussetzungen kam es nicht überraschend, daß der Anstoß für eine radikale Verfahrensreform vor allem von der historischen Sektion ausging. Zu den vehementesten Befürwortern des Wandels zählte Augustino Amore, ein Franziskaner, der später an der Erstellung der neuen Regeln federführend beteiligt sein sollte. Als Leiter der historischen Sektion pflegte er in allen Fällen, in denen die Historiker nicht konsultiert worden waren, die Sitzungen der Kongregation routinemäßig mit dem Einwurf zu unterbrechen: »Wir wissen nichts vom Vorleben dieser Person!« In seinen Aufsätzen und Vorschlägen für die Kommission vertrat Amore sogar die Ansicht, die Kongregation solle das Wort *processus* aus ihrem Vokabular streichen und damit das juristische Verfahren als solches.

Der Zorn der Reformer richtete sich hauptsächlich gegen die mehrfach wiederholte Debatte zwischen dem *advocatus diaboli* auf der einen und dem Anwalt der Heiligsprechungsbefürworter auf der anderen Seite. Wie wir gesehen haben, übernahm die Kongregation einen von der Diözese vorgeschlagenen Fall nur dann, wenn zuvor diese dialektische Auseinandersetzung stattgefunden hatte. Ehe der Kandidat seliggesprochen werden konnte, mußte die Prozedur dreimal wiederholt werden. Das Verhältnis zwischen *advocatus diaboli* und Anwalt war feindlich – und sollte es auch sein. Doch nach dem Urteil vieler Heiligmacher zogen sich manche Fälle jahrzehnte- oder sogar jahrhundertelang hin, weil die Rechtsvertreter beider Seiten einen im wesentlichen künstlichen Prozeß mutwillig in die Länge zogen.

»Die Aufgabe des Anwalts bestand darin, die positiven Elemente in den Zeugenaussagen herauszuarbeiten und daraus sein Plädoyer für die Heiligkeit zu entwickeln«, erklärt Pater Yvon Beaudoin, OMI, ein frankokanadischer Archivar, der 15 Jahre lang in der historischen Sektion gearbeitet hat. »Manchmal kam es durchaus vor, daß er belastendes Material einfach unterdrückte. Die Aufgabe des *advocatus diaboli* bestand darin, das Negative herauszufinden. Wenn er den Verdacht hegte, daß der Anwalt etwas verbarg, verlangte er Einsicht in das Originalprotokoll der Zeugenaussage. Sehr oft kam es aber auch vor, daß der *advocatus diaboli* ein Wort hier und einen Satz da aus dem Zusammenhang riß, weil seine Aufgabe eben darin bestand, irgendwelche Argumente – irgend etwas – gegen die Heiligsprechung des Kandidaten zu finden.«

Auch unter den Postulatoren gab es eine Reihe kritischer Vorbehalte gegen das alte juristische System. Auf dem Papier übernahmen die Postulatoren die Verantwortung für das Verfahren, sobald Rom dessen Eröffnung bewilligt hatte. In der Praxis jedoch blieben ihnen, solange der Fall bei den Anwälten lag, weitgehend die Hände gebunden. Fast alle Anwälte waren Italiener (eine Handvoll Spanier kam hinzu), und nur wenige von ihnen beherrschten Fremdsprachen. Bei ausländischen Kandidaten hatte dies zur Folge, daß sie regelmäßig über Dinge diskutierten, die sie gar nicht verstanden. »Sie wollten Fragen beantwortet haben, die im Grunde völlig belanglos waren«, meint Paolo Molinari, SJ, ein in Oxford ausgebildeter Italiener, der seit 1957 als Generalpostulator des Jesuitenordens tätig ist. »Ich hatte den Eindruck, sie fühlten sich verpflichtet, 30 oder 40 Seiten Einwände zu produzieren. Ob diese Einwände realistisch waren oder aber nur mehr oder weniger erfunden, stand auf einem ganz anderen Blatt. Es war reine Beschäftigungstherapie.«

Pater Ambrosius Eszer, Dominikanermönch und seit 1979 Historikerkonsultor der Kongregation, erinnert sich: »Es war wie ein Pingpongspiel. Der Verteidiger des Glaubens schlug den Ball, und der *avvocato* schlug ihn zurück. Sie ergingen sich in gewaltigen Wortgefechten, und niemand konnte sie stoppen. Ein Beamter in der Kongregation hatte sogar die Aufgabe, die Einwürfe der Anwälte zu schönen, steckten sie doch voller Gotteslästerungen und Flüche.«

Innerhalb der Kommission fanden die Anwälte ihrerseits kaum Helfer. Als Juristen, die sie nun einmal waren, begegnete man ihnen mit Mißtrauen oder machte sich sogar über sie lustig. Bis zu einem gewissen Grad speisten sich diese Gefühle aus dem uralten Antagonismus zwischen dem Klerus, für den das finanzielle Einkommen (aber nicht die Karriere) zweitrangig war, und dem Laienstand, der sowohl auf das eine wie das andere aus war. Seit Jahrhunderten hatte der Heilige Stuhl seinen Bedarf an Juristen mit Laien gedeckt. Einige von ihnen praktizierten schon in der zweiten Generation an den Gerichtshöfen des Vatikans; ihre Familien waren nicht nur wohlhabend, sondern genossen auch den Status eines »päpstlichen Adels«. Zu denjenigen, die innerhalb der Kongregation arbeiteten, gehörte auch eine Handvoll etablierter Anwälte, die sich als *patroni* ihrer Fälle betrachteten. De facto arbeiteten sie wie internationale Anwaltskanzleien, die sich auf die Rechtsvertretung von Außenstehenden spezialisiert haben. Die *patroni* wurden vielfach verdächtigt, ihre Klienten auszunützen – und zwar nicht nur durch die von ihnen geforderten Gebühren. Man warf ihnen vor, die Prozesse mutwillig in die

Länge zu ziehen und sich dabei dank der kassierten Honorare ein gutes Leben zu machen. Die Abschaffung der *patroni*, so die Reformer, würde die Kosten der Heiligsprechung stark verringern.

Auch das Amt des Verteidigers des Glaubens oder *advocatus diaboli* mußte sich herbe Kritik gefallen lassen. »Wenn man die Arbeit der Verteidiger des Glaubens in den letzten 40 Jahren betrachtet, so wird man finden, daß sie sie immer wieder anderen, weniger kompetenten Leuten übertragen«, meint der Jesuit Kurt Peter Gumpel, der seit 1960 bei der Kongregation tätig ist. »Dieser Zustand mußte beendet werden, und dafür gab es mehrere Möglichkeiten. Entweder man ergänzte das Amt des *advocatus diaboli* durch neue, kompetente Mitarbeiter und hörte auf mit dieser kindischen Wortklauberei in den Texten – oder aber man übertrug die Verantwortung für den Fall von Anfang an einem einzigen kompetenten und unparteiischen Mann, dem Relator. Beide Lösungen hatten ihre Vorzüge.«

Die Anwälte gaben zu, daß die Kritik teilweise berechtigt war. Jawohl, die juristischen Mitarbeiter des *advocatus diaboli* seien in ihrer Argumentation manchmal recht oberflächlich. Jawohl, es gebe eine Handvoll *patroni,* die ihre Stellung mißbrauchten. Der vollständige Ausschluß der Juristen würde jedoch zur radikalen Umwandlung eines Verfahrens führen, das seit einem halben Jahrtausend zentraler Bestandteil des Heiligsprechungsprozesses sei. Monsignore Luigi Porsi, ein »alter Hase« mit 20jähriger Erfahrung im kirchlichen Rechtssystem, war der Meinung, die vorgeschlagenen Reformen gingen zu weit: »Die gegnerische Position ist nicht mehr vertreten«, beklagte er sich in einem Brief an Johannes Paul II., der nie beantwortet wurde. Nach Porsis Einschätzung blieben allerdings auch im neuen Verfahren juristische Elemente des Prozesses erhalten. Auf der Ebene der Diözesen würden nach wie vor Zeugenanhörungen stattfinden, und es würden auch weiterhin kirchenrechtliche Formalitäten und Prozeduren einzuhalten sein. Insgesamt gesehen stand jedoch zu erwarten, daß der Geist der Konfrontation fortan einem Geist der Kooperation weichen würde. Allen Verfahrensteilnehmern sei auf einmal an einem Erfolg des Prozesses gelegen – und niemandem mehr als dem Relator, der in Rom die Verantwortung für einen erfolgreichen Abschluß des Verfahrens übernehmen sollte. »Ich frage Sie«, meinte Porsi herausfordernd, »wer ist nun der *patronus*?«

Der Konflikt innerhalb der Kongregation war im Grunde gar nicht so sehr ein Konflikt zwischen zwei Arten von Prälaten, ja nicht einmal ein Konflikt zwischen zwei Verfahrenssystemen. Er war vielmehr die Auseinandersetzung zwischen zwei unterschiedlichen Betrachtungsweisen, zwei unterschiedlichen Berufsauffassungen und zwei unterschiedlichen Methoden zur Erfassung der Wahrheit über das Leben eines Menschen. Die Stärke der juristischen Betrachtungsweise lag in dem in ihr zum Ausdruck kommenden Respekt für die rechte Ordnung der Kirche als einer Gemeinschaft der Gläubigen, die ein Recht darauf haben, nicht von falscher Begeisterung und Wundern, die keine sind, in die Irre geleitet zu werden. Andererseits war die juristische Betrachtungsweise aber auch durchtränkt mit einer historischen Vorstellung von der Kirche als einer universalen, im wesentlichen überall gleichen und überall denselben Regeln folgenden Institution. Die Sprache dieser Geisteshaltung war die Sprache des Unveränderlichen, und die Autorität, die diese Kontinuität garantierte, war der Papst als höchste richterliche Instanz. In der Praxis neigte die juristische Betrachtungsweise dazu, Ähnlichkeiten zwischen den Heiligen zu suchen; sie ging von vorliegenden Verhaltensmustern aus und versuchte, neue Kandidaten in die vorgegebenen Raster zu zwängen. Gewiß, der juristische Ansatz bestach in bestimmten Fällen durch bewundernswerte Präzision. Doch handelte es sich dabei im Endeffekt um eine Präzision, die mutmaßliche Heilige zu normalen Menschen herabwürdigte – und dies vor einem Gericht, vor dem nur außerordentliche Tugendhaftigkeit Bestand hat und sonst nichts.

Die historische Betrachtungsweise dagegen nahm Abgrenzungen vor: Heilige waren Einzelpersonen, die bestimmten Herausforderungen von Zeit und Ort durch besonders vorbildliches Verhalten gerecht wurden. In den Tiefen des göttlichen Geistes waren sie Neuschöpfungen, Gestalten, die in das Leben des Glaubens, der Hoffnung und der Liebe einführten; sie waren – im besten Sinne – Hüter der Tradition, indem sie die Bedeutung Christi für ihre eigene Zeit neu interpretierten. Die historische Betrachtungsweise forschte daher nach dem Eigenständigen, dem Außergewöhnlichen, dem entscheidenden Unterschied. Ihre Heiligkeitsbeweise beruhten auf dokumentierbaren Einzelheiten der Biographie der Kandidaten. In ihrer ausgereiften Form war sie kritisch und brachte übertriebenen geistlichen Heldentaten die entsprechende Skepsis entgegen. Legenden waren nicht ihre Sache. Sie war daher ein Spätkömmling im Prozeß der Erkennung und Anerkennung von Heiligen.

Der Einfluß der Bollandisten

Die eigentlichen Protagonisten des Wandels innerhalb der Kongregation nahmen, rückblickend gesehen, gar nicht an der Debatte teil, ja sie waren nicht einmal in Rom ansässig. Es handelte sich um die Bollandisten, eine Gruppe jesuitischer Hagiographen, die nie mehr als sechs Mitglieder umfaßt. Vor 300 Jahren hatte sie sich die kühne Aufgabe gestellt, sämtliche verfügbaren – und verifizierbaren – Quellen und Erkenntnisse über die verehrten Märtyrer und Heiligen der Christenheit zusammenzustellen und zu publizieren. Der bis heute gültige Plan der Bollandisten sieht vor, die Heiligenleben wissenschaftlich darzustellen und dabei genau zwischen Legende und literarischem Kunstgriff auf der einen und historisch verbürgtem Kern auf der anderen Seite zu unterscheiden – vorausgesetzt, ein solcher läßt sich überhaupt nachweisen. Unter Benutzung liturgischer Kalender trugen sie, mit dem Januar beginnend, das Material über alle Heiligen zusammen, deren – in welchem Teil der Welt auch immer – von christlichen Kirchen an irgendeinem Tag des Jahres gedacht wurde. Es war eines der »großen historiographischen Unternehmen« der Zeit und ist es bis heute geblieben.

Die ursprüngliche Absicht der Bollandisten lag zum Teil in dem Wunsch begründet, den Heiligenkult gegen die Kritik der Protestanten und die Skepsis der Aufklärung zu verteidigen. Sie hatten jedoch von Anfang an größtenteils mit innerkirchlichen Widerständen zu kämpfen. Der gelehrte Kardinal Robert Bellarmin – er sollte später selbst kanonisiert werden – weigerte sich, seine jesuitischen Brüder zu unterstützen. Die alten Heiligenleben, so meinte er, seien derart überladen mit unglaubwürdigen Ausschmückungen, daß man ihnen am besten keine Beachtung schenke. Die Bollandisten ließen sich dadurch jedoch nicht beirren und setzten ihre Untersuchungen über Heilige jüngeren wie älteren Datums fort. Als sie bereits beim Monat April angelangt waren, gerieten sie mit der spanischen Inquisition in Konflikt: Sie wagten es zu behaupten, daß die Legende, der zufolge die Karmeliter – ein Orden aus dem dreizehnten Jahrhundert – unmittelbar auf die Schüler des alttestamentlichen Propheten Elias zurückgingen, nicht durch historisch verbürgte Quellen zu stützen sei. Von den Karmelitern bei der Inquisition denunziert, wurden die Bollandisten 20 Jahre lang als Häretiker und Schismatiker beargwöhnt.

Mit ihrem Eintreten für penible wissenschaftliche Recherche und den anspruchsvollen Maßstäben, die sie dabei anlegten, waren die Bollandisten in gewisser Hinsicht Vorläufer jener säkularen Geschichtsschreibung, die in der zweiten Hälfte des neunzehnten Jahrhunderts ihre Hochblüte erreichte. Ihr kontinuierlich fortgesetztes Werk *Acta Sanctorum Bollandistarum* (bis zum Jahr 1988 waren 62 Bände erschienen) avancierte zum Standardwerk, an dem alle anderen hagiographischen Bücher gemessen wurden. Die Bollandisten demonstrierten, daß die Kirche sorgfältige Dokumentationen und kritische historische Untersuchungen nicht zu fürchten brauchte. Gleichzeitig zerstörten sie aber auch die Konventionen der klassischen Hagiographie, die zuvor sowohl dem einfachen Volk als auch den Gelehrten gedient hatten, um Heilige als Heilige darzustellen.

Pater Ambrogio Damiano Achille Ratti, Professor an der von den Jesuiten geführten Gregoriana in Rom, der später als Pius XI. in die Geschichte einging, gehörte zu jenen, auf die das Werk der Bollandisten einen bleibenden Eindruck hinterließ. Sie waren sein Vorbild, als er 1930 die historische Sektion der Ritenkongregation begründete und die Ortsbischöfe aufforderte, bei allen Untersuchungen über Jahrhunderte zurückliegende Fälle die strengsten Maßstäbe der modernen Geschichtswissenschaft anzulegen.

Trotz der päpstlichen Anweisung beruhte die Kanonisierung auch weiterhin primär auf Zeugenaussagen über das Leben des Kandidaten, seine Tugenden und posthum durch ihn gewirkte Wunder. Zu Beginn der siebziger Jahre war es einigen Postulatoren – wie Molinari – gelungen, historisch nuanciertes Material in den Urteilsfindungsprozeß der Kongregation einzubringen. Im allgemeinen blieb die Arbeit der Kongregation qualitativ jedoch sehr unausgeglichen. Beaudoin weist darauf hin, daß fremde Bibliotheken und Archive die von der Kongregation erstellten *positiones* nur dann noch akzeptierten, wenn sie zuvor von der historischen Sektion überarbeitet worden waren.

1981 gewannen dann die Vertreter des historischen Ansatzes die Oberhand. Ihre Sicht setzte sich durch, weil sie eine Grundvoraussetzung erfüllten, ohne die eine größere Reform im Vatikan nicht denkbar ist: Sie konnten auf autoritative Präzedenzfälle verweisen. Mit historischem Spürsinn – nicht zuletzt im eigenen Interesse – führten sie den Nachweis, daß eine ganze Reihe moderner Päpste, beginnend mit Pius X. (1903–1914), die historisch-kritische Methode gebilligt hatte. Sie fanden sogar eine Rede von

Pius XII. (1939-1958) aus dem Jahr 1958, in der dieser sich ausdrücklich für eine Vermittlung zwischen kanonischem Recht, Theologie und den neuesten gesellschaftswissenschaftlichen Entwicklungen aussprach. Pius XII. war allerdings gestorben, ehe er diese Rede halten konnte. Nichtsdestoweniger konnte Monsignore Veraja im ersten maßgeblichen Kommentar über die neue Regelung der päpstlichen Voraussicht huldigen: »... hatte er doch zu einer Mentalitätsveränderung beigetragen, und zwar in dem Sinne, daß es zu einem wachsenden historischen Bewußtsein auf allen Ebenen kam.« Gleichzeitig bemühte sich der Untersekretär darum, die – besonders für die Anwälte schmerzlich spürbare – Tatsache zu verschleiern, daß es zu einer radikalen Änderung gekommen war. »Und so findet gegenwärtig mit der neuen Gesetzgebung eine Evolution statt, die auf einer kontinuierlichen Entwicklung beruht. Um eine Revolution, für die man sie aufgrund der Abschaffung einiger mittlerweile überflüssiger Formalitäten vielleicht zu halten versucht wäre, handelt es sich freilich nicht.«

Das neue Verfahren

Gleichgültig, welche Bezeichnung man wählt – fest steht, daß die römisch-katholische Kirche mit dem reformierten Selig- und Heiligsprechungsverfahren Neuland betritt. Der juristische Rahmen des alten Systems – im wesentlichen bestimmt durch die Abhaltung örtlicher Zeugenbefragungen – wurde beibehalten, doch zielt man heute darauf ab, die spezifische Art der Heiligkeit eines Kandidaten im präzisen historischen Zusammenhang zu begreifen. Das Verfahren läßt sich – gerafft – wie folgt beschreiben:

Die Untersuchung und die Beweiserhebung fallen heute in den Verantwortungsbereich des Ortsbischofs. Bevor dieser jedoch ein Heiligsprechungsverfahren einleitet, muß er sich mit den anderen Bischöfen der Region über den Wert eines solchen Vorhabens verständigen. Es ist klar, daß im Zeitalter der modernen Kommunikationsmedien ein Heiliger, dessen Ruf nicht über die unmittelbare Nachbarschaft hinausgedrungen ist, kaum tragbar ist. Der Bischof ernennt dann die für die Erforschung des Lebens, der Tugenden und/oder des Martyriums des Kandidaten erforderlichen Bevollmächtigten. Die Befragung der Augenzeugen ist nach wie vor Teil der Untersuchung. Die Hauptaufgabe liegt jedoch in der gründlichen Erfassung des Lebens und des historischen Hintergrunds des Kandidaten und muß von Experten durchgeführt werden, die mit der historisch-kritischen Methode vertraut sind. Alle veröffentlichten und unveröffentlichten Schriften des Kandidaten werden gesammelt und von örtlichen Zensoren auf Rechtgläubigkeit untersucht; das gleiche geschieht mit allen schriftlichen Zeugnissen *über* den Kandidaten. Mit anderen Worten: Diese Prüfung findet nicht mehr in Rom statt. Allerdings ist nach wie vor die »Sicherheitsüberprüfung« durch die zuständigen vatikanischen Kongregationen – das *nihil obstat* des Heiligen Stuhls – erforderlich. Wenn der Bischof mit den Ergebnissen der Untersuchung zufrieden ist, schickt er die Unterlagen nach Rom.

Die wichtigste Aufgabe der Kongregation liegt seit der Reform in der Abfassung einer überzeugenden *positio*. Nach der Annahme eines Verfahrens ernennt die Kongregation einen Postulator und einen Relator, wobei dem letzteren die Verantwortung für die Erstellung der *positio* übertragen wird. Die Relatoren, die jeweils einzeln für die ihnen übertragenen Causen (Fälle) tätig sind, bilden das Kollegium der Relatoren, dem der Generalrelator vorsteht. Die *positio* soll alle Einzelheiten enthalten, die notwendig sind, um den Konsultoren und den Prälaten der Kongregation ein Urteil über die Eignung des Kandidaten zur Selig- beziehungsweise Heiligsprechung zu ermöglichen. Dazu gehört unter anderem eine Biographie, in der das Leben, die Tugenden oder das Martyrium des Kandidaten ebenso aufrichtig dargestellt sein müssen wie sämtliche eventuell vorliegenden Hinweise auf seine Unwürdigkeit. Der Relator wählt einen Mitarbeiter aus, der die *positio* zu Papier bringt. Im Idealfall handelt es sich dabei um einen Gelehrten aus der Heimatdiözese oder zumindest dem Heimatland des Kandidaten, der sowohl über eine geschichtswissenschaftliche als auch über eine theologische Ausbildung verfügt. In komplizierten Fällen kann der Relator auch die Hilfe weiterer (externer) Mitarbeiter in Anspruch nehmen. Er kann sich zum Beispiel an Spezialisten für bestimmte historische Epochen oder das Land, in dem der Kandidat lebte, wenden.

Die fertige *positio* wird von beratenden Fachleuten geprüft. Zunächst werden die Historikerkonsultoren herangezogen; diese Kommission untersteht dem Generalrelator. Danach setzt sich ein vom *Praelatus theologus* (Glaubensanwalt) ausgewähltes Gremium aus acht Theologen (Theologenkonsultoren) mit der *positio* auseinander. Wenn mindestens zwei Drittel von ihnen zustimmen, wird die *positio* an das Dikasterium, das heißt die vom Papst ernannten Kardinäle und Bischöfe, zur Beurteilung weitergereicht. Stimmen auch sie zu, wird der Fall dem Papst zur endgültigen Entscheidung vorgelegt.

Die Relatoren haben mit den Prozessen zur Beurteilung der Wunder nichts zu tun. Sie finden in unveränderter Form statt; neu ist lediglich, daß mit der Reform die Zahl der erforderlichen Wunder halbiert wurde. Für die Seligsprechung von Nichtmärtyrern ist demnach nur mehr ein Wunder erforderlich und bei Märtyrern überhaupt keines. Nach der Seligsprechung bedarf es bei Nichtmärtyrern wie bei Märtyrern zur Kanonisierung jeweils nur noch eines weiteren Wunders.

Historisch gesehen bedeutete die Reform eine neue Stufe in der Geschichte der Heiligsprechung. Strenggenommen beschäftigt sich die Kongregation inzwischen hauptsächlich mit der Seligsprechung und nur noch am Rande mit der Kanonisierung. Die Kongregation ist, anders gesagt, heute im wesentlichen eine Einrichtung, in der das Leben, die Tugenden oder das Martyrium der von den Ortsbischöfen vorgeschlagenen Kandidaten genau geprüft wird. Wie wir sehen werden, überprüft man neuerdings sogar Märtyrer bis zu einem gewissen Grade auf ihre Tugendhaftigkeit, um festzustellen, ob ihre *vitae* eine wertvolle Botschaft für die Kirche enthalten. Obwohl die Kanonisierung Endziel aller Verfahren bleibt, stellt sie, funktional gesprochen, nur mehr eine sich von Zeit zu Zeit ergebende zusätzliche »Übung« im Nachweisen eines durch Fürsprache gewirkten Wunders dar, welche die Bedeutung des oder der Seligen für die Kirche nicht mehr verstärkt.

Es ist eine Sache, das System zu reformieren; dafür zu sorgen, daß es auch funktioniert, ist eine ganz andere. Im Vorgriff auf die Reform waren alle neuen Verfahren ein Jahr lang unterbrochen worden, und viele laufende, noch unter dem alten System in Angriff genommene wurden mit der Bitte um eine ausführlichere historische Dokumentation zurückverwiesen. Bis zu dem Tage, da der Papst den ersten Heiligen kanonisiert, dessen Verfahren von Anfang bis Ende unter dem neuen System durchgeführt worden ist, werden noch einige Jahre vergehen. Doch für die Heiligmacher hatte eine neue Ära begonnen. Ich hatte die Gelegenheit, die damit verbundenen Probleme sowie die mit dem Verfahren befaßten Persönlichkeiten selber kennenzulernen.

*Die neuen Heiligmacher
und ihre Probleme*

An Kirchenrechtlern herrscht im Vatikan kein Mangel – doch woher sollte die Kongregation die Leute nehmen, die über die für den so entscheidenden neuen Posten des Relators unabdingbaren historischen Qualifikationen verfügten? Die Reform sah für den Anfang ein Team von acht Relatoren vor, das, sobald sich das neue Verfahren eingespielt hatte, erweitert werden sollte. Ein Relator sollte, so sieht es die Geschäftsordnung vor, neben seiner gründlichen theologischen Ausbildung Fachhistoriker sein. Unerläßlich ist außerdem die Beherrschung von mindestens zwei modernen Sprachen, liegt doch ein Ziel der Reform darin, das Leben des Dieners Gottes im Zusammenhang mit seinem historischen Umfeld zu erforschen.

Theoretisch kann ein Relator männlichen oder weiblichen Geschlechts, Kleriker oder Laie sein. In der Praxis ist das Reservoir der in Frage kommenden Talente indes nur sehr klein. Die Kongregation mußte bald die Erfahrung machen, daß nur wenige Universitätsprofessoren – und schon gar nicht solche aus dem Laienstand, die für eine Familie zu sorgen haben – bereit waren, im Austausch gegen eine unsichere Karriere im Vatikan ihren Lehrstuhl aufzugeben und ihr Heimatland zu verlassen (wobei noch hinzukommt, daß Nichtkleriker im Vatikan einen zweitklassigen Status besitzen, der ungefähr dem der Zivilangestellten beim Militär entspricht). Bischöfe und Äbte scheuten auch davor zurück, der Kongregation die »Plünderung« der theologischen Fakultäten außerhalb Roms zu gestatten. Die Kongregation war zum Beispiel nicht in der Lage, auch nur einen einzigen Relator aus einem englischsprachigen Land anzuwerben. Von Anfang an war daher klar, daß die Kongregation angesichts ihres mageren Budgets, der hochspezialisierten Arbeit, des niedrigen vatikanischen Besoldungsniveaus und ihrer traditionellen Präferenz für Angehörige des Klerus bei der Einstellung der ersten Relatoren auf die ziemlich kurze Liste der alten Kongregationsberater würde zurückgreifen müssen.

Bei Inkrafttreten der Reform bestand schließlich das erste Kollegium der Relatoren aus sieben Priestern, die ausschließlich Mitglieder eines Ordens waren. Es handelte sich um drei Italiener, zwei Deutsche sowie einen Polen und einen Frankokanadier. Vorsitzender war Monsignore Giovanni Papa, vormals Mitglied der historischen Sektion, der das neue System paradoxerweise nur halbherzig unterstützte. Ihm zur Seite stand Beaudoin als einziger weiterer noch verfügbarer Mann aus der inzwischen aufgelösten Sektion. Im Büro neben Beaudoin saß Ambrosius Eszer, ein deutscher Dominikanermönch, der unter dem alten System sowohl als historischer Berater wie auch als theologischer Gutachter tätig gewesen war. Ich fand bald heraus, daß man diese drei Männer jeden Vormittag in ihren Büros antreffen konnte, während die anderen vier sich, falls nicht gerade eine Sitzung anstand, nur selten bei der Kongregation blicken ließen.

Valentinio Macca, ein italienischer Karmeliter und seit langer Zeit Spezialist der Kongregation für Fälle, in denen es um mystische Erfahrungen ging, wurde in das Kollegium aufgenommen, obwohl er sich gerade von einem schweren Herzinfarkt erholte. Er starb 1988 und wurde durch den Spanier Louís José Gómez Gutierrez ersetzt, Mitglied des Opus Dei. Der dritte Italiener war Francesco Moccia, ein Pallotinerpater, der später zwei Herzinfarkte erlitt. Auch der Pole Michael Machejek, ein Karmeliter, dessen linker Arm gelähmt war, hatte bereits einen Infarkt hinter sich und war von daher nur beschränkt arbeitsfähig. Hinzu kam schließlich Peter Gumpel, der als einer der brillantesten Jesuiten in Rom gilt. 23 Jahre lang hatte er dem Generalpostulator der Jesuiten, Pater Molinari, als Mitarbeiter zur Seite gestanden. Die beiden setzten auch nach der Reform von 1982 ihre Zusammenarbeit fort und bildeten in der Residenz der Jesuiten im Borgo Santo Spirito, wo ihre Büros nebeneinanderliegen, ein unzertrennliches Team.

Dies also sind die neuen Heiligmacher, deren Urteile bei der Entscheidung über Heiligsprechungsverfahren von größter Bedeutung sind. Die meiste Last ruhte in den Jahren, in denen ich die Arbeit der Kongregation beobachten durfte, auf den Schultern von Beaudoin, Eszer und Gumpel; folglich kenne ich diese drei am besten. Wie die meisten anderen Personen im mittleren Management des Vatikans verdanken sie ihre gegenwärtige Position dem Zufall und glücklichen Umständen. Alle drei haben sie den größten Teil ihres Lebens in Rom verbracht, und keiner von ihnen hat je darauf spekuliert, in der Kongregation für Heiligsprechungsprozesse Karriere zu macchen. Sie unterscheiden sich deutlich in Temperament, sprachlichen Fähigkeiten und Arbeitsgewohnheiten. Wie alle »Kopfarbeiter« verbindet sie natürlich eine bestimmte Berufsauffassung. Doch mich interessierte bei unserer ersten Begegnung vor allem, wie sie persönlich zur Heiligsprechung stehen. Und ich wollte wissen, ob es außerhalb der Kongregation noch Menschen gab, die an ihrer Arbeit Anteil nahmen.

Yvon Beaudoin kam 1947 als 21jähriger Seminarist nach Rom und ist seither dort geblieben. Dem für einen Kleriker üblichen Philosophie- und Theologiestudium schloß er noch eine Ausbildung in Archivistik und Bibliothekswissenschaften an und wurde offizieller Historiker und Archivar seines Ordens, der Oblaten der Unbefleckten Jungfrau Maria (OMI). Ende der sechziger Jahre wurde er der historischen Sektion der Kongregation zugeteilt und übernahm schließlich auch dort das Amt des Archivars. Er ist für zirka 65 Heiligsprechungsverfahren zuständig, darunter vorrangig französische und kanadische, aber auch einige nord- und südamerikanische Causen.

Beaudoin hat einen fest vorgegebenen Tagesablauf. An den Vormittagen traf ich ihn immer an seinem Schreibtisch in der Kongregation an, wo er Nonnen und andere Mitarbeiter, die mit der Abfassung von *positiones* befaßt waren, empfing. An den Nachmittagen arbeitet er vier bis fünf Stunden für die Oblaten an deren Kolleg in der Via Aurelia, einem Gebäude, das 100 Studenten aufnehmen könnte, das jedoch zur Zeit, in einer Epoche des weltweiten Rückgangs der Ordenseintritte, nur mehr 20 junge Männer, die sich auf den Priesterberuf vorbereiten, beherbergt. An vier Abenden in der Woche erteilt er Pfadfindern Katechismusunterricht. An den Wochenenden liest er die Messe in verschiedenen Gemeinden der Umgebung. Er reist nur selten, fliegt allerdings jeden Sommer für zwei Wochen nach Kanada, um seine über 90jährige Mutter zu besuchen.

Ich stellte ihm die Frage: »Was meinen denn die jungen Leute? Betrachten sie die Heiligen als Helden?« Wir hatten gerade über einige Fälle diskutiert, mit denen er befaßt war. Bei den meisten Kandidaten handelte es sich um Nonnen oder Priester, und ich fragte mich, ob die Gestalten, die Beaudoin berufsmäßig in Vorbilder für heroische Tugendhaftigkeit verwandelte, die Pfadfinder, die er seit mehr als 30 Jahren betreute, in irgendeiner Form beeindruckten. Die Pfadfinder waren ganz offensichtlich Beaudoins einziger regelmäßiger Kontakt zur außerkirchlichen Welt.

»Überhaupt nicht«, antwortete er unumwunden. »Für die jungen Italiener gibt es nur einen einzigen modernen Heiligen, und das ist Franz von Assisi. Er wurde nach 1968 zu einer Art Vorbild für unbürgerlichen Lebensstil, für das einfache Leben. Und nach der Reaktorkatastrophe von Tschernobyl, die auch hierzulande zu einer starken radioaktiven Verseuchung landwirtschaftlicher Produkte führte, sahen sie in ihm auch ein Symbol für die ökologische Bewegung. Aber außer Franziskus ist da nichts.« Er hielt kurz inne und fuhr dann fort: »Die Jugendlichen haben eigentlich gar keine Vorbilder, abgesehen vielleicht von ein paar Fernsehhelden. Sie kennen sich ja nicht einmal selbst. Sie wollen sie selbst sein, aber sie tragen alle die gleichen Kleider und tun auch alle dasselbe. Die Kirche hat keinen besonderen Einfluß auf sie, und die Heiligen schon gar nicht.«

Vielleicht, erwiderte ich, könnte der Einfluß der Kirche größer sein, wenn es mehr Heilige aus dem Laienstand gäbe und nicht so viele Ordensgründer. »Was ist das für ein Gefühl«, fragte ich, »wenn man soviel Zeit und Energie auf die Verfahren von Leuten verwendet, die, wie es den Anschein hat, für viele Katholiken gar keine wirklichkeitsnahen Vorbilder sind?«

Beaudoin stimmte mir zu, daß die Heiligsprechung frommer Brüder und Schwestern, die das Gelübde abgelegt haben, die katholischen Laien nicht sonderlich beeindruckt. »Für die Ordensgemeinschaften bedeutet es allerdings eine ganze Menge«, meinte er und verwies auf den Gründer seines eigenen Ordens, Charles Joseph Eugène Mazenod, einen Marseiller Bischof aus dem neunzehnten Jahrhundert, der 1975 seliggesprochen worden war. Die Seligsprechung habe unter der schwindenden Zahl der Ordensbrüder den Geist der Hinwendung zu den Armen neu belebt. Bei den Nonnen lasse sich Ähnliches beobachten. Im Gefolge des Zweiten Vatikanischen Konzils seien, so Beaudoin, sämtliche religiöse Orden dazu angehalten worden, ihre Identität und ihr Engagement im Licht der ursprünglichen Intentionen ihres jeweiligen Gründers zu erneuern. Dies habe dazu geführt, daß die Kongregation mit Anträgen auf Heiligsprechung geradezu überschüttet worden sei. Überwiegend sei es um Frauen gegangen. »In der Zeit nach 1850 war es zu einer gewaltigen Vermehrung der Nonnenorden gekommen«, sagte er. »In Ländern wie Spanien wurden bis zu sechs Orden pro Jahr gegründet. Seit längerem werden nun schon die Fälle der Gründerinnen an uns herangetragen – und ich schätze, daß wir auch noch in den nächsten 50 Jahren mit ihnen eingedeckt werden.«

Eszer saß, als ich ihn kennenlernte, angetan mit seiner weißen Mönchskutte, breitbeinig auf einem kleinen Stuhl und zwang mit seinen plumpen Fingern eine uralte italienische Schreibmaschine zum Gehorsam. Er war 1952 in Deutschland dem Dominikanerorden beigetreten und hatte am Angelicum, der von den Dominikanern geleiteten päpstlichen Universität in Rom, in Theologie promoviert. Er lehrte als ordentlicher Professor am Angelicum, als er zum Konsultor der Kongregation berufen wurde. Seine jetzige Ernennung zum Relator sei für ihn, wie er mir zu verstehen gab, eine große Erleichterung gewesen.

»Die Tätigkeit als Konsultor war einfach zuviel. Ich hatte ja – wie die anderen Konsultoren auch – meine vollen Lehrverpflichtungen an der Universität. Man mag einwenden, daß 18 Wochenstunden nicht übermäßig viel sind – aber bedenken Sie, daß wir nicht in unserer Muttersprache unterrichten können. Wie dem auch sei – dazu bekommen Sie dann etwa 84 verschiedene Dokumente mit Tausenden von Seiten, die Sie für die Kongregation durcharbeiten müssen. Und das zusätzlich zu Fakultätskonferenzen, Seminaren und anderen Sitzungen.« Er nahm ein Buch mit dickem Einband aus dem Regal. »An diesem hier habe ich mindestens 15 Wochen gearbeitet. Für mein Gutachten bekam ich 250 Dollar. Und das war schon die Ausnahme. Normalerweise bekamen wir halb soviel.«

Auf eine Vorlesung in geistlicher Ökonomie war ich nicht gefaßt gewesen, schon gar nicht bei einem Mönch, der das Armutsgelübde abgelegt hatte. Doch Eszer wollte mir klarmachen, daß es für das, was die Kirche von ihren Dienern erwarten durfte, Grenzen gab, besonders bei Universitätsprofessoren. »Schauen Sie«, fuhr er fort, »wenn Sie einen Lehrauftrag am Angelicum bekommen, erhalten Sie ungefähr 42 Dollar im Monat, zuzüglich Unterkunft und freie Verpflegung. Aber eine Monatskarte für den Bus kostet bereits 21 Dollar. Da bleibt kaum noch was übrig für Zigaretten. Nun habe ich mir durch die Archivarbeit das morgendliche Rauchen im Büro schon abgewöhnt – in den Archiven ist das Rauchen verboten. Zumindest die Zigaretten sollten frei sein, aber nicht einmal das ist hier der Fall.«

Seine finanzielle Lage habe sich durch die Ernennung zum Relator nicht wesentlich verbessert, meinte Eszer, aber er habe jetzt mehr Zeit für seine Arbeit. Er bearbeitet zirka 75 Causen, vor allem aus Deutschland und Österreich. Zu den interessantesten gehören Karl I., der letzte österreichisch-ungarische Kaiser, und Pater Josemaría Escrivá de Balaguer, der umstrittene spanische Gründer des Opus Dei, der 1975 verstarb. Trotz der langen Busfahrt quer durch die Stadt verbringt Eszer die Vormittage am liebsten in seinem Büro. »Erstens mag ich es nicht«, erläutert er, »wenn die Leute auf mein Zimmer kommen, um über Heiligsprechungsverfahren zu reden. Viele Besucher sind Schwestern, und in Rom empfiehlt es sich nicht, Schwestern in den eigenen Räumlichkeiten zu empfangen. Der beste Treffpunkt für solche Gespräche ist daher die Kongregation. Zweitens bin ich gern in der Kongregation, weil ich auf dem laufenden bleiben möchte. Sonst passiert es einem womöglich, daß man ohne Vorwarnung einen neuen Präfekten oder Sekretär vorgesetzt bekommt. Ich habe gerne persönlichen Kontakt zu den Mitarbeitern. Als der Papst der Kongregation Relatoren vor die Nase setzte, hat das vielen Leuten nicht gefallen, wissen Sie. Da komme ich lieber her und knüpfe gute Beziehungen zu den Leuten. Das ist besser so.«

Bei all seinem Interesse an Nebenverdiensten und Amtsinterna nimmt Eszer die Bedeutung neuer Heiligsprechungsverfahren sehr ernst. So nutzte er die Sommerferien 1987 zu einer einmonatigen Reise durch Deutschland, Österreich, Ungarn und die Niederlande, um den ihm anvertrauten Fällen nachzugehen. Allein drei von ihnen stammten aus Wien. Seine Erzählungen über Besprechungen und Konferenzen, in deren Mittelpunkt die Werbung für einen neuen Heiligen oder eine neue Heilige stand, überraschten mich. Ich konnte meine Skepsis nicht verbergen.

»Interessieren sich Nordeuropäer überhaupt für Heilige?« fragte ich.

»Das ist unterschiedlich. Sie dürfen nicht vergessen, daß es in Deutschland, den Niederlanden und Skandinavien, also in Ländern mit überwiegend protestantischer Kultur, fast keine Heiligen jüngeren Datums gibt. In Deutschland verzichteten im achtzehnten und neunzehnten Jahrhundert viele Bischöfe auf die Einleitung von Verfahren, weil sie fürchteten, sich damit der Lächerlichkeit preiszugeben. In Polen hatten wir ebenfalls schon lange keinen Heiligen mehr, wenn auch aus anderen Gründen. Das Land war geteilt, und die dortige Kirche hatte so viele Probleme, daß sie erst wieder nach dem Zweiten Weltkrieg dazu kam, sich um Heiligsprechungsverfahren zu kümmern.«

Anders als Beaudoin sieht sich Eszer als eine Art Steuermann im Namen der Heiligkeit. Mit Hilfe des Heiligsprechungsprozesses will er eine auf Abwege geratene Kirche zur Rückbesinnung auf ihre orthodoxen Wurzeln bewegen. »Die katholische Moral ist ein Trümmerhaufen«, meint er. Schuld daran seien die liberalen europäischen Theologen. »Da es kaum noch Moraltheologen gibt, die sich an die Lehren der Kirche halten, versucht der Papst, diese Lehren mit Hilfe neuer Heiliger unter die Menschen zu bringen.« Die Jahre unmittelbar nach dem Zweiten Vatikanischen Konzil waren, nach Eszers Ansicht, »eine Zeit, in der die Kongregation durch eine Wüste wanderte«. Liberalen Geistlichen wirft Eszer vor, sie verunglimpften die Heiligenverehrung und leugneten die Realität der Wunder. Es sei auch nicht sehr hilfreich gewesen, daß Paul VI. einige der frühesten und bekanntesten Namen – wie den des heiligen Christophorus – aus dem liturgischen Kalender entfernt habe. »Das hat die Gläubigen sehr verstört«, meint Eszer. »Infolgedessen kamen viele Verfahren zum Erliegen. Inzwischen leben sie jedoch wieder auf.«

»Sind denn die Kandidaten, mit denen Sie sich befassen, überhaupt alle interessant?« wollte ich wissen.

»Sie sind fast immer interessant«, antwortete er, »denn es ist immer interessant, in die Tiefen der menschlichen Seele zu blikken.«

Mehr noch als die meisten anderen Jesuiten vermeidet es Peter Gumpel, über sich selbst zu sprechen. Gegenüber Fremden ist er schüchtern, ziemlich förmlich und unendlich höflich, legt dabei jedoch eine bemerkenswerte Offenheit und Nachdenklichkeit an den Tag. In seiner Jugend zweimal aus Deutschland vertrieben, schloß er sich 1944, im Alter von 20 Jahren, den Jesuiten an. Nach einem vierjährigen Studium in England promovierte er in Dogmengeschichte. Er unterrichtete spirituelle Theologie an der Gregoriana der Jesuiten in Rom, als man ihn 1960 zum Assistenten von Paolo Molinari, dem überlasteten Generalpostulator der Jesuiten, machte. Seine Aufgabe bestand darin, Molinari bei der Vorbereitung von Heiligsprechungsverfahren zu helfen. 1971 wurde Gumpel zum Konsultor der Kongregation ernannt, eine Position, von der aus er die Abkehr von der juristischen Dominanz des Heiligsprechungsverfahrens stark beeinflussen konnte. Als Relator ist er gegenwärtig für zirka 80 Fälle zuständig. Da er sehr gut Englisch spricht, handelt es sich zu einem großen Teil um Anträge aus englischsprachigen Ländern, doch beherrscht er auch fließend Deutsch, Holländisch, Französisch, Italienisch und – mit Einschränkungen – Spanisch. Außerdem liest er neben lateinischen, altgriechischen und hebräischen auch dänische und portugiesische Texte.

Eine der großen Schwächen des alten Systems bestand nach Gumpels Überzeugung darin, daß es sich zu sehr auf Anwälte verließ, die nur selten die Geschichte und die Kultur, geschweige denn die Sprache des Landes kannten, aus dem der von ihnen vertretene Kandidat stammte. Der Schlüssel zur Funktionstüchtigkeit des neuen Systems liegt folglich in der Auswahl der von außen hinzugezogenen Berater. Jedesmal wenn er erzählt, daß es ihm gelungen ist, einen akademisch gebildeten Historiker aus diesem oder jenem Land dazu zu bewegen, unter seiner Leitung eine *positio* zu schreiben, strahlen Gumpels Augen vor Zufriedenheit. Zu den Freuden des Lebens eines Relators zählt für ihn ganz offenbar, daß er berechtigt ist, Gelehrte in aller Welt damit zu beauftragen, Manifestationen der Heiligkeit zu dokumentieren.

Von Gumpel erfuhr ich aber auch erstmals von den Schwierigkeiten der Relatoren bei der Suche nach geeigneten Mitarbeitern. Noch bezeichnender sei es freilich, daß sich nur sehr wenige Bischöfe und Äbte finden ließen, die bereitwillig einen ihrer besten Gelehrten für ein Heiligsprechungsverfahren freistellten. »Ist das nicht sehr verräterisch?« fragte ich. »Wenn selbst kirchliche Autoritäten nur widerwillig mit dieser Kongregation zusammenarbeiten, dann bedeutet das für mich, daß die Kanonisierung neuer Heiliger nicht gerade sehr weit oben auf der Liste ihrer Prioritäten steht. Oder vielleicht liegt es auch daran, daß ihnen die Kandidaten, die Sie vorschlagen, schlicht und einfach gleichgültig sind.« Ich brachte die Sache auf den Punkt: »Halten Sie es nicht für möglich, daß Sie mit dem, was Sie hier in Rom treiben, nur neue Gräben in einer erschöpften kulturellen Katakombe ausheben?«

»Ich darf Ihnen sagen«, erwiderte Gumpel, »daß ich von meiner Arbeit ganz begeistert bin. Ja, es stimmt, in einigen Ländern ist das Interesse an Heiligen zurückgegangen. Aber dafür erleben sie in anderen Ländern eine Renaissance. Nehmen Sie zum Beispiel Ihr eigenes Land. Ich kann mich des Eindrucks nicht erwehren, daß Amerikaner nie so recht verstanden haben, welche Voraussetzungen für eine Kanonisierung erfüllt werden müssen. Sie scheinen sich noch immer mit einer veralteten Hagiographie herumzuplagen, nach der Heilige Menschen sind, die Wunder wirken und außerordentliche spirituelle Phänomene erfahren. Doch wir leben inzwischen in einer anderen Zeit und suchen nach Heiligen zum Anfassen. Wir versuchen – ganz im Sinn des Zweiten Vatikanischen Konzils – die Botschaft zu verbreiten, daß jeder Mensch zur Heiligkeit berufen ist, wenngleich Heiligkeit nicht für jeden Menschen dasselbe bedeutet.«

Postulatoren:
die Impresarios des Systems

Nächst dem Relator ist der Postulator die wichtigste Figur im Heiligsprechungsprozeß. Auch diese Stellung steht grundsätzlich Priestern wie Laien offen, doch wird diese Aufgabe, wenn man von einer Handvoll ehemaliger *avvocati* wie Enrico Venanzi, die auf das Postulatorenamt umgeschult wurden, absieht, ausnahmslos von Ordensangehörigen wahrgenommen – und alle sind männlichen Geschlechts. Das Kollegium der Postulatoren umfaßt gegenwärtig 227 Mitglieder, darunter sind allerdings nur zehn, die 30 oder mehr Verfahren betreuen.

Der Postulator mit den meisten Verfahren – zirka 100 – ist Paolo Molinari, seit 1957 Generalpostulator der Jesuiten. Der aus einer adeligen italienischen Familie stammende Molinari hat in Oxford studiert und ist ein hochgebildeter Linguist. Durch Fleiß und Interesse avancierte er innerhalb der Kongregation zum inoffiziellen Apologeten der Heiligsprechung. Nach seiner Überzeugung sieht sich die Heiligsprechung den Angriffen zweier fehlgeleiteter Fraktionen gegenüber: Da sind zum einen progressive Theologen, die »die Heiligen unterschätzen« – namentlich jene, die in der Heiligenverehrung eine Ablenkung von der Anbetung Christi sehen –, und zum anderen die Widersacher auf der theologischen Rechten, die vor allem die Wunder, die mystischen Erfahrungen und andere außerordentliche Phänomene, die mit bestimmten Heiligen assoziiert werden, hervorheben. Für Molinari ist die Kirche letztlich eine »Gemeinschaft der Heiligen«.

De facto ist Molinari auch das Alter ego Gumpels. Die beiden Priester arbeiten seit fast 30 Jahren eng zusammen; sie verfassen gemeinsame Aufsätze, vertreten einander am Telefon, und jeder vollendet in Diskussionen bisweilen den Gedanken des anderen. Doch wo Gumpel präzise und professorenhaft wirkt, reagiert Molinari spontan und begeistert. Die beiden Jesuiten bilden ein unschlagbares Gespann, wenn es darum geht, bestimmte Dinge in die Tat umzusetzen. Dabei erweist sich Gumpel als der Insider: Er schlägt sich mit komplizierten Texten herum, ist unermüdlich auf der Suche nach den besten Mitarbeitern und bringt denen, die er bereits gefunden hat, bei, wie man in Quellen und Dokumenten die heroischen Tugenden aufspürt. Molinari ist dagegen der kultivierte »Außenminister«: Er ist häufig unterwegs und hält viele Vorträge über Wert und Bedeutung der Heiligen. In Rom arbeiten die beiden Männer in nebeneinanderliegenden Büros und unterhalten sich oft durch die geöffnete Verbindungstür. Beim Essen nehmen sie sich kaum die Zeit, sich an den Tisch zu setzen. Sie gehen kaum aus, es sei denn aus dienstlichen Anlässen, und sehen nur selten fern. Die Abende sind der ernsthaften Lektüre vorbehalten. Keiner von beiden benötigt viel Schlaf.

Das Leben des hauptberuflichen Postulators ist ständig im Fluß. Der Postulator lenkt das Verfahren, bezahlt die anstehenden Rechnungen, entscheidet, welche göttlichen Gnadenerweise eine Chance haben, als Wunder anerkannt zu werden. Wie der Relator betreut er mehrere Fälle gleichzeitig. Er kann am Anfang oder am Ende eines erfolgreichen Verfahrens federführend sein, doch ist es in den vergangenen 400 Jahren keinem Postulator gelungen, den Tod des Heiligen *und* dessen Kanonisierung mitzuerleben. (Möglich wäre es immerhin: Das kürzeste Verfahren seit 1588 war das der heiligen Therese von Lisieux, die 1897 starb und 28 Jahre später kanonisiert wurde.)

Molinari schätzt die gezielte Planung. In den Jahren, da ich ihn bei seiner Arbeit beobachten konnte, reiste er unter anderem in den Fernen Osten, um unter den dortigen Jesuiten Experten zu finden, die – sobald das politische Klima es zuläßt – Material über Matteo Ricci, den berühmten Chinamissionar der Jesuiten aus dem sechzehnten Jahrhundert, zusammentragen könnten. Er war in Madagaskar, um dort rechtzeitig zum Besuch des Papstes im Jahre 1988 eine Seligsprechung zu arrangieren. Im Gegensatz zum Relator, der nach der Annahme der *positio* seiner Verantwortlichkeiten ledig ist, steht der Postulator seinem Schutzbefohlenen auch liturgisch bis zur letzten Zeremonie zur Seite. Als englische Katholiken 1970 darauf bestanden, zur Heiligsprechung 40 englischer Märtyrer ihren eigenen Chor mit nach Rom zu bringen, übernahm Molinari die schier unmögliche Aufgabe, den Chorleiter der Sixtinischen Kapelle zum Nachgeben zu bewegen. Bevor er entscheidet, ob eine Kanonisierung im Petersdom oder auf dem Petersplatz zelebriert werden soll, muß sich der Postulator auch mit den Meteorologen absprechen: Der Dom faßt 10000 Besucher, doch zur Kanonisierung eines populären Heiligen kommen bisweilen zehnmal so viele Gäste nach Rom. Vor der Seligsprechung seines jesuitischen Mitbruders Pater Rupert Mayer, die 1987 in München stattfand, unterstützte Molinari die Produktion eines zu diesem Anlaß gedrehten Films und gab Interviews im deutschen Fernsehen. Sein größter Coup war jedoch, daß es ihm gelang, den Papst zur Seligsprechungsfeier *extra urbem* nach München zu bewegen. Auf diese Weise kamen, wie Molinari sich erinnert, »statt 5000 Deutschen Hunderttausende aus vielen Teilen Europas« zusammen.

Kurzum, der Postulator ist der einzige Impresario des Systems, und niemand in der Kongregation beherrscht dieses Geschäft so gut wie Molinari. Er ist ein unverbesserlicher Enthusiast. Wenn man ihm zuhört, würde man nie auf die Idee kommen, daß der Weg zur Heiligsprechung mit zahlreichen Enttäuschungen und Frustrationen gepflastert ist. Die Mehrheit der römischen Postulatoren weiß davon ein Lied zu singen.

Als ich Pater Valabek, einem freundlichen Karmelitermönch von entwaffnender Bescheidenheit, zum erstenmal begegnete, fühlte ich mich durch sein offenes amerikanisches Gesicht, sein leichtes Lächeln und seine Aufgeschlossenheit für das Absurde an den verstorbenen Trappistenmönch Thomas Merton erinnert. Valabek arbeitet seit mehr als 30 Jahren in Rom und ist seit 1980 Generalpostulator der Karmeliter. Der Orden entstand ursprünglich in Spanien und ist bekannt für seine Askese und spirituelle Ausrichtung. Außer um die Verfahren für Priester aus dem eigenen Orden kümmert sich Valabek um Heiligsprechungsanträge für Karmelitinnen und Laien – hauptsächlich Frauen –, die als Tertiarier dem Orden angeschlossen sind. Doch in den letzten 300 Jahren haben die Karmeliter nur die Seligsprechung eines einzigen ihrer Priester durchsetzen können; die meisten anderen Verfahren wurden abschlägig beschieden.

»Worin liegt das Problem?« fragte ich Valabek bei unserer ersten Begegnung in seinem Kloster, zehn Straßenzüge vom Vatikan entfernt.

»Die Verfahren wurden blockiert«, antwortete er sachlich, »aber wenn gute Gründe dafür vorliegen, beklage ich mich darüber nicht.«

Valabek kann sich, wie ein erfahrener Fischer, sehr gut an die Fälle erinnern, die ihm gleichsam durch die Lappen gegangen sind. Er erzählte mir von einem bestimmten Verfahren, das ihn schon seit langem beschäftigt und das nach seiner Überzeugung von den Verantwortlichen im Vatikan falsch beurteilt worden ist. In dem Städtchen Ronciglione nördlich von Rom feierten die Bürger – Kommunisten eingeschlossen – unlängst den 250. Todestag der Maria Angela Virgili, einer Tertiarierin der Karmeliten und Schutzheiligen der Gegend. Eine Schule wurde nach ihr benannt, und das Haus, in dem sie lebte, wurde als »Museum« erhalten. Der Ruf der Heiligkeit, in dem Maria bis heute steht, gründet sich auf ihre guten Werke und ihr inniges Gebetsleben. Noch heute ist in der Stadt die Erinnerung daran lebendig, wie sie einst die Kranken und Bedürftigen in ihr Haus aufnahm, wenn im Krankenhaus kein Platz für sie war. Aus ihrem geistlichen Leben ist bekannt, daß sie die Nacht auf Knien in der Kirche verbrachte, wenn es ihr tagsüber nicht gelungen war, ihr Gebetspensum einzuhalten. Dennoch wurde ihr Heiligsprechungsverfahren in den zwanziger Jahren dieses Jahrhunderts vom Heiligen Offizium des Vatikans gestoppt, nachdem der Ortsbischof darüber Klage geführt hatte, daß die Bevölkerung Maria zum Objekt eines nichtgenehmigten Kults gemacht habe. Valabek bemüht sich bis heute, diesen Einwand zu entschärfen, um das Verfahren wieder in Gang zu bekommen. »Ich habe mir die Akten genau durchgelesen«, sagt er. »Bei dem Bischof handelte es sich um einen Deutschen, der den italienischen Überschwang, der sich in Marias Verehrung manifestierte, eindeutig als öffentlichen Kult mißverstand.«

Maria ist im Bewußtsein der lokalen Bevölkerung tief verwurzelt, und diese unterstützt ihr Seligsprechungsverfahren nachhaltig; gerade deshalb ärgert sich Valabek besonders. Dies sei bei den karmelitischen Ordensgründerinnen, deren Verfahren er vorantreiben soll, häufig nämlich nicht der Fall. »Sobald sich eine Gruppe von Nonnen in den Kopf setzt, daß die Gründerin ihres Ordens seliggesprochen werden muß, begehren alle anderen Gruppen für ihre Gründerin dasselbe. Ich sage den Schwestern jedoch, daß das Interesse daran aus dem Volk kommen muß, nicht nur aus den Reihen der Geistlichkeit. Meine Oberen sagen mir immer wieder: ›Redemptus, du tust nicht sehr viel für unsere Gründermütter.‹ Worauf ich erwidere: ›Nun denn, ich bin eben nicht von ganzem Herzen überzeugt.‹ Darauf bekomme ich die Antwort: ›Und wenn sie sich an einen anderen Orden wenden, um die Heiligsprechung durchzusetzen? Wie würde denn das aussehen? Sie gehören zu uns, aber sie bedienen sich eines anderen Postulators. Das wäre ein Schlag ins Gesicht.‹ Was kann ich darauf schon sagen? Schauen Sie, ich glaube, daß diese Frauen heilig und im Himmel sind. Ich glaube bloß nicht, daß die Kirche für dieses Modell der Heiligkeit Bedarf hat.«

Ungefähr die Hälfte der Fälle, die Valabek betreut, betreffen katholische Laien. Die meisten von ihnen sind außerhalb ihres unmittelbaren regionalen Umfelds völlig unbekannt. Dennoch hält Valabek einige Verfahren für aussichtsreich. Nur hat er bisher wenig Glück gehabt. In einigen Fällen gelingt es ihm nicht, vor Ort kirchliche Mitarbeiter zu finden, die willens oder in der Lage sind, die entsprechenden Vorarbeiten zu leisten. Aus Zaire stammt zum Beispiel der Fall des Isidor Bankanja, eines schwarzen Konvertiten und Laienkatecheten, der 1909 von Antikatholiken erschlagen wurde, weil er sich weigerte, das Skapulier abzulegen, das er als Zeichen seines Übertritts zum christlichen Glauben trug. Es handelt sich um ein klassisches Martyrium in einem Missionsgebiet, und Valabek ist guter Hoffnung, nicht zuletzt weil Papst Johannes Paul II. Isidor anläßlich seines Besuchs in Zaire im Jahre 1985 ausdrücklich erwähnt hat. Dennoch kommt das Verfahren nicht voran, weil es in der Diözese niemanden gibt, der imstande wäre, die Rolle des örtlichen Postulators zu übernehmen. Ein anderer vielversprechender Fall aus der Tschechoslowakei kommt nicht voran, weil der vor Ort damit befaßte Priester dem kommunistisch gelenkten Friedenskomitee angehörte und daher in Rom kein Vertrauen genießt.

Am meisten interessierten mich jedoch Valabeks oft sehr unbefriedigende Erfahrungen mit dem westlichen Klerus – darunter auch mit seinen Ordensbrüdern bei den Karmelitern –, der einfach kein Interesse an der Kanonisierung neuer Heiliger hat. So reiste Valabek 1985 nach Olot, einem unweit der Pyrenäen gelegenen kleinen Dorf in Katalonien, um dort Unterstützung für die Seligsprechung der lokalen Schutzheiligen zu suchen. Die 1832 im Alter von 39 Jahren verstorbene Liberata Ferrarons war, wie es schien, nach neunjähriger Arbeit in Spinnereien und Webereien von einem Tumor befallen worden, der sie zum Krüppel machte, und die letzten 13 Jahre ihres Lebens ans Bett gefesselt gewesen. Sie lernte Lesen, wurde überaus fromm und trug ihre Leiden um ihres Volkes willen. Sie entsprach in dieser Hinsicht einem im romanischen Kulturkreis weitverbreiteten Typus der weiblichen Heiligengestalt: der stellvertretend Leidenden. Die Menschen anerkannten sie als solche und suchten regelmäßig ihren geistlichen Rat. Ihre Beerdigung war, wie Valabek erzählt, ein triumphales Fest, und anläßlich ihres 100. Todestags veranstaltete man eine Fiesta nach Art einer alten volkstümlichen Seligsprechung.

Valabeks Mission hatte das Ziel, den örtlichen Klerus zu überzeugen und Liberatas Fall vor die Kongregation zu bringen. Hier habt ihr eine Frau, sagte er zu ihnen, die durch ihr Werk geheiligt wurde und so die von dem polnischen Papst wiederholt hervorgehobene Würde der Arbeit beispielhaft verkörpert. Doch von den Geistlichen in jener Gegend hatten nur wenige die päpstlichen Enzykliken über die Arbeit gelesen und verstanden daher gar nicht, worum es ging. So, wie sich mir der Fall darstellte, versuchte hier der Postulator, die Heiligsprechung einer primär als stellvertretend Leidende verehrten Frau durchzusetzen, indem er in ihr Leben eine zeitgenössische Botschaft des Papstes hineinlas. Valabeks Bemühungen blieben fruchtlos.

»Ich mußte vor dem Bischof und den Priestern der Diözese erscheinen«, berichtete er, inzwischen über den eigenen Mißerfolg lächelnd. »Sie sagten zu mir: ›Wir wollen Sie nicht beleidigen, Pater, aber wir sehen einfach nicht, welchen Sinn die Seligsprechung haben soll.‹« Valabek erklärte ihnen seinen Standpunkt, und die Geistlichen hörten in respektvollem Schweigen zu. »Geld war in erster Linie das Problem«, erklärte er mir. »Warum sollten sie die Schatzkammern des Vatikans mit ihrem Geld füllen? Das ist ein bißchen salopp formuliert, aber genau darum ging es. Ich hatte den Eindruck, die Seligsprechung war ihnen einfach zu teuer, ganz egal, was sie kosten würde. Und in dieser Hinsicht war ihr Verhalten alles andere als ungewöhnlich.«

»Glauben Sie nicht«, fragte ich, »daß es mehr Heilige gäbe, wenn die Kosten nicht so hoch wären?«

»Ich sage nur, daß es viele Menschen gibt, die den Sinn der Selig- und Heiligsprechung nicht erkennen und von daher auch keine Rechtfertigung für die Kosten sehen.«

Ein Jahr später hatte Valabek das seltene Glück, die erfolgreiche Beendigung eines von ihm betreuten Falles miterleben zu dürfen. Ein holländischer Karmeliter, Pater Titus Brandsma, mit dessen kompliziertem Fall ich mich bereits beschäftigt hatte, war im Petersdom feierlich seliggesprochen worden. Es war Valabeks einziger erfolgreicher Fall als Postulator. Was ich nicht wußte, war, daß die Mehrheit der holländischen Karmeliter sich geweigert hatte, an der Zeremonie teilzunehmen. »Sie wollten nicht einmal etwas davon hören, weil sie der Meinung waren, es sei alles viel zu teuer«, erklärte Valabek. »Ein jüngerer Priester hat mir das ganz unumwunden ins Gesicht gesagt. Wäre es Sache der jüngeren Karmeliter gewesen, über die Einleitung des Verfahrens zu entscheiden, so hätten sie sich geweigert, meinte er. Ihrer Ansicht nach stehe es dem Orden nicht an, so große Mühen darauf zu verwenden, einen Mitbruder zum nachahmenswerten Vorbild zu erheben. Da die älteren Ordensmitglieder diesen Schritt jedoch unternommen hätten, fügten sie sich. ›Auf Wiedersehen in Rom‹, sagte ich beim Abschied. ›Wieso?‹ fragte er. ›Nun, bei der Seligsprechung‹, gab ich zurück. Worauf er erwiderte: ›Ich werde nicht kommen.‹ Das war recht schwer zu schlucken.«

Die wirtschaftliche Seite:
Wieviel kostet ein Heiliger?

Jeder Postulator ist angehalten, über die Kosten, die für die von ihm betreuten Verfahren anfallen, genau Buch zu führen und die Abrechnungen im Vatikan zu hinterlegen. Doch wie die meisten Italiener (und Amerikaner) sind die Beamten des Vatikans eher bereit, über Sex zu sprechen als über Geld. Trotz der nie verstummenden Gerüchte, daß eine Heiligsprechung unvorstellbar teuer ist, hat die Kongregation bis heute noch keine einzige Verfahrensbilanz veröffentlicht, weder für eine Selig- noch für eine Heiligsprechung. Die Antragsteller, die im Normalfall die Rechnungen begleichen, können dies tun, falls sie es wünschen, doch sind auch sie sehr zurückhaltend, wenn man sie fragt, wieviel ein Heiliger kostet. Infolge dieser allgemeinen Verschwiegenheit ist der hohe finanzielle Aufwand für eine Heiligsprechung von allerlei Legenden umwoben.

Im Sommer 1975 veröffentlichte beispielsweise das *Wall Street Journal* einen Artikel über die bevorstehende Kanonisierung von Mutter Elizabeth Bayley Seton, in dem ein mit dem Verfahren nicht befaßter Priester die Kosten auf »mehrere Millionen Dollar« schätzte. Der Vinzentinerpater Joseph Dirvon, Autor einer Seton-Biographie, protestierte in einem Leserbrief an das *Journal* gegen diese Schätzung und nannte sie maßlos übertrieben. Doch als das *Journal* nachhakte und nach den richtigen Zahlen fragte, war keiner der an dem Verfahren beteiligten Vinzentiner zu einer klaren Auskunft bereit. Dies ist durchaus verständlich, denn zu jenem Zeitpunkt lagen ihnen noch gar nicht alle Rechnungen des Verfahrens vor. Dennoch hatte ihre Zurückhaltung auch etwas mit Public Relations zu tun: Die Redemptoristen bereiteten damals gerade die Kanonisierung des Bischofs von Philadelphia, Johann Nepomuk Neumann, vor und wünschten keinen öffentlichen Kostenvergleich.

Zwölf Jahre später zeigte der Generalpostulator der Vinzentiner, Pater William Sheldon, mehr Entgegenkommen. Auf beharrliches Nachbohren gab er bekannt, daß die Postulatoren von der Einleitung des Verfahrens im Jahre 1929 bis zur Kanonisierung am 14. September 1975 schätzungsweise 225 000 Dollar ausgegeben hätten. Darin waren Nebenkosten wie die Anmietung von 15 000 Zuschauersitzen (für die der Vatikan 7500 Dollar in Rechnung stellte) oder die 12 000 Dollar für die Herstellung ebenso vieler kleiner Gebetsbücher nicht enthalten. Es fehlten auch die ebenfalls mit der Feier verbundenen Kosten für Platzanweiser und Krankenschwestern, Eintrittskartendruck, Blumen und das Gemälde von Mutter Seton, das anläßlich ihrer Kanonisierung im Petersdom aufgehängt worden war. Summa summarum belief sich die Rechnung auf über 250 000 Dollar.

Die Mitarbeiter der Kongregation sprechen, wenn man sie sehr bedrängt, lieber von Summen zwischen 50 000 und 100 000 Dollar, die Kosten für die Abschlußzeremonie nicht mitgerechnet. In Wahrheit läßt sich der Durchschnittspreis für eine Heiligsprechung einfach nicht ermitteln. Daß die Kanonisierung von Päpsten und anderen prominenten Persönlichkeiten sowie von allen Kandidaten, die entweder sehr viele schriftliche Zeugnisse hinterlassen haben oder aber selber oft Gegenstand von Veröffentlichungen gewesen sind, teurer ist als die einer einfachen Klosternonne, versteht sich von selbst. Ein Kostenvoranschlag zu Beginn eines Verfahrens ist unmöglich, und selbst im nachhinein ist nach Auskunft von Mitarbeitern der Kongregation kein genauer Überblick mehr zu gewinnen.

Dafür gibt es mehrere Gründe: Erstens zieht sich ein Verfahren normalerweise über Jahrzehnte hin, manchmal sogar über Jahrhunderte. In vielen Fällen sind Untersuchungskommissionen in mehreren Ländern erforderlich. Ein pedantischer Buchhalter müßte demnach auch die Kursschwankungen berücksichtigen, denen die Währungen der betroffenen Länder im Lauf der Zeit unterworfen waren.

Zweitens ist das Heiligmachen ein arbeitsintensives Gewerbe, bei dem zahlreiche Tätigkeiten entweder von Freiwilligen übernommen oder aber Priestern und Ordensschwestern übertragen werden, deren größter Aufwand – ihre Zeit – den Postulatoren nicht in Rechnung gestellt wird. Immer arbeiten Dutzende solcher Mitarbeiter an dem für die Gründer ihres Ordens eingeleiteten Verfahren; ihren Lebensunterhalt bestreitet der Orden. Ein Buchhalter müßte also bei der Berechnung der Verfahrenskosten für die Tätigkeit all jener, die nur aus reiner Nächstenliebe oder unter dem Armutsgelübde arbeiten, einen geschätzten pekuniären Gegenwert einsetzen. Die wahren Kosten für einen Orden oder eine Diözese bestehen also darin, daß man in der Zeit, in der ein Mitarbeiter für ein Heiligsprechungsverfahren abgestellt ist, auf seine Dienste verzichten muß.

Drittens sind in eine Kanonisierung so viele kirchliche Instanzen und Institutionen verwickelt, daß selbst ein Buchhaltungsgenie Schwierigkeiten hätte, sie alle ausfindig zu machen. So werden zum Beispiel die Zeugenanhörungen von Kirchenrechtlern und Notaren durchgeführt, die bei der Diözese beschäftigt sind. Sie und der Vizepostulator – bei dem es sich um einen Gemeindepfarrer handeln kann – haben das Recht, Kosten zu erstatten und eigene Unkosten in Rechnung zu stellen. Die Archivarbeit erledigen andere, meistens Ordensleute im Dienste ihrer Oberen. Zeugen und Ärzte haben Anspruch auf Reisekostenerstattung und gegebenenfalls auf Verdienstausfallentschädigung. All diese Kosten – und andere mehr – fallen bereits an, bevor das Verfahren in den apostolischen Prozeß übergeht, und sie sind immerhin so beträchtlich, daß Bischöfe, die finanziell nicht auf Rosen gebettet sind, nicht immer willens sind, sich damit zu belasten.

Doch was hat es nun mit jenen »Schatzkammern des Vatikans« auf sich? Die Geschichte der Heiligsprechungen kennt Beispiele von Fürstenhäusern und anderen wohlhabenden Familien, die durch verschiedene Aufmerksamkeiten Roms Gunst zu erwerben suchten. Bis ins zwanzigste Jahrhundert hinein wurden Konsultoren der Kongregation mit Naturalien statt mit Geld bezahlt. Aus den Unterlagen eines Verfahrens aus dem neunzehnten Jahrhundert geht zum Beispiel hervor, daß die Konsultoren mit Gewürzen, Zucker, Schokolade und anderen Köstlichkeiten versorgt wurden, die infolge der Kontinentalsperre rar geworden waren.

Moderne Heiligmacher, von denen mir keiner in Saus und Braus zu leben scheint, ärgern sich natürlich über derartige Geschichten. »Die Kongregation ist kein profitorientiertes Unternehmen«, sagt Gumpel, der in dem »Studium« genannten Kurs der Kongregation für Postulatoren und deren Mitarbeiter auch Wirtschaftswissenschaften unterrichtet. In der Tat hat man den Eindruck, daß die römische Phase des Heiligsprechungsprozesses (apostolischer Prozeß) seit der Abschaffung der Anwälte und damit ihrer Gebühren relativ billig ist. Postulatoren arbeiten praktisch umsonst; Ausnahmen sind lediglich die wenigen Weltgeistlichen und Laien wie Venanzi, die von den Antragstellern nach

Vereinbarung bezahlt werden. Relatoren erhalten von der Kongregation etwas weniger als 1650 Dollar im Monat. Die Unkosten läßt sich der Postulator allmonatlich von den Antragstellern erstatten. Die von den Generalpostulatoren der großen Ordensgemeinschaften wie Jesuiten, Franziskanern und Karmelitern übernommenen Heiligsprechungsverfahren für Laien und andere Außenseiterkandidaten werden oft gar nicht oder nur sehr bescheiden berechnet.

Ein größerer Ausgabeposten sind die Reisekosten – namentlich für Postulatoren, die mögliche Wunder immer am Ort ihres Geschehens überprüfen müssen. Auch die Telefonkosten können sich summieren. Druck- und Bindekosten einer *positio* mit einem Umfang von 1500 Seiten (die Durchschnittsgröße eines Berichts über das Leben und die Tugenden eines Kandidaten) belaufen sich bei einer Auflage von 100 Exemplaren auf zirka 13 000 Dollar. Wunder*positiones* erreichen normalerweise nur ein Viertel dieses Umfangs und kosten um die 4000 Dollar.* Durch ein neues Dekret des Vatikans, das auch die fotomechanische Vervielfältigung gestattet, sind diese Kosten noch etwas reduziert worden. Die Honorare, die man Historiker- und Theologenkonsultoren sowie medizinischen Sachverständigen zahlt, sind mit Mindestlöhnen in Ländern der dritten Welt vergleichbar. Historiker und Theologen bekommen gegenwärtig 415 Dollar für jede *positio,* die sie studieren. Ärzte erhalten ungefähr 25 Dollar mehr. Die Antragsteller müssen im Normalfall also für die Beurteilung einer *positio* über Tugenden oder Martyrium sowie zwei weitere *positiones* über Wunder mit Kosten in Höhe von mindestens 6400 Dollar rechnen.

Die Kosten der Selig- und der Heiligsprechungszeremonie hängen, wie bei einer Hochzeit, vom geplanten Gesamtaufwand ab. Von den bereits erwähnten Ausgaben abgesehen, schlagen besonders Reisekosten sowie die Unterbringung und Verpflegung der Gäste zu Buche. Wenn die Antragsteller einverstanden sind, die Stunde der Kanonisierung ihres Heiligen mit anderen zu teilen, dann ist der Vatikan auch gerne bereit, mehrere Diener Gottes gleichzeitig selig- oder heiligzusprechen und damit eine Kostenteilung zu ermöglichen.

---

* Die Dokumente der Kongregation werden nicht vom Vatikan gedruckt. Alleinhersteller ist die Firma *Tipographia Guerra*, Piazza di Porta Maggiore 2, in Rom.

Wer die Rechnungen im einzelnen bezahlt, läßt sich fast genauso schwer feststellen wie die Gesamtkosten. In seltenen Fällen nimmt ein Bistum oder ein Orden den Großteil der Kosten auf sich. Doch wie in der Kirche häufig, ist es auch im Fall der Heiligsprechung so, daß letztlich die Gemeinschaft der Gläubigen die Zeche zahlt – und zwar entweder in Form direkter Spenden an die Antragsteller oder, im Normalfall, durch indirekte Abgaben. Populäre Verfahren wie jenes für Papst Johannes XXIII. bringen viel mehr Geld ein, als ein Postulator je auszugeben imstande wäre. In solchen Fällen wird das überschüssige Geld auf Rat von Bankexperten angelegt. Nach Abzug aller Unkosten bestimmt der Papst persönlich, was mit dem Überschuß geschehen soll. Üblicherweise kommt es den Armen zugute, die sich, wenn möglich, den Taten des Dieners Gottes anschließen. Unter Palazzini richtete die Kongregation einen Unterstützungsfonds für Heiligsprechungsverfahren aus armen Ländern ein. Die Bevollmächtigten von Verfahren, denen mehr Mittel zur Verfügung stehen, als sie brauchen, sind ersucht, Beiträge an den Fonds abzuführen, so daß sich vor allem die Kirchen in der dritten Welt keine Sorgen machen müssen, wie sie das Heiligsprechungsverfahren eines Kandidaten aus ihren Reihen finanzieren sollen.

Der nahezu geschlossenen Abneigung der Orden gegen eine öffentliche Bekanntgabe der Verfahrenskosten zum Trotz erhielt ich im Frühjahr 1990 von den Sisters of the Blessed Sacrament for Indians and Colored People, deren Hauptsitz in einem Vorort von Philadelphia liegt, eine Abrechnung über ein Seligsprechungsverfahren, wie sie den Umständen entsprechend kaum präziser sein könnte. Es handelte sich um den Fall der 1988 seliggesprochenen Ordensgründerin Katharine Drexel (vgl. 6. Kapitel). Die Schwestern gaben an, daß sie das Verfahren seit der Antragstellung im Jahre 1965 insgesamt 123 983 Dollar gekostet habe. Davon beliefen sich die Unkosten der drei vor Ort tätigen Postulatoren für Reisen, Mikrofilm und andere Ausgaben im Zusammenhang mit dem bischöflichen Erhebungsverfahren und dem apostolischen Prozeß auf 64 547 Dollar. Die Rechnung des römischen Postulators Pater Molinari betrug, einschließlich Konsultorenhonorare, Reisespesen und Druckkosten, 33 975 Dollar. Die Unkosten von Pater Joseph Martino, dem Autor der *positio,* beliefen sich auf 5351 Dollar.

Die Seligsprechungszeremonie in Rom erwies sich als teurer als das gesamte vorausgegangene 23jährige Verfahren. Der Beitrag der Schwestern belief sich auf 8296 Dollar plus 30587 Dollar an Reise- und Unterkunftskosten für 30 Ordensmitglieder sowie eine zusätzliche 10000-Dollar-Spende »an den Heiligen Vater für die Armen«. Die Erzdiözese Philadelphia vermerkt insgesamt 143000 Dollar Verfahrenskosten, ebenfalls überwiegend für Reise- und Übernachtungskosten sowie für die Schlußzeremonie.

Die Schwestern gaben zusätzlich 90971 Dollar für verschiedene Dienstleistungen aus. Sie unterstützten die Anreise von Schwarzen und Indianern zu den Zeremonien in Rom und Philadelphia mit 14768 Dollar. Empfänge, Transportkosten und weitere Unkosten in Philadelphia schlugen mit weiteren 16533 Dollar zu Buche, Public Relations mit 22089 Dollar. Die Seligsprechung Katharine Drexels belief sich also auf insgesamt 333250 Dollar.

Die Schwestern erhielten 26575 Dollar an Zuschüssen für das Verfahren sowie für ihre Reise nach und den Aufenthalt in Rom. Die Restkosten wurden jedoch aus einem 1927 von Katharine Drexels Schwester Mrs. Morrell gegründeten Fonds bestritten. Mrs. Morrell hatte bestimmt, das Geld sei für »außergewöhnliche Werke« im Ermessen der Schwestern zu verwenden, und die Schwestern waren der Meinung, die Seligsprechung Katharine Drexels sei ein außergewöhnliches Werk. So unterschrieb letztlich die Familie Drexel – ganz im Stil europäischer Königshäuser – den Scheck für die Seligsprechung einer der Ihren selbst.

Prioritäten:
Sind Päpste parteiisch?

Weiter Verbreitung erfreut sich die Annahme, daß Rom nicht nur die Heiligen bekommt, die es will, sondern daß einige Heilige auch »gewollter« sind als andere. Die erste Behauptung ist falsch, die zweite – wie die Geschichte zeigt – absolut richtig.* Wie seine Vorgänger hat auch Johannes Paul II. seine Vorlieben – doch sind weder Gott noch das System immer verbindlich.

Als Johannes Paul II. Palazzini zum Kardinalpräfekten der

---

* Bemüht darum, den Klerus seiner ehemaligen Diözese zufriedenzustellen, kanonisierte Papst Clemens X. (1670–1676) »ihren früheren Lokalmatador Venatius und überließ die Verantwortung herauszufinden, wer Venatius wirklich war, den Historikern der Zukunft«.

Kongregation ernannte, interpretierten einige seiner liberalen Kritiker die Entscheidung als Zeichen dafür, daß der polnische Pontifex sicherstellen wolle, daß fortan nur noch »unverfängliche« Kandidaten selig- oder heiliggesprochen werden. »Palazzinis Aufgabe besteht also darin, dafür Sorge zu tragen, daß keine Heiligen durchkommen, die Staub aufwirbeln«, schreibt Peter Hebblethwaite, langjähriger Korrespondent beim Vatikan, in seiner jüngst erschienenen Studie über den Heiligen Stuhl. »... Ich will damit nicht sagen, daß die gegenwärtige C.S.C. (Kongregation für Heiligsprechungsprozesse) nicht integer ist oder daß ihre bisherige Geschichte auf Unzuverlässigkeiten hindeutet. Sie ist lediglich gehalten, in manche Richtungen etwas genauer zu schauen als in andere.«

In Wirklichkeit kontrollieren weder der Papst noch der Kardinalpräfekt der Kongregation das Heiligsprechungsverfahren in einer Weise, wie man aufgrund dieser Bemerkung vermuten könnte. Zum einen werden alle Kandidaten mit Ausnahme ehemaliger Päpste von den Ortsbischöfen vorgeschlagen, und zum anderen vergehen meistens Jahrzehnte und gelegentlich sogar Jahrhunderte, bis ein Verfahren dem Papst zur Entscheidung vorgelegt wird. Die Päpste sprechen daher stets Personen selig oder heilig, deren Prozesse unter ihren Vorgängern begannen. Päpste können eingeleitete Verfahren aus verschiedenen Anlässen unterbrechen und haben dies auch des öfteren getan, doch die gleiche Möglichkeit steht den Ortsbischöfen offen, und es ist auch schon vorgekommen, daß die Antragsteller selbst dem Verfahren in einem späteren Stadium ihre Unterstützung entzogen haben. Der springende Punkt ist, daß der Papst kein Verfahren bevorzugen und auch niemanden zum Heiligen (oder Seligen) erklären kann, ehe nicht die Kongregation ihre Arbeit beendet hat.

Ein Beispiel: Als Johannes Paul II. noch Erzbischof von Krakau war, leitete er das Heiligsprechungsverfahren für eine polnische Nonne, Faustina Kowolska, ein. Er hatte gehofft, sie 1983 anläßlich seines zweiten Polenbesuchs als Papst seligsprechen zu können. Doch da die Kongregation die Behandlung des Falles noch nicht abgeschlossen hatte, mußte er sich mit der Seligsprechung dreier anderer Landsleute – einer Nonne, eines Priesters und eines Mönchs – zufriedengeben, deren Prozesse bereits beendet waren.

Die Behauptung, Päpste mischten sich *niemals* in ein Heiligsprechungsverfahren ein, wäre nichtsdestoweniger naiv. Im Gegenteil: Bei umstrittenen Kandidaten behalten sie den Vorgang genau im

Auge, und oft redet auch noch der für die päpstliche Diplomatie zuständige Kardinalstaatssekretär ein Wörtchen mit. Im Fall von Oscar Romero aus El Salvador hat Johannes Paul II. gezeigt, daß er sogar imstande ist, ein Verfahren zu beeinflussen, das offiziell noch gar nicht eröffnet worden war. In ähnlicher Weise erhoben er und seine politischen Berater starke seelsorgerische Bedenken gegen die 1988 von den vietnamesischen Bischöfen erhobene Forderung nach Kanonisierung einer Gruppe von Märtyrern. Wir werden auf diesen Fall noch zurückkommen. Im Verfahren eines – ebenfalls umstrittenen – Landsmanns des Papstes, Pater Maximilian Kolbe, stellte sich Johannes Paul II. auf die Seite der deutschen und der polnischen Amtskirche und unterstützte ihr Ersuchen nach Anerkennung des Kandidaten als Märtyrer (vgl. 4. Kapitel). In letzter Instanz kann der Papst aus verschiedenen Gründen, die er im einzelnen nicht zu erläutern braucht, eine von der Kongregation gebilligte Selig- oder Heiligsprechung verweigern. Auch dafür gibt es Beispiele.

Wie alle anderen Institutionen des Vatikans existiert auch die Kongregation für Heiligsprechungsprozesse durch die Autorität des Papstes und steht in seinem Dienst. Sie hat jedoch – vielleicht sogar in größerem Umfang als alle anderen vatikanischen Behörden – auch die Aufgabe, die jeweiligen Ortskirchen zu unterstützen. Außerdem hat die Kongregation aufgrund eigener Erfahrungen mit der Heiligsprechung bestimmte administrative Prioritäten entwickelt.

Jedes Jahr im November oder Dezember findet eine Kongregationssitzung statt, in der die Mitglieder der Kongregation jene Diener Gottes bestimmen, deren Tugendhaftigkeit im kommenden Jahr zur Diskussion gestellt werden soll. Theoretisch befaßt man sich mit den einzelnen Fällen im Rotationsverfahren, das sich nach der Protokollnummer richtet, die jeder Causa zugewiesen wird, sobald das Ersuchen des Ortsbischofs um ein *nihil obstat* bei der Kongregation eintrifft. In der Praxis wird die Warteliste diversen bürokratischen Prioritäten angepaßt. So gilt zum Beispiel die Regel, daß Fälle, die kurz vor dem Abschluß stehen, bevorzugt behandelt werden. Da es zur Seligsprechung eines Märtyrers keines Wunders bedarf, werden im Normalfall Märtyrer schneller seliggesprochen als Nichtmärtyrer. Dementsprechend kann ein Nichtmärtyrer, für den ein vielversprechendes Wunder spricht, eher mit der Behandlung seines Falles rechnen als ein Kandidat, der kein solches Wunder vorzuweisen hat.

Es kostete mich einige Monate, bis ich den unregelmäßigen bürokratischen Rhythmus der Kongregation einigermaßen begriff. Die Theologenkonsultoren treffen sich gemeinhin jeden zweiten Dienstag, außer während der Ferienmonate Juli und August. Sie diskutieren dann nur über Fälle, die sich auf ein Martyrium oder heroische Tugenden gründen. Wunder werden, sobald sie spruchreif sind, zusätzlich ins Programm aufgenommen und meistens dienstags oder freitags diskutiert. In einem guten Jahr kann die Kongregation also an die 20 *positiones* erledigen, doch die Reihenfolge ihrer Behandlung richtet sich nach verschiedenen päpstlichen Wünschen und Erwägungen.

Johannes Paul II. ist, weit mehr als alle seine Vorgänger, ein reisender Papst. Und er liebt es, den Ortskirchen – vor allem jenen in Afrika und Asien – neue Selige zu präsentieren. Er nutzt die Seligsprechung regional bedeutender Persönlichkeiten also dazu, die jungen katholischen Gemeinden in anderen Kulturkreisen enger an die universale Kirche – und natürlich auch an den Heiligen Vater in Rom – zu binden. Sobald ein Reiseplan feststeht, fragen die Bischöfe und Kardinäle der Kongregation bei den Relatoren nach, und die Postulatoren suchen in ihren Unterlagen, welche Seligsprechungsverfahren für Kandidaten aus den auf dem Reiseplan stehenden Ländern noch rechtzeitig zum Abschluß gebracht werden können. (Heilige werden üblicherweise in Rom kanonisiert, da sie Vorbilder für die gesamte Kirche sein sollen.) Es kann also durchaus vorkommen, daß die fertige *positio* eines Kandidaten mit niedriger Priorität oder aus einem »falschen« Land jahrelang liegenbleibt, während andere Fälle vorgezogen und rasch zur Entscheidung gebracht werden.

Besondere Umstände liegen nicht nur bei päpstlichen Reisen vor, sondern auch dann, wenn Päpste Entscheidungen zwischen rivalisierenden Kandidaten treffen müssen, die anläßlich bestimmter Veranstaltungen in Rom zur Kanonisierung anstehen. Zuletzt geschah dies 1987, als im Zusammenhang mit der Weltbischofssynode fünf Selig- und Heiligsprechungen im Petersdom vorgesehen waren. Thema der Synode war die Rolle der Laien in der Kirche. In den drei Jahren vor der Konferenz betätigten sich Antragsteller, Postulatoren, Relatoren, Ortsbischöfe und päpstliche Diplomaten als Lobbyisten ihrer Lieblingskandidaten.

In Rom wie in der Kirche insgesamt ist dennoch der Eindruck weit verbreitet, daß Päpste ihre Favoriten fördern. Es gibt Leute in der Kongregation, die – im Widerspruch zu manchen ihrer

Kollegen – beteuern, Johannes Paul II. habe sie durch Palazzini wissen lassen, daß bestimmte Arten von Heiligen notwendiger seien als andere. Unabhängig von solchen Behauptungen sind die Prioritäten der Kongregation unter Johannes Paul II. in jeder Hinsicht voraussagbar.

Vor allem wünscht die Kongregation mehr Heilige aus dem Laienstand. Diese Priorität entspricht den Forderungen vieler Bischöfe, die Kirche benötige Vorbilder für eine Form von Heiligkeit, die auch von jenen nachvollzogen werden kann, die immerhin die überwiegende Mehrheit der Christen ausmachen. Infolgedessen wurden Entscheidungen über die Seligsprechung von Nonnen routinemäßig vertagt, um Platz für Fälle aus dem Laienstand zu schaffen. So ist zum Beispiel die *positio* für die kanadische Schwester Maria Anna Blondin schon seit fünf Jahren spruchreif, kommt aber einfach nicht auf die Tagesordnung. Frauen als solche stellen im übrigen keine Priorität dar. Während bis zu Beginn des zwanzigsten Jahrhunderts nur 20 Prozent der kanonisierten Heiligen Frauen waren, hat sich ihre Zahl seither verfünffacht. Allerdings sind glücklich verheiratete Frauen – wie wir im 11. Kapitel noch sehen werden – zweifellos die seltenste Spezies unter den Heiligen.

Priorität genießen in der Kongregation auch Verfahren aus Ländern, die bislang noch keine Heiligen haben oder nur spärlich mit ihnen gesegnet sind. Auf den ersten Blick erscheint dies durchaus plausibel. Tatsache ist jedoch, daß zur letztgenannten Kategorie alle Länder dieser Welt mit Ausnahme von Italien, Spanien und in geringerem Maße auch Frankreich gehören. Sogar Irland, die sagenumwobene Insel der Heiligen, gehört dazu: Die meisten irischen Heiligen starben lange vor der Einführung des formellen Kanonisierungsverfahrens.

Die Kongregation zieht schließlich auch jene Verfahren vor, die bestimmten Berufs- oder Volksgruppen – darunter oft Einwanderern – einen bislang nicht vorhandenen Schutzheiligen verschaffen können. Diese »seelsorgerische« Priorität veranlaßte Johannes Paul II. 1980, als erste nordamerikanische Eingeborene Kateri Tekakwitha, eine 1680 verstorbene Indianerin vom Stamm der Mohawk, seligzusprechen, obwohl keines der ihr zugeschriebenen, durch Fürsprache gewirkten Wunder belegt werden konnte.*

---

* Eine andere Gestalt aus Amerika, die hohe Priorität genießt, ist der haitische Sklave Pierre Toussaint (1766–1853), der 1787 nach New York emigrierte und

Die von der Kongregation vorgenommene Gewichtung stellt demnach den Versuch dar, die Heiligsprechungsmuster der Vergangenheit zu revidieren und der Gemeinschaft der Seligen und Heiligen eine Zusammensetzung zu geben, die für eine Weltkirche repräsentativer ist als die bisherige. Der Laienstand ist, wie die Geschichte zeigt, am stärksten unterrepräsentiert. Zwischen 993, dem Jahr der ersten päpstlichen Heiligsprechung, und der Wahl Karol Wojtylas zum Papst im Jahre 1978 gab es insgesamt 293 Kanonisierungen. Nur 19 Prozent der Heiligen sind Laien. Aus den 1260 Seligsprechungen zwischen dem siebzehnten Jahrhundert und der Wahl Wojtylas gingen 35 Prozent der Laien als Selige hervor. Die Unterrepräsentierung der katholischen Laien ist noch auffallender, wenn wir berücksichtigen, daß die meisten Heiligen aus dem Laienstand nicht als Individuen ihrer außergewöhnlichen christlichen Tugendhaftigkeit wegen kanonisiert wurden, sondern als relativ anonyme Mitglieder verfolgter Gruppen, die – normalerweise zusammen mit Klerikern und Ordensleuten – ihres Glaubens wegen ermordet wurden.

Unter Johannes Paul II. hat sich diese Statistik trotz der von der Kongregation gesetzten Prioritäten nicht wesentlich verändert. Bis 1987, als die Kirche das Jahr des Laien beging, hatte er keinen einzigen männlichen Laien und keinen einzigen weiblichen Laien ihrer *individuellen heroischen Tugendhaftigkeit* wegen kanonisiert. Bei den kanonisierten Laien handelte es sich ausnahmslos um Opfer von *Gruppenmartyrien* – japanische Märtyrer aus dem siebzehnten Jahrhundert, im achtzehnten und neunzehnten Jahrhundert ermordete Vietnamesen und getötete Koreaner aus dem neunzehnten Jahrhundert. Immerhin hat sich die geographische Repräsentation unter dem reisefreudigen polnischen Papst erweitert; insbesondere nahm die Zahl der Heiligen und Seligen aus Asien, Afrika und anderen von ihm besuchten Ländern merklich zu.

---

dort bei der Gründung des ersten katholischen Waisenhauses mitwirkte. Toussaint hat eine hingebungsvolle und leidenschaftliche Gefolgschaft unter den Haitianern der Erzdiözese New York. Ich konnte mich selbst davon überzeugen, als ich 1988 an seinem Todestag sein Grab besuchte. Eine historische Kommission hat sich viel Zeit gelassen, sein Leben und seine Tugenden zu erforschen, doch scheint Toussaint, anders als Kardinal Cooke, auf der Prioritätenliste von John Kardinal O'Connor nicht sehr hoch angesiedelt zu sein. 1989 stimmte O'Connor schließlich der Eröffnung eines formellen Prozesses zu.

Man könnte annehmen, daß die Kongregation Buch darüber führt, inwieweit ihren Prioritäten in der Praxis entsprochen wird. Tatsache ist, daß die Kongregation in soziologischen Studien über Heilige und die Heiligkeit traditionell eine profane Tätigkeit sieht. Nach vatikanischer Überzeugung bestimmt Gott, nicht die Kirche, wer heilig wird und wer nicht. Hinweise darauf, daß auch menschliche Motive oder Institutionen eine wichtige Rolle im Entscheidungsprozeß spielen könnten, sind samt und sonders unerwünscht. Aus diesem Grund ist niemand in der Kongregation imstande zu sagen, wie viele Verfahren zu welchem Zeitpunkt welches Stadium erreicht haben. Niemand weiß, woher die aktuellen Kandidaten jeweils stammen und wie viele von ihnen jeweils Priester, Laien und so weiter sind. 1987 stiftete ein amerikanischer Katholik der Kongregation einen Computer, um den Beamten einen besseren Überblick über die anhängigen Verfahren zu verschaffen. Das Gerät ist aber noch nicht programmiert, weil die Personalabteilung des Vatikans der Einstellung eines kompetenten Technikers bisher nicht zugestimmt hat. Wie dem auch sei, die bislang vorliegenden Informationen lassen nicht darauf schließen, daß die Heiligen der Zukunft wesentlich anders beschaffen sein werden als die der Vergangenheit.

So ergibt die Auswertung der jüngsten Ausgabe (1988) des in regelmäßigen Abständen von der Kongregation herausgegebenen *Index ac Status Causarum,* daß gegenwärtig 1369 Verfahren laufen, darunter einige, die bis ins fünfzehnte Jahrhundert zurückgehen. Pater Beaudoin, der den *Index* zusammenstellt, schätzt, daß nicht mehr als 20 Prozent der Verfahren Laien betreffen. Und wie schon in der Vergangenheit sind Italiener, Spanier und Franzosen unter den Kandidaten deutlich überrepräsentiert. Allein 85 von ihnen stammen aus Rom und 75 aus Neapel; die beiden Städte haben damit, jede für sich genommen, erheblich mehr Kandidaten als die meisten Länder.

Genauere Informationen finden sich in einem Bericht, der 1987 für Palazzini zur Vorlage auf der Synode über die Rolle der Laien in der Kirche angefertigt wurde. Der Bericht bezog sich auf jene 275 Verfahren, die zwischen 1972 und 1973 in Rom eingeleitet wurden, und verfolgte eindeutig den Zweck, die Bischöfe daran zu erinnern, daß sie – und nicht die Kongregation – für den Mangel an Kandidaten aus dem Laienstand verantwortlich sind. Der Bericht enthielt folgende Auflistung:

Laien: 50
  Männer: 18
  Frauen: 17
  Kinder unter 18 Jahren beiderlei Geschlechts: 15

Kirchliche Hierarchie: 22
  Kardinäle: 2
  Erzbischöfe: 5
  Bischöfe: 14
  Äbte: 1

Weltgeistliche: 55

Ordensangehörige: 156
  Männer: 67
  Frauen: 87
  Eremiten (ohne Geschlechtsangabe): 2

Geographische Verteilung: 33 Länder
  Europa: 236 (Italien: 123, Spanien: 62)
  Nord- und Südamerika: 29
  Asien: 8 (Japan: 4)
  Pazifische Region: 3

Insgesamt gehören also von den 260 Kandidaten im Erwachsenenalter ungefähr 13 Prozent dem Laienstand an. 62 Prozent sind Männer. Und unter den Ländern dominieren in der Zukunft ebenso wie in der Vergangenheit Italien und Spanien. Für das Jahr 1990 setzte die Kongregation 26 Causen (Martyrium oder heroische Tugendhaftigkeit) auf die Tagesordnung. 23 davon stammen aus Westeuropa, zwei aus Kanada und eine aus Mexiko. *Plus ça change...*

In einem wichtigen Punkt hat Johannes Paul II. jedoch eine Veränderung durchgesetzt: die größere Auswahl von Kandidaten. Die Kongregation unter Palazzini hat ihr Arbeitspensum beträchtlich erhöht. Zum einen hat Palazzini die Zahl der Theologenkonsultoren und medizinischen Sachverständigen aufgestockt, und zum zweiten konnte er mit Unterstützung des Papstes die Kardinäle und Bischöfe der Kongregation in zwei Arbeitsgruppen aufteilen. Dadurch erreichte er, daß die Zahl der pro Jahr zu beurteilenden Fälle verdoppelt wurde. »Wir werden hier noch zu einer Fabrik«, sagte Eszer, und Beaudoin fragt sich, ob die Kongregation nicht den Markt überschwemmt.

Aus der folgenden Tabelle geht hervor, daß Johannes Paul II. in den ersten elf Jahren seines Pontifikats mehr Seligsprechungen durchgeführt hat als alle seine Vorgänger im zwanzigsten Jahrhundert zusammengenommen. Bei den Heiligsprechungen hält er bisher Schritt mit dem von Papst Pius XII. in 19jähriger Amtszeit gesetzten Rekord. (Bei diesen Zahlen sind Fälle von Gruppenmartyrien, wie zum Beispiel bei den 117 vietnamesischen Märtyrern, als einer gerechnet; wollte man sie einzeln zählen, käme man bei Papst Johannes Paul II. auf mehr als 250 Heilige und noch mehr Selige.)

Papst	Amtszeit	Seligsprechungen	Heiligsprechungen
Pius X.	1903–1914	7	4
Benedikt XV.	1914–1922	3	4
Pius XI.	1922–1939	11	26
Pius XII.	1939–1958	23	33
Johannes XXIII.	1958–1963	4	10
Paul VI.	1963–1978	31	21
Johannes Paul I.	1978 (33 Tage)	0	0
Insgesamt:		79	98
Johannes Paul II.	1978–1989	123	23

Diese Aufstellung legt den Schluß nahe, daß Johannes Paul II. offenbar ganz einfach daran interessiert ist, mehr Heilige zu benennen, um auf diese Weise den kirchlichen Fundus an vorzeigbarer Heiligkeit zu erweitern und zu ergänzen. Er beschleunigt in dieser Hinsicht lediglich einen Trend, der sich bereits an der Zahl der Selig- und Heiligsprechungen in den letzten vier Jahrhunderten ablesen läßt. Die wesentliche Veränderung unter Johannes Paul II. besteht jedoch in der gewaltigen Zunahme der Seligsprechungen. Eszer hat möglicherweise recht mit seiner Vermutung, daß der Papst das Heiligsprechungsverfahren dazu benützt, den Einfluß der mit seinen Lehren nicht übereinstimmenden Moraltheologen zu konterkarieren. Doch was auch immer die persönlichen Motive des Papstes sein mögen – soviel ist klar: Obwohl das Endziel jedes Verfahrens nach wie vor die Kanonisierung ist, besteht die Hauptaufgabe der Heiligmacher darin, die heroische Tugendhaftigkeit – oder das Martyrium – der Kandidaten zu beweisen und auf diese Weise den Weg zur Seligsprechung zu eröffnen.

Aus theologischer Sicht ist die Seligsprechung allerdings noch kein Garantieschein für die Gläubigen, daß der Selige, den sie fortan verehren dürfen, auch tatsächlich bei Gott im Himmel weilt. Genau dieser Ungewißheit wegen verlangt die Kirche außer dem für die Seligsprechung erforderlichen durch Fürsprache gewirkten Wunder für die Heiligsprechung noch ein zweites. Doch ein Wunder ist nur Zeichen Gottes. Die »theologische Bestätigung« dafür, daß ein Heiliger bei Gott ist, liegt in der feierlichen Kanonisierungserklärung durch den Papst. Die Kanonisierung unterscheidet sich nach Auffassung der Kongregation von der Seligsprechung dadurch, daß sie ein Akt der päpstlichen Unfehlbarkeit ist. Mit anderen Worten: Ein Papst kann bei einer Seligsprechung irren, bei einer feierlichen Heiligsprechung jedoch nicht – jedenfalls nicht nach dem theologischen Verständnis der Heiligmacher, die sogar auf dem Standpunkt stehen, daß sich kein Papst jemals in dieser Frage geirrt hat. *Daß* dem so ist, steht für sie völlig außer Zweifel; *warum* dem so ist, bleibt dem theologischen Diskurs vorbehalten. Wie sich indes der Glaube an die Unfehlbarkeit im Fall der Kanonisierung zu den von der Kongregation erarbeiteten Heiligkeitsbeweisen verhält, ist bisher noch nicht zufriedenstellend erklärt worden.

*Kanonisierung und
päpstliche Unfehlbarkeit*

Seit mindestens sieben Jahrhunderten haben sich römisch-katholische Theologen darüber die Köpfe zerbrochen, ob die Kirche – und insbesondere der Papst – bei der Heiligsprechung irren kann. Thomas von Aquin war der Meinung, daß »die Ehre, die wir den Heiligen zuteil werden lassen, ein gewisses Bekenntnis der Treue ist, durch die wir an ihre Herrlichkeit glauben, und *man muß fromm daran glauben,* daß auch auf diesem Gebiet das Urteil der Kirche nicht falsch sein kann«. Nachdem das Papsttum die Kanonisierung seiner Zuständigkeit unterstellt hatte, wurde die Unfehlbarkeit des Papstes bei Heiligsprechungen im wesentlichen damit begründet, daß der Papst als Nachfolger Petri in dieser und anderen den Glauben und die Moral betreffenden Fragen vom Heiligen Geist geleitet werde.

Interessanterweise hat die Kirche die Unfehlbarkeit nie explizit auf die Kanonisierung bezogen – nicht einmal auf dem Ersten Vatikanischen Konzil (1869/70), das das Dogma der päpstlichen Unfehlbarkeit definierte. Viele Theologen betrachten die Kanonisierung daher nicht als einen Akt der päpstlichen Unfehlbarkeit. Anders die Bischöfe und Kardinäle der Kongregation: Sie zweifeln nicht daran, daß jede Heiligsprechung eine unfehlbare und unwiderrufliche Entscheidung des Pontifex maximus ist. Zur Rechtfertigung ihrer Ansicht verweisen sie auf die durch die Tradition verbürgte kirchliche Lehre.

Die Unfehlbarkeit des Papstes bei der Kanonisierung wird dabei als theologisch zwingend angesehen. Auf dem Konzil von Trient, meint Molinari, hätten die Konzilsväter erklärt, daß die Heiligen von der Kirche zu verehren seien. Das »Korrelativ« dieser Lehre besteht, laut Molinari, »in der Macht der Kanonisierung. Andernfalls wüßten die Gläubigen nicht, wen sie als Fürsprecher anrufen und an welche Vorbilder christlicher Tugendhaftigkeit sie sich halten sollten.« Ein zweites Argument beruft sich auf den Wortlaut der von den Päpsten benutzten Heiligsprechungsformel: »Wir beschließen feierlich und bestimmen, daß (Name) ein Heiliger (eine Heilige) ist, nehmen ihn/sie in den Kanon der Heiligen auf und erklären, daß sein Andenken von der universalen Kirche fortan in frommer Verehrung gewahrt bleiben wird.« Die Schlüsselworte sind »beschließen feierlich und bestimmen« – dieselben, deren sich Päpste und kirchliche Konzilien bei der Erklärung von Glaubensdogmen bedienen. Ein anderer Theologe kommt daher zu dem Schluß: »Der Papst kann nicht durch feierliche Bestimmung irrtümliche Ansichten in Glaubens- und Moralfragen in die Lehre der universalen Kirche einführen.« Ein drittes Argument setzt sich mit der Alternative auseinander: Was würde geschehen, wenn die Kanonisierung *nicht* den Schutz der Unfehlbarkeit genösse? »Sollte die Kirche den Lebenswandel eines Menschen zur universalen Verehrung empfehlen, obwohl er in Wirklichkeit zur Verdammnis führte, so würde sie die Gläubigen in die Irre leiten.«

Das Argument, Kanonisierungen seien so wichtig, daß sie des

Schutzes der päpstlichen Unfehlbarkeit bedürfen, ist eine Sache. Ziemlich voreilig scheint mir dagegen die schon seit Jahrhunderten von Theologen immer wieder vorgebrachte Behauptung zu sein, es sei noch nie ein Papst bei der Heiligsprechung eines Irrtums überführt worden. Selbst die kompetentesten Historiker geben zu, daß ihre Arbeit nur vorläufige Schlüsse zuläßt, und kein Rechtsanwalt oder Richter wird je behaupten, daß Justitia stets Genüge geleistet wird. Wie reagiert die Kongregation, wenn auf einmal Beweismittel auftauchen, aus denen hervorgeht, daß der Papst vielleicht doch geirrt hat? Mitte der achtziger Jahre geschah genau dies – und urplötzlich sah sich die Kongregation in eine öffentliche Auseinandersetzung mit Seltenheitswert verwickelt.

Der linksstehende italienische Journalist Giordano Bruno Guerri veröffentlichte im März 1985 ein aufsehenerregendes Buch: *Povera Santa, Povero Assassino. La vera storia di Maria Goretti* (Armer Mörder – arme Heilige: Die wahre Geschichte der Maria Goretti). Der Autor behauptete, die Kirche und die Regierung Mussolini hätten in einer gemeinsamen Absprache das Martyrium einer der beliebtesten modernen Heiligen Italiens erfunden. Das Buch sorgte in der antiklerikalen Presse des Landes für Schlagzeilen, und die Kongregation sah sich gezwungen, die Integrität des Heiligsprechungsverfahrens zu verteidigen.

Maria Goretti war eines von fünf Kindern einer verwitweten Bäuerin, die in einem kleinen Dorf in der römischen Campagna lebte. Am 2. Juli 1902 – Maria war gerade zwölf Jahre alt – drang der 18jährige Alexander, ein Junge aus der Nachbarschaft, in das Haus der Familie ein und versuchte, Maria zu vergewaltigen. Als sie sich sträubte, stach er mit einem Messer auf sie ein. Das Mädchen überlebte lange genug, um ihrem Mörder zu vergeben und ein letztes Mal die Eucharistie zu empfangen.

Alexander wurde zu 30 Jahren Gefängnis verurteilt. Hartnäckig weigerte er sich, die Tat zu bereuen, bis ihm eines Tages sein Opfer im Traum erschien. Maria pflückte Blumen und reichte sie ihm. Alexander wurde, wie es heißt, von Stund an zum Mustergefangenen. Drei Jahre vor Ablauf seiner Strafe entlassen, begab er sich sofort zu Marias Mutter und bat sie um Vergebung. Marias Geschichte erregte mittlerweile überall in Italien die Gemüter. Tausende bemühten sich um ihre Fürsprache, und Hunderte berichteten von Wundern, die ihnen widerfahren seien. In kürzester Zeit wurde das Bauernmädchen zu einem starken Symbol der sexuellen Reinheit. Bei Marias Seligsprechung 1947 zeigte sich

Papst Pius XII. mit ihrer Mutter und zwei ihrer Brüder auf dem Balkon der Peterskirche. In seiner Ansprache, die überall in der europäischen Presse erschien, nutzte der Papst die Gelegenheit zu schweren Vorwürfen gegen Filmindustrie, Mode, Presse und Theater, welche die Jugend und ihre Keuschheit verderben würden. Drei Jahre später sprach derselbe Papst Maria Goretti heilig. Nie zuvor waren bei einer Kanonisierung so viele Menschen zusammengekommen.

In den mehr als vier Jahrzehnten, die seit ihrer Heiligsprechung vergangen sind, wurde Maria Goretti zum populärsten kirchlichen Symbol der Jungfräulichkeit nach der Jungfrau Maria selbst. In allen katholischen Schulen wird sie als heroische Verkörperung der kirchlichen Sexualethik gepriesen. Aber sie ist auch eine bedeutende Gestalt in der Geschichte der Heiligsprechung. Streng genommen starb sie nicht für ihren Glauben, sondern eher als Verteidigerin christlicher Tugendhaftigkeit – eine bedeutende, wenngleich inzwischen zur Routine gewordene Erweiterung der Gründe, aus denen ein Kandidat zum Märtyrer erklärt werden kann.

Mit Maria Goretti wählte Guerri demnach eine Heilige zur Zielscheibe seiner Attacke, deren Tugendhaftigkeit mit den kirchlichen Lehren über sexuelle Reinheit in vollem Einklang stand. Hinzu kam, daß das Buch zu einem Zeitpunkt erschien, da Feministinnen und andere Italienerinnen und Italiener die Legalisierung des Schwangerschaftsabbruchs forderten. Ausgehend von einer Untersuchung des kanonischen Prozesses und der Gerichtsakten über den Mordprozeß gegen Alexander, kam Guerri zu dem Schluß, daß die Verurteilung des jungen Mannes durch die Beweislage nicht gerechtfertigt gewesen sei. Er hielt es sogar für möglich, daß Maria schließlich bereit gewesen sei, Alexander zu Willen zu sein. Des weiteren behauptete Guerri, daß Pius XII. sich bewußt dazu entschlossen habe, aus Maria Goretti eine Heilige zu machen, um auf diese Weise der sexuellen Unmoral der amerikanischen Soldaten zu begegnen, die Italien 1944 befreit hatten.

Guerris Buch stellte de facto die Integrität und die Vorgehensweise des gesamten Heiligsprechungsverfahrens in Frage. Zum erstenmal in ihrer Geschichte stand die bis dahin wenig bekannte Kongregation im Mittelpunkt eines handfesten Skandals. Palazzini reagierte darauf mit der Einsetzung einer neunköpfigen wissenschaftlichen Untersuchungskommission aus Historikern, Kirchenrechtlern, Juristen und Theologen, die sich mit den Vorwürfen Guerris auseinandersetzen sollten. Ein Jahr später veröffentlichte die Kongregation ein Weißbuch, das die Glaubwürdigkeit von Guerris Buch anzweifelte. Man warf ihm reihenweise sachliche Fehler und Fehlinterpretationen vor. Guerri wehrte sich dagegen, indem er gegen die Autoren des vatikanischen Dokuments eine Verleumdungsklage anstrengte. Eszer, ein Freund scharfzüngiger Debatten, stellte sich in Rom einem Fernsehduell mit Guerri. Guerri gelang es nicht, die Kritik des Vatikans glaubhaft zurückzuweisen. Das Gerichtsverfahren wurde schließlich eingestellt.

Die Kongregation – und dies finde ich das Interessanteste an der Guerri-Affäre – hat zu keinem Zeitpunkt daran gedacht, das Heiligsprechungsverfahren für Maria Goretti aufgrund des Skandals von neuem zu eröffnen. Ein solches Vorgehen, sagte man mir, würde zu einer unhaltbaren Situation führen, da es ja nachträgliche Kritik an einer unfehlbaren päpstlichen Erklärung impliziere. Die päpstliche Unfehlbarkeit hat also eine sehr wichtige Auswirkung auf das Heiligsprechungsverfahren: Das Urteil des Papstes ist endgültig und unwiderruflich. Katholiken haben demnach kein Recht, die Heiligkeit eines vom Papst kanonisierten Heiligen in Frage zu stellen.

Bei näherer Betrachtung zeigt sich allerdings, daß auch die päpstliche Unfehlbarkeit keine unbegrenzte Garantie bietet. Erstens bezieht sie sich nicht auf die große Mehrheit der Kirchenheiligen, sondern – laut Gumpel – nur auf jene, die »nach allen vorgeschriebenen wissenschaftlichen Untersuchungen« kanonisiert wurden, »so wie es nach der Begründung der Ritenkongregation durch Papst Sixtus V. im Jahre 1588 üblich wurde«. Dies soll nicht heißen, daß biblische Gestalten wie Petrus und Paulus oder mittelalterliche wie Bernhard von Clairvaux und Franziskus von Assisi fragwürdige Heilige sind, sondern es besagt nur, daß die Gewißheit ihres Bei-Gott-Seins nicht durch päpstliche Unfehlbarkeit garantiert wird.

Es bedeutet allerdings auch, daß der spezifische geistige Horizont der Kongregation und ihre Verfahrensweise erst mit ihrer eigenen institutionellen Gründung im Jahre 1588 geschichtlich gegeben sind. So ist zum Beispiel der erste Heilige im *Index ac Status Causarum* nicht der Erzmärtyrer Stephan, sondern der heilige Hyazinth, ein 1185 unweit von Krakau geborener Dominikanermissionar, der 1257 an Mariä Himmelfahrt starb und 1594, fast dreieinhalb Jahrhunderte später, von Papst Clemens VIII. (1592–1605) heiliggesprochen wurde. Hyazinth ist also der erste Heilige, dessen Kanonisierung von der päpstlichen Unfehlbarkeit gedeckt wird, weil es sich – wenn man Gumpel folgt – um die erste Kanonisierung nach Einführung wissenschaftlicher Untersuchungsmethoden zur Erforschung des Lebens potentieller Heiliger durch die Kongregation handelte. Nun sind die vorliegenden Berichte über das Leben und die angeblichen Wunder Hyazinths, wie die Bollandisten und andere gezeigt haben, notorisch unzuverlässig.* Was also kann die Behauptung, Päpste könnten bei der Heiligsprechung nicht irren, bedeuten, wenn spätere historische Untersuchungen, wie im Falle Hyazinths, zeigen, daß der Papst die historischen Fakten nicht kannte?

Die Antwort lautet, daß sich päpstliche Unfehlbarkeit nicht auf irgendwelche historischen Tatsachenbehauptungen oder Wunderbeweise bezieht, die die Heiligmacher im Namen des Kandidaten vielleicht konstatieren. Ja, sie garantiert nicht einmal die Wahrheit der Fakten, die der Papst in seine feierliche Heiligsprechungserklärung aufnimmt. Päpstliche Unfehlbarkeit betrifft, kurz gesagt, nur das, was durch menschliche Forschungsarbeit *nicht* bewiesen werden kann – also zum Beispiel die Tatsache, daß der Kandidat bei Gott im Himmel weilt –, nicht jedoch irgendwelche Einzelheiten über das Leben, die Tugenden und die durch Fürsprache gewirkten Wunder des Kandidaten.

Das Paradox liegt auf der Hand: Päpstliche Unfehlbarkeit bezieht sich nur auf Fälle, die von der Kongregation nach der Systematisierung ihrer Arbeit im Jahre 1588 vorbereitet wurden, doch andererseits berührt die Frage der Integrität dieses Systems die Unfehlbarkeit des päpstlichen Urteils nicht. Das Urteil des Papstes ist also unfehlbar, weil er der Papst ist, doch das System der Heiligsprechung ist es nicht. Lägen die Dinge anders, so hätte man das System nicht zu reformieren brauchen.

Ob die Heiligsprechung den Schutz der päpstlichen Unfehlbarkeit benötigt oder nicht, ist ein nach wie vor umstrittenes Thema. Die Heiligmacher sind, wie sie glauben, die einzigen Gelehrten auf der Welt, deren Bestreben darauf abzielt, ein letztgültiges

---

* Die heutigen Mitarbeiter der Kongregation teilen diese Meinung. Aber sie sagen zu Recht, daß das Verfahren schon früher eingeleitet und nicht nach den strengen Vorschriften von 1588 durchgeführt wurde.

Urteil zu gewinnen, das durch das Wirken des Heiligen Geistes geschützt wird. Ihr Ehrgeiz, die Wahrheit über die von ihnen untersuchten *vitae* herauszufinden, leidet darunter nicht – im Gegenteil. Wie der Guerri-Skandal gezeigt hat, sind sie sich der Notwendigkeit, die Heiligkeit ihrer Kandidaten über jeden vernünftigen Zweifel hinaus zu belegen, voll bewußt. Und obwohl ihre Arbeiten von Außenstehenden nur selten gelesen und noch seltener in Frage gestellt werden, erwartet man, daß die Dokumente, die sie präsentieren, auch der strengsten Nachprüfung standhalten. Ich erhielt schließlich die Erlaubnis, einige Verfahren selbst zu überprüfen, und konnte mir so ein eigenes Bild machen.

Bis zu einem gewissen Grad steht es den modernen Heiligmachern frei, wie profane Akademiker der Wahrheit nachzuspüren. Nur bewegen sie sich in einem Umfeld, daß mit einer modernen akademischen Umgebung kaum etwas zu tun hat. Sie können sich ihre Untersuchungsgegenstände nicht frei wählen, noch haben sie eine Kontrolle darüber, was letztlich mit den Früchten ihrer Mühen geschieht. Auch nach der Reform von 1983 müssen die Relatoren und Postulatoren die ererbten Kategorien respektieren, nach denen die Kirche Heilige als Heilige erkennt. Wie flexibel sind diese Kategorien? Der erste und interessanteste Test betrifft, so wie ich es sehe, das Martyrium. Was bedeutet es im Zeitalter des modernen totalen Kriegs, für Christus zu sterben? Für die Beteiligten am Heiligsprechungsverfahren ist dies alles andere als eine abstrakte Frage. Seit dem Ausbruch des Zweiten Weltkriegs sind mittlerweile über 50 Jahre vergangen, die Mindestfrist, die im Normalfall verstreichen mußte, bevor sich Rom eines Falles annahm. Johannes Paul II. ist ein Mann, den die Erfahrungen dieses Kriegs geprägt haben; das gleiche gilt für einige Mitglieder der Kongregation, insbesondere Eszer und Gumpel, die auch unter den Nazis aufgewachsen sind. Durch eine Laune der Geschichte obliegt es heute diesen Männern, darüber zu urteilen, ob einige namhafte Katholiken, die von den Nazis getötet wurden, wirklich für ihren Glauben gestorben sind.

4. KAPITEL

Das Zeugnis der Märtyrer

Am Morgen des 1. August 1987 war die kleine Lobby des Hotels Gülich in Köln voller Juden. Bei den insgesamt etwa zwei Dutzend Personen handelte es sich um Mitglieder eines Familienclans, deren deutsche Vorfahren es in Folge der Hitlerschen Pogrome in die Vereinigten Staaten, nach Südamerika und Kanada verschlagen hatte. Vier dieser Vorfahren waren in den Todeslagern der Nazis ums Leben gekommen, darunter auch Edith Stein – »Tante Edith« sagten ihre Nichten –, die als Schwester Teresia Benedicta a Cruce am Nachmittag jenes Tages von Papst Johannes Paul II. zur Märtyrerin erklärt werden sollte. Doch als Märtyrerin für wen? Für die Juden in aller Welt war Edith Stein eines von sechs Millionen jüdischen Opfern des Holocaust. Doch für den Papst war sie auch – und vor allem – eine Märtyrerin der Kirche.

Die Seligsprechung der Edith Stein erregte bei vielen Israelis und anderen Juden Anstoß. Millionen Juden – Kinder, Großeltern, Mütter und Väter – waren von den Nazis umgebracht worden. Was bringt die Kirche dazu, fragten Kritiker, ausgerechnet dieser einen abtrünnigen Jüdin die Märtyrerkrone aufzusetzen? Wieder einmal, so hieß es, versuche der polnische Papst, den Holocaust seiner ganz spezifischen Bedeutung zu berauben, das heißt, vom Völkermord am europäischen Judentum abzulenken, indem er die Aufmerksamkeit auf die Christen unter den Naziopfern richte. Mißbrauchte er somit nicht das Heiligsprechungsverfahren dazu, auch von der Mitschuld der Kirche abzulenken, die zu dem Vernichtungsfeldzug der Nazis gegen die Juden geschwiegen hatte? Warum wählte die Kirche unter all den von den Nazis getöteten Christen ausgerechnet eine Konvertitin aus, die mitten im Holocaust Gott gebeten hatte, ihr Leben als Buße für die »Ungläubigkeit« der Juden anzunehmen? »Dieser Heiligsprechungsvorschlag steckt den Juden im Hals«, schrieb die amerikanische Schriftstellerin Anne Roiphe in ihren 1988 erschienenen Reflexionen über den Holocaust. »Er beunruhigt nicht deshalb, weil Edith Stein eine andere Religion gewählt hat, sondern weil sie ihrer Geburtsurkunde nicht entkommen konnte. Ihre religiöse Bindung war ihre Privatangelegenheit und nach allem, was man weiß, die aufrichtige Entscheidung eines hervorragenden Intellekts. Aber sie starb nicht, weil sie den Tod gesucht hätte, mit Ehre, Würde oder Ziel, sei es nun religiös oder nicht. Sie starb einfach wie die anderen.«

Der Vatikan hatte mit Kritik von jüdischer Seite gerechnet, nicht jedoch mit dem Aufschrei, den die Nennung des Namens Edith Stein auch weiterhin hervorruft. Die Kardinäle der Kongregation für Heiligsprechungsprozesse hatten in den Monaten vor der Reise des Papstes nach Köln sogar darüber diskutiert, ob es nicht »seelsorgerisch opportun« wäre, die Seligsprechung aufzuschieben, bis der Vatikan die Kritiker besänftigt habe. Doch die deutschen und die polnischen Bischöfe erwiesen sich als vehemente Befürworter der Idee, Edith Stein zur Märtyrerin zu erklären, und man darf wohl annehmen, daß sie Johannes Paul II. auf ihrer Seite hatten. Als Erzbischof von Krakau und als Papst hatte er bei mehreren Gelegenheiten ihr Sterben als Sühneopfer für den Holocaust bezeichnet. Außerdem war seine persönliche intellektuelle Entwicklung vom Leben und den Gedanken Edith Steins beeinflußt worden.

Die Seligsprechung Edith Steins, auf die wir später noch genauer eingehen werden, gehört zu den umstrittensten Entscheidungen während des bisherigen Pontifikats Johannes Pauls II. Mehr als jedes andere moderne Verfahren rückte es den Sinn und die Methoden des kirchlichen Heiligsprechungsverfahrens ins Scheinwerferlicht der Öffentlichkeit. Doch der Entschluß des Papstes, Edith Stein seligzusprechen, hatte mit der Frage, ob sie es verdiente, Märtyrerin des Glaubens genannt zu werden, überhaupt nichts zu tun. *Diese* Frage zu beantworten blieb vielmehr den Heiligmachern selbst vorbehalten. Aus ihrer Sicht war der Fall Stein einer von drei wichtigen Prozessen (und dazu der erste, der auf die Nazizeit zurückging), die es der Kongregation erlaubten, ihre traditionellen Kriterien für den Beweis des Martyriums zu erweitern und bis zu einem gewissen Grade auch neu zu definieren. Zusammengenommen eröffneten diese drei Prozesse ein neues Kapitel im kirchlichen Verständnis des Martyriums und warfen, wie wir sehen werden, neue Fragen über das Verhältnis zwischen religiöser Überzeugung und politischem Handeln auf.

Der Nazi als moderner Tyrann

Die römisch-katholische Kirche hat nie durch ein Dogma festgelegt, was als Martyrium zu gelten hat. Die frühchristliche Kirche hatte allerdings ein klassisches Modell des Märtyrers – und der Bedingungen des Martyriums – entwickelt, nach dem bestimmte Personen seither auch als Märtyrer des Glaubens erkannt und anerkannt worden sind. Wie wir bereits gesehen haben, wurden die ersten christlichen Märtyrer als Menschen verehrt, die die Leiden und den Tod Christi nachvollzogen. Der klassische christliche Märtyrer ist somit ein unschuldiges Opfer, das für seinen Glauben stirbt – und zwar durch die Hände eines Tyrannen, der diesen Glauben ablehnt. Wie Jesus sucht der klassische Märtyrer den Tod nicht von sich aus, nimmt ihn jedoch aus freien Stücken hin, wenn man ihn auffordert, seinem Glauben abzuschwören oder sonstwie christlichen Wertvorstellungen zuwiderzuhandeln. Und ebenso wie Jesus vergibt der klassische Märtyrer seinen Feinden.

Die Verhandlung gegen Jesus ist paradigmatisch für die Rahmenbedingungen des christlichen Martyriums: Im Idealfall wird der Märtyrer oder die Märtyrerin vor Gericht gestellt und provoziert den Tyrannen durch seine oder ihre Ehrlichkeit mit einem Glaubensbekenntnis. Die römische Vorliebe für juristische Verfahren – die in den Berichten der Prokonsuln über die Verhöre frühchristlicher Märtyrer zum Ausdruck kommt – war für die Entwicklung des juristischen Ansatzes der kirchlichen Heiligsprechungsprozesse von fundamentaler Bedeutung. Wie hätte sich ohne eine solche Dokumentation oder entsprechende Zeugenaussagen ein Martyrium beweisen lassen?

In den meisten Fällen ist das Martyrium auch ein politischer Akt. Jesus selbst wurde u. a. verfolgt, weil er die Autoritäten des Tempelkults angegriffen hatte. Die frühchristlichen Märtyrer stellten die sakrale Legitimation der römischen Autorität in Frage, indem sie sich weigerten, dem Kaiser als Gott zu huldigen. Nachdem die Kirche sowohl weltliche als auch geistliche Macht über ihre Gläubigen errungen hatte, war die Grenzlinie zwischen politischem und religiösem Martyrium nicht mehr so einfach zu ziehen. Danach konnte man Märtyrer des Glaubens werden, wenn man bei der Verteidigung der Rechte der Kirche starb: So wurde zum Beispiel Erzbischof Thomas Becket im zwölften Jahrhundert schon kurz nach seinem Tode kanonisiert, weil er die Privilegien der englischen Kirche gegen König Heinrich II. verteidigt hatte. Später, im Zeitalter der Entdeckungen, kamen oftmals christliche Missionare ums Leben, die auf Schiffen unter den Flaggen der verschiedenen europäischen Länder mitgereist waren. Sie starben, weil sich ihre Absichten in den Augen jener, die sie zum Christentum bekehren wollten, oft nicht von denen der auf Eroberung und Ausbeutung versessenen Soldaten unterschieden. Auch wenn Christen Christen töteten, wie in den Religionskriegen der Reformationszeit, waren politische Motive und Glaubensbekenntnisse aufs engste miteinander verquickt.

Vor diesem Hintergrund führte Benedikt XIV. strengere Kriterien ein, die jenen, die den Märtyrertod eines Christen zu beweisen trachten, noch immer als Richtschnur dienen. Die Anwälte eines Verfahrens müssen im wesentlichen aufzeigen, daß das Opfer für den Glauben gestorben ist. Genauer gesagt: Sie müssen beweisen, daß der Tyrann durch das klare und unzweideutige Glaubensbekenntnis des Opfers zur Tötung provoziert wurde. Die Anwälte müssen daher Zeugen oder Dokumente beibringen, aus denen hervorgeht, daß ein Bekenntnis des Glaubens stattgefunden hat, daß der Tyrann aus *odium fidei* (Haß auf den Glauben) handelte und daß die Motive des Opfers eindeutig, wenn auch nicht unbedingt ausschließlich, religiöser Natur waren. Außerdem sind Zeugen erforderlich, die bestätigen können, daß das Opfer an seiner Bereitschaft, für den Glauben zu sterben, tatsächlich bis zu dem Augenblick, da sein Blut floß, festgehalten hat.

Die Nazis indessen verkörperten einen neuen Tyrannentyp. Es steht außer Frage, daß sie aus den verschiedensten Gründen Millionen Christen umgebracht haben – doch *wie* sie es taten, das brachte die überkommenen Kategorien und Regeln, nach denen die professionellen Heiligmacher die Märtyrerverfahren bislang beurteilten, arg durcheinander.

Zunächst riefen die Nazis – anders als etwa die Führer der Französischen Revolution – nicht zum öffentlichen Haß auf den christlichen Glauben auf. Im Gegenteil: Adolf Hitler war ein getaufter Katholik und sagte sich niemals von seinem Glauben los. Bei seiner Machtübernahme im März 1933 beteuerte er in seiner Rede vor dem Reichstag, daß seine Regierung das Christentum schützen wolle. Und im gleichen Jahr unterzeichnete er sogar ein Konkordat mit dem Heiligen Stuhl, in welchem er »die uneingeschränkte Handlungsfreiheit für alle katholischen religiösen, kulturellen und pädagogischen Organisationen, Vereine und Verbände« garantierte. Viele Katholiken und Protestanten in Deutschland unterstützten Hitler, schlossen sich den Nazis an und wurden des Führers Fußsoldaten. Unter diesen Voraussetzungen war es schwierig, anhand der traditionellen Beurteilungskriterien nachzuweisen, daß ein katholisches Naziopfer für seinen Glauben gestorben war. Juden wurden verhaftet und getötet, weil sie Juden waren. Katholiken, die sich gegen die Nazis stellten, wurden der Aufwiegelei, des Verrats oder anderer politischer Verbrechen angeklagt. Kurzum, die Nazis wußten, was die Kirche unter Martyrium verstand, und hatten nicht das geringste Interesse daran, die Rolle des herkömmlichen Tyrannen zu übernehmen.

Probleme für die kirchlichen Heiligmacher ergaben sich auch aus der Art und Weise, wie sich die Nazis ihrer Opfer entledigten. Manche von ihnen verschwanden spurlos. Meistens wurden sie in Lager abgeschoben und kamen dort bei Massentötungen ums Leben, ohne daß es Zeugen gab, die über ihre Standfestigkeit im Glauben hätten Auskunft geben können. Woher konnten die Heiligmacher wissen, ob ein potentieller Märtyrer nicht im letzten Moment doch noch an Gott gezweifelt oder – was praktisch auf dasselbe hinausgelaufen wäre – seine Verfolger schließlich hassen gelernt hatte? Außerdem gab es unter den Konsultoren der Kongregation eine Handvoll strenger Exegeten, die sich an die traditionelle Forderung gebunden fühlten, daß Märtyrer ihr Blut vergießen müssen. Die meisten – nicht alle! – Konsultoren hatten keine Bedenken gegen Kandidaten, die durch Gas oder Todesspritzen umgekommen waren, doch stellten sie ernsthaft in Frage, ob jemand, der in einem Konzentrationslager an Auszehrung gestorben war, als Märtyrer tragbar sei. Die Einwände wurden schließlich durch andere Konsultoren aus dem Weg geräumt. Sie wiesen darauf hin, daß auch einige der frühesten Märtyrer der Kirche in römischen Gefangenenlagern an Hunger, Krankheit oder Erschöpfung gestorben waren.

Es gab also, bevor katholische Naziopfer als Märtyrer seligoder heiliggesprochen werden konnten, begriffliche und verfahrenstechnische Probleme zu lösen. Man löste sie jedoch nicht durch abstrakte Argumente oder mit der Dialektik theologischer Auseinandersetzungen, sondern anhand von Präzedenzfällen.

Titus Brandsma:
Der erste katholische Märtyrer aus der Nazizeit

Das erste Opfer der Nationalsozialisten, das als Märtyrer vorgeschlagen wurde, war der Karmeliterpater, Lehrer und Journalist Titus Brandsma, der 1942 in Dachau starb und 1985 in Rom von Johannes Paul II. seliggesprochen wurde. Von seiner Neigung her war Brandsma ein kontemplativer Mönch. Er hatte sich zunächst um die Aufnahme in den Franziskanerorden bemüht, wurde jedoch nicht angenommen, weil er den Brüdern für ihre arbeitsame Lebensweise gesundheitlich nicht stark genug erschien. So schloß er sich den Karmelitern an und widmete sein Leben dem Studium der Schriften der heiligen Therese von Ávila und des heiligen Johannes vom Kreuz, zweier großer Mystiker des Ordens. Dennoch war der junge Brandsma alles andere als ein passiver Student. Seine beharrliche Opposition gegen die theologische Unbeweglichkeit seiner holländischen Professoren veranlaßte diese sogar, seine Bestellung nach Rom zu höheren theologischen Studien zu verzögern. Nach seiner Rückkehr nach Holland wurde er Professor für Theologie; später gehörte er zu den Mitbegründern der katholischen Universität Nimwegen.

Seine Vorlesungen galten unter den Studenten als langweilig, was unter anderem dazu führte, daß sein Seminar in einem Semester nur von einer einzigen Studentin besucht wurde – aus Mitleid, wie sie sagte, weil er körperlich so unattraktiv und am Rednerpult so träge gewesen sei. Doch dann wandte er sich plötzlich einem Thema zu, das seine Studenten aufhorchen ließ: Es war – in seinen Worten – das »neue Heidentum« der NSDAP. Die ganzen dreißiger Jahre über warnte Brandsma in Wort und Schrift vor den Gefahren des Nationalsozialismus, unter anderem auch vor der »Feigheit« der Nazis, die in deren Versuch, Deutschland »judenfrei« zu machen, zum Ausdruck kam. 1940 geriet Holland unter deutsche Besatzung. Im August des folgenden Jahres gab der Reichskommissar für die besetzten Niederlande Order, Kindern jüdischer Abstammung die Zulassung zu katholischen Schulen zu verweigern. In seiner Eigenschaft als Präsident des Verbands der höheren Schulen protestierte Brandsma bei den Behörden in Den Haag gegen diese Entscheidung und erreichte einen vorübergehenden Aufschub.

Brandsma war auch der von den katholischen Bischöfen bestimmte geistliche Berater der zirka drei Dutzend katholischen

Zeitschriften in den Niederlanden. Zeitweilig war er Chefredakteur einer dieser Zeitungen gewesen, die – anders als die bischöflichen Wochenblätter unserer Tage – mit den führenden nichtkonfessionellen Tageszeitungen des Landes konkurrieren konnten. Im Dezember teilte das nationalsozialistische Presseamt per Fernschreiben den Redaktionen aller holländischen Zeitungen mit, daß sie fortan verpflichtet seien, Ankündigungen der NSDAP und aller ihrer Unterorganisationen zu drucken. Die katholische Hierarchie der Niederlande trat den Nazis entgegen und bestand auf ihrem Recht, die Veröffentlichung von Partei- und Propaganda-Anzeigen abzulehnen. Am Neujahrstag erhielt Brandsma den Auftrag, alle Chefredakteure aufzusuchen und ihnen zu erklären, warum die Direktive der Nazis zu ignorieren sei und daß sie mit Vergeltungsmaßnahmen zu rechnen hätten.

18 Tage darauf wurde Brandsma in seinem Kloster verhaftet. Der Vorwurf lautete auf »Aktivitäten, die das Ansehen des Deutschen Reiches und der nationalsozialistischen Idee gefährden und darauf abzielen, die Einheit des niederländischen Volkes zu untergraben«. Der berichterstattende Offizier fügte außerdem hinzu, Brandsmas »Feindseligkeit« sei »durch seine Schriften gegen die deutsche Judenpolitik erwiesen«. Im März wurde Brandsma in das Gefangenenlager Armersfoort verlegt, wo er Gebetsgruppen organisierte und die Beichte abnahm, obwohl religiöse Aktivitäten jeder Art streng bestraft wurden. Im Juni erfolgte eine weitere Verlegung, diesmal ins Konzentrationslager Dachau, wo bereits 2700 Geistliche inhaftiert waren, die meisten von ihnen katholische Priester. Nach Zeugenberichten wurde er dort des öfteren bis zur Bewußtlosigkeit geschlagen. Im Juli brachte man ihn ins Lagerkrankenhaus, wo man ihn zum Objekt medizinischer Experimente machte. Am Sonntag, dem 26. Juli, starb er an einer tödlichen Phenolinjektion.

Titus Brandsma war zwar nicht der erste Katholik aus der Nazizeit, der zur Heiligsprechung vorgeschlagen wurde, wohl aber der erste, dem man den Status des Märtyrers verleihen wollte. Die Karmeliter, die den Antrag stellten, wurden gewarnt: Sie begingen einen Fehler, hieß es, denn der Beweis, daß Brandsma aus religiösen und nicht aus politischen Gründen umgebracht worden sei, würde nur sehr schwer zu führen sein. Besser wäre es, in seinem Fall auf heroische Tugendhaftigkeit zu plädieren und auf ein bestätigendes Wunder zu hoffen.

Es gab noch einen zweiten, praktischeren Einwand. Im Jahre

1962 – seit dem Beginn des bischöflichen Erhebungsverfahrens in Sachen Brandsma waren noch keine zehn Jahre verstrichen – ließ Paul VI. sämtliche Verfahren stoppen, in denen es um Opfer des Spanischen Bürgerkriegs ging. Die meisten Märtyrerkandidaten aus jener Zeit waren Opfer der republikanischen Truppen. Zudem war der Sieger des Krieges, General Francisco Franco, immer noch an der Macht. Paul VI. war – trotz der Unterstützung, die der General der Kirche angedeihen ließ – ebenso wie der liberale Flügel des spanischen Klerus kein Freund des Franco-Regimes. Er fürchtete, die Benennung von Märtyrern könne alte politische Leidenschaften neu entfachen und zu unerwünschten innerkirchlichen Auseinandersetzungen führen. Viele konservative spanische Beamte im Vatikan waren dagegen über das Verbot sehr erbost. Zu ihnen gehörte auch Monsignore Raffaello Perez, der während des Bürgerkriegs einem spanischen Bischof als Vikar gedient hatte und inzwischen das einflußreiche Amt des *Praelatus theologus* (Glaubensanwalt) bekleidete. In dieser Eigenschaft schwor er, bevor nicht einige seiner verdienstvollen spanischen Landsleute zu Märtyrern erklärt würden, sei im Fall Titus Brandsma absolut nichts zu machen.

Das Verbot gegen die spanischen Verfahren wurde schließlich wieder aufgehoben, und Monsignore Perez wurde ausgewechselt. 1980 fiel die Verantwortung für Brandsmas Verfahren Pater Valabek, dem neuen Generalpostulator der Karmeliter, zu. Zu jenem Zeitpunkt hatten jedoch die meisten niederländischen Karmeliter das Interesse an dem Fall verloren. (Jüngere Ordensmitglieder meinten, die Werbung für neue Heilige sei Geldverschwendung, und wenn die älteren nicht auf der Fortführung des Verfahrens bestanden hätten, so wäre der Vorschlag möglicherweise zurückgezogen worden.) Aus den Indizien, die Valabeks Vorgänger gesammelt hatte, ging eindeutig hervor, daß Brandsma das Martyrium bereitwillig und im Geiste Christi auf sich genommen hatte. Wie Zeugen aus Dachau bestätigten, hatte er seine Mitgefangenen aufgefordert, für die sadistischen Aufseher zu beten, und es auch selbst getan. Selbst die Krankenschwester, die Brandsma Phenol injiziert hatte, trat – nachdem ihr Anonymität zugesichert worden war – vor dem kirchlichen Untersuchungsausschuß auf und sagte aus, daß Brandsma auch sie in sein Gebet eingeschlossen habe.

Während eines langen Gesprächs im Karmeliterkloster in Rom ließ Valabek den Fall noch einmal Revue passieren: »Unser

Hauptproblem war der Nachweis, daß Titus nicht aus politischen Gründen – in diesem Fall also wegen seiner Opposition gegen den Nationalsozialismus – inhaftiert und schließlich auch getötet worden war. Es stimmte natürlich, daß er gegen die Nazis war – nur war es unsere Aufgabe zu beweisen, daß sein Martyrium *auf anderen Motiven* beruhte. Glücklicher-, ja beinahe wunderbarerweise waren die Protokolle erhalten geblieben, die während der Verhöre Brandsmas durch nationalsozialistische Richter in Holland angefertigt worden waren. Anhand dieser Dokumente konnten wir zwei Gründe für seine Verurteilung durch die Nazis herausfinden: Erstens hatte er sich geweigert, jüdische Kinder von katholischen Schulen zu weisen. Ein solches Tun, so hatte Brandsma ausdrücklich zu Protokoll gegeben, verstoße gegen katholische Prinzipien. Wir konnten also aufzeigen, daß er das Recht der Kirche verteidigt hatte, Kindern, die auf katholische Schulen geschickt wurden – und dies schloß Nichtkatholiken ein –, eine entsprechende Ausbildung zukommen zu lassen. Zweitens hatte er als kirchlicher Berater katholischer Journalisten persönlich an die Chefredakteure appelliert, in ihren Zeitungen keine Nazipropaganda zu dulden. Dies war die unmittelbare Ursache für seine Verhaftung und spätere Ermordung. Daß die Nazis sehr wütend auf ihn waren, geht aus den richterlichen Verhörprotokollen eindeutig hervor.«

Kurz gesagt: Titus Brandsma wurde als erster Märtyrer der Nazizeit anerkannt, und zwar nicht nur, weil er die nationalsozialistische Ideologie als unchristlich brandmarkte – diese Begründung allein hätte den Standardeinwand, er sei lediglich ein politischer Märtyrer gewesen, geradezu herausgefordert. Vielmehr gelang es seinen Anwälten darzulegen, daß er getötet wurde, weil er bestimmte katholische Prinzipien verteidigt hatte.* Bei diesen Prinzipien – der Ausbildungs- und der Pressefreiheit – handelte es sich interessanterweise keineswegs um inhärente Bestandteile des

---

* Dies soll nicht heißen, daß Opposition gegen die Nazis zur Verteidigung des katholischen Glaubens oder der katholischen Moral – für sich genommen – nicht auch ein gültiges Motiv für einen Märtyrer sein kann. Pater Molinari bearbeitet gegenwärtig einen solchen Fall. Bei dem Kandidaten handelt es sich um Pater Bernhard Lichtenberg (1875–1943), einen Priester aus Berlin, der heimlich Juden zur Flucht aus Nazi-Deutschland verhalf. 1938 brandmarkte er den Antisemitismus der Nazis in der Öffentlichkeit. Er starb im Gefängnis den langsamen Märtyrertod.

katholischen Glaubens und der katholischen Moral. Es waren jedoch Rechte, die die Kirche als Institution verteidigte – und Brandsma hatte sie, wie seine Anwälte zeigen konnten, persönlich beherzigt.

Der Verehrung der Gläubigen wurde der selige Titus Brandsma wohlgemerkt in anderer Verkleidung anempfohlen. Valabek förderte ihn als Schutzheiligen der Journalisten, die – weiß Gott! – eines solchen bedürfen.* Es blieb jedoch dem Papst vorbehalten, die Bedeutung des neuen Märtyrers der Kirche zu formulieren. Bei der Seligsprechungszeremonie am 3. November 1985 erklärte Johannes Paul II. in Anlehnung an die Bibel: »Wir erheben zur Ehre der Altäre einen Mann, der die Qualen eines Konzentrationslagers – jenes in Dachau – erduldete. Mitten in dieser Geißel (der Menschheit), mitten in diesem Konzentrationslager, das ein Schandmal unseres Jahrhunderts bleiben wird, fand Gott Titus Brandsma Seiner würdig.«

Für die Mitarbeiter der Kongregation hatte der Erfolg des Brandsma-Verfahrens noch eine andere, unmittelbarere Bedeutung. Sie hatten nun einen Präzedenzfall: Katholische Naziopfer konnten fortan offiziell zu Märtyrern erklärt werden, vorausgesetzt, es ließ sich nachweisen, daß der Tyrann durch die Brandmarkung seines ungerechten Tuns zum Handeln provoziert worden war. In dem noch umstritteneren Seligsprechungsverfahren

---

* Wie ein Heiliger Schutzpatron eines bestimmten Berufsstands oder einer Zunft wird, ist weniger eine Frage der Logik als vielmehr das Ergebnis einer – oftmals bildhaften – Assoziation. Die heilige Lucia (von lat. *lux* = Licht) ist zum Beispiel Schutzpatronin der Augenkranken und Blinden, weil ihr der Legende nach von ihren Verfolgern die Augen ausgerissen wurden. Die heilige Agatha, von der es heißt, ihre Folterer hätten ihr die Brüste abgeschnitten, ist die Patronin der Ammen. Als Schutzpatron der Postbeamten, Telefonisten und Rundfunkangestellten fungiert der Erzengel Gabriel, der Maria die »gute Nachricht« von ihrer Empfängnis überbrachte. Stephan, den man zu Tode steinigte, ist der Patron der Maurer. Friseure wenden sich an den heiligen Martin von Porres, der in seinem Kloster Barbier war. Der traditionelle Schutzheilige der Journalisten ist Franz von Sales, ein Bischof und Bücherfreund, der Flugschriften verfaßte. Er war zwar kein Journalist, sondern Rechtsanwalt – ein Umstand, der seine Schirmherrschaft für zeitgenössische Schriftsteller eher noch fördern dürfte. Papst Pius XII. ernannte 1958 die heilige Klara von Assisi, eine kontemplative Nonne, zur Patronin des Fernsehens, obwohl die Technologie der Bildübertragung erst 700 Jahre nach ihrem Tod zur Perfektion gedieh. Klara wurde, wie es scheint, einst die Gnade gewährt, die Vision einer heiligen Messe zu erleben, an welcher sie, da bettlägerig, nicht persönlich teilnehmen konnte.

für Edith Stein wurde dieser Präzedenzfall in eine neue Logik eingearbeitet.

Edith Stein und die Stilisierung einer Heiligen

An jenem Julisonntag des Jahres 1942, an dem Titus Brandsma ermordet wurde, veröffentlichten die katholischen Bischöfe in Holland einen Brief, in dem sie die Deportation der holländischen Juden »nach Osten« (der Nazieuphemismus für die Vernichtungslager in Polen) als die üble Machenschaft entlarvten, die sie war. Zur Vergeltung ordneten die Nazis die sofortige Festnahme aller Katholiken jüdischer Herkunft an. Am folgenden Donnerstag wurden Edith Stein und ihre Schwester Rosa, eine Laienschwester, im Konvent der Karmelitinnen in Echt verhaftet; sieben Tage später schickte man sie, zusammen mit 300 anderen getauften Juden aus den Niederlanden, in die Gaskammern von Auschwitz.

Wer war Edith Stein? Das jüngste von elf Kindern wohlhabender jüdischer Eltern kam 1891 am Tag des jüdischen Versöhnungsfests Jom Kippur im damals deutschen Breslau (heute Wroclaw in Polen) auf die Welt. Zwar war ihre Mutter, die 21 Monate nach Ediths Geburt Witwe wurde, fromm; doch nicht eines der sieben überlebenden Kinder wurde strenggläubiger Jude. Die 15jährige Edith betete bereits nicht mehr. Sie bezeichnete sich als Atheistin und Frauenrechtlerin. Ihre Leidenschaft galt der Philosophie. 1913, im Alter von 23 Jahren, kam sie an die Universität Göttingen, um dort bei Edmund Husserl, dem Vater der Phänomenologie, zu studieren. Dort fand sie Anschluß an die Philosophische Gesellschaft, einen Kreis Intellektueller, der sich in den Jahren vor dem Ersten Weltkrieg um Edmund Husserl scharte. Edith erwies sich als so tüchtig, daß Husserl sie bat, seine Assistentin zu werden und mit ihm nach Freiburg zu gehen. Dort schrieb sie auch ihre Doktorarbeit »Zum Problem der Einfühlung«.

Die phänomenologische Methode, wie Husserl sie lehrte, hatte eine stark ethische Komponente. Der Meister selbst war Lutheraner; andere Phänomenologen, die Edith Stein beeindruckten, namentlich Max Scheler und Roman Ingarden, waren Katholiken. Unter ihrem Einfluß begann sie in Frage zu stellen und anzuzweifeln, was sie als die »Schranken der rationalistischen Vorurteile« ansah, »in denen ich aufgewachsen war«. 1917 wurde sie von der Witwe ihres an der belgischen Front gefallenen ehemaligen Lehrers Adolf Reinach gebeten, dessen schriftlichen Nachlaß zu ordnen. Frau Reinachs Geduld brachte Edith Stein in dieser Phase dem christlichen Glauben näher. Überdies verliebte sie sich während ihrer Studentenzeit in mindestens ein Mitglied der Philosophischen Gesellschaft, nämlich in Hans Lipps. 1921 fühlte sie sich dann jedoch zu etwas anderem hingezogen: Im Sommer jenes Jahres las sie die Autobiographie der heiligen Therese von Ávila, der großen Mystikerin des Karmeliterordens aus dem sechzehnten Jahrhundert, und kam zu dem Schluß: »Dies ist die Wahrheit.« Am ersten Tag des neuen Jahres ließ sie sich taufen und trat damit zum katholischen Glauben über.

Im folgenden Jahrzehnt setzte Edith Stein ihre philosophischen Studien nach bestem Wissen und Gewissen fort. Sie schrieb ein zweibändiges Werk über die Philosophie des heiligen Thomas von Aquin, doch gelang es ihr – als Frau – trotz einer großzügigen Empfehlung von Husserl persönlich nicht, in Freiburg eine Professur zu bekommen. So unterrichtete sie an der Lehrerinnenbildungsanstalt der Dominikanerinnen in Speyer, wo sie auch ihre Gelübde ablegte. 1932 übernahm sie einen Lehrauftrag am Deutschen Institut für Wissenschaftliche Pädagogik in Münster. Im Jahr darauf wurde ihr die Fortsetzung ihrer Lehrtätigkeit durch eine gegen die Juden gerichtete Verordnung der Nazis untersagt. Im Oktober 1933 trat sie am Festtag der heiligen Therese dem Karmeliterorden bei. Ihre Mutter war untröstlich: Ihre jüngste Tochter – ausgerechnet die, deren Geburtstag auf das Jom-Kippur-Fest fiel – war nicht nur Christin geworden, sondern hatte sich darüber hinaus zum Klosterleben entschlossen, das sie von ihrer Familie isolieren würde.

Trotz – oder vielleicht auch gerade wegen – ihrer Isolation entwickelte Edith Stein einen ausgeprägten Sinn für ihre fortwirkende jüdische Identität. Schon 1933, kurz nach Beginn des Naziregimes, schrieb sie einen impulsiven Brief an Pius XI., in dem sie – erfolglos – um eine Audienz nachsuchte; sie wollte erreichen, daß der Papst eine Enzyklika gegen Rassismus und Antisemitismus verkündete.

In ihren Briefen und anderen Schriften formulierte sie schließlich ganz klar, wie sie das Verhältnis zwischen ihrer jüdischen Herkunft und ihrem christlichen Glauben sah. In einem Brief verglich sie ihre Entscheidung zur Konversion und zum Eintritt in ein Nonnenkloster mit der biblischen Geschichte der Königin Esther, die sich selbst opferte, um die Israeliten zu retten. »Aber ich vertraue ..., daß die Mutter aus der Ewigkeit für sie sorgt. Und darauf, daß der Herr mein Leben für alle genommen hat. Ich muß immer wieder an die Königin Esther denken, die gerade darum aus ihrem Volk genommen wurde, um für das Volk vor dem König zu stehen. Ich bin eine sehr arme und ohnmächtige kleine Esther, aber der König, der mich erwählt hat, ist unendlich groß und barmherzig.«

Später, als sie – wie bei den Karmelitinnen üblich – ihr geistliches Testament niederschrieb, bat sie Gott, ihr Leben anzunehmen; sie sah darin eine Buße für den »Unglauben« des jüdischen Volkes und erhoffte sich vom Kommen des Reichs Gottes die Rettung Deutschlands und Frieden in der Welt.

Innerhalb der Klostergemeinschaft war Edith Stein eine in doppelter Hinsicht ungewöhnliche Erscheinung: Sie war eine Jüdin unter lauter »Arierinnen« und eine Intellektuelle unter Nichtintellektuellen. In der Tradition der karmelitischen Spiritualität verschrieb sie sich dem gekreuzigten Christus; von daher rührte auch ihr Ordensname »Benedicta a Cruce«. Ihr letztes größeres Werk war bezeichnenderweise eine Abhandlung über einen Mystiker der Karmeliter, den heiligen Johannes vom Kreuz. Es trug den Titel *Kreuzeswissenschaft*. All diese Quellen spielten später in ihrem Verfahren beim Vatikan eine große Rolle.

Nach der Kristallnacht am 9. November 1938 war jedoch absehbar, daß der Karmel (das Kloster) sie nicht vor der Entschlossenheit der Nazis, Deutschland »judenfrei« zu machen, würde schützen können. Aus Gründen der eigenen Sicherheit und der des Klosters verließ Edith Stein am Neujahrstag Köln und begab sich in den Karmelitinnenkonvent nach Echt in Holland. Ihre ebenfalls zum Katholizismus übergetretene Schwester Rosa nahm sie mit.

Die Niederlande erwiesen sich indessen als unsichere Zufluchtsstätte für eine jüdische Nonne. Nach der Besetzung des Landes durch die deutsche Wehrmacht mußte sie wie alle anderen Juden auch den Davidstern tragen. Und als der Befehl zur Verhaftung aller konvertierten Juden gegeben wurde, wußte die SS genau, wo sie zu finden war. »Komm, wir gehen für unser Volk«, sagte sie zu ihrer Schwester. Während eines Zwischenaufenthalts im Lager Drente-Westerbork, kurz vor ihrer Deportation ins Vernichtungslager Auschwitz, schrieb sie eine Notiz an den Karmel in Echt. »Schweizer Konsulat Amsterdam ... möge sorgen, daß wir möglichst bald über die Grenze kommen. Für Reisegeld wird unser Kloster sorgen.«

In den Jahren unmittelbar nach Kriegsende war Edith Stein weithin unbekannt. Selbst über die Umstände ihres Todes wußte kaum jemand Bescheid. Peu à peu wurden dann ihre Schriften gesammelt, und die Unbeschuhten Karmelitinnen verbreiteten ihre Geschichte, wobei sie sich interessanterweise ihres jüdischen Geburtsnamens bedienten. An der Universität Löwen in Belgien wurde das Edith-Stein-Archiv eingerichtet; international setzte sich die Edith-Stein-Forschung zur Förderung ihres Ansehens ein. Zum Teil erregte die Religionsphilosophin Edith Stein dieses Interesse, doch gab es auch eine gewisse Neugierde an der Frau, die als Katholikin ebenso wie die anderen Juden im Holocaust umgekommen war.

20 Jahre vergingen, bis der Kölner Kardinal Joseph Frings das bischöfliche Erhebungsverfahren für Edith Stein eröffnete. Bezeichnenderweise stützte sich das Verfahren auf die heroische Tugendhaftigkeit der Kandidatin, nicht auf ihr Martyrium. Man ging davon aus, sie sei getötet worden, weil sie Jüdin war. In Köln, Echt und Speyer wurden Untersuchungskommissionen gebildet. Von den 103 Zeugenaussagen waren nur drei negativ und konnten leicht widerlegt werden. Ein Zeuge, der Edith Stein noch aus der Zeit vor ihrer Konversion kannte, beschrieb sie als arrogant. Der Einwand wurde jedoch als unbedeutend zurückgewiesen, da die Kirche bei Konvertiten nur das Leben nach der Taufe berücksichtigt. Eine Nonne von der katholischen Schule in Speyer, an der Edith Stein als Laie unterrichtet hatte, erinnerte sich, daß sie einen übertriebenen religiösen Eifer an den Tag gelegt habe. Dies erklärte man jedoch mit der verständlichen Begeisterung eines Konvertiten, die sich wohltuend von der eher lauen geistlichen Observanz der Nonnen abhebe. Eine Nonne aus dem Kölner Konvent sagte aus, Schwester Benedicta habe unentwegt die Juden in Schutz genommen und die anderen Schwestern belästigt, doch erwies sich diese Zeugin als unzuverlässige Schwätzerin.

Andererseits gelang es dem Postulator und dem Anwalt, die heroischen Tugenden der Edith Stein mit überzeugenden Argumenten nachzuweisen. Sie bezogen sich dabei nicht nur auf Zeugenaussagen, sondern auch auf die Veröffentlichungen der Verstorbenen sowie auf ihre Privatkorrespondenz. Die besondere Botschaft, die sie der Welt zu übermitteln hatte, war nach Ansicht der Befürworter ihre persönliche, fast mystische Identifizierung mit dem leidenden Jesus am Kreuz während einer der brutalsten Epochen der Menschheitsgeschichte – eine Identifizierung, die es ihr erlaubte, den Tod als letzten Akt der vollständigen Hingabe in der Nachfolge Christi anzunehmen.

1983 war die *positio* zum Beweis der heroischen Tugendhaftigkeit Edith Steins erstellt und konnte in der Kongregation diskutiert werden. Es bestand kaum Zweifel daran, daß sie zur »Verehrungswürdigen« erklärt werden würde. Doch mit ihrer baldigen Selig- oder gar Heiligsprechung war in absehbarer Zeit nicht zu rechnen. Der Grund: Es fehlte das erforderliche Wunder. Das Problem war, daß die Nazis in ihren Lagern keine Leichen hinterließen – jedenfalls keine, die in der Fülle der in Massengräbern verscharrten Schädel und Knochen individuell erkennbar gewesen wären. Ohne Leichnam gibt es auch kein Grabmal, zu dem man als gläubiger Katholik pilgern und um Fürbitte für göttliche Gnadenerweise beten könnte. Schließlich gibt es ohne Leichnam auch keine Reliquien. Im speziellen Fall Edith Steins waren sogar zweitrangige Reliquien – ihre Kleider sowie Rosenkränze und Kruzifixe aus ihrem Besitz – vernichtet worden, denn die Nazis hatten das Karmelitinnenkloster in Echt niedergebrannt. Ohne diese greifbaren »Medien«, durch die Katholiken seit fast zwei Jahrtausenden die Fürsprache der Heiligen erfleht haben, schien das Verfahren der Edith Stein dazu verurteilt zu sein, in jenen Zustand der Vergessenheit zu geraten, der allen *venerabiles* droht, die die von Seligen und Heiligen verlangten Wunder nicht nachweisen können.

Doch am 3. März 1983 bekam die Causa Edith Stein auf einmal eine andere Richtung. An jenem Tag sandte Frings' Nachfolger, Joseph Kardinal Höffner, im Namen der deutschen Bischöfe ein Petitionsschreiben an Papst Paul VI., in dem er formell darum ersuchte, das Seligsprechungsverfahren der Edith Stein fortan als Märtyrerprozeß zu behandeln. Höffners Ersuchen wurde durch einen Brief des Primas von Polen, Józef Kardinal Glemp aus Warschau, im Namen des polnischen Episkopats unterstützt. Die Kardinäle vertraten in ihren Schreiben die Ansicht, daß der Tod Edith Steins als ein Akt der Vergeltung gegen die katholischen Bischöfe der Niederlande, die öffentlich gegen die Deportation der Juden protestiert hatten, betrachtet werden könne. Von daher sei es gerechtfertigt, Edith Stein als Märtyrerin der Kirche anzuerkennen.

Man kann von mindestens drei guten Gründen ausgehen, die die Bischöfe dazu veranlaßten, sich für die Anerkennung Edith Steins als Märtyrerin einzusetzen. Erstens erübrigte sich dadurch ein Wunder: Als Märtyrerin konnte sie auch ohne ein solches seliggesprochen, wenn auch nicht kanonisiert werden. Zweitens gründete sich der heiligmäßige Ruf der Edith Stein im Bewußtsein der Öffentlichkeit (wenn auch nicht im Bewußtsein der Experten) auf die Geschichte ihres Martyriums. Hätte man sie zur Bekennerin erklärt, ihr die Bezeichnung »Märtyrerin« jedoch vorenthalten, so wäre die Kirche in ein Dilemma geraten, weil sie damit ja nicht nur die Bedeutung *ihres* Todes in Frage gestellt hätte, sondern auch die des Todes von Zehntausenden anderer katholischer Priester, Nonnen und Laien, die den Nazis zum Opfer gefallen waren. Drittens hätte ihre Heiligsprechung ohne Anerkennung des Martyriums die Vermutung nahegelegt, daß die katholische Kirche als Kirche keine Blutzeugen für die Verbrechen und Schrecken des Naziregimes hervorgebracht habe. Für die deutschen und polnischen Bischöfe war dies eine Geschichtsklitterung, die von der Kirche richtiggestellt werden mußte.

Auch für Papst Johannes Paul II. war die Causa Edith Stein von besonderem Gewicht. Zum einen teilte er ihr Interesse an der Phänomenologie und deren Verhältnis zur christlichen Ethik. Karol Wojtyla hatte einst die Phänomenologie Max Schelers und ihr Verhältnis zum Thomismus zum Thema seiner Doktorarbeit in Philosophie gemacht. Mehr noch: Während seiner Zeit als Erzbischof von Krakau hatte er Roman Ingarden kennengelernt, der an der dortigen Universität Philosophie lehrte. Abgesehen von diesen persönlichen Querverbindungen, bewegte Johannes Paul II. die Gestalt der modernen Intellektuellen, die durch selbstlose Wahrheitssuche den Glauben an die Person Christi gefunden hatte. Nur wenige Heiligkeitsaspiranten des zwanzigsten Jahrhunderts stellten ein vergleichbares Vorbild für Intellektuelle dar.

Trotz allem sah sich die Kongregation nicht veranlaßt, unverzüglich auf das außergewöhnliche Petitionsschreiben der Bischöfe zu reagieren. Der Brief ging in einer Phase des inneren Umbruchs bei der Kongregation ein: Die Reform des Kanonisierungsverfahrens war gerade erst in Kraft getreten. Folglich dauerte es 14 Monate, bis der Fall an Ambrosius Eszer in seiner neuen Rolle als Relator verwiesen wurde.

Eszers Auftrag bestand im wesentlichen darin, Beweise für die Behauptung der Bischöfe beizubringen, daß Edith Stein nicht allein wegen ihrer jüdischen Abstammung getötet worden, sondern auch für die Kirche und daher für den Glauben gestorben war. Von entscheidender Bedeutung für den Fall war eine Sammlung von Dokumenten, die 1980 im Königlichen Institut für Kriegsdokumentation in Amsterdam entdeckt wurde: Aus diesen Unterlagen ging hervor, daß die Nazis bereit waren, konvertierte holländische Juden zu verschonen – vorausgesetzt, die katholischen Bischöfe verzichteten darauf, mit ihrer Opposition gegen den Deportationsbefehl an die Öffentlichkeit zu gehen. Als die Bischöfe sich jedoch weigerten, darauf einzugehen, befahlen die Nazis die sofortige Verhaftung aller Katholiken jüdischer Herkunft. Eszer konnte also sagen, daß die Nazis durch den Widerstand der Bischöfe zu einem spezifischen Akt des Glaubenshasses provoziert worden waren.

Bis zu diesem Punkt erinnerten die Argumente an jene, die auch im Fall Titus Brandsmas vorgebracht worden waren. Der entscheidende Unterschied lag jedoch darin, daß Edith Stein – im Gegensatz zu Brandsma – persönlich mit der Aktion der Bischöfe nichts zu tun hatte. Man konnte also nicht argumentieren, sie hätte den Tyrannen durch ihr eigenes Tun provoziert. Auch gab es keinerlei Beweis dafür, daß sie nach ihrer Verhaftung zu einem Bekenntnis ihres Glaubens aufgefordert worden wäre oder von sich aus ein solches abgegeben hätte. Bei der einzigen Gelegenheit, bei der sie sich als Katholikin bezeichnete (was aus ihrem Habit ohnehin zu ersehen war), hatte sich der KZ-Wächter, der sie befragte, mit ihrer Antwort nicht zufriedengegeben. »Du bist eine verdammte Jüdin, gib's zu!« hatte er gebrüllt.

Um den von der Kongregation zu erwartenden Einwänden zu begegnen, legte Eszer eine neue Interpretation der Zusammenhänge vor. »Die Provokation des Tyrannen«, meinte er, »erfolgte durch die Tat der holländischen Bischöfe, mit der Schwester Teresia Benedicta angesichts der Tatsache, daß sie stets in scharfer Form jedes allzu leutselige Verhalten gegenüber den Nazis kritisiert hatte, definitiv übereinstimmte.« De facto war also die provokative Tat der holländischen Bischöfe eine Art Gemeinschaftsaktion im Namen aller konvertierten Juden, die als Konsequenz dieser Tat starben. Eszer vertrat darüber hinaus die Meinung, der Umstand, daß es keine Zeugen für Edith Steins Tod gebe, sei kein Grund zu der Annahme, daß sie ihrem Glauben nicht treu geblieben sei. In ihrem geistlichen Testament hatte sie sich Gott bereits als Sühneopfer »für den Frieden« und für »den Unglauben des jüdischen Volkes« angeboten. Mit anderen Worten: Eszer führte aus, daß Edith Steins Leben als Katholikin, wie ihre heroische Tugendhaftigkeit deutlich mache, Beweis genug sei für ihre Bereitschaft, das Martyrium, so es denn auf sie zukäme, auf sich zu nehmen.

Dies also waren die juristischen Stromschnellen, die bei Edith Steins Märtyrerprozeß schließlich erfolgreich überwunden wurden. Doch indem er ihren Fall durchsetzte, gelang Eszer noch etwas anderes: Er führte Argumente ein, mit deren Hilfe er aufzeigen konnte, daß die Nazis sich in Wirklichkeit überhaupt nicht von all den anderen Tyrannen unterschieden, die im Lauf der Geschichte Christen verfolgt hatten. Vor allem für einen Heiligmacher deutscher Herkunft war dies eine aufregende Perspektive.

Im Oktober 1986 unterhielt ich mich mit Eszer zum erstenmal über die Causa Edith Stein. Das Gremium der Theologen hatte damals seine *positio* gerade weitergereicht. Nun fehlte nur noch die Zustimmung der Kardinäle und Bischöfe der Kongregation. Wir hatten uns in der Residenz der Dominikaner am Angelicum getroffen, 20 Busminuten vom Vatikan entfernt. Eszers kleines Zimmer wurde durch ein ächzendes Bücherregal in zwei Hälften geteilt: Auf der einen Seite stand sein Bett, auf der anderen befanden sich zwei mit offenen Aktenordnern, Büchern und Aschenbechern voller Zigarrenasche überladene Schreibtische. Das Verfahren der Edith Stein war nur einer von 60 Fällen, die Eszer als Relator übernommen hatte, doch keines hatte ihn mehr aufgewühlt. Er sei schließlich selbst Deutscher, sagte er, und habe den Begriff des modernen Tyrannen entwickelt, weil er darin eine Möglichkeit sehe, den Versuch der Nazis zu unterlaufen, die traditionellen Regeln der Märtyrerbestimmung nicht zur Anwendung kommen zu lassen. »Der moderne Tyrann ist sehr kompliziert«, sagte er. »Er tut so, als hätte er gar nichts gegen die Religion, ja, er gibt vor, als interessierte sie ihn überhaupt nicht. Also fragt er seine Opfer auch nicht nach ihrem Glauben. Doch in Wirklichkeit ist er entweder völlig areligiös, oder aber er verwandelt irgendeine Ideologie in eine Ersatzreligion. Wir erleben das bei den Kommunisten, und wir erlebten es damals unter den Nazis. Mein Hauptargument in der *positio* für Edith Stein war, daß die Kirche die Argumente Krimineller und derer, die sie verfolgen, nicht akzeptieren darf. Wir können nicht beim (Heiligsprechungs-)Prozeß zurückstecken und Lügner bevorzugen, bloß weil diese sagen, daß sie nichts gegen die Religion haben.«

Ich bat ihn um ein Exemplar der *positio,* doch Eszer schüttelte den Kopf: Solange der Papst seine Entscheidung noch nicht getroffen habe, sei die *positio* vertraulich. Immerhin war Eszer bereit, über die Grundzüge seiner Argumentation vor der Kongregation zu sprechen. Hitler, so meinte er, habe nicht nur die Juden ausrotten wollen, sondern auch geplant, nach Beendigung des Kriegs die katholische Kirche zu eliminieren, und zwar durch eine innere Umfunktionierung. »Es steht völlig außer Frage, daß er eine neue Kirche begründen und sich dabei des äußeren Rahmens des Katholizismus bedienen wollte. Er hatte diese Idee aus Richard Wagners *Parsifal*. Hitler sah in Wagner seinen einzigen würdigen Vorgänger. Sehen Sie, wer Wagner nicht kennt, kann auch den Nationalsozialismus nicht verstehen. Wie dem auch sei – solange der Krieg alles andere überlagerte, schob Hitler aus praktischen Erwägungen die ›Endlösung der Katholikenfrage‹ noch auf die lange Bank. Doch als die holländischen Bischöfe gegen die Judendeportation protestierten, brach sich der Haß der Nazis auf die Kirche spontan Bahn, und von daher ist es ganz eindeutig, daß der Tod Edith Steins die Folge einer aus Haß auf den Glauben begangenen Tat war.«

Mir wurde bei Eszers Ausführungen klar, daß ihm die Arbeit am Seligsprechungsverfahren für Edith Stein mehr bedeutete als ein Routineauftrag. Als Edith Stein starb, war Eszer neun, als die Nazis kapitulierten, elf Jahre alt. Er gehört somit zur ersten Generation der Deutschen nach Hitler, die mit Fug und Recht von sich behaupten kann, selbst keine Nazis gewesen zu sein. Für Eszer war Hitler ein verrückter Außenseiter, der Deutschland mit dem virulenten rassistischen Antisemitismus der Österreicher infiziert hatte. Bei der Beurteilung der Deutschen aus der Hitlerzeit – der Generation seiner Eltern – dürfe man nicht alle über einen Kamm scheren, sondern müsse versuchen, der geschichtlichen Entwicklung Rechnung zu tragen. »Als Hitler an die Macht kam, gelobte er, das Christentum zu schützen. Gemäß dem Programm der NSDAP fußte die Partei ideologisch auf dem Christentum. Das war natürlich reiner Quatsch. Aber wir dürfen nicht vergessen, daß es damals sechs Millionen Arbeitslose in Deutschland gab. Ein sich länger hinziehender Kampf des Episkopats gegen die Nazis hätte unter den katholischen Gläubigen Proteste gegen die Bischöfe hervorgerufen. Man muß ferner einen Unterschied machen zwischen den Konzentrations- und den Vernichtungslagern. Die Vernichtungslager befanden sich alle außerhalb Deutschlands, und da die SS überzeugte Katholiken nicht haben wollte, gab es nur relativ wenige echte Katholiken, die mit diesen Lagern unmittelbar zu tun hatten. Die SS wußte, daß überzeugte Katholiken nicht nur Unruhe stiften, sondern über kurz oder lang auch über die Vernichtungslager reden würden, die natürlich streng geheimgehalten wurden.«

Eszer machte eine Pause, um sich eine Zigarre anzustecken. Unser Gespräch ging langsam unter die Haut. »Amerikaner«, so fuhr er fort, »können den diabolischen Charakter moderner totalitärer Systeme nicht erkennen, weil sie noch nie ein solches System erfahren haben. Sie machen den Deutschen immer den Vorwurf, den Nationalsozialismus hingenommen zu haben. Aber die Taten der Nazis ließen sich nicht voraussehen. Mein Vater war zum Beispiel in der SA, nicht in der SS. Ein Jesuit hatte ihm den Rat gegeben, der SA beizutreten und sie christlich zu unterwandern. Aber das erwies sich als unmöglich. Einmal sangen sie ein Lied, in dem der Papst kritisiert wurde. Da stand er auf und weigerte sich mitzusingen. Also kam er vor Gericht. Der Richter ließ ihn davonkommen, doch an eine Beförderung war fortan nicht mehr zu denken. 100 000 Deutsche wurden von den Nazis umgebracht. Davon spricht heute keiner mehr. Auch gab es viele, viele Katholiken, die sich nach Kräften um die Juden kümmerten. In meiner Familie war es verboten, schlecht über sie zu sprechen. Meine Mutter sagte immer, sie seien Menschen wie wir und man könne nichts gegen sie sagen. Als unsere Spielkameraden Kinderbücher mitbrachten, in denen Juden als fette, hakennasige Übeltäter dargestellt wurden, sagte sie, so etwas kommt uns nicht ins Haus, und drohte uns für den Fall, daß wir uns nicht an ihr Verbot hielten, Prügel an. Über all diese Dinge schreibt heute kein Mensch. Viele jüdische Autoren stellen heute in Abrede, daß die Katholiken etwas für die Juden getan haben. Ich hingegen weiß, daß Edith Stein getötet wurde, weil sich die katholische Kirche für die Juden einsetzte. Unsere Kritiker sagen, daß sie als jüdische Märtyrerin verehrt werden muß, und das können wir nicht akzeptieren.«

Eszers Engagement im Fall Edith Stein war so stark, daß er sich zu einer unvorsichtigen Reaktion hinreißen ließ: Als James Baaden, ein in London lebender amerikanischer Jude, der an einer Edith-Stein-Biographie arbeitete, der Kongregation in einem Brief darlegte, warum nach seiner Überzeugung die Ermordung der Nonne einzig und allein auf ihr Judentum zurückzuführen sei, tat der Dominikaner etwas für einen vatikanischen Beamten sehr Ungewöhnliches: Er schrieb einen persönlichen, sehr ausführlichen Antwortbrief. Für ihn als Relator des Falles, ließ er Baaden wissen, sei zweifelsfrei erwiesen, daß Edith Stein sich schon als

Schülerin vom Judaismus abgewendet und ihn erst wieder nach ihrer Konversion zum Katholizismus schätzen gelernt habe. Wichtiger noch sei, was sie in ihrem geistlichen Testament zum Ausdruck gebracht habe: daß sie nämlich ihr Leben für den »Unglauben« der Juden, ihres Volkes, darbringen wolle. Für Eszer bedeutete dies, daß sie bereit war, ihr Leben – wie er es ausdrückte – »für die Konversion aller Juden zum Katholizismus« zu opfern. Zum Schluß wies er den Amerikaner in provokativem Ton darauf hin, daß er, Baaden, sich da in eine Sache einmische, die ihn nichts angehe. »Es steht Ihnen natürlich frei, Ihren Standpunkt zu verteidigen«, schrieb er, »doch die Heilige Kongregation für Heiligsprechungsverfahren hat Ansichten, die stark von den Ihrigen abweichen. In Fragen des Glaubens und der Moral ist die katholische Kirche souverän und nicht von äußerer Einmischung abhängig.«

Baaden verlor keine Zeit, Eszers Anmerkungen unter die Leute zu bringen. In einem Artikel in der einflußreichen internationalen katholischen Zeitschrift *The Tablet,* die in London herausgegeben wird, schoß er zurück: »Die angeblich so anspruchsvollen Untersuchungsverfahren« der Kongregation »gibt es anscheinend gar nicht«. Auch innerhalb der Kongregation wurde Eszer angegriffen, weil er die Öffentlichkeitsarbeit der Kongregation nicht den Mitgliedern überlassen habe. In Deutschland baten die Vorsitzenden der jüdischen Gemeinden die Bischöfe um Klarstellung; sie fürchteten, Johannes Paul II. könne anläßlich der Seligsprechung Edith Steins die Juden in einer Predigt zur Konversion aufrufen. Schließlich reiste eine Delegation verschiedener jüdischer Organisationen aus aller Welt in den Vatikan, um dem Papst persönlich ihre Bedenken vorzutragen.

Das Seligsprechungsverfahren Edith Steins kam währenddessen zügig voran. Auf Ersuchen des Generalpostulators der Unbeschuhten Karmelitinnen – und zweifelsohne mit Unterstützung Eszers – erklärte sich die Kongregation damit einverstanden, den Fall von nun an sowohl auf heroische Tugendhaftigkeit als auch auf ein eventuelles Martyrium der Kandidatin hin zu prüfen. Zum Teil konnten die Argumente, die für ihre Tugendhaftigkeit ins Feld geführt worden waren, auch zur Begründung des Martyriums verwendet werden, besonders da es für ihren Tod keine Zeugen gab. Eine solche Konstellation hatte es noch nie gegeben, doch befürworteten die Kardinäle und Bischöfe der Kongregation am 13. Januar 1987 eine positive Entscheidung des Falls. Zwölf Tage später wurde Edith Stein in Gegenwart des Papstes als erste Person in der 400jährigen Geschichte der Kongregation sowohl als Märtyrerin als auch als Bekennerin anerkannt. Ganz abgesehen von ihren theoretischen Implikationen, hatte diese bahnbrechende Entscheidung auch eine praktische Konsequenz: Edith Stein konnte jetzt auch ohne Wunder seliggesprochen werden.

Nun fehlte nur noch eines: Der Papst mußte eine Möglichkeit finden, Edith Stein formell seligzusprechen, ohne dabei einerseits die Juden vor den Kopf zu stoßen und andererseits die Logik der Argumente in Frage zu stellen, die zum erfolgreichen Abschluß des Verfahrens geführt hatten. In seiner Predigt anläßlich der Seligsprechungszeremonie erklärte Johannes Paul II. daher: »Sie starb im Vernichtungslager als Tochter Israels ›zum Ruhme des Heiligsten Namens‹ und gleichzeitig als Schwester Teresia Benedicta a Cruce, buchstäblich ›gesegnet durch das Kreuz‹.« Der »Grund« ihres Martyriums, sagte der Papst, sei der Protestbrief der holländischen Bischöfe gegen die Judendeportationen gewesen. Doch wegen ihrer großen Sehnsucht, eins zu werden mit den Leiden Christi am Kreuz, »gab sie ihr Leben für ›wahren Frieden‹ und ›für die Menschen‹.« Ihren Wunsch, für die jüdische »Ungläubigkeit« Sühne zu leisten, ließ der Papst wohlweislich unerwähnt.

Maximilian Kolbe:
Märtyrer der Nächstenliebe

Im Johannesevangelium heißt es: »Niemand hat größere Liebe denn die, daß er sein Leben läßt für seine Freunde.« Nach christlicher Lehre opferte Jesus selbst sein Leben für die Sünden der Menschheit. Doch nach den Kriterien der Heiligsprechung ist die stellvertretende Hingabe des Lebens für einen anderen als solche noch kein Beweis für ein Martyrium. Die Erklärung zum Märtyrer setzt, wie wir gesehen haben, den Beweis voraus, daß der Diener Gottes aus Glaubensgründen getötet worden ist. In einem der umstrittensten Verfahren, das je von der Kongregation behandelt wurde, wurde diese Voraussetzung nicht nur einmal, sondern zweimal auf die Probe gestellt. Gemeint ist der Fall des polnischen Paters Maximilian Kolbe vom Orden der Franziskaner-Konventualen, der in Auschwitz sein Leben für einen Mitgefangenen opferte.

Die näheren Umstände der heroischen Geste Kolbes sind bekannt und werden nicht angezweifelt: Am 30. Juli 1941 erhielten die Gefangenen von Block 14 den Befehl, herauszukommen und vor dem Kommandanten Fritsch anzutreten. Ein Häftling aus ihrem Block war geflüchtet; zur Strafe mußten zehn Gefangene den Hungertod sterben. Es traf unter anderem einen gewissen Franz Gajowniczek. Der Mann fing an zu weinen: »Meine arme Frau, meine armen Kinder!« schluchzte er. Als alle zehn bestimmt worden waren, trat Kolbe vor und bat darum, Gajowniczeks Platz einnehmen zu dürfen.

Fritsch starrte ihn an. »Wer sind Sie?« fragte er.

»Ich bin katholischer Priester«, erwiderte Kolbe.

Seiner Bitte wurde entsprochen. Die zehn wurden abgeführt und verschwanden in den Kellerzellen von Bunker II. Dort mußten sie ihre Kleider ausziehen. In ihren Zellen gab es weder Möbel noch Decken, lediglich einen Eimer zum Wasserlassen. Doch nach Aussage von Bruno Borgowiecz, einem Häftling, dessen Aufgabe es war, die Leichen aus den Todeszellen zu entfernen, waren die Eimer stets leer. »Die Gefangenen«, sagte er bei seiner Befragung durch die kirchliche Untersuchungskommission, »tranken sie aus, um ihren Durst zu stillen.« 16 Tage lang führte Kolbe die Verdammten in Gebet und Gesang. Einer nach dem anderen starb, bis schließlich am 14. August die letzten vier – unter ihnen Kolbe – eine tödliche Injektion erhielten.

Kolbes heroischer Akt der Nächstenliebe für einen Mann, den er kaum kannte, warf neuen Glanz auf einen Menschen, dem ohnehin schon ein heiligmäßiger Ruf vorauseilte. Kolbe war der Gründer der Ritter der Unbefleckt Empfangenen, einer internationalen religiösen Bewegung, die aus seiner inbrünstigen, fast fanatischen Verehrung der Jungfrau Maria entstanden war. Mit Hilfe der Bewegung gründete er verschiedene fromme Publikationsorgane, darunter die Monatsschrift *Ritter der Unbefleckt Empfangenen*, die sich 1939 allein in Polen einer Auflage von 800 000 Exemplaren rühmte. Im japanischen Nagasaki entstand durch seine Initiative sogar eine der größten Franziskanergemeinden der Welt. Unter seinen Mitbrüdern galt der zu Visionen neigende Kolbe als eine Art Seher. Schon lange vor seiner Verhaftung hatte er im Kreis seiner Mitbrüder erklärt, ihm sei »das Himmelreich gewiß«. Daß viele Polen, Konventualen und Mitglieder der Ritter der Unbefleckt Empfangenen nach Kolbes Tod um seine Fürsprache beteten, überrascht daher nicht. Als die Kongregation seinen Fall übernahm, konnten für Kolbe bereits zwei Heilungswunder geltend gemacht werden.

Obwohl sich Kolbes Verfahren auf seine heroischen Tugenden stützte, gab es Stimmen, die sich vehement für seine Anerkennung als Märtyrer einsetzten. Die Mehrheit der Richter kam allerdings zu der Ansicht, daß die Beweislage eine solche Anerkennung nicht zulasse. Auch Papst Paul VI. schloß sich dieser Meinung an. Nichtsdestoweniger verdiente sein außerordentliches Selbstopfer eine gewisse Aufmerksamkeit. Nach der Seligsprechung Kolbes im Jahre 1971 empfing Paul VI. eine polnische Delegation im Vatikan, zu der auch der damalige Erzbischof Karol Wojtyla gehörte. In seiner Ansprache kam der Papst seinen Gästen insoweit entgegen, als er einräumte, daß Kolbe als »Märtyrer der Nächstenliebe« bezeichnet werden könne.

So angemessen dieser Begriff auch sein mochte – theologischen oder kanonischen Rang besitzt ein »Märtyrer der Nächstenliebe« nicht. Strenggenommen konnte Kolbe daher auch nicht als Märtyrer verehrt werden. Dieser feine Unterschied schwärte in Polen und unter den Mitbrüdern Kolbes bei den Konventualen wie eine offene Wunde. Als 1982 eine Bischofsdelegation aus Deutschland nach Polen reiste, übergab man ihr während eines Besuchs in Kolbes Todeszelle eine Petition, in der um die Kanonisierung Kolbes als Märtyrer gebeten wurde. Die Deutschen hatten Kolbes erstes Verfahren offiziell unterstützt und konnten unter den gegebenen Umständen kaum nein sagen. So geschah es, daß die deutschen Bischöfe gemeinsam mit den polnischen Bischöfen formell um eine Neubehandlung der Frage nach Kolbes Martyrium nachsuchten.

Daß Papst Johannes Paul II. der Kanonisierung Kolbes als Märtyrer wohlwollend gegenüberstand, ließ sich kaum bezweifeln. Auschwitz unterstand während seiner Zeit als Erzbischof von Krakau seiner Jurisdiktion. Bei seinem ersten Polenbesuch als Papst war er, wie früher schon des öfteren, auf dem Zementfußboden der Todeszelle Kolbes niedergekniet und hatte gebetet. Dennoch erforderte das Ersuchen der deutschen und polnischen Bischöfe ein außergewöhnliches Prozedere. Es stand in der Macht des Papstes, auf ein weiteres durch Fürsprache gewirktes Wunder zu verzichten, insbesondere da man bei Kolbe bereits zwei vorweisen konnte. Doch die Frage, ob Kolbe als Märtyrer klassifiziert werden konnte, mußte von Grund auf neu diskutiert werden.

Bei seinem Bemühen, eine Antwort auf diese Frage zu finden, umging der Papst die Kongregation, indem er zwei Bevollmächtigte ernannte, die die Beweislage und die vorgebrachten Argumente überprüfen sollten, der eine aus philosophischer, der andere aus historischer Sicht. Die Berichte der beiden wurden dann einer 25 Mitglieder umfassenden Sonderkommission vorgelegt, der unter anderem Kardinal Palazzini und der Präfekt der Glaubenskongregation, Joseph Kardinal Ratzinger, angehörten, in dessen Empfangszimmer sich die Kommissionsmitglieder zur Abstimmung zusammenfanden. Historischer Gutachter war Pater Gumpel. Mit der für ihn typischen Präzision legte er den Sachverhalt dar:

»Die Frage lautete, ob Kolbe als Märtyrer des Glaubens starb. Persönlich habe ich nie gesagt, daß er kein Märtyrer war. Was ich sagte, war, daß wir keinen absolut sicheren Beweis dafür haben, daß er ein Märtyrer im klassischen Sinn gewesen ist – und in Verfahren wie diesen ist absolute Sicherheit unbedingt erforderlich. So haben zum Beispiel einige Leute ausgesagt, daß seine Ergreifung durch die Nazis und die darauffolgende Verfrachtung ins (Konzentrationslager) Auschwitz gleichbedeutend mit einem Todesurteil gewesen seien. Tatsache ist jedoch, daß Auschwitz erst zu einem viel späteren Zeitpunkt Vernichtungslager wurde. Außerdem hat eine gewisse Anzahl von Gefangenen die Lagerhaft überlebt.

Wir mußten uns darüber hinaus mit den näheren Umständen seiner Verhaftung befassen. Sie erfolgte im Rahmen einer großangelegten Operation, einer riesigen Verhaftungswelle. Die Nazis bereiteten die Invasion Rußlands vor. Aus logistischen Gründen mußten sie daher die Nachschubwege für den Transport von Munition, Verpflegung, Treibstoff, Panzerersatzteilen und ähnlichen Gütern sichern. Vorbeugend verhafteten sie alle Intellektuellen, von denen möglicherweise Gefahr ausgehen konnte: Atheisten, Kommunisten, Katholiken. Kolbe wurde daher nicht aus Glaubensgründen verhaftet.«

Der Haß der Nazis auf Geistliche war bekannt. Es erhob sich daher die Frage, ob Kommandant Fritsch vielleicht deshalb den Tod Kolbes wollte, weil er Priester war. Gumpel antwortete darauf mit dem einleuchtenden Argument, daß der Kommandant Kolbe dann von vornherein selektiert hätte. »Zudem ging Kolbe ein Risiko ein. Er trat aus der Reihe und ging auf den Kommandanten zu. Allein dafür hätte er auf der Stelle getötet werden können. Nun sind in einer sehr eingehenden Untersuchung die überlebenden Zeugen gefragt worden, die entweder gesehen oder gehört hatten, was geschehen war. Wir fragten sie, ob sich in der

Miene des Kommandanten oder in den Mienen der anwesenden Wachen irgendeine Befriedigung darüber abgezeichnet habe, daß das Todesurteil einen Priester traf. Nichts von alledem. Der Kommandant sagte zu Kolbe einfach, gut, meinetwegen.«

Gumpels Argumente überzeugten. Trotz heftiger Appelle seitens der deutschen und polnischen Bischöfe kam die Kommission mit überwältigender Mehrheit zu dem Schluß, daß Kolbes zugegebenerweise heroische Tat nicht die Bedingungen erfüllte, die für die Anerkennung eines Märtyrers des Glaubens erforderlich sind. Doch ihr Urteil hatte lediglich beratenden Charakter. Am 10. Oktober 1982 versammelten sich 250 000 Gläubige im Petersdom und auf dem Petersplatz, eine der größten Menschenmengen, die je zu einer Heiligsprechung erschienen waren. Johannes Paul II. verkündete: »Und so habe ich kraft meiner apostolischen Vollmacht beschlossen, daß Maximilian Kolbe, der von seiner Seligsprechung an als Bekenner verehrt wurde, nunmehr als Märtyrer verehrt werde.«

Doch als was für eine Art Märtyrer? Nirgendwo in seiner Heiligsprechungserklärung bezeichnete der Papst Kolbe als Märtyrer des Glaubens. Auch die Bezeichnung »Märtyrer der Nächstenliebe«, die Papst Paul VI. benutzt hatte, kam bei ihm nicht vor. Er zitierte allerdings die Worte aus dem Johannesevangelium: »Niemand hat größere Liebe denn die, daß er sein Leben läßt für seine Freunde.« Indem er diesen Text bei einer feierlichen Heiligsprechungserklärung verwendete, hat Johannes Paul II. nach Überzeugung mehrerer Kongregationsmitglieder das Konzept des *Märtyrers der Nächstenliebe* als neue Heiligenkategorie sanktioniert – und damit die Möglichkeit geschaffen, einem größeren Kandidatenkreis als je zuvor den Status eines Märtyrers zu verleihen.

Die Zukunft des Märtyrertums

Die Jahre zwischen 1982 und 1987 waren demnach entscheidend für die Erweiterung des Kreises potentieller Märtyrerkandidaten. Es waren die Jahre, in denen sich die Kongregation erstmals mit Märtyrerkandidaten aus der Nazizeit beschäftigte und mit den jeweiligen Verfahrensabschlüssen wichtige Präzedenzfälle schuf. Von nun an brauchten Relatoren und Postulatoren nicht mehr den Nachweis zu führen, daß die Nazis ideologische Gegner des katholischen Glaubens waren; dies konnte man jetzt als gegeben voraussetzen. Selig- oder Heiligsprechungsprozesse, die sich zu Beginn des Verfahrens auf die heroischen Tugenden des Kandidaten stützten, konnten nun, wenn die Antragsteller es wünschten, in Märtyrerprozesse umgewandelt werden. Und mit jedem neuen Märtyrer konnte die Kirche darauf verweisen, daß Katholiken nicht weniger als Juden von den Nazis verfolgt worden waren.

Der erste Prozeß, der von diesen bahnbrechenden Neuerungen profitierte, war die Causa Marcel Callo. Marcel Callo war ein französischer Jugendlicher, der 1945 im nationalsozialistischen Konzentrationslager Mauthausen an Krankheit und Unterernährung gestorben war. Da es jedoch keine durch Fürsprache gewirkten Wunder gab, die zu seinen Gunsten angeführt werden konnten, sah es zunächst so aus, als könnte seine Seligsprechung frühestens in einigen Jahren erfolgen. Papst Johannes Paul II. hatte jedoch für den Herbst 1987 eine Weltbischofssynode einberufen, in deren Mittelpunkt die Rolle der katholischen Laien, namentlich im sozialen und politischen Bereich, stehen sollte. Während der Synode sollte eine Reihe zugkräftiger junger Diener Gottes selig- oder heiliggesprochen werden – und da war Marcel Callo erste Wahl, vorausgesetzt, er konnte als Märtyrer anerkannt werden.

Callo, 1921 in Rennes geboren, war bereits als Teenager in der Katholischen Arbeiterbewegung aktiv. Nach der Besetzung Frankreichs durch die Nazis meldete er sich freiwillig zur pastoralen Betreuung der französischen Arbeiter, die in deutschen Lagern Zwangsarbeit leisteten. 1944 wurden Callo und seine katholischen Mitarbeiter von den Nazis verhaftet; man warf ihnen religiöse Aktivitäten »zum Nachteil des deutschen Volkes« vor. Überlebende Zeugen bestätigten, daß Callo auch während der Haft noch anderen Gefangenen Religions- und Gebetsunterricht erteilte. Wie die anderen wurde auch er zur Zwangsarbeit herangezogen, und wie sie bekam auch er nur verschimmelte Kartoffeln und sandiges Wasser vorgesetzt. In den letzten sechs Monaten seines Lebens war er oft so schwach, daß man ihn mit bereits Verstorbenen im Bett liegen ließ. Er siechte dahin und starb mit 23 Jahren. Nach dem Krieg schrieb ein französischer Priester ein Buch über Callo, das unter jungen deutschen Arbeitern auf großes Interesse stieß. Sie errichteten ihm in Mauthausen ein Denkmal, erbaten in Rom seine Heiligsprechung und gewannen schließlich die Unterstützung des Bischofs von Rennes, der das bischöfliche Erhebungsverfahren eröffnete.

Im Januar 1987 – im gleichen Monat, da Edith Steins umgewandeltes Verfahren den Kardinälen zur Entscheidung vorgelegt wurde – beendete Beaudoin seine *positio* für Callo. Ausführlich beschrieb er darin die geistliche Entwicklung des jungen Mannes sowie seine beispielhafte heroische Tugendhaftigkeit. Die Bischöfe und Kardinäle der Kongregation waren jedoch angesichts der Fälle Brandsma und Stein der Meinung, daß Callo eine gute Chance besaß, als Märtyrer seliggesprochen zu werden – schließlich suchte der Papst gerade solche Vorbilder für die im Herbst bevorstehende Bischofssynode. Kardinal Palazzini zog den Fall daher vor, so daß die theologische Prüfung der heroischen Tugenden Callos und seines Martyriums bereits im März auf die Tagesordnung kam. Daß Callo ein tugendhaftes Leben geführt und – wie erforderlich – den Tyrannen provoziert hatte, stand außer Frage. Doch für seine Bereitschaft, das Martyrium auf sich zu nehmen, gab es keinen handfesten Beweis. Im Gegenteil, in zirka 150 Briefen an seine Eltern und seine Braut stand mehrfach, daß sie sich keine Sorgen um ihn machen sollten und daß er sich auf seine Hochzeit und ein schönes Leben nach dem Krieg freue. Während der letzten sechs Monate seines Lebens schrieb er keinen einzigen Brief mehr. Woher konnte die Kirche ohne Augenzeugenberichte wissen, daß Callo nicht – wie andere auch – unter der Folter im Glauben schwach geworden war? Beaudoin war es indessen gelungen, zwei überlebende Lagerinsassen aufzutreiben, die unter Eid bestätigten, daß Callo sich ruhig und gefaßt in sein Schicksal gefügt habe. Einer der Zeugen, ein Oberst, behauptete darüber hinaus, daß Callo am Tag seines Todes »wie ein Heiliger ausgesehen« habe. Diese Beweise überzeugten; ein unmittelbarer Augenzeuge seines Todes war nicht mehr erforderlich. Am 4. Oktober sprach Johannes Paul II. Callo als Märtyrer selig und pries ihn vor der Bischofssynode als »prophetisches Zeichen für die Kirche des dritten Jahrtausends«.

Das Vermächtnis Kolbes als erster Märtyrer der Nächstenliebe ist nach wie vor ungeklärt. Einige Heiligmacher sind nicht davon überzeugt, daß der Papst eine neue Kategorie der Märtyrerbestimmung einführen wollte. Die einzige Möglichkeit, es herauszufinden, dürfte darin bestehen, Johannes Paul II. einen ähnlichen Fall vorzulegen.

Molinari arbeitet gerade an einem Verfahren, das möglicherweise dazu geeignet ist. Es betrifft einen jungen italienischen Polizisten *(carabiniere)*, der, wie Kolbe, sein Leben gab, um anderen das Weiterleben zu ermöglichen. Das Ereignis trug sich am 23. September 1943 zu. Die deutschen Truppen strömten von Rom aus nordwärts, Mussolini war gefangengenommen worden, und die Amerikaner hatten Sizilien besetzt. Italien und die Alliierten hatten geheime Friedensverhandlungen aufgenommen. Ungefähr 50 Kilometer nördlich von Rom drang ein Trupp auf dem Rückzug befindlicher deutscher Soldaten in einen Turm ein, um dort die Nacht zu verbringen. Plötzlich kam es zu einer Explosion. Ein deutscher Soldat wurde getötet, mehrere andere wurden verwundet. Die Deutschen glaubten, in eine Falle geraten zu sein. Im nächsten Dorf nahmen sie 22 Geiseln und gaben bekannt, daß alle erschossen würden, falls der Schuldige sich nicht stellte. Die Gefangenen hoben schon ihre eigenen Gräber aus, als der Polizist hörte, was geschehen war. Er setzte sich auf sein Motorrad und fuhr zu den Deutschen. Obwohl er mit der Explosion nicht das geringste zu tun hatte – eine Tatsache, die er den Deutschen geflissentlich vorenthielt –, übernahm er die Verantwortung für die Tat. Er wurde, ohne daß man ihm weitere Fragen stellte, auf der Stelle erschossen.

»Wir werden ihn nun, da das Konzept des Märtyrertums erweitert worden ist, als Märtyrer der Nächstenliebe vorschlagen«, sagt Molinari, der zuständige Postulator. »Es ist ein schöner, eindrucksvoller Fall. Der Kandidat bekam posthum die höchste militärische Auszeichnung des Landes verliehen. Er war ein sehr guter Katholik, ein guter Diener seines Volkes, sehr liebevoll und voller Mitmenschlichkeit. Was spricht daher dagegen, ihn als Beispiel zu empfehlen, wie man in seinem Beruf ein authentisches Leben als Christ führen kann?«

Als einer der wenigen katholischen Theologen auf der Welt, die über die Bedeutung der Heiligen auch geschrieben haben, findet Molinari die Aussicht, eine neue Kategorie von Heiligen aufstellen zu können, ausgesprochen aufregend. »Es ist wie ein sich öffnender Fächer«, sagt er. »Auf der einen Seite haben wir den klassischen Märtyrer, der sein Leben für den Glauben gegeben hat. Auf der anderen gibt es Menschen, die ein vorbildliches christliches Leben voller heroischer Tugendhaftigkeit geführt haben. Jetzt stellen wir uns die Frage: ›Gibt es noch eine dritte Kategorie von Menschen, die sich, ein gutes Leben gleichsam vorwegnehmend, in einem bestimmten Augenblick aus großem Heroismus für einen anderen Menschen opfern?‹ Gibt es überhaupt einen wesentlichen Unterschied zwischen Menschen, die bis zu ihrem Tod ein exemplarisches Leben führen und kraft ihrer Tugenden selig- oder heiliggesprochen werden, und einem Kandidaten wie im vorliegenden Fall, bei dem es schwierig war, festzustellen, ob er den Anforderungen des für die Heiligkeit erforderlichen Heroismus entsprach, der jedoch mit einer einzigen Tat das Äußerste getan, das heißt sein Leben gegeben hat? Oder ist dies nicht eher eine selbständige Kategorie, so daß wir in Zukunft solche Fälle in einem eigenen, speziellen Verfahren behandeln müssen? Wenn wir dies tun, so öffnen wir damit eine Tür.«

Theoretisch wartet diese Tür schon seit sehr langer Zeit darauf, geöffnet zu werden. Schon im dreizehnten Jahrhundert stellte Thomas von Aquin die Frage, ob der Tod für das Allgemeinwohl aus theologischer Sicht als Martyrium betrachtet werden könne. Er vertrat die Ansicht, menschliche Güte könne zur göttlichen Güte werden, sofern sie auf Gott zurückgeführt werde; folglich könne jede gute Tat des Menschen Grund für ein Martyrium sein, sofern sie auf Gott zurückgeführt werde. In einem engeren Rahmen hat die Kirche die Voraussetzungen für das Märtyrertum bereits erweitert, indem sie auch Menschen mit einbezog, die bei der Verteidigung bestimmter christlicher Tugenden zu Tode kamen. Das berühmteste Beispiel hierfür ist der Fall der jungen Italienerin Maria Goretti, die 1902 von einem Nachbarn ermordet wurde, als sie sich gegen die drohende Vergewaltigung wehrte. Bei der Seligsprechungszeremonie im Jahre 1947 nannte Papst Pius XII. sie eine »Märtyrerin der Keuschheit«.

Hieraus ergibt sich ganz natürlich folgende Frage: Wenn es möglich ist, einen Katholiken zum Märtyrer der Keuschheit zu erklären – ist es dann nicht *auch* möglich, ihn zum Märtyrer der Gerechtigkeit, des Mitleids oder des Friedens zu erklären? Dies gilt um so mehr, als Jesus selbst auf diese Tugenden weit größeren Wert gelegt hat als auf sexuelle Unberührtheit. Bezeichnend in dieser Hinsicht ist der Umstand, daß bisher noch kein Katholik allein aus dem Grund zum Märtyrer erklärt worden ist, weil er Widerstand gegen das unrechtmäßige Naziregime geleistet oder verfolgte Juden beschützt hat – und dies, obwohl es viele Katholiken gab, die *beides* getan haben. Ebenso bezeichnend ist es, daß nach jahrzehntelanger Diskussion über Leben und Tod des Franz Jägerstätter, eines tiefgläubigen österreichischen Katholiken und Kriegsdienstverweigerers aus Gewissensgründen, der 1943 in Berlin von den Nazis enthauptet wurde, weil er sich weigerte, in der deutschen Armee Dienst zu tun, kein Seligsprechungsverfahren eingeleitet wurde. Es gibt zahlreiche Belege, die dafür sprechen, daß Jägerstätter, der in seinem Heimatdorf das Mesneramt versah, den Nazis aus christlicher Überzeugung Widerstand leistete. Warum haben die österreichischen Bischöfe sich bisher geweigert, den Fall Jägerstätter aufzugreifen, der lokal wie international großes Interesse erregte? Liegt es vielleicht daran, daß Jägerstätter als Zeuge ein Einzelgänger war, dessen Weigerung, den Nazis behilflich zu sein, bei seinem eigenen Bischof keine Unterstützung fand? Liegt es daran, daß viele Österreicher – in der Mehrheit Katholiken – Jägerstätter noch heute als Landesverräter ansehen, weil er nicht bereit war, für die Nazis zur Waffe zu greifen? Oder aber würde Jägerstätters Seligsprechung, wie ein Mitarbeiter der Kongregation vermutet, »über die Bestätigung der Heiligmäßigkeit einer Einzelperson hinausgehen und eine Präferenz für den Pazifismus implizieren, woraus sich wiederum gravierende Konsequenzen für die (kirchliche) Lehre vom gerechten Krieg ergäben«? Vieles spricht für die letztgenannte Annahme. Die österreichischen Bischöfe wollen, wie man mir in Rom sagte, nicht dem Pazifismus Vorschub leisten, was nach ihrer Meinung jedoch der Fall wäre, sollte Jägerstätter kanonisiert werden.

Wie dem auch sei – die entscheidende Rolle der Ortsbischöfe bei der Auswahl künftiger Märtyrer wird an diesem Beispiel sehr deutlich. Wie wir bereits sahen, machte sich die Kongregation auf Ersuchen der deutschen und polnischen Bischöfe daran, die Verfahren Edith Steins und Maximilian Kolbes von Bekennerverfahren in Märtyrerverfahren umzuwandeln. Damit soll nicht unterstellt werden, daß die Heiligmacher bei der Untersuchung und Bewertung der Fälle abhängig sind – ganz im Gegenteil: Die Wertung Pater Gumpels im Fall Kolbe demonstriert geradezu, *wie* unabhängig sie sein können. Ich möchte vielmehr zum Ausdruck bringen, daß die Auswahl von Märtyrerkandidaten – wie das Martyrium selbst – auch ein *politischer* Akt ist. Selbst wenn die Heiligmacher ein Martyrium nachgewiesen haben, ist es Sache des Papstes, in Absprache mit den Ortsbischöfen und dem vatikanischen Staatssekretariat die Konsequenzen einer eventuellen Kanonisierung als Märtyrer abzuwägen. Zwei Beispiele aus jüngerer Zeit illustrieren, wie heikel diese innerkirchlichen Abwägungen bisweilen sein können.

1952 bestätigte die Kongregation die Causa von Pater Miguel Augustin Pro, einem 28jährigen mexikanischen Jesuiten, den die mexikanische Regierung 1927 auf dem Höhepunkt der »Christero«-Rebellion hatte hinrichten lassen. Pater Pro und sein Bruder Humberto waren Mitglieder der im Untergrund operierenden Nationalen Liga für die Verteidigung der Religionsfreiheit, einer militanten katholischen Oppositionsgruppe, die einen bewaffneten Aufstand gegen die regierungsamtliche Unterdrückung der Kirche plante. Pater Pro bestritt, an der Verschwörung beteiligt zu sein, wurde aber trotzdem zusammen mit Humberto und zwei anderen Katholiken, deren Teilnahme erwiesen war, exekutiert. Er starb in klassischem Stil: Als die Soldaten feuerten, rief er: *»Viva Christo Rey!«* Die Katholiken in Mexiko huldigten ihm fortan als Märtyrer.

Ende der sechziger Jahre befand sich Molinari im Besitz eines offiziellen, handschriftlichen Dokuments, aus dem eindeutig hervorging, daß die Regierung die Erschießung Pater Pros befohlen hatte, obwohl er von der Geheimpolizei für unschuldig befunden worden war. Dennoch zögerte Molinari, das Verfahren der Kongregation vorzulegen: Noch immer regierte in Mexiko die Partido Revolucionario Institucional (PRI). Mexikanische Jesuiten und andere Vertreter der dortigen Kirche hielten es für möglich, daß die Seligsprechung Pros zu weiteren Repressalien gegen die Kirche führen könne. 1986 befand Johannes Paul II., die Kirche habe nun lange genug gewartet. Im November dieses Jahres stimmte er einem Dekret zu, durch das der Weg frei war für die Seligsprechung Pater Pros als Märtyrer. Die Nachricht von der päpstlichen Entscheidung erreicht Mexiko zu einem Zeitpunkt, da die katholischen Bischöfe gerade der regierenden PRI Wahlfälschung in der Provinz Chihuahua vorwarfen. Parteifunktionäre warnten die Kirche davor, die Seligsprechungszeremonie zu vollziehen. Sie standen vor einer kritischen Wahl und meinten, die Seligsprechung könne als kirchliche Unterstützung der Opposition interpretiert werden. Aus Furcht vor Vergeltungsmaßnahmen gegen die mexikanische Kirche verschob der Vatikan die Seligsprechung Pros auf den 25. September 1988. Die Regierungspartei trug bei der Wahl einen knappen und sehr umstrittenen Sieg davon.*

---

* Es ist gut möglich, daß es auch um ein politisches Gegengeschäft ging. Der Papst plante eine Pastoralreise nach Mexiko, die im Mai 1990 dann auch stattfand. Während seines Besuchs setzte er sich leidenschaftlich für die Wiederherstellung der vollen Freiheit der mexikanischen Kirche ein, und die Regierung erklärte sich zum erstenmal seit der Rebellion zum Austausch von Vertretern mit dem Vatikan bereit.

Anders verhielt sich Johannes Paul II., als er am 19. Juni 1988 117 Märtyrer aus Vietnam, darunter 21 französische und spanische Missionare, heiligsprach. Er tat dies trotz wiederholter Drohungen seitens der kommunistischen Behörden in Hanoi. Die kommunistische Regierung Vietnams beschwerte sich, obwohl die Ermordung der Märtyrer im siebzehnten und achtzehnten Jahrhundert stattgefunden hatte. Sie vertrat die Meinung, daß die den Märtyrern zuteil werdende Aufmerksamkeit eine Epoche der Fremdherrschaft glorifizieren und, schlimmer noch, während einer schweren Wirtschaftskrise Zwietracht im Volk säen könnte. Drei Monate vor den Feierlichkeiten in Rom bestellte der Leiter der Staatskommission für Religionsangelegenheiten die katholischen Bischöfe des Landes nach Hanoi. »Dies ist nicht nur eine interne Angelegenheit der Kirche«, sagte er zu ihnen, »sondern es berührt historische Fragen unserer Nation, unserer nationalen Souveränität und unseres nationalen Ansehens.«

Normalerweise genügen solche Warnungen, um den Papst und sein Staatssekretariat dazu zu bewegen, die Heiligsprechung zumindest noch einmal zu überdenken und möglicherweise die Kanonisierung zu verschieben. Die vier Millionen Katholiken in Vietnam galten bei den Kommunisten ohnehin als subversive Elemente und mußten sich erhebliche Restriktionen gefallen lassen. Doch die vietnamesischen Bischöfe ließen nicht locker. Zwischen 1979 und 1987 schickten sie insgesamt 36 Briefe an die Kongregation, in denen sie auf die rasche Heiligsprechung der Märtyrer drängten. Allen Drohungen der Regierung zum Trotz bestanden sie darauf, daß die vietnamesische Kirche das Beispiel ihrer eigenen anerkannten Heiligen benötigte. Der Papst stimmte zu.

So mutig diese Entscheidung war, so unwahrscheinlich ist es aus politischen Gründen, daß die Kirche in absehbarer Zeit einen Märtyrer selig- oder heiligsprechen wird, der durch die Hand eines kommunistischen Tyrannen starb. Dies gilt selbst nach der jüngst erfolgten Abkehr Osteuropas vom Kommunismus. Auf jeden Fall ist die Kirche in den beiden größten kommunistischen Ländern, der Sowjetunion und der Volksrepublik China, zur Zeit noch nicht in der Lage, einen formellen Prozeß durchzuführen, geschweige denn einen potentiellen Märtyrer vorzuschlagen. Doch selbst wenn die Kirchen in kommunistischen Ländern diese Freiheiten besäßen, würden die zu verhandelnden Fälle wahrscheinlich der traditionellen Bedeutung des Martyriums nichts Neues hinzufügen.

Anders sieht es in Lateinamerika aus. Sollte es zu einer über das Bisherige hinausgehenden Erweiterung des katholischen Martyriumsbegriffs kommen, so wird der Impuls dazu höchstwahrscheinlich vom Kampf der lateinamerikanischen Kirchen um soziale Gerechtigkeit ausgehen. Die Kirchen in Mittel- und Südamerika, einschließlich der mit ihnen zusammenarbeitenden ausländischen Missionare, verfügen schon über eine lange Liste von Männern und Frauen – Nonnen, Priester, Bischöfe, Mitarbeiter aus dem Laienstand, ganz zu schweigen von Tausenden anonymer *campesinos* und städtischer Slumbewohner –, die im Volk als Märtyrer gelten. Ihre Geschichten – immer von neuem erzählt und wiederholt – stellen bereits eine Art moderner *Acta Martyrum* dar; in einigen Ländern finden sich ihre Namen neben denen der frühchristlichen Märtyrer im Martyrologium der Messe. Die südamerikanischen Katholiken verehren demnach Märtyrer, die von der Kirche offiziell noch gar nicht heiliggesprochen worden sind. Diese keineswegs neue Erscheinung gehörte zu jenen Phänomenen, die einst durch die Formalisierung der Selig- und Heiligsprechungsverfahren eingedämmt werden sollten. Die Bischöfe können sie ignorieren oder beklagen – was einige konservative Prälaten auch getan haben –, oder aber sie können darin eine Herausforderung des kirchlichen Verständnisses vom christlichen Martyrium und seinen Wesensmerkmalen sehen.

Die Herausforderung findet auf drei Ebenen statt: der verfahrenstechnischen, der politischen und der theologischen. Oberflächlich betrachtet erfüllen die meisten modernen Märtyrer die überkommenen kirchlichen Voraussetzungen eines Martyriums für den Glauben nicht. Bei den Tyrannen, die sie provozieren, handelt es sich nicht um solche, die – wie Nazis oder Kommunisten – aus ideologischen Gründen den katholischen Glauben bekämpfen. Im Gegenteil: Die meisten von ihnen sind Katholiken, die in kulturell und zum Teil sogar offiziell katholischen Ländern andere Katholiken umbringen. Für eine solche Situation kennt die 400jährige Geschichte der Kongregation noch keinen Präzedenzfall.

Die neuen Märtyrer Lateinamerikas lassen sich auch nicht so ohne weiteres zu Märtyrern der Nächstenliebe umdeuten. Nicht einer von ihnen paßt in den Anzug Kolbes, der sein Leben für einen anderen Menschen gab. In den meisten Fällen handelt es sich bei den »anderen«, um derentwillen ein Südamerikaner sein Leben geopfert hat, um die Armen oder die Unterdrückten ganz allgemein. Bei einer Überprüfung ihrer Lebensläufe käme zweifellos heraus, daß sie sich als Christen dem umfassenden politischen Prozeß der Veränderung der von ihnen als ungerecht empfundenen sozialen und wirtschaftlichen Strukturen verschrieben hatten. Getötet wurden die meisten, weil man sie als politisch subversive Elemente oder womöglich sogar als Handlanger geächteter Guerillakämpfer ansah.

Schließlich ist es aus traditioneller Sicht auch fragwürdig, ob die neuen lateinamerikanischen Märtyrer so dargestellt werden können, daß sie für die Kirche gestorben sind. Zum einen ist die lateinamerikanische Kirche selbst tief gespalten in ihrer Einstellung gegenüber den Methoden und Zielen der verschiedenen Bewegungen, die die soziale und politische Befreiung anstreben. Bei meinen Nachforschungen über das posthume Ansehen Erzbischof Romeros – zweifellos der am meisten verehrten Gestalt im neuen lateinamerikanischen Martyrologium – fiel mir auf, daß selbst seine Bischofskollegen in El Salvador völlig unterschiedlicher Meinung sind, ob die Art, wie er die Kirche führte, gut oder schlecht war – gar nicht zu reden von der Bedeutung seines Lebens und Sterbens. Hinzu kommt, daß Romero die Kirche in einer Weise mit dem Volk identifizierte, daß die Behauptung, er sei aus Haß auf die Kirche umgebracht worden, einer Verfälschung seiner eigenen Überzeugungen gleichkäme. Es war nicht die Kirche, die Romero zur Zielscheibe von Attentätern machte, sondern seine persönliche, wenngleich nicht exklusive Identifizierung der Sache Christi mit der Befreiung des salvadorianischen Volks.

Dennoch: Wenn der Papst und die Bischöfe der Kirche aufrichtig glauben, daß Gott selbst seine Heiligen durch die *fama sanctitatis* (Ruf der Heiligkeit) zu erkennen gibt, können sie die neuen lateinamerikanischen Märtyrer nicht ignorieren. Mit anderen Worten: Das Problem, das diese Märtyrer für den kirchlichen Heiligsprechungsapparat darstellen, ist primär weder verfahrenstechnischer noch politischer, sondern theologischer Natur. Es ist zudem ein Problem, dem sich die Kirche nach der festen Überzeugung zahlreicher Theologen – darunter keineswegs nur lateinamerikanischer – stellen muß, wenn die Verpflichtung des Zweiten Vatikanischen Konzils zu Gerechtigkeit und Frieden glaubwürdig bleiben soll.

Ihre verschiedenen Argumente lassen sich wie folgt zusammenfassen: Das Vorbild für das christliche Martyrium ist Jesus Christus. Er nahm den Tod aus Gehorsam gegenüber seinem Vater auf sich sowie um seines kommenden Reiches willen. Die frühen Christen identifizierten dieses eschatologische Reich mit der christlichen Gemeinde; für die Kirche zu sterben bedeutete folglich, sein Leben für das Reich Gottes zu geben und mit dem gleichen Gehorsam zu handeln wie Jesus gegenüber dem Vater. Heute jedoch sieht die Kirche das Reich Gottes nicht auf die Gemeinschaft der Christen beschränkt; eher ist die Kirche die Gemeinschaft Christi, die aufgerufen ist, dem Reich Gottes zu dienen und es zu verbreiten. Die Heiligen sind Menschen, die mit ihrem eigenen Leben Zeugnis ablegen für die Wirklichkeit des Reichs Gottes; die Märtyrer legen, indem sie das höchste Opfer vollbringen, Zeugnis ab für den Absolutheitsanspruch des Reichs Gottes vor allen anderen Werten, einschließlich des Lebens selbst.

Die Zeichen des Reiches Gottes, so die Argumentation, werden offenbar im Zeugnis Christi. Die wichtigsten dieser Zeichen sind Gerechtigkeit und Frieden. Um Christi willen Zeugnis abzulegen für diese Werte ist die christliche Berufung; für sie zu sterben ist das Martyrium um des Reichs Gottes willen. Wer jedoch in unserer Zeit Zeugnis ablegt für Gerechtigkeit und Frieden, muß sich politisch für andere engagieren – und zwar nicht nur für andere Christen in der Gemeinde, sondern vor allem für die Armen und Unterdrückten, denen Jesu Mitgefühl im besonderen galt. Der Tod für dieses Engagement ist ein Märtyrertod – oder kann es zumindest sein. »Es wäre daher töricht, sich gegen eine Erweiterung des christlichen Märtyrerverständnisses auf jene, die in politischem Kontext ihr Leben für ihren Nächsten geben, zu sträuben«, schreibt der irische Theologe Enda McDonagh. Er fügt jedoch hinzu: »Es wäre gleichermaßen töricht, alle Todesfälle mit politischer Ursache als eindeutige Beispiele für christliches Martyrium zu interpretieren.«

Das wäre es in der Tat. Für den Theologen Jon Sobrino aus San Salvador braucht die Kirche einen neuen Begriff: Der »politische Heilige« muß neben den Mystikern, den Asketen und die anderen herkömmlichen Modelle treten. Doch ebenso wie der traditionelle Heilige den Versuchungen des Stolzes und der Gier nach geistlicher Macht unterworfen ist, muß nach Sobrinos nüchterner Warnung auch der politische Heilige auf der Hut sein, damit seine »politische Liebe« für andere nicht von politischer Begehrlichkeit korrumpiert wird:

»Es liegt in der Natur des politischen Handelns, daß wir in kleinerem oder größerem Ausmaß dazu verführt werden können, die Befreiung der Armen gegen das, was wir in unser eigenes persönliches oder ein kollektives Anliegen verwandelt haben, einzutauschen, den Schmerz der Armen gegen die Leidenschaft, die die Politik entflammt, das Dienen gegen die Hegemonie, die Wahrheit gegen die Propaganda, die Demut gegen die Herrschaft, die Dankbarkeit gegen moralische Überheblichkeit. Es besteht die Gefahr, den Wirklichkeitsbereich, in dem der Kampf um die soziale, politische oder militärische Freiheit stattfindet, für absolut zu erklären und somit andere wichtige Wirklichkeitsbereiche aufzugeben – (besonders) die Realität der Armen –, welche sich dann früher oder später für diesen Absolutheitsanspruch rächen werden.«

Sobrino fordert, summa summarum, eine neue Art Heiligkeit, eine »politische Heiligkeit«, die einen neuen Heiligentypus umschreibt. Die für eine solche Heiligkeit erforderlichen Tugenden sind von der Sache her nicht anders geartet als jene, die die Kirche bei herkömmlichen Heiligen immer gesucht hat. Um sie jedoch von den als klassisch erfaßten Tugenden unterscheiden zu können, müßten die Heiligmacher umdenken. Können sie das? Ehe wir uns an die Beantwortung dieser Frage machen, müssen wir uns zunächst noch mit einem anderen Heiligentypus beschäftigen. Seit dem Mittelalter war eine innige seelische Verbundenheit mit Gott Hauptwesensmerkmal der Heiligkeit. Und zumindest im Verständnis des Volkes – das ohnehin am stärksten zur Heiligenverehrung neigt – war der Mystiker stets der Heilige par excellence. Doch auch in unserem säkularen Zeitalter gibt es mehr Heiligsprechungsverfahren für Mystiker, als man glauben möchte. Noch überraschender war für mich allerdings die Entdeckung, daß Mystiker den Heiligmachern genauso viele Probleme bereiten wie Märtyrer. Nur handelt es sich um Probleme ganz anderer Art.

5. KAPITEL

Mystiker, Seher und Wundertäter

Kaum einem Verfahren dürfte mit größerer Erwartung entgegengesehen werden als dem des Francesco Forgione (1887–1968), eines Kapuziners, der allgemein als »Padre Pio« bekannt war. Obwohl er sich nur selten über die Grenzen der süditalienischen Region Apulien hinauswagte, war Padre Pio, bevor Mutter Teresa von Kalkutta von sich reden machte, der berühmteste »lebende Heilige« des Katholizismus. Doch während sich der Ruhm des weitgereisten Engels der Barmherzigkeit auf Wohltätigkeit gegenüber Kranken und Sterbenden gründete, verdankte Padre Pio den Ruf der Heiligkeit vor allem seiner Wundertätigkeit.

Wie der heilige Franziskus von Assisi trug Padre Pio an Händen, Füßen und Seite die Wundmale des gekreuzigten Christus, die in den letzten 50 Jahren seines Lebens regelmäßig aufbrachen und bluteten. Schon als Heranwachsender sprach er in Visionen häufig mit Christus, Maria und seinem Schutzengel. Das waren die guten Zeiten. Doch manche Nacht verbrachte er nach eigener Auskunft in titanischem Ringen mit dem Teufel. Am Morgen danach war er wie zerschlagen und blutüberströmt.

Einen Großteil seiner Kraft widmete Padre Pio dem Gebet, der Messe und vor allem der Abnahme der Beichte. Wie dem heiligen Jean-Baptiste Marie Vianney, dem berühmten Pfarrer von Ars, sagt man ihm nach, er habe die Gabe besessen, »Herzen zu lesen«, das heißt die Fähigkeit, in fremde Seelen zu schauen und die Sünden zu erkennen, ohne daß der Beichtende ein Wort zu sagen brauchte. Als sich sein Ruf verbreitete, wurden die Schlangen vor seinem Beichtstuhl immer länger. Vorübergehend war der Andrang so stark, daß seine Kapuzinermitbrüder das Privileg der Beichte bei Padre Pio mit der Ausgabe von Eintrittskarten in den Griff zu bekommen versuchten. Wenn ein Sünder ihn nicht persönlich aufsuchen konnte, kam es gelegentlich vor, daß Padre Pio den Sünder aufsuchte – allerdings, wie berichtet wird, nicht in herkömmlicher Manier. Ohne sein Zimmer zu verlassen, erschien der Mönch bisweilen an anderen Orten, mitunter sogar im weit entfernten Rom, um dort die Beichte abzunehmen oder Kranken Trost zu spenden. Ihm war, mit anderen Worten, die Gabe der Bilokation verliehen, das heißt, er konnte an zwei Orten gleichzeitig präsent sein.

Doch das ist noch nicht alles. Als Padre Pio starb, schrieben ihm seine Mitbrüder mehr als 1000, zum Teil äußerst verblüffende Wunderheilungen zu. So soll er unter anderem einem Arbeiter den zerdrückten Augapfel wiederhergestellt haben. Seine Prophezeiungen waren seltener, aber in den Fällen, da sie sich bewahrheiteten, nicht minder verblüffend. So heißt es, daß er einmal einem frisch geweihten polnischen Priester, der eigens aus Rom angereist war, um ihn zu sehen, nach Abnahme der Beichte vorausgesagt haben soll: »Eines Tages wirst du Papst sein.« Der junge Mann, auf den sich diese Voraussage im Jahre 1947 bezog, hieß Karol Wojtyla.

Kurzum, Padre Pio besaß all jene charismatischen Gaben und thaumaturgischen Kräfte, die in der volkstümlichen Überlieferung den Mystiker vom »gewöhnlichen« Heiligen unterscheiden. Er war – und ist – nach dem heiligen Franziskus Italiens populärste Heiligengestalt. Doch seine Verehrung beschränkt sich nicht auf Italien oder die Italiener. Das Kapuzinerkloster in San Giovanni Rotondo, wo Padre Pio begraben liegt, zieht nicht nur viele Pilger magnetisch an, sondern ist auch Mittelpunkt eines weltweiten Kults. Mehr als 200 000 Menschen sind rund um die Erde in Padre-Pio-Gebetsgruppen organisiert. Bücher, Broschüren und Videofilme – die letzteren mit Nahaufnahmen der blutenden Hände des Paters, die während der Messe die Hostie hochhalten – kursieren überall in der westlichen Welt.

Es handelt sich dabei keineswegs um einen ausschließlich posthumen Kult. Schon zu Lebzeiten wurde Padre Pio von Politikern und Würdenträgern aus Kirche und Staat aufgesucht. Er erlebte sechs Päpste, von denen vier persönlich seine Heiligkeit anerkannten (die große Ausnahme war Pius XI.). Besondere Verehrung wurde ihm durch Johannes Paul II. zuteil. Als Erzbischof von Krakau schrieb er dem Kapuziner 1962 einen Brief, in dem er ihn bat, für eine krebskranke und im Sterben liegende polnische KZ-Überlebende zu beten. Padre Pio erfüllte ihm seinen Wunsch, und noch vor Ablauf einer Woche konnte Erzbischof Wojtyla in einem weiteren Schreiben von der erfolgreichen Heilung der Frau berichten. 1972 unterzeichnete Wojtyla mit anderen Mitgliedern der polnischen Hierarchie einen Brief, der sich für die Seligsprechung Padre Pios einsetzte. 1974 und 1987 – letzteres Mal als Papst – pilgerte er nach San Giovanni Rotondo und zelebrierte am Grabmal des Kapuziners die Messe, eine Handlung, die freilich eher ein persönlicher, denn ein offizieller Akt der Verehrung war. Dennoch wurde der Papstbesuch von den Anhängern Padre Pios vielfach dahingehend interpretiert, daß der Weg zur offiziellen Anerkennung seiner Heiligkeit recht kurz sein würde.

In Wirklichkeit wird die Kanonisierung Padre Pios wahrscheinlich noch geraume Zeit auf sich warten lassen. Dies hat zum Teil interne, kirchenpolitische Gründe (wir werden darauf noch zurückkommen); wesentlich wichtiger sind jedoch die widersprüchlichen, fast an Widerwillen grenzenden Gefühle, die die Heiligmacher allen Verfahren entgegenbringen, bei denen es um Visionen, Stigmata und andere mystische Phänomene geht.

Generell sind katholisch geprägte Kulturen für das Mystische, Wunderbare und Übernatürliche stets empfänglicher gewesen als protestantische. Der Heiligenkult setzt die unmittelbare Erfahrung der göttlichen Gegenwart voraus. Gerade deshalb, weil die katholische Kirche an die Realität des Übernatürlichen (einschließlich des Teufels) glaubt, begegnen ihre offiziellen Heiligmacher den Ansprüchen auf Anerkennung einer mystischen Erfahrung mit großer Skepsis. Nirgendwo ist die Kluft zwischen offiziellem und volkstümlichem Heiligkeitsverständnis ausgeprägter als in Verfahren um Mystiker, Seher und Wundertäter des Glaubens. Nirgendwo prallen volkstümliche Heiligenverehrung und offizielles Reglement der Heiligsprechung so heftig aufeinander wie in jenen Fällen, in deren Mittelpunkt mystische Phänomene stehen. Das Beharren der Kirche auf einem historisch-kritischen Prozeß scheint, kurz gesagt, nirgendwo unangebrachter zu sein als bei der Beurteilung eines Mystikerlebens – und doch bin ich mittlerweile der Überzeugung, daß es gerade hier besonders notwendig ist.

Mystiker und ihre besondere Liebe zu Gott

Die römisch-katholische Theologie sagt es ganz deutlich: Mystiker *sind* anders als andere Heilige. Alle Heiligen können »Freunde Gottes« genannt werden; Mystiker hingegen sind jene außergewöhnlichen Personen, die dank des hohen Grades ihrer spirituellen Intimität mit Gott in einem besonderen Liebesverhältnis zu ihm stehen. Es sind Männer und Frauen, die – wenngleich nur in Augenblicken spiritueller Ekstase – einen Vorgeschmack jener göttlichen Liebe erfahren, der teilhaftig zu werden alle Christen guten Willens anstreben, wenn nicht in diesem Leben, so auf jeden Fall nach dem Tode. Mystiker sind nach dem Urteil eines modernen katholischen Theologen lebende »Ikonen der Agape«. Für die meisten zeitgenössischen Autoren ist der Mystiker der religiöse Mensch schlechthin: derjenige, der erkennt, daß die Wirklichkeit unvollständig bleibt, solange sie nicht mit ihrer Quelle vereint ist.

Wie für alle christlichen Heiligen ist Jesus auch für die Mystiker das höchste Vorbild. Der vertraute Umgangston Jesu im Gespräch mit Gottvater, den er »Abba« (»Papa«) nannte, und seine Sätze, daß »der Vater und ich eins sind« und daß »der, der mich sieht, den Vater sieht«, bezeugen jene Intimität mit Gott, die für den mystischen Zustand christlicher Prägung bezeichnend ist. Für die meisten christlichen Mystiker ist jedoch der Sohn, nicht der Vater das Ziel der mystischen Vereinigung. Wie der Apostel Paulus sagt der Mystiker: »Ich lebe; doch nun nicht ich, sondern Christus lebt in mir.«

In den Texten der christlichen Mystiker fällt die erotisierte Sprache besonders ins Auge. Viele von ihnen sprechen von einer überwältigenden göttlichen Umarmung, für die die eheliche Vereinigung der einzig angemessene Vergleich ist. Die heilige Therese von Ávila zum Beispiel weiß zu berichten: »Seid überzeugt, bei der wahren Verzückung hebt Gott mit Gewalt die Seele ganz zu sich empor und zeigt ihr als seiner, ihm gehörigen Braut einen Teil des Reiches, das sie durch die Erhebung in den Brautstand gewonnen hat.« Juliana von Norwich sagt über Jesus: »Er ist unser wahrer, echter Bräutigam, und wir sind sein geliebtes Weib, seine liebe Maid, mit der er niemals unzufrieden ist.« Und Katharina von Siena beschreibt, wie Jesus ihr seine Absicht offenbarte, »sich mit ihrer Seele im Glauben zu vermählen«. Er tat dies, indem er ihr bei einer Zeremonie, an der auch die Jungfrau Maria teilnahm, einen mystischen Ehering an den Finger steckte.

Die Brautmetaphorik ist nicht auf Frauen beschränkt. Auch Mystiker männlichen Geschlechts berichten, daß sie vom göttlichen Eros ergriffen werden. So beschwört der heilige Johannes vom Kreuz in seinem *Geistlichen Gesang,* einem Zyklus inniger Liebesgedichte in der Tradition des Hohenliedes, die Sehnsucht der von Gottes Liebe getroffenen Seele herauf:

»Wo Du geheim wohl weilest,
Geliebter, der zurückließ mich in Klagen?
Dem Hirsch gleich Du enteilest,
Da Wunden Du geschlagen:
Ich lief und rief, doch konnt' Dich nicht erjagen.«

Was den Mystiker von anderen Heiligen unterscheidet, ist offenbar also nicht die heroische Tugendhaftigkeit, sondern seine persönliche Gotteserfahrung – oder, genauer gesagt, die Erfahrung der persönlichen Wandlung durch das liebende Wirken der Gnade Gottes in ihm. Bei der Lektüre ihrer autobiographischen Schriften folgt man der Seele auf dem mystischen Pfad (der allerdings nicht immer genau der gleiche ist) durch Dunkelheit und Licht, Läuterung und Erleuchtung, geistliche Wüsteneien und verzehrende Ekstasen. Was in asketischer Disziplin und kontemplativem Gebet beginnt, endet in *unio mystica* (mystischer Vereinigung) – manche Theologen sprechen lieber von »Verbindung« – mit dem Göttlichen.

Obwohl die mystische Vereinigung geistlich und innerlich ist, erleben einige Mystiker auch psychosomatische Begleiterscheinungen, die bei den Heiligmachern »sekundäre mystische Phänomene« heißen. Zu den bekanntesten dieser Phänomene gehören Ekstasen und Visionen, Offenbarungen und Prophezeiungen, die Stigmata und andere Wunden des leidenden Christus, die Fähigkeit, die Herzen zu lesen und die verborgenen Sünden anderer zu erkennen (mystische Hellsichtigkeit), die Levitation (die Gabe des Schwebens) und die Bilokation sowie die Inedia (die Fähigkeit, monate- oder sogar jahrelang auf Nahrung zu verzichten, ohne daß Körper und Geist dabei Schaden nehmen). Es erübrigt sich zu sagen, daß gerade diese Dimension des mystischen Lebens die Aufmerksamkeit der Massen auf sich zieht – und den Heiligmachern den größten Verdruß bereitet.

Viele klassische Heilige des Christentums waren Mystiker. Erwähnen wir nur die bekanntesten: Paulus, der Apostel der Heiden; der Evangelist Johannes, dessen Geheime Offenbarung zu den mystischsten Büchern des Neuen Testaments zählt; Augustinus, Bischof von Hippo und einflußreichster Denker der abendländischen Kirche; Franziskus von Assisi, Gründer des Franziskanerordens und populärster Heiliger der westlichen Christenheit; Thomas von Aquin, der überragende Philosoph und Theologe des Mittelalters; Ignatius von Loyola, Soldatenheiliger und Gründer des Jesuitenordens; Johannes vom Kreuz, der größte mystische Dichter; sowie Katharina von Siena und Therese von Ávila, zwei Frauen, deren Schriften über den mystischen Pfad der Seele ihnen den Titel *Doctor ecclesiae* einbrachten.*

Nicht jeder Heilige ist jedoch ein Mystiker, und nicht jeder Mystiker ein Heiliger. Meister Eckart, Jan van Ruysbroek, Richard Rolle, Heinrich Seuse und Juliana von Norwich aus dem vierzehnten sowie Teilhard de Chardin und Thomas Merton in unserem Jahrhundert sind nur einige Beispiele für eine Vielzahl von anerkannten christlichen Mystikern, deren Kanonisierung durch die Kirche aus verschiedenen Gründen jedoch noch aussteht. Hinzu kommt, daß die katholische Kirche inzwischen zu der Einsicht gelangt ist, daß jede Religion – der Buddhismus, der Hinduismus, das Judentum und der Islam nicht weniger als das Christentum – ihre eigenen authentischen Mystiker hervorgebracht hat. Und so wie manche christlichen Mystiker mit den Wunden des gekreuzigten Christus gezeichnet sind, zeigen sich auf dem Rücken bestimmter islamischer Mystiker Wunden nach Art der Verletzungen, die einst der Prophet Mohammed in der Schlacht erlitt.

Für die weitverbreitete, von dem verstorbenen Joseph Campbell und anderen Religionsphänomenologen popularisierte Ansicht, Mystiker bildeten eine Art autonome spirituelle Elite innerhalb der verschiedenen Weltreligionen, fand ich jedoch bei all meinen Gesprächen im Vatikan keine Unterstützung. Die mystische Erfahrung ist nach dieser Ansicht immer im wesentlichen dieselbe und unterscheidet sich jeweils nur durch die Ausdrucksform. Die theologische Schlußfolgerung liegt auf der Hand: Was die christlichen Mystiker als Gott erfahren, ist letztlich dieselbe

---

* Bis heute haben nur 30 Männer und Frauen diese Auszeichnung erworben. Es handelt sich dabei um einen vom Papst verliehenen Ehrentitel für Heilige von außergewöhnlicher Gelehrsamkeit und/oder Kenntnis des geistlichen Lebens.

Realität, die der Hindu als Brahma, der Moslem als Allah – und so weiter – erfährt. Lediglich die Etiketten sind verschieden.

Die diametral entgegengesetzte Position von Steven T. Katz und anderen zeitgenössischen Mystikexperten entspricht eher der vatikanischen Sicht. Sie vertreten – wie ich glaube, überzeugend – den Standpunkt, daß mystische Erfahrung, so originell sie sein mag, durch Herkunft und Tradition, Sprache und im prämystischen Stadium entwickelte Begrifflichkeiten des Mystikers vorgeprägt ist. Mit anderen Worten: »Der mystische Moment ist die Endstation einer mystischen Reise«, die mehr durch das spezifische religiöse Erbe und das spirituelle Umfeld als durch die individuelle Empfänglichkeit des Mystikers oder der Mystikerin gestaltet wird. Weit davon entfernt, jenseits der Schranken von Dogmen autonomer Gast im Reich der Spiritualität zu sein, tendiert der Mystiker dazu, durch seine persönliche Erfahrung das zu bestätigen, was die Religionsgemeinschaft aufgrund göttlicher Offenbarung, heiliger Schriften und anderer Elemente traditioneller Überlieferung ohnehin für richtig hält. Wenn also die heilige Therese Christus als den Bräutigam ihrer Seele erlebt, so tut sie das, weil ihre Prägung als spanische Karmelitin im sechzehnten Jahrhundert eine entsprechende Erwartungshaltung hervorrief. Katz nennt dies »den ›konservativen‹ Charakter der mystischen Erfahrung«, und genau darauf achten die vatikanischen Heiligmacher in Fällen von Mystikern.

Obwohl die Akzeptanz der Mystik im Katholizismus weit höher ist als in den reformierten Kirchen, ist die Einstellung katholischer Theologen gegenüber den Mystikern seit jeher ambivalent: Einerseits sieht die katholische Theologie in der mystischen Vereinigung mit Christus die krönende Vollendung des christlichen Lebens; andererseits erkennt die Kirche, daß jene, die diese Vereinigung erstreben, große geistliche Risiken auf sich nehmen und längst nicht immer erfolgreich sind. Die Erfahrung der Mystiker zeigt, daß die Seele »dämonischen« Einflüssen nie so gefährlich ausgesetzt ist wie in dem Moment, da sie nach dem Absoluten strebt: daß sie beim Betreten dessen, was der heilige Johannes vom Kreuz die »dunkle Nacht« der spirituellen Leere nennt, der Verzweiflung näher rückt als je zuvor und daß sie nie so stark vom Stolz versucht wird wie dann, wenn ihre außerordentliche spirituelle Begabung manifest wird.

Sosehr Mystiker im übrigen gängige Vorstellungen über die Kraft ihrer persönlichen Erfahrung bestätigen oder bestärken mögen, so neigen sie doch auch dazu, bestimmte Aspekte des Glaubens zu individualisieren und zu differenzieren. Gelegentlich fordern sie dadurch sogar die vorherrschende Orthodoxie heraus. Die bloße Behauptung, Gott unmittelbar erfahren zu haben, hat Mystiker schon oft genug dem Verdacht der Heterodoxie ausgesetzt, und einigen von ihnen warf man sogar vor, mit dem Teufel im Bund zu stehen. Therese von Ávila selbst wurde vorübergehend der Ketzerei verdächtigt; Johannes vom Kreuz schrieb einige seiner klassischen religiösen Gedichte im Gefängnis, in das ihn seine religiösen Oberen gebracht hatten; und Jeanne d'Arc, deren mystische Erfahrung darin bestand, daß sie himmlische Stimmen hörte, wurde von der französischen Kirche als Hexe zum Tode verurteilt. Nach welchen Kriterien bestimmen die offiziellen Heiligmacher der Kirche also, was ein echter und was ein falscher Mystiker ist?

Zu Beginn meiner Nachforschungen in Rom ging ich davon aus, daß die Kongregation Mystiker nach Art der Märtyrer als eigene Kategorie behandelt. Wenn die Gabe der göttlichen Liebe den Heiligen vom einfachen Christenmenschen unterscheidet, dann repräsentierten diese mit außergewöhnlicher Liebe zu Gott begabten Gestalten gewiß eine besondere Art der Heiligkeit und erforderten sicher auch gesonderte Heiligsprechungskriterien. Die größten Mystiker waren schließlich scharfsinnige Psychologen des spirituellen Lebens und schrieben über ihre eigenen Erfahrungen; sie waren Meister des spirituellen Aufstiegs zu Gott und markierten gleichsam die Wegstrecke für andere, um zwischen echter Gotteserfahrung auf der einen und Selbsttäuschungen und Anfechtungen durch den Teufel auf der anderen Seite unterscheiden zu lernen. Unter diesen Voraussetzungen erschien es mir nur logisch, daß die Heiligmacher bei der Beurteilung vorgeblicher Mystiker auf diesen Schatz spiritueller Weisheit zurückgreifen würden.

Was ich herausfand, war etwas ganz anderes: Die Kongregation betrachtet mystische Erfahrung als solche nicht als Heiligkeitsbeweis, und sie berücksichtigt im Verfahren auch keine angeblich mystischen Gnadenerweise besonderer Art. Im Gegenteil: Es herrscht offenbar ein ausgesprochenes Mißtrauen gegenüber allen Fällen, die mystische Phänomene einschließen, und die Heiligmacher sind sehr darauf bedacht, die Vorstellung zu zerstreuen, daß Mystiker grundsätzlich »anders« sind als andere Heilige. Es ist für sie ein theologisches Prinzip, zwischen der Innerlichkeit des mystischen Gebets – einige Theologen sprechen in diesem Zusammenhang von »eingegossener Kontemplation« – und sekundären äußeren psychosomatischen Erscheinungen wie Ekstasen, Visionen und Stigmata eine deutliche Trennungslinie zu ziehen.

»Mystik im eigentlichen Sinne ist einfach ein tiefes, durchdringendes inneres Bewußtsein der göttlichen Gegenwart«, sagte mir Pater Gumpel. Pater Eszer drückte sich ebenso kurz und bündig aus: »Mystik ist nichts weiter als das Bewußtsein einer Person, daß Glaube, Hoffnung und Liebe in der eigenen Seele präsent und tätig sind.« Da dieses Bewußtsein von Natur aus subjektiv und der Kandidat zudem nicht mehr am Leben ist, können die Heiligmacher – anders als etwa ein Psychiater über seinen Patienten – nichts über die Authentizität des gnadenhaften göttlichen Wirkens aussagen, das der Kandidat in seinem Innern zu spüren glaubte. Rückschlüsse darauf ermöglichen ihnen allenfalls die Früchte, die es im Leben des Mystikers trug, sowie der geistliche Einfluß des Dieners Gottes auf andere Menschen. In Übereinstimmung mit den Ausführungen des heiligen Paulus über Geistesgaben betrachtet Rom nach wie vor alle mystischen Gaben – die individuellsten spirituellen Ekstasen ebenso wie die öffentlichkeitswirksamen Wunder – als göttliche Gnadenerweise für die gesamte Christenheit und somit nicht als »Privatvergnügen« des einzelnen Mystikers. Mystische Gnadenbekundungen können also durchaus hin und wieder in den Heiligsprechungsprozeß eingebracht und auch entsprechend belegt werden, sind jedoch für den Ausgang des Verfahrens weitgehend irrelevant. Mit anderen Worten: Ein Mystiker muß dieselbe heroische Tugendhaftigkeit nachweisen können, die von allen Nichtmärtyrern verlangt wird.

Diener Gottes, die – wie Padre Pio – im Besitz ungewöhnlicher physischer oder psychischer Kräfte sind, erfordern nichtsdestoweniger eine gesonderte Behandlung. »Um an die Wahrheit zu gelangen, müssen wir uns zunächst einmal durch die frommen Wahnvorstellungen der Gläubigen durcharbeiten«, erklärte mir Pater Sarno mit unverkennbarer Ungeduld in der Stimme. »Wenn sich die Berichte über außergewöhnliche Kräfte als korrekt erweisen, müssen wir die Frage stellen, ob diese Kräfte göttlichen oder teuflischen Ursprungs sind oder ob es sich bloß um Erscheinungsformen einer emotionalen Störung handelt. Jemanden für einen Heiligen zu *halten* ist unproblematisch, das können viele. Die Kirche aber muß sich ihrer Sache *gewiß* sein. Ein gefestigter heiligmäßiger Ruf, der Nachweis heroischer Tugendhaftigkeit und durch Fürsprache gewirkte Wunder sind daher auch in diesen Fällen unerläßlich. Die Kirche hält sich erst einmal zurück, wartet und fordert eine gründliche Dokumentation an.«

Die Relatoren waren noch unverblümter. Nach ihrer Meinung besteht das Grundproblem darin, daß in der katholischen Volksfrömmigkeit die Neigung besteht, echte Mystik mit ungewöhnlichen Erfahrungen und »übernatürlichen« Kräften zu verwechseln – eine Verwechslung, die nach Ansicht der Heiligmacher dem Ruf der Heiligkeit schadet. »Viele Gläubige verstehen nicht, daß wir, wenn wir von Mystik sprechen, nicht an Stigmata, Visionen, Levitationen, Bilokationen und ähnliche Phänomene denken«, erklärte mir Gumpel. »Wir schließen solche Verfahren natürlich nicht aus, aber die Neigung, solche Fälle zur Heiligsprechung vorzuschlagen, ist gering. Sehen Sie, wir suchen nach Heiligen zum Anfassen. Wir versuchen, der Auffassung entgegenzuwirken, daß Heilige Menschen mit ungewöhnlichen Erfahrungen sind. Leider ist diese Vorstellung gerade bei Menschen mit niedrigem Bildungsniveau tief verwurzelt. Besonders in Süditalien und in Lateinamerika glauben viele Menschen, daß man ohne solche Erfahrungen überhaupt nicht heilig werden kann. Wir hier in Rom kämpfen mit all unserer Macht dagegen an. Aber Geschichten über Außergewöhnliches verbreiten sich ziemlich leicht.«

Geschichten über Wunderhandlungen oder übernatürliche Erfahrungen sind indessen seit Anbeginn des Christentums integraler Bestandteil des Heiligenkults. Jesus selber wirkte bekanntlich Wunder. Die Heiligen in seiner Nachfolge galten als nicht weniger begabt. In den Geschichten über ihre Wundertaten sah man Zeichen göttlicher Macht und Gunst. Auch sind solche Berichte keineswegs auf weit zurückliegende, »leichtgläubigere« Epochen der Kirchengeschichte beschränkt. Beweismaterial für ungewöhnliche Phänomene findet sich in den *vitae,* in Zeugenaussagen und anderen Dokumenten, die in den Archiven der Kongregation hinterlegt sind. In seinem großen Werk *De Servorum Dei beatificatione et Beatorum canonizatione,* das zur Blütezeit der Aufklärung entstand, widmete Papst Benedikt XIV. mehr als 400 Seiten der akribischen Untersuchung von Visionen, Levitationen und anderen mystischen Phänomenen, die Dienern Gottes zugeschrieben wurden. Nach einer Zählung sind seit dem Tod des heiligen Franziskus von Assisi, der gemeinhin als der erste Stigmatisierte gilt, allein 325 Fälle von Stigmatisierungen bekannt geworden (in der Mehrzahl waren Frauen davon betroffen). In 62 Fällen kam es zur Kanonisierung.

Es gibt jedoch noch einen weiteren Grund für die im volkstümlichen Katholizismus verbreitete Neigung, Mystik mit übernatürlichen Kräften gleichzusetzen: Vom Ausgang des achtzehnten Jahrhunderts bis zum Zweiten Vatikanischen Konzil begünstigte die Kirche Wunderberichte, sah man in ihnen doch ein Mittel zur Verteidigung des Übernatürlichen gegen den von der Aufklärung ausgelösten Skeptizismus. Unter den mehreren Dutzend von der Kirche anerkannten wunderbaren Erscheinungen der Jungfrau Maria stammten nicht weniger als drei aus dieser Zeit (Lourdes 1858, La Salette 1846, Fátima 1917). Die gleiche Epoche brachte mindestens 15 Mystikerinnen hervor, die aufgrund ihrer Visionen und Prophezeiungen, vor allem aber wegen der Christo nachempfundenen Wundmale an ihren Körpern eine riesige Gefolgschaft anzogen. In den meisten Fällen handelte es sich um einfache Mädchen und kränkelnde Bauersfrauen ohne – oder mit nur elementarer – Schulbildung (wie die drei Hirtenkinder aus Fátima). Ihre Stigmatisierungen machten die Ärzte ratlos. Daß einige von ihnen wie Louise Lateau (1850–1883) und Therese Neumann (1898 – 1962) behaupteten, nur von der heiligen Hostie gelebt zu haben, war ebenfalls Teil ihrer Mystik.

Es ist bemerkenswert, daß von den erwähnten Frauen weniger als die Hälfte zur Heiligsprechung vorgeschlagen wurden und bisher nur eine, die heilige Gemma Galgani (1878–1903), tatsächlich kanonisiert worden ist. Und was ihre angeblichen Visionen und Gespräche mit Jesus betraf, bewahrte die Kirche wohlweislich Stillschweigen. Zudem waren die spirituellen Erleuchtungen dieser Frauen in keinem Fall jenen einer Katharina von Genua – die auch keine Schulbildung genossen hatte – oder gar einer Therese von Ávila ebenbürtig. Kurzum: Die gegenwärtige Verwirrung über die Wesensmerkmale der Mystik läßt sich nicht nur auf die Existenz zweier Glaubenskulturen innerhalb des Katholizismus – einer offiziellen und theologisch nuancierten sowie einer volkstümlichen und eher leichtgläubigen – zurückführen. Die Geschichte der vergangenen 200 Jahre zeigt, daß Bischöfe und Prediger gleichermaßen die Verehrung jener schillernden Gestalten nicht nur hinnahmen, sondern sogar förderten. Einige von ihnen werden heute noch zur Heiligsprechung vorgeschlagen.

Mystiker als Opfer:
Theresa Musco

Eine Woche nach meinem Gespräch mit Gumpel winkte mich Enrico Venanzi in sein im rückwärtigen Teil des Kongregationsgebäudes gelegenes Büro. Er hatte von meinem Interesse an Mystikerverfahren gehört und wollte mir einen Stapel Unterlagen zeigen, der ihm aus Caserta, einer kleinen Stadt nördlich von Neapel, zugestellt worden war. Unter den Dokumenten befand sich auch eine Serie von Farbfotografien, auf denen verschiedene Statuen, Kruzifixe sowie Jesus- und Marienbilder zu sehen waren. Auf sämtlichen Bildern war Blut zu erkennen. In einigen Fällen floß es aus den Augen, in andern von den Händen oder aus einer Wunde an der Körperseite. In einer Sequenz von sieben Bildern folgten dem Blut aus den Augen einer billigen Gipsmadonna Tränen. Dieses Phänomen war auf zirka zwei Dutzend Bildern zu sehen. Sie waren, wie mir Enrico sagte, Stück für Stück von Kirchenvertretern vor Ort katalogisiert und geprüft worden. Ein Mediziner hatte mehrere Blutproben analysiert.

Die Fotos waren entstanden im Heim der Theresa Musco, einer Frau, die 1976 im Alter von 33 Jahren gestorben war. Aus den Unterlagen ging hervor, daß Theresa seit ihrem fünften Lebensjahr Visionen von Jesus, Maria und ihrem Schutzengel gehabt hatte. Vom neunten Lebensjahr an trug sie an Händen und Füßen die Stigmata. Sie hatte mehrere Male die Herzen anderer gelesen und einmal auch, wie glaubhaft versichert wurde, durch ihre Gebete eine Wunderheilung erwirkt – die Kranke hatte an Leukämie gelitten. Die vorliegende Dokumentensammlung war von einem Komitee in Caserta zusammengestellt und Enrico in der Hoffnung, er werde sich des Falls als Postulator annehmen, zugesandt worden. Lächelnd breitete der junge Anwalt die unheimlichen Fotos auf seinem Schreibtisch aus. »Sehr süditalienisch«, murmelte er.

»Werden Sie den Fall annehmen?« fragte ich.

Er blickte auf und sah mich an. »Ich glaube, ja«, erwiderte er.

Auf Enricos Vorschlag fuhr ich nach Caserta, um Theresas Heim, das mittlerweile zu einer Art Pilgerstätte geworden war, einen Besuch abzustatten. In der bischöflichen Kanzlei erkundigte ich mich nach dem Stand des Verfahrens, an dem – wie mir der Generalvikar der Diözese mitteilte – der Bischof offiziell nicht beteiligt war. Er kramte eine Akte hervor und sagte, eine vorläufige Untersuchung des Falles durch die Erzdiözese Neapel habe ergeben, daß Theresa an bestimmten Krankheiten gelitten habe, die in ihrer Familie schon mehrfach aufgetreten waren. Um welche Leiden es sich handelte, sagte er nicht, fügte jedoch hinzu, daß auch ihr Bruder ihnen zum Opfer gefallen sei. Er gab mir damit zu verstehen, daß Theresas körperliche Gebrechen Anlaß zu gewissen Zweifeln an der Gültigkeit ihrer außergewöhnlichen Erfahrungen gäben.

Trotz dieser offiziellen Vorbehalte sind viele Katholiken in Caserta, aber auch viele andere Italiener im südlichen Teil des Landes, einschließlich ihrer Verwandten in den Vereinigten Staaten, von Theresas Heiligkeit überzeugt und setzen sich für ihre Kanonisierung ein. Eine vom Komitee für Theresa Musco herausgegebene, 80 Seiten umfassende Biographie mit dem Titel *Kurze Geschichte eines Opfers* beschreibt ihr Leben als einen einzigen, von inneren wie äußeren Krankheiten beherrschten Leidensweg, der von ständigen Schmerzen und häufigen Krankenhausaufenthalten geprägt war. Doch dies ist längst nicht alles: Die mehr als 2000 Tagebuchseiten, die Theresa hinterlassen hat, enthüllen eine lebenslange emotionale Auseinandersetzung mit dem tyrannischen Vater, der sie und ihre Mutter oftmals schlug und sie schließlich aus dem Haus jagte. Dem Tagebuch zufolge band sich die sechsjährige Theresa zum Zeichen der Buße einen Strick um die Taille und verpflichtete sich zu einem Leben des Leidens für die Sünden anderer. Anfangs wollte sie bei Jesus Wiedergutmachung leisten für das gewohnheitsmäßige Fluchen ihres Vaters. Später bot sie ihre Leiden, weil Jesus darauf beharrte, für undisziplinierte oder anderweitig aus der Art geschlagene Priester dar. Zuletzt wollte sie gar noch die Leiden des gekreuzigten Christus auf sich nehmen. So schrieb sie in einem Gebet, das ihr Schutzengel sie gelehrt hatte:

> »Flechte mir deine Dornenkrone ums Haupt! Vater, durchbohre meine Hände und Füße mit deinen Nägeln und mein Herz mit deiner Lanze! Ich knie vor dir, damit ich spüre, wie sie dich geißeln, und deine Bitterkeit über den Verrat des Judas. Nimm meine demütige Seele an.«

Bilder zeigen Theresa als kleine, pummelige Brillenträgerin mit einer großen Nase. Mit 13 hatte sie, wie ihr Biograph berichtet, eine Vision, in der ihr aufgetragen wurde, ihr Leben der Keuschheit zu weihen. Später hatte sie sich der lüsternen Avancen eines Arztes zu erwehren, der sie im Krankenhaus behandelte. Ein anderes, undatiertes Bild zeigt sie im weißen Brautkleid mit Schleier, in der Hand einen blühenden Zweig. Obwohl Theresa nie in ein Kloster eintrat, erinnert sie in diesem Aufzug an eine Nonne am Tag ihrer feierlichen Profeß. Die Bildunterschrift lautet: »Theresa weiht ihr ganzes Leben der Kirche, dem heiligen Vater und der Bekehrung der Sünder.«

Dem Tagebuch zufolge empfing Theresa die Stigmata erstmals am 1. August 1952 nach einem Traum, in dem sie ans Kreuz genagelt worden war. Regelmäßig bluteten die Wundmale allem Anschein nach aber erst vom Gründonnerstag 1969 an. In den Jahren danach spürte sie an drei Tagen in der Woche auch die Geißelungen auf ihrem Rücken. Öffentliche Aufmerksamkeit erregten jedoch die Statuen und Bilder. Die ersten Blutstropfen wurden am 25. Februar 1975 beobachtet. Der Bischof von Caserta prüfte das erste dieser Wunder persönlich und erteilte Theresa später die Erlaubnis, das blutende Jesusbild auf ihrem kleinen Hausaltar auszustellen. Manchmal bluteten die Ikonen in ihrem Haus eine Viertelstunde lang, und Theresa vergoß aus Mitleid für den trauernden Jesus und die bekümmerte Maria Tränen. Zu jenem Zeitpunkt wurde sie von zwei Priestern aus Caserta geistlich betreut, dem Salesianer Don Giuseppe Borra und dem Franziskaner Don Franco Amico. Amico ist inzwischen Vorsitzender des Komitees, das sich Theresas Seligsprechung zum Ziel gesetzt hat.

Nach ihrem Tod – sie war Dialysepatientin und starb, wie es den Anschein hat, am Zusammenwirken mehrerer Leiden – zelebrierte der Bischof von Caserta in der Kathedrale die Begräbnismesse, der ungefähr 2000 Trauergäste beiwohnten. Kein geringerer als der – inzwischen verstorbene – Kardinal Guiseppe Siri von Genua unterstützte bald darauf das Verfahren für Theresa. 1979 schrieb er in einem Brief an Pater Amico: »So etwas wie die Dokumentation im Fall Musco ist mir bisher noch in keinem Fall, den ich geprüft habe, begegnet. Tatsachen sind Tatsachen, daran ändert sich auch nichts, wenn man sich über sie lustig macht oder sie ignoriert.«

Wie es sich mit den Tatsachen im einzelnen auch verhalten mag – Theresa Musco entspricht gewiß nicht jenem Heiligkeitsmodell, nach dem die Heiligmacher seit dem Zweiten Vatikanischen Konzil suchen. Dauernd kränkelnd und von einer an Masochismus grenzenden Leidenssehnsucht besessen, übt sie auf gebildete Katholiken eine nur geringe Anziehungskraft aus. Doch für Millionen anderer Katholiken stellen Menschen wie Theresa Musco die eigentliche, sinngemäße Verkörperung des Mystikers dar: eine Büßergestalt, deren Stigmatisierungen und Visionen in einer Welt, die allem Anschein nach nicht mehr an Wunder glaubt, unwiderlegbare Beweise für die Existenz des Übernatürlichen bieten. Und solange ihnen der Ruf der Heiligkeit vorauseilt, werden die offiziellen Heiligmacher, so unangenehm es ihnen auch sein mag, an derartigen Fällen nicht vorbeikommen.

Der Umgang mit Mystikern

Die Kongregation folgt hier, wie in allen anderen Fragen auch, den von Papst Benedikt XIV. vor mehr als 200 Jahren aufgestellten strengen Richtlinien. In seinem großen Werk über die Selig- und Heiligsprechung der Diener Gottes erörtert Benedikt die Probleme, die sich im Zusammenhang mit mystischen Phänomenen stellen. Er beruft sich auf mehrere Fälle aus seiner eigenen Erfahrung als Glaubensanwalt und zitiert aus sechs Jahrhunderte umfassenden Diskussionen über die Praxis der Heiligsprechung. Zu Beginn seiner Ausführungen legt Benedikt großen Wert auf die grundlegende Unterscheidung zwischen zwei verschiedenen Kategorien übernatürlicher Gnaden: Da ist zum einen die Gott wohlgefällig machende Gnade *(gratia gratum faciens),* die für die Erlösung des einzelnen unerläßlich ist, und zum anderen die bestimmten Einzelpersonen zur Erbauung der Gemeinde und der Gläubigen verliehene Gnade *(gratia gratis data).* Zur letztgenannten Kategorie zählen mystische Erfahrungen wie Visionen, Prophezeiungen, Ekstasen, Stigmatisierungen, Levitationen und anderes mehr. Da diese besonderen Gaben sowohl den Schlechten wie den Gerechten verliehen werden können und verliehen worden sind, können sie, so Benedikt, in einem kanonischen Prozeß nicht als Beweis für persönliche Heiligkeit gewertet werden.

Doch damit ist das Problem noch lange nicht erledigt. Da es einige Selig- und Heiligsprechungskandidaten gibt, die in der Tat mystische Begabungen erkennen lassen, rät Benedikt, alle derartigen Erfahrungen von der Kongregation genauestens untersuchen zu lassen – und zwar *bevor* die Frage der heroischen Tugendhaftigkeit aufgegriffen wird. In einem Vorverfahren soll geklärt werden, ob die Phänomene übernatürliche Ursachen haben, Teufelswerk sind oder aber auf natürliche Erklärungen zurückgeführt werden können.

Bei Untersuchungen über außergewöhnliche physische Phänomene kommt es, laut Benedikt, vor allem auf verläßliche Zeugen an. Als Beispiel führt er einen Fall an, an dessen Bearbeitung er in einer Doppelrolle beteiligt war – zunächst als *advocatus diaboli* und später als Papst, der die Heiligsprechung verkündete:

> »Als ich Glaubensanwalt war, kam das Verfahren des verehrungswürdigen Dieners Gottes Joseph von Copertino auf die Tagesordnung der Heiligen Ritenkongregation. Die damals bestehenden Zweifel an seinen Tugenden wurden nach meinem Rücktritt von diesem Amt glücklicherweise gelöst; dabei berichteten vortreffliche Augenzeugen unter Eid von überaus häufigen Levitationen und langen Flügen dieses ekstatischen und entrückten Dieners Gottes.«

Joseph von Copertino war, wohlgemerkt, kein normaler »Fliegender«. Schon zu seinen Lebzeiten war er wegen seiner häufigen, ausgedehnten Flüge als »der fliegende Bruder« bekannt. Wie seine Biographen berichten, erhob er sich über 100mal in die Lüfte. Ein Vorfall dieser Art, über den besonders glaubhaft berichtet wird, trug sich im Jahre 1645 zu; Zeugen waren der spanische Botschafter am päpstlichen Hof und seine Gemahlin. Der Botschafter hatte sich nach einem privaten Besuch in Josephs Mönchszelle in Assisi von ihm so beeindruckt gezeigt, daß seine Gattin inständig darum bat, ebenfalls mit ihm sprechen zu dürfen. Auf Befehl seines Oberen erklärte sich Joseph widerstrebend dazu bereit, seine Zelle zu verlassen und die hochrangige Dame zu treffen. »Ich werde gehorchen«, soll er zu seinem Oberen gesagt haben, »aber ich weiß nicht, ob ich imstande sein werde, mit ihr zu sprechen.« Er war es nicht, wie sich herausstellen sollte: Als er die Kirche betrat, fiel sein Blick auf die Statue der Maria Immaculata über dem Altar. Unvermittelt hob er ab, flog ungefähr »ein Dutzend Schritte« über die Köpfe der versammelten Entourage hinweg auf die Füße der Statue zu und erwies Maria seine Reverenz. Dann stieß er »seinen üblichen schrillen Schrei« aus, machte kehrt, überflog erneut die verblüfften Zuschauer und begab sich, ohne ein weiteres Wort zu verlieren, wieder in seine Zelle. Bei anderen Gelegenheiten sah man Joseph einen seiner Mitbrüder im

Flug durchs Zimmer tragen. Bei seiner letzten Messe, die er am Fest Mariä Himmelfahrt, einen Monat vor seinem Tod, zelebrierte, hob er in seiner Entrückung länger als gewöhnlich vom Erdboden ab. Augenzeugen bestätigten dies in einer Befragung weniger als fünf Jahre nach dem Ereignis.

Generell ist Benedikt an der Bestätigung ungewöhnlicher physischer Phänomene gar nicht besonders interessiert. Er widmet zum Beispiel Stigmatisierungen nur ein paar kurze Absätze. Dagegen befürwortet er Prüfungen der Diener Gottes, die göttliche Erleuchtungen erfahren haben wollen. Visionen und Prophezeiungen, die mit der Heiligen Schrift, der kirchlichen Lehre oder gültigen Moralvorstellungen nicht übereinstimmen, können natürlich nicht Gott zugeschrieben werden. Aber Benedikt ist bereit, der menschlichen Phantasie eine gewisse Irrtumsspanne einzuräumen, namentlich bei Frauen. »Visionen und Erscheinungen sind nicht zurückzuweisen, weil sie Frauen widerfahren«, warnt er und schlägt vor, die Prüfer sollten sich bei der Beurteilung solcher Fälle auf die Aussagen des Seelenführers (gemeinhin ein Priester), des Beichtvaters oder anderer gelehrter und frommer Männer verlassen. Der Papst erinnert daran, daß er sich im Fall der heiligen Katharina Ricci (1522–1590) von den Befürwortern überreden ließ, darüber hinwegzusehen, daß die ansonsten höchst bewundernswerte (und typisch exzentrische) Mystikerin des öfteren Visionen von Girolamo Savonarola hatte: Der florentinische Reformer des Dominikanerordens aus dem fünfzehnten Jahrhundert wurde wegen seiner flammenden apokalyptischen Predigten auf dem Scheiterhaufen verbrannt. Als Katharina sich nach einer schweren Erkrankung im Jahre 1540 überraschenderweise wieder erholte, schrieb sie ihre Genesung Savonarola zu, und sie hörte nie auf, für seine Anerkennung als Heiliger zu beten – ein Umstand, der letztlich ihre eigene Kanonisierung nicht verhinderte.

Auffällig für den modernen Leser ist das Bemühen Benedikts XIV., der Kongregation eine praktische Psychologie der mystischen Erfahrung an die Hand zu geben. Da sich die meisten Visionen, Erscheinungen und Prophezeiungen in ekstatischem Zustand ereignen, rät Benedikt den Prüfern, nach bestimmten Zeichen Ausschau zu halten, aus denen ersichtlich ist, ob die Visionen und/oder anderen Phänomene von Gott oder vom Teufel stammen oder aber Ausgeburten eines kranken Geistes sind. Von natürlichen Ursachen kann man ausgehen, wenn eine entsprechende Krankheitsgeschichte des Ekstatikers vorliegt oder »der

Ekstase Müdigkeit, Gliederschwere, umwölkter Verstand und eingeschränktes Verstehen, Vergeßlichkeit, Gesichtsblässe und Betrübnis des Geistes« folgen. Ekstasen teuflischen Ursprungs sind angezeigt, »wenn ein Mensch nach Belieben in sie verfällt, denn göttliche Gnade zieht die Seele an sich, wann und wie es ihr gefällt«. Auch wenn die Ekstasen mit »schamlosen« Körperbewegungen oder »starken Verrenkungen« verbunden sind, muß man damit rechnen, daß der Teufel seine Hand im Spiel hat – vor allem aber, wenn der Ekstatiker zu bösen Handlungen auffordert.

Im Gegensatz dazu »findet« – laut Benedikt – »eine göttliche Ekstase bei größter äußerer wie innerer Ruhe des Menschen statt. Wer sich in göttlicher Ekstase befindet, spricht nur von himmlischen Dingen, die Umstehende dazu bewegen, Gott zu lieben. Wenn er wieder zu sich kommt, erscheint er demütig und gleichsam beschämt; er fließt (schier) über vor himmlischem Trost, seine Miene ist freudig erhellt, und in seinem Herzen trägt er Gewißheit; die Anwesenheit von Zuschauern behagt ihm ganz und gar nicht, weil er fürchtet, er könne sich den Ruf der Heiligkeit erwerben.« Kurzum: Eine göttliche Ekstase ist dadurch charakterisiert, daß die Tugenden der Demut und Nächstenliebe in gesteigerter Intensität auftreten.

Benedikts Ausführungen lassen sich folgendermaßen zusammenfassen: Mystische Erfahrungen sind keine Heiligkeitsbeweise, müssen aber trotzdem untersucht werden. Zeigt die Untersuchung, daß sie teuflischen Ursprungs sind, wird das Verfahren eingestellt. Erweist sich, daß die mystischen Phänomene auf rein psychische Ursachen zurückzuführen sind, so kann dies die anschließende Untersuchung der heroischen Tugenden des Kandidaten verhindern, muß es aber nicht.

Das Grundprinzip ist jedenfalls klar: Eine göttliche Urheberschaft mystischer Phänomene kann erst nach der Bestätigung der heroischen Tugenden angenommen werden, und selbst dann ist Vorsicht angeraten. Übernatürliche Phänomene bleiben selbst dann, wenn sie in eine feierliche Heiligsprechung des Papstes einfließen, ausschließlich auf den Bereich der menschlichen Überzeugung beschränkt und dürfen nie mit Glaubensfragen vermischt werden.

Obwohl Benedikts allgemeine Richtlinien weiterhin gelten, sind die psychologischen Beobachtungen über mystische Phänomene aus verständlichen Gründen hoffnungslos veraltet. Nach der Entdeckung des Unbewußten durch Sigmund Freud und seiner starken Einflüsse auf Geist und Körper stehen den heutigen Heiligmachern bei der Untersuchung der mystischen Erfahrungen eines Kandidaten wesentlich mehr psychologische Erklärungsmöglichkeiten zur Verfügung als je zuvor. Ich wollte es genau wissen: Wie hat sich die Freudsche Revolution, wie die moderne Psychologie allgemein auf die Prüfung mystischer Phänomene ausgewirkt?

Wandlungen im Vatikan vollziehen sich im Schneckentempo. Dennoch war ich überrascht, als ich erfuhr, daß kein Mitarbeiter der Kongregation für Heiligsprechungsprozesse eine psychologische oder psychoanalytische Ausbildung besitzt. Sobald ein Fall, bei dem mystische Erfahrungen eine Rolle spielen, in Rom ansteht, werden die persönlichen Schriften des Kandidaten zusammen mit den Unterlagen der Seelenführer und der behandelnden Ärzte externen Fachleuten zur vorläufigen Beurteilung übergeben. Die meisten sind Priester, alle sind Katholiken. Die meisten haben in spiritueller Theologie promoviert; in jüngster Zeit gibt es einige wenige, die zusätzlich ein Psychologiestudium abgeschlossen haben. Eine psychoanalytische Ausbildung besitzt aber auch unter den Konsultoren niemand. »Sigmund Freud können Sie im Vatikan nicht erwähnen«, sagte ein Konsultor zu mir, »ebensowenig wie Carl Jung. Beide gelten als Atheisten. Sie können sich natürlich ihrer Theorien bedienen – doch bei allem, was Sie mit ihrer Hilfe zu Papier bringen, müssen Sie auf der Hut sein.«

Die »Passionsekstasen« der Alexandrina da Costa

Obwohl Mystikerverfahren ziemlich selten sind, wurde mir in die von zwei Konsultoren durchgeführte Vorabuntersuchung über die mystischen Erfahrungen und Schriften der Alexandrina da Costa Einsicht gewährt. Alexandrina da Costa, eine portugiesische Laiin, starb 1955 im Alter von 51 Jahren. Nach einer eher volkstümlich gehaltenen Biographie war sie die Tochter eines Bauernehepaars in der kleinen Landgemeinde Balasar, etwa 70 Kilometer nördlich von Porto. Ihr Vater starb bereits kurz nach ihrer Geburt. In ihrer Autobiographie, die sie 1940 auf Ersuchen ihres Seelenführers zu diktieren begann, beschreibt sie sich als ein recht boshaftes Kind. Alexandrinas früheste Erinnerung bezieht sich auf einen Vorfall, der sich zutrug, als sie drei Jahre alt war: Sie griff nach dem Pomadetopf ihrer Mutter. Als die Mutter aufschrie, fiel der Topf zu Boden und zerbrach in lauter scharfkantige Scherben. Alexandrina erlitt eine tiefe Schnittwunde am Mund und blieb zeitlebens von der Narbe gezeichnet. Und wie wir sehen werden, vergaß sie auch die Pomade nie.

Mit neun Jahren ging Alexandrina nach einer Bußpredigt von Pater Edmund von den Heiligen Wunden, einem beliebten Prediger der Region, zum erstenmal zur Beichte. Seine plastischen Darstellungen der Hölle beeindruckten sie tief. Noch im gleichen Jahr – nach nur 18monatigem Schulbesuch – wurde sie zur Arbeit auf einen Bauernhof geschickt. Dort blieb sie jedoch nur drei Jahre. Nachdem ihr Brotgeber versucht hatte, sie zu verführen, wurde Alexandrina wieder nach Hause geholt. Ein paar Monate darauf erkrankte sie an Typhus und wäre um ein Haar gestorben. Als Invalidin, die sie nun praktisch war, übernahm sie Näharbeiten, die sie zu Hause erledigen konnte. Noch zweimal während ihrer Mädchenjahre versuchte ihr ehemaliger Brotgeber, sie zu mißbrauchen. Beim zweitenmal mußte Alexandrina sich heftig gegen die drohende Vergewaltigung wehren und konnte sich schließlich nur durch einen Sprung aus dem Fenster im ersten Stock retten. Alexandrina erlitt eine schwere Wirbelsäulenverletzung, die nach einiger Zeit zu einer Totallähmung führte. Seit dem 14. April 1924 konnte sie ihr Krankenlager nicht mehr verlassen.

In den folgenden sechs Jahren wandte sich Alexandrina der Religion zu. Besonders faszinierten sie die Geschichten über Fátima, wo die Jungfrau Maria drei kleinen Kindern erschienen war. 1931 erlebte sie ihre erste Ekstase, in der ihr, wie sie berichtet, Jesus erschien und ihr folgenden Lebensauftrag erteilte: »Liebe, leide und leiste Wiedergutmachung« für die Sünden der Welt, vor allem für jene, die gegen die Keuschheit und ganz besonders von Priestern begangen wurden. Es folgte eine außerordentlich qualvolle Zeit, die sich über zehn Jahre erstreckte. Nach ihren eigenen Angaben wurde Alexandrina in jener Phase wiederholt vom Teufel heimgesucht. Er begegnete ihr in verschiedener Gestalt – als Hund, Schlange oder Affe – und versuchte, sie zur Blasphemie zu verführen, mitunter auch zu erotischen oder obszönen Handlungen. Manchmal stieß sie obszöne Flüche aus wie eine Besessene. Mehrmals, so berichtet sie, habe der Teufel sie mit Gewalt aus dem Bett geworfen. Während dieser Prüfungen offenbarte Alexandrina ihre Erfahrungen nur ihrer Schwester und ihrem Seelenführer, dem Jesuitenpater Mariano Pinho, der ihr die heilige Kommunion brachte.

In derselben Zeit erlebte Alexandrina häufig Visionen von Jesus und erhielt auch Botschaften von ihm. Von entscheidender Bedeutung erwies sich die Vision vom 6. September 1934, in der Jesus, wie sie berichtet, folgendes zu ihr sagte:

> »Gib mir deine Hände, denn ich möchte sie an die meinen nageln. Gib mir deine Füße, denn ich möchte sie an meine Füße nageln. Gib mir deinen Kopf, denn ich möchte ihm eine Dornenkrone aufsetzen, so wie man mir eine aufgesetzt hat. Gib mir dein Herz, denn ich möchte es mit einer Lanze durchstechen, so wie man mein Herz durchstach. Weihe mir deinen Körper, und bringe dich mir dar... Hilf mir bei der Erlösung der Menschheit.«

Obwohl Alexandrina nicht stigmatisiert war, vollzog sie in äußerst ungewöhnlicher Weise die Passion Christi nach. Von 1938 an – sie war damals 34 Jahre alt – verfiel Alexandrina regelmäßig am Freitagmittag um zwölf Uhr in eine dreieinhalbstündige Ekstase. Nach Berichten von Augenzeugen – überwiegend Ärzten und Priestern, die vom Ortsbischof beauftragt worden waren, zugegen zu sein – gewann Alexandrina während der Ekstase aus unerfindlichen Gründen die Kontrolle über ihre Gliedmaßen zurück. Ihr Körper hob sich, als ob sie levitiere, und stürzte zu Boden. Dort verfiel sie in Verzückung, wand sich und rutschte, den Leidensweg Christi in gräßlicher Weise nachvollziehend, auf den Knien umher. Auf dem Boden liegend, sprach sie die Worte Jesu aus den Evangelien, durchlitt die Kreuzigung und sackte schließlich völlig erschöpft zusammen.

Die »Passionsekstasen«, wie man diese Erscheinungen alsbald nannte, dauerten bis 1942 und traten insgesamt zirka 180mal auf. Die Kunde von den außergewöhnlichen Ereignissen verbreitete sich natürlich rasch, und bald wurde das Haus, in dem Alexandrina lebte, von Pilgern umlagert. Obwohl sie sich davor fürchtete, zur Schau gestellt zu werden, und dies auch deutlich sagte, erlaubten Vertreter der Amtskirche ausgewählten Einzelpersonen auch weiterhin, dem freitäglichen Ritual als Zeugen beizuwohnen. Im Hinblick auf den Tag, an dem ihr Heiligsprechungsverfahren der Kongregation vorgelegt werden sollte, gestatteten sie sogar Filmaufnahmen von Alexandrinas qualvollen Szenen.

Doch dies war noch nicht alles. Am Karfreitag des Jahres 1942 vollzog Alexandrina ein letztes Mal die Leiden Christi nach. Die freitäglichen Ekstasen traten zwar nach wie vor auf, aber sie verließ fortan nicht mehr ihr Bett.

Von nun an weigerte sie sich, außer der Hostie irgendwelche feste oder flüssige Nahrung zu sich zu nehmen. Am 10. Juni 1943 wurde sie ins Krankenhaus von Porto eingeliefert. 40 Tage lang wurde sie dort rund um die Uhr von einem Ärzte- und Schwesternteam überwacht. Wie sie selbst berichtet, versuchten die Krankenschwestern mehrfach, sie zum Essen zu überreden, und die Ärzte wollten ihr Injektionen geben. Alexandrina lehnte alles ab.

Am Ende dieser strengen Überwachungsphase bezeugte Dr. Gomez de Arayjo, ein Spezialist für Nervenkrankheiten und Mitglied der Königlichen Akademie für Medizin, daß Alexandrinas Fähigkeit, 40 Tage ohne Nahrung zu überleben, »wissenschaftlich nicht erklärbar« sei. Zwei andere behandelnde Spezialisten gaben zu Protokoll, Alexandrina habe »ihr Gewicht gehalten; ihre Temperatur, ihr Atem, ihr Blutdruck, ihr Puls und ihr Blutbild waren normal, ihre geistige Verfassung stabil und ungetrübt... Mit den Gesetzen der Physiologie und der Biochemie ist das Überleben dieser Kranken nach 40tägigem absoluten Fasten im Krankenhaus nicht zu erklären, um so weniger, als sie jeden Tag Auskunft auf zahlreiche Fragen gab und viele Gespräche führte, bei denen sie sich stets in hervorragender Verfassung und geistiger Klarheit präsentierte. Was die jeden Freitag gegen 15 Uhr zu beobachtenden Phänomene (das heißt ihre Ekstase) betrifft, so glauben wir, daß sie der mystischen Kategorie zuzuordnen sind.«

Alexandrina lebte noch weitere zwölf Jahre. Ihre Visionen und Ekstasen wurden immer heftiger. Einmal beschrieb sie, wie Jesus sein Herz zu Pomade machte und das ihre damit einrieb (eine Variation des Austauschs der Herzen, wie es zwei Jahrhunderte zuvor die heilige Margareta Maria Alacoque erlebt hatte). Ein andermal berichtete sie, Jesus habe sie mit einem aus seinem Körper (Herzen) hervorragenden goldenen Rohr durchbohrt und somit ihre Herzen miteinander verbunden. Außer der Passion erlebte sie in den Phasen der Entrückung auch Christi Auferstehung und Himmelfahrt mit. All diese Visionen und viele mehr werden in ihrer umfangreichen Autobiographie geschildert.

Zum Zeitpunkt ihres Todes war Alexandrina die bekannteste religiöse Gestalt in Portugal, ausgenommen vielleicht die Kinder von Fátima. An manchen Tagen begehrten mehrere tausend Pilger, sie zu sehen. Sie flehten sie um ihre Gebete an und erhofften sich durch ihre Fürsprache göttliche Gnaden. Als sie starb, pries man sie allenthalben als »Mutter der Armen«, »Helferin der Elenden« und »Trösterin der Leidenden«. Laut der eingangs erwähnten Biographie verweste der Leichnam nicht, sondern verwandelte sich – wie von ihr selbst prophezeit – auf wundersame Weise in Asche. Der Asche schließlich entströmt, wie es heißt, ein süßlicher, parfümierter Geruch: der »Ruch der Heiligkeit«.

Wir haben es hier, wohlgemerkt, nicht mit einer mittelalterlichen Legende zu tun, sondern mit Vorfällen aus dem zwanzigsten Jahrhundert – noch dazu aus einem Land, das bei aller Volksfrömmigkeit notorisch antiklerikal ist. Mich interessierte allerdings gar nicht so sehr Alexandrinas Lebensgeschichte, als vielmehr die Erklärung ihrer außergewöhnlichen Lebensumstände durch die Heiligmacher. Nach Abschluß des bischöflichen Erhebungsverfahrens am 10. April 1973 wurden die Unterlagen nach Rom geschickt. Beigefügt waren 3650 Seiten aus dem schriftlichen Nachlaß Alexandrinas – ihr Tagebuch, die Autobiographie, Briefe sowie mehrere Bände mit anderen Gedanken, Offenbarungen und dergleichen mehr. Bisher liegt von amtlicher Seite jedoch nur die geistliche und psychologische Vorabuntersuchung der Schriften durch zwei anonyme Konsultoren vor.

Da sie sich ausschließlich mit den schriftlichen Zeugnissen befaßt haben, halten sich die beiden Konsultoren bei der Beurteilung des Falles sehr zurück. Alles, was die außergewöhnliche Fähigkeit der Kandidatin betrifft, in den letzten 13 Jahren ihres Lebens ohne feste Nahrung und Wasser auszukommen, überlassen sie der Kongregation zur Beurteilung, weisen allerdings darauf hin, daß Alexandrina in ihren Briefen nur selten auf diesen merkwürdigen Zustand zu sprechen kommt. Auch zu der Frage, wieso Alexandrina während der Passionsekstasen frei von Lähmungserscheinungen war, nehmen sie nicht Stellung. Über die Visionen und Offenbarungen in ihren Schriften urteilen die Konsultoren sehr vorsichtig; sie »könnten göttlichen Ursprungs sein«. Alexandrina, so fahren sie fort, »scheint nicht an einer seelischen Erkrankung gelitten zu haben, die als Erklärung für ihre außerordentlichen Manifestationen herhalten könnte«. Doch sie fügen hinzu: »Diese Meinung ist anderen Erkenntnissen untergeordnet, welche eines Tages aus einer direkten Untersuchung der betreffenden Person gewonnen werden könnten.«

Mit anderen Worten: Aus der Stellungnahme der Konsultoren lassen sich keine Hinderungsgründe für eine Fortsetzung des Verfahrens ablesen. Dennoch äußern die Autoren gewisse Bedenken und Vorbehalte. Der erste Konsultor weist darauf hin, daß Alexandrinas Spiritualität dem Sühnetypus zugeordnet werden muß, der dadurch charakterisiert ist, daß der oder die Betroffene mit seinem Leiden Buße leisten will für die Sünden anderer. Er beanstandet einige Passagen in Alexandrinas Texten, in denen Jesus zum Beispiel zu ihr sagt: »Ich muß mich an dir für jene (Sünder) rächen, für die du büßen willst.« Ja, Jesus scheint Alexandrina regelrecht *erpressen* zu wollen, wenn er fordert: »Entweder du leidest, oder ich verliere Seelen.« Im weiteren Verlauf seiner Abhandlung legt der Autor dar, daß diese drohende, rachsüchtige Haltung theologisch zwar nicht akzeptabel ist, aber für die Sprache der zu jener Zeit recht populären Volksprediger nicht untypisch war. Nach 1940, fügt er hinzu, verschwindet das Rachemotiv aus Alexandrinas Schriften.

Der erste Konsultor hat auch einige Bedenken wegen Alexandrinas langer Kämpfe mit dem Teufel, namentlich ihrer starken Empfindung, der Teufel habe ihren Körper zum Lustobjekt erkoren. »Wir glauben, darauf hinweisen zu müssen, daß wir in der gesamten Hagiographie nichts finden, was mit den von Alexandrina durchlittenen Erfahrungen vergleichbar wäre – und dies, obwohl der Kampf um (die Bewahrung der) Keuschheit in den Heiligenleben immer wieder vorkommt.« Die Tatsache, daß Alexandrina sexuelle Erfahrungen ablehnte, wertet der Autor indessen als Beweis für ihre heroische Keuschheit.

Der zweite Konsultor beschäftigt sich vorrangig mit psychologischen Fragen. Bezug nehmend auf die so kräftezehrende, dreistündige Nachvollziehung der Passion Christi, erklärt er: »Die Prüfung ihrer Schriften allein scheint nicht auszureichen, um die Natur dieser Phänomene zu ergründen.« Ohne sich auf den tatsächlichen Ursprung ihrer Visionen festzulegen, steht für ihn außer Zweifel, daß Alexandrinas »Glaube, daß sie von Gott kamen, subjektiv aufrichtig« war. Eine mögliche Schizophrenie als Erklärung für ihr Verhalten schließt er aus, wobei er darauf hinweist, daß Alexandrina an denselben Tagen, an denen sie ihre Visionen im Tagebuch schildert, auch Briefe schrieb, in denen sie durchaus humorvoll, nüchtern, ja sogar ironisch auf ihre Erlebnisse eingeht.

»Nach unserer Ansicht«, schließt er, »war sie psychisch nicht krank, sondern von schöpferischer Intelligenz, beachtlicher Seelenstärke und Tapferkeit... mit bemerkenswerter Vorstellungskraft.«

Dennoch sind auch diesem Konsultor »bedenkliche Einzelheiten« aufgefallen. So bemerkt er, daß Alexandrina am Ende ihrer Passionsdarstellungen wiederholt eine eigenartige Form der Tröstung erfahren hat – eine Art Bluttransfusion vom heiligen Herzen Jesu zu ihrem Herzen. Verschiedene Male schildert Alexandrina, daß diese Übertragung durch ein vom Körper Jesu ausgehendes »Liebesrohr« oder ein »Rohr, das Liebe verströmt«, vonstatten geht. Bei anderer Gelegenheit beschreibt sie, daß Jesus aus seinem Herzen eine Salbe herstellt und damit die Schmerzen in ihrer Brust wegmassiert. In einer Passage, die man nur als massives Understatement bezeichnen kann, bemerkt der Konsultor: »Diese Visionen haben recht seltsame Konnotationen, so daß sie in ihrer Beschreibung zumindest doppeldeutig erscheinen.«

Trotz aller Einwände kommt die Stellungnahme der Konsultoren zu dem Schluß, daß »die Schriften der Alexandrina da Costa, insgesamt gesehen, ungewöhnliche Tugendhaftigkeit und eine oftmals heroische Hingabe an die Treue und Liebe zu Gott zu belegen scheinen«. Besonders beeindruckt zeigen sich die Konsultoren von der Demut der Kandidatin und ihrer Bereitschaft, selbst auf dem Höhepunkt ihrer verzehrenden Passionsekstasen den Befehlen ihres geistlichen Führers Gehorsam zu leisten. Man mag also im einzelnen von Alexandrinas Visionen halten, was man will – auf jeden Fall manifestiere sie in heroischem Ausmaß die Tugenden Demut und Gehorsam.

Konsultoren unterschreiben ihre Gutachten traditionellerweise nicht namentlich. Dennoch gelang es mir 1988, in Chikago den zweiten (psychologischen) Konsultor ausfindig zu machen und ihn nach seiner Beurteilung des Falles zu befragen. Pater John Lozano, ein 53jähriger Spanier, ist Priester und gehört dem Orden der Claretiner an. Seit 1970 ist er für die Kongregation als Konsultor tätig. Er hat in spiritueller Theologie promoviert und besitzt, wie die meisten Spanier, eine besondere Vorliebe für die Mystiker und Mystikerinnen seines Heimatlands – für Johannes vom Kreuz, Therese von Ávila und Ignatius von Loyola. Er hat sich auch in Psychologie fortgebildet und kennt die Theorien von Freud, Jung und anderen »Modernen«, wie er sich ausdrückt, durch Selbststudium.

Ein streng psychoanalytisch ausgebildeter Gutachter – sogar ein römisch-katholischer Psychiater – hätte Alexandrina anders beurteilt, sagte ich zu ihm. Zumindest hätte er auf die eindeutig sexuelle Komponente einiger ihrer Visionen aufmerksam gemacht und auf den Zusammenhang zwischen der versuchten Vergewaltigung durch ihren Brotgeber und der nachfolgenden Lähmung hingewiesen. »Was soll denn dieses vom Körper Jesu ausgehende Rohr anderes sein als ein phallisches Symbol?« fragte ich.

»Gewiß«, sagte er, »alle Freudschen Hunde haben gebellt. Es ist natürlich gut möglich, daß ihre Lähmung ein Schutzmechanismus gegen männliche Nachstellungen war. Und sehen Sie sich doch ihre Heimsuchungen durch den Teufel an. Er kam zu ihr in Gestalt eines Hundes, einer Schlange und eines Affen – lauter Freudsche Symbole.«

»Warum bleiben dann all diese Dinge in Ihrem Gutachten unerwähnt?«

»Wenn Sie genau hinsehen, wird Ihnen auffallen, daß eine ganze Reihe von Antworten in meinem Gutachten stehen. Ich sage dort, daß eine Vielzahl psychologischer Fragen überprüft werden muß. Die Schwierigkeit besteht darin, daß die in Rom nicht wissen, was sie mit der Freudschen Psychoanalyse anfangen sollen. Die meisten Konsultoren müssen erst einmal seine Theorie des Unbewußten verarbeiten. Man hat Angst, daß, sobald die Schriften der Mystiker Psychiatern zur Beurteilung vorgelegt werden, alles und jedes auf sexuelle Ursachen zurückgeführt wird. Ich sage dazu: Jawohl, diese Gefahr besteht durchaus – doch die andere Gefahr liegt in der Neigung spiritueller Theologen, alles und jedes auf Gott zurückzuführen. Das Problem ist, daß Psychologie und Religion nur sehr wenig interdisziplinär miteinander reden.«

»Aber wenn Sie schon glauben, daß mystische Erfahrungen mit Hilfe der Psychologie weitgehend geklärt werden können – warum schreiben Sie das nicht in Ihre Gutachten?«

»Das habe ich doch. Da lag einmal der Fall einer italienischen Nonne bei mir auf dem Tisch. Sie wurde vom Teufel heimgesucht. Ihre Mitschwestern hatten davon keine Ahnung. Nach dem frühen Tod der Nonne fand man ihr Tagebuch, aus dem hervorging, daß sie immer wieder mit dem Teufel gerungen hatte. Also hielt man es für möglich, daß sie eine Heilige war. Für mich handelte es sich eindeutig um eine Psychotikerin. Ich konnte in ihren Erfahrungen nichts Positives entdecken. Wie ich später erfuhr, gab mein Gutachten den Ausschlag für die Einstellung des Verfahrens.« Er hielt inne. Wir saßen im Speisesaal des Claretinerzentrums in Oak Park, einer Vorstadt Chikagos, und Pater Lozano ging um den langen Eßtisch herum und dozierte in den freien Raum; es war, als ginge er in einem Klassenzimmer auf und ab. Er nahm den Faden wieder auf und sagte: »Es ist eine Frage der Intuition. Ich wende nicht einfach mechanisch irgendwelche Normen an. Ich betrachte immer das ganze Bild.«

»Und Alexandrina?«

»Alexandrina hatte eine Menge Probleme, sicher, vor allem ihre Heimsuchungen durch den Teufel. Aber sie ließ sich nicht beirren und betete weiter. Mit der Zeit entwickelte sie eine wunderschöne Beziehung zu Christus, die sie schließlich von den Heimsuchungen befreite. Vom psychologischen Standpunkt aus gesehen, war sie eine Kranke, die wieder gesund gemacht wurde.« Erneut hielt der Pater inne und drehte eine weitere Runde um den Tisch herum. »Sehen Sie: Einen vollkommen normalen Menschen schlägt die Kirche nicht zur Heiligsprechung vor. Jesus liebte die Kranken. Wir haben es hier mit Phänomenen zu tun, die entweder Ausfluß einer mystischen Erfahrung sind – oder aber Ausdruck einer psychischen Störung... Schwere psychische Probleme können durchaus dazu beitragen, daß sich ein Mensch auf Christus konzentriert.«

»Wie unterscheiden Sie zwischen einer geistlichen und einer rein psychologischen Erklärung eines Problems?«

»Mit zunehmender Erfahrung entwickelt man ein Gespür dafür. Religiöse Ekstase und psychisches Trauma sind einander durchaus ähnlich. In beiden Fällen ist die Verbindung zwischen Bewußtsein und Körper unterbrochen. Doch hinter der Ekstase steht die Gotteserfahrung, hinter dem Trauma nicht. Nach einem Trauma kann sich der Betroffene nicht mehr daran erinnern, was im Trancezustand geschah; der Ekstatiker ist dagegen – obwohl sein Körper in eine Art Lethargie verfällt – höchst präsent und geistig wach.«

»Wie beurteilen Sie das, was während der Ekstase geschieht?« hakte ich nach. »Woher wissen Sie, daß die Erfahrung göttlichen Ursprungs ist?«

»Ich kann hier nur für mich selber sprechen«, erwiderte der Pater. »Die anderen Konsultoren denken da anders. Ich unterscheide immer zwischen echter mystischer Erfahrung und dem Phantasiegehalt sowie körperlicher Begleiterscheinungen. Bei echter mystischer Erfahrung wird die Gegenwart von Glaube, Hoffnung und Liebe so intensiv, daß man sich ihrer unmittelbar bewußt wird. Man fühlt sich zu Akten der Verehrung hingezogen. Kern dieser Erfahrung ist daher nicht eine Vision, sondern die Wahrnehmung Gottes. Von dem inneren Auge scheint alles zu strahlen. Man sieht keine Gegenstände, alles ist lichtübergossen. Die höchsten mystischen Gnaden sind demnach geistige Wahrnehmungen – der Dreieinigkeit, der Inkarnation, der Wiederauferstehung. Mit geistigen Wahrnehmungen sind keine Bilder verbunden – der gereinigte Geist allein empfängt sie. Sie sind so unermeßlich hoch, daß die Phantasie ihnen nicht folgen kann. Mit wachsendem Phantasieanteil sinkt die Intensität der Erfahrung.«

»Empfänger von Visionen sind also nicht unbedingt Mystiker?«

»Andere Konsultoren halten alle Empfänger von Visionen für Mystiker, ich jedoch nicht. Manche Empfänger von Visionen sind Mystiker, und manche Mystiker sind auch Empfänger von Visionen. Doch generell ist das nicht dasselbe. Empfänger von Visionen – oder einfach Seher – sind Menschen mit einer Neigung zu bildhaften Vorstellungen. Ein Psychopath mag zum Beispiel dazu neigen, Schlangen zu sehen. Doch wenn er religiös ist, sieht er vielleicht keine Schlangen, sondern Heilige. Die Tatsache, daß er Jesus, Maria oder eine andere biblische Gestalt sieht, macht aus einem Seher noch keinen Heiligen.«

»Doch wie unterscheiden Sie mystische Wahrnehmungen von rein pathologischen Wahrnehmungen?«

»Ich halte mich an folgende Regel: Gnaden, die dem Körper und der Phantasie erwiesen werden, sind Gnaden, deren zunächst der Geist teilhaftig wird. Ihre ›Verarbeitung‹ durch die Phantasie oder bestimmte körperliche Reaktionen sind bei einem echten Mystiker durchaus möglich, zum Beispiel in Form von Stigmatisierungen. Wenn ein Mystiker die besondere Gnade der totalen Transformation in den gekreuzigten Christus erfährt – wie beispielsweise der heilige Franziskus von Assisi –, dann wird diese Gnade mittels Phantasie in den Körper reflektiert.«

»Mittels Phantasie?«

»Ja. Wir wissen, daß stigmatisierte Mystiker ihnen vertraute Kreuzigungsdarstellungen nachvollziehen. Befinden sich die Wunden – auf dem ihnen bekannten Kruzifix etwa – nicht an den ›richtigen‹ Stellen, so sind sie auch am Körper des Mystikers ›fehlplaziert‹. Ähnlich verhält es sich bei den Visionen: Kennen die Mystiker Maria von Darstellungen, auf denen sie – wie zum Beispiel in Katalonien – rot-blaue Gewänder anstelle der üblichen weiß-blauen Kleidung trägt, so erscheint sie ihnen auch in Rot-Blau.«

»Sind also, wenn ich Sie recht verstehe, Visionen und Stigmatisierungen kein Beweis für übernatürliche Erfahrungen?«

»Die Kirche äußert sich niemals über die Authentizität mystischer Erfahrungen. Man weiß um die Unsicherheit des Terrains. Die Kirche bittet uns lediglich darum, zu prüfen, ob die Erfahrungen authentisch *aussehen* oder ob die Phänomene Fragen hinsichtlich des psychischen Gesundheitszustands bei der betreffenden Person aufwerfen. Wir Konsultoren haben bei der Beurteilung der heroischen Tugenden eines Kandidaten keineswegs das letzte Wort – und die Kirche interessiert sich nur für die Tugenden.«

Während ich diese Zeilen schreibe, nimmt das Verfahren der Alexandrina da Costa seinen Lauf. Der Postulator sitzt an der Ausarbeitung ihrer *vita* und rechnet damit, daß bis zu ihrer Fertigstellung noch einige Jahre ins Land gehen werden. Wenn es soweit ist, wird der Tod der Kandidatin über 40 Jahre zurückliegen. Ihr heiligmäßiger Ruf ist angeblich intakt geblieben. Was mich jedoch verblüffte, war die enorme Diskrepanz zwischen der volkstümlichen Verehrung Alexandrinas als privilegierter Teilhaberin an der Passion Christi und der gemäßigten Ansicht des Konsultors Lozano, der sie für eine psychisch verstörte, letztlich aber durch die Liebe Jesu geheilte Persönlichkeit hält. Welcher Auffassung, so fragte ich mich, wird sich der Papst anschließen, wenn die Heiligmacher sie der Kanonisierung für würdig halten sollten? Ist sie eine kranke Frau, die geheilt worden ist? Oder eine Mystikerin? Welche christliche Glaubenswahrheit soll weitervermittelt werden, falls Alexandrina kanonisiert wird?

Die Visionen der Anna Katharina Emmerich

Die gleichen Fragen veranlaßten mich, mir auch den Fall der Anna Katharina Emmerich etwas näher anzusehen. Ihr Ruf als Mystikerin ist nicht nur erheblich älter als der der Alexandrina da Costa, sondern zog auch viel weitere Kreise. Anna Katharina Emmerich (1774–1824), zu Lebzeiten bekannt als »die Seherin von Dülmen«, gehörte zu den vielbeachtetsten Seherinnen des neunzehnten Jahrhunderts. Sie kam als Tochter armer Eltern im Dörfchen Flamske bei Coesfeld in Westfalen auf die Welt. Schon in jungen Jahren hatte das krankheitsanfällige Kind häufig Visionen: Ihr Schutzengel, Jesus und Maria erschienen ihr und teilten ihr bisweilen auch Botschaften mit. Auch nachdem sie 1802 ins Augustinerinnenkloster Agnetenberg bei Dülmen eingetreten war, hielten die Visionen an, wurden aber allem Anschein nach von den anderen Nonnen nicht ernst genommen. 1811 wurde das Kloster von der antikatholischen preußischen Regierung säkularisiert. Katharina, die mittlerweile nur noch selten ihr Bett verlassen konnte, wurde als Fürsorgefall in das Haus eines aus Frankreich emigrierten Priesters überwiesen. Ein Jahr darauf begann sie aus einer Vielzahl kleiner, ringförmig um ihren Kopf angeordneter Wunden zu bluten. Mit der Zeit entwickelten sich die Stigmata auf ihren Handflächen, an den Füßen und an der Körperseite. Hinzu kam ein mysteriöses, ungefähr zweieinhalb Zentimeter breites Doppelkreuz über ihrem Brustbein.

Die Kunde von den Stigmatisierungen sorgte unter der frommen Bevölkerung von Dülmen für beträchtliche Aufregung. Einige sahen in Katharina die Verkörperung der Zurückweisung des Rationalismus, der große Teile Deutschlands und Frankreichs beherrschte. Andere hielten sie für eine Betrügerin. Die Kontroverse führte schließlich zu zwei formellen Untersuchungen, einer kirchlichen und einer »amtlichen«. Die kirchliche endete mit einer sehr vorsichtigen Stellungnahme, in der der übernatürliche Charakter der Stigmatisierungen weder bestätigt noch bestritten wurde. Die zweite Untersuchung dauerte vom 7. bis zum 28. August 1818 und wurde von einer überwiegend aus protestantischen und agnostizistischen Ärzten und Wissenschaftlern zusammengesetzten Kommission durchgeführt. Katharina wurde in ein anderes Haus gebracht und zahlreichen Tests unterworfen, die ebenso schmerzhaft wie peinlich waren. Am Ende verkündete die Kommission, sie habe keinerlei Beweise für eine betrügerische Handlung feststellen können. Kurzum – die Ärzte konnten sich die Wunden nicht erklären, und die Kirchenvertreter sprachen nur sehr zurückhaltend von einem Wunder.

Die regelmäßigen Blutungen der Stigmata hörten zwar nach einer Weile auf, doch Ekstasen und Visionen überkamen Katharina nach wie vor. Die Bettlägerige sagte Dinge voraus, die ihre zahlreichen Besucher verblüfften. Viele Male stellte man sie vor die Aufgabe, echte von falschen Reliquien zu unterscheiden; bei einer Gelegenheit gelang es ihr zum Beispiel, eine in einem eigens aus Köln herbeigebrachten Reliquar verwahrte Haarsträhne »korrekt« als Haar der Jungfrau Maria zu identifizieren. Von allen, die sie persönlich kannten, wurde glaubhaft versichert, daß Katharina in den letzten zehn Jahren ihres Lebens keine feste Nahrung mehr zu sich nahm. Schon nach einem Löffel Suppe mußte sie sich übergeben. Sie lebte nur von der Hostie und Wasser. Nach ihrem Tod verfiel ihr Körper in den drei Tagen, die bis zur Beerdigung verstrichen, nicht in Leichenstarre, und als man ihn sechs Wochen später exhumierte, um sich zu vergewissern, daß er nicht von frommen Verehrern der Toten gestohlen worden war, zeigte er keine Anzeichen von Verwesung und strömte keinen Leichengeruch aus.

Bis zu diesem Punkt unterscheidet sich die Lebensgeschichte der Anna Katharina Emmerich kaum von der anderer stigmatisierter Frauen: Sie war arm und ungebildet und verbrachte einen Großteil ihrer Zeit in Ekstase. In einem Punkt gibt es jedoch eine wichtige Abweichung vom vertrauten Grundschema: Während ihrer Ekstasen erlebte Katharina einen Zeitsprung. Sie wurde zurückversetzt in die Zeit Jesu, der Jungfrau Maria und anderer biblischer Gestalten. Genauer gesagt, sie durchlebte, ihren Angaben zufolge, das Leben und Leiden Christi als unmittelbare Beobachterin und wußte Einzelheiten mitzuteilen, von denen die Heilige Schrift nichts berichtet.

Die Öffentlichkeit hätte von diesen Visionen allerdings ohne den deutschen Romantiker Clemens Brentano (1778–1842) nie etwas erfahren. Gemeinsam mit Achim von Arnim (1781–1831) hatte Brentano die Lieder- und Gedichtsammlung *Des Knaben Wunderhorn* herausgegeben und damit die Anerkennung Goethes, Heines und anderer bedeutender Zeitgenossen gefunden. Sein Privatleben verlief weniger erfolgreich. Er war zweimal verheiratet und entfremdete sich in seiner Jugend dem Katholizismus. Eine Protestantin, Luise Hensel, war es, die ihn bedrängte, Ordnung in sein Leben zu bringen und wieder zur katholischen Kirche zurückzukehren, was er – nachdem sie sein Werben zurückgewiesen hatte – schließlich auch tat. Auf Vorschlag von Professor Johann Michael Sailer, der zu jener Zeit einer der bedeutendsten Kirchenmänner im katholischen Deutschland war und später Bischof von Regensburg wurde, reiste Brentano nach Dülmen, um die bekannte Stigmatisierte zu besuchen. Katharina erkannte in ihm sofort jene Person, die ihr von Gott verheißen worden war. Der »Pilger«, wie sie ihn nannte, sollte die ihr zuteil werdenden Offenbarungen aufschreiben. Die nächsten fünf Jahre, bis zu Anna Katharina Emmerichs Tod, blieb Brentano in Dülmen, saß an ihrem Bett und schrieb die Worte, die Katharina während ihrer Ekstasen sprach, auf einzelne Papierbögen.

1833, neun Jahre nach Katharinas Tod, erschien Brentanos Werk *Das bittere Leiden Unsers Herrn Jesu Christi nach den Betrachtungen der gottseligen Anna Katharina Emmerich*. Mit minutiöser Genauigkeit schildert der Autor darin die Ereignisse zwischen dem letzten Abendmahl und der Auferstehung, so wie Katharina sie in ihren Visionen erlebt hatte. In einem einleitenden kurzen Abriß über ihr Leben schreibt Brentano, daß Katharina, obwohl sie nie die Bibel gelesen hatte, über ein intuitives Wissen der alttestamentlichen und neutestamentlichen Geschichte verfügt habe. Mit anderen Worten: Brentano stellte Katharina als Mystikerin dar, der das Wissen um die Passion und den Tod Christi unmittelbar vom Heiligen Geist zur Erbauung der Gläubigen eingegeben worden war. Und obwohl Brentano auf Vorschlag des Bischofs eine Vorbehaltsklausel hinzufügte, in der er sich dagegen verwahrte, Katharinas Meditationen als geschichtliche Wahrheit ansehen zu wollen, geht aus dem Text ganz eindeutig hervor, daß der Leser sie als authentische Offenbarungen tatsächlicher Geschehnisse begreifen sollte.

Der Text ist faszinierend, sowohl aufgrund seiner hohen literarischen Qualität als auch wegen der Fülle von Einzelheiten, die den Autoren der vier Evangelien offensichtlich unbekannt geblieben waren. In einer typischen Passage des Buchs enthüllt Katharina Emmerich den geistlichen Einfluß Jesu auf die Frau des römischen Prokurators Pontius Pilatus:

> »Während nun Pilatus das ungerechte Urteil sprach, sah ich, daß Claudia Procle, seine Frau, ihm sein Pfand zurücksendete und sich von ihm lossagte; ich sah auch, daß sie noch am heutigen Abend heimlich aus seinem Palaste zu den Freunden Jesu fliehen und in einem Gewölbe unter Lazari Haus in Jerusalem versteckt werden wird. Ich sah auch in bezug auf den schändlichen Urteilsspruch Pilati und auf die Trennung seines Weibes von ihm durch irgendeinen Freund Christi auf einen grünen Stein hinten an der Terrasse Gabbatha zwei Zeilen einkratzen, worin ich mich der Worte *iudex iniustus* und des Namens Claudia Procle erinnere. Jedoch weiß ich

nicht mehr, ob dieses heute oder einige Zeit nachher geschehen, und entsinne mich nur, daß ein dichter Trupp Männer an dieser Stelle des Forums standen und miteinander sprachen, während jener Mann, von ihnen gedeckt, ohne bemerkt zu werden, diese Zeilen einkratzte, und ich sah, daß dieser Stein unkenntlich noch jetzt unten an einem Haus oder Kirchenfundament in Jerusalem befindlich ist, wo Gabbatha war. Claudia Procle suchte als Christin später Paulus auf und war dessen besondere Freundin.«

Von der deutschen Erstauflage des *Bitteren Leidens* wurden an die 4000 Exemplare verkauft. Im Laufe der Zeit erreichte das Buch 29 Auflagen und wurde ins Französische, Englische, Spanische und Italienische übersetzt. Bis heute ist es in Europa und Amerika im Handel erhältlich. Doch das *Bittere Leiden* enthält nur einen Teil der Offenbarungen Katharinas. Aus Brentanos Notizen geht hervor, daß er eine ganze Buchreihe mit Visionen der Stigmatisierten plante. 1852, zehn Jahre nach dem Tod des Dichters, gaben seine literarischen Nachlaßverwalter das unvollendete Werk *Das Leben der Gesegneten Jungfrau* heraus, das ausführliche Einzelheiten über die Geburt Jesu und Marias letzte Tage enthält. Unter anderem wird das Haus, in dem Maria starb, genau beschrieben, und wir erfahren, daß ihr Leichnam drei Tage im Grab lag, bevor er gen Himmel fuhr.

Doch dies war noch nicht alles. Zwischen 1858 und 1860 veröffentlichte der deutsche Redemptoristenpater K. E. Schmöger unter Verwendung von Brentanos Tagebüchern eine vierbändige, insgesamt über 2000 Seiten umfassende Version der Emmerich-Visionen, die den Umfang der bereits bekannten Offenbarungen noch weiter aufblähen und auch die Anfänge der Schöpfungsgeschichte sowie alttestamentliche Begebenheiten im Visier haben. Sie beginnen mit dem Sturz der Engel und schildern, ehe sie sich dem Leben Jesu zuwenden, auch die Vertreibung Adams und Evas sowie das Leben Abrahams, Isaaks und Jakobs. Man erfährt aus diesem Werk, daß Jesus mit einer Gruppe Juden eine fünfwöchige Reise nach Zypern unternahm. Auch von einer zweiten bisher unbekannten Reise wird berichtet; sie führte ihn in das Land der Heiligen Drei Könige, die ihm zu seiner Geburt ihre Reverenz erwiesen hatten. Außerdem erfährt man, daß Judas das uneheliche Kind einer Tänzerin war und daß das Brautpaar, bei dessen Hochzeit in Kanaa Jesus sein erstes öffentliches

Wunder wirkte, unmittelbar darauf lebenslange Keuschheit gelobte.

Schmöger schrieb darüber hinaus eine zweibändige Biographie Katharinas, in der weitere Offenbarungen geschildert werden. So beschreibt Katharina zum Beispiel den Tag ihrer Taufe – es war der Tag, an dem sie geboren wurde – und behauptet, sie sei sich der Ereignisse um sie herum vollauf bewußt gewesen. In einer späteren, 1898 erschienenen Biographie aus der Feder von Pater Thomas Wegener, dem deutschen Postulator ihres Verfahrens, wird diese bemerkenswerte Episode noch weiter ausgeschmückt.

Im historischen Kontext gesehen, erwies sich die Veröffentlichung der Visionen Anna Katharina Emmerichs für fromme Katholiken jener Zeit als wirksamer Rückhalt im Kampf gegen den Rationalismus und die allem Übernatürlichen abholde Aufklärung. Es war die Zeit, in der historisch-kritische Jesusbiographien von David Friedrich Strauß und Bruno Bauer erschienen. Für viele Katholiken konnten die wissenschaftlich-exegetischen Rekonstruktionen des Lebens Jesu den auf übernatürliche Weise enthüllten Offenbarungen der demütigen Stigmatisierten aus Dülmen nicht das Wasser reichen. Einige Leser der Visionen bereisten mit den Büchern im Gepäck das Heilige Land und staunten über die Präzision, mit der sie die Geographie Palästinas und die Sitten und Gebräuche der alten Hebräer beschrieben hatte. Der englische Jesuit und Dichter Gerard Manley Hopkins (1844–1889) weinte, wenn während der Exerzitien Katharina Emmerichs Nacherzählung der Passion Jesu vorgetragen wurde. Im folgenden Jahrhundert waren es berühmte Konvertiten zum Katholizismus wie der französische Dichter Paul Claudel, die Katharina Emmerichs die Seele bewegende Kraft rühmten. Bischöfe in Europa und den Vereinigten Staaten animierten die Gläubigen zur Lektüre der Offenbarungen Katharinas. Sogar Albert Schweitzer äußerte sich in seinem monumentalen Werk *Geschichte der Leben-Jesu-Forschung* anerkennend über die von Katharina offenbarte Lebensgeschichte Jesu. Ein Jahrhundert nach ihrem Tod beschäftigte sich Georges Goyau, Mitglied der illustren Académie Française, mit der Zusammenarbeit zwischen dem Dichter und der Seherin und lobte die beiden dafür, daß sie »eine frische Nahrungsquelle für die fromme Neugier der gläubigen Seelen erschlossen« hätten.

Die Ernsthaftigkeit, mit der gebildete Kleriker die Authentizität der Visionen – und damit die Heiligkeit Anna Katharina Emmerichs – akzeptierten, wäre ohne die unermüdliche und hingebungsvolle Arbeit Pater Schmögers heute kaum verständlich. In der vierten deutschsprachigen Auflage ihrer erweiterten Visionen bringt Schmöger eine 242 Seiten umfassende Abhandlung über die kirchliche Lehrmeinung bezüglich der Offenbarungen an geschichtliche Persönlichkeiten und ihre Anwendbarkeit auf Anna Katharina Emmerich. De facto handelt es sich dabei um ein Plädoyer für die »Authentizität« und den »übernatürlichen« Charakter der Visionen sowie für Annas Heiligkeit.

In Rom wurden dagegen die Visionen der Anna Katharina Emmerich mit weit geringerer Begeisterung aufgenommen. Zum einen lag dies daran, daß sich die Kirche schon immer schwergetan hat mit der Anerkennung von Offenbarungen, die über die Zeit Jesu und der Apostel hinausreichen, und ganz besonders natürlich solcher, die Details enthielten, welche den inspirierten Autoren der vier Evangelien entgangen sein mußten. Darüber hinaus erhob sich die Frage, wie viele der veröffentlichten Visionen tatsächlich von Katharina stammen und wie viele Brentanos Werk sind. In einer ungewöhnlichen Erklärung, die am 22. November 1928 veröffentlicht wurde, gab das Heilige Offizium bekannt, daß das Verfahren für Katharina Emmerichs Selig- und Heiligsprechung vorerst eingestellt worden sei. Einige Konsultoren hielten sie für eine Häretikerin. Andere fürchteten lediglich, die Gläubigen könnten durch die in Ich-Form geschriebenen Berichte über Leben und Sterben Jesu irregeleitet werden. Den Befürwortern des Verfahrens wurde allerdings gestattet, Dokumentation und Zeugenaussagen in Hinblick auf eine mögliche Wiederaufnahme des Verfahrens zu überarbeiten und zu ergänzen.

In Deutschland machten sich daraufhin die Experten ans Werk. Sie fanden heraus, daß Brentano an die 20 000 Blätter mit Notizen über Anna Katharina Emmerich hinterlassen hatte, von denen nur eine Handvoll mit Sicherheit der Mystikerin zugeschrieben werden konnten. In seiner Bibliothek fanden sich Karten und Reisebücher über das Heilige Land, die die topographische Akkuratesse der veröffentlichten Visionen erklären. Wichtiger noch war, daß Brentano die Visionen nachweislich mit Material aus dem Jakobevangelium und anderen apokryphen Texten angereichert hatte. Der Text der relativ wenigen Zettel, deren Gehalt als Niederschrift authentischer Worte Katharinas identifiziert werden konnte, erwies sich als ziemlich orthodox.

Aufgrund dieser Ergebnisse hob Papst Paul VI. am 18. Mai 1973 den Verfahrensstopp gegen die Heiligsprechung Katharina Emmerichs auf. Sechs Jahre später suchte die Deutsche Bischofskonferenz formell um eine Wiedereröffnung des Prozesses nach. Bei einer Anhörung in Rom erklärten die Experten, daß es unmöglich sei, Katharinas tatsächliche Visionen aus dem Elaborat Brentanos herauszufiltern. Pater Gumpel und andere entschlossen sich daher zu einem entscheidenden Schritt: Sie forderten, daß bei der Beurteilung der Heiligkeit Anna Katharina Emmerichs die Bücher mit ihren Visionen über Leben und Sterben Jesu künftig nicht mehr berücksichtigt werden sollten. Dies war der Durchbruch, auf den die Befürworter des Verfahrens gehofft hatten. Befreit von dem Ballast umfangreicher Visionen, konnten sie sich auf die Vorbereitung einer *positio* konzentrieren, die einzig und allein die heroische Tugendhaftigkeit der Mystikerin zu beweisen trachtete. So wurde das Verfahren 1981 mit Unterstützung des Augustinerordens und der deutschen Bischöfe den kanonischen Regeln entsprechend erneut eingebracht und Pater Eszer mit dem Amt des Relators betraut.

Im Frühjahr 1989 hatte die Rehabilitierung Anna Katharina Emmerichs bereits beachtliche Fortschritte gemacht. Die ursprüngliche *positio* war – laut Eszer – »sehr unordentlich«. Sein Mitarbeiter, ein historisch geschulter deutscher Priester, war mit der Abfassung einer neuen beschäftigt. Eszer zeigte sich zuversichtlich, daß sich Anna Katharina Emmerichs ungewöhnliche Fähigkeit, zehn Jahre lang ohne feste Nahrung auszukommen, beweisen lassen würde. »Wir können sagen, daß sie in ihrem letzten Lebensjahrzehnt ausschließlich von der heiligen Kommunion lebte. Die Berichte belegen, daß all diese Nonnen und antikatholischen Ärzte sich mit der Tatsache abfinden mußten, daß sie wirklich nichts anderes herunterbrachte.« Auch Katharinas Fähigkeit, echte von falschen Reliquien zu unterscheiden, beeindruckte ihn. Darum, ob diese Gabe übernatürlichen Ursprungs oder ein rein psychisches Phänomen sei, gehe es eigentlich nicht: »Sie ist ein Zeichen für ihre Klugheit und ihr Bestreben, nur die Wahrheit zu suchen.« Was die Stigmatisierungen betraf, so genügte es nachzuweisen, daß sie schwer litt und ihr Leiden demütig »in christlicher Weise« ertrug.

»Doch wie verhält es sich mit dem Ruf ihrer Heiligkeit?« fragte ich. »Basierte er nicht auf ihren veröffentlichten Visionen? Wurde sie nicht hauptsächlich ihretwegen als Heilige angesehen?«

»Ihretwegen war sie als *Mystikerin* bekannt«, korrigierte mich Eszer. »Der Ruf ihrer Heiligkeit hat andere Gründe. Es gibt eine Reihe von Menschen in Westfalen, die ihretwegen zur katholischen Kirche übertraten, darunter auch Luise Hensel, die später mehrere Nonnenklöster gründete.«

Dank der Unterstützung seitens der deutschen Bischöfe und einiger Mitglieder des Augustinerordens ist die »Seherin von Dülmen« heute, mehr als 150 Jahre nach ihrem Tod, eine recht aussichtsreiche Kandidatin für die Seligsprechung. Ihre heroische Tugendhaftigkeit muß allerdings erst noch bewiesen werden. Sollte ihr Verfahren erfolgreich verlaufen, so muß man wohl davon ausgehen, daß ihre Bedeutung weder an den Millionen Lesern gemessen wird, die Brentanos stilisierte Visionen für geoffenbarte Wahrheit hielten, noch an der Einschätzung zahlreicher Bischöfe und katholischer Intellektueller, die in Anna Katharina Emmerich einstmals die begnadete Mystikerin sahen, sondern an ihrer heilsamen Wirkung auf den verhältnismäßig kleinen Kreis glühender Verehrerinnen und Verehrer. Unter den Frommen wird sie jedoch zweifellos auch weiterhin als Mystikerin verehrt werden, die die Stigmata trug, mit himmlischen Gestalten Gespräche führte und auf wundersame Weise imstande war, zehn Jahre ohne Nahrungsaufnahme zu überleben.

Padre Pio und die Last,
ein Mystiker zu sein

Das Seligsprechungsverfahren für Padre Pio ist, welche Kriterien man auch zugrunde legen mag, der wichtigste Mystikerprozeß, der in den letzten 200 Jahren der Kongregation zur Bearbeitung vorgelegt wurde. Soweit es sich historisch zurückverfolgen läßt, war er der erste katholische Priester, der die Wundmale Christi trug, und der weitaus berühmteste männliche Stigmatisierte seit dem heiligen Franziskus von Assisi. Doch während Franziskus die Stigmatisierungen nur in seinen beiden letzten Lebensjahren trug, erduldete sie Padre Pio ein halbes Jahrhundert lang. Seine Wunden machten ihn zusammen mit den vielen belegten Aussagen über seine prophetischen Gaben, seine spirituelle Hellsichtigkeit, seine Visionen, Bilokationen und Wunderheilungen zu einer internationalen Zelebrität.

Auf dem Höhepunkt seines Bekanntheitsgrades erhielt Padre

Pio täglich bis zu 600 Briefe aus aller Welt. Selbst heute noch, 20 Jahre nach seinem Tod, steht er im Mittelpunkt eines Kults, der in seinen Ausmaßen lediglich noch von dem an Marienwallfahrtsorten übertroffen wird. Aus der Perspektive der Kongregation ist die Tatsache, daß nicht weniger als acht Kardinäle, 31 Erzbischöfe und 72 Bischöfe das Heiligsprechungsverfahren unterstützen, von nicht minderer Bedeutung. Hier, so schien es mir, lag ein Fall vor, bei dem mystische Phänomene nicht als zufällige Begleiterscheinung heroischer Tugenden behandelt werden konnten. Wer hätte schließlich zu Padre Pio gebetet, wenn er nicht durch seine thaumaturgischen Gaben Gläubige auf der ganzen Welt in seinen Bann gezogen hätte?

Wie man sich denken kann, begannen die Kapuziner schon ein Jahr nach Padre Pios Tod (1968) stillschweigend mit der Sammlung von Material über ihren berühmten Mitbruder. Doch dann geschah etwas Merkwürdiges: Irgend jemand in Rom veranlaßte, zweifellos mit der Autorität von Papst Paul VI., daß das bischöfliche Erhebungsverfahren nicht eröffnet wurde. Von wem die Order stammte, wollten mir die Kapuziner nicht sagen; sie bestätigten mir nur, daß sie bis 1982 Bestand hatte. Nachdem die Mitarbeiter der Kongregation die Angelegenheit diskutiert hatten, gestattete Papst Johannes Paul II. dem Erzbischof von Manfredonia die Eröffnung des Verfahrens vor Ort.

Keiner der Brüder wollte mir sagen, warum sich Rom so verhielt, doch gibt es darüber natürlich zahlreiche Spekulationen. Einige Kongregationsmitglieder nehmen an, daß der Verfahrensstopp etwas mit bestimmten Finanzskandalen zu tun hatte, in die der Kapuzinerorden in den fünfziger Jahren verwickelt war, sowie mit Meinungsverschiedenheiten im Zusammenhang mit einem modernen Krankenhaus, das der Padre weitgehend mit Spendengeldern seiner Verehrer finanziert hatte. Zur Tilgung von Schulden, die dem Orden durch Fehlinvestitionen bei einem unseriösen Bankier entstanden waren, wollte der Heilige Stuhl die finanzielle Kontrolle über das Krankenhaus an sich reißen – ein Vorgehen, gegen das die Verbündeten Padre Pios bis hinauf zu den Vereinten Nationen protestierten. Da einige der in jene Machenschaften verstrickten Bischöfe noch am Leben sind und sich möglicherweise selbst der Habgier schuldig gemacht haben, nahm man an, Rom habe, indem es die Untersuchung über Padre Pios Wirken bis auf die Zeit nach dem Tod der Bischöfe verschob, deren Ruf schonen wollen.

Eine weitere Vermutung lautete, der Vatikan habe die Hoffnungen auf eine rasche Kanonisierung Padre Pios dämpfen und im gleichen Zug verhindern wollen, daß die Kapuziner und andere, die an den Geschäften Padre Pios beteiligt waren, aus der erfolgreichen Heiligsprechung Kapital schlügen. Mir persönlich erschien es wahrscheinlicher, daß Papst Paul VI. und andere Würdenträger in Rom wegen der Dimensionen besorgt waren, die der Padre-Pio-Kult angenommen hatte, und hofften, die Wogen der Begeisterung durch einen gewissen zeitlichen Abstand zwischen dem Tod des Padre und dem Beginn seines Heiligsprechungsverfahrens glätten zu können.

Was immer dahinterstecken mochte – auf jeden Fall benötigte man Zeit, um zwischen Padre Pio, dem Thaumaturgen, und Francesco Forgione, dem heroisch-tugendhaften Diener Gottes, zu unterscheiden. Und sollte sich herausstellen, daß die Stigmatisierungen *nicht* als Zeichen der Heiligmäßigkeit gedeutet werden konnten, so war zusätzliche Zeit erforderlich, um seinen heiligmäßigen Ruf nach akzeptableren Kriterien reifen zu lassen. Zu diesem Zweck veröffentlichten die Kapuziner mehrere Bände mit seinen Briefen und veranstalteten 1972 einen Kongreß, der Padre Pios Spiritualität gewidmet war.

Es steht außer Frage, daß der berühmte Kapuziner nicht nur unter den Wundmalen an seinem Körper und den Blessuren, die ihm der Teufel zufügte, litt. Zeitweilig verdächtigte ihn der Vatikan, er habe sich seine Stigmata selbst beigebracht. Bei anderen Gelegenheiten tat man sie als psychologisch bedingte Folgeerscheinungen der hartnäckigen Konzentration des Paters auf die Passion Christi ab. Auf solche Vorwürfe pflegte Padre Pio zu antworten: »Geht hinaus auf die Koppeln, und seht euch einen Stier an. Konzentriert euch auf ihn mit all eurer Kraft. Und dann paßt auf, ob auf eurem Kopf Hörner sprießen!«

Padre Pios Ruhm führte im Klerus seiner Heimatregion zu Eifersüchteleien und direkter Opposition gegen ihn. Zu seinen Widersachern zählte auch der Erzbischof von Manfredonia, Pasquale Gagliardi, der ihn beim Heiligen Offizium des Vatikans denunzierte. Mal wurde Padre Pio verboten, öffentlich die Messe zu lesen, mal untersagte man ihm, mit Frauen zu sprechen. Noch im Alter von 73 Jahren mußte er sich den Vorwurf gefallen lassen, er habe sich weibliche Beichtkinder sexuell gefügig gemacht. Einmal sogar versah ein Mitbruder, Pater Emilio, seinen Beichtstuhl mit einer Abhöranlage, weil er hoffte, auf diese Weise die gegen

Padre Pio vorgebrachten Vorwürfe entkräften zu können, und verletzte auf diese Weise das Beichtgeheimnis.

Noch im Jahre 1960, acht Jahre vor Padre Pios Tod, schränkte das Heilige Offizium seine Außenkontakte rigoros ein, um »Handlungen, die den Charakter eines auf die Person des Padre ausgerichteten Kults« haben (so der damalige Präfekt der Glaubenskongregation, Alfredo Kardinal Ottaviani), zu unterbinden. Ottaviani, ein Verfechter der katholischen Orthodoxie, stand mit seiner Einschätzung keineswegs allein. Im selben Jahr lehnte der Bischof von Venedig, Albino Luciani, der spätere Papst Johannes Paul I., Padre Pios Wirken als »unverdaulichen Leckerbissen« ab, welcher nur die »Sehnsucht nach dem Übernatürlichen und Ungewöhnlichen« befriedige. Luciani sprach vielen Bischöfen und Priestern aus dem Herzen, als er sagte, die Gläubigen bedürften der Messe, der Sakramente und des Katechismus, sie bräuchten »solides Brot, das sie nährt, und nicht Schokolade, Gebäck und Süßigkeiten, die belasten und verführen«.

Was also ist die Wahrheit über Padre Pio?

»Viele Dinge im Zusammenhang mit Padre Pio werden nach wie vor geheimgehalten«, sagte mit Pater Paolo Rossi, ein italienischer Ordensbruder, der seit 1980 als Generalpostulator der Kapuziner tätig ist. Trotz der generellen Zurückhaltung, auf die man nahezu überall in Rom stößt, wenn man das Thema Padre Pio anspricht, bereitete mir Rossi bei den Kapuzinern einen freundlichen Empfang. Und obwohl das Verfahren, rein technisch gesehen, nach wie vor in Händen des Erzbischofs von Manfredonia liegt, erklärte sich der bärtige Pater bereit, mir, soweit es ihm möglich war, Auskunft zu geben.

Rossi gestand ein, daß Padre Pios Fall unter den zirka 200 Verfahren, die seiner Verantwortung unterstellt sind, das vermutlich schwierigste sei, beeilte sich aber hinzuzufügen, dies liege keineswegs nur an den mystischen Phänomenen. Was die Stigmatisierungen betraf, so war Rossi zuversichtlich, daß die Konsultoren der Kongregation bestätigen würden, was mehrere Ärzte bereits zu Padre Pios Lebzeiten festgestellt hatten, nämlich daß er sich die Wunden nicht selbst zugefügt habe. »Nur wenigen Menschen ist bekannt«, sagte Rossi, »daß die Stigmata einige Monate vor Padre Pios Tod verschwanden. Vor der Beerdigung bedeckten die Brüder seine Hände und Füße, weil die Leute sonst gefragt hätten, warum die Wunden nicht mehr zu sehen seien. Es waren nicht einmal mehr Narben an seinem Körper zu erkennen.«

»Was bedeutet das für Sie?«

»Folgendes: Hätte er sich die Stigmata selbst zugefügt, so wären sie nur langsam verheilt und hätten Narben hinterlassen. Aber seine Zeit war nun einmal abgelaufen. Die Wunden wurden nicht mehr gebraucht und wurden ihm daher genommen. Es ist das Prinzip des heiligen Paulus: Die Gaben des Heiligen Geistes erhält man um anderer Menschen willen. Das gleiche gilt im übrigen auch für seine anderen mystischen Gaben. Viele Menschen haben bezeugt, daß Padre Pio imstande war, Gedanken zu lesen, vor allem in der Beichte. Er schaute den Beichtkindern ins Herz und erkannte, was sie beichten sollten. Auch die Bilokation war eine Gabe für seine Mitmenschen: Sie sollten darin die Gegenwart des Göttlichen erkennen und ihr Leben entsprechend ändern.«

»Sie glauben also, daß ihm diese Gaben von Gott verliehen worden sind?«

»Ja, aber bedenken Sie, daß die Kirche dieser Frage im Augenblick gar nicht nachgeht. Wir müssen zunächst seine heroischen Tugenden feststellen. Erst danach werden wir herausfinden können, ob seine Gaben höheren Ursprungs waren.«

»Spricht irgend etwas dagegen, daß Padre Pio ein heroisch-tugendhaftes Leben geführt hat?«

Pater Rossi bedachte seine Antwort sorgfältig. Ich wußte, daß es innerhalb des weltweit verbreiteten Kapuzinerordens erhebliche Meinungsunterschiede über den Wert des Heiligsprechungsverfahrens für Padre Pio gab. Die Brüder in San Giovanni Rotondo – vor allem jene, die Padre Pio noch persönlich kannten – verehren ihn bereits als Heiligen. Auch die regionale Bevölkerung betrachtet ihn als *ihren* Heiligen, den bislang jüngsten in einer langen italienischen Tradition von Dorfheiligen, der unter anderem der heilige Franziskus von Assisi, Margareta von Cortona und Hunderte weniger bekannter lokaler Mystiker und geistlicher Schutzpatrone angehören. Viele andere Kapuziner hingegen, vor allem in den Vereinigten Staaten, halten Padre Pio für ein Requisit der »alten« kirchlichen Kultur, in der Heiligkeit eher mit dem Übernatürlichen als mit guten Werken und politischem Protest identifiziert wurde. Viele von ihnen stehen dem Verfahren gerade wegen der mystischen Gaben Padre Pios gleichgültig oder sogar ablehnend gegenüber. Als Generalpostulator seines Ordens konnte sich Pater Rossi daher nicht auf die eine oder andere Seite schlagen. Ich hatte Verständnis für seine Lage.

»Nun, Padre Pio hatte einen ziemlich herben Charakter«, sagte er schließlich. »Aber ich glaube nicht, daß er selbst dafür verantwortlich zu machen ist. Es hatte eher mit seiner bäuerlichen Herkunft zu tun. In der Vergangenheit hätte ein solcher Zug vielleicht schon genügt, ein Verfahren zu Fall zu bringen. Heute ist das anders: Wenn ein Charakterfehler oder ein anderer Fleck auf der weißen Weste eines Kandidaten entdeckt wird, schreibt man ihn nicht sogleich ab, sondern setzt zunächst einmal die Untersuchungen fort. Man versucht aufzuzeigen, wie der Diener Gottes seine Schwächen überwand oder aber zumindest daran arbeitete, sie zu überwinden, ohne daß es ihm unbedingt auch gelungen sein muß.«

»Wie wollen Sie seine heroische Tugendhaftigkeit beweisen?«

Anstatt mir direkt zu antworten, führte mich Rossi in ein anderes Zimmer, in dem die *positiones* verschiedener Heiligsprechungsverfahren standen. Darunter befanden sich fünf Bände mit Briefen Padre Pios und 14 weitere Bände mit Unterlagen, die sich auf sein Leben bezogen, einschließlich der Dokumentation, die 1982 von zwei Theologen des Kapuzinerordens vorgelegt worden war, um die Aufhebung des Verfahrensstopps zu erreichen. Rossi blätterte sie durch. »Erst wenn die *positio* fertiggestellt ist, können wir sein Leben in seiner ganzen Breite erfassen«, sagte er. »Und bis dahin werden noch Jahre vergehen. Es gibt viele Dinge, die den Menschen nicht verständlich sind, ja gar nicht verständlich sein können, weil sie die uns vorliegenden Dokumente nicht kennen. Eines kann ich jedoch sagen: Die Menschen würden die Tugendhaftigkeit dieses Mannes besser begreifen, wenn sie wüßten, welch starken Anfeindungen er ausgesetzt war – sowohl seitens der Kirche als auch seitens seiner eigenen Ordensbrüder. Ich bemühe mich, die Ursache für diese Feindseligkeit herauszufinden. Und wir müssen wissen, wie er darauf reagierte, wie er sich inmitten von soviel Feindseligkeit verhielt.«

»Gehe ich recht in der Annahme, daß Sie sich auf jene Zeit beziehen, in der ihm verboten war, öffentlich die Messe zu lesen und die Beichte abzunehmen?«

»Ja, das war eine sehr strenge Strafe. Der Orden selbst wurde angewiesen, gegen Padre Pio vorzugehen. Die Feindseligkeit reichte also bis hinauf ins Heilige Offizium (die heutige Glaubenskongregation) und das vatikanische Staatssekretariat. Die kirchlichen Amtsstellen wurden mit fehlerhaften Informationen beliefert und handelten entsprechend. In der *positio* wird schließlich stehen, was über ihn gesagt wurde und wie er darauf reagiert hat. Und damit wird seine Tugend bewiesen sein.«

Einmal mehr erfuhr ich, daß mystische Erfahrungen bei der Bestimmung von Heiligkeit keine Rolle spielen. Der stigmatisierte Padre Pio mochte mit dem Teufel gerungen und mit Engeln gesprochen haben, doch über seine Heiligkeit entschieden ganz andere, »weltliche« Prüfungen – in diesem Fall sogar solche, die ihm von seinen eigenen Mitbrüdern auferlegt worden waren. Einmal mehr verblüffte mich die gewaltige Kluft zwischen dem volkstümlichen Bild des Mystikers und den Erfordernissen des Heiligsprechungsverfahrens.

Ich erklärte Rossi meine Skepsis. Wie war es möglich, Padre Pios Tugenden gänzlich von seinen außerordentlichen geistlichen Fähigkeiten zu trennen?

Rossi lächelte und sagte: »Die Kongregation, das dürfen Sie nicht vergessen, ist ein juristischer, bürokratischer Apparat, der seine Entscheidungen immer noch nach den von Benedikt XIV. gegebenen Richtlinien trifft. Ich hingegen gehöre zu jenen, die davon wegkommen möchten. Es wäre besser, das Leben Christi zu nehmen und Padre Pios Leben damit zu vergleichen. Wir könnten daran erkennen, *wie* er das Leben eines Heiligen lebte und inwieweit es ihm gelang, Christus in seinem eigenen Leben lebendig werden zu lassen. ›Heroismus‹ und ›Tugend‹ klingt mir zu griechisch, zu heidnisch. Wir sollten uns von einer Theologie leiten lassen, die sich an den Evangelien orientiert.«

Rossi spürte, daß mich seine Argumente noch nicht ganz überzeugten. »Kommen Sie«, sagte er, »ich will Ihnen etwas zeigen.« Er führte mich in einen weiteren Raum, schloß die Tür auf und geleitete mich in eine kleine Kapelle. Die Wände, der Altar – kurzum jede freie Fläche war geschmückt mit kleinen runden Reliquaren in der Größe von Espressountertassen, die mit kleinen Kreuzen besetzt waren. Es waren ihrer ungefähr 300, und jedes enthielt eine Haarsträhne oder ein wenig Asche von Kapuzinern, die bereits von der Kirche selig- oder heiliggesprochen worden waren. Die Kapelle war 1956, also vor dem Zweiten Vatikanischen Konzil, von Rossis Vorgänger, dem hochbetagten Pater Bernardo de Siena, einem der erfahrensten Postulatoren der Kirche überhaupt, eingerichtet worden.

»Sind Heiligenreliquien unbedingt erforderlich?« fragte ich.

»Es ist heute so üblich. Persönlich bin ich dagegen. Doch es handelt sich um eine Nachfrage, die aus dem Volk kommt.« Er machte eine Pause. In diesem Moment stellte ich mir ein anderes Zimmer vor, das ausschließlich den Reliquien Padre Pios vorbehalten war. Ich wußte, daß man allein mit den blutbefleckten Fäustlingen, mit denen er seine Hände zu bedecken pflegte, eine zweimal so große Kapelle wie diejenige, in der wir gerade standen, hätte dekorieren können.

»Auf dem Zweiten Vatikanischen Konzil«, fuhr Rossi fort, »wurde erkannt, daß die Heiligenverehrung die Verehrung Christi, das zentrale Mysterium unseres Glaubens, verdrängt hatte. Sie können das in Italien sogar heute noch beobachten. Viele Menschen, die eine Kirche betreten, beugen nicht mehr ehrfürchtig das Knie vor dem Allerheiligsten, sondern sie knien vor einer Heiligenstatue nieder. Wenn Sie das sehen, wird Ihnen klar, daß wir die Orientierung dafür verlieren, wer hier eigentlich wer ist.«

Ohne daß Pater Rossi es ausdrücklich erwähnte, spürte ich, daß er auch über die große Verehrung sprach, die Padre Pio zuteil wurde: über die Statuen des kapuzentragenden Bruders, die in einem Dutzend verschiedener Länder verbreitet sind, über die Gebetsgruppen und die Pilgerfahrten, die internationalen Konferenzen über die Spiritualität Padre Pios und – auch das – über die Millionen Dollar, die der Padre-Pio-Bewegung in San Giovanni Rotondo alljährlich zufließen. All dies geschieht deshalb, weil Padre Pio hauptsächlich und vor allem ein Stigmatisierter war, ein Seher, ein Wundertäter. Den Beweis zu führen, daß er darüber hinaus auch noch ein Heiliger war – dies blieb nun Pater Rossi überlassen.

Der Mystiker genießt also bei den Heiligmachern kein besonders hohes Ansehen, und dies, obwohl er die höchste Berufung und die höchste Form der Nähe zu Gott im innigen Gebet repräsentiert. Auf jeden Fall besitzt das Wort »Mystiker« nicht mehr jenen Beiklang der höchsten seelischen Vollendung, der eine Therese von Ávila oder einen Johannes vom Kreuz bis heute zur Quelle geistlicher Erleuchtung macht. Die Heiligmacher haben recht: Die Mystik und das Wunderbare wurden durcheinandergebracht. Diese Verwirrung wird jedoch so lange weiterbestehen, wie die Kirche von einem Heiligen verlangt, daß er Wunder wirkt. Und das verlangt sie in der Tat, denn ohne Wunder gäbe es schlichtweg keine Heiligsprechung.

6. KAPITEL

Die Wissenschaft der Wunder und die Wunder der Wissenschaft

Wunder als Zeichen Gottes

In der Krypta unter dem Hauptaltar des Petersdoms liegen die Gebeine von Innozenz XI. (1676–1689), dem reformfreudigen Papst und Gegner des absolutistischen französischen Königs Ludwig XIV. Obwohl sein Heiligsprechungsverfahren bereits 1741 eingeleitet wurde, fand Innozenz' Seligsprechung aufgrund des Widerstands der französischen Regierung erst am 7. Oktober 1956 statt, mehr als zweieinhalb Jahrhunderte nach seinem Tod. Glücklicherweise sind bei der Heiligsprechung keine vorgeschriebenen Fristen einzuhalten. Dennoch ist es unwahrscheinlich, daß Innozenz noch das abschließende, nach der Seligsprechung zur Heiligsprechung erforderliche Wunder zugesprochen wird. Der Grund: Er genießt keine öffentliche Verehrung mehr, die allein die durch Fürbitte gewirkten Wunder hervorbringen kann.

Innozenz ist beileibe nicht der einzige, der sich in einem solchen verfahrensrechtlichen Schwebezustand befindet. Die Zahl der vom Papst Seliggesprochenen, denen es zur Heiligkeit am letzten Wunder gebricht, geht in die Hunderte. Bei den meisten handelt es sich – wie in Innozenz' Fall – um längst vergessene Gestalten. Hinzu kommen weitere Hunderte von Verehrungswürdigen, denen zwar heroische Tugendhaftigkeit bescheinigt wurde, die jedoch das Urteil der Heiligmacher nicht durch ein Wunder bestätigen konnten. Dem 1963 verstorbenen Papst Johannes XXIII. hingegen wurden schon über 20 unerklärliche, durch seine Fürbitte gewirkte Heilungen zugesprochen, darunter zwei, von denen sein Postulator überzeugt ist, daß sie sogar dem strengen Urteil der Kommission von medizinischen Sachverständigen bei der Kongregation standhalten werden. Man könnte meinen, Gott habe, wenn es um die Gewährung bestätigender Wunder geht, durchaus seine Lieblinge.

Theologisch gesehen ist Gott natürlich der einzige, der Wunder wirkt. In der Praxis der Heiligsprechung jedoch ist es der Gläubige, der die Initiative ergreifen und sein Eingreifen im Namen eines Dieners Gottes erbitten muß. Danach liegt die Entscheidung, ob die außergewöhnliche Heilung – und heutzutage sind praktisch alle anerkannten Wunder Heilungen – von der Wissenschaft erklärt werden kann oder nicht, bei den medizinischen Sachverständigen der Kongregation. Johannes Paul II. zufolge sind solche von den kirchlichen Autoritäten ordnungsgemäß überprüften und anerkannten Heilungen »wie ein göttliches Siegel, das die Heiligkeit des Dieners Gottes, dessen Fürsprache erbeten wurde, bestätigt, wie ein Zeichen Gottes, der die Verehrung, die (dem Kandidaten) zuteil wird, inspiriert und legitimiert und (der) der Lehre, die Leben, Zeugnis und Handlungen (des Kandidaten) verkörpern, Gewißheit verleiht«.

Ohne den nachweisbaren Ruf der Heiligkeit kann, wie bereits bemerkt, kein Verfahren eingeleitet werden. Dieser Ruf basiert teilweise darauf, daß die Menschen in Zeiten der Not zu diesem Diener Gottes beten und diese Gebete – ihrer Überzeugung nach – erwiesenermaßen erhört wurden. Eine der wichtigsten Aufgaben des Promoters des Falles besteht darin, an den Kandidaten gerichtete Gebete zu fördern – in der Hoffnung, daß sich einige der empfangenen göttlichen Gnadenerweise als nachprüfbare Wunder entpuppen. Im Idealfall hat der Postulator zu dem Zeitpunkt, da die *positio* über Leben und Tugenden des Kandidaten gebilligt wird, schon eine ganze Reihe behaupteter Wunder zur Hand, die er den medizinischen Sachverständigen der Kongregation zur Diskussion vorlegen kann.

Nicht alle Postulatoren haben soviel Glück. Manche Diener Gottes erwerben beinahe unverzüglich den Ruf, durch ihre Fürsprache Wunder zu wirken. Die heilige Therese von Lisieux zum Beispiel war, als sie 1897 im Alter von 24 Jahren starb, außerhalb ihres winzigen Karmelitinnenklosters unweit der französischen Alpen vollkommen unbekannt. Sobald man aber (vor allem aus ihrem posthum erschienenen, überaus erfolgreichen Buch *Geschichte einer Seele*) erfuhr, daß sie versprochen hatte, »meinen Aufenthalt im Himmel damit zu verbringen, Gutes auf Erden zu wirken«, wurden auch schon ihrer Fürbitte zugesprochene Wunder aus so entlegenen Ländern wie Alaska und Peru bekannt.

Andererseits wird, wie wir am Fall der Edith Stein gesehen haben, die volkstümliche Anbetung, die göttliche Gnadenerweise bewirkt, durch das Fehlen einer Grabstätte oder von Reliquien ernstlich erschwert. Kurz und gut, die Beschaffung von Wundern zur Bestätigung eines Falles ist, wie die Postulatoren in Rom freimütig einräumen, ein wechselhaftes Geschäft.

Wann und wo ein nachprüfbares Wunder auftauchen wird, läßt sich natürlich nicht voraussagen. Allerdings gibt es eine Art »Soziologie der Wundertaten«. Da die meisten kanonisierten Heiligen Europäer sind, geschehen die meisten Wunder ebenfalls in Europa. Und dort sind einige Landstriche in punkto Wundern ergiebiger als andere. Der Süden Italiens steht bei den Postulatoren im Ruf, ein besonders fruchtbares Terrain zu sein. Ein Grund dafür ist darin zu sehen, daß Heiligengestalten von den Süditalienern wie Familienmitglieder behandelt werden: Sie teilen ihre Sorgen mit ihnen und scheuen sich nicht, im Fall eines kranken Kindes, einer gefährdeten Ehe oder eines trinkenden Ehegatten göttliche Gnadenerweise herabzuflehen. Ein weiterer, ebenso wichtiger Grund liegt darin, daß süditalienische Ärzte häufig an Wunderheilungen glauben und sich nur zu gerne zur Mitarbeit an den Verfahren bereit erklären.

Osteuropa hingegen ist ein steiniger Boden für die Ernte von Wundern. Das liegt, weiß Gott, nicht etwa daran, daß osteuropäische Katholiken nicht um Wunder zu den Heiligen beten. Das Problem ist eher darin zu sehen, daß die Ärzte in der Tschechoslowakei, in Albanien und anderen kommunistischen Ländern sich weigerten – und in manchen Fällen sogar daran gehindert wurden –, bei der Heiligsprechung mit der Kirche zusammenzuarbeiten. Diese Hindernisse werden aber vermutlich mit dem Niedergang des Kommunismus verschwinden. Auch in manchen marxistischen Ländern Afrikas ist es Ärzten verboten, den Nachweis für Wunderheilungen anzutreten. In anderen Ländern der dritten Welt können wegen des Mangels an Ärzten nicht genügend qualifizierte Kräfte zur Mitarbeit herangezogen werden. Da 99 Prozent aller anerkannten Wunder unerklärliche Heilungen sind, ist die Kirche auf die jeweilige Krankengeschichte und die damit verbundene Zusicherung angewiesen, daß die Genesung des Patienten wissenschaftlich nicht zu erklären ist.

Es gibt sogar, wie ich bereits andeutete, eine Geschichte der Wunder. Von den frühchristlichen Jahrhunderten bis zum Ende des Mittelalters wurde eine breite Vielfalt von Phänomenen als

Wunder betrachtet. Das setzte vollkommen andere Beziehungen zwischen Gott, Mensch und Welt voraus als ein Weltbild, das das Universum durch Ursache und Wirkung erklärt; die geistige Erfassung bestimmter weltimmanenter Zusammenhänge setzte jedoch erst im sechzehnten Jahrhundert ein. Ein gut dokumentiertes Beispiel in diesem Zusammenhang ist das des heiligen Ludwig von Anjou (1274–1297), des jungen Bischofs von Toulouse, von dem 26 Wunderheilungen bezeugt worden sind, darunter acht an Tauben, Stummen oder Blinden, sechs an Mißgebildeten oder Krüppeln, fünf an Wahnsinnigen und drei an Epileptikern. Hinzu kommen zwölf angeblich von den Toten Erweckte.

Die Europäer des dreizehnten Jahrhunderts waren nicht nur leichtgläubiger als die heutigen, auch ihr Realitätssinn war ein ganz anderer. Die Kirche hat also, auch wenn sie nach wie vor Wunder als göttliche Bestätigung für die Heiligkeit eines Kandidaten verlangt, die Art der erforderlichen Beweisführung geändert, denn die moderne Vorstellung vom Wunder als Eingriff Gottes in den Lauf der weltlichen Dinge ist sehr viel enger als der überlieferte Wunderbegriff. Da bedarf es kaum noch der Erwähnung, daß viele der sogenannten Wunder aus früheren Jahrhunderten heute nicht mehr anerkannt würden. Dennoch liegt der Schwerpunkt immer noch auf der Heilung körperlicher Gebrechen, was zum Teil darauf zurückzuführen ist, daß viele der biblischen Wunder Jesu Christi ebenfalls Heilungen waren. Der Hauptunterschied ist jedoch der, daß sich die »Wissenschaft von Gott«, die Theologie, heute – was sie niemals zuvor tat – auf die menschliche Wissenschaft Medizin verläßt.

Die Ironie ist offenkundig: Ohne die moderne Wissenschaft und ohne das medizinische Know-how ist der Nachweis von Wundern praktisch unmöglich – aber ohne Wunder kann es keine beglaubigten Heiligen geben. Die medizinischen Sachverständigen der Kongregation sind, wie wir noch sehen werden, ehrlich darum bemüht und stolz darauf, den Heiligmachern der Kirche mit Rat und Tat zur Seite zu stehen. Hingegen sind einige der Heiligmacher, wie ich ebenfalls herausfand, gar nicht zufrieden mit der Abhängigkeit der Kirche von der Medizin, wenn es darum geht, den Willen Gottes in der Beweisführung für Heiligkeit festzustellen. Da es noch andere Wunder als nur die Wunderheilung gibt, so ihre Forderung, sollte es auch noch andere Methoden zur Interpretation der göttlichen Zeichen für die Heiligkeit eines Kandidaten geben.

Die Consulta Medica

Von Mitte Oktober bis Mitte Juli trifft sich alle 14 Tage eine Kommission von fünf Ärzten in einem salonartigen Raum der Kongregation zur Begutachtung zweier behaupteter Wunder. Diese Kommissionen werden aus einer Gruppe von über 60 niedergelassenen Ärzten in Rom gebildet, aus denen sich die *Consulta Medica* der Kongregation zusammensetzt. Gemessen an ihrem beruflichen Erfolg und ihrem Ruf, haben es diese Ärzte in der Medizin weiter gebracht als die Theologenkonsultoren in der Theologie. Mehr als die Hälfte von ihnen sind Professoren oder Fachbereichsleiter an einer der medizinischen Fakultäten Roms; alle anderen sind, von wenigen Ausnahmen abgesehen, Chefärzte an einem der Krankenhäuser. In ihrer Gesamtheit repräsentiert die *Consulta Medica* alle medizinischen Spezialgebiete, von der Chirurgie bis zu den Tropenkrankheiten. Ihre Mitglieder sind ausnahmslos Italiener, Männer und Katholiken, wenn auch keiner von ihnen, wie mir versichert wurde, jemals befragt wird, wie oft er in die Kirche geht. Was zählt, ist die medizinische Kompetenz.

Die Einladung, Mitglied der *Consulta* zu werden, gilt unter römisch-katholischen Ärzten als besondere Ehre, vergleichbar etwa mit dem Ritterschlag des Malteserordens. Die Betreffenden erfahren nicht, wer sie für die Mitgliedschaft vorgeschlagen hat, und in der Regel werden die Namen der medizinischen Sachverständigen außerhalb des Vatikans nicht publik gemacht. Für jeden begutachteten Fall erhält der medizinische Sachverständige ein festes Honorar von 400 Dollar (zum Kurs von 1990), etwa soviel, wie ein erstklassiger Arzt in Rom einem Patienten für zwei Praxisbesuche berechnet. Da sich die Unterlagen zu einem behaupteten Wunder mitunter zu einem Konvolut von 1500 Seiten summieren, so daß das Studium und die Beurteilung ungefähr vier Wochenenden in Anspruch nehmen, arbeiten die Sachverständigen praktisch für Gotteslohn. Gewöhnlich stiften sie ihre Honorare für einen wohltätigen Zweck.

Die Ärzte verpflichten sich, die Wunderverfahren nicht mit Außenstehenden zu diskutieren. Sie dürfen darüber in medizinischen Fachzeitschriften berichten – allerdings erst, wenn der betreffende Fall abgeschlossen ist und der Papst seine Entscheidung bekanntgegeben hat. Da sich die Verfahren oftmals über ein ganzes Jahr und noch länger hinziehen, machen sich die Sachverständigen nur selten – wenn überhaupt – die Mühe der Veröffentlichung. Trotz der ihnen auferlegten Beschränkungen fanden sich mehrere Mitglieder der *Consulta* durchaus bereit, mit mir über ihre Arbeit zu sprechen.

Die *Consulta* funktioniert ganz ähnlich wie ein medizinischer Untersuchungsausschuß. Wird ihr ein Fall vorgelegt, so sind seine Erfolgsaussichten in der Regel schon auf lokaler Ebene und – inoffiziell – durch einen oder mehrere vom Postulator ausgewählte medizinische Experten eingeschätzt worden. Eine typische *positio super miraculo* umfaßt nicht nur die komplette Krankengeschichte des Patienten, sondern auch alle Berichte der an seiner Behandlung beteiligten Krankenhäuser, Ärzte und Krankenschwestern. Dazu kommen noch die Protokolle von Zeugenaussagen – des medizinisch geschulten Personals, des Patienten selbst sowie die Aussage derjenigen Person, die den Diener Gottes angerufen hat. Röntgenaufnahmen, Diapositive von Biopsien und andere wissenschaftliche Beweismittel sind von entscheidender Bedeutung, und in vielen Fällen fordert die Kommission noch weitere Unterlagen an, bevor sie ein Urteil fällt.

Jeder Fall wird verfahrensgemäß an zwei Mitglieder der *Consulta* weitergereicht, die das Quellenmaterial studieren und jeweils einen vier- bis fünfseitigen Bericht verfassen. Keiner der beiden weiß vom anderen. Fallen beide Urteile negativ aus, ist der Fall damit erledigt. Äußern sich beide oder auch nur einer der Berichte positiv, wird der Fall an zwei weitere Ärzte sowie den Präsidenten der *Consulta* weitergeleitet und eine Abstimmung der vollzähligen Fünferkommission angesetzt. Über die Hälfte aller Fälle wird ablehnend beschieden. Auf diese Weise erhält die *Consulta* gemeinhin rund 40 Fälle pro Jahr zur Begutachtung. Der kritischen Überprüfung durch die Ärzte halten davon – einschließlich jener, die mit der Bitte um zusätzliche Informationen zurückgeschickt werden – nur ungefähr 15 der behaupteten Wunder stand.

Warum, ist leicht einzusehen. Im Grunde genommen muß jeder Sachverständige zu einem Urteil über die jeweilige Diagnose, Prognose und die Angemessenheit der angewandten Therapie kommen. Die Heilung muß vollständig, dauerhaft und unter Berücksichtigung aller möglichen wissenschaftlichen Erklärungsversuche unerklärbar sein. Krebserkrankungen, die den Statistiken zufolge einen hohen Grad an vorübergehenden Besserungen aufweisen – wie etwa Lymphdrüsenkrebs, Nierenzellkrebs, Haut- oder Brustkrebs –, sind von vornherein ausgeschlossen. Ebenso alle Geisteskrankheiten, da keine strengen Regeln für die Heilungsmöglichkeiten existieren. Am Ende gibt jeder Arzt der Fünferkommission eines von zwei möglichen Urteilen über die Heilung ab: »natürlich« oder »unerklärlich«. Ein einstimmiges Urteil ist der Kongregation natürlich am liebsten. Aber jeder Patient, der jemals versucht hat, eine zweite oder dritte Diagnose einzuholen, kann ein Lied davon singen, wie ungeheuer schwierig es ist, von mehreren Ärzten die gleiche Diagnose gestellt zu bekommen – ganz zu schweigen von fünf verschiedenen Spezialisten. Daher gibt sich die Kongregation gewöhnlich mit einer einfachen Abstimmungsmehrheit über die Wunderheilung zufrieden.

»Das ist ein sehr gutes, aber auch sehr strenges Verfahren«, sagt Dr. Franco de Rosa, Professor für Innere Medizin an der Universität der Italienischen Republik in Rom, der auf Infektionskrankheiten spezialisiert ist. »Vergessen Sie nicht: Wenn ich einen Fall überprüfe, dann habe ich keine Ahnung, was die Kollegen davon halten. Erst in der Fünferkommission entdecken wir dann, daß die anderen möglicherweise zu einer ganz anderen Diagnose gekommen sind. Und wenn ich die anderen angehört habe, ändere ich manchmal sogar meine Meinung.«

Wir sitzen in de Rosas Praxis an der belebten Piazza di Risorgimento, zwei Straßenzüge vom Vatikan entfernt. Es ist ein sonniger Samstagnachmittag, und die glitzernde Kuppel des Petersdoms spiegelt sich in seinem Fenster im dritten Stock. Dr. de Rosa ist ein kleiner, drahtiger Mann, Sachverständiger der Kongregation schon seit 1982. Von den 30 behaupteten Wunderheilungen, die er bislang untersucht hat – pro Jahr durchschnittlich fünf – wurde die Mehrzahl abschlägig beschieden.

Nicht einer von zwei Fällen gleicht dem anderen, behauptet er. In einem Fall wurde ein Patient als tuberkulös diagnostiziert – und ohne Verabreichung von Antibiotika, ja ohne jede Therapie geheilt. In seinem Bericht jedoch stellte de Rosa fest, daß die Diagnose falsch war, und der Fall wurde abgelehnt. In einem anderen Fall ging es um einen Patienten, der unerklärlicherweise von einer Krankheit genesen war, die seine Ärzte als Hautkrebs bezeichnet hatten. Nach Überprüfung der Diapositive konnte de Rosa nachweisen, daß das Gewebe nicht karzinogen, sondern entzündet war – durch eine andere Krankheit. Durch die Behandlung des Patienten mit Cortison war nach de Rosas Auffassung die unerwartete Heilung ausreichend erklärt.

Nun zeigte er mir ein medizinisches Dossier, das er eben erst durchgearbeitet hatte. »Dies ist ein Fall«, sagte er und ließ die Seiten durch seine Finger gleiten, »in dem der Patient mit einer ernsthaften Erkrankung des Unterleibs aus dem Krankenhaus entlassen wurde und mit seinem baldigen Tod rechnen mußte. Kaum war er nach Hause zurückgekehrt, trat eine vollständige Genesung ein.«

»Anders gesagt, ein Wunder«, unterbrach ich ihn.

»Das zu entscheiden liegt bei den Theologen. Unsere ärztliche Aufgabe ist es, herauszufinden, ob die Heilung natürlich erklärt werden kann. In diesem Fall mußte ich das verneinen. Wir werden jedoch abwarten müssen, was der zweite Arzt dazu meint.«

»Ist es ausgeschlossen, daß Ihnen ein medizinisches Fehlurteil unterläuft?«

»Im allgemeinen haben wir es mit zweierlei Irrtümern zu tun: Entweder stehen mir nicht alle erforderlichen Fakten zur Verfügung, die ein Urteil ermöglichen, oder der behandelnde Arzt hat Gedächtnislücken. In diesem Fall wird der Postulator gebeten, zusätzliche Informationen einzuholen. Die Unterlagen müssen vollständig und genau sein, sonst ist keine Diskussion möglich.«

»Kommt es vor, daß Sie mit dem behandelnden Arzt selbst Kontakt aufnehmen, um einen strittigen Punkt zu klären?«

»Erst kürzlich ließ die Kongregation, auf Kosten des Postulators, fünf Ärzte aus Mexiko kommen, damit sie meine Fragen beantworten konnten. Das war allerdings eine Ausnahme, und ich selbst habe die Entscheidung nicht getroffen. Die *Consulta*-Mitglieder treffen nie mit den Ärzten zusammen, die den Patienten, dessen Fall wir beurteilen sollen, behandelt haben. Wir halten uns allein an die Unterlagen.«

»Passiert es Ihnen gelegentlich, daß Sie beim Lesen der Berichte in den Bann des Heiligen geraten, dessen Fürsprache zur Genesung erbeten wurde? Belastet Sie der Gedanke, daß Ihr Urteil über die Selig- oder Heiligsprechung dieses Menschen entscheidet?«

»Nein, nie. Über den potentiellen Heiligen will ich gar nichts wissen. In der Regel kenne ich nur seinen Namen, und der sagt mir meistens gar nichts. Ich befasse mich ausschließlich mit den medizinischen Details. Alles andere überlasse ich der Kirche.« Er erhob sich von seinem Schreibtisch und begann, hin und her zu gehen. »Eine Heiligsprechung ist ein sehr ernster Prozeß für die Kirche. Sehr viel ernster, als wenn Staaten einem Eroberer, der Tausende Menschen umgebracht hat, ein Denkmal setzen wollen.«

Ich gab ihm recht. »Haben Sie jemals etwas von einem Arzt zu hören bekommen, dessen Diagnose Sie für falsch hielten? Haben die behandelnden Ärzte überhaupt eine Möglichkeit, sich gegen Ihre Beurteilung zur Wehr zu setzen?« wollte ich weiter wissen.

»Nun ja, dazu kann ich nur sagen: Es ist mir noch nie passiert. Sehen Sie, die Kongregation leitet die Ergebnisse unserer Sitzungen nicht an die Ärzte weiter, die den fraglichen Patienten behandelt haben – mal angenommen, sie sind überhaupt noch am Leben. Aber wir arbeiten mit größter Sorgfalt, denn wir wissen genau, daß unsere Ergebnisse ins Archiv aufgenommen werden. Und in den Archiven des Vatikans geht nichts verloren.«

Daran hatte ich nicht gedacht. Aber die Ärzte denken offenbar stets daran. Allmählich ging mir auf, wie sehr sie sich der Tatsache bewußt sind, daß sie sowohl für die Geschichte als auch für die Gegenwart schreiben. Sie sind sich vollkommen im klaren darüber, daß ihre Arbeit jederzeit kontrolliert werden kann. Tatsächlich kam es schon vor, wenn auch nur sehr selten, daß das Urteil einer medizinischen Kommission von einer zweiten Kommission aufgehoben wurde – allerdings nur in Fällen, in denen die erste Kommission eine Heilung *nicht* anerkannt hatte. Hat die Kirche sie erst einmal als Wunderheilung eingestuft, so gilt die Angelegenheit als abgeschlossen, und zwar unabhängig von eventuellen späteren Erkenntnissen der medizinischen Wissenschaft.

»Bereitet es Ihnen kein Kopfzerbrechen«, fragte ich, »daß sich die Wunder von heute womöglich als medizinisches Allgemeingut von morgen erweisen könnten?«

»Sicher verfügen wir heutzutage über ausgefeiltere Methoden zur Einschätzung einer Krankengeschichte. Aber mir scheint, Sie überschätzen unsere Wissenschaft. Auch heute wissen wir nicht immer, aus welchem Grund ein Patient geheilt wird, selbst wenn wir für die eine oder andere Krankheit mehr als eine Behandlungsmethode kennen. Natürlich verstehen wir heute, im Vergleich zu früher, viel besser, was wirklich vor sich geht. Aber meiner Meinung nach wird es auch in Zukunft immer wieder Heilungen geben, die sich jeglichem wissenschaftlichen Erklärungsversuch entziehen.«

Dr. Raffaello Cortesini hat zahlreiche Wunder bestätigt. Er ist Spezialist für Herz- und Lebertransplantationen, Operationen also, die vor zwei Jahrzehnten noch, als er sich erstmals damit befaßte, für undurchführbar gehalten wurden. Sein Examen machte er 1956 an der medizinischen Fakultät der Universität

Rom, wo er heute Chefarzt der Chirurgie ist und einer der wenigen, weltweit renommierten Herztransplanteure. Die meisten seiner Kollegen wissen nicht, daß Cortesini seit 1983 auch Präsident der *Consulta Medica* und somit derjenige ist, der die Verantwortung für die Untersuchung jedes potentiellen Wunders trägt, das der Kommission der medizinischen Sachverständigen vorgelegt wird. Seiner Position wegen zögerte Dr. Cortesini zunächst, mich zu empfangen, doch schließlich kam es in seiner Privatpraxis in einem Vorort Roms sowie in seinem kleinen Sprechzimmer an der Universität zu mehreren Gesprächen zwischen uns. Dr. Cortesini ist ein großer, eleganter Italiener, der mehrere Sprachen fließend spricht.

Als Präsident der *Consulta* prüft Dr. Cortesini jeden *processus super miraculo* persönlich, wobei theologische Gesichtspunkte eine untergeordnete Rolle spielen. Er teilt den Ärzten die verschiedenen Fälle zu, sitzt jeder Kommission vor und zeichnet alle Entscheidungen ab. Etwa die Hälfte der Wunder mit dem Prädikat »unerklärlich«, sagt er, werden einstimmig verabschiedet. Wie nicht anders zu erwarten, ist seine eigene Aufgabe dann am schwierigsten, wenn es zwischen den anderen vier Sachverständigen zu einem Patt gekommen ist und er mit seiner Stimme die Entscheidung herbeiführen muß. »Manchmal dauern die Sitzungen drei oder vier Stunden, manchmal brauchen wir auch eine Sondersitzung, wenn die Fälle besonders knifflig sind«, erzählte er mir. »Das sind dann die Entscheidungen, bei denen ich bete.«

Die Medizin ist nicht überall auf der Welt gleich, daher wollte ich von ihm wissen, weshalb die *Consulta* nicht international besetzt sei.

»Die *moderne* Medizin«, erwiderte er, »ist überall gleich. Manchmal benutzen wir Computer, um auf bestimmten Gebieten auf den neuesten Stand der Wissenschaft zu kommen. Auf diese Weise bleiben wir immer auf dem laufenden. Bei der Arbeit für die Kongregation haben wir es mit Fällen aus aller Herren Länder zu tun – Kanada, Afrika, Japan. Aus den Unterlagen, die uns zugehen, erfahren wir, was überall auf der Welt auf dem Gebiet der Medizin vor sich geht. Das versetzt uns in die Lage, stets die neuesten wissenschaftlichen Erkenntnisse anzuwenden.«

»Aber was machen Sie in Fällen, in denen die moderne Medizin nicht zur Anwendung kam? Was passiert, wenn Volksheilkunde im Spiel war oder wenn die Krankenhausberichte den modernen Maßstäben von heute nicht genügen? Können Sie unter solchen

Umständen überhaupt ein vernünftiges Urteil fällen und abgeben?«

»Wir haben es nicht nur mit Fällen aus aller Welt, sondern auch mit Fällen aus vergangenen Jahrhunderten zu tun. Erst kürzlich haben wir uns mit einem Fall aus dem siebzehnten Jahrhundert befaßt. Es ist einfach unglaublich: Die damaligen Ärzte verfügten natürlich nicht über unsere verfeinerten Diagnosemethoden, aber bei der Beschreibung dessen, was sie sehen konnten, waren sie besser als ihre heutigen Kollegen! Hinzu kommt, daß uns hier an der Universität Rom eine umfangreiche und bedeutende Abteilung der Medizingeschichte zur Verfügung steht, die bis in die Frühzeit des Römischen Reiches zurückgeht. Sie sehen also, daß es uns nicht an Hilfsmitteln gebricht, wenn wir einem Problem auf die Spur kommen wollen.«

In den darauffolgenden Wochen hatte sich die *Consulta Medica* mit einem Fall aus dem südlichen Afrika zu befassen, der ohne wissenschaftliche Unterlagen bei der Kongregation eingetroffen war. Die Heilung wurde Pater Joseph Gérard zugeschrieben, einem französischen Priester, der 60 Jahre lang bei den Zulus und Basothos im heutigen Lesotho missioniert hatte. Gérard starb 1914, und im Hinblick auf den bevorstehenden Lesothobesuch des Papstes im Jahre 1988 überprüfte die Kongregation ein behauptetes Wunder aus dem Jahr 1928. Der mageren, 40seitigen *positio* zufolge hatte sich auf dem Kopf eines sechsjährigen afrikanischen Mädchens eine Schuppenflechte gebildet, die schließlich auf die Augen übergriff und zur Erblindung führte. In den Augenhöhlen bildeten sich Geschwüre, die wie winzige, häßliche Ringe von den Augenlidern herabhingen. Ein von Ort zu Ort ziehender protestantischer Missionsarzt untersuchte das Mädchen viermal und teilte der Mutter schließlich mit, es handle sich um eine unheilbare Infektion. In ihrer Verzweiflung wandte sich die Mutter an die örtliche katholische Gemeinde, wo man ihr eine Handvoll Erde von Gérards Grab gab und sie dazu ermutigte, um seine Fürsprache zu bitten. Gleichzeitig begannen die Missionsschwestern mit einer Novene (neuntägige Andacht) zu Gérard. Am darauffolgenden Tag gab der ortsansässige Priester der Mutter eine weitere Reliquie. Das Mädchen behauptete, in dieser Nacht eine Vision gehabt zu haben, in der ihr ein alter Priester erschienen sei und ihr die baldige Genesung angekündigt habe. Am nächsten Morgen war die Flechte verschwunden, und sie konnte wieder sehen. Einem medizinischen Gutachten zufolge, das 48 Jahre später im Zusammenhang mit diesem Fall erstellt wurde, war von der Infektion außer einer Narbe auf der Hornhaut, die auf eine Perforation schließen ließ, nichts zurückgeblieben.

Die Arbeitsunterlagen der medizinischen Sachverständigen bestanden lediglich aus den Zeugenaussagen und einem Bericht des Pfarrers, der alles Gesehene niedergeschrieben hatte. Außerdem gab es noch den Untersuchungsbericht eines Ophthalmologen, der die inzwischen 54jährige Frau untersucht hatte. Dieser dürftigen Beweislage nach hatte es den Anschein, als hätte sich das Mädchen eine Form von *Impetigo* (Eiterflechte) zugezogen. Doch die Sachverständigen waren sich einig, daß damit allein die Perforation der Hornhaut nicht erklärt werden konnte. Dr. Camillo Pasquinangeli, ein Spezialist auf dem Gebiet der Augenkrankheiten, ließ trotz der dürftigen medizinischen Beweislage nicht locker. Schließlich stieß er auf eine Erkrankung, die den Namen *Penthius* trägt, den Symptomen entsprach und seiner Meinung nach eine Erklärung für die Perforation der Hornhaut lieferte. Als die Fünferkommission am 1. September 1987 unter Vorsitz Cortesinis zusammentrat, konnte Dr. Pasquinangeli seine Kollegen von der Plausibilität seiner Diagnose überzeugen. Auf der Basis dieser Diagnose sowie in Anbetracht der Schwere der Erkrankung kam die Kommission zu dem Schluß, daß es für die plötzliche und vollständige Wiederherstellung der Sehkraft des Kindes keine wissenschaftliche Erklärung gab. Im darauffolgenden Jahr sprach Papst Johannes Paul II. Gérard vor 10 000 Katholiken in Lesotho selig.

Als ich Dr. Cortesini das nächste Mal besuchte, kam er gerade aus dem Operationssaal und trug noch seinen weißen Chirurgenkittel. Er war offenbar guter Laune und forderte mich auf, einen Blick auf einige rot gebundene *positiones* zu werfen, mit denen er sich kürzlich befaßt hatte. »Wenn Sie die Geschichte der Christenheit zurückverfolgen, dann stoßen Sie immer wieder auf Wunder«, sagte er.

»Stört es Sie nicht, daß viele Menschen gar nicht an Wunder glauben?«

»Ich weiß, daß an Wundern gezweifelt wird, sogar innerhalb der katholischen Kirche. Wäre ich nicht selbst mit dieser Aufgabe betraut – ich würde nichts von dem glauben, was ich da lese. Sie können sich nicht vorstellen, wie phantastisch, wie unglaublich – und wie gut dokumentiert – diese Fälle sind! Science-fiction ist gar nichts dagegen.«

»Fühlen Sie sich manchmal unter Druck gesetzt, wenn der Papst besonderes Interesse an einem Fall bekundet?«

»Ja, man spürt, wenn er sich für eine Sache begeistert. Gewöhnlich kommt das nur vor, wenn er eine Reise plant und ein bestimmter Fall schnellstens abgeschlossen werden soll. Aber wir müssen objektiv bleiben. Und wir können ein Verfahren durchaus einstellen.«

Cortesini hat vor, ein Buch über die von ihm untersuchten und beurteilten unerklärlichen Heilungen zu schreiben. Ich hoffe, er setzt seine Pläne in die Tat um. Er weiß, niemand erwartet von Wissenschaftlern, daß sie an Wunder glauben. Doch Cortesini und alle anderen Ärzte der *Consulta Medica* befinden sich in einer privilegierten Stellung: Sie werden regelmäßig mit Fakten konfrontiert, die sich jeglicher wissenschaftlichen Erklärung entziehen, arbeiten aber als Ärzte und Wissenschaftler in einer Welt, die sich auf die konsequente Anwendung wissenschaftlicher Methoden verläßt. Ihre Erfahrung, ihre Intelligenz und ihre Beurteilungen können nicht einfach respektlos abgetan werden. Es mag schon sein, daß sie an Wunder glauben, weil sie römisch-katholisch sind. Aber das ist nicht der springende Punkt.

Die Existenz von Wundern zu bestreiten ist nicht rationaler – und nicht weniger eine Glaubensfrage – als die Annahme, daß sie in der Tat möglich sind und auch vorkommen. Alles hängt davon ab, wie man der Wirklichkeit gegenübersteht. Man kann natürlich an Wunder glauben, ohne an Gott zu glauben, aber beides läßt sich nur schwer miteinander vereinbaren. Man kann auch an Gott glauben, nicht aber an Wunder, und auch diese Position ist wenig plausibel. Ein Gott, der sich nicht mit seiner eigenen Schöpfung beschäftigt – ein Gott, der, wie James Joyce ihn sich vorstellte, sich die Fingernägel schneidet –, hat nichts mit dem Gott der Christenheit gemein.

Ich als Katholik habe keine Schwierigkeiten, Wunder zu akzeptieren, denn ich glaube an Gott, »den Vater«, so wie Jesus ihn begriff, und somit auch an die Gnade Gottes. Mehr als einmal habe ich in meinem eigenen Leben und im Leben anderer begnadete Momente miterlebt, die wie Geschenke über uns kamen. Um an Wunder glauben zu können, muß man Geschenke, vollkommen freigiebige und unverdiente Geschenke, annehmen können. Mir fällt es nicht schwer, diese Geschenke anzunehmen, weil andere – Vater oder Mutter, Kind, Partner, Freund oder Feind – für mich zu Gott gebetet haben. In unserer Welt geschehen solche

Dinge jederzeit; und trotz unserer Neigung, uns selber für all das »Glück«, das wir erfahren haben, auf die Schulter zu klopfen, »ist Gnade überall«. Geht man hingegen von einer »gnadenlosen« Welt aus, dann machen auch Geschenke keinen Sinn, und am wenigsten solche, die uns durch ein Gebet zukamen. Dann »passieren« die Dinge eben nur, und man nimmt an, daß Schicksal oder Zufall, Natur oder Geschichte oder unsere eigenen Verdienste und klugen Pläne die Ursache sind. Die »Gemeinschaft der Heiligen« dagegen setzt voraus, daß wir alle in Gott miteinander verbunden sind und unerwartete wie unverdiente Gnade erweisen als auch empfangen.

Im Prozeß der Heiligsprechung wird diese Gemeinschaft nicht nur vorausgesetzt, sondern überdies auch zu einem besonderen Zweck bemüht. Empfangene Gnadenerweise, die einem bestimmten Diener Gottes zugeschrieben worden sind, werden gesammelt und geprüft und mit dem Siegel des Gottesbeweises für die Heiligkeit eines Kandidaten versehen. Genau diese systematische Verfahrensweise war es, die ich verstehen lernen wollte.

Zwei Wunder »Made in America«

Im ersten Halbjahr 1987 herrschte im zweiten Stock der Piazza di Pio XII, Nummer zehn, mehr als die sonst übliche Betriebsamkeit. Johannes Paul II. plante seine zweite Amerikareise für September und hatte ein Jahr zuvor bei Kardinal Palazzini anfragen lassen, ob die Kongregation einen amerikanischen Diener Gottes habe, den er auf seiner Reise *extra urbem* selig- oder heiligsprechen könne. Und in der Tat waren schon seit langem zwei Fälle anhängig, die nur noch eines Wunders für ihre Bestätigung bedurften. Die Zeit wurde allerdings knapp, und ich konnte beobachten, wie die Kongregation unter dem Druck einer vom Papst gesetzten Frist arbeitet.

Beim ersten Fall handelte es sich um eine unerklärliche Heilung, die der Fürbitte von Pater Junípero Serra, Kaliforniens aussichtsreichstem Kandidaten für eine Heiligsprechung, zugeschrieben wurde. Serras Postulator hatte bereits zwei behauptete Wunder bei der *Consulta Medica* eingereicht, jedoch beide Male einen ablehnenden Bescheid erhalten. Mittlerweile lag ein drittes Wunder vor, dem Palazzini im Hinblick auf die bevorstehende Reise des Papstes oberste Priorität einräumte.

Den Unterlagen zufolge ereignete sich das behauptete Wunder im Frühjahr 1960 in St. Louis. Mutter Boniface Dyrda, eine damals 45jährige Franziskanernonne, hatte im Oktober zuvor Fieber und einen Hautausschlag bekommen. Ihre Ärzte hielten es zunächst für eine Grippe, die sie entsprechend behandelten. Als sich ihr Zustand verschlechterte, unterzog sich Mutter Boniface einer Operation, bei der ihre vergrößerte Milz entfernt wurde. Ihr Gesundheitszustand besserte sich vorübergehend, doch im Januar kehrten Fieber und Hautausschlag zurück. Wiederum wurde sie ins Krankenhaus gebracht, wo die Ärzte eine Gewebeprobe entnahmen, die sie zur Analyse an ein Labor in Washington schickten. Doch auch diesmal konnte die wahre Krankheitsursache nicht festgestellt werden. Nach der Rückkehr ins Kloster verschlimmerte sich ihr Zustand weiter. Sie magerte auf 39 Kilo ab und konnte außer ein wenig Suppe nichts mehr zu sich nehmen. Am Samstag vor Palmsonntag erhielt Mutter Boniface die Letzte Ölung und wurde ins Krankenhaus eingeliefert. Inzwischen waren auch ihre Nieren von der Krankheit in Mitleidenschaft gezogen. Der behandelnde Arzt teilte ihr mit, daß er keine Hoffnung mehr auf Genesung sehe.

Da Mutter Dyrdas Tod unmittelbar bevorzustehen schien, schlug der Hauskaplan Pater Marion Habig den Nonnen ihres Klosters vor, mit einer Novene an Pater Serra zu beginnen. Pater Marion Habig, ein Franziskaner aus Kalifornien, lag Serras Fall sehr am Herzen. Am Karfreitag, genau eine Woche nach ihrer Einlieferung ins Krankenhaus, fühlte sich Mutter Dyrda plötzlich besser. Zum erstenmal seit Wochen verlangte sie nach Essen. Einen Monat später wurde sie aus dem Krankenhaus entlassen, und die mysteriöse Krankheit kehrte nie wieder.

War es ein Wunder? Das Hauptproblem für die *Consulta Medica* bestand darin, daß sich weder die behandelnden Ärzte noch die Pathologen in Washington auf eine Diagnose einigen konnten. Doch ohne klare Kenntnis der lebensbedrohenden Faktoren sah sich die Sachverständigenkommission der Kongregation außerstande, die Genesung mit Gewißheit für unerklärlich erklären zu können. Zusätzlich erschwerend war die Tatsache, daß Mutter Dyrda noch am Leben war: Theoretisch konnte sie jederzeit einen Rückfall erleiden, selbst wenn in den vergangenen 27 Jahren keiner eingetreten war.

Bemüht, dem Rätsel auf die Spur zu kommen, baten die medizinischen Sachverständigen ausnahmsweise darum, Mutter Boniface nach Rom kommen zu lassen und selbst untersuchen zu dürfen. Die Ärzte de Rosa und Vincenzo Giulio Bilotta, denen der Fall von der *Consulta* zuerst übertragen worden war, sowie der Präsident der Kommission untersuchten sie an drei aufeinanderfolgenden Tagen und befragten die Nonne persönlich über ihre damaligen Symptome und die Begleitumstände ihrer Genesung. Überdies unterzogen sie sie ihren eigenen medizinischen Tests. Nach der Symptombeschreibung hätte sie an *Lupus erythematosus* leiden können, einer chronischen und entkräftenden Erkrankung des Bindegewebes, deren Ursache noch nicht bekannt ist und für die es weder diagnostisch eindeutige Indizien noch Behandlungsmethoden gibt. Andere Symptome deuteten daraufhin, daß es sich nicht um diese Krankheit handeln konnte. Die medizinischen Sachverständigen wollten sich aber ihrer Sache absolut sicher sein.

Normalerweise brauchen die Mediziner nur sechs bis acht Wochen, um zu einem Ergebnis zu kommen. In diesem Fall jedoch zogen sich ihre Beratungen über mehr als sechs Monate hin. Inzwischen nahm der Druck auf die Kongregation zu. In Kalifornien verbreiteten die Franziskaner die Hoffnung, das Verfahren würde noch rechtzeitig vor dem Besuch des Papstes abgeschlossen werden. Berichte in kalifornischen Zeitungen deuteten an, der Urteilsspruch stünde unmittelbar bevor. Monsignore Robert J. Sarno wurde mit Telefonanrufen bedrängt. »Wir müssen uns schier überschlagen, um das Serra-Wunder durchzuboxen«, verriet er mir eines Morgens im Mai, als ich bei ihm hereinschaute, um ihm zu seiner Beförderung zum Monsignore zu gratulieren. »Wir sind in Zeitnot, weil das Wunder, an dem wir arbeiten, so kompliziert ist.«

»Vielleicht sollten Sie es mit einem anderen versuchen«, schlug ich vor, in der Annahme, daß Serras Postulator eine ganze Auswahl zur Verfügung stand.

»Man nimmt das Wunder mit den besten Aussichten auf Erfolg«, sagte er und bedeutete mir mit einer Handbewegung, mich aus dem Staub zu machen, damit er arbeiten konnte.

Die endgültige *positio super miraculo* war 445 Seiten lang, und am 17. Juni übergaben die beiden hauptsächlich mit dem Fall befaßten medizinischen Sachverständigen der Kongregation ihre Gutachten. Bei der Lektüre wurde mir klar, warum ihre Überlegungen soviel Zeit in Anspruch genommen hatten. In ihrer ungewöhnlichen, jedoch durch Präzedenzfälle belegten Entscheidung erklärten die Ärzte Mutter Dyrdas Heilung für medizinisch unerklärlich – und das, obwohl keiner von beiden genau zu sagen wußte, woran sie erkrankt war. Ich machte also die Erfahrung, daß die Ärzte nicht mit einer klaren Diagnose aufwarten müssen, um zu dem Schluß zu kommen, daß eine unerklärliche Heilung eingetreten ist. Ausschlaggebend war der Zustand der Patientin, der sich so verschlechtert hatte, daß sie dem Tod geweiht schien. Die Tatsache, daß sie nicht starb – sondern, im Gegenteil, vollständig und relativ zügig genas und in den folgenden 27 Jahren keine Anzeichen für eine neuerliche Erkrankung aufwies –, reichte aus, um die Heilung als jenseits natürlicher Abläufe und damit als wissenschaftlich unerklärlich einzustufen. Drei Wochen später schloß sich die Fünferkommission diesem Urteil an.

Das zweite amerikanische Wunder war aus anderen Gründen ungewöhnlich. Der Fall bezog sich auf eine Heilung, die der Fürsprache von Mutter Rose-Philippine Duchesne (1769–1852) zugeschrieben wurde, einer französischen Nonne, die zusammen mit vier weiteren Schwestern der Society of the Sacred Heart nach Missouri gekommen war und sich zu einer Pionierin auf dem Gebiet katholischer Erziehung und Sozialarbeit entwickelte. Ihr Traum war die Arbeit mit Indianern, und er erfüllte sich schließlich mit 72 Jahren. Schon bei ihrem Tod galt sie in katholischen Kreisen weithin als Heilige. Die Schwestern des Sacred Heart nahmen sich ihres Falls an. 1909 wurde sie für verehrungswürdig erklärt, und Papst Pius XII. sprach sie 1940 nach zwei Wunderheilungen, die ihrer Fürbitte zugeschrieben wurden, selig.

In den darauffolgenden Jahren reichte der Postulator zwei weitere behauptete Wunder für Mutter Duchesnes Kanonisation ein. Eins davon wurde von den beiden Ärzten, die sie zunächst prüften, einstimmig abgelehnt, beim zweiten kam es zu einem Unentschieden. Daraufhin ließen die Schwestern des Sacred Heart das Verfahren ruhen. Diese Entscheidung fiel in der Zeit des Zweiten Vatikanischen Konzils, und die Schwestern hegten – wie viele andere Frauenorden in den Vereinigten Staaten – Zweifel am Zweck der Heiligsprechung, nicht zuletzt wegen der Kosten. Soweit es sie betraf, konnte Mutter Duchesne eine Selige bleiben.

Bis Pater Sarno auf der Bildfläche erschien. Sarno zeigte sich für den Alarmruf des Papstes 1987 besonders empfänglich. Nach Durchsicht der Akten über Mutter Duchesne kam er zu dem Schluß, daß die zweite Heilung gute Aussichten auf Erfolg hatte. »Von meinem Bruder, der Arzt ist, wußte ich genug über Medizin, um erkennen zu können, daß die Sache erfolgversprechend aussah«, sagte er. Doch zunächst mußten die Schwestern des Sacred Heart überredet werden, daß sie das Verfahren wiederaufnahmen. Sarno telefonierte mit John May, dem Erzbischof von St. Louis, und drängte ihn, die Generaloberin der Sacred Heart Sisters, Schwester Helen MacLaughlin, eine in Rom ansässige Amerikanerin, zum Überdenken der Ordensentscheidung zu bewegen. Er wandte sich sogar selbst an die widerstrebende Schwester. Sein Argument: Die Nonnen in den Vereinigten Staaten brauchten heiligmäßige Vorbilder, und mit Mutter Duchesne stehe ihnen ein großartiger Mensch aus einer sehr schwierigen Epoche amerikanischer Kirchengeschichte zur Verfügung. Außerdem beruhigte er die Generaloberin hinsichtlich der Kosten.

»Sie waren der Meinung, die Bedürftigen hätten das Geld nötiger, wozu es also für das Verfahren verschwenden«, erinnerte sich Sarno. »Ich sagte ihnen, daß ich ihre Prinzipien respektiere, aber nicht zustimme. Ich rechnete damit, daß sie das Ganze – von der medizinischen Untersuchung des Wunders bis hin zum Tag der Heiligsprechung – an die 10 000 Dollar kosten würde. Vielleicht auch 15 000 Dollar, aber das ist dann immer noch kaum der Rede wert.«

Ehemalige Schülerinnen des Ordens in Südamerika erklärten sich bereit, die Kosten zu übernehmen, und das Verfahren wurde wiederaufgenommen. Viel Zeit blieb nicht, wenn die Kanonisierung rechtzeitig für den Papstbesuch in den Vereinigten Staaten über die Bühne gehen sollte. Angesichts der Dringlichkeit erklärte sich Pater Molinari bereit, den Fall selbst zu betreuen und alle seine anderen Verpflichtungen aufzuschieben. Sein erster Schritt bestand darin, Spezialisten und Nichtmitglieder der *Consulta Medica* um ihre inoffizielle Stellungnahme zu bitten. Deren Meinung nach hatte der Fall gute Aussichten auf Erfolg.

Das behauptete Wunder war an einer Missionarin der Sacred Heart Sisters in Japan geschehen, Mutter Marie Bernard. Sie war 60 Jahre alt, als sich in ihrem Nacken eine Geschwulst bildete. 1951 wurde sie ins St. Joseph's Hospital in San Francisco eingeliefert, und die Biopsie ergab, daß die Geschwulst bösartig war. Bei der Operation stellte sich heraus, daß sie zu groß war, um entfernt werden zu können, und zu weit fortgeschritten, um mehr als eine schmerzlindernde Behandlung zu erlauben. Die Ärzte konnten nicht viel mehr tun, als die Patientin einer niedrig dosierten Strahlenbehandlung zu unterziehen, um die Ausbreitung des Krebsgeschwürs zu verlangsamen. Als Mutter Bernard entlassen wurde, hatte sie der Prognose zufolge allenfalls noch ein halbes bis zwei Jahre zu leben.

Inzwischen hatten die Schwestern eine Novene zu Philippine Duchesne begonnen und beteten um Heilung. Schließlich beteiligte sich nicht nur der gesamte Orden, sondern auch die komplette Studentenschaft am College der Schwestern in San Francisco an dieser Gebetsübung. Mutter Bernard trug eine Duchesne-Reliquie um den Hals und betete ebenfalls mit. Die Gebete wurden offenbar erhört, denn Mutter Bernard kehrte nach Japan zurück, und als 1960 die *causa super miraculo* eingeleitet wurde, war der Krebs spurlos verschwunden. Zehn Jahre später starb Mutter Bernard an einem Herzinfarkt.

Im Juni 1987 wurde der Fall von Dr. de Rosa und einem weiteren Mitglied der *Consulta Medica* überprüft; sie fanden keine zufriedenstellende Erklärung für die Heilung. Ihre Diagnose lautete, daß die Patientin an einer »undifferenzierten Tumorneubildung, die die Schilddrüse und das umgebende Gewebe infiltriert«, gelitten habe. Zwar ließ sich nicht sagen, daß die Heilung plötzlich erfolgt war, doch befanden die Mediziner, daß sie relativ schnell, vollständig und unerklärlich gewesen sei. Die Fünferkommission schloß sich dieser Meinung an und stellte darüber hinaus – in einem ansonsten unüblichen Kommentar – fest, daß die Heilung schon vor 20 Jahren hätte anerkannt werden müssen, als der Fall erstmals eingereicht worden war.

Ärzte und Theologen

Die Verantwortlichkeit der *Consulta Medica* liegt allein in der Entscheidung darüber, ob eine Heilung wissenschaftlich erklärt werden kann oder nicht. Ob es sich dabei um ein Wunder handelt, können die Ärzte nicht entscheiden. Dieses Urteil ist den Theologenkonsultoren vorbehalten, deren Votum vom Dikasterium der Kongregation und in letzter Instanz vom Papst persönlich abgesegnet werden muß. Die Begründung lautet, daß die Beurteilung von Wundern eine Frage theologischen und kirchlichen Ermessens ist; sie den Medizinern zu überlassen hieße, ihnen ein Vorrecht abzutreten, das die Kirche stets für sich allein beansprucht hat.

Nach dem Studium mehrerer *positiones super miraculo* bin ich jedoch zu dem Schluß gekommen, daß die Rolle der Theologen im wesentlichen zweitrangig ist. Die Kongregation verfügt über 26 Theologenkonsultoren, doch nur eine Handvoll davon wird regelmäßig bemüht: Eine siebenköpfige Kommission überprüft das Wunderverfahren und stellt fest, ob die Heilung allein durch die Fürsprache des jeweiligen Dieners Gottes bewirkt wurde. Die wichtigsten Beweismittel dafür sind die Zeugenaussagen. Wer hat den Diener Gottes angerufen? Wurde zu ihm gebetet, wurde eine Reliquie benutzt usw.? Entscheidende Kriterien sind Zeitpunkt und Kausalität. Es muß ganz klar sein, daß die Genesung des Patienten erst *nach* der Anrufung des Dieners Gottes einsetzte. Ebenso klar muß sein, daß die Heilung allein aufgrund der Fürsprache des Dieners Gottes – und keines anderen – erfolgte.

Dies zu beurteilen erfordert offenbar kein allzu großes Maß an theologischem Scharfsinn, setzt jedoch eine gewisse Vertrautheit mit der der Kongregation eigenen Theologie der Fürsprache voraus. Ein Beispiel: Betet ein Patient nicht nur zu dem jeweiligen Diener Gottes, sondern auch zu Jesus, kann das Wunder ersterem zugesprochen werden, da man davon ausgeht, daß Jesus sozusagen zwangsläufig an allen von Gott gewährten Gnaden beteiligt ist. Wurden jedoch mehr als ein Heiliger oder Diener Gottes zur gleichen Zeit angerufen, kann die Heilung nicht anerkannt werden, da sich nicht feststellen läßt, wem die Fürsprache bei Gott zu verdanken ist.

Im Fall des Pater Serra zugeschriebenen Wunders beispielsweise hatte Mutter Boniface ausgesagt, die Fürbitte mehrerer ihrer Lieblingsheiligen erfleht zu haben: des heiligen Judas, der heiligen Frances Cabrini, der ersten amerikanischen Heiligen, und des heiligen Martin de Porres, eines peruanischen Mulatten aus dem siebzehnten Jahrhundert, der sich besonders um die Kranken bemühte und 1962 kanonisiert wurde. Von entscheidender Bedeutung war jedoch, daß Mutter Boniface sich erst dann auf Vorschlag des Kaplans an Pater Serra wandte, nachdem alle anderen Anrufungen fruchtlos geblieben waren. Zum damaligen Zeitpunkt wußte Mutter Dyrda so gut wie nichts über den Franziskanerpater und Diener Gottes. Doch nach ihrer Genesung schrieb sie: »Sie (die anderen, bereits bestätigten Heiligen) haben offensichtlich gewartet, weil sie Pater Junípero Serra eine Chance geben wollten.«

Aus Sicht der Kongregation ist diese Beweisführung, daß das Wunder allein durch die Fürsprache des Kandidaten gewirkt wurde, notwendig und schlüssig. Im Idealfall spiegelt der Beweis den begründeten Ruf des Kandidaten als Fürsprecher bei Gott wider. In der Praxis jedoch wirft die Ansicht, daß Wunder nur einem ganz bestimmten Fürsprecher und keinem anderen zugeschrieben werden, eine Vielzahl theologischer Fragen und Bedenken auf. Hält Gott wirklich ein Wunder zurück, bis der »richtige« Diener Gottes angerufen wurde? Was ist wichtiger: die Heilung oder die Fürsprache? Ermutigt das ganze System praktisch nicht sogar dazu, Gebete als geistliche Manipulation, als Wettbewerb um Wunder zu betrachten? Der systemimmanente Mißbrauch liegt darin, daß für Gebete an einen Kandidaten geworben wird – mit dem zweifelhaften Ziel, das für den Fortgang oder Abschluß seines Verfahrens notwendige Wunder zu erwirken. »Geschichten hört man!« erzählte mir Pater Valabek. »Etwa, daß sich Nonnen vor die Notaufnahme von Krankenhäusern stellen und, kaum daß ein Krankenwagen auftaucht, zur Gründerin ihres Ordens um ein Wunder beten.« Er lachte leise. »Bloß Geschichten, wie gesagt, aber nicht aus der Luft gegriffen. Gott ist kein Narr, aber solange wir daran festhalten, daß Wunder eindeutig einer bestimmten und keiner anderen Person zuzuschreiben sind, werden auch solche abergläubischen Praktiken weiterbestehen.« Und nichts zeigt deutlicher, ist man versucht hinzuzufügen, welch untergeordnete Rolle die Theologen im Vergleich zu den Medizinern spielen.

Alternativen zu medizinischen
Wundern

Am 19. November 1988 eröffnete die Kongregation für Heiligsprechungsprozesse ein Symposium über den Nachweis von Wunderheilungen, auf dem sich die Mitglieder der *Consulta Medica* mit ihren Kollegen vom Internationalen Medizinischen Komitee von Lourdes trafen, das sich mit der Überprüfung behaupteter Wunderheilungen an dem berühmten südfranzösischen Marienwallfahrtsort befaßt. Die französischen Gäste standen in einer längeren Tradition der Wunderverifizierung, da ihr Komitee – das erste seiner Art in der Kirche – schon 1882 gegründet worden ist, während die *Consulta Medica* erst seit dem 22. Oktober 1948 existiert. Die Ärzte aus Lourdes räumten freimütig ein, daß die Fortschritte in der Medizin den Nachweis der Wunder zunehmend erschwerten. Noch bemerkenswerter waren jedoch die Worte Johannes Pauls II., der sich in einer Grußbotschaft an die Teilnehmer wandte:

> »Die Mitarbeit von Ärzten ist aufgrund ihrer fachlichen Kompetenz seit langer Zeit eine unschätzbare Hilfe bei der Erkennung (von Wunderheilungen). Mit dem Fortschritt der Wissenschaft gelingt es, bestimmte Fälle besser zu verstehen, doch ist es nach wie vor wahr, daß etliche Heilungen auf Tatsachen beruhen, die nur aus dem Glauben heraus erklärt werden können. Dies kann auch die strengste wissenschaftliche Untersuchung a priori nicht ableugnen, sondern sie muß es genau als das akzeptieren, was es ist.«

Der Papst ließ daraufhin durchblicken, daß sich der Charakter des Wunderbaren möglicherweise in einer Phase des Umbruchs befindet.

> »Es scheint Anhaltspunkte dafür zu geben, daß die göttliche Pädagogik die Menschheit heutzutage mit mehr spirituellen und persönlichen Offenbarungen erleuchtet und daß körperliche Heilungen seltener werden. Wahr bleibt jedoch, daß Gott noch immer unerwartete und unergründliche Gaben gewährt und gläubiges und demütiges Flehen erhört, das sich seiner Liebe anvertraut, die größer ist als alles andere.«

Zum erstenmal hatte hier ein Papst zugegeben, daß die Kirche sich inzwischen schwertut, die von den Ärzten gesetzten Bedingungen für die Anerkennung von Wunderheilungen zu erfüllen. Doch die Zeichen waren unübersehbar gewesen. In der Reform von 1983 war die Zahl der benötigten Wunder halbiert worden, so daß für die Seligsprechung von Nichtmärtyrern mittlerweile nur noch ein Wunder und für die Heiligsprechung ein weiteres notwendig ist. Schon vor der Reform hatten sich die Päpste zunehmend bereit gezeigt, auf die volle Zahl von vier Wundern zu verzichten. Johannes Paul II. hatte 1980 die konvertierte Irokesin Kateri Tekakwitha (1656–1680) sogar ohne Wundernachweis seliggesprochen. Kateri war zwar eine ganze Reihe von Wundern zugeschrieben worden, doch hatte sich die im siebzehnten Jahrhundert noch in den Kinderschuhen steckende katholische Kirche der Vereinigten Staaten nicht in der Lage gesehen, ein formales Untersuchungsverfahren zum Beweis ihrer Stichhaltigkeit durchzuführen. Der Papst entschied, es genüge in diesem Fall, daß Kateri in dem Ruf stand, durch ihre Fürsprache viele Wunder gewirkt zu haben.

Theoretisch besitzt jeder Papst das Recht, bei der Heiligsprechung auf die geforderten Wunder zu verzichten. Doch soll er auch davon Gebrauch machen? Wie ich mit der Zeit herausfand, beschäftigt diese Frage schon seit langem die Heiligmacher. Doch da sie in diesem Punkt zutiefst gespalten sind, reden sie nicht gern darüber.

Gumpel schnitt das Thema als erster an. »Die Frage der Wunder wird innerhalb der Kongregation diskutiert«, sagte er, »und auf höherer Ebene auch.« Anfangs stellte er die Problematik so dar, als ginge es nur um die Handhabung von Wundern und um Verfahrensfragen. Doch als er eines Abends laut über die – wie er es sah – unzuträgliche Abhängigkeit der Kirche von der Medizin nachdachte, klang seine Stimme ungewöhnlich ernst.

> »Einerseits ist es sehr vernünftig, ein Zeichen Gottes zu verlangen. Denn obwohl unsere Untersuchungen über den Märtyrertod oder die heroischen Tugenden mit größtmöglicher Gewissenhaftigkeit durchgeführt werden und wir uns ernsthaft bemühen, zu einer moralischen Gewißheit über die Heiligkeit eines Kandidaten zu gelangen, ist all dieses Streben Menschenwerk und deshalb fehlbar. Es ist also nur verständlich, wenn der Heilige Vater, bevor er von seiner höchsten Macht als *Doctor ecclesiae* Gebrauch macht, eine Bestätigung wünscht, die über die rein menschliche Dimension hinausgeht. Hierauf gründet sich die bis heute im Kirchenrecht verankerte Forderung, daß vor der feierlichen Heiligsprechung ein göttliches Zeichen empfangen werden muß. Man muß sich indes fragen, ob es sich bei diesen Zeichen wirklich um Wunder im streng theologischen Sinn handeln muß oder ob wir nicht vielleicht auf anderen Ebenen nach Zeichen suchen sollen. Im Augenblick sind 99 Prozent aller Zeichen medizinischer Art. In diesem Zusammenhang sind eine Reihe von Fragen aufgeworfen worden.«

Diese Fragen, die Gumpel im folgenden kurz erläuterte, hatten er und sein jesuitischer Mitbruder, Paolo Molinari, seit über einem Jahrzehnt in der Kongregation immer wieder angesprochen.

Erstens: Mit zunehmendem medizinischen Wissen wird das medizinisch Unerklärbare weniger. Folglich können etliche Heilungen, die man sich heute noch nicht erklären kann, in Zukunft vermutlich erklärt werden. Gumpel sieht die Sache so: »Der Nachweis, welche Fakten den Rahmen der Naturgesetze sprengen, wird zunehmend schwieriger.«

Zweitens: Die wachsende Verbreitung und Anwendung medizinischer Heilmittel erschweren zusehends das Urteil darüber, ob in einem bestimmten Fall nicht doch vielleicht eine der angewandten Therapien für die Heilung verantwortlich ist. Hat der Patient verschiedene Medikamente eingenommen, so muß nachgewiesen werden, daß seine Genesung definitiv auf keines von ihnen zurückzuführen ist. Ebenso muß in Fällen, bei denen mehrere Spezialisten an der Behandlung beteiligt waren, jeder einzelne bezeugen, daß das unerwartete Ergebnis nicht auf sein Eingreifen zurückgeführt werden kann. Pater Valabek beschäftigt sich gerade mit einem behaupteten Wunder aus Holland, das Titus Brandsma zugeschrieben wird. Das Verfahren vor Ort ist gegenwärtig blokkiert, weil einer der beteiligten Ärzte der Feststellung seiner Kollegen, die Heilung sei medizinisch unerklärbar, nicht zustimmt.

Drittens: Die Ansprüche der *Consulta Medica* selbst werden immer größer. Ihre Forderungen in bezug auf medizinische Apparate, Verfahren und Dokumentationen sind für Ärzte in Entwicklungsländern unerfüllbar. Deswegen ist die Kirche in der dritten Welt, wie bereits erwähnt, beim Nachweis medizinischer Wunder benachteiligt.

Was also soll die Kirche tun?

Eine Teillösung wäre die von Gumpel und Molinari seit langem befürwortete Ausdehnung des Wunderbegriffs auf physikalische Wunder nichtmedizinischer Art. Ein solches Wunder wurde 1975 bei der Heiligsprechung des in Peru verstorbenen spanischen Dominikaners John Macías (1585–1645), der 1837 seliggesprochen worden war, anerkannt. Das Wunder ereignete sich 309 Jahre nach seinem Tod in seinem Geburtsort Ribera del Fresno, wo Macías als »der Selige« bekannt ist und als Schutzheiliger der Gemeinde gilt.

Die näheren Umstände waren folgende: Den Kindern eines in der Nähe gelegenen Waisenhauses wurde jeden Abend im Gemeindesaal ein Essen serviert; darüber hinaus waren bedürftige Familien eingeladen, sich an der Tür ihre Mahlzeit abzuholen. Am Abend des 25. Januar 1949 stellte die Köchin fest, daß sie gerade noch genug Reis und Fleisch für die Verköstigung der Kinder hatte; für die Armen reichte es nicht mehr. Die Köchin schickte ein Stoßgebet zum Himmel, in dem sie den »Seligen« um Hilfe anflehte, und wandte sich wieder ihrer Arbeit zu.

Plötzlich fiel ihr auf, daß der kochende Reis über den Topfrand quoll. Sie schöpfte die überschüssige Menge erst in einen zweiten und dann in einen dritten Topf. Vier Stunden lang stand sie am Herd, während der Topf ununterbrochen neuen Reis hervorbrachte. Die Mutter des Pfarrers und später auch der Pfarrer selbst wurden herbeigerufen und bestaunten das Phänomen mit eigenen Augen. Am Ende reichten Reis und Fleisch für 59 Kinder, und es blieb auch genug für die Armen übrig. Insgesamt konnten 22 Zeugen die wunderbare Vermehrung der Speisen bestätigen. Und obwohl der Reis stundenlang gekocht hatte, schmeckte der letzte Löffel noch genauso frisch wie der erste. Wie bei der biblischen Vermehrung von Brot und Fisch konnten sich alle satt essen. Positiv auf das Verfahren wirkte sich die Tatsache aus, daß einige der Beteiligten sich ein wenig Reis aufbewahrt hatten. Elf Jahre später wurde er von der Kongregation untersucht. Die Sachverständigen konnten keine natürliche Erklärung für den außerordentlichen Vorgang finden. Man kam zu dem Schluß, daß er zusammen mit einem herkömmlichen medizinischen Wunder für die Kanonisierung Macías' ausreichte.

Das Problem bei nichtmedizinischen Wundern ist offensichtlich verfahrensmäßiger Art: Der Postulator muß für jeden einzelnen Fall Experten finden, die in der Lage sind, die Kongregation davon zu überzeugen, daß tatsächlich ein außerordentliches und nicht erklärbares Ereignis stattgefunden hat. Molinari sah sich mit einer solchen Situation im Fall der Victoria Rasoamanarvio (1848–1894) konfrontiert, einer verheirateten Frau, die in Madagaskar als Mutter der katholischen Kirche verehrt wird, weil sie in einer Zeit, als sämtliche Missionare des Landes verwiesen worden waren, eine wichtige Rolle bei der Verteidigung und Verbreitung des Glaubens spielte. Das ihrer Fürsprache zugeschriebene Wunder ereignete sich 1934 während der Trockenzeit. Eine Frau hatte im hohen Gras am Rande ihres Dorfes versehentlich Feuer gelegt. Starke Winde entfachten die Flammen zu einem Großbrand, der die gesamte Siedlung zu zerstören drohte. Eines der Strohdächer hatte bereits Feuer gefangen, als ein junger Katechet hinausging, ein Bild von Victoria hochhielt und sie darum bat, das Dorf vor den Flammen zu retten. Im gleichen Augenblick drehte der Wind, und das Feuer erlosch.

Der Schauplatz des Geschehens wurde fotografiert, und man sammelte Zeugenaussagen. 50 Jahre später erhielt Molinari die Unterlagen zum Beweis für ein behauptetes Wunder. Er ließ sich die Gelegenheit nicht entgehen und versuchte, an diesem Beispiel den Beweis für ein nichtmedizinisches Wunder zu führen. Sein Hauptproblem bestand darin, einen Experten zu finden, der ein vorläufiges, wissenschaftlich begründetes Urteil darüber abgeben konnte, ob das plötzliche Umschlagen des Windes den Naturgesetzen widerspricht oder nicht. Er entschied sich schließlich für den Leiter der italienischen Feuerwehren, einen Meteorologen, der zu dem Schluß kam, daß es für das Vorkommnis keine natürliche Erklärung gebe. Der Experte reichte die Unterlagen anläßlich einer internationalen Feuerwehrtagung an ein Gremium afrikanischer und europäischer Spezialisten weiter, die seine Einschätzung bestätigten. Doch die Kongregation kannte keinen Präzedenzfall für die Einrichtung eines aus Meteorologen und Feuerwehrleuten bestehenden Untersuchungsausschusses nach Art der *Consulta Medica*. Wie sich herausstellte, wurde das Wunder letzten Endes gar nicht mehr benötigt. Nach der Reform von 1983 war nur noch ein Wunder erforderlich. Molinari konnte ein anderes Wunder beibringen, diesmal eine medizinische Heilung. Victoria Rasoamanarvio wurde am 30. April 1989 in Madagaskar von Johannes Paul II. seliggesprochen.

Theoretisch legt jedes unerklärliche Ereignis ein Wunder nahe. So machte mich Pater Eszer auf ein behauptetes Wunder aufmerksam, das der Seligen Maria Kreszentia Höss (1682–1744) zugeschrieben wird, einer Franziskanerin aus dem bayerischen Kaufbeuren, die als Mystikerin bekannt war. Viele Menschen aus allen Ständen baten um ihren geistlichen Rat, unter anderem auch Kaiser Karl VII. und dessen Gemahlin Maria Theresia. 1801 wurde Kreszentia für verehrungswürdig erklärt; am 7. Oktober 1900 erfolgte die Seligsprechung durch Papst Leo XIII. (1878–1903). Doch es verging beinahe ein halbes Jahrhundert, bis ihr Postulator mit einem weiteren behaupteten Wunder für ihre Heiligsprechung aufwarten konnte.

Folgendes war geschehen: Während des Zweiten Weltkriegs flogen alliierte Bomber einen Einsatz gegen die südlich von Augsburg gelegene Kleinstadt Kaufbeuren. Zu ihrem Zielgebiet gehörten auch verschiedene Ortschaften in der Umgebung sowie militärische Einrichtungen und eine Landebahn in der Nähe von Kaufbeuren. Es war ein wolkenloser Tag. Die Bewohner der Stadt konnten die Bomben an den Flugzeugen erkennen. Sie beteten zur seligen Kreszentia, deren Gebeine in einem gläsernen Sarg unter dem Hochaltar der Klosterkirche ruhen, und flehten sie an, die Stadt zu retten. Schwester Ancilla Hinterberger, eine Nachfolgerin Kreszentias im Amt der Oberin, berichtete mir, was sie und andere damals erlebten:

>»Die Bomber waren über der Stadt, mit offenen Schächten. Sie versuchten, Kaufbeuren zu treffen, aber es gelang ihnen nicht. Sie konnten die Stadt nicht sehen, obwohl sie sich direkt über ihr befanden. Von unten aus konnte man mit bloßen Augen die Bomben an den Flugzeugen hängen sehen. Aber keine einzige fiel. Es passierte nichts. Kaufbeuren blieb verschont.«

Die Aussagen der Zeugen wurden gesammelt, doch erst als 1983 die Militärarchive in den Vereinigten Staaten und Westdeutschland zugänglich wurden, konnten auch die erforderlichen Dokumente beigebracht werden. Bei den Amerikanern sammelte der Postulator Berichte der Piloten und Flugzeugbesatzungen und ließ sich den Zweck ihres Einsatzes bestätigen. Von deutscher Seite erhielt er Berichte, die die Beobachtungen bestätigten. Das gesammelte Material wurde dann der historischen Abteilung des deutschen Verteidigungsministeriums sowie Fachleuten der deutschen Luftwaffe zugeleitet. Die Experten ließen sich unter anderem meteorologisch beraten, ob eine Fata Morgana in Frage komme, befragten Militärtechniker, ob vielleicht die Gyroskope versagt haben könnten, und interviewten sogar noch einige überlebende amerikanische Bomberpiloten.

Im Herbst 1988 hatte der örtliche Vizepostulator, Pater Wilhelm Imcamp, sein Urteil gefällt: »Wir haben dieses Wunder überprüft«, sagte er. »Es ist kein Wunder. Die Fachleute haben gesagt, daß es natürliche Erklärungen gibt. Wir können es daher nicht länger in Erwägung ziehen.«

Eszer war enttäuscht. Aber er beschäftigt sich bereits mit einem anderen vielversprechenden Wunder nichtmedizinischer Art. Es trug sich in der Schweiz zu und widerfuhr einem Bergsteiger, der ein Unglück überlebte, bei dem alle seine Kameraden umkamen. Ihre Seile rissen, doch seines blieb, nachdem er den Diener Gottes angerufen hatte, unversehrt. Der Postulator hat bereits Geologen und erfahrene Bergführer nach ihrer Meinung gefragt. »Falls sie es auch für eine wundersame Rettung halten«, meint Eszer, »wird es vielleicht zu einem Wunderprozeß kommen.«

Doch muß ein Wunder überhaupt physikalischer Natur sein? In diesem Punkt sind sich die Heiligmacher nicht einig. Molinari steht auf dem Standpunkt, daß die Kirche auf der Suche nach göttlichen Zeichen zur Untermauerung von Selig- und Heiligsprechungen auch »moralische Wunder« anerkennen sollte, das heißt außerordentliche Gnaden, die zu einer moralischen oder geistlichen Wandlung führen.

Die Argumente, die sich für moralische Wunder ins Feld führen lassen, treffen vor allem auf den Fall Matt Talbot (1865–1925) zu, eine unter irischen Katholiken und amerikanischen Katholiken irischer Abstammung weitbekannte Persönlichkeit. Der ungelernte Hafenarbeiter aus Dublin sagte sich, kurz vor seinem dreißigsten Geburtstag, vom Alkoholismus los und entwickelte sich in der Folgezeit zu einer Art Asket der Arbeiterklasse. Er fastete, betete und trug – was sogar seine wenigen Freunde nicht wußten – unter seiner Arbeitskleidung Bußketten. Als er starb, war er ein Niemand. Doch seine Lebensgeschichte (mit Ausnahme der Ketten, die seinen Landsleuten doch etwas übertrieben vorkamen) fesselte die irische Vorstellungskraft. Papst Paul VI. bestätigte ihm 1975 heroische Tugendhaftigkeit.

Der polnische Papst hat – wie vor ihm bereits Paul VI. – verlauten lassen, daß er Talbot gerne als Heiligen der Arbeiterklasse und – nicht minder wichtig – wegen seiner vorbildlichen Überwindung der Trunksucht durch Gebete und Kasteiung seligsprechen würde. In Irland und Polen, wo der Alkoholismus ein erhebliches gesellschaftliches Problem darstellt, ist Talbot recht populär, und in den Vereinigten Staaten gibt es eine Reihe von Matt-Talbot-Klubs und Matt-Talbot-Zentren für Alkoholiker, die eine Entziehungskur machen. Pater Dermot Martin, Talbots Postulator in Rom, sagte mir, daß mehr als 1000 Zeugenaussagen vorliegen, denen zufolge Talbots Fürsprache trunksüchtigen Ehemännern dabei half, dem Alkohol abzuschwören; viele Ehen und Familien seien dadurch erhalten geblieben.

Es gibt also reichhaltige Beweise für Talbots Fürsprache bei Gott – nur ist es Martin bislang nicht gelungen, die Kongregation vom Wundercharakter dieser Beweise zu überzeugen. Das Problem liegt natürlich vor allem darin, daß die Heilung vom Alkoholismus primär eine Frage der Ausdauer und der Willenskraft ist. »Angenommen, wir bezeichnen die Abkehr vom Alkohol als

Wunder«, sagte einer der ranghöchsten Kongregationsangehörigen zu Martin, »und wir laden einen der auf dem Wege der Besserung befindlichen Alkoholiker zur Feier der Seligsprechung ein. Stellen Sie sich mal vor, wie er abends durch all die Beachtung, die ihm zuteil geworden ist, in Stimmung gerät, ausgeht und sich betrinkt. Wo ist da das Wunder?«

Eszer schließt sich dieser Meinung an. »Wenn es einen Rückfall gibt, kann von Heilung nicht die Rede sein«, meint er. »Es ist schließlich kein Geheimnis, daß ein Brandy oder ein Bier ausreichen kann, um einen Alkoholiker rückfällig zu machen. Das *wahre* Wunder wäre daher, wenn jemand geheilt würde und sich danach ein Gläschen Bier oder Wein genehmigen kann, ohne rückfällig zu werden.«

»Ja, aber das wäre dann wieder sozusagen ein physikalisches und kein moralisches Wunder«, warf ich ein.

»Natürlich. In dieser Hinsicht sind wir sehr streng, aber das müssen wir auch sein. Schon jetzt behaupten die Kritiker der Kongregation, wir seien nichts weiter als eine Fabrik, in der Wunder hergestellt werden. Was würden sie erst sagen, wenn wir sogenannte moralische Wunder zuließen?«

»Sie sind also gegen moralische Wunder?«

»Ja, und zwar aus mehreren Gründen. Zunächst gibt es bei einem moralischen Wunder nur einen Zeugen, und zwar den Betroffenen selbst, der behauptet, sich verändert zu haben. Aber was ist, wenn er lügt? Mir ist auf der ganzen Welt kein Rechtssystem bekannt, das sich nur auf die Aussage eines einzigen Zeugen verläßt. Zweitens bin ich gegen moralische Wunder, weil die von Jesus gewirkten Wunder nicht nur Zeichen für etwas, sondern immer auch Wunder *in natura* waren. Im ganzen Neuen Testament werden Sie kein einziges Wunder finden, das man als moralisches Wunder bezeichnen könnte. Ein wirkliches Wunder ist die Heilung eines Menschen oder ein anderes die physikalischen Gesetze sprengendes Ereignis.«

Die medizinischen Sachverständigen sind ebenfalls gegen moralische Wunder. Sie sind ungeheuer stolz darauf, der Kirche mit medizinischen Wunderbeweisen dienen zu können, und halten unbeirrt daran fest, daß es – unabhängig von allen wissenschaftlichen Fortschritten – immer Wunderheilungen geben wird. Vor allem Dr. Cortesini sieht in ihnen eine Fortführung der von Jesus gewirkten Heilungen durch die Heiligen. »Wir haben es hier mit den gleichen Wundern zu tun, von denen das Neue Testament berichtet«, sagt er. »Es handelt sich um Menschen, die von körperlichen Gebrechen geheilt werden. Immer wenn ich über einen Fall entscheiden soll, führe ich mir diese Beispiele aus der Bibel vor Augen. Wir müssen auf die Bibel zurückgreifen, wenn wir etwas Vergleichbares finden wollen.«

Pater Gumpel räumt ein, daß die gegenwärtige Verfahrensweise eine Reihe von Vorteilen aufweist. Und er gibt zu: »Unter rein administrativen und juristischen Gesichtspunkten ist es einfacher, das Urteil von Medizinern und anderen Naturwissenschaften einzuholen, die bestätigen können, daß ein bestimmtes, dem Kandidaten zugeschriebenes Phänomen auf natürliche Weise nicht erklärbar ist. Sogenannte moralische Wunder sind auf der anderen Seite viel schwieriger zu beweisen.«

Dennoch legt Gumpel Wert auf die Feststellung, daß die Kirche »vom Beweis physikalischer Wunder abrücken könnte und sich statt dessen mehr auf die Wissenschaft von Gott verlassen sollte, die davon ausgeht, daß viele Gnaden durch die Fürsprache des Dieners Gottes gewährt worden sind. Würden die Bischöfe eines bestimmten Landes erklären, Dutzende oder Hunderte ernst zu nehmender Menschen hätten bezeugt, ihre Gebete seien nach Anrufung des Dieners Gottes erhört worden, so würde eine solche Erklärung sofort von höchster Stelle geprüft und könnte als Zeichen göttlichen Wirkens eingestuft werden, das uns die Selig- oder Heiligsprechung des Kandidaten ermöglichen würde.«

Zusammenfassend läßt sich sagen, daß sich das Problem für Gumpel mehr als Prinzipienfrage denn als Frage der praktischen Anwendung darstellt. Dadurch, daß die Kirche ihren Wunderbegriff weitgehend auf unerklärliche Heilungen eingeengt hat, nahm sie in Kauf, daß die Medizin ihr die Kompetenz, göttliche Zeichen zu interpretieren, streitig machte. Außerdem hat sie dabei den geistlichen und moralischen Aspekt des Wunderbaren, die weitläufiger als physikalische Wunder sind, aus den Augen verloren. Gumpels Lösungsvorschlag läuft also darauf hinaus, die Vorrechte der Kirche durch die Wiederbelebung des Begriffs der »Wissenschaft von Gott« neu zur Geltung zu bringen.

Die interne Diskussion über Wunder

Es ist mehr als 750 Jahre her, seit Papst Gregor IX. im Zusammenhang mit der Kanonisierung des heiligen Antonius von Padua den Grundsatz verkündete, daß weder Tugenden ohne Wunder noch Wunder ohne Tugenden für eine Heiligsprechung ausreichten – und daß es der Kirche obliege, über beides zu entscheiden. In den internen Debatten, die zur Reform von 1983 führten, wurde schließlich die Frage nach der Notwendigkeit von Wundern erneut aufgegriffen.

Pater Molinari bewegte vor allem die Frage, ob die Kirche mit ihrem Beharren auf beweisbaren Wundern nicht den Abschluß vieler Verfahren unnötig herauszögerte – und den Gläubigen damit zeitgenössische Beispiele christlicher Heiligkeit vorenthielt. »Medizinische Sachverständige und andere Spezialisten, die uns ihre Dienste zur Verfügung stellen, sind immer höchst verdutzt, wenn man ihnen, nachdem unter Anlegung strengster Maßstäbe ein positives Urteil gewonnen worden ist, schließlich mitteilt, daß noch eine oder mehrere weitere Heilungen ähnlich genau belegt werden müssen.« Seine Argumentation verfehlte offenbar ihre Wirkung nicht, denn durch die Reform wurde die Zahl der erforderlichen Wunder halbiert.

Doch Gumpel und Molinari geben sich damit noch nicht zufrieden. Sie sehen nicht ein, warum die Kirche bei der Selig- oder Heiligsprechung eines Dieners Gottes weiterhin auf medizinischen oder anderen physikalischen Wundern bestehen soll. Ihnen genügt es, wenn der Kandidat einen soliden Ruf der Heiligkeit genießt, der von der Kongregation entsprechend überprüft, durch den Beweis des Martyriums oder heroischer Tugenden verifiziert und schließlich durch die feierliche Erklärung des Papstes bestätigt wird.

Ausführlich dargestellt wird ihre Position in einem langen und leidenschaftlichen Aufsatz, in dem Molinari die Geschichte und Theologie des Heiligsprechungsverfahrens Revue passieren läßt und dabei die Beendigung der Abhängigkeit von Wundern als bestätigenden Zeichen für Selig- und Heiligsprechungen ins Auge faßt. In der Frühzeit der Kirche, führt er aus, seien Wunder »in keiner Weise mit der Heiligenverehrung verknüpft gewesen«. Erst zur Zeit der Merowinger und Karolinger (415–928), »als jedermann, vom Kleriker bis zum einfachen Gläubigen, bekanntermaßen nach Wundergeschichten gierte und sehr leichtgläubig war«, habe die Kirche damit begonnen, besonderen Wert auf Wunder zu legen. »Zu jener Zeit war die Geschichtsschreibung alles andere als kritisch oder wissenschaftlich, und die medizinische Forschung – soweit man überhaupt schon davon sprechen kann – steckte in den Kinderschuhen.« Doch selbst damals und in den darauffolgenden Jahrhunderten lag der Schwerpunkt, wie Molinari betont, »nicht so sehr auf Wundern als solchen, sondern auf dem Ruf, Wunder wirken zu können«. Erst in den letzten vier Jahrhunderten wurde das Vertrauen auf beweisbare Wunder im Rahmen der Entwicklung des formalen Kanonisierungsverfahrens zum integralen Bestandteil der Heiligsprechung.

Doch das muß nicht immer so bleiben, meint Molinari. Theologisch gesehen besteht das wahre »göttliche Zeichen« bei jedem Verfahren in dem Ruf der Heiligkeit, den zu erkennen den Gläubigen eingegeben worden ist und der sich in Bewunderung, Verehrung und Anrufung um Gnadenerweise manifestiert. Dabei handelt es sich nicht, wie Molinari sofort hinzufügt, um ein rein natürliches Phänomen. Sobald das Martyrium oder die heroische Tugendhaftigkeit durch »wissenschaftliche Untersuchungen« bewiesen worden ist, sollte der Diener Gottes auch ohne weitere göttliche Bestätigung durch Wunder selig- oder heiliggesprochen werden. Falls der Fürsprache des Kandidaten Wunder zugesprochen werden – schön und gut; sie sollten überprüft und bestätigt werden. Doch die Forderung nach solchen Wundern hält Molinari, namentlich angesichts der »Entwicklung der Geschichtswissenschaft in den letzten zwei Jahrhunderten«, für »übertrieben und ungerechtfertigt«. Die Kongregation sollte deshalb, so schließt er, zur urkirchlichen Haltung gegenüber den Wundern zurückfinden und ihr Verfahren entsprechend reformieren:

> »... Wir halten es nicht für notwendig oder vorteilhaft, über den Ruf der Heiligkeit hinaus ein besonderes göttliches Zeichen für die Heiligkeit eines Dieners Gottes zu verlangen... Ein wahrhaft außergewöhnlicher Ruf der Heiligkeit sollte zum Beweis göttlichen Eingreifens bei der Selig- oder Heiligsprechung eines Dieners Gottes, dessen Martyrium oder heroische Tugendhaftigkeit bereits erwiesen ist, ausreichen.«

Mit anderen Worten: Theologie und Historik sind die einzigen für die Heiligsprechung erforderlichen Wissenschaften, und der Ruf der Heiligkeit ist ausreichendes Kriterium für die Bestätigung durch Gott.

Da Molinari einer der einflußreichsten Heiligmacher ist, hinterließ der 1978 veröffentlichte Aufsatz einen nachhaltigen Eindruck – besonders bei seinen Mitbrüdern im Jesuitenorden. Allerdings nährte er das weitverbreitete Mißverständnis, daß zumindest »die Jesuiten« den Wunderbeweis im Heiligsprechungsverfahren als obsolet erachteten. Und beinahe hätte dieses Mißverständnis sogar die Seligsprechung eines ihrer beliebtesten Kandidaten gefährdet.

Rupert Mayer (1876–1945) hätte den Märtyrertod sterben können – wenn die Nazis es zugelassen hätten. Als junger Mann trat er dem Jesuitenorden zu einer Zeit bei, da die Gesellschaft Jesu vom antiklerikalen preußischen Staat verboten war. Im Ersten Weltkrieg diente er als Kaplan, verlor sein linkes Bein und erhielt als erster katholischer Priester das Eiserne Kreuz. In den zwanziger und dreißiger Jahren arbeitete Mayer als Männerseelsorger und Volksprediger in München. Seine Arbeit führte ihn auch in Bierkeller, wo er Adolf Hitler kennenlernte. Er brandmarkte den Nationalsozialismus als unchristlich – zum Teil, wie er ausdrücklich betonte, wegen seines Antisemitismus. Zweimal wurde er wegen subversiver Predigten verhaftet und schließlich ins Konzentrationslager Sachsenhausen-Oranienburg eingeliefert. Als sich sein Gesundheitszustand verschlechterte, brachten ihn die Nazis ins Benediktinerkloster Ettal: Als Bedingung verlangten sie die Abstinenz von jeder politischen Betätigung; außerdem wurden ihm gottesdienstliche Handlungen sowie das Beichthören verboten. Ein schweigender Gegner war ihnen lieber als ein lästiger Märtyrer. Nach dem Krieg konnte Mayer noch die erste Fronleichnamsprozession durch die Straßen Münchens führen, bevor er am 1. November 1945 starb.

In den Jahren nach seinem Tod geriet Mayer bei seinen Anhängern nie in Vergessenheit. 40 Jahre lang besuchten Tausende von Menschen sein Grab in der Münchner Innenstadt. 1983 wurde Rupert Mayer für verehrungswürdig erklärt. 1985 war die Zahl der seiner Fürsprache zugeschriebenen Wunder auf 104 angewachsen. Er brauchte zumindest ein anerkanntes. Johannes Paul II. plante für 1987 eine Deutschlandreise (die ihn unter anderem zur Seligsprechung Edith Steins nach Köln führen sollte). Doch als Molinari beim Vizepostulator der Jesuiten in München nach beweiskräftigen Unterlagen über eines jener Wunder anfragte, stellte sich heraus, daß es dergleichen nicht gab. Der Vizepostulator war davon ausgegangen, daß der Ruf, Wunder wirken zu können, schon genüge. Und da er wußte, daß es sich dabei auch um die persönliche Meinung Molinaris handelte, hatte er darauf verzichtet, erfolgversprechenden Fällen nachzugehen. »Ich hatte ihm mehrmals gesagt, daß die Vorschriften, die den Wundernachweis verlangen, nach wie vor in Kraft sind«, berichtete Molinari, »aber er handelte weiterhin in der Annahme, daß eine Änderung unmittelbar bevorstehe. Folglich gab es kein Wunder.«

Es gab jedoch 20 000 erhörte Gebete. Konnten nicht sie als ausreichende Bestätigung durch Gott gewertet werden? Mit anderen Worten: Konnte der Papst Rupert Mayer nicht vom erforderlichen Wundernachweis befreien, so wie er das auch im Falle von Kateri Tekakwitha getan hatte? Einer von jenen, die sich energisch gegen einen Dispens aussprachen, war Pater Eszer. Er begründete seine Haltung mit dem Argument: »Die Leute würden sagen, daß sich die Deutschen die Seligsprechung mit ihrem Geld erkauft haben.«

Gumpel wurde nach München geschickt, um zu sehen, was sich machen ließ. Ein italienischer Arzt durchforstete die behaupteten Wunder und fand schließlich auch eines, zu dem sich die notwendigen ärztlichen Unterlagen beibringen ließen. Da der Betroffene ein prominenter Bürger aus einer überwiegend protestantischen Gegend Deutschlands war, wurde er – auf sein Ersuchen – nach Rom geflogen, um sich dort einer vertraulichen medizinischen Untersuchung zu unterziehen. Und da die Zeit drängte, setzte man zur Beurteilung des Wunders eine aus drei Theologenkonsultoren (darunter Eszer) bestehende Sonderkommission ein. Das Wunder wurde akzeptiert. Vor 100 000 Menschen wurde Rupert Mayer am 3. Mai 1987 im Münchner Olympiastadion vom Papst seliggesprochen.

Für Eszer ist der Fall Mayer nur mehr ein weiterer Beweis dafür, daß medizinische Wunder bei der Heiligsprechung nicht nur möglich, sondern unerläßlich sind. Die Meinung, die Theologenkonsultoren seien in eine zu große Abhängigkeit von der *Consulta Medica* geraten, teilt er nicht. »Das Problem liegt darin, daß viele Katholiken nicht länger daran glauben, daß die Heiligen und Diener Gottes durch ihre Fürsprache bei Gott Wunder wirken können. Katholiken in Ländern wie Deutschland und Frankreich – und auch in Ihrem Amerika – sind Wunder deswegen eher peinlich. Doch das eigentliche Problem liegt meines Erachtens darin, daß viele Theologen nicht mehr an die Wunder Jesu glauben und diesen Quatsch auch unaufhörlich zu Papier bringen.«

1987 mischte sich Eszer offiziell in die Diskussion über die Wunder ein. Mit einem leidenschaftlichen Beitrag in einer Festschrift für Kardinal Palazzini – zufällig von Gumpel herausgegeben – versuchte er nicht nur, Molinari und Gumpel zu widerlegen, sondern auch die Wunder selbst gegen alles und jeden zu verteidigen.

Wunder in Frage zu stellen, so Eszer, komme nicht nur einer Infragestellung der Heiligen gleich, sondern stelle auch Jesus selbst in Frage. Einige (ungenannte) Bibelexegeten würden ihn zu »einer Art Psychoanalytiker« degradieren, »der sich mit der Heilung psychogener Krankheiten beschäftigte«. Müssen wir, so fragt er, daraus den Schluß ziehen, daß Jesus »vorgab, über Kräfte zu verfügen, die er nicht hatte und die dem Urteil späterer Epochen nicht standhalten würden«?

Eszer zitiert daraufhin den Satz, daß »›Gott Wunder vollbringt, um den Menschen zu helfen, und nicht, um Beweise für Selig- und Heiligungsverfahren zu liefern‹«, und fährt fort: »Eine geistreiche Bemerkung. Doch der Allmächtige vermag in seiner unendlichen Weisheit sehr wohl, den ursprünglichen Zweck eines Wunders mit seinem sekundären zu verbinden. Göttliche Vorsehung ist in ihrer Handlungsweise nicht auf ein einziges Ziel beschränkt.«

Den Vertretern der Wissenschaft, die Wunder für unvereinbar mit der modernen Wissenschaft halten, wirft er vor, die veralteten Ansichten von Newton und Marx wiederzukauen. Die moderne Physik habe gezeigt, daß die Naturgesetze nicht deterministisch sind, sondern sich nach den Gesetzen der mathematischen Wahrscheinlichkeit richten. In der neuen Physik seit Max Planck lasse die Unbestimmbarkeit des Universums viel Spielraum – sowohl für die menschliche Freiheit als auch für göttliches Eingreifen.

Eszer greift die von Molinari vorgebrachten historischen Argumente auf und behauptet, daß der heilige Augustinus und kirchliche Persönlichkeiten der spätrömischen Zeit unbewiesenen Wundern skeptisch gegenüberstanden. Die Ärzte im dritten und vierten Jahrhundert waren, wie er meint, »sehr wohl in der Lage, zwischen normalen Heilungen und einem wahrhaft großartigen Wunder zu unterscheiden«. Strenger auf das Thema bezogen, führt er schließlich aus, daß sich Diener Gottes, die nicht den Märtyrertod gestorben seien, ohne die durch Gebete an ihren Wallfahrtsorten gewirkten Wunder wohl kaum einer so lange währenden Verehrung erfreut hätten. Wolle die Kirche also zu ihren Ursprüngen zurückkehren, so müsse sie die Notwendigkeit von Wundern als göttlichen Zeichen für die vermittelnde Kraft des Kandidaten neu bestätigen.

Zum Autoritätsbeweis dafür, daß Wunder besonders im Fall von Nichtmärtyrern unerläßlich sind, zitiert Eszer Benedikt XIV. Zeitgenössische Zeugen für die Tugenden eines Kandidaten, wiederholt er, sind unter Umständen über persönliche Schwächen des Kandidaten nicht im Bilde. Eine Bestätigung in Form von Wundern sei also notwendig, weil »allein Gott nicht getäuscht werden kann«.

Molinaris Argument, die Kirche solle sich mit dem Ruf eines Kandidaten, göttliche Gnadenerweise erwirken zu können, begnügen, beeindruckt Eszer ganz und gar nicht. Ein solcher Ruf könne in der Tat die Handschrift Gottes tragen; ja, ohne einen solchen Ruf »würde ein Gläubiger in höchster Not wohl kaum Zuflucht bei der Fürsprache des Dieners Gottes suchen«. Doch der Ruf allein sei kein ausreichender Beweis für die Heiligkeit, da er zu sehr auf den individuellen Gnadenerweis abhebe. Wunder aber, meint Eszer, sind göttliche Zeichen, die für die Gemeinschaft der Gläubigen und nicht nur für einzelne bestimmt sind. Sie müßten daher »von der Autorität, die die Gemeinschaft führt und sich des Schutzes des Heiligen Geistes vor Irrtümern erfreut« – das heißt also, vom Papst –, »bestätigt werden«.

In jeder anderen Institution würden Meinungsverschiedenheiten dieser Größenordnung über theoretische und praktische Grundsatzfragen offiziell aufgegriffen, untersucht und beigelegt. Doch die Kongregation für Heiligsprechungsprozesse hat keine ständigen Untersuchungsausschüsse, und deswegen führt die Diskussion über Wunder auch zu keiner Lösung. Gumpel sagt voraus, daß die Kardinäle und Bischöfe beizeiten eine formelle Überprüfung der Notwendigkeit von Wundernachweisen in die Wege leiten und wahrscheinlich den Rat der nationalen Bischofskonferenzen in aller Welt einholen werden. Autorisieren kann eine solche Überprüfung aber nur der Papst, und Johannes Paul II. persönlich ist – nach Ansicht der Heiligmacher – nicht geneigt, ein derartiges Referendum zu protegieren. Er hat ja bereits der Reduzierung der erforderlichen Wunder zugestimmt. Dies ist zum Teil darauf zurückzuführen, daß er mittlerweile im Schnellverfahren selig- und heiligspricht.

Schließlich gibt es noch einen anderen Aspekt. Der Glaube an durch Fürsprache gewirkte Wunder – »die Lügenwunder der

Papisten« – war einer der Hauptkritikpunkte der protestantischen Reformation. Das ging so weit, daß das gegenreformatorische Konzil von Trient jeden mit dem Kirchenbann bedrohte, der bestritt, daß Wunder geschehen und »mit Sicherheit bewiesen« werden können. Wie im letzten Kapitel ausgeführt, waren Wunder für die katholische Kirche des neunzehnten Jahrhunderts eine wichtige Verteidigungswaffe. Zu Beginn des zwanzigsten Jahrhunderts rechnete Papst Pius X., der 1954 selber kanonisiert wurde, Wunderungläubigkeit zu den Übeln, die er kollektiv als »Modernismus« anprangerte. Jeder Papst würde also vor dem Problem stehen, einen Weg finden zu müssen, der einerseits die Existenz von Wundern bestätigt und andererseits bestimmt, daß Wunder für die Heiligsprechung nicht länger erforderlich sind. Theologisch wäre dieses Problem leicht zu lösen. Doch das Heiligsprechen ist kein ausschließlich theologisches Geschäft. Es hat vielmehr die Reaktion der Gläubigen zu berücksichtigen, vor allem ihre Bereitschaft, jemanden um die Fürsprache bei Gott zu bitten. Würden Katholiken in Notzeiten – selbst in Süditalien – ohne die Hoffnung auf Wunder zu den Dienern Gottes beten?

Wer diese Frage stellt, merkt, daß es bei dem Streit über die Wunder in letzter Instanz weder um die Wissenschaft noch um die Beschaffenheit der göttlichen Zeichen geht. Das Problem ist viel grundsätzlicher: Sind Heilige primär Fürsprecher bei Gott, und zählt das Erwirken von Wundern zu ihren ureigenen Aufgaben? Oder sind sie primär Vorbilder für christliche Tugendhaftigkeit – was darauf hinausliefe, daß man auf die Wunder verzichten könnte?

In Gedanken kehre ich zu Innozenz XI. zurück, der vergessen unter dem Bernini-Altar ruht. Dieser Papst hatte einst einen weitverbreiteten heiligmäßigen Ruf. Seiner Fürbitte werden sogar zwei Wunder zugeschrieben. Doch wer ruft ihn heutzutage noch um Hilfe an? Warum sollte sich jemand auch die Mühe machen, wo es doch so viele Heilige zur Auswahl gibt? Und falls tatsächlich jemand ihn anrufen und geheilt werden sollte: Welche Bedeutung hätte dieses göttliche Zeichen für Christen der heutigen Zeit? Ist andererseits das Handwerkszeug der Geschichtsschreibung, wie Molinari beteuert, »wissenschaftlich genug«, um zu beweisen, daß sich ein heiligmäßiger Ruf wahrhaftig auf ein Leben heroischer Tugendhaftigkeit gründet?

7. KAPITEL

Der Aufbau der Heiligkeit
oder wie man heroische Tugendhaftigkeit beweist

Am 16. November 1987, pünktlich um 5 Uhr nachmittags, versammelten sich in einem kleinen, wohnzimmerartigen Raum der Kongregation für Heiligsprechungsprozesse die acht Theologenkonsultoren – drei Amerikaner, drei Iren, ein Italiener und ein Inder. Die Kommission war einberufen worden, um darüber zu entscheiden, ob Mutter Katharine Drexel, eine 33 Jahre zuvor verstorbene amerikanische Nonne, die von einer Heiligen geforderten heroischen Tugenden vorweise. Daß keiner der Konsultoren Mutter Drexel je persönlich kennengelernt hatte, entsprach dem Regelfall bei neueren Verfahren. Überhaupt konnte sich nur einer von ihnen daran erinnern, vor seiner Ernennung zum Gutachter in ihrer Angelegenheit schon einmal etwas von Katharine Drexel gehört zu haben. Die Urteile der Konsultoren über Katharines Heiligkeit stützten sich daher ausschließlich auf die gut 1600 Seiten umfassende *positio*, die ihnen zwei Monate vorher zur Durcharbeitung zugeschickt worden war.

Abgesehen von der Kongregation und ihren Konsultoren, bekommen nur wenige Menschen *positiones* zu Gesicht. Wie juristische Schriftsätze werden sie für einen speziellen Zweck erstellt, und es ist sehr schwierig, an die fertigen Exemplare heranzukommen. Der Hauptgrund dafür liegt in den Kosten. Der Druck einer 1550seitigen *positio* kann 20 000 Dollar oder mehr kosten, weshalb die Gesamtauflage nur selten 150 Exemplare überschreitet. Ein weiterer Grund ist die Diskretion. Obwohl *positiones* nicht generell als Geheimdokumente eingestuft sind, ist die Kongregation sehr darauf bedacht, daß ihr während der Entscheidung über einen Fall niemand über die Schulter sieht – und schon gar nicht die Presse. Dies gilt besonders für Verfahren, bei denen es um umstrittene Kandidatinnen und Kandidaten wie Edith Stein und

Papst Pius IX. (vgl. dazu das 10. Kapitel) oder um politisch sensible Verfahren wie im Fall der vietnamesischen Märtyrer und des mexikanischen Paters Pro geht. Manchmal steht – wie wir im Fall von Padre Pio gesehen haben – der Ruf bestimmter noch lebender Menschen auf dem Spiel, namentlich hochrangiger Prälaten; gelegentlich kommt es aber auch darauf an, Zeugen zu schützen.

Nach dem erfolgreichen Abschluß eines Verfahrens ist die *positio* hingegen in den vatikanischen Archiven einsehbar. Historiker und Sozialwissenschaftler sind in den letzten Jahrzehnten dahintergekommen, daß diese nun schon seit 400 Jahren gepflegte Tradition der Dokumentensammlung eine beispiellose Fundgrube an Informationen zu Themen wie den Beziehungen zwischen Kirche und Staat, dem moralischen und geistlichen Wertewandel innerhalb der Gesellschaft und natürlich den Biographien der einzelnen Heiligen darstellt. Merkwürdigerweise schlagen ausgerechnet Professoren für spirituelle Theologie nur selten in den *positiones* nach – eine Tatsache, die im Kreis der Heiligmacher auf Unverständnis und Irritation stößt. »Es ist sehr bedauerlich, daß die in den Archiven der Kongregation ruhenden geistlichen Schätze nicht gebührend ausgewertet werden«, sagte Pater Gumpel einmal während eines Gesprächs. »Die Beobachtungen und Urteile der Konsultoren, Postulatoren und *advocati diaboli* bilden nämlich einen enormen Fundus an Material, aus dem zahlreiche spirituelle Entwicklungen hervorgegangen sind.« Ich wage zu behaupten, daß schon die Entwicklungsgeschichte der *positio* selbst, in ihrer Eigenschaft als offizielles Medium und methodologisches Instrument der Heiligsprechung, eine Kostbarkeit ist.

Wie es der Zufall wollte, war die *positio* zur Darlegung der heroischen Tugenden Mutter Drexels die erste in der Geschichte der Kongregation, die von A bis Z in englischer Sprache abgefaßt war.* Und da nur wenige Konsultoren der Kongregation fließend Englisch sprechen, gehörten in diesem Fall fünf externe Theologen zum Gutachtergremium, die eigens wegen ihrer sprachlichen Fähigkeiten ausgewählt worden waren. Mutter Drexels Tugendhaftigkeit wurde also von Leuten beurteilt, die zumindest ihre Sprache beherrschten.

---

* Schon einmal gab es in einem Märtyrerverfahren eine englischsprachige *positio*. Es handelte sich um den Prozeß der 85 im Jahre 1987 seliggesprochenen englischen Märtyrer aus dem sechzehnten Jahrhundert.

Die *positio* über Katharine Drexel interessierte mich aus mehreren Gründen: Zum einen hatte auch ich, obwohl selbst Amerikaner und einigermaßen gut informierter Katholik, zuvor noch nie etwas von Katharine Drexel gehört; und zum anderen fiel mir die mit 33 Jahren relativ kurze Zeitspanne auf, die seit ihrem Tod verstrichen war. Außerdem war die Kandidatin eine von vielen Ordensgründerinnen, und es handelte sich in ihrem Fall um die Beurteilung heroischer Tugenden. Was ist das Besondere an diesem Fall? fragte ich mich. Was veranlaßt die Kongregation, gerade dieses Verfahren zügig durchzuziehen? Mehr noch interessierte mich jedoch der Umstand, daß ich die Gelegenheit bekam, eine der ersten – und längsten – *positiones* zu studieren, die unter den seit der Reform von 1983 gültigen Normen erstellt worden war. Die *positio*, so stellte ich mir vor, würde mir als eine Art Prisma dienen, durch welches ich erkennen konnte, wie sich die Reformen auf die Methoden ausgewirkt hatten, mit deren Hilfe die Kirche die von einem Heiligen verlangten Eigenschaften erkennt.

Die Kongregation für Heiligsprechungsprozesse hat eine ziemlich genaue Vorstellung vom Wesen der Heiligkeit: Heiligkeit ist die in und durch den Menschen wirkende Gnade Gottes. Ebenso präzise, ja geradezu schematisch, erfolgt die Verifikation von Heiligkeit: Heiligkeit manifestiert sich durch zwei Arten von Tugenden: einmal die drei übernatürlichen (durch das Ergießen der Gnade vermittelten) Tugenden Glaube, Hoffnung und Liebe, und zum anderen die vier (seit Plato gültigen) Kardinaltugenden Weisheit, Gerechtigkeit, Tapferkeit und Besonnenheit. Da von jedem Christen erwartet wird, daß er diese Tugenden praktiziert, ist ein Heiliger jemand, der sie in »heroischem« oder außergewöhnlichem Maße praktiziert.

Gott allein weiß, welche Gnaden er einer bestimmten Person verliehen und wie der oder die Betroffene darauf »geantwortet« hat. Aus diesem Grund müssen zur Bestimmung heroischer Tugenden äußere Beweismittel herangezogen werden. In allen jüngeren Verfahren – das heißt solchen, bei denen noch lebende Zeugen befragt werden können, die den Kandidaten persönlich gekannt haben – gründet sich die Beweisführung auf diese Zeugenaussagen sowie auf Briefe, Tagebücher, Predigten und andere schriftliche Hinterlassenschaften, die Aufschluß über das geistliche Leben des Kandidaten geben. Aus diesem Material wird die *positio* erstellt, die im Normalfall die dokumentierte und kritisch ausgewertete Lebensgeschichte des Kandidaten *(vita)* und die

Zeugenaussagen *(summarium testium)* enthält, welche die Tugendhaftigkeit des Kandidaten, seinen heiligmäßigen Ruf und den seelsorgerischen Nutzen belegen sollen, sowie die *informatio*, welche die Geschichte der Causa, die Quellen und Kriterien der Darstellung, ein biographisches Profil des Dieners Gottes und die Grundlage seines durch heroische Tugendhaftigkeit begründeten Rufs beinhaltet.

Die entscheidende und schwierigste Prozeßphase bei Verfahren von Nichtmärtyrern ist stets der Nachweis heroischer Tugendhaftigkeit. Im alten Rechtssystem entschied der *advocatus diaboli* im Dialog mit dem *patronus* des Kandidaten über die Berechtigung des Anspruchs auf heroische Tugendhaftigkeit. Heute, nach der Eliminierung der *patroni*, hängt alles von der Schlüssigkeit der *positio* ab.

Die Reform von 1983 verfolgte indessen sehr viel weiter reichende Ziele als lediglich die Abschaffung der dialektischen Struktur. Sie sah auch eine Schwerpunktverlagerung von der juristischen zur narrativen oder biographischen Darstellung der Heiligkeitsbelege vor. Nicht nur sollte fortan das Leben des Kandidaten im historischen Umfeld verankert sein; es sollte auch die jeweils einzigartige Heiligkeit des Kandidaten herausgearbeitet werden.

Die Reform erwies sich in dieser Hinsicht als direkte Antwort auf eine neue Heiligentheologie, die sich während des Zweiten Vatikanischen Konzils entwickelte und die absolute Einzigartigkeit jedes Heiligen hervorhebt. Daß jeder Heilige in seiner Art einzigartig ist, scheint ein Punkt zu sein, über den sich konservative und liberale Theologen einig sind. So schreibt der verstorbene Schweizer Theologe Hans Urs von Balthasar – angeblich der Lieblingstheologe Papst Johannes Pauls II.:

> »Niemand wird so er selbst wie der Heilige, der sich dem Plan Gottes einfügt und sein ganzes Sein, Leib, Seele und Geist, seinem Plan bereitstellt... Sie (Heilige) sind, wie das Wesen Gottes, das absolut Bestimmte, Unverwechselbare, Entschlossene und Verwirklichte, und sind doch zugleich von einer innern Unendlichkeit und Grenzenlosigkeit des Reichtums, die jeder endgültigen Festlegung und Definition spottet. Gerade dadurch wirken sie befeuernd und anreizend auf die Kirche...«

Sein liberaler Gegenpart, der mittlerweile ebenfalls verstorbene deutsche Jesuit Karl Rahner, vertrat eine ganz ähnliche Auffassung:

> »Hier liegt nun die besondere Aufgabe der kanonisierten Heiligen für die Kirche. Sie sind die Initiatoren und die schöpferischen Vorbilder der je gerade fälligen Heiligkeit, die einer bestimmten Periode aufgegeben ist. Sie schaffen einen neuen Stil; sie beweisen, daß eine bestimmte Form des Lebens und Wirkens wirkliche echte Möglichkeit ist; sie zeigen experimentell, daß man auch ›so‹ Christ sein kann; sie machen einen solchen Typ als einen christlichen glaubwürdig.«

Mit anderen Worten: Obwohl jeder zur Heiligkeit aufgerufen ist, bedeutet Heiligkeit nicht für jeden dasselbe. Die Herausforderung für die Heiligmacher liegt folglich darin, die für jeden Diener Gottes spezifische Heiligkeit aufzuspüren und herauszustellen. Dabei jedoch stellt sich ein Methodenproblem: Welche Form der Analyse und Interpretation ist im jeweiligen Fall am besten geeignet, die Heiligkeit eines bestimmten Kandidaten herauszuarbeiten? Gerade zu dieser Frage gibt es in der Kongregation und unter den Theologenkonsultoren beträchtliche Meinungsunterschiede.

Modell und Einzigartigkeit

Um das Ausmaß des Problems richtig erfassen zu können, muß man sich vor Augen halten, daß die Hervorhebung spiritueller Einzigartigkeit in der langen Geschichte der Heiligsprechung noch in den Kinderschuhen steckt. In der Vergangenheit lasen die Heiligen nicht nur die Lebensbeschreibungen anderer Heiliger, sondern bemühten sich in den meisten Fällen ganz bewußt darum, ihr Leben nach dem Beispiel ihres Vorbilds zu gestalten. Gewiß, ein Heiliger zu sein bedeutete, Christus nachzueifern, doch da Christus *per definitionem* nicht »einholbar« ist, hielt man sich zumeist an einige wenige Heiligengestalten aus der Vergangenheit, die als wahrhafte Neuerer aufgetreten waren – an den heiligen Franziskus zum Beispiel, an Therese von Ávila oder an den heiligen Ignatius von Loyola. Sie alle hatten neue und höchst einflußreiche Systeme geistlicher Disziplin und Praxis begründet. Ähnlich verhielten sich auch die Biographen, die sich für die Kanonisierung eines Kandidaten einsetzten: Sie neigten dazu, ihre *vitae* an anerkannten Heiligkeitsmodellen auszurichten, und bemühten sich aufzuzeigen, daß der Diener Gottes entweder einem bekannten Heiligen ähnelte oder aber einer idealtypischen Gestalt wie dem frommen Mönch, dem heiligmäßigen Bischof oder dem christlichen Fürsten nahekam. Die Heiligsprechung selbst war eine Bestätigung und Anerkennung dieser Übereinstimmungen.

Das Kanonisierungsverfahren war denn auch eher auf schematische Kriterien als auf individuelle Besonderheiten zugeschnitten. Die früheste Form der bischöflichen Kanonisierung verlangte einen mündlichen Vortrag vor dem Bischof über das Leben des Kandidaten, einschließlich eines Berichts über die von ihm und durch ihn gewirkten Wunder. Mit anderen Worten: Die Indizien für die Heiligkeit wurden in *Erzähl*form vorgebracht – oder, genauer gesagt, in Form einer stilisierten geistlichen Legende, in die der Heilige als Wunder wirkender geistlicher Held gleichsam hineingeworfen wird. Dort zieht er dann für die Sache Christi ins Feld – sei es gegen den Teufel, die Welt und das Fleisch oder gegen die realen Feinde der Kirche. Sogar im Kanonisierungsverfahren eines so durchgeistigten Kandidaten wie Thomas von Aquin wurde die *vita* als Geschichte eines intellektuellen Kampfes gegen Juden, Schismatiker und diverse Häretiker präsentiert.

Unter dem Strich läßt sich also feststellen, daß über die Kanonisierung im Mittelalter eher nach schematischen Kriterien entschieden wurde, als daß man individuellen Besonderheiten Rechnung trug. Sicher, die hervorragendsten Gestalten unter den Heiligen waren in der Tat so einzigartig, daß sie für diejenigen, die in ihrem spirituellen Kielwasser an die Oberfläche gespült wurden, Modellcharakter besaßen. Doch in den meisten Fällen wurden Heilige daran erkannt, daß sie in bestimmte Raster paßten. Bis weit ins zwanzigste Jahrhundert hinein geschah es auch immer wieder, daß Biographen die *vita* eines Kandidaten umschrieben, um sie veränderten geistlichen Akzeptanzbedingungen anzupassen.*

---

* Wie sehr die *vitae* zurechtgestutzt werden, um den herrschenden theologischen und politischen Erwartungen des Heiligen Stuhls Genüge zu leisten, zeigt mit

Die offizielle Geschäftsordung des Kanonisierungsverfahrens, wie es 1642 von Papst Urban VIII. eingeführt wurde, enthüllte einen echten Paradigmenwandel im Verständnis und der Akzeptanz der Heiligkeit – zumindest bei den autorisierten Heiligmachern der Kirche. Für jeden Heiligsprechungskandidaten, bestimmte Papst Urban, müsse der Nachweis erbracht werden, daß er in seinem Leben die klassischen christlichen Tugenden praktiziert habe, wie sie von Thomas von Aquin und anderen Theologen der Scholastik definiert worden seien. Hauptziel dieser Bedingung war es, echte Wundertäter von jenen zu unterscheiden, die Magie und die Schwarzen Künste des Teufels betrieben. »Ein Handlanger des Teufels wäre imstande, die Naturgesetze durcheinanderzubringen und durch Zauberei andere auf den Pfad des Teufels zu locken. Wer hingegen die christlichen Tugenden in heroischem Ausmaß praktizierte, konnte kaum im Dienst des Teufels stehen – so zumindest argumentierten die Theologen.«

Was immer die ursprünglichen Motive gewesen sein mochten, die Urban zu seinem Dekret veranlaßt hatten – die Konsequenzen waren vielschichtig und weitreichend. Erwartungsgemäß erfuhr der Heilige als Wundertäter einen allmählichen Bedeutungsverlust und wurde peu à peu vom Heiligen als moralischem Vorbild verdrängt. Dies wiederum verschärfte die Diskrepanz zwischen dem Heiligen als Objekt volkstümlicher Verehrung und dem Heiligen als erfolgreichem Absolventen des Heiligsprechungsverfahrens. Über den volkstümlichen Ruf der Heiligkeit entschieden (und entscheiden vielfach auch heute noch) die – gewiß meist übertriebenen und nichtauthentischen – Berichte über außerordentliche Taten und die charismatischen Kräfte des Dieners Gottes. Für die Selig- und Heiligsprechung hingegen zählte das juristisch verwertbare Indiz (gewöhnlich Augenzeugenberichte) beispielhafter heroischer Tugendhaftigkeit.

Urbans Dekrete bewirkten darüber hinaus einen grundlegen-

---

besonderer Deutlichkeit der Fall der Mutter Agnes von Jesus (Agnes Galand, 1602–1634). Ihre *vita* wurde im Verlauf von drei Jahrhunderten viermal umgeschrieben – jedesmal in der Hoffnung, den Ton zu treffen, der in Rom gerade vorherrschte. Als Rom hohen Wert auf das Übernatürliche legte, strich der Biograph die mystischen Erfahrungen Mutter Agnes' heraus. Als die Mystik in Verruf geriet, befleißigte man sich einer weniger exotischen Spiritualität. Noch 1963 erfolgte eine Neuinterpretation ihrer Lebensumstände.

den Wandel in der Methodik der Heiligsprechung. Da es nun vor allem auf den Nachweis heroischer Tugendhaftigkeit ankam, galt es fortan, das Leben des Kandidaten nach Beweisen für heroische Tugendhaftigkeit zu durchforsten und mit entsprechenden Zeugenaussagen zu belegen. Somit veränderte sich der Aufbau der Beweisführung: Die narrative Verfahrensstruktur wich der juristischen, die Analyse verdrängte den Vergleich und die schriftliche Argumentation die bloße Lebensgeschichte. Kategorien traten an die Stelle der Gesamtschau: Die geforderten Tugenden wurden fein säuberlich katalogisiert. Was einen Menschen zum Heiligen machte, war die Präsenz derselben heroischen Tugenden, die auch alle anderen Heiligen auszeichneten. Und was die Heiligen voneinander unterschied, waren die zeitlichen und geographischen Umstände, unter denen sich diese Tugenden manifestierten. Wenn sich unter den schematisierten Anforderungen einer offiziellen *positio* das Profil eines geistlichen Kandidaten nur noch wenig von dem eines anderen unterschied, so lag dies daran, daß sie ja – Tugend um Tugend – einander ähneln *sollten*.

Ziel der Reform von 1983 war es unter anderem auch, die *positiones* von der Starrheit des juristischen Prozedere und ihrer stereotypen Fixierung auf Manifestationen christlicher Tugenden zu befreien. Bei der Beweisführung über die Tugendhaftigkeit sollte nicht mehr so sehr darauf geachtet werden, was Dritte über den Diener Gottes zu sagen hatten; vielmehr kam es nun auf das an, was sich unmittelbar aus dem Leben des Kandidaten ableiten ließ. Zu diesem Zweck waren die Heiligmacher gehalten, Erkenntnisse aus dem Gesamtbereich der Humanwissenschaften, einschließlich der Psychologie, zu berücksichtigen, um auf diese Weise die – in Pater Molinaris Worten – »tiefere Persönlichkeit« des Heiligen zu erfassen. Mit Nachdruck weist er darauf hin, daß »einige von uns eben dies schon seit Jahren in die Tat umzusetzen versuchten. Jetzt ist es offizielle Politik«.

Die Reformer hofften also, durch die Summe theologischer, kirchenrechtlicher und humanwissenschaftlicher Methoden dazu beizutragen, daß in zukünftigen *positiones* die einzigartige Heiligkeit des Kandidaten und seine Bedeutung im spezifischen historischen Umfeld überzeugender herausgearbeitet werden konnten. Von nun an sollte also wieder das Leben des Heiligen im Mittelpunkt stehen – freilich ohne die Erzählkonvention der geistlichen Legende. Die Tatsachen allein – sorgfältig zusammengetragen, wissenschaftlich verifiziert und theologisch interpretiert – würden, so glaubte man, den ureigenen geistlichen Fingerabdruck des jeweiligen Kandidaten sichtbar machen.

Die Frage war nur, *wie* dies im einzelnen geschehen sollte. Die Reform sagte darüber nichts. In Wahrheit war sie insofern bereits ein Kompromiß, als sie für jede erforderliche Tugend auch weiterhin den Einzelbeweis verlangte. Die Relatoren und ihre Mitarbeiter sollten auf der einen Seite eine historisch-kritische Lebensbeschreibung des Kandidaten vorlegen, auf der anderen aber auch künftig dieses Leben auf der Suche nach Beweisen für spezifische Tugenden sezieren – so wie ein Arzt, der seinen Patienten von oben bis unten untersucht, um festzustellen, ob Herz, Kreislauf, Nerven, Muskeln, Skelett und andere lebenswichtige Systeme optimal funktionieren. Bei der Frage nach der Verknüpfung zwischen historisch-kritischem und traditionell-juristischem Ansatz ergaben sich folglich beträchtliche Unstimmigkeiten, die zum Teil zu leidenschaftlichen Auseinandersetzungen führten.

Nach den internen Richtlinien der Kongregation sollten *positiones* mit dem Begriff *super vita et virtutibus* (Über das Leben und die Tugenden) näher bezeichnet werden. Das Problem war, wie ausführlich das Leben dargestellt werden sollte. Sollte die *vita* eine ausgewachsene Biographie sein oder sich auf jene Aspekte des Lebens beschränken, in denen sich die heroische Tugendhaftigkeit des Kandidaten manifestierte? Und wo sollte im letztgenannten Fall die Grenze gezogen werden? Sollte die charakterliche Entwicklung unabhängig von den Heiligkeitsmanifestationen behandelt werden – und wenn ja, in welchem Verhältnis standen sie dann zueinander? Es blieb dem jeweiligen Relator überlassen, die Antworten von Fall zu Fall selbst zu geben.

Beim Abendessen bat ich einmal Pater Molinari, mir zu erklären, wie er das Verhältnis zwischen der Lebensgeschichte des Kandidaten und dem Beweis seiner heroischen Tugendhaftigkeit sehe. Als einer der beredtesten Verfechter der Reform sowie als Theologe hatte er schon immer die Ansicht vertreten, daß jeder Heilige ein einzigartiges Heiligkeitsprofil besitzt. Er antwortete mit einem etwas gezwungen wirkenden Vergleich aus dem Pflanzenreich: »Die Tugenden sind wie der Saft im Stengel einer Blume«, sagte er. »Sie müssen bewiesen werden«, damit man die Gewähr hat, daß der Saft auch da ist. Doch welche Blüten er treibt – das hängt ganz von der individuellen Pflanze ab. Ist es eine Rose? Ist es eine Tulpe? Hier haben wir einen heiligen Franziskus, dort einen heiligen Benedikt, dort einen heiligen Ignatius. Die

Blüte hängt von den einzigartigen Voraussetzungen des Individuums ab – und unter diesen einzigartigen Qualitäten befinden sich die einzigartigen Gaben, die Gott der betreffenden Person verliehen hat. Wir wollen durch das Erforschen der historischen Zeitumstände die Einzigartigkeit des oder der Heiligen erkennbar machen. Nur so wird sein – oder ihr – Leben eine Botschaft vermitteln, die dem Menschen von heute noch etwas sagt. Und dann müssen wir natürlich diese Botschaft übersetzen, so daß sie tatsächlich das Volk erreicht und nicht in der geschraubten Phraseologie theologischer Insider hängenbleibt.«

Mir war klar: Wollte ich wissen, wie sich der Saft zur Blume – oder die Tugendhaftigkeit zur *vita* – verhielt, dann mußte ich mir selbst einmal eine *positio* genau ansehen.

Leben und Tugenden der Katharine Drexel

Das Heiligsprechungsverfahren für Mutter Katharine Drexel (1858–1955) war geradezu maßgeschneidert für die neue, mehr auf Gesamtschau ausgerichtete Einstellung der Reformer gegenüber den Heiligenleben. Katharine Drexel wurde einige Jahre vor Beginn des Amerikanischen Bürgerkriegs in Philadelphia geboren und starb im Jahrzehnt vor Beginn der amerikanischen Bürgerrechtsbewegung. Sie war die Gründerin des Ordens der Sisters of the Blessed Sacrament for Indians and Colored People und – als Erbin eines der großen Familienvermögen in den Vereinigten Staaten – gewiß die wohlhabendste Amerikanerin, die je die klösterliche Tracht getragen hat. Während ihres 97jährigen Lebens verschenkte Katharine Drexel annähernd 20 Millionen Dollar, die fast zur Gänze den ihr besonders am Herzen liegenden Missionen und Schulen für Indianer und Farbige sowie ihrem eigenen Orden zugute kamen. Als Gründerin und erste Oberin zeichnete sie persönlich für die Einrichtung von 145 katholischen Missionen und zwölf Schulen für Indianer sowie 50 Schulen für Farbige (wie die Schwarzen damals genannt wurden) verantwortlich. Auch die Gründung der Xavier University in New Orleans, des ersten katholischen College für Schwarze in den Vereinigten Staaten, erfolgte auf ihre Initiative. Man kann getrost sagen, daß die katholischen Bischöfe in den Vereinigten Staaten, bevor Katharine Drexel von sich reden machte, dazu neigten, alle Schwarzen als Protestanten anzusehen (was die überwiegende Mehrheit von ihnen auch war beziehungsweise noch heute ist), und von daher meinten, sie gingen sie vom seelsorgerischen Standpunkt aus nichts an.

Nach der *positio* zu urteilen, war Katharine Drexel ebenso heilig wie spendabel. Die Schwestern ihres Ordens hielten sie schon lange vor ihrem Tod für eine Heilige, und bei ihrer Beerdigung in Philadelphia konnte man sehen, daß die frommen Schwestern mit ihrer Ansicht nicht allein standen: Tausende von Trauergästen erschienen und sorgten für ein Verkehrschaos. In den folgenden Jahren behaupteten mehr als 4000 Menschen, nach Anrufung ihrer Fürsprache von körperlichen Gebrechen geheilt worden zu sein oder andere göttliche Gnadenerweise empfangen zu haben. Am 2. März 1966, nur wenig mehr als zehn Jahre nach ihrem Tod, eröffnete Erzbischof John J. Krol (der spätere Kardinal) das bischöfliche Erhebungsverfahren mit dem Ziel ihrer Heiligsprechung. Insgesamt schrieben sechs Kardinäle, neun Erzbischöfe und 41 Bischöfe aus den Vereinigten Staaten sowie vier religiöse Gemeinschaften und Bürgerrechtsorganisationen zur Unterstützung ihres Verfahrens an die Kongregation. 1980 waren Katharines Schriften als theologisch sauber eingestuft worden, und der apostolische Prozeß wurde eingeleitet. Katharine Drexels Weg zur Heiligkeit schien geebnet.

Obwohl ihr Verfahren zügiger vonstatten ging als die meisten anderen, ergaben sich auf einmal ernsthafte Probleme. So war die Erinnerung an ihre pädagogische Pionierarbeit unter Schwarzen und Indianern im Glanz der Bürgerrechtsbewegung der sechziger Jahre verblaßt. Viele meinten, wenn die Vereinigten Staaten einen Heiligen hervorgebracht hatten, der sich um die Minderheiten verdient gemacht habe, so sei dies Dr. Martin Luther King jr., ein schwarzer Baptistenprediger, der überdies den Märtyrertod gestorben war. Gemessen an Kings aufsehenerregenden Kämpfen und seinen Leistungen als Führer einer sich ausdrücklich auf biblische Appelle und Rechtfertigungen (sowie auf Gandhis Prinzip der Gewaltlosigkeit) berufenden Befreiungsbewegung, wirkten Katharine Drexels Bemühungen eher provinziell und vorsichtig, institutionell gebunden und religiös-mütterlich. In den siebziger Jahren machten auch die nordamerikanischen Indianer ihre Rechte und Stammesidentitäten in einer Weise geltend, die Katharine Drexels Arbeit im nachhinein geradezu als religiösen Kolonialismus erscheinen ließ. Die Aufgabe der Postulatoren im Kanonisierungsprozeß bestand also darin, Katharine Drexel aus dem Mahlstrom des historischen Wandels zu befreien und zu belegen, wie sehr Indianer und Schwarze von ihrer einzigartigen heroischen Tugendhaftigkeit profitiert hatten.

Ein zweiter Grund für das nachlassende Interesse an ihrem Fall lag darin, daß der Gedanke an die Kanonisierung Mutter Drexels (oder auch einer anderen Persönlichkeit) viele amerikanische Nonnen kaltließ. Angesichts der allgemeinen Not der Unterprivilegierten erschienen die zu erwartenden Prozeßkosten als unnötige, ja fast zügellose Geldverschwendung. Katharine Drexel selbst war der Meinung gewesen, daß kein Mitglied ihres Ordens je heiliggesprochen werden würde, weil die für den Prozeß erforderlichen Finanzmittel in der Indianer- und Schwarzenhilfe besser angelegt seien. Unter diesen Vorzeichen konnte es kaum überraschen, daß einige Oberinnen aus Katharine Drexels eigenem Orden ihr Desinteresse an dem Heiligsprechungsverfahren bekundeten.

Auch einige Kongregationsmitglieder in Rom betrachteten die Causa Drexel mit einer gewissen Skepsis. Auf der Liste der anstehenden Verfahren waren Ordensgründerinnen ohnehin schon überrepräsentiert. Und bei jeder einzelnen ließ sich nachweisen, daß sie ihren Orden gegründet hatte, um in einer bestimmten geistlichen oder weltlichen Not zu helfen. Worin besteht Katharine Drexels Besonderheit? wollten die Heiligmacher wissen. Heilig mag sie schon gewesen sein – nur ist die Kanonisierung bekanntlich Dienern und Dienerinnen Gottes vorbehalten, deren Leben und Werk überregionale Bedeutung gewannen... So jedenfalls gab 1980 Monsignore James McGrath aus Philadelphia, der Vizepostulator im Drexel-Prozeß, nach einem Besuch bei der Kongregation die Reaktion der Mitglieder wieder. In einem Gespräch sagte er zu mir: »Ihnen fehlte – wie den meisten Europäern – das Verständnis dafür, wie sehr die amerikanische Gesellschaft und die amerikanische Kultur von der Rassentrennung betroffen waren. Sie waren also gar nicht dazu imstande einzuschätzen, in welchem Maße Katharine Drexel das Gewissen der amerikanischen (katholischen) Kirche geweckt und auf die Bedürfnisse der Schwarzen und der Indianer aufmerksam gemacht hat, und konnten folglich auch nicht erkennen, daß ihr Beispiel gerade deshalb weltweite Beachtung verdient.«

Glücklicherweise änderten sich die Spielregeln in Rom. Unter den neuen Richtlinien, die auch bei jüngeren Verfahren eine Präsentation nach den Regeln der kritischen Geschichtsschreibung verlangen, konnte das Selig- und Heiligsprechungsverfahren für Mutter Drexel vorangetrieben werden, indem man die Einzigartigkeit ihres Wirkens für die Schwarzen und die nordamerikanischen Eingeborenen zu einer Zeit, in der sich nur wenige Amerikaner um deren unterprivilegiertes Dasein kümmerten, besonders hervorhob. Da in jenen Tagen das Minderheitenproblem in Amerika hohe Wellen schlug, stufte man das Verfahren Katharine Drexels als besonders eilig ein. Monsignore Robert Sarno sagte: »Die Seligsprechung Katharine Drexels würde den Vorwurf entkräften, daß die katholische Kirche für diese unterprivilegierten Menschen nicht viel getan hat.«

Zum Relator für die Causa Drexel wurde Pater Gumpel ernannt, der seinerseits darauf bestand, daß ein kompetenter amerikanischer Gelehrter als externer Mitarbeiter mit der Erstellung der *positio* betraut wurde. Kardinal Krol war kein Erzbischof, der seiner Stadt den Verlust einer potentiellen Heiligen zumutete. Er fand genau den Mitarbeiter, den Gumpel suchte: Pater Joseph Martino, einen jungen Priester, der gerade seine Doktorarbeit in Geschichte – über Erzbischof James Ryan, einen Vorgänger Krols und engen Mitarbeiter Katharine Drexels – fertiggestellt hatte. Obwohl Martino mit den zeitgeschichtlichen Umständen vertraut war, brauchte er für die Recherchen und die Ausarbeitung der *positio* zwei Jahre. Der Text, den er schließlich vorlegte (1600 Seiten), bildete dann die Entscheidungsgrundlage für Katharine Drexels Heiligsprechung.

Die *positio* besteht aus drei Bänden. Der erste und bei weitem umfangreichste (1118 Seiten) setzt sich aus der Biographie *(vita)* samt Anmerkungen und Dokumenten zusammen. Der zweite umfaßt 406 Seiten und enthält ausgewählte Berichte von 34 Zeugen; fast die Hälfte von ihnen waren Nonnen, die Mutter Drexel gekannt und mit ihr zusammengearbeitet hatten. Der dritte und schmalste Band (89 Seiten) ist die *informatio*; in ihr werden die Beweise für Katharine Drexels Heiligkeit in Kurzfassung vorgelegt.

Martino stellt seiner *vita* Katharine Drexels eine 56 Seiten lange Geschichte der Vereinigten Staaten voran, in der er vor allem auf die Entwicklung der Rassentrennung, das heißt die gesellschaftliche Ausgrenzung der Schwarzen und der Indianer, eingeht. Hauptziel dieses Teils ist es, auf die Notwendigkeit einer konzertierten katholischen Bildungs- und Missionsoffensive unter Schwarzen und Indianern hinzuweisen und zu erklären, warum amerikanische Katholiken – von denen die meisten Einwanderer sind – so lange gebraucht haben, bis sie deren Notwendigkeit erkannten und reagierten. Vor diesem Hintergrund führt der Autor Katharine Drexel ein – eine überaus wohlhabende junge Frau von hohem gesellschaftlichen Rang, deren Familie sich in der von den Quäkern geprägten Tradition Philadelphias dem Prinzip des *noblesse oblige* verschrieben hat. Ihr Onkel, Anthony Drexel, war der Gründer und Förderer der Drexel University für Studenten aus unterprivilegierten Schichten – seinem Beispiel folgte Katharine später mit der Gründung der Xavier University. Ihr Vater, ein schwerreicher Bankier, vermachte karitativen Organisationen bei seinem Tod im Jahre 1885 ein Millionenvermögen. Den stärksten Einfluß auf die junge Katharine und ihre beiden Schwestern übte allerdings die Stiefmutter, Emma Bouvier Drexel, aus. Ihr unauffälliges Wirken hinter den Kulissen kam zahlreichen karitativen Projekten zugute und trug ihr den Ruf der »Lady Bountiful of Philadelphia« ein. Sie leitete sogar von ihrem Haus aus eine Ambulanz für Unbemittelte, in der unter anderem auch ihre Töchter Dienst taten. Pater Martino geht allerdings – von einigen Briefzitaten abgesehen – nicht näher auf diese Mutter-Tochter-Beziehung ein; die Erfassung der charakterlichen Prägung durch psychosoziale Umstände gehört, wie ich feststellen konnte, bis heute noch nicht zum Standardrepertoire der *positiones*.

Eine große Rolle spielen natürlich die geistliche Entwicklung Katharines und ihre spätere religiöse Berufung. Hierbei hatte Martino mehr Glück. Von den Kindern der Familie Drexel wurde offenbar schon in sehr jungen Jahren erwartet, daß sie persönliche Gedanken niederschrieben. Mit diesen Niederschriften und zahlreichen fesselnden Briefen, die während ihrer Auslandsreisen entstanden, vor allem aber mit ihrem geistlichen Tagebuch, das sie im Alter zwischen 15 und 25 Jahren führte, verschaffte Katharine dem Autor ihrer *positio* eine nahezu vollständige Dokumentation über ihre geistliche Entwicklung. Martino kann anhand dieser Quellen den Ursprung und die Entwicklung der lebenslangen Verehrung nachvollziehen, die Katharine der Eucharistie entgegenbrachte. In einem Brief an ihre Eltern bittet die gerade neunjährige Katharine um die Erlaubnis zur vorzeitigen Erstkommunion, die zu jener Zeit üblicherweise erst mit zwölf stattfand. In einem Brief an Pater James O'Connor, einen Gemeindepfarrer, der später ihr Seelenführer wurde, gibt die 19jährige zu verstehen, wie wenig ihr das gesellschaftliche Leben einer Debütantin bedeutet. Den luxuriösen Galaempfang, bei dem sie in jener Woche in die besten Kreise von Philadelphia eingeführt worden ist, tut sie mit einer beiläufigen Bemerkung »als die kleine Party kürzlich, auf der ich mein Debüt gab«, ab. Martino veranlaßte diese Bemerkung zu einem seiner wenigen persönlichen Kommentare als Autor: »Dies mag gut und gerne *die* Untertreibung des neunzehnten Jahrhunderts gewesen sein. So wenig über so viel hat wahrscheinlich sonst niemand gesagt.«

Die zehn Jahre nach dem Tod ihrer Mutter, die 1885 im Alter von 49 Jahren stirbt, erweisen sich als die kritische Phase im Leben Katharines. Obwohl Martino nachweisen kann, daß sie mindestens einen Heiratsantrag erhielt – den sie zurückwies –, gibt es kaum Hinweise darauf, daß sie am Eheleben interessiert war. Als zwei Jahre später auch der Vater stirbt, fließen den drei Schwestern die Zinsen aus einem 14 Millionen Dollar schweren Treuhandfonds zu. Jede der drei konzentrierte sich nun bei ihrer philanthropischen Tätigkeit auf ein eigenes Gebiet: Elizabeth unterstützte Waisenkinder, Louise förderte die Schwarzen, und Katharine wandte sich aus Gründen, die auch Martino nicht erklären kann, den Indianern zu. Vor allem sucht sie nach Mitteln und Wegen, mehr Priester für die Indianermission zu finden. Die größte Ungerechtigkeit auf der Welt besteht für sie darin, anderen Menschen die innige Gemeinschaft mit Jesus Christus durch den Empfang der Eucharistie vorzuenthalten.

Persönlich ringt Katharine in jener Zeit ständig mit der Frage, wie sie ihr eigenes Leben gestalten soll. In einem langen Briefwechsel mit O'Connor, der 1876 als Apostolischer Vikar nach Omaha, Nebraska, versetzt worden war, enthüllt sie ihren Wunsch, einem kontemplativen Nonnenorden beizutreten, um ihr Leben gänzlich dem Gebet und der Buße widmen zu können. Vor allem sucht sie nach einer Möglichkeit, täglich die heilige Kommunion zu empfangen – ein Privileg, das zu jener Zeit nur Priestern und in klosterartigen, kontemplativen Gemeinschaften lebenden Nonnen vorbehalten war. In einem besonders eloquenten und ergreifenden Brief, den sie im Alter von 75 Jahren in einem Hotel in San Remo schreibt, vergleicht sich Katharine mit einem »kleinen Mädchen, das weinte, als es herausfand, daß seine Puppe mit Sägespänen gefüllt und seine Trommel hohl war«. Sie vertraut dem Adressaten an: »Die Welt erfüllt mich mit Abscheu...« und äußert die Vermutung, die Besorgnis ihrer Mutter, sie könne eines

Tages ins Kloster gehen, sei möglicherweise ein Grund dafür gewesen, daß sie später ihre eigene Entscheidung so lange hinausgezögert habe.

O'Connor allerdings rät ihr von einem solchen Schritt ab. Als wohlhabende, privilegierte Frau ist Katharine, wie er meint, auf das entbehrungsreiche Klosterleben nur schlecht vorbereitet. Er empfiehlt ihr statt dessen, das Gelübde der Ehelosigkeit abzulegen und sich mitsamt dem ihr zur Verfügung stehenden Vermögen der Missionierung der Indianer und anderer Bedürftiger zu verschreiben. Die briefliche Auseinandersetzung wogt hin und her, bis sich Katharine auf Vorschlag O'Connors schließlich zu einem Kompromiß bereit erklärt: Sie selbst will einen neuen, der Missionsarbeit unter Indianern und Farbigen (Schwarzen und Mulatten) gewidmeten, eher tätigen denn kontemplativen Schwesternorden gründen. Und um sich ihre große Sehnsucht nach der heiligen Kommunion zu erfüllen, wird sie den täglichen Empfang der Eucharistie in den Ordensregeln festlegen.

Der Rest der *positio* befaßt sich ausführlich mit der Gründung der neuen religiösen Gemeinschaft und ihrer Ausbreitung als Missionsorden, der vor allem auch Bildungsaufgaben übernahm. Katharines Bemühungen um die Anerkennung der von ihr verfaßten Ordensregeln durch Rom werden ebenso geschildert wie ihre infolge mehrerer Schlaganfälle sehr leidvollen letzten Lebensjahre. Das Material, auf das sich Martino stützt – darunter viele Briefe und Verhaltensregeln Mutter Drexels an ihre Schützlinge –, stammt zum großen Teil aus den Archiven des Ordens, aus früheren Biographien und aus Zeugenaussagen beim bischöflichen Erhebungsverfahren und im apostolischen Prozeß. Martino geht es bei ihrer Auswertung vor allem darum, Katharine Drexels einzigartige und allein schon aus finanzieller Sicht unentbehrliche Rolle bei der Ausweitung der Mission unter Indianern und Schwarzen zu unterstreichen. Auch betont er die Verbindung zwischen dieser apostolischen Sendung und Katharines persönlicher Heiligmäßigkeit.

Obwohl sie das Armutsgelübde abgelegt hatte, erhielt Katharine Drexel auch weiterhin annähernd 400 000 Dollar im Jahr aus Zinserträgen des von ihrem Vater eingerichteten Treuhandfonds. Dies war für die damaligen Verhältnisse eine gewaltige Summe. Andere Ordensgründer hätten einen solchen Betrag vermutlich den eigenen Einrichtungen zufließen lassen. Nicht so Mutter Drexel. Sie war der Meinung, ihr Orden solle finanziell auf eigenen Füßen stehen, und förderte mit diesen Erträgen vor allem bestimmte Einzelprojekte, die keineswegs alle in einem Zusammenhang mit den Sisters of the Blessed Sacrament standen. De facto war sie eine Eine-Frau-Wohltätigkeitsstiftung, die erste und letzte Adresse für Bischöfe und Priester, die Schulen für Indianer und Schwarze bauen und das entsprechende Lehrpersonal bezahlen wollten. Martino berichtet, daß Mutter Drexel als Nonne mehr als 17 000 diesbezügliche Briefe erhielt und jedes Ersuchen mit buchhalterischer Genauigkeit prüfte.

Der Umfang von Katharine Drexels finanziellen Zuwendungen an die Kirche läßt sich anhand einiger Beispiele aus der *positio* ermessen: Das Bureau of Catholic Indian Missions (BCIM) wurde von ihr mit mehr als einer Million Dollar gefördert. Als die Regierung der Vereinigten Staaten 1890 damit begann, die Subventionen für Indianerschulen, die von – überwiegend katholischen – religiösen Organisationen geleitet wurden, zu streichen, erklärte sie sich zu einer Zahlung von jährlich bis zu 100 000 Dollar an Unterstützungsgeldern bereit. Ihr war es also vor allem zu verdanken, daß die Indianerschulen fortgeführt werden konnten. In den zwanziger Jahren war es eine 750 000-Dollar-Spende von Mutter Drexel, die den Ankauf von Gebäuden für die Einrichtung der Xavier University in New Orleans ermöglichte. Die Gesamtsumme ihrer Spenden läßt sich kaum abschätzen, da Mutter Drexel die Anonymität vorzog – teilweise, wie Martino schreibt, aus Demut, teilweise aber auch, weil sie fürchtete, die Spendenbereitschaft der amerikanischen Katholiken für die Missionsarbeit könne nachlassen, falls der wahre Umfang ihrer Großzügigkeit bekannt würde. So saß sie bei der feierlichen Einweihung der Xavier University inkognito in einer Loge, nachdem sie sich zuvor jede Erwähnung ihres Namens während der Zeremonie verboten hatte.

Von den beiden Bevölkerungsgruppen, die sie missionieren und unterrichten wollte, bereiteten ihr die Schwarzen die meisten Probleme. Martino bemüht sich sehr darum, herauszustellen, daß Rassentrennung im täglichen Leben in Amerika trotz der Schwarzenemanzipation die Regel war und daß die katholische Kirche dabei keine Ausnahme bildete. Ausführlich zitiert er zu diesem Zweck ein zeitgeschichtliches Dokument mit dem Titel *De miserabili conditione Catholicorum nigrorum in America* (Über die armseligen Lebensbedingungen katholischer Neger in Amerika), einen Brief, den der belgische Missionar Pater Joseph Anciaux im

Jahre 1903 an den Heiligen Stuhl geschrieben hatte. Anciaux, der im Süden der Vereinigten Staaten in der Schwarzenmission tätig war, beschrieb in diesem Brief – der im Vatikan für beträchtliche Aufregung sorgte –, daß die Weißen die Schwarzen mißhandelten und ihnen die bürgerlichen Rechte vorenthalten würden. Die Lynchjustiz sei vielfach weiter verbreitet als ordentliche Gerichtsbarkeit. Anciaux äußerte sich auch sehr kritisch über die Haltung der amerikanischen Katholiken, einschließlich der kirchlichen Hierarchie. Martino schreibt:

> »Anciaux glaubte, daß die meisten katholischen Priester die Arbeit unter den Schwarzen aus rassischen Vorurteilen verabscheuten. Die Schwarzen, sagte er, dürften in katholischen Kirchen nur in bestimmten Bankreihen sitzen und seien als Studenten an Benediktiner-, Dominikaner- oder Jesuitenkollegs unerwünscht. Anciaux beklagte, daß selbst die Catholic University in Washington, D. C., aus Angst davor, ›Anstoß‹ zu erregen, vor der Zulassung schwarzer Studenten zurückschrecke. Was die Orden betraf, so stellte Anciaux fest, daß Mädchen schwarzer Hautfarbe nicht in die Konvente aufgenommen würden, ja, es gebe sogar Fälle, in denen Mädchen nach Jahren wieder aus der Klostergemeinschaft ausgestoßen wurden, weil sich herausgestellt habe, daß sie Schwarze seien.«

Anciaux beklagte darüber hinaus, daß die amerikanischen Bischöfe – von drei Ausnahmen abgesehen – weder in Worten noch in Taten öffentlich für die Schwarzen einträten. Als Negativbeispiel zitierte er einen Bischof aus Savannah, der Präsident Theodore Roosevelt die Einladung Booker T. Washingtons, eines Negerführers, zum Abendessen im Weißen Haus vorgeworfen hatte. Obwohl der Belgier die Tätigkeit einiger Priester, die sich für die Arbeit unter den Schwarzen entschieden hatten, ausdrücklich lobte, schlug er vor, die amerikanischen Bischöfe sollten ein Büro nach Art des BCIM einrichten, dessen Aufgabe es wäre, die Bemühungen der Kirche, den Schwarzen den katholischen Glauben näherzubringen, zu koordinieren und jene schwarzen Amerikaner, die bereits der Kirche angehörten, zu unterstützen. Und er ließ durchblicken, daß Mutter Drexel, deren Arbeit er sehr lobte, bereit wäre, einen Großteil der Finanzierung zu übernehmen.

Anciaux' Brief wurde den amerikanischen Bischöfen zur

Kenntnis gebracht. Mit Mutter Drexels persönlicher Hilfe und finanzieller Unterstützung gründeten sie 1906 schließlich das Catholic Board for Mission Work among the Colored People (CBMWACP). Allerdings wurde diese Organisation nie zu jener leistungsfähigen Koordinierungsstelle der katholischen Schwarzenhilfe, von der Anciaux geträumt hatte, und es dauerte tatsächlich noch bis 1946, ehe – in St. Louis – erstmals die Rassentrennung in katholischen Schulen aufgehoben wurde. Acht Jahre später erklärte der Oberste Gerichtshof der Vereinigten Staaten das »getrennte, aber gleiche« Schulsystem für verfassungswidrig.

Für Martino ist Mutter Katharine Drexels Unterstützung des CBMWACP ein Beispiel für ihre Bemühungen, »rassische Gleichberechtigung« herzustellen. An einer anderen Stelle der *vita* erwähnt er, daß sie die getrennten Sitzbankreihen für Schwarze in katholischen Kirchen ablehnte. Mit Einfühlungsvermögen schildert Martino die moralischen Konflikte von Bischöfen, welche auf Ersuchen *schwarzer* Katholiken eigenständige schwarze Gemeinden einrichteten. Merkwürdigerweise zitiert er jedoch keine weiteren Belege, aus denen hervorgehen würde, daß Mutter Drexel irgend etwas »Heroisches« oder »Prophetisches« gegen die Rassentrennung oder zugunsten der Bürgerrechte Schwarzer gesagt hat.

In seinem Schlußabschnitt über »Die Spiritualität hinter Mutter Katharines apostolischem Eifer« geht Martino zwar auf die Bürgerrechtsfrage ein, doch nur um im gleichen Atemzug hervorzuheben, daß sie für das Heiligsprechungsverfahren als solches bedeutungslos ist.

> »Mutter Katharine starb 1955, gerade zu einem Zeitpunkt, als es der Bürgerrechtsbewegung gelang, die Lebensbedingungen der Schwarzen als amerikanische Staatsbürger wirklich zu verbessern. Vielleicht wird in einer späteren Untersuchung einmal der Anteil Mutter Katharines an der Statusverbesserung der Schwarzen und der Indianer analysiert werden...
> Die einzig denkbare Gefahr einer Untersuchung jener Rolle, die Mutter Katharine in der Bürgerrechtsbewegung spielte, liegt darin, daß sie zu eng gefaßt sein könnte... Gewiß, Mutter Katharine freute sich über den Fortschritt jedes Geschöpfs auf dieser Welt, besonders natürlich über den ihrer geliebten Schwarzen und Indianer. Aber sie hatte eine sehr

hohe Vision von der Menschheit, die sie mehr erhoffen ließ als bloß die Verbesserung des gesetzlichen Status der Schwarzen und der Indianer. Diese Vision war einfach folgende: Sie war von einer verzehrenden Liebe zu Gott erfüllt und schier überwältigt von der Tatsache, daß Gott uns so sehr liebt. Diese tiefe Liebe Gottes zu uns kam nach Mutter Katharines Überzeugung dadurch zum Ausdruck, daß er uns erwählte, durch die heilige Kommunion mit ihm verbunden zu sein. Mutter Katharine wollte, daß alle Welt von dieser Liebe Gottes erfuhr. Sie wollte, daß jeder die Chance bekam, seine Liebe zu erwidern, und sie fürchtete, daß unsere Menschenwürde ohne das Wissen von Gott beträchtliche Einbußen erleiden würde. Wahre Menschenwürde im Sinne von Mutter Katharine bedeutete die Freiheit, seiner Möglichkeiten in dieser Welt inne und gerecht zu werden, vor allem aber die Vereinigung mit Jesus in der heiligen Kommunion. Wenn Mutter Katharine gegen die Ungerechtigkeit im Erziehungswesen vorging, so tat sie dies, weil sie fürchtete, daß Schwarze und Indianer ohne ausreichende Schulbildung nie imstande wären, Gott vollständig zu begreifen, ihre Seelen zu retten und irgend etwas in dieser Welt zu erwerben, dessen Besitz sich lohnt.«

Unter dem Strich war die Lebensgeschichte Katharine Drexels, die Martino den Theologenkonsultoren der Kongregation zur Beurteilung vorlegte, erheblich weniger als eine vollständige Biographie, aber doch auch mehr als eine bloße Aneinanderreihung von Fakten. Sie bietet dem Leser eine Chronologie ihres Lebens, die, um die Bedeutung ihrer Arbeit zu illustrieren, in einen historischen und gesellschaftlichen Gesamtzusammenhang eingefügt ist. Die Schilderung ihrer charakterlichen Entwicklung, soweit sie für die Zwecke einer *positio* erforderlich ist, wird nur bis zu Beginn ihres vierten Lebensjahrzehnts verfolgt und endet im wesentlichen mit Katharines Entscheidung, einen religiösen Orden zu gründen, sowie mit ihrer Ausbildung als Novizin. Von diesem Punkt an dominieren in der *positio* Berichte über ihre Aktivitäten und die Eindrücke, die sie bei anderen hinterließ.

Das Interpretationsschema besteht in dem Versuch, aufzuzeigen, wie Katharines Liebe zu Gott in ihrer apostolischen Sendung bei den Indianern und Schwarzen Früchte trug. Martino läßt dabei »die Fakten« für sich selbst sprechen. Daß Katharine Drexel nicht direkt zu Bürgerrechtsfragen und zur Rassentrennung Stellung nahm, ist nach seinem Dafürhalten weitgehend unerheblich. So wichtig diese Themen auch sein mögen – Mutter Katharine ging es um etwas viel Bedeutsameres: Sie wollte Seelen retten. Die ganze *vita* hindurch betont Martino – umfangreich dokumentiert – immer wieder, daß Katharine zu ihren guten Werken nur fähig war, weil sie der Liebe zu Gott und seiner Verehrung stets höchste Priorität einräumte. Die Quintessenz der Biographie, so wie sie den Theologenkonsultoren präsentiert wurde, war also folgende: Indem sie die richtigen Prioritäten setzte, erreichte Katharine Drexel jenes Maß an moralischer Vollkommenheit, das die Kirche bei Heiligsprechungskandidaten sucht.

Doch die dokumentierte Lebensbeschreibung oder *vita* ist nicht der einzige Text, auf den sich die Heiligkeit eines Kandidaten gründet. Hinzu kommen Zeugenaussagen. Bei Katharine Drexel stützt sich der Postulator auf die Aussagen von 34 Zeuginnen und Zeugen, darunter 15 Nonnen, von denen wiederum 13 Mitglieder ihres eigenen Ordens sind. Fünf Zeugen sind Priester, sechs Bischöfe. Die restlichen Zeugen gehören dem Laienstand an; unter ihnen befinden sich fünf Schwarze, zwei (weiße) Frauen und ein Indianer.

Keiner der Augenzeugen hatte Katharine Drexel schon zu der Zeit, bevor sie ihre Gelübde ablegte, gekannt, und vielen war sie bis dahin nur aufgrund ihres Rufes oder durch die Tätigkeit des von ihr gegründeten Ordens ein Begriff. Am besten kannten sie, was kaum überrascht, ihre religiösen Mitarbeiterinnen, deren genaue Erinnerungen freilich in gewisser Weise dadurch getrübt wurden, daß man bei ihnen von einer bestimmten Voreingenommenheit ausgehen mußte. Ein Theologenkonsultor der Kongregation, der mich bat, auf die Nennung seines Namens zu verzichten, drückte sich folgendermaßen aus: »Das Problem (bei Nonnen, die als Zeuginnen im Kanonisierungsverfahren ihrer Ordensgründerin aussagen) liegt meines Erachtens darin, daß diesen Frauen seit ihrem Noviziat immer wieder eingetrichtert worden ist, in ihrer Mutter Gründerin eine heiligmäßige Person zu sehen. Es ist für sie psychologisch daher sehr schwer, irgend etwas Kritisches über sie zu sagen.«

Wie bei jedem Gerichtsverfahren hängt die Qualität der Aussage von der Qualität der Fragen und dem Geschick der Fragesteller ab. Monsignore McGrath, der – trotz des offenkundigen Interessenkonflikts – sowohl Vizepostulator im apostolischen Prozeß als auch für das bischöfliche Erhebungsverfahren verantwortlicher Vertreter der Erzdiözese war, gesteht freimütig ein, daß er und seine Kollegen, was die Durchführung eines solchen Verfahrens betraf, ziemliche Anfänger waren: »Wir hatten nicht viel Erfahrung«, sagt er, »und hätten, wenn wir in der Art der Fragestellung besser ausgebildet gewesen wären, sicher kritischere Fragen gestellt.« Pater Gumpel stimmt dem zu: »Es war einer der dürftigsten Prozesse, die zu beurteilen ich je das Mißvergnügen hatte.«

Liest man die Fragen, die an die Augenzeugen gerichtet wurden, nach, so erkennt man, daß das Verhör gleichermaßen förmlich wie milde war. Von den 22 Zeugen, die während des bischöflichen Erhebungsverfahrens aussagten, waren elf Angehörige von Mutter Drexels Orden. Im allgemeinen wurden die Schwestern gebeten, ihr Verhältnis zu Mutter Drexel zu schildern und Belege für jede einzelne der erforderlichen Tugenden zu nennen. Von den insgesamt 141 Fragen legten nur neun dem Zeugen oder der Zeugin ausdrücklich eine negative Antwort nahe. Ein Beispiel: »Sind Sie der Meinung, daß Mutter Katharine Drexel die Tugenden Glaube, Hoffnung und Liebe gut praktiziert hat? Wenn nicht: Bei welcher Tugend zeigte sie Schwächen: a) Im Glauben? b) In der Hoffnung? c) In der Liebe?« Beim apostolischen Prozeß, der 13 Jahre später vor der Kongregation in Rom stattfand, waren die Fragen nur wenig eindringlicher und präziser (vgl. Anhang). Liest man die Antworten, die Martino zusammengetragen hat, so gewinnt man einen recht guten Eindruck davon, was für eine Frau Mutter Drexel in den Augen ihrer Bewunderer war und was sie sich unter heroischer Tugendhaftigkeit vorstellen.

Zunächst fällt auf, daß – mit einer Ausnahme – keiner der Befragten sich an eine Gelegenheit erinnern kann, bei der sich Mutter Drexel anders als tugendhaft benommen hat. Bei der Ausnahme handelt es sich um eine Schwester, die zu Protokoll gab, daß »sie (Mutter Drexel) einmal ein arg eingeschrumpftes wollenes Kleidungsstück nach der Schwester warf, die es gewaschen hatte«. Eine andere Nonne, die 13 Jahre lang Mutter Drexels Reisebegleiterin war, räumt ein, daß »sich ihre Schwächen im Laufe der Jahre verringerten«, doch sie sagt nicht – und wird auch nicht danach gefragt –, um was für Schwächen es sich handelte. Während des apostolischen Prozesses wurde einmal auf Berichte angespielt, denen zufolge Mutter Drexel den Beschwerden von Untergebenen kein Gehör schenkte und ihren Angestellten während ihrer Zeit als Mutter Oberin der Blessed Sacrament Sisters keinen »gerechten Lohn« zahlte. Diese Themen wurden jedoch sofort ad acta gelegt, nachdem die Zeugin jedes Wissen um diese Berichte abgestritten hatte. Meinungsunterschiede gibt es auch darüber, ob die Mutter Oberin Kinder gern hatte oder nicht. Eine Schwester vertritt die Ansicht, Mutter Drexel habe keine »natürlich Zuneigung« zu Kindern empfunden; andere hingegen beruhigen den Richter mit Geschichten von »Süßigkeiten«, die sie den Schülern gelegentlich mitbrachte. Und so geht es weiter. Selbst der bescheidenste Versuch, auch einen winzigen Flecken auf der weißen Weste zu entdecken, wird nicht zu Ende geführt.

Das Hauptziel der Zeugenbefragung besteht nun allerdings auch nicht darin, nach Flecken auf der weißen Weste des Kandidaten zu fahnden, sondern in der Qualitätsprüfung seiner heroischen Tugenden. Auf alle Fragen, ob Katharine Drexel die christlichen Tugenden Glaube, Hoffnung und Liebe praktizierte, lautete die Antwort der Zeugen übereinstimmend ja. Eindeutig geht aus den Aussagen hervor, daß Mutter Drexels persönlicher Glaube im eucharistischen Sakrament verwurzelt war. Ebenso klar ist, daß es dieser Glaube war, der sie zur Missionsarbeit unter Indianern und Schwarzen motivierte. Ihre Schwestern, so verfügte sie, sollten »sie (Indianer und Schwarze) zu lebenden Tempeln der Göttlichkeit unseres Herrn machen«. Auch ihre Hoffnung gründete sich auf Gottes Vorsehung – und auf ihre Überzeugung, daß sich in O'Connors Rat, eine eigene Kongregation zu gründen und sich nicht, ihrer persönlichen Neigung folgend, einem rein kontemplativen Orden anzuschließen, manifestierte, was Gott mit ihr vorhatte. Ihre Liebe zu Gott wird durch die Innigkeit ihres persönlichen Gebetslebens und durch ihren Wunsch offenbar, diese Liebe auch in den Herzen anderer zu entzünden. Martino betont in diesem Zusammenhang, daß »dieser Wunsch, den Indianer und den Neger darüber zu informieren, daß er ein Recht darauf besitzt, Gott kennen und lieben zu lernen, eine motivierende Kraft hinter ihrer Mission war und nicht etwa eine Idee wie die gegenwärtige Bürgerrechtsbewegung«.

Einige Verwirrung herrscht allerdings unter den Zeugen hinsichtlich der Interpretation des Wortes »heroisch«. In den meisten Fällen gestatten die Richter den Zeugen, mit der eigenen Elle zu messen, was heroisch ist. So bemerkt der Weihbischof von New Orleans, Harold Perry (der erste Schwarze, der in der amerikanischen Hierarchie diesen Rang bekleidet): »Ich glaube, es bedeutet, daß man sie (eine Tugend) in einem die normale menschliche Ausdauer übersteigenden Maße praktiziert, also auf einer höheren Ebene der Liebe und des Glaubens. Ich glaube, sie (Mutter Drexel) war dazu fähig, weil sie viele Jahre beharrlich danach gestrebt hatte. Ihr untadeliges Leben und ihr durch Gebete genährter Mut, vor allem aber ihre Verehrung der Eucharistie, und dies über einen so langen Zeitraum hinweg, waren gewiß heroisch. Sie tat dies alles unbeschwert, spontan und voller Freude.«

Ein anderer Bischof, William Connare aus Greensburg, Pennsylvania, meint, »daß jede Frau, die sich unter den Gelübden der Armut, der Keuschheit und des Gehorsams Gott überantwortet und diese Gelübde auch lebt und bis an ihr Lebensende erfüllt, der Kanonisierung würdig ist«. Bisweilen gibt auch der Richter Hilfestellungen, um heroische Tugendhaftigkeit zu kennzeichnen. So sagt er zu einem Zeugen: »Die Merkmale des Heroismus sind in diesem Fall: Beständigkeit, Aufrichtigkeit, Bereitschaft und Liebe.« Worauf er die Frage anschließt: »Glauben Sie, daß diese Merkmale in Mutter Drexels Wirken wiederzuerkennen sind?« Bischof Warren Boudreaux aus Houma-Thibodaux in Louisiana (wo Mutter Katharine Schulen für Schwarze einrichtete) antwortet mit einer einfachen Beschreibung praktizierter heroischer Tugendhaftigkeit: »Mein Eindruck ist, daß sie alles tun wollte, was sie tun konnte, und zwar so gut wie möglich und so lange, wie es ihr möglich war.«

Die Fragen, die sich auf den Umgang Katharine Drexels mit den vier Kardinaltugenden (Weisheit, Gerechtigkeit, Tapferkeit und Besonnenheit) sowie auf die Erfüllung ihrer Gelübde (Armut, Keuschheit und Gehorsam) beziehen, werfen ein aufschlußreiches Licht auf ihren Charakter. Mit Fug und Recht darf man annehmen, daß sie in ihrem Gehorsam gegenüber den Bischöfen fast übertriebene Umsicht walten ließ. Immer wieder werden die Zeugen nach Anekdoten befragt, die ihre Gefügigkeit gegenüber der kirchlichen Hierarchie illustrieren.* Einmal, erinnert sich eine Nonne, wollte Mutter Drexel auf die Einnahme eines Medika-

---

* Die Aussage des ehemaligen Bischofs von Allentown in Pennsylvania, Joseph McShea, ist insofern interessant, als er Mutter Drexels heroischen Gehorsam gegenüber der bischöflichen Autorität mit der Aufmüpfigkeit einer früheren amerikanischen Heiligen vergleicht. Gefragt, wie es um Katharine Drexels Gehorsam gegenüber den Bischöfen bestellt war, gab McShea zu Protokoll: »Hervorragend. Ich habe von keiner einzigen Kontroverse gehört. Ganz das

ments verzichten, von dem sie aus Erfahrung wußte, das es ihr keine Linderung verschaffte. Doch als der Bischof darauf bestand, schluckte sie es doch. Andere Zeugen berichten, daß sie ihren Untergebenen einschärfte, alle Autorität, einschließlich die der Gesetze, komme von Gott.

Der persönlichen Armut verschrieb sich Mutter Drexel, folgt man den Zeugenaussagen, in einer Weise, wie es nur jemand kann, der von Kindesbeinen an zur Selbständigkeit erzogen worden ist. Sie stopfte ihre Strümpfe selbst, reparierte bisweilen auch ihre Schuhe und nahm sich einmal eigens frei, um einen zerschlissenen Putzlumpen wieder zusammenzunähen. Wie eine Zeugin berichtete, war es ihr derart zuwider, ihre mehrfach geflickte Nonnentracht zu ersetzen, daß die Schwestern ihr während ihrer Abwesenheit heimlich eine neue kaufen mußten.

Ihre Besonnenheit oder Mäßigung (die 4. Kardinaltugend) bot offenbar Anlaß für erhebliche Tuscheleien unter den Schwestern. Wie die meisten – männlichen oder weiblichen – Mitglieder religiöser Orden geißelte sich Katharine Drexel und unterwarf sich verwandten Formen der Buße und der Selbstzüchtigung. Martino konfrontiert die Theologenkonsultoren mit der folgenden Passage aus den Memoiren der Mutter Mercedes, Katharine Drexels unmittelbarer Nachfolgerin als Oberin des Ordens:

> »Die ehrenwerte Mutter beeindruckte mich immer als eine Seele, die sich in heroischem Ausmaß kasteite. In den frühen Jahren – oder, genauer gesagt, im ersten Jahr meines Noviziats – gehörte es zu meinen Aufgaben, in ihrer Zelle und ihrem Büro in St. Michael sauberzumachen. Eines Tages stolperte ich zufällig in eine schwere Bußdisziplin. Alles war voller Blut. Im Lauf desselben Jahres, in dem ich im selben Teil des Gebäudes untergebracht war, in dem auch ihre Zelle lag, weckte mich öfters das Geräusch furchtbarer Peitschenhiebe, die offenbar mit erheblichem Kraftaufwand längere Zeit ausgeführt wurden, bis mir schließlich richtig übel wurde. Später zeigte mir die Generalvikarin, Mutter M. James, einmal ein Bußwerkzeug, das sie heimlich aus Mutter

---

Gegenteil von Mutter (Frances) Cabrini (kanonisiert 1946), die sich mit jedem Bischof stritt, mit dem sie es zu tun bekam. Meistens ging es dabei um Grundbesitz und dergleichen. Doch zwischen Mutter Katharine und den Bischöfen hat es meines Wissens nie irgendwelche Unstimmigkeiten gegeben.«

Katharines Schublade entwendet hatte, welches mit lauter kleinen, spitzen Eisenstiften besetzt und durch und durch mit Blut getränkt war. Ich wußte, daß sie nach den Nachtgebeten hinter dem Hauptaltar 15 bis 20 Minuten lang auf ihren Fingerspitzen kniete, manchmal auch ebenso lange oder länger mit kreuzförmig ausgestreckten Armen...
Es kam auch vor, daß sie Eisenketten um Taille und Arme trug und ziemlich häufig auch das Cilicium (Bußkleid aus Ziegenhaaren). Bei den Mahlzeiten war niemand so genügsam wie sie. In über 30 Jahren ist mir nicht ein einziges Mal zu Ohren gekommen, daß sie einen Nachtisch oder irgendeine andere ungewöhnlich schmackhafte Speise, wie sie die Gemeinschaft zum Beispiel an Festtagen erhielt, zu sich genommen hätte. Wenn ihr das Essen gereicht wurde, fiel auf, daß sie immer das zäheste oder schlechteste Stück Fleisch wählte und dabei sagte, es schmecke ihr am besten. Bis der Kardinal oder ihr Seelenführer – ich weiß nicht genau, wer – es ihr untersagte, hielt sie die (vorösterliche) Fastenzeit rigoros ein und fastete auch an den anderen Fastentagen der Kirche...
Beim Knien benutzte sie nur selten eine Stütze, auch nicht während der Messe oder der halbstündigen Andacht vor der heiligen Kommunion. Setzte sie sich hin, so nahm sie stets nur auf der äußersten Kante des Stuhls Platz und lehnte sich nur sehr selten an die Rückenlehne an.
Auf Reisen bestand sie unweigerlich darauf, den schwersten Sack oder Koffer selbst zu tragen, egal, wie jung oder wie kräftig die sie begleitende Schwester auch sein mochte. Und niemals, außer auf ausdrückliche Anweisung von oben, reiste sie anders als auf dem billigsten Weg. Am liebsten, sagte sie, wären ihr die restlos überfüllten Tagesbusse.«

Außer über die heroischen Tugenden Mutter Katharines wurden die Zeugen auch gefragt, welche seelsorgerischen Vorteile die Kirche im Fall ihrer Heiligsprechung wohl erwarten könne. Vor allem beim apostolischen Prozeß, der 1980/81 stattfand, fallen diesbezügliche Fragen ins Auge. Sie deuten an, daß mittlerweile sowohl die Fragesteller wie einige der Befragten mit einer gewissen Sorge der möglichen Reaktion auf Mutter Drexels Kanonisierung in den Vereinigten Staaten, und dort vor allem unter den Schwarzen und Indianern, entgegensahen. In diesem Zusammenhang kam schließlich auch ihre Haltung gegenüber den Rassentrennungsgesetzen zur Sprache.

Erster Zeuge war der im Ruhestand lebende Bischof von Allentown in Pennsylvania, Joseph McShea. Er meinte, Mutter Drexels Heiligsprechung »wäre ein großer Anreiz für die Fortsetzung der Missionsarbeit unter den Schwarzen«. Außerdem, sagte er, würde dadurch »nicht nur auf die Erfolge, sondern auch auf die Mißerfolge und Schwierigkeiten aufmerksam gemacht und gezeigt, wie diese heroische Frau es schaffte, eine Streitmacht anderer Frauen, engagierter Frauen, aufzustellen und diese Probleme zu bewältigen – und zwar sehr, sehr gründlich«. McShea hatte allerdings auch gewisse Bedenken. Die Kanonisierung, so meinte er, könne Unmutsäußerungen unter den Schwarzen hervorrufen, weil Katharine Drexel während ihrer langen Amtszeit als Mutter Oberin »keine schwarzen Kandidatinnen« in ihre Ordensgemeinschaft aufgenommen habe. Von seiten der Indianer erwartete er derartige »Proteste« indessen nicht.

Der zweite Zeuge, Bischof Connare, vertrat die Ansicht, Mutter Drexel würde als »großes Beispiel für Rassengerechtigkeit« dienen. Auf eine andere Frage fügte er hinzu: »Es wäre die Anerkennung des aufrichtigen Interesses, das die Kirche an diesen Minderheiten gezeigt hat. Man wirft uns immer Unterlassungssünden gegenüber den Schwarzen und den Indianern vor. Hier haben wir nun ein Beispiel für eine Frau, die sehr positiv in dieser Richtung gewirkt hat. Man sieht es an ihren Schulen: Sie haben wirklich viele gute christliche Familien hervorgebracht, und darunter befinden sich auch eine stattliche Anzahl von Leuten, die sich zum religiösen Leben und zur Priesterschaft berufen fühlten.«

Besonders interessant ist die Aussage eines dritten Bischofs. Warren Boudreaux aus Houma-Thibodaux, Louisiana, hatte nie persönliche Kontakte zu Mutter Drexel unterhalten, war jedoch während seiner Priesterzeit Sekretär des Bischofs von Lafayette in Louisiana, Jules Jeanmard, gewesen, zu dessen Diözese damals zwei Drittel aller schwarzen Katholiken in den Vereinigten Staaten gehörten. Aus den Boudreaux gestellten Fragen wird ersichtlich, daß die Kommission die einzigartige Bedeutung des Werks von Mutter Katharine an der Einrichtung von Bildungsmöglichkeiten für Schwarze in dieser überwiegend katholischen Gegend festmachen möchte. Auf die Frage, was »die Kirche denn vor Mutter Drexel für sie (die Schwarzen) getan hat«, gab Boudreaux eine mehrteilige Antwort. Zunächst nahm er Bischof Jeanmard in

Schutz und strich vor allem dessen Bemühungen heraus, mehr schwarze Priester in die Diözese zu holen. Dann wies er darauf hin, daß es in den zwanziger und dreißiger Jahren schwierig gewesen sei, darüber hinaus noch etwas für die Schwarzen zu tun. Beispielsweise sei Rassenintegration an den Schulen gesetzlich verboten gewesen. »So muß ich aufrichtig sagen«, gab er zu Protokoll, »daß Mutter Drexel für die Integration sehr wenig getan hat. Ich glaube jedoch, daß dies deshalb geschah, weil sie in diesem Fall mit schweren juristischen Konsequenzen hätte rechnen müssen.« Später erklärt der Bischof auch, warum er die Kanonisierung Mutter Drexels für richtig hält:

> »Ich glaube, es ist richtig, daß die Kirche eine Zeugin um der Geschichte willen benötigt. Die Protestanten hatten ihren Martin Luther King (jr.), doch hier ist eine Katholikin, die zu einer Zeit, da es alles andere als populär war und man gemeinhin verächtlich auf die Schwarzen herabsah, wahrhaft mit großem Erfolg Zeugnis ablegte für die Liebe, die Christus und die Kirche den unterdrücktesten Geschöpfen des Volks Gottes angedeihen ließen, und (die bewies), daß es innerhalb der Kirche eine engagierte, bereitwillig geleistete und erfolgreiche Arbeit sowohl unter den Schwarzen als auch, wovon ich überzeugt bin, unter den Indianern gab. Und diese Zeugin war Mutter Katharine.«

Eine der auffallendsten Differenzen zwischen Dr. King und Mutter Drexel liegt in ihrer Einstellung gegenüber Gesetzen, die die Bürgerrechte der Schwarzen beschneiden. Beide, dies muß wohl gesagt werden, litten unter diesen Gesetzen, wenn auch auf sehr unterschiedliche und ungleiche Weise. Mutter Drexel war gezwungen, Schwarzen und Mulatten den Beitritt zu ihrer religiösen Gemeinschaft zu verwehren. Hätte sie es nicht getan, so wäre ihr nichts anderes übriggeblieben, als die Rassentrennung innerhalb ihrer eigenen Konvente durchzuführen, denn das Gesetz verbot die gemeinsame Unterbringung von Erwachsenen weißer und schwarzer Hautfarbe. Darüber hinaus gab es bereits zwei religiöse Orden für schwarze Frauen, die Oblate Sisters of Providence und die Sisters of the Holy Family. Nach Aussage der Generaloberin der Oblaten, Schwester Marie Enfanta Gonzales, wollte Mutter Drexel den rein schwarzen Ordensgemeinschaften keine Mitglieder abwerben.

Über Katharine Drexels persönliche Haltung gegenüber den Rassentrennungsgesetzen ihres Landes geben die Zeugenaussagen leider keinerlei Aufschluß. Es fehlt jeder Hinweis darauf, ob sie sich jemals kritisch über diese Gesetze geäußert oder ihre schwarzen Schüler zu kritischen Äußerungen ermuntert hat. Im Gegenteil – die einzige Zeugin, die sich zu diesem Punkt äußert, deutet an, daß Katharine Drexel auch hier den Gehorsam über alles stellte. Gefragt, ob sich Mutter Drexel »gegenüber den Menschen im allgemeinen gerecht verhielt«, antwortet Schwester Mary David Young, eine ehemalige Generaloberin des Ordens:

»Soviel ich weiß, ja. Sie sagte immer zu uns, wir sollten uns soweit als möglich darum bemühen, daß die Menschen, für die wir arbeiteten, ihre Rechte bekämen. Dies bezog sich meistens auf die Kirche und religiöse Rechte, und da sollten wir uns eben für sie einsetzen, denn fast überall, wo wir arbeiteten, wurden die Schwarzen mißachtet, selbst in der Kirche. Ich weiß noch, was uns bei der Arbeit, vor allem im Süden, besonders übel aufstieß: Das war, daß die Trennung (der Rassen) so deutlich herausgekehrt wurde. Sie versuchte wohl, uns davon abzuhalten, (andere) zur Mißachtung des Gesetzes zu ermuntern; es war nun einmal das Gesetz. Aber wir sollten so umsichtig wie möglich sein. Man konnte ja hingehen, wohin man wollte, die Schwarzen mußten immer hinten sitzen, selbst in der Kirche. Sie durften erst dann zum Empfang der heiligen Kommunion nach vorne kommen, wenn alle Weißen sie bereits empfangen hatten. Sie (Mutter Katharine) sagte uns immer, dies sei nicht recht so, weil es aber nun einmal Gesetz sei, müßten sie sich eben soweit als irgend möglich fügen, doch wir sollten zusehen, was wir tun könnten, um diese Dinge zu überwinden.«

Wie ich bereits bei der Erläuterung der *vita* erwähnte, geht Martino über das Problem der Bürgerrechte eher beiläufig hinweg, weil er der Meinung ist, es habe mit seiner Aufgabe, Katharine Drexels heroische Tugendhaftigkeit zu beweisen, im wesentlichen nichts zu tun. Aber stimmt das wirklich? Ganz von selbst erhebt sich die Frage, ob heroische Tugendhaftigkeit bei einem Plädoyer für eine Persönlichkeit, deren Heiligkeitsanspruch sich entscheidend auf ihre Tätigkeit unter den Amerikanern schwarzer Hautfarbe stützt, nicht doch etwas mehr erfordert als das bloße Sichfügen in ein System, das immerhin eine flagrante und bösartige Form rassistischer Apartheid darstellt. Wir berühren hier einen heiklen Punkt: Auf der einen Seite erscheint es nicht fair, Mutter Drexel – oder irgendeine(n) andere(n) Heilige(n) – nach dem moralischen Verständnis einer späteren Epoche zu beurteilen, im vorliegenden Fall also nach den Normen der Rassengleichheit, wie sie von der Bürgerrechtsbewegung entwickelt wurden, die erst ein Vierteljahrhundert nach Mutter Katharines Rücktritt von ihrem Amt der Ordensoberin aufkam. Andererseits wird von Heiligen erwartet, daß sie höheren Werten genügen als der Rest der Menschheit. Nach Art von Propheten erinnern sie andere daran, daß das Evangelium Verhaltensnormen kennt, die nicht von dieser Welt sind, nach deren Erfüllung aber alle Christen streben sollen.

Nach der *positio* scheint die Antwort folgendermaßen zu lauten: In der Hierarchie der klassischen christlichen Tugenden gilt die gegenüber anderen Menschen geübte Nächstenliebe mehr als die Praktizierung der Gerechtigkeit. Genauer gesagt: Die in der Liebe zu Gott verankerte und sich in der persönlichen Aufmerksamkeit gegenüber Einzelpersonen manifestierende Nächstenliebe kommt dem Beispiel Jesu näher als die Durchsetzung der Gerechtigkeit für eine ganze Bevölkerungsgruppe – namentlich dann, wenn, wie im vorliegenden Fall, die Sorge um das soziale und bürgerliche (und nicht das religiöse) Wohl einer unterdrückten Volksgruppe mit dem Gerechtigkeitsstreben konkurriert. »Politische Heiligkeit« würde, wie am Ende des 4. Kapitels erläutert, voraussetzen, daß die Heiligmacher in neuen Kategorien denken. Bewertete man folglich die Tugend der Gerechtigkeit höher, als Mutter Drexel sie selbst einschätzte, so hieße dies, nicht nur ihrem eigenen Tugendbegriff Gewalt anzutun, sondern auch dem der Kirche. Auf jeden Fall haben, wie ein Historiker der christlichen Heiligkeit unlängst bemerkte, »die Heiligen Probleme der Bedürftigen normalerweise nicht mit politischen Lösungen oder deren Befürwortung zu bewältigen gesucht – und gewiß liebäugelten sie nicht mit der Revolution«.

Dennoch erwarten alle Verfahrensbeteiligten – dies geht aus der *positio* eindeutig hervor –, daß die Selig- und mögliche Heiligsprechung Katharine Drexels einen bestimmten seelsorgerischen Zweck erfüllen: Mit dieser Frau und durch sie soll bewiesen werden, daß sich die katholische Kirche in den Vereinigten Staaten in heroischer Weise um die wahre Befreiung der Indianer und

Schwarzen verdient gemacht hat. Die *wahre* Befreiung aber ist die Befreiung von der Sünde durch die Bekehrung. Pater Gumpel, der Relator des Falles, präsentiert daher in seiner Einleitung zu Martinos *informatio* zwei Gründe für die Heiligsprechung Katharine Drexels, einen historischen und einen theologischen:

> »Die Wahrheit über eine Situation muß durch eine faire Darlegung der objektiven Tatsachen bestimmt werden. Die Wahrheit sowie die sie belegenden Tatsachen mögen durchaus existieren, doch um zur Geltung kommen zu können, müssen sie zunächst einmal bekannt und anerkannt sein.
> Sehr oft kann das Profil einer Persönlichkeit, die mit den objektiven Fakten in einem Zusammenhang steht, das Medium sein, das Außenstehenden die wahre Geschichte zur Kenntnis bringt. Mutter Katharine Drexel ist eine solche Persönlichkeit. Beim Studium ihres heiligmäßigen und tugendhaften Lebens erkennt man die authentische Geschichte der Evangelisierung der amerikanischen Schwarzen und Indianer durch die katholische Kirche. Bedauerlicherweise bleibt diese Geschichte oft unbekannt, wird mißverstanden oder ignoriert. Die erhoffte Kanonisierung Mutter Katharines wird zu einem tieferen Verständnis der heroischen Leistungen beitragen, die von so vielen amerikanischen Katholiken zugunsten dieser beiden mißachteten Bevölkerungsgruppen erbracht worden sind.
> Es gibt indes noch eine andere seelsorgerische Bedeutung des Heiligsprechungsverfahrens für Mutter Katharine. Der Altruismus erfreut sich heutzutage großer Bewunderung, gründet sich jedoch oftmals auf rein humanitäre Motive. Die nähere Beschäftigung mit den Beweggründen, die Mutter Katharine zu ihrer Tätigkeit unter Schwarzen und Indianern veranlaßten, wird zeigen, daß sie nur aus einem einzigen Motiv heraus handelte, und zwar aus ihrer Liebe zu Gott. Diese Gottesliebe, deren Ursprünge bis in die frühe Kindheit zurückreichen, wurde für die junge Frau aus höchsten gesellschaftlichen Kreisen schon bald zum ein und alles. Und als diese verzehrende Liebe zu ihrem himmlischen Vater sie überkam, da wünschte Katharine, daß auch andere dieser Erfahrung teilhaftig würden. Sie war wahrhaftig altruistisch und obendrein eine bedeutende Philanthropin. Doch wenn sie die Lebensbedingungen der Schwarzen und der Indianer

zu verbessern trachtete, so geschah dies ausschließlich deshalb, weil sie überzeugt war, daß diese beiden in Amerika so übel diskriminierten Rassen ein Recht darauf hatten, zu erfahren, daß auch sie die Söhne und Töchter Gottes waren. Ihr karitatives und pädagogisches Wirken zielt darauf ab, das Verhältnis der amerikanischen Schwarzen und Indianer zu Gott zu verbessern.
In einer Zeit, da so viele andere Menschen aus einer Vielzahl von Gründen Gutes tun, ist es wichtiger denn je, die spezifisch christliche Grundlage der Nächstenliebe hervorzuheben, die da heißt: Gott hat uns zuerst geliebt. Unsere Mitmenschen, vor allem die jüngeren unter uns, können durch die Gestalt der Katharine Drexel Einsicht gewinnen in die Bedeutung, die Gottes Gegenwart in der heiligen Kommunion als Quelle und nährender Kraft jeglicher apostolischen Aktivität für uns besitzt.«

Erkennbar wird aus dem Gesagten die enorme seelsorgerische Bedeutung, die der Gestalt der Katharine Drexel zugewiesen worden ist. Zum einen erhofft sich die Kirche von ihrer Seligsprechung, daß ihr Anspruch als Institution, die sich um das wahre – sprich geistliche – Wohl der amerikanischen Minderheiten verdient gemacht hat, Anerkennung findet. In diesem Sinne kann das gesamte Heiligsprechungsverfahren für Katharine Drexel getrost als ein Akt der Wiedergutmachung an der Geschichte gesehen werden. Die Frage ist nur, ob die in der *positio* dargelegten historischen Fakten eine solche Schlußfolgerung rechtfertigen.

Auf der Basis der von Martino gesammelten Belege gewinnt man leicht den Eindruck, daß die amerikanische Kirche während der fast ein Jahrhundert umfassenden Lebensspanne Mutter Drexels herzlich wenig für ihre schwarzen Landsleute getan hat. Mutter Drexel erscheint als die große Ausnahme, und in der Tat stechen ihre missionarischen Bemühungen vor allem deshalb so hervor, weil die Kirche insgesamt so wenig Engagement zeigte. So gesehen macht die Kirche mit der Seligsprechung Mutter Drexels darauf aufmerksam, wie *wenig* sich die große Mehrheit der amerikanischen Katholiken, einschließlich der Hierarchie, im Jahrhundert zwischen der Sklavenbefreiung und der Bürgerrechtsbewegung um die Schwarzen gekümmert hat.

Darüber hinaus soll die Seligsprechung Mutter Drexels auch eine theologische Botschaft vermitteln: Nach christlichem Verständnis geht die Liebe Gottes voraus, und Altruismus muß auf unserer responsorialen Liebe zu Gott beruhen – das heißt, Altruismus darf sich nicht in »rein humanitären Motiven« erschöpfen. Diese Botschaft ist integraler Bestandteil der kirchlichen Glaubenslehre. Gerade deshalb läßt sich nur schwer erkennen, inwieweit die Gestalt der Katharine Drexel dazu geeignet ist, ihr neuen Glanz und Attraktivität zu verleihen – vor allem gegenüber jenen, die nicht den gleichen Glauben haben wie sie. Im Gegenteil: Einmal mehr scheint der von den Heiligmachern ins Auge gefaßte seelsorgerische Zweck durch die Tatsachen nicht gerechtfertigt zu sein. Nicht der tätige Dienst am Nächsten als Missionarin und Lehrerin war, wie aus ihren Briefen hervorgeht, Katharine Drexels innigster Wunsch, sondern das kontemplative Leben in Gebet und Buße. Und das Gegenargument, ihr Altruismus habe familiäre Ursprünge – vor allem das Vorbild ihrer großherzigen Stiefmutter – und primär nichts mit der Erkenntnis zu tun, daß »Gott uns zuerst geliebt hat«, ist nicht von der Hand zu weisen. Da die *positio* auf ihren Charakter nur hinsichtlich seiner »spirituellen« Entwicklung eingeht, lassen sich ihre wahren Motive nach dem vorliegenden Material nicht zweifelsfrei bestimmen. Das »höhere« oder religiöse Motiv beruht auf Spekulation.

Diese Einwände beeinträchtigen gewiß nicht den Wert des apostolischen Werks Mutter Drexels, aber sie trüben ein wenig die Botschaft, die durch ihre Seligsprechung weitergegeben werden soll. Daß Katharine Drexel ihren Wunsch, eine kontemplative Nonne zu werden, aufgab und den ihr später von Bischof O'Connor nahegelegten Kompromiß akzeptierte, war gewiß ein nobler und frommer Akt der Selbstverleugnung, aber dadurch wird sie nach meinem Dafürhalten noch lange nicht zu jener außerordentlichen oder exemplarischen Gestalt, als die Heilige erscheinen sollen.

Wenn die Seligsprechung Katharine Drexels andererseits, wie wohl anzunehmen ist, demonstrieren soll, daß der von der Liebe Gottes inspirierte Altruismus dem auf rein humanitären Motiven beruhenden Altruismus *überlegen* ist, dann ist die Beweisführung der *positio* schlicht mißglückt. Um ihrem Leben eine solche Botschaft abzugewinnen, müßte bewiesen werden, daß Mutter Drexels Engagement und Wirken weit über das hinausgegangen sind, was man von einer humanitär motivierten Krankenschwester erwarten darf, die ihr Leben ebenfalls in den karitativen Dienst an den Indianern und Schwarzen Nordamerikas stellt. Zumindest müßte man von einer Heiligen Beweise für eine innere und nach außen sichtbare Verwandlung erwarten können, und zwar sowohl bei ihr selbst als auch bei jenen, die mit ihr in Berührung gekommen sind. Doch finden sich weder in ihrer *vita* noch in den Zeugenaussagen irgendwelche Hinweise darauf. Nirgendwo – auch zwischen den Zeilen nicht – steht, daß sie durch ihren Dienst an anderen in ihrer Gottes- oder Nächstenliebe gewachsen ist. Die *positio* sagt uns lediglich, daß sie eine vorbildliche Nonne war, deren ererbter Reichtum es ihr und ihren Mitarbeiterinnen ermöglichte, einen missionarischen Bedarf zu decken, den die amerikanische Kirche samt ihren Bischöfen ohne ihre Hilfe nicht hätte bewältigen können – kurz, ihre Heiligkeit scheint auf einen Bereich ihres Lebens beschränkt zu sein, der von ihrer altruistischen Tätigkeit wie durch einen Nonnenschleier getrennt ist.

Dies alles soll nun nicht heißen, daß Katharine Drexel keinerlei spirituelle Entwicklung durchmachte, und schon gar nicht, daß sie der Seligsprechung unwürdig wäre. Hinterfragt werden soll allerdings, ob die *positio* ihre eigenen Zielvorgaben erfüllt. Das Hauptproblem liegt, so wie ich es sehe, darin, daß die dokumentierte Lebensbeschreibung und die Zeugenaussagen nicht richtig miteinander verknüpft sind und somit die Darstellung einer abgerundeten, reifen Persönlichkeit – der »tieferen Persönlichkeit« im Sinne Molinaris – auf der Strecke bleibt. Nirgendwo sind die Tugenden und die *vita* so miteinander verquickt, daß der Leser im Licht der Molinarischen Metapher sehen kann, wie der Saft die Blüte hervorbringt. Auf der einen Seite haben wir eine *vita*, die uns nach ihren inneren Kämpfen bis zur Berufung nichts mehr von ihrem Innenleben mitteilt, und auf der anderen Seite die im wesentlichen episodenhaften, impressionistischen, in spiritueller Hinsicht klischeehaften Zeugenaussagen – eher eine Aneinanderreihung von Schnappschüssen als eine integrierte Folge bewegender Bilder. Die Beziehung zwischen Mutter Drexels Spiritualität und ihrem Altruismus bleibt lose und weitgehend spekulativ.

Weder in der *vita* noch durch die Zeugenaussagen bekommt der Leser einen lebendigen Eindruck davon, was für ein Mensch Mutter Drexel in den letzten 60 Jahren ihres Lebens war; er erfährt auch nicht, wie eine Tugend sich auf die andere auswirkte. Insbesondere läßt sich nach der *positio* nicht sagen, ob Mutter Drexels auffälliges Schweigen zur Rassentrennung zuverlässig als Zeichen für heroische Klugheit, Mangel an Tapferkeit oder übertriebenen Gehorsam zu interpretieren ist. Auch die Frage, wie sie die ihr zugeschriebenen Tugenden miteinander in Einklang brachte, wird in keiner Weise beantwortet. Zusammenfassend läßt sich sagen, daß ich in der *positio* keine schlüssige Darstellung ihrer charakterlichen Entwicklung und keinen Hinweis auf durch Zweifel, Mißgeschick, moralische Verwirrung, begangene Fehler oder überwundene Schwächen hervorgerufene geistliche Erkenntnisse oder Einsichten finden konnte – mit anderen Worten nichts, was jenes einmalige Profil der Heiligkeit hätte erkennen lassen, von dem uns die Theologen sagen, daß es den einen Heiligen vom anderen unterscheidet.

Vielleicht hatte ich mir von der *positio* über Katharine Drexel zuviel erwartet. Mit Sicherheit hätte ich mir eine gründlichere Charakterstudie und eine gehaltvollere theologische Interpretation gewünscht. Kurz nach der Weiterleitung der *positio* an die Theologenkonsultoren zog Martino ein Resümee seiner zweijährigen Forschungsarbeit. So wie er seine Aufgabe verstanden hatte, bestand sie nicht darin, eine vollständige Katharine-Drexel-Biographie, sondern ein »ausgewogenes Bild« der Kandidatin zu erstellen, und zwar unter Berücksichtigung dessen, »was notwendig ist, um diese Frau für verehrungswürdig zu erklären«. Er verstand darunter vor allem ihre Tugenden, war sich aber auch bewußt, daß alle charakterlichen Schwächen, auf die er bei seinen Nachforschungen stieß, »durchscheinen müßten«. Doch schließlich fand er keine Schwächen – womit er freilich, wie er mir sagte, auch nicht gerechnet hatte. Er hatte während seines Priesterstudiums eine Biographie von Katharine Drexel gelesen und es sich – wie andere Katholiken in Philadelphia auch – zur Gewohnheit gemacht, zu ihr zu beten. Nichts von dem, was er in Zeugenaussagen, Briefen und anderem Archivmaterial gefunden hatte, war imstande gewesen, jenen frühen ersten Eindruck zu erschüttern. »Ich weiß nicht, was die Theologenkonsultoren aus meiner Arbeit machen werden«, sagte er. »Aber wenn hier keine heroische Tugend vorliegt, wo dann?«

Als sich die Konsultoren an jenem 16. November 1987 versammelten, stand ihnen Martino zur Beantwortung von Fragen und kritischen Einwänden zur Verfügung. Die Sitzung dauerte nur wenig länger als eine Stunde. Pater Sarno, der anstelle des Glaubensanwalts Monsignore Petti (er spricht kein Englisch) die Sitzung leitete, bestand darauf, daß sich jeder Konsultor mindestens fünf Minuten lang über eventuelle Vorbehalte gegenüber der Überzeugungskraft der *positio* äußerte. Er fragte Martino persönlich, ob er der Meinung sei, Mutter Drexels spirituelle Standhaftigkeit auch für die letzten 15 Jahre ihres Lebens, in denen sie kränkelte und halb senil war, ausreichend dokumentiert zu haben. Niemand hingegen stellte eine Frage nach ihrer Einstellung zur Rassentrennung und/oder den Bürgerrechten, und niemand äußerte Zweifel an ihrer Heiligmäßigkeit und an den Beweisen für ihre heroische Tugendhaftigkeit. Am Schluß befürworteten alle Konsultoren die *positio*.

Ich war natürlich sehr erpicht darauf, meine Einschätzung der *positio* mit der der Theologenkonsultoren zu vergleichen. Doch die Geschäftsordnung der Kongregation untersagt es den Konsultoren, über schwebende Fälle und die Begründung ihrer Urteile zu sprechen. Ich konnte daher nur schließen, daß ich die *positio* mit ganz anderen Augen gelesen hatte als die Experten.

Einmal mehr hatte ich mich geirrt.

Wie ich herausfand, hatten sich mehrere Theologenkonsultoren der Kongregation in den vorausgehenden Monaten ähnlich kritisch zu den Kriterien und Argumenten zum Beweis heroischer Tugendhaftigkeit geäußert. Ihre Kritik richtete sich nicht gegen eine spezielle *positio*, sondern gegen die herkömmlichen Methoden, deren man sich bei der Beweisaufnahme in Heiligsprechungsverfahren gemeinhin bedient. Obwohl die Kritik als innere Angelegenheit der Kongregation betrachtet wurde, spielte Pater Gumpel persönlich in einer späteren Veröffentlichung auf sie an.

»Es ist allgemein bekannt, daß eine Anzahl hochkompetenter, mit der Arbeit unserer Kongregation vertrauter Theologen die Weisheit, daß man individuelle Tugenden nach dem klassischen System der Scholastiker beurteilt, in Frage stellt. Sie sind der Meinung, daß man durch die Aufteilung der Tugenden in Gruppen und Untergruppen Gefahr läuft, die geistliche Einheit des Lebens eines Dieners Gottes aus den Augen zu verlieren. Außerdem fürchten sie, daß dieser schematische Ansatz einen daran hindert, die charakteristischen, persönlichen Elemente in der Spiritualität der Person, deren Leben zur Prüfung ansteht, zu erfassen und herauszustreichen.«

Einer der Kritiker erklärte sich schließlich doch noch zu einem Gespräch mit mir bereit – vorausgesetzt, ich verzichtete auf die Nennung seines Namens. Wie so viele andere Theologenkonsultoren der Kongregation ist er Italiener, Angehöriger eines Ordens und Professor für spirituelle Theologie an einer der päpstlichen Universitäten in Rom. Im Verlauf unseres zweistündigen abendlichen Gesprächs in seinem Kloster gab er mir einen Überblick über eine ganze Reihe eng miteinander verknüpfter Probleme, die unter den Konsultoren der Kongregation zu teilweise erheblichen Meinungsverschiedenheiten geführt haben.

Zunächst einmal, so sagte er, herrscht allgemein Beunruhigung darüber, daß zu viele der zur Kanonisierung vorgeschlagenen Männer und Frauen »altertümliche Gestalten sind – gute Leute, die Orden gründeten oder ihnen angehörten, deren Heiligkeit die Menschen von heute aber nicht mehr inspiriert. Das Problem liegt darin, daß wir nicht wissen, wie wir diese Leute in einer für unsere heutige Kultur wertvollen Art und Weise darstellen können.« Hinzu kommt, daß »viele Konsultoren selbst in einer ziemlich geschlossenen klerikalen Welt leben und von daher eine ziemlich statische Vorstellung von der Heiligkeit haben. Aus reiner Gewohnheit sind sie ganz zufrieden damit, die Beweise für die jeweiligen Tugenden einzeln beurteilen zu können, anstatt sie im Zusammenhang sehen zu müssen. In einigen *positiones* erscheint der Tugendbeweis fast wie eine Materialschlacht: So viele Zeugenaussagen für diese Tugend, so viele für jene. Das Problem bei einem solchen Ansatz liegt darin, daß er sich auf die Quantität von Glaube, Hoffnung (und Liebe) und nicht auf den dynamischen Prozeß konzentriert. Diesen Ansatz kann ich nicht akzeptieren.«

»Warum nicht?« fragte ich.

»Weil er nicht sachgemäß ist. Ein Mensch wird zum Heiligen, weil er eine Form von Heiligkeit lebt und dabei stets nach größerer geistlicher Vervollkommnung strebt. Im Verlauf dieses Prozesses kann es durchaus sein, daß in einer Phase seines Lebens die Tugend der Reinheit von vorrangiger Bedeutung für ihn ist, in einer anderen die Nächstenliebe, in einer dritten die Kontemplation und so weiter. Wenn das geistliche Leben dynamisch verläuft, dann macht es verschiedene Entwicklungsstufen durch, und in jeder Phase steht eine bestimmte Tugend im Mittelpunkt. Wir als Konsultoren müssen bei den Kandidaten sehen können, wie sich dieser Prozeß der Heiligkeit vollzieht. Nur geht das aus den meisten *positiones* eben nicht hervor.«

»Liegt das Problem in der schematisierten Darstellung der Tugenden oder in Gliederung und Aufbau der *vita*?«

»In beidem. Gelegentlich kommt es vor, daß ein Relator und

sein Mitarbeiter das Leben (des Kandidaten) an Hand der Dokumentation dynamisch interpretieren wollen, doch entspricht dies nicht der von der Kongregation vorgegebenen Form. Wenn ich von der Kongregation eine *positio* erhalte, bemühe ich mich darum, sie dynamisch zu interpretieren. Ich versuche, den zugrunde liegenden geistlichen Prozeß zu erkennen. Doch wenn ich dann mein Urteil abgebe, muß ich mich an die traditionelle Form halten, und wenn ich bei den Sitzungen zu Wort kommen will, muß ich die Regeln befolgen.«

»Können Sie das vorgelegte Material nicht anzweifeln und gegen eine *positio*, die die von Ihnen gewünschte Dynamik nicht berücksichtigt, Ihr Veto einlegen?«

Er lächelte. »Sie mißverstehen mich. Viele Konsultoren fühlen sich mit der juristischen Art der Tugenddarstellung und den traditionellen Kategorien des Heiligkeitsbegriffs sehr wohl. Ihr eigener geistlicher Werdegang war klerikal geprägt, und entsprechend sehen sie die Dokumentation.« Er machte eine Pause und suchte nach den richtigen Worten. »Ich spreche über zwei verschiedene Welten – die ihre und die unsere –, über zwei verschiedene Arten der Wahrnehmung, zwei verschiedene kulturelle Einstellungen. In der Welt, aus der diese Leute kommen, gibt es eine ganz bestimmte Heiligkeit, die immer die gleiche sein wird. Wir hingegen...«

Ich unterbrach ihn. »Was würden Sie am Aufbau und am Inhalt der *positiones* ändern?«

»Das habe ich noch nicht durchdacht. Was wir fordern, ist etwas Neues, eine gründlichere Interpretation des Lebens und der Tugenden. Man hat uns gesagt, daß wir nur eines tun können, und zwar konsequent auf Veränderungen bestehen. Und wenn genügend von uns entsprechend hartnäckig sind, wird es vielleicht zu Veränderungen kommen.«

Das Verfassen von *positiones* ist, wie es scheint, ein Genre auf der Suche nach seiner richtigen Form. Früher wurde diese Form durch die geistliche Legende bestimmt. Danach dominierte eine im wesentlichen sachfremde Methode, nämlich die juristische. Jetzt, nach der jüngsten Reform, fehlen spezifische wissenschaftliche oder künstlerische Richtlinien. Das noch am nächsten verwandte Genre ist die Biographie. Wie die Biographie verwandelt die *positio* ein Leben in einen Text. Doch anders als herkömmliche Biographien unternimmt sie den Versuch, Verborgenes aufzuhellen – namentlich die Bedeutung und das Wirken der göttlichen

Gnade. Eine solche Biographie erfordert nicht bloß kritische Geschichtsschreibung, sondern auch theologische Vorstellungskraft. Das Schreiben einer *positio* ähnelt in dieser Hinsicht der Übersetzung eines Gedichts: Wer sich nur um die Wiedergabe der Botschaft bemüht, geht unterwegs der Poesie verlustig – das heißt: Die Bedeutung der Heiligkeit läßt sich den ihr eigenen Tönen, ihrer Gestalt und ihrer Musik entnehmen.

Ich hatte den Eindruck, daß das, wonach der Theologenkonsultor, mit dem ich sprach, suchte, ja, was die gesamte Reformbewegung zu erfassen strebte, die Melodie der Gnade war, die jedem Leben eigentümlich ist, das mit der für einen Heiligen erforderlichen geistlichen Integrität gelebt wird. Und genau dies fehlte mir bei der Lektüre der *positio* über Mutter Drexel. Es genügt nicht, dachte ich bei mir, die Kennzeichen der Heiligkeit identifizieren und nach einem theologisch akzeptablen Schema ordnen zu können. Man muß auch auf die Musik hören, auf die Kombination aus Tönen, Halbtönen und Obertönen, Pausen und Fermaten, Motiven und Leitmotiven, die in ihrer Gesamtheit die Harmonie der Heiligkeit bestimmen.

8. KAPITEL

Die Harmonie der Heiligkeit: Die Interpretation eines Lebens im Gnadenstand

Jahr für Jahr behandelt die Kongregation für Heiligsprechungsprozesse eine Reihe von älteren Verfahren – u. a. geht es dabei um Diener Gottes, die schon so lange tot sind, daß es keine lebenden Zeugen mehr für ihre heroischen Taten gibt. Einige dieser Fälle sind dermaßen alt – wie etwa der der 1504 verstorbenen Königin Isabella I. von Spanien –, daß nur schwer ersichtlich ist, welch seelsorgerischem Zweck ihre Heiligsprechung dienen könnte. Andere, wie der Franziskanerpater Junípero Serra (1713–1784), der in Kalifornien mehrere Missionsniederlassungen gründete, erfreuen sich nach wie vor derart weitverbreiteter Verehrung und historischen Interesses, daß ihre Seligsprechung beinahe überflüssig erscheint.

Aus der Sicht der Heiligmacher sind solche älteren Verfahren mit gewissen Nachteilen behaftet. Ist der Kandidat keine weithin bekannte Persönlichkeit, so gerät das Kanonisierungsverfahren leicht in den Ruf einer sinnlosen hagiographischen Übung. Ist der Kandidat hingegen von gewichtiger historischer Bedeutung, dann müssen beim Verfahren auch außerkirchliche Meinungen – sowohl der Allgemeinheit als auch der Fachwelt – berücksichtigt werden, die dem Ruf der Heiligkeit gemeinhin mit Skepsis begegnen. Deshalb mußte die Kirche in Isabellas Fall, der in Rom noch gar nicht behandelt wurde, eine Erklärung dafür liefern, wieso eine Monarchin, die nicht nur für die Wiederbelebung der spanischen Inquisition, sondern auch für die Vertreibung der Juden aus Spanien verantwortlich zeichnete, die Aufnahme in den Kanon der Heiligen verdient. Auch im zweiten Fall, dem Pater Serras, stieß der Vatikan auf einigen Widerstand. Kaum hatte er 1985 die bevorstehende Seligsprechung angekündigt, wurde der spanische Missionar von indianischen Menschenrechtlern, unterstützt durch eine Handvoll Historiker, der Mißhandlung amerikanischer Ureinwohner bezichtigt. Ihre Kritik vermochte zwar am Urteil der Kongregation nichts zu ändern, doch die Aussicht auf unschöne Protestkundgebungen zwang Papst Johannes Paul II. zur Aufgabe seines Plans, Serra auf seiner Kalifornienreise im Mai 1987 *extra urbem* seligzusprechen. Statt dessen wurde die Zeremonie am 25. September 1988 auf dem ungefährlichen Petersplatz abgehalten.

Auf der anderen Seite aber bieten die älteren Verfahren den Heiligmachern nicht selten eine gute Gelegenheit, den einzigartigen Anspruch eines Kandidaten auf Heiligkeit klarer herauszuarbeiten. Die Causa muß sich – eben weil es keine lebenden Zeugen mehr für die heroischen Tugenden des Kandidaten gibt – einzig und allein auf die dokumentierte Lebensgeschichte stützen (*Summarium documentorum* = Dokumentenbeweis). Der Verfasser der *positio* muß sich also ausschließlich auf den Kandidaten selbst verlassen, wenn er den Beweis sowohl für dessen heroische Tugendhaftigkeit als auch für die Art ihrer Manifestation unter den gegebenen historischen Umständen führen will. Es liegt also, kurz gesagt, in der Natur der historischen Fälle, daß die *positio* das Leben des Kandidaten im Gnadenstand offenbaren soll – indem sie für eine überzeugende theologische wie historische Interpretation seines Lebens sorgt.

Von allen älteren Fällen, die der Kongregation seit der Reform im Jahre 1983 unterbreitet wurden, ist keiner so fesselnd wie der von Mutter Cornelia Connelly, Gründerin der Society of the Holy Child Jesus. Er ist zweifellos einer der heikelsten und kompliziertesten, mit denen die Mitglieder der Kongregation je konfrontiert wurden. Bevor sie 1879 starb, hatte Cornelia Connelly immer wieder Anlaß zu erheblichen Meinungsverschiedenheiten, ja mitunter sogar zu Verlegenheit innerhalb der Kirche gegeben. Sie war Ehefrau, Mutter und Nonne. Pierce, ihr Mann, war ein Priester, der als Renegat starb. Die Beharrlichkeit, mit der er sich zum Priesteramt berufen fühlte, zeitigte verheerende Folgen für drei ihrer Kinder, und seine Frau sah sich dem vor den Gerichten des protestantischen England ausgetragenen skandalösen Verfahren Connelly gegen Connelly ausgesetzt, in dem er – Jahre nachdem die Kirche der Auflösung der Ehe zugestimmt und seine Frau das Gelübde ewiger Keuschheit abgelegt hatte – um die Wiederherstellung seiner ehelichen Rechte prozessierte. Fast 70 Jahre nach ihrem Tod war es um Cornelias Ruf noch immer derart übel bestellt, daß sich manche englische Bischöfe und Priester strikt gegen alle Bemühungen der Society, einen Prozeß mit dem Ziel ihrer Heiligsprechung in Gang zu bringen, wehrten. Es dauerte weitere 30 Jahre, bevor eine historische Dokumentation erstellt und begutachtet und eine 1637 Seiten umfassende dreibändige Lebensgeschichte entstanden war. Die Bedenken mancher Heiligmacher waren damit immer noch nicht ausgeräumt: Sie befürchteten ernsthaft, die Lebensgeschichte dieser außergewöhnlichen Frau könne, war sie durch die Heiligsprechung erst einmal publik geworden, sogar die Katholiken des ausgehenden zwanzigsten Jahrhunderts schockieren. Immerhin hat die Kirche noch nie eine Nonne heiliggesprochen, die mit einem Priester verheiratet war.

Ich wurde erstmals im Herbst 1986 auf Cornelia Connelly aufmerksam. Gumpel und Molinari, die mit ihrem Fall befaßt waren, schlugen vor, ich solle mich mit Schwester Elizabeth Mary Strub in Verbindung setzen, einer Amerikanerin und ehemaligen Generaloberin der Society of the Holy Child Jesus. Sie war mit der Abfassung der *informatio*, einem Teil der *positio*, beauftragt worden, die den Beweis für die heroischen Tugenden der Ordensgründerin führen sollte. Strub ist, wie sich herausstellte, eine Vorreiterin auf diesem Gebiet: Sie ist die erste Frau, die ein Dokument zur Beurteilung durch die Kongregation erstellte.*

»Machen wir uns nichts vor«, sagte Elizabeth eines Tages, als wir gemeinsam zu Mittag aßen. »Cornelias Lebensgeschichte liest sich wie ein viktorianischer Kitschroman. Allein die Tatsache, daß sie trotz allem durchhielt, ist meiner Ansicht nach schon heroisch.« Der Wein wurde serviert, dann die Nudeln, Salat und Obst. Nachdem wir unseren Espresso getrunken hatten, war eine geschlagene Stunde vergangen, und Elizabeth steckte noch immer mittendrin in ihrem Bericht über Cornelias langes und unstetes Leben. Es sei besser, erklärte sie mir, wenn ich die Geschichte nicht aus zweiter Hand höre, sondern selber die *positio* läse. »Ich glaube, Sie werden zu der Einsicht gelangen, daß Cornelia alle Frauen anspricht, die jemals unter zerrütteten Beziehungen wie Scheidung, Entfremdung von den Kindern und so weiter gelitten

---

* Der Rest der *positio* wurde ebenfalls von einer Frau erstellt, und zwar von der inzwischen verstorbenen Schwester Ursula Blake, die sich ursprünglich dieses Falls angenommen hatte und deren Werk Strub zum Abschluß brachte.

haben. In diesem Sinn ist sie wirklich eine sehr moderne Frau, eine Heilige für unsere Zeit.«

Wer die *positio* über Cornelia Connelly liest, erkennt sofort, daß diese Frau alles andere als eine der üblichen Kandidatinnen für den Heiligenstand ist. Ihr Leben stellt sich, von ihrem Glauben einmal abgesehen, so unerbittlich episodisch dar, daß selbst der geschickteste Biograph nur mit Mühe einen durchgehenden roten Faden finden kann.

Die guten und die schlechten Zeiten der Cornelia Connelly

Cornelia Peacock wurde 1809 in Philadelphia geboren und wuchs im presbyterianischen Glauben auf. Nach dem Tode beider Eltern zog sie im Alter von 14 Jahren zu ihrer Halbschwester Isabella. 1831 wurde sie durch die Taufe in die Episkopalkirche aufgenommen und heiratete, trotz der Einwände Isabellas, den Geistlichen Pierce Connelly, einen Pfarrer der Episkopalkirche. Cornelia hatte, ähnlich wie Katharine Drexel, eine gute Ausbildung durch Hauslehrerinnen genossen. Sie war zierlich, ausgeglichen und, den Fotografien nach zu urteilen, sehr schön. Pierce war fünf Jahre älter als sie und Absolvent der University of Pennsylvania, wo er kurze Zeit Jura studierte, bevor er sich dem geistlichen Beruf zuwandte.

Die Connellys zogen kurz nach ihrer Hochzeit nach Natchez, Mississippi, wo Pierce Pfarrer an der Holy Trinity Church wurde, deren Gemeinde aus eingesessenen Pflanzern und Kaufleuten bestand. Den Berichten zufolge waren die beiden ein sehr glückliches und zärtliches Paar, das von den Gemeindemitgliedern mit offenen Armen aufgenommen wurde. Pierce' Gehalt wurde schon bald erhöht, und sein Geld legte er auf Rat von Gemeindemitgliedern gewinnbringend in Grundbesitz an. Cornelia gebar innerhalb von vier Jahren zwei Kinder, Mercer und Adeline. 1835 wurde Pierce zum Vorsitzenden der Episcopal Convention of the Southwest ernannt, eine Position, die künftige Bischofswürden verhieß.

Im gleichen Jahr jedoch versanken die Vereinigten Staaten in einer Woge antikatholischer Hysterie – die Reaktion auf eine katholische Einwanderungswelle aus Europa. Die wüsten Anschuldigungen gegen Katholiken veranlaßten Pierce, sich intensiv dem Studium römisch-katholischer Glaubensgrundsätze und ihrer

Umsetzung im Alltagsleben zu widmen. Cornelia nahm daran teil, und gegen Ende des Jahres war Pierce in seinem bisherigen Glauben derart unsicher geworden, daß er seiner Gemeinde den Rücken kehrte und nach St. Louis reiste, um Bischof Joseph Rosati wegen einer möglichen Konversion zu konsultieren. Damit gefährdete er seine vielversprechende Karriere und gleichzeitig die finanziell gesicherte Zukunft seiner Familie. Aber seine Frau unterstützte ihn voll und ganz: »Ich habe volles Vertrauen in die Frömmigkeit, Rechtschaffenheit und Gelehrsamkeit meines lieben Mannes«, schrieb sie ihrer Halbschwester. »Ich bin willens, mich in alles zu fügen, was er für den ihm bestimmten Weg der Pflicht hält.«

Wie sich herausstellen sollte, sah Pierce, wiewohl Ehemann und Vater, seine Berufung in der Weihe zum römisch-katholischen Priester. Die katholische Kirche, erfuhr er, ordiniere bisweilen verheiratete Männer, aber solche Ausnahmen seien selten und bedürften eingehender Prüfung durch den Vatikan. Nach dem Gespräch mit Rosati reiste Pierce nach Rom, um die Kirche, bevor er sich endgültig entschied, aus nächster Nähe kennenzulernen – und um den zuständigen vatikanischen Behörden sein Ordinationsgesuch vorzulegen. Cornelia, die mit den Kindern noch in New Orleans auf eine Schiffspassage nach Italien wartete, beschloß unterdessen, ihre Entscheidung nicht von der ihres Mannes abhängig zu machen. Sie bat um Unterweisung im Glauben und wurde in die römisch-katholische Kirche aufgenommen.

In Rom bewarb Pierce sich beim Heiligen Offizium des Vatikans um Aufnahme in die Kirche sowie um seine Ordination zum Priester. Sein Bittgesuch war dermaßen überwältigend, daß Papst Gregor XVI. (1831–1846) Pierce zur Privataudienz empfing und zu Tränen gerührt war. Zwei Monate nach seiner Ankunft wurde Pierce in die römisch-katholische Kirche aufgenommen. Die Frage seiner Ordination war allerdings nicht so einfach zu lösen. Da die römisch-katholische Kirche ihren Priestern den Zölibat auferlegt, schlugen Beamte des Vatikans vor, Pierce möge sich der griechisch-orthodoxen Kirche zuwenden, die auch verheiratete Männer zu Priestern weiht. Pierce verwarf diesen Vorschlag: In den Vereinigten Staaten gab es keine Gemeinden der Ostkirche, in denen er sein Amt hätte ausüben können, und da die Ostkirche nur Zölibatäre zu Bischöfen weiht, sah er auch in dieser Hinsicht seine Karriereaussichten erheblich eingeschränkt.

Pierce Connelly war ein charismatischer junger Mann, der auf die führenden Kirchenmänner und den römischen Adel großen Eindruck machte; Cornelia ihrerseits fiel durch ihre rasche Auffassungsgabe, ihren Charme und ihr klassisches Profil auf, das an eine griechische Statue erinnerte. Beide Connellys wurden von der internationalen High-Society Roms mit offenen Armen aufgenommen. Einer ihrer bedeutendsten Freunde wurde der englische Katholik John Talbot, Graf von Shrewsbury, der Pierce für fünf Monate mit nach England nahm und ihn dort mit einflußreichen britischen Katholiken bekannt machte. Cornelia widmete sich währenddessen den Kindern, mit denen sie Lord Shrewsburys römischen Palazzo bewohnte. Außerdem studierte sie Sprachen, Musik und Malerei – sie hatte sowohl eine gute Stimme als auch ein gutes Auge – und tat, gemeinsam mit Talbots heiligmäßiger Tochter Gwendalin, die in die adelige Borghese-Familie eingeheiratet hatte, gute Werke an den Armen.

Im Grunde ihres Herzens jedoch war Cornelia zutiefst verstört. Sie war protestantischer Herkunft, und die Protestanten ordinierten nicht nur verheiratete Männer, sie gaben ihnen sogar den Vorzug. Ganz allmählich dämmerte ihr, daß sie Pierce aufgeben mußte, wenn er katholischer Priester wurde. Sie wandte sich mit ihren Zweifeln an Pater John McClosky, einen jungen Priester, der in Rom studierte und später Erzbischof von New York werden sollte. »Muß Pierce dieses Opfer unbedingt bringen, muß er mich wirklich opfern?« wollte sie wissen. »Ich liebe meinen Mann und meine herzallerliebsten Kinder. Warum muß ich sie aufgeben? Ich liebe meine Religion, warum können wir nicht zusammen glücklich sein – so wie die Familie des Grafen von Shrewsbury? Warum nicht?«

Pierce kehrte nach Rom zurück, und Cornelia wurde zum drittenmal schwanger. Ihr Mann wurde zwei weitere Male vom Papst zur Audienz empfangen, einmal gemeinsam mit Cornelia. Danach begab sich die Familie nach Wien, wo der unwiderstehliche Pierce eine 20minütige Audienz bei Fürst Metternich, dem führenden Diplomaten Europas, hatte sowie bei Erzherzog Maximilian vorstellig wurde, der ihn wie einen Freund behandelte. In Wien gebar Cornelia ihren zweiten Sohn, John Henry. Im Juli kam es in den Vereinigten Staaten zu einer Finanzkrise, und Pierce mußte nach Natchez zurückkehren, um dort Arbeit zu finden. Cornelia und er beschlossen, einer Einladung der Jesuiten zu folgen und als Lehrer im kirchlichen Dienst zu arbeiten. Pierce nahm, im Austausch für ein kleines Haus und die kostenlose Schulbildung ihres ältesten

Sohnes Mercer, eine Stellung als Englischlehrer an einem von Jesuiten geleiteten College im ländlichen Grand Coteau in Louisiana an. Cornelia besserte das Einkommen der Familie durch Musikunterricht am Mädcheninternat der Religious of the Sacred Heart auf. Sie war nun 29 Jahre alt und Mutter von drei kleinen Kindern. Zum erstenmal seit ihrer Heirat waren die Connellys arm, aber, allen Berichten nach, glücklich und zufrieden.

Es folgte eine Reihe von Ereignissen, die das Leben Cornelias und ihres Mannes von Grund auf verändern sollten. Ihr viertes Kind, Mary Magdalen, starb im Sommer 1839 sechs Wochen nach der Geburt. Kurz vor Weihnachten nahm Cornelia an einer viertägigen Einkehr der Sacred Heart Sisters teil, während der sie durch den jesuitischen Exerzitienmeister mit den *Geistlichen Übungen* des heiligen Ignatius von Loyola vertraut gemacht wurde. Später behauptete sie, sie habe in diesen Tagen eine grundlegende innere Wandlung erfahren. Im Februar stieß ein verspielter Neufundländer den zweieinhalbjährigen John Henry in eine Siedepfanne mit heißem Zuckersirup. Da weit und breit kein Arzt verfügbar war, hielt Cornelia das verbrühte Kind zwei Tage lang in ihren Armen, bis es vom Tod erlöst wurde. Acht Monate später nahm Pierce selbst an Exerzitien teil; danach eröffnete er Cornelia, er habe nun die Gewißheit, daß er von Gott zum Priesteramt in der römisch-katholischen Kirche berufen sei. Er bat sie um ihren Beistand.

Cornelia hatte diese Erklärung erwartet – und befürchtet. Mittlerweile war sie sich darüber im klaren, welche Folgen ihre Fügung in Pierce' Wünsche nach sich zog: die endgültige Trennung und damit die Auflösung der Familie. Für sie selbst hieß das, daß sie ewige Keuschheit geloben mußte und nie wieder heiraten durfte. Unter diesen Umständen war Cornelias Reaktion, deren Echtheit verbürgt ist, ein wahrhaft heroisches Beispiel der Selbstlosigkeit und Zurückhaltung. Sie hielt Pierce die Tragweite seiner Entscheidung vor Augen, vor die er sie beide stellte, und beschwor ihn, sich seinen Entschluß noch einmal gründlich zu überlegen. Sollte er dann immer noch den Eindruck haben, es sei Gottes Wille, dann – und nur dann – würde sie ihre Einwilligung geben. »So groß das Opfer auch sein mag: Wenn Gott es von mir verlangt, dann bin ich willens, es ihm aus ganzem Herzen zu bringen.«

Um seine Entschlossenheit auf die Probe zu stellen, einigte sie sich mit Pierce auf eine Phase sexueller Abstinenz. Sie war ohnehin wieder schwanger mit ihrem fünften Kind, Pierce Francis, der im Frühjahr 1841 geboren wurde. Kurz vor und nach seiner Geburt nahm Cornelia an zwei je achttägigen Exerzitien teil und dachte in dieser Zeit zum erstenmal selbst ernsthaft daran, den Schleier zu nehmen, falls Pierce seinen Plan, katholischer Priester zu werden, in die Tat umsetzte.

Im darauffolgenden Jahr löste Pierce – gegen den Rat des Bischofs Anthony Blanc von New Orleans, eines Freunds der Connellys – den gemeinsamen Haushalt auf. Er verkaufte das Haus und begab sich, nach einem Zwischenstopp in Baltimore, wo er in seiner Rolle als ziemlich prominenter Konvertit in mehreren Kirchen auftrat und Ansprachen hielt, nach England. Dort brachte er den neunjährigen Mercer in einem Internat unter und bewarb sich – ohne Erfolg – um Aufnahme bei den Jesuiten. Cornelia zog mit den beiden jüngeren Kindern in eine Zweizimmerkate auf dem Klostergelände in Grand Coteau und hielt sich in den folgenden 14 Monaten an ein Gebets- und Arbeitsprogramm, das dem klösterlichen Leben der Nonnen angepaßt war. Pierce wurde in der Zwischenzeit Reisebegleiter und Privatlehrer von Robert Berkeley, dem Sproß einer wohlhabenden britischen Familie katholischen Glaubens. Diese Stellung führte ihn 1843 nach Rom, wo er sein Anliegen, die Priesterweihe zu empfangen, mit Nachdruck vorbrachte. Papst Gregor betrachtete Pierce inzwischen als alten Freund, und als ihm klar wurde, daß der amerikanische Konvertit mittlerweile schon sieben Jahre lang Katholik war, trug er ihm auf, seine Frau und seine Kinder nach Rom zu holen, damit man die Angelegenheit mit Cornelia kirchlicherseits besprechen könne.

Pierce schiffte sich in London nach Philadelphia ein, um Cornelia und die Kinder zu holen. Sie kehrten nach England zurück, wo sie als Gäste von Lord Shrewsbury die Bekanntschaft von Mitgliedern der Oxford-Bewegung machten. Mit dem jungen Berkeley verbrachten sie einen Monat in Paris und ließen sich schließlich in einer großen Wohnung unweit des Palazzo Borghese in Rom nieder. Es war Karneval, und die Connellys führten wieder ein reges gesellschaftliches Leben. Niemand ahnte etwas von ihrer Absicht, sich zu trennen; Pierce ging auf jeden Fall davon aus, daß es noch etliche Jahre dauern werde, bis er die Erlaubnis erhielt, sich auf die Priesterweihe vorzubereiten.

Doch der Papst hatte es nun, da Cornelia persönlich der Ordination ihres Mannes zugestimmt hatte, eilig. Die Erlaubnis wurde erteilt, und schon drei Monate später unterschrieben Pierce und

Cornelia eine Trennungserklärung. Cornelia zog mit Francis und seiner Kinderfrau in ein für Exerzitien bestimmtes Haus im Trinità dei Monti, einem Kloster der Sacred Heart Sisters am oberen Ende der Spanischen Treppe. Solange ihr kleiner Sohn sie brauchte, durfte sie noch nicht wie eine offizielle Kandidatin für die Aufnahme in den Orden, sondern nur wie eine Laienschwester leben. Adeline wurde in die Klosterschule aufgenommen, an der ihre Mutter Englisch und Musik unterrichtete. Pierce nahm seine theologischen Studien auf, empfing die Tonsur und legte das Gewand eines römisch-katholischen Priesters an. Am 1. Mai 1844 empfing er die niederen Weihen. Papst Gregor bekundete seine Zufriedenheit über diesen »guten Fischzug« für die Kirche, indem er ihm einen sehr großen, frisch aus dem Tiber gezogenen Fisch schicken ließ.

Cornelia lebte zwar innerhalb der Klostermauern des Trinità, aber der Vatikan hatte es so eingerichtet, daß Pierce Frau und Kinder einmal pro Woche besuchen konnte. Er hoffte – und Cornelia bestärkte ihn darin – Jesuit zu werden. Aber diese Hoffnung verflüchtigte sich, als er vom General der Gesellschaft beschuldigt wurde, sie zu oft zu besuchen. Später behauptete Pierce, er sei bei seinen Besuchen bisweilen zu vertraut mit seiner Frau geworden. Der Tag, da er die höheren Weihen empfangen sollte, rückte näher, und Cornelia führte ein letztes Gespräch mit ihm. Sie beschwor ihn, sich das Opfer, das er sich selbst, ihr und den Kindern abverlangte, noch einmal gründlich zu überlegen. Sie bot ihm sogar an, dem mittlerweile bei ihr selbst stetig gewachsenen Verlangen nach einem klösterlichen Leben zu entsagen und statt dessen wieder gemeinsam ein normales Familienleben zu führen. Pierce jedoch ließ sich von seinem Entschluß nicht abbringen. Den Forderungen des kanonischen Rechts entsprechend, legte Cornelia das Gelübde ewiger Keuschheit ab und gab damit ihren Mann für die Priesterweihe frei. Pierce wurde im Juni ordiniert und zelebrierte seine erste Messe: Er selbst reichte seiner Tochter die erste heilige Kommunion, während Cornelia im Chor mitsang.

Nun waren die Connellys sowohl in den Augen der Kirche als auch nach ihrem eigenen Verständnis zwar immer noch verheiratet, doch Cornelia hatte ihren Mann an die Kirche abgetreten. Ihre Einstellung dazu macht sie in einem Brief, den sie kurz darauf an Pierce' Bruder John schrieb, deutlich: »Er (Pierce) geht voll und ganz in den Pflichten seines Priesteramtes auf, er unterrichtet, predigt, hört die Beichte etc., etc. Daraus könnt Ihr ersehen, daß ich ihn nicht umsonst an Gott abgetreten habe. Seid gewiß, daß dieser Gedanke mir ein großer Trost ist und daß wir im gleichen Maße, in dem wir unser natürliches Glück zu opfern bereit sind, einer größeren Liebe Gottes teilhaftig werden dürfen... und mehr noch in der Ewigkeit...«

Cornelia war jetzt 36 Jahre alt und mußte sich über ihre Zukunft Gedanken machen. In die eheliche Trennung hatte sie in dem Glauben eingewilligt, ihre Kinder selbst beaufsichtigen zu können, »ganz so, als ob (sie) der Welt (nie) den Rücken gekehrt hätte«. Nun empfand sie manche Aspekte des klösterlichen Lebens im Trinità als Zwang, vor allem jene Vorschriften, die den Umgang mit ihren Kindern einschränkten. Die zehnjährige Adeline war noch nicht alt genug, um aufs Internat zu gehen, und Francis war erst fünf. Die Schwestern bedrängten Cornelia, ihrer Ordensgemeinschaft beizutreten, und sie war erleichtert, als ihr der Kardinalvikar von Rom versicherte, ihre vorrangige Pflicht liege in der Sorge für ihre Kinder. Was er ihr außerdem sagte, war ihr bis dahin noch gar nicht klar gewesen: Selbst wenn sie den Wunsch hegte, einer Ordensgemeinschaft beizutreten, so war sie doch in keiner Weise dazu verpflichtet.

Mit Hilfe von Pater Giovanni Grassi, einem in Rom seßhaften italienischen Jesuiten, der jahrelang in den Vereinigten Staaten gelebt hatte, fand Cornelia eine Lösung: Sie wollte eine neue, nichtklösterliche Gemeinschaft für Frauen gründen, was ihr die Möglichkeit verschaffen würde, ihre Kinder selbst in Obhut zu nehmen. Grassi riet ihr dringend, das in den Vereinigten Staaten zu tun, aber die Kunde von ihrem Vorhaben war bis nach England gedrungen, wo Lord Shrewsbury und Bischof Nicholas Wiseman rasch zu dem Schluß kamen, Cornelia sei genau die Richtige, um die Ausbildung katholischer Mädchen und armer Leute in die Hand zu nehmen. Und da die Einladung nach England dem Wunsch Papst Gregors zu entsprechen schien, fügte sich Cornelia. Mit Hilfe von Pierce, der selbst als Lord Shrewsburys künftiger Kaplan auf dem Weg nach England war, entwarf sie Regeln für die neue Ordenskongregation. Einen Namen hatte sie sich auch schon ausgedacht: Society of the Holy Child Jesus.

In der *positio* wird erläutert, daß England um die Mitte des vorigen Jahrhunderts für Katholiken ein heißes Pflaster war. Es war die Zeit der Oxford-Bewegung: John Henry Newman (später Kardinal) hatte soeben seine geistliche Reise von Canterbury nach Rom unternommen, und die katholische Hierarchie stand kurz vor dem Wiederaufbau. Nach 150 Jahren der Unterdrückung war es englischen Katholiken erstmals wieder gestattet, zur Wahl zu gehen und für das Parlament zu kandidieren. Die Kehrseite der Medaille waren die Armut der englischen Kirche, die schlechte Ausbildung ihrer Geistlichen und ein enormer seelsorgerischer Notstand. Fünf Millionen Katholiken, die meisten bettelarm und ungebildet, waren aus Irland eingewandert und wandten sich hilfesuchend an die Kirche. Niemand wußte – am allerwenigsten die protestantische Mehrheit –, wie sich die politische Emanzipation auf die Institutionen des Landes auswirken würde. Dazu kam, geschürt durch den Wiederaufbau der katholischen Hierarchie, das erneute Aufflammen alter antikatholischer Ressentiments. »Papistische Praktiken« gerieten erneut ins Blickfeld einer skeptischen Öffentlichkeit: die Geheimniskrämerei bei der Beichte, die undurchsichtigen Vorgänge in den Klöstern und vor allem die politischen Machenschaften Roms. William Taylor, der Verfasser von *Popery: Its Character and Its Crimes*, formulierte die grundsätzlichen Bedenken englischer Protestanten. »Solange die römischen Priester vom Protestantismus im Auge behalten werden, wollen wir nicht wissen, wer sie sind«, erklärte er 1847, ein Jahr nach der Ankunft der Connellys – als Priester und Nonne – in England. »Aber was wird (aus ihnen), wenn sich das System unkontrolliert entwickelt?«

Bischof Wiseman, der die englischen Protestanten nicht schokkieren wollte, weigerte sich, Pierce weiterhin Besuche bei Cornelia – wie in Rom – zu gestatten. Der Kontakt zwischen den beiden Eheleuten hatte sich von nun an auf ihren Briefwechsel zu beschränken. Außerdem bestand er – weitgehend aus demselben Grund – darauf, daß Cornelia ihre beiden Jüngsten trotz ihrer Bedenken in ein Internat gab, solange sie selbst noch Novizin war. Mercer befand sich ohnehin schon im Internat, und auf alle Fälle war Cornelia mit Arbeit vollauf ausgelastet. Wiseman hatte ein großes Kloster in St. Mary's Church in der Industriestadt Derby für sie ausfindig gemacht und ihr aufgetragen, dort ein umfangreiches, auf Frauen zugeschnittenes Bildungsprogramm auf die Beine zu stellen. Ehe sie sich's versah, leitete Cornelia eine Tagesschule für 200 Mädchen, eine Abendschule für Fabrikarbeiterinnen und eine überfüllte Sonntagsschule – und bildete gleichzeitig noch Novizinnen für die Society of the Holy Child Jesus aus.

Nach einem Jahr der Trennung taucht Pierce unangekündigt im Kloster auf, um seine Frau zu sehen. Cornelia, die sich ebenfalls nach ihm sehnt, weist ihn dennoch zornig wegen seines Verstoßes gegen Bischof Wisemans Anordnung zurecht und untersagt ihm jeden weiteren Besuch. Darauf schreibt Pierce ihr einen vorwurfsvollen Brief, und Cornelia bringt in ihrem Antwortschreiben die körperliche Anziehungskraft, die er nach wie vor auf sie ausübe und der äußerst schwer zu widerstehen sei, zur Sprache. (»Du hast keine Ahnung von der ungeheuerlichen Versuchung, die mich überkommt, wenn ich an das kleine Bethlehem-Zimmer [ihr gemeinsames Schlafzimmer in Natchez] denken muß, noch hast Du die Kämpfe eines Frauenherzens ausgefochten«, schreibt sie. »Nein, das hast Du bestimmt nicht.«) Im Dezember 1847 nahm sie den Schleier und wurde offiziell zur Oberin ihres Ordens bestellt. Pierce war bei der Zeremonie nicht zugegen. Die zunehmende kirchliche Machtbefugnis, die Wiseman über Cornelia ausübte, hatte seine Eifersucht geweckt. Er beschloß, etwas zu unternehmen, um wieder Zugang zu Cornelia zu bekommen.

Im Januar 1848 nahm Pierce ohne Wissen Cornelias die Kinder von der Schule. Den sechsjährigen Francis brachte er an einem geheimgehaltenen Ort unter. Mit Mercer und Adeline reiste Pierce aufs Festland in der Hoffnung, Cornelia würde ihnen folgen. Cornelia jedoch gelobte – auf Anraten ihres Seelenführers, des italienischen Jesuitenpaters Samuele Asperti –, daß sie sich durch die Verbindung zu ihrem Mann und ihren Kindern nicht von Gottes Ansprüchen an sie, wie sie es mittlerweile sah, ablenken lassen wolle. Anders gesagt: Sie beabsichtigte, den zölibatären Stand, in den die Kirche sie versetzt hatte, beizubehalten sowie den erst kürzlich geleisteten Gelübden und den ihr auferlegten Verpflichtungen in ihrer Eigenschaft als Oberin einer jungen Ordensgemeinschaft der Kirche treu zu bleiben. Nun war Pierce wieder am Zug. Er reiste nach Rom, gab sich dort als Gründer der Society of the Holy Child Jesus aus und legte der Kongregation für Glaubensverbreitung (die zur damaligen Zeit die Jurisdiktion über die kirchlichen Einrichtungen in Großbritannien ausübte) seine eigene Version der Ordens- und Lebensregeln vor. Sein Hintergedanke dabei war, daß er, wurden die Ordensregeln und er selbst als Stifter bestätigt, genügend Vollmachten haben würde, um Wiseman auszubooten und Cornelia wieder seiner Zuständigkeit zu unterstellen. Cornelia und Asperti, die davon hörten, wandten sich schriftlich an die Kongregation und vereitelten damit den unmittelbaren Erfolg seines Komplotts. Trotzdem gingen die Beamten der Kongregation von nun an davon aus, daß Pierce Mitbegründer des Ordens sei, weshalb seine Version der Ordensregeln aufbewahrt wurde – ein Fehler, der noch große Verwirrung stiften sollte. Nach seiner Rückkehr wollte Pierce Cornelia einen Besuch abstatten. Er hatte eigens ein Geschenk von Pius IX. (1846–1878), dem neuen Papst, dabei. Cornelia jedoch weigerte sich, ihn zu empfangen, bevor er Adeline nicht wieder in ihre Obhut gab. In den sechs Stunden, in denen Pierce mit Asperti herumstritt, wich sie keine Minute von ihrem Betpult.

Pierce blieb nicht das einzige Problem in Cornelias Leben. Sie sah sich außerdem einer ganzen Reihe finanzieller und rechtlicher Schwierigkeiten gegenüber, die ihr für den Rest ihres Lebens zu schaffen machen sollten. Ihre Schulen florierten zwar, aber die Fabrikarbeiterinnen konnten ihre Ausbildung nicht bezahlen, und die Kirche selbst war zu arm, um mehr als eine gelegentliche Unterstützung zu gewähren. Bischof Wiseman, der anfangs geschrieben hatte, er werde »das gesamte Kloster mit allen Verbindlichkeiten« auf seine Kappe nehmen, konnte sein Versprechen nicht in vollem Umfang halten. Cornelia wuchsen die Kosten schließlich über den Kopf, und der Missionspriester in Derby drohte, sie hinauszuwerfen. Bischof Wiseman, der sein neues Amt als Apostolischer Vikar für den Großraum London angetreten hatte, drängte Cornelia, mit ihren Ordensschwestern auf einen Grundbesitz in St. Leonard's-by-the-Sea an der Küste von Sussex, das zu seinem Amtsbezirk gehörte, umzusiedeln. Sie willigte ein.

Pierce schäumte vor Wut, als es ihm zu Ohren kam. Er verließ Lord Shrewsburys Haushalt und zog zu Henry Drummond, einem fanatischen Antikatholiken und Parlamentsabgeordneten. Pierce war von unbändigem Haß auf Asperti und Wiseman erfüllt und felsenfest davon überzeugt, daß Wiseman seine ehemalige Frau nur deswegen nach Sussex versetzte, um sie besser unter Kontrolle zu haben. Unter Mißachtung des kanonischen Rechts und seiner eigenen priesterlichen Gelöbnisse setzte er ein Zivilgerichtsverfahren zur Wiederherstellung seiner ehelichen Rechte in Gang.

Connelly gegen Connelly drohte ein großer Skandal zu werden, der die gesamte katholische Kirche Englands in Verlegenheit brachte. Cornelia könne ihn abwenden, meinte Pierce, aber nur, wenn sie zurückkehre und mit ihm zusammenlebe. Sie weigerte sich. Shrewsbury schlug ihr einen Kompromiß vor: England – oder doch wenigstens Wisemans Amtsbezirk – zu verlassen und damit einen Skandal zu vermeiden. Wiederum weigerte sie sich, fest davon überzeugt, daß sie damit nicht nur ihre Gelübde breche, sondern auch ihr gerade im Aufwind begriffenes Institut verrate, dem mittlerweile ungefähr 20 Mitglieder angehörten. Wiseman bestärkte sie in ihrer Entscheidung und sorgte für die notwendigen Rechtsanwälte zu ihrer Verteidigung.

Im Februar 1848 präsentierte Pierce' Anwalt dem Richter die auf Ehebruch lautende Klage seines Mandanten gegen Cornelia. Das Gericht war protestantisch. In der von Pierce unterzeichneten Erklärung wurden sein Übertritt zur katholischen Kirche, die Auflösung der Ehe und seine Ordination als katholischer Priester mit keinem Wort erwähnt. Sie machte die ursprüngliche, episkopalische Heirat und die Geburt von fünf Kindern geltend, behauptete, Cornelia habe »sich von Bett, Tisch und der gemeinsamen Wohnstätte entfernt«, und ersuchte das Gericht, sie möge »kraft Gesetz gezwungen werden, zurückzukehren und ihm die ehelichen Rechte zu gewähren«. Cornelias Anwälte ergänzten in ihrer Gegendarstellung die fehlenden Punkte. Der Richter ließ sich ein Jahr lang Zeit und wies dann die Gegendarstellung ab – mit der Begründung, römisches Recht sei in England nicht bindend. Das stellte Cornelia vor die Alternative, entweder gezwungenermaßen zu ihrem einstigen Ehemann zurückzukehren oder mit Gefängnis bestraft zu werden. Um ihr diese Wahl zu ersparen, legten ihre Rechtsanwälte umgehend Berufung beim Geheimen Kronrat ein. Connelly gegen Connelly wurde zum gefundenen Fressen für die britische Presse. Die öffentliche Meinung, die den Vorgängen hinter Klostermauern stets mit Mißtrauen begegnet war, nahm für Pierce Partei: Am Guy-Fawkes-Tag zum Beispiel marschierten die Leute mit Bildern von Wiseman und Cornelia durch die Straßen von Chelsea. Cornelia und der Bischof wurden von protestantischen Kanzeln herab öffentlich gebrandmarkt, und mancher englische Katholik – verständlicherweise peinlich berührt von dem Skandal, den die Connellys verursachten – forderte die beiden Yankees zur Rückkehr in die Vereinigten Staaten auf.

Cornelias ohnehin nicht einfaches Leben wurde schließlich noch durch Bischof Wiseman selbst erschwert. Er hatte schon lange mit der gutbestückten Bibliothek in St. Leonard's geliebäugelt, und als ihr Besitzer – ein Priester – starb, schickte er umgehend Bauarbeiter, die ihm eine »Seeresidenz« errichten sollten, in der er seine Freizeit zu verbringen gedachte. Cornelia schickte sie wieder fort; sie fand es nicht nur unschicklich, daß zwei derart in Verruf geratene Katholiken auf dem gleichen Grund und Boden wohnen sollten – es stellte sich außerdem die brenzlige Frage, wer das Recht hatte, über den Besitz zu verfügen. Cornelias Widerstand gegen Wiseman markiert den Beginn eines allmählichen Entfremdungsprozesses zwischen dem Bischof und der Mutter Oberin. Ihr persönlicher Zwist sollte sich zur existentiellen Gefährdung für Cornelias Ordensgemeinschaft auswachsen.

Ab September 1850 hatte sich die katholische Hierarchie in England wieder etabliert. Rom ernannte Wiseman zum Kardinal und Erzbischof von Westminster und damit zum katholischen Oberhaupt Englands. Das Erzbistum wurde aufgeteilt und ein neuer Bischof als Oberhirte für die Katholiken im Süden eingesetzt. Die Vermögenswerte der Erzdiözese teilte Wiseman jedoch nicht proportional angemessen auf, was zur erheblichen Verschlechterung von Cornelias finanzieller Lage führte und ihr 13 Jahre lang schwer zu schaffen machen sollte.

Im darauffolgenden Juni befaßte sich der Geheime Kronrat endlich mit dem Fall Connelly gegen Connelly und hob, wenngleich kein abschließendes Urteil verkündet wurde, das ursprüngliche, zu Gunsten Pierce' ausgefallene Urteil auf. Das Gericht erhielt Anweisung, Cornelias Gegenklage zuzulassen. Die Richter ließen durchblicken, Pierce habe gute Aussichten, sich durchzusetzen, ordneten jedoch an, er müsse die bis zum jetzigen Zeitpunkt entstandenen Kosten für beide Parteien tragen – als Vorbedingung für eine zweite Verhandlung vor Gericht. Cornelia, die der Kirche einen weiteren Skandal ersparen wollte, kam für Pierce' Gerichtskosten auf, da sie über seine Verhältnisse gingen. Aber im Endeffekt hatte sie den Prozeß gewonnen, da sie nicht mehr gezwungen werden konnte, zu ihrem Mann zurückzukehren.

Andererseits konnte sie aber das Fürsorgerecht für ihre Kinder nicht beanspruchen. Nach damaligem britischen Recht galten Frau und Kinder als Besitztum des Mannes. Die drei Kinder lebten also weiterhin bei Pierce auf dem Anwesen der Drummonds, bis Mercer, der Älteste, zu einem Onkel nach Amerika geschickt und Francis in einer Schule für Klerikerkinder untergebracht wurde. Cornelia sollte Mercer nie wiedersehen. Er starb im Alter von 20 Jahren in New Orleans am Gelbfieber. Pierce verdiente sich mehrere Jahre lang seinen Lebensunterhalt, indem er unflätige Traktate gegen den Papst, die Jesuiten, gegen die katholische Moral und Kardinal Wiseman verfaßte – mit dem Ergebnis, daß Cornelia immer wieder ins Blickfeld der Öffentlichkeit geriet und Vorsichtsmaßnahmen gegen eine mögliche Entführung durch ihren zürnenden Gatten treffen mußte. Als der Fall

1857 vom Geheimen Kronrat endgültig abgewiesen wurde, nahm Pierce Adeline und Francis mit sich aufs Festland. Adeline blieb bei ihrem Vater, der sie wie ein kleines Mädchen kleidete und zeit seines Lebens in Abhängigkeit von sich hielt. Die ihm verbleibenden 17 Jahre seines Lebens verbrachte er als Rektor der amerikanischen Episkopalgemeinde in Florenz. Nach seinem Tod im Jahre 1883 reiste Adeline zweimal zu ihrer Mutter zu einem längeren Besuch und fand schließlich zur römisch-katholischen Kirche zurück. Francis ließ sich in Rom nieder und wurde ein international berühmter Maler. Seiner Mutter blieb er treu ergeben, entwickelte aber einen dauerhaften Haß auf die katholische Kirche, die er – verständlicherweise – für die Zerstörung seines Elternhauses und die Entzweiung seiner Eltern verantwortlich machte.

Dieses Material stellt nicht einmal die Hälfte der in drei Bänden dokumentierten Lebensgeschichte Cornelia Connellys dar. Der Rest, der sich mit den letzten 25 Jahren befaßt, ist zu lang, um hier ähnlich detailliert referiert werden zu können. Ein kurzer Blick auf Cornelias Erfolge und Niederlagen als Ordensgründerin und Erzieherin ist dennoch unumgänglich, will man das ganze Spektrum ihres Lebens und die Schwierigkeiten verstehen, vor die ihre nicht enden wollenden Konflikte mit der kirchlichen Obrigkeit den Fall Connelly stellen.

Die Gründung einer neuen religiösen Einrichtung ist selten leicht, und in Cornelias Fall grenzte sie an ein Wunder. Den größten Teil ihrer Zeit als Oberin mußte sie einem verzwickten Rechtsstreit um den Grundbesitz in St. Leonard's widmen, der sie mit ihrem ohnehin schon angeschlagenen Ruf bei manchem englischen Bischof und Priester noch mehr ins Gerede brachte. Das Grundstück in St. Leonard's war von seinem Besitzer für die alleinige Nutzung durch die Schwestern bestimmt worden, womit eine Nutzung durch die Missionsgemeinde Allerseelen, die sich ebenfalls dort entwickelte, ausgeschlossen war. Ein einflußreicher Laie überredete die kleine Missionsgemeinde dazu, von den Schwestern die Fertigstellung der im Bau befindlichen Kirche und ihre Übergabe an die Gemeinde zur alleinigen Benutzung zu fordern. Grant, dem Cornelia als Bischof unmittelbar unterstellt war, und Kardinal Wiseman schlossen sich seiner Forderung an. Andererseits hatte Colonel Towneley, Katholik, Parlamentsabgeordneter, Friedensrichter und der rechtmäßige Erbe des Grundstücks, der von ihm ins Leben gerufenen Stiftung, für die die Schwestern arbeiteten, die Benutzung des Grunds einzig und allein zu erzieherischen Zwecken erlaubt – und das selbst dann, wenn Bischof oder Kardinal andere Forderungen stellen sollten. Cornelia saß zwischen zwei Stühlen: auf der einen Seite das kanonische Recht, dem zufolge sie dem zuständigen Bischof zu Gehorsam verpflichtet war, auf der anderen Seite das englische Zivilrecht, das ihr alles untersagte, was gegen die Statuten der Stiftung verstieß. In 13 Jahren schickte der Vorsteher der Missionsgemeinde mit Unterstützung des Kardinals sieben Appellationen nach Rom, begleitet von schneidenden und – wie sich später herausstellte – falschen Zeugnissen über Cornelias Charakter und Urteilsvermögen. Cornelia, die die Stiftung keinen Augenblick lang im Stich ließ, wurde als unbotmäßige, eigenwillige und habgierige Frau verleumdet – ein Ruf, der ihr bis über den Tod hinaus erhalten bleiben sollte.

In den fünfziger Jahren des letzten Jahrhunderts spitzte sich die Auseinandersetzung dermaßen zu, daß Kardinal Wiseman gemeinsam mit anderen eine Verschwörung anzettelte: Cornelia sollte unter einem Vorwand nach Rom beordert und von dort in die Vereinigten Staaten abgeschoben werden. Cornelia, die die List durchschaute, begab sich dennoch nach Rom und vertraute darauf, daß Gottes Wille auch in ihrem Fall geschehe. Zumindest teilweise war es jedoch einem römischen Kardinal, der Cornelia und ihre Lauterkeit von früher kannte, zu verdanken, daß die Intrige scheiterte und die Oberin nach England zurückkehren konnte.

Cornelias Ehrlichkeit und Rechtschaffenheit wurden ein weiteres Mal auf eine harte Probe gestellt, als sie sich weigerte, die Gelder der Ordensgemeinschaft zur Begleichung von Schulden zu verwenden, die Emily Bowles, eine ihrer ersten und begabtesten Mitschwestern, ohne ihre Zustimmung gemacht hatte. Emily Bowles war – wie Cornelia selbst – zum katholischen Glauben übergetreten und mit Leib und Seele Erzieherin. Heimlich borgte sie 6000 Pfund Sterling von ihren Brüdern, um in Liverpool ein Gebäude für die Lehrerinnenausbildung zu erwerben; als Sicherheit stellte sie ihnen einen Zuschuß des Catholic Poor Schools' Committee in Aussicht. Doch der erwartete Zuschuß blieb aus, und die Brüder Bowles drohten mit einer Klage, die Cornelia in ihrer Eigenschaft als Oberin dazu zwingen sollte, für Emilys Schulden geradezustehen. Emily verließ die Ordensgemeinschaft, und Bischof Grant, der befürchtete, daß ihre scharfe Zunge der Kirche nur noch mehr schaden würde, drängte Cornelia, sämtlichen Forderungen der Brüder Bowles nachzukommen – was sie dann auch tat, obwohl sie die Sache lieber vor Gericht ausgefochten hätte. Wisemans Sympathien galten Emily, der es gelungen war, sich in ein günstiges Licht zu setzen. Cornelia war also im finanziellen Streit mit den Brüdern Bowles unterlegen, doch immerhin hatten sie und Towneley schließlich Erfolg in der Auseinandersetzung um das Grundstück in St. Leonard's: Nachdem die römischen Beamten über die tatsächlichen Umstände ins Bild gesetzt worden waren, wurde sie endlich rehabilitiert.

Cornelias größte Herausforderung war wahrscheinlich der drei Jahrzehnte währende Kampf, den sie mit dem Vatikan um die Anerkennung der von ihr für ihre Religionsgemeinschaft aufgesetzten Verfassung ausfocht. Ordensverfassungen verkörpern, anhand der Regeln, nach denen die Mitglieder zu leben haben, die besondere Spiritualität und den Weitblick des jeweiligen Ordensgründers. Sie sind gleichzeitig auch eine Stiftungsurkunde und bilden die Basis für die eigenständige Existenz der Orden innerhalb der römisch-katholischen Kirche. Cornelia wurde ein ums anderemal ersucht, die von ihr aufgestellten Regeln abzuändern. Und als es im Jahre 1870 endlich schien, als wollte der Vatikan seine Zustimmung geben, schrieb eine Dissidentengruppe ihrer Schwestern aus dem englischen Preston nach Rom, beschuldigte Cornelia der Selbstherrlichkeit und bat die Beamten des Vatikans, gegen sie einzuschreiten.

Dazu kam, daß unter den Beamten der Kongregation für Glaubensverbreitung ständig Verwirrung über die Rolle herrschte, die Pierce bei der Erstellung der ursprünglichen Verfassung gespielt hatte; zumindest einige Beamte des Vatikans waren, solange Pierce noch am Leben war, nicht bereit, der Verfassung zuzustimmen – hätte dies doch den Anschein erwecken können, ein abtrünniger Priester sei Mitbegründer eines katholischen Nonnenordens gewesen. Auch in dieser Frage erfuhr Cornelia zu guter Letzt eine späte Rehabilitation: Die Regeln ihrer Ordensgemeinschaft wurden schließlich im großen und ganzen in der Form, die Cornelia ursprünglich vorgesehen hatte, bewilligt – aber erst acht Jahre nach ihrem Tod.

Den zahlreichen Schwierigkeiten zum Trotz gelang es Cornelia Connelly nicht nur, ihre Ordensgemeinschaft zu erweitern, sondern auch ein Erziehungssystem zu entwickeln, das mit einigen viktorianischen Erziehungsgrundsätzen aufräumte. Sie gründete ein College für die Ausbildung von Lehrerinnen, eins von nur zwei dieser Art für Männer oder Frauen in England. Zwar wurde sie von Lord Shrewsbury und Kirchenfunktionären unter Druck gesetzt, sich ausschließlich den Schulen für höhergestellte Katholiken in England zu widmen und sie zu verbessern, doch sie bestand darauf, die Tagesschulen (für diejenigen, die das Schulgeld aufbrachten) sowie die kostenlosen Schulen für die Armen weiterzuführen. Ihre begabtesten Schülerinnen machte sie mit römischen und griechischen Philosophen durch übersetzte Texte bekannt – was im Empire bisher allein den Männern vorbehalten war. Auf dem Höhepunkt der Auseinandersetzungen um Darwins Evolutionstheorie setzte sie durch, daß ihre Schülerinnen in Geologie unterrichtet wurden. Nicht weniger wichtig war, daß sie ihre Lehrkräfte dazu anhielt, ihren Zöglingen die Möglichkeit zu geben, sich mittels Kunst, Musik und Schauspielerei auszudrücken. Doch die größte Herausforderung für das britische System war ihre Auffassung von Disziplin. Cornelias Ansicht nach war die Schule ein Zuhause, und die Nonnen ihres Ordens waren Mütter, die ihren Schülerinnen Respekt, Vertrauen und Liebe entgegenzubringen hatten. Zum Unbehagen so manchen englischen Bischofs ermunterte sie ihre Schwestern sogar, die Schülerinnen Walzer und Polka tanzen zu lehren – und Whist zu spielen.

Ihre Vorstellungen von der Zukunft der Ordensgemeinschaft waren ebenfalls unkonventionell und befreiend. Als Konvertitin – und Amerikanerin – waren ihr die gebräuchlichen Klosterregeln, deren Einhaltung streng überwacht wurde, in ihrer Starrheit geistig fremd. Sie bestand darauf, daß innerhalb des Ordens gegenseitiges Vertrauen und Respekt für die verschiedenen Begabungen gefördert wurden. Sie ermunterte die Schwestern dazu, sich neuen Aufgaben zu stellen, besonders auf dem Gebiet der Künste. Und obwohl sie sehr streng sein konnte, so verlor sie doch nie ihre spielerische Ader. Als die Zeit für die Bußübungen kam, verteilte sie die kleinen Peitschen zur Geißelung in Geschenkpapier gewickelt als Weihnachtsgaben an ihre Schwestern.

Cornelias letzte Lebensjahre verliefen nicht sonderlich glücklich. 1874 wurde sie anläßlich der ersten Kapitelversammlung ihres Ordens zur Mutter Oberin gewählt. Doch Bischof Danell von Southwark reagierte auf die Kritik der Gruppe aus Preston an Cornelia, indem er dem Orden seine eigenen Regeln aufzwang, was ihn zum eigentlichen Oberhaupt des Ordens und Cornelia zur bloßen Galionsfigur machte. Die neuen Regeln waren nicht beliebt, und die Schwestern in Amerika ignorierten sie einfach. Die Bischöfe von Liverpool und Philadelphia weigerten sich, Cornelias Autorität über die Holy-Child-Schwestern in ihren Diözesen anzuerkennen. Eine Spaltung drohte. Cornelia bemühte sich um eine konzertierte Reaktion auf die zwangsverordneten Regeln und setzte ihre Hoffnung darauf, daß die alten, hochgeschätzten Regeln bei der nächsten Kapitelversammlung mit den Stimmen der gewählten Delegierten aus der gesamten Gemeinschaft wieder in Kraft gesetzt werden könnten. Das Kapitel trat 1877 zusammen und lehnte einstimmig die Regeln Danells ab. Dennoch setzte Danell durch, daß sie weiterhin eingehalten werden mußten. Cornelia wurde erneut zur Oberin gewählt, doch die nächste Kapitelversammlung erlebte sie nicht mehr mit.

Mit ihrer Gesundheit ging es bergab. Sie, die nie sonderlich robust gewesen war, konnte schließlich infolge einer chronischen Nierenentzündung nur noch in einem Krankenstuhl aus Korbgeflecht im Garten herumgefahren werden. Die »Gicht«, wie sie es nannte, verursachte einen Hautausschlag, der sie verunstaltete und schließlich Gehirn und Rückenmark in Mitleidenschaft zog. Nach einer besonders schmerzvollen Nacht, in der sie dreimal ausrief: »In diesem Fleische werde ich meinen Gott sehen!«, starb Cornelia Connelly am Freitag nach Ostern 1879.

Für und Wider im Fall Connelly

Bei älteren Causen müssen die Postulatoren nicht nur zeigen, daß der Diener Gottes *fama sanctitatis* (Ruf der Heiligkeit) genießt, sondern auch eine Erklärung dafür liefern, warum der Fall nicht eher aufgegriffen wurde. In der Causa Cornelia Connelly erklärt die *positio*, es sei alles andere als verwunderlich, daß 100 Jahre verstrichen, bevor englische Katholiken die ersten Schritte zu ihrer Heiligsprechung unternahmen.

Zum einen sah sich die in England gerade erst wiederetablierte römisch-katholische Hierarchie vor eine Vielzahl weitaus dringenderer Probleme als die Schaffung von Heiligen gestellt. Zum anderen, so heißt es in der *positio* weiter, dürften die Bischöfe, praktisch veranlagte Engländer des neunzehnten Jahrhunderts, die ausgefeilten Verfahren des Vatikans merkwürdig und hoffnungslos überfrachtet gefunden haben. Ohnehin wären sie nie auf den Gedanken gekommen, Cornelia Connelly könne die Qualifikationen einer Heiligen haben. Wenn auch viele Schwestern der Society of the Holy Child Jesus ihre Gründerin für eine Heilige hielten, so sah der englische Durchschnittskatholik in ihr vor allem die berüchtigte »Mrs. Connelly«, deren Ehemann die Kirche mit seinem Gerichtsverfahren in große Verlegenheit gebracht hatte. Bei der Geistlichkeit in Sussex beschwor allein schon ihr Name Geschichten von einer starrsinnigen amerikanischen Nonne herauf, die sich, wie man sich erinnerte, ständig den Anordnungen ihrer Kirchenoberen widersetzt habe. Ja, sogar noch 1946, bei der Hundertjahrfeier der Ordensgründerin, lehnte es der Bischof von Southwark strikt ab, dem Ersuchen der Schwestern Folge zu leisten und ein bischöfliches Erhebungsverfahren einzuleiten. Die Kirche, behauptete er, werde Cornelia niemals heiligsprechen; und um ganz sicherzugehen, entfernte er die entsprechenden Dokumente aus dem Diözesanarchiv und brachte sie in seinen Privatgemächern in Sicherheit. Kurzum, Cornelias Ruf vor Ort entsprach nicht der Art, die einer *fama sanctitatis* gerecht wird.

Das wirkliche Leben der Cornelia Connelly wurde jedoch ganz anders aufgenommen. Wer darüber las oder davon hörte, fühlte sich angezogen von dieser Frau und Mutter, der man die Kinder wegnahm und die in ihrer geistlichen Berufung nicht schwankte und trotz größten Kummers und zahlreicher Mißverständnisse eine internationale Ordensgemeinschaft für Frauen gründete. Cornelias erste Biographie wurde sieben Jahre nach ihrem Tod von einer der Schwestern erstellt, doch nie verlegt – teils aus Rücksicht auf die Familie Connelly, teils deshalb, weil der Vatikan Cornelias Ordensregeln immer noch nicht genehmigt hatte. Erst 1922 erschien, von einer anderen Nonne geschrieben, in England und in den Vereinigten Staaten eine Biographie Cornelia Connellys, und die Resonanz, die sie hervorrief, veranlaßte die Schwestern, ein Gebet für die Seligsprechung Cornelias in Umlauf zu bringen. 1930 erschien eine weitere Biographie in Frankreich, zwei Jahre später die italienische Ausgabe. Das Interesse beschränkte sich keineswegs nur auf kirchliche Kreise: In den sechziger Jahren entstand ein Theaterstück *Connelly versus Connelly*, das sich auf die Gerichtsverfahren stützte und im Blackfriars in New York sowie in Los Angeles aufgeführt wurde; der britische Rundfunk sendete das Hörspiel *Roses among Lilies*; eine sechsteilige Fernsehserie wurde für das britische Fernsehen geschrieben, allerdings nie produziert.

Die Causa Connelly wurde offiziell im Jahre 1953 eingeleitet, als der neue Bischof von Southwark einen historischen Untersuchungsausschuß ins Leben rief, der ihre Schriften sowie sämtliche

Dokumente, die sich auf ihr hinreichend publikes Leben bezogen, sammeln und begutachten sollte. Ihre schriftliche Hinterlassenschaft umfaßte 56 Bände. Als Anhaltspunkte für heroische Tugenden wurden vor allem die Dokumente herangezogen, die ihre geistliche Unerschütterlichkeit in den schwersten Krisen ihres Lebens belegen, sowie ihr Schriftwechsel, soweit er ihre Antworten auf bischöfliche Anordnungen betrifft. Sechs Jahre später setzte das bischöfliche Erhebungsverfahren zur Untersuchung ihres heiligmäßigen Rufes ein. Diese Prüfung nahm zehn Jahre in Anspruch, und da es keine lebenden Zeugen mehr gab, auf die man hätte zurückgreifen können, stützte sich das Urteil auf die Ansichten von drei mit der historischen Erforschung Beauftragten, sieben Nonnen und weiblichen Laien sowie vier Priestern aus der Diözese Southwark.

Die Nachforschungen ergaben, daß zwei der vier Priester die Auffassung vertraten, Cornelias heiligmäßiger Ruf beschränke sich im großen und ganzen auf Angehörige ihres Ordens. Der Generalvikar von Southwark sagte sogar aus, die unter der Geistlichkeit vorherrschende Meinung zu ihrem Fall sei als »skeptischer Zynismus« zu bezeichnen. Ein anderer bekundete ernsthafte Zweifel an Cornelias »geistlicher Motivation« und tat die Behauptung, daß sie sich bei Bischöfen und Priestern weitverbreiteter Verehrung erfreue, als »Wunschdenken« ab. Die Archivare des Ordens konterten mit Hunderten von Briefen, viele von Nichtengländern, die mit dem Orden und seinen Schulen in Berührung gekommen waren und ihren Glauben an Cornelias Heiligkeit bezeugten. Die Historiker ihrerseits lobten Cornelia einstimmig, was einer von ihnen wie folgt zum Ausdruck brachte: »Cornelia Connellys Charakter weist Züge einer neuen, aus Amerika stammenden Einstellung auf. In ihrer Person verbanden sich Schwung und Standfestigkeit mit dem Respekt für (die Bischöfe als) kirchliche Vorgesetzte.«

Die Fragen, die an die Zeugen aus zweiter Hand gerichtet wurden, lassen ein gewisses Unbehagen an dem Fall erkennen. Nie zuvor war die Kanonisierung einer Nonne angestrebt worden, die mit einem Priester verheiratet war. Der Richter machte sich vor allem Sorgen darum, daß die sensationellen Ereignisse in ihrem Leben ein öffentliches Interesse an ihrem Fall erregen könnten, das wiederum schwere Kritik an der Kirche durch »skrupellose Schreiberlinge« hervorrufen würde. Zumindest wäre zu befürchten, so der Richter, daß wieder einmal unerbetene Aufmerksamkeit auf die Politik der Kirche gelenkt würde, die als Preis für die Aufnahme konvertierter Geistlicher in die römisch-katholische Priesterschaft die Trennung von Frau und Kindern fordert.

Alle Zeugen wurden rundheraus gefragt, ob sie irgend etwas an Cornelia nicht bewundernswert fänden. Die Antworten ließen auf mangelhaftes Verständnis für die Art und Weise, wie sie ihre Kinder erzog, für ihren »starken Charakter« und insbesondere ihre Haltung gegenüber kirchlichen Vorgesetzten schließen. Doch trotz dieser Vorbehalte fühlte sich sogar einer der skeptischen Priester zu der Aussage bewogen, daß »sie, indem sie auf Anraten der Kirche ihren Ehemann und ihre Kinder aufgab, eines der größten Opfer brachte, die man von einer Frau verlangen kann«. Die Unterlagen wurden schließlich nach Rom weitergereicht, in der Annahme, daß in dem historischen Material und den Zeugenaussagen nichts zu finden sei, was Cornelias Ruf heroischer Tugendhaftigkeit unterminieren könne.

Es mußte jedoch noch ein *positio* erstellt werden, die nicht nur das Auf und Ab in Cornelias Leben dokumentierte, sondern – was viel wichtiger war – hieb- und stichfeste Beweise für ihre heroischen Tugenden lieferte. 1973 machte sich Schwester Ursula Blake aus dem Orden an die Arbeit. Das Projekt wurde von Monsignore Veraja, dem damaligen Vorsitzenden der historischen Sektion der Kongregation für die Heiligsprechungsprozesse, betreut, und als Postulator wurde, Cornelias langjähriger Verbindung mit den Jesuiten wegen, Molinari bestellt.

Von Anfang an war allen, die sich mit dem Fall befaßten, klar, daß Cornelias Mitverantwortung für die Auflösung ihrer Familie und deren schlimme Folgen für ihren Mann und ihre Kinder das Hauptproblem waren, das gelöst werden mußte. Hätten einige oder sogar sämtliche Konsequenzen vermieden werden können, wenn sie anders gehandelt hätte? Konsequenzen wie Pierce' irriger Entschluß, katholischer Priester zu werden, und seine spätere Abtrünnigkeit? Die Entfremdung der Kinder von ihrem Glauben? Mercers früher Tod? Adelines übergroße Abhängigkeit von ihrem Vater und Francis Ablehnung der Kirche? Sicher, es gab außerdem auch ernsthafte Bedenken wegen der Feindseligkeit, die sie in gewissen Kreisen der Geistlichkeit, vor allem aber bei den englischen Bischöfen, hervorrief, wegen der Abspaltung einiger Gruppen von ihrem Orden und wegen ihrer Umsicht (oder ihres Starrsinns) bei der Handhabung ihrer vielen juristischen Streitfälle. Doch für die Beurteilung ihres Charakters – und somit ihres Anspruchs auf heroische Tugendhaftigkeit – war keine dieser Fragen auch nur halb so gefährlich wie die nach der Mitverantwortung für die Zerstörung ihrer Familie.

Zunächst wurde gefragt, ob der Vorschlag zur Trennung zuerst von Pierce oder von Cornelia ausgegangen war. Nachdem Pierce dem Katholizismus den Rücken gekehrt hatte, behauptete er sowohl in der Öffentlichkeit als auch im Privatkreis immer wieder, die Idee sei von Cornelia auf Anregung ihrer Seelenführer gekommen. Dieses Argument bildete auch den Kern seiner Anschuldigungen im Fall Connelly gegen Connelly und wurde auch von den antikatholischen Pamphleteschreibern weidlich ausgeschlachtet. Diese behaupteten, Rom habe Cornelia »durch Pfaffenlist« gezwungen, »die Kinder (zu) vergessen, die sie geboren, und den Ehemann, dem sie vor Gott Gehorsam gelobt«.

Die *positio* löst dieses Problem relativ einfach: Sie zeigt auf, daß Pierce bereits 1835, als er als Pfarrer der Episkopalkirche nach St. Louis reiste, um dort mit Bischof Rosati seine Aussichten auf die Priesterweihe zu besprechen, eine Trennung in Erwägung zog. Darüber hinaus führt die *positio* eine Fülle von Beweisen dafür ins Feld, daß Cornelia die drohende Trennung von ihrem Mann fürchtete, ihn anflehte, seine Entscheidung aufs sorgfältigste abzuwägen, und sich selbst für ein geistliches Leben erst am Vorabend seiner Ordination entschied.

Die nächste Frage lautet: Hätte Cornelia die für Pierce' Freigabe zur Ordination erforderliche Trennungserklärung überhaupt unterschreiben dürfen? Hätte sie nicht vorhersehen können, daß er viel zu labil war, um zu seinen priesterlichen Gelöbnissen zu stehen? In dieser Frage erinnert die *positio* daran, daß Cornelia wahrlich nicht die einzige war, die meinte, ihr Mann tauge für das zölibatäre römisch-katholische Priesteramt. Zu jenen, die seine Ambitionen unterstützten, gehörten außer Papst Gregor XVI. höchstselbst noch zwei Kardinäle, zwei amerikanische Bischöfe und fünf Jesuitenpater. Wenn bei Pierce' charakterlicher Beurteilung Fehler gemacht wurden, so sind sie in erster Linie bei diesen Männern zu suchen, die sich, wie Cornelia mit Fug und Recht annehmen durfte, auf die Beurteilung der Tauglichkeit eines Mannes für das Priesteramt verstanden.

Pierce Connelly schneidet, wie bei einer *positio* zum Beweis der heroischen Tugenden seiner Frau nicht anders zu erwarten, nicht sonderlich gut ab. Daß Cornelia in der Tat die Tugenden einer Heiligen benötigte, um mit seiner Eifersucht und seinen paranoiden Verdächtigungen Bischof Wisemans und Pater Aspertis fertig zu werden, ist sogar Bestandteil der Beweisführung für ihre Heiligkeit. Dennoch wird Pierce hier mehr als Versager denn als Bösewicht behandelt, als ein außerordentlich talentierter und gebildeter Mann, der innerlich leider nie erwachsen wurde. Mit aufgenommen in die Dokumentation ist die psychologische Bewertung des französischen Jesuitenpaters George Cruchon, der davon ausgeht, daß Pierce ein Mann von »anziehendem, glänzendem Charakter« war, dessen »unbesonnener Ehrgeiz« so lange befriedigt wurde, wie ihn seine Frau ermutigte und bewunderte. Doch in den drei Jahren, die er römisch-katholischer Priester war, brachte er es auch nicht annähernd zu der Bedeutung, nach der er sich verzehrte, und er geriet folglich – so Cruchon – außer sich vor Eifersucht, als deutlich wurde, daß seiner Frau als Ordensgründerin und Erzieherin eine Karriere in der Kirche beschieden war, die alles, was er als Priester erreichen konnte, in den Schatten stellen würde.

Ferner erhebt sich die Frage, ob Cornelia ihrem Wunsch, Nonne zu werden, Vorrang vor der Sorge um die Kinder gab. Es obliegt der *positio*, den Beweis dafür anzutreten, daß Cornelia ihre Kinder nicht im Stich ließ, als sie den Schleier nahm; ganz im Gegenteil: Die Kinder wurden ihr entrissen – zunächst während ihres einjährigen Noviziats durch Bischof Wiseman und dann, noch ehe das Jahr vorüber war, durch Pierce, der die Kinder ohne Cornelias Wissen auf den Kontinent brachte und darauf spekulierte, daß sie ihnen folgen würde. Das größte Leid, das Cornelia widerfuhr, so schließt die *positio*, war die Entfremdung der Kinder von ihrer Mutter und von der Kirche. Cornelia selbst drückte es so aus: Die Society of the Holy Child Jesus wurde »auf einem gebrochenen Herzen gegründet«.

Nach der *positio* zu urteilen, besteht das schwierigste Problem allerdings in der Frage, ob Cornelia Connellys Heiligsprechung den zeitgenössischen Katholiken zur Erbauung oder zum Skandal gereichen wird. Im Kern geht es dabei ganz und gar nicht um Cornelias erwiesene oder nicht erwiesene Heiligkeit, sondern allein um die Frage, ob die Kirche selbst in ihrem Umgang mit Cornelia, ihrem Mann und ihren Kindern weise gehandelt hat. Würde die Kanonisierung nicht den Eindruck erwecken, als ob die höchsten Instanzen der Kirche, angefangen beim Papst persönlich, die Zerrüttung der Familie Connelly bereitwillig in Kauf nahmen, ja sogar dazu beitrugen – in dem Glauben, daß ein zölibatäres Leben eine höhere göttliche Berufung darstellt als die christliche Ehe? Würde damit nicht die ohnehin schon lange vertretene Meinung vieler Kritiker am Katholizismus, die Kirche ziehe den Zölibat einem gesunden Sexualleben vor, nur noch bestätigt? Könnte das nicht, in letzter Konsequenz, dazu führen, daß liberal denkende Katholiken in der Geschichte der Connellys einen weiteren Beweis dafür sehen, daß die Kirche sich im Irrtum befindet, wenn sie den Zölibat von ihren Priestern verlangt?

Wie wir gesehen haben, tauchten einige dieser Vorbehalte durchaus schon im Lauf des bischöflichen Erhebungsverfahrens (1959-1969) auf, als mehrere Priester aus der Diözese Sussex aussagten, der Fall Cornelia Connellys sei ihrer Meinung nach ein gefundenes Fressen für »skrupellose Schreiberlinge«. Kaum war das Erhebungsverfahren in Gang gesetzt, da horchten die Theologen auf – und bezogen Stellung. Im Jahre 1963 füllte ein kontinuierlicher verbaler Schlagabtausch die Seiten der *Homiletic and Pastoral Review*, einer Monatszeitschrift für den Klerus. Pater Leonard Whatmore, einer der Historikerkonsultoren im Fall Connelly, bezog in seinem ersten Artikel, der den Streit auslöste, Stellung gegen all jene Kritiker, die in der von der Kirche geforderten Trennung der Connellys, wie er es formulierte, »eine groteske, abstoßende, ja ekelerregende Verfehlung gegen elterliche Gefühle, natürliche Humanität, priesterliche Besonnenheit und gegen den simplen gesunden Menschenverstand« sahen. Ein kanadischer Priester, Pater Joseph H. O'Neill, setzte dagegen, daß die kirchliche Zustimmung zu den Trennungsabsichten der Connellys nur deswegen möglich gewesen sei, weil die Kirche zur damaligen Zeit über eine äußerst unterentwickelte »Theologie der christlichen Ehegemeinschaft« verfügt habe.

Die Debatte weitete sich aus, als Pater Molinari in seiner Eigenschaft als Postulator des Falles mit einem langen Artikel antwortete, in dem er die theologischen Prinzipien aufzeigte, die seiner Ansicht nach in solchen Fällen zum Tragen kommen. Im wesentlichen verteidigte Molinari das Prinzip, daß Gott bisweilen einen Elternteil, ob nun verheiratet oder verwitwet, zu einer zweiten Bestimmung als Priester oder Nonne beruft. »Wir können Gottes Anrecht einfach keine Schranken setzen«, behauptete er. Eine solche Berufung erfordere »vor allem eine gefestigte und in der Tat heroische Liebe zu Gott«, und zwar nicht nur seitens des zur »Vervollkommnung« berufenen Menschen, sondern auch seitens des Ehepartners und der Kinder, die er oder sie eventuell zurückläßt. Im Hinblick auf letztere erklärte Molinari: »Er (Gott) wird außerdem (obwohl nicht immer auf eine Weise, die für unsere menschlichen Augen sichtbar ist) für elterliche Fürsorge und Liebe aufkommen, die die jeweiligen Eltern ihren Kindern nicht mehr angedeihen lassen können.«

Molinari führte dazu als Beispiel zwei Witwen an, die trotz der flehentlichen Bitten ihrer heranwachsenden Söhne ins Kloster gingen. Im Falle der heiligen Jane Frances de Chantel stieg die Mutter im wahrsten Sinn des Wortes über ihren 15jährigen Sohn hinweg, der sich aus Kummer darüber, daß seine Mutter ins Kloster ging, quer über die Türschwelle geworfen hatte. Molinaris Argument lief darauf hinaus, daß die Kirche in beiden Fällen die Umstände der zweiten Berufung der Mutter untersucht hatte und zu dem Ergebnis gekommen war, daß sie als Mutter und als Nonne heroische Tugendhaftigkeit bewiesen hatte. Beide gründeten einen eigenen Orden, und in beiden Fällen, so folgerte er, werde das Wirken der Vorsehung an den »Früchten der Gnade« ersichtlich, »die der zweiten Berufung entströmten«. Mit anderen Worten: Die guten Taten, die durch die jeweiligen Ordensgemeinschaften in der Folgezeit vollbracht wurden, waren Beweis genug, daß beide Frauen wahrhaftig dem Willen Gottes entsprochen hatten.

Ab 1987 waren die theologischen Argumente praktisch rein akademischer Natur, denn die Kirche hatte inzwischen ihre Position modifiziert und gestattete nun die Ordination qualifizierter konvertierter Geistlicher wie Pierce Connelly, ohne daß sie ihnen die Trennung von Ehefrau und Kindern zur Auflage machte. Doch diese Änderung ließ die Behandlung der Connellys durch die damalige Kirche nur in einem noch schlechteren, an Willkür grenzenden Licht erscheinen – und erhöhte die Wahrscheinlichkeit, daß heutige Katholiken an Cornelias Heiligsprechung Anstoß nehmen würden. Wenn der Fall das Gremium der Theologenkonsultoren – und vor allem das der Kardinäle, die auf seelsorgerische Belange besonders großen Wert legen – passieren sollte, dann mußten sowohl die Entscheidungen Cornelias als auch die des Papstes verteidigt werden.

Gumpel, der Relator des Falles, beschloß, den Stier bei den Hörnern zu nehmen. Im September 1987 verfaßte er eine ausführliche Einleitung zu der *informatio*, in der er »ein Problem« eingesteht, »das schon zu Lebzeiten der Dienerin Gottes und bis auf den heutigen Tag bei einigen Leuten Verwirrung gestiftet hat. Ich beziehe mich auf die Tatsache, daß Cornelia Connelly, eine verheiratete Frau und Mutter von kleinen Kindern, diese Rollen aufgab, um Nonne zu werden.« In der folgenden Verteidigung Cornelias verwies er auf zwei Tatsachen: erstens, daß es Pierce war, von dem die Trennung ausging, weil er sich zum römisch-katholischen Priester berufen fühlte, und zweitens, daß »die höchsten kirchlichen Instanzen ... die Direktiven im Umgang mit ihren kleinen Kindern, die sie innigst liebte, nicht nur billigten, sondern sie der Dienerin Gottes praktisch aufzwangen«. »Es bedarf weder großer Phantasie noch irgendwelcher psychologischer Erkenntnisse«, bemerkte Gumpel, »um sich von der Größe des Opfers, das der Dienerin Gottes abverlangt wurde, einen Begriff zu machen.« Gleichzeitig jedoch erinnerte er alle Konsultoren, die womöglich versucht sein könnten, die Entscheidungen der Kirche in diesem Fall anzuzweifeln, wen sie da eigentlich im nachhinein kritisieren:

> »Es ist jedem, der über diese Belange voll informiert ist, absolut klar, daß jegliche Kritik in diesem Punkt letzten Endes keine Kritik an der Dienerin Gottes ist, sondern eine direkte, ausdrückliche und eindeutige Kritik am Heiligen Stuhl und dem Oberhirten der damaligen Zeit. Die von der Dienerin Gottes akzeptierten Entscheidungen wurden aufgrund der Stärke ihres Glaubens an Gott und an seine Stellvertreter auf Erden hingenommen. Die Art und Weise, wie dies geschah, kann nur als beispielhaft bezeichnet werden. Selbstverständlich sind Entscheidungen solcher Art nicht unfehlbar. Sie müssen vielmehr im Licht der damaligen Zeit gesehen und beurteilt werden und, was noch wichtiger ist, im Licht der demütigen, aus Glaube, Verehrung und Gehorsam bestehenden Haltung, in der sie vom Diener Gottes hingenommen wurden.«

Schließlich griff Gumpel eventuellen Einwänden gegen die seelsorgerische Zweckmäßigkeit des Falles vor, insbesondere der Befürchtung, daß Cornelias Heiligsprechung als Herabwürdigung und Minderbewertung der Ehe interpretiert werden könnte oder, noch schlimmer, als eine Aufforderung an andere fromme Ehepaare, ihre Kinder gegen ein Leben im Dienst der Kirche einzutauschen:

»... Es könnte die Frage auftauchen, ob die Kanonisierung von Cornelia Connelly unter den heute gegebenen Umständen angebracht ist, die sich in mancherlei Hinsicht von denen des neunzehnten Jahrhunderts unterscheiden. Es ist gut möglich, daß einige Theologen (oder Möchtegerntheologen) dahingehend argumentieren werden, die christliche Ehe und Elternschaft seien durch das Zweite Vatikanische Konzil und die nachkonziliare theologische und seelsorgerische Lehrmeinung dermaßen aufgewertet worden, daß es unangebracht wäre, heutzutage eine Frau zur Heiligsprechung vorzuschlagen und damit als ein Beispiel christlicher Tugendhaftigkeit darzustellen, die Ehefrau und Mutter war und alles aufgab, um sich dem religiösen Leben zu widmen. Als berufsmäßiger Theologe und Professor für Spiritualität kann ich einem solchen Standpunkt nicht zustimmen, denn er vernachlässigt und unterschätzt allen Ernstes bestimmte katholische Dogmen und Grundsätze der katholischen Theologie. In diesem Zusammenhang muß ich zunächst einmal darauf verweisen, daß es sich bei der Kanonisierung von Mutter Connelly keineswegs um eine Geringschätzung der katholischen Lehre von der elterlichen Gemeinschaft und der Elternschaft handeln würde und noch weniger um eine offene Aufforderung an christliche Ehepaare, ihrem Beispiel zu folgen. Ihre Berufung war in der Tat eine ganz persönliche und außergewöhnliche, ebenso wie die Berufung anderer kanonisierter Männer und Frauen, die von Gott aufgefordert wurden, um seinetwillen alle gültigen Familienbande zu lösen und, wenn auch mit gebrochenem Herzen, dem Willen Gottes, der sich ihnen offenbart hatte, bedingungslos zu folgen.«

Auf der anderen Seite ließ Gumpel sich aber nicht darauf ein, die Person der Cornelia Connelly den Befürwortern der Ehe für römisch-katholische Priester als Geisel zu überlassen. Indem er Molinaris Verteidigung von »Gottes Anrecht« aufgriff, einige Eltern für eine »zweite Berufung« zu beanspruchen, schrieb er:

»Genau in diesem Zusammenhang wäre es meiner Meinung nach höchst angebracht, Mutter Connellys Kanonisierung in die Wege zu leiten. In der heutigen Zeit wird die eheliche Gemeinschaft, die nicht hoch genug eingeschätzt werden kann, in der Tat nur allzuoft auf Kosten des zölibatären

Priesteramts und des geweihten Lebens innerhalb der Kirche als absolut, ja sogar unübertroffen dargestellt. Diejenigen, die solche Ansichten verbreiten, sei es schriftlich oder mündlich, übersehen nur allzu leicht, daß Gottes Wege nicht unsere Wege sind, daß er in seiner unendlichen Weisheit und Güte Forderungen an Männer und Frauen stellen kann und in der Tat auch stellt, die nach rein menschlichem Ermessen einer Torheit gleichkommen. In Wirklichkeit handelt es sich hierbei aber um seine Mittel und Wege zur Förderung des höheren Wohls der Kirche sowie der Menschheit insgesamt.«

Hier wie auch in der *positio* für Katharine Drexel liefert der Relator im Vorwort diejenigen Argumente für die Verteidigung, die im Rahmen der alten Rechtsordnung vom *patronus* des Falles vorgebracht wurden. Dabei handelt es sich praktisch um eine Reihe von Richtlinien an die Konsultoren zur Interpretation der Fakten und zur Einschätzung der weitreichenderen, seelsorgerischen Belange, die der Kirche aus dem Leben der Cornelia Connelly entstanden sind. Aber sie bilden nicht den Beweis für ihre Heiligkeit. Diese Aufgabe obliegt der *informatio*.

Soweit wir bisher gesehen haben, kann es kaum einen Zweifel daran geben, daß Cornelia Connelly unter den Kandidaten für die Kanonisierung eine Sonderstellung einnimmt. Allein schon durch die Geschehnisse in ihrem Leben hebt sie sich deutlich von anderen Dienern Gottes ab. Das Problem für Schwester Elizabeth Strub, die Autorin der *informatio*, bestand darin, ein anscheinend äußerst widerspruchsvolles Leben im Licht stimmiger Heiligkeit darzustellen.

Das Wirken der Gnade

Als ich zum erstenmal mit Schwester Elizabeth sprach, steckte sie noch mitten in der Ausarbeitung der *informatio*. Immerhin hatte sie schon einige Richtlinien aufgestellt, die sich von denen traditioneller *informationes* unterschieden. Zunächst einmal bestand sie darauf, Cornelia »als ganze Person« zu untersuchen, als eine Frau, die nicht nur von der Natur, sondern auch von der Gnade in reichem Maß bedacht worden war. Dabei hob Elizabeth Cornelias »Lebensfreude« hervor – eine Eigenschaft, die ihrer Meinung nach, auch wenn sie von der Kongregation nicht unter die christlichen Tugenden gerechnet wird, in Cornelias Ordensgemeinschaft und deren Schulen besonders zum Tragen gekommen war. Zum zweiten beabsichtigte Elizabeth, Cornelias gesamtes Leben ab dem Erwachsenenalter auf Beweise der Heiligkeit hin zu untersuchen. »Ich betrachte Cornelia«, sagte sie, »nicht nur als Nonne, Ehefrau oder Mutter, sondern als eine Frau, die in allen drei Rollen ... eine Heilige war.« Zum dritten hatte sie sich vorgenommen, den Beweis für Cornelias Heiligkeit anzutreten, ohne dabei ihre geistliche Integrität von den konventionellen Kategorien heroischer Tugenden zersetzen zu lassen. »Ich habe beschlossen, Cornelia nicht meine Kategorien aufzuzwingen, sondern diejenigen zu benutzen, die sie mir vorgibt«, sagte sie zu mir. »Ich möchte den Beweis für ihre Heiligkeit anhand ihrer eigenen inneren Logik und Erfahrung der Gnade präsentieren.«

Ein Jahr später war die *informatio* fertig, und bei der Lektüre fällt sofort ins Auge, daß sie eine mutige Abkehr von der traditionellen Beweisführung darstellt – vielleicht, weil es die erste von einer Frau erdachte und verfaßte Schrift dieser Art ist. Da gibt es zunächst eine vierseitige Würdigung von Cornelias Charakter und natürlichen Begabungen: äußere Schönheit, Charme und ihre »bemerkenswerte Anziehungskraft«; Intelligenz, künstlerisches Verständnis und Talent; Fleiß, Eigeninitiative und die Fähigkeit, neue Wege zu beschreiten, insbesondere als Erzieherin; sowie – was kaum je in der formellen Präsentation eines Kandidaten für die Heiligkeit zur Sprache kommt – ihre Fähigkeit, für jeden »Spaß bereit zu sein«. Eine Abweichung stellt auch der Hinweis der Autorin dar, daß nicht jedermann von Cornelias Charakter angetan war, daß sie vielmehr von ihren Kritikern beschuldigt wurde, dominant, unverschämt, selbstherrlich, halsstarrig, ja sogar heimtückisch zu sein. »Mit Rosenwasser ist der nicht beizukommen«, zitiert Elizabeth die Warnung eines Bischofs an einen Amtskollegen.

Was Elizabeth am meisten imponierte, sind Cornelias – trotz ihres stürmischen Lebens – »außergewöhnliche Ausgeglichenheit, ihre Integrationsfähigkeit und ihre Beständigkeit als menschliches Wesen«. Diese Qualitäten, argumentiert Elizabeth, »rühren aus ihrer Bindung an Gott. Die Fäden ihres ganzen Lebens werden einzig von Gott zusammengehalten. Alles, was man bei Cornelia als Tugenden bezeichnen könnte – und sie praktizierte sie bewußt und systematisch –, ist eine Konsequenz ihrer von Liebe erfüllten Fixierung auf einen einzigen Bezugspunkt: auf Gott, der sämtliche Bereiche ihres Lebens erfüllt und das Trennende darin aufhebt.«

Diesem Text obliegt es, »den Kern von Cornelias Heiligkeit« herauszuarbeiten. Den Schlüssel dazu liefert der zehnmonatige Aufenthalt in Grand Coteau, in dessen Verlauf Cornelia, wie Elizabeth ausführt, über das Vermögen »gewöhnlicher Güte« hinausgehoben und mit der Fähigkeit zu »heroischer Güte« ausgestattet wurde. Elizabeth zielt also darauf ab, das Wesen der im Verborgenen wirkenden Gnade anhand äußerer Beweismomente aufzuhellen.

Die entscheidende Zeitspanne beginnt im Dezember 1839. Die Connellys sind soeben aus Europa zurückgekehrt, wo sie von internationalen Berühmtheiten hofiert wurden, wo sie die Kultiviertheit des päpstlichen Hofstaats, die künstlerische und liturgische Pracht des katholischen Roms kennengelernt hatten. Nach intensiven Gebeten entscheiden sie sich für das einfache, finanziell ungesicherte Leben als katholische Schullehrer im ländlichen Louisiana. Sie leben als Familie unter Priestern und Nonnen in einer ziemlich isolierten Gemeinde, aber sie sind guter Dinge und überaus glücklich. Aus lauter Begeisterung für ihren neuen Glauben suchen sich sowohl Cornelia als auch ihr Mann unter den örtlich ansässigen Jesuiten einen Seelenführer, und beide ziehen sich im Laufe dieses Jahres zu entscheidenden Exerzitien zurück.

Cornelias Exerzitien finden Ende Dezember statt und dauern nur vier Tage. Sie hat – schweren Herzens – einsehen müssen, daß ihr Mann nach wie vor beabsichtigt, Priester zu werden. Jetzt begreift sie, daß seine Ordination die eheliche Trennung und die Auflösung der Familie zur Folge haben wird. Während ihrer Einkehr vollzieht sich etwas, das sie selbst als »Gespräch« begreift: ihre persönliche, aus Liebe erfolgende Hinwendung zu Gott und ihre bedingungslose Hinnahme seines Willens. Später schreibt sie diese Erfahrung in der Form eines Gebets in ihr Notizbuch: »O Gott, stutze deinen Rebstock nur, verletze ihn auch tief, aber entwurzle ihn in deiner Güte noch nicht.«

Das Stutzen beginnt einen Monat später. Am 2. Februar stirbt ihr kleiner Sohn John Henry zwei Tage nach seinen fürchterlichen Verbrennungen in ihren Armen. In ihrem Kummer sucht sie Zuflucht im Gebet und in frommer Betrachtung und nimmt an einer weiteren Einkehr teil. Im Oktober unterzieht sich ihr Mann ebenfalls Exerzitien und kommt, wie er ihr später berichtet, zu der Erkenntnis, daß Gott ihn ohne jeden Zweifel zum römisch-katholischen Priesteramt berufen hat. Er bittet sie um ihre Einwilligung.

Sie beschwört ihn, sich die Entscheidung gründlich zu überlegen, und sie kommen überein, zur Vorbereitung auf jeglichen Geschlechtsverkehr zu verzichten. Cornelia ist immerhin erst 32 Jahre alt und mit ihrem fünften Kind schwanger. Nichts liegt ihr ferner als der Gedanke an ein klösterliches Leben. Dennoch wird sie viele Jahre später den ersten Tag der sexuellen Trennung von ihrem Mann als den Tag bezeichnen, an dem die Society of the Holy Child Jesus »auf einem gebrochenen Herzen« gegründet wurde.

Soviel zu den bekannten Fakten. Schwester Elizabeth benutzt die spärlichen Eintragungen, die Cornelia im Lauf dieser Ereignisse in ihr geistliches Tagebuch schreibt, um theologisch zu interpretieren, wie diese schwere Lebenskrise Cornelia zu einer einzigartigen und richtungsweisenden Erfahrung göttlicher Liebe führte. Statt sich, so argumentiert Elizabeth, gegen Gott zu wenden oder in ihrem Kummer zu versinken, überträgt Cornelia ihre Erfahrung von Tod und Trauer auf die Leidensgeschichte Jesu und den Kummer, der seiner Mutter Maria daraus entstand. Diese Art der Übertragung ist für tiefgläubige Christen in Zeiten tragischer Ereignisse nichts Außergewöhnliches, aber in Cornelias Fall wurde sie zur bestimmenden Kraft ihres zukünftigen Lebens.

Elizabeth mißt der Tatsache, daß Cornelia am Todestag ihres Sohnes nur eine einzige, knappe Eintragung in ihr Tagebuch macht, große Bedeutung bei: Sie zeichnete ein übergroßes Monogramm der Jungfrau Maria in Form der ineinander verschlungenen Buchstaben M und A. Darunter setzte sie, in dieser Reihenfolge, die Namen Jesus, Maria und Joseph, gefolgt von John Henrys Initialen. Und darunter schrieb sie: »Fiel am Freitag zum Opfer – litt 43 Stunden lang und wurde an Mariä Lichtmeß ›in den Tempel des Herrn‹ aufgenommen.«

Elizabeth sieht in diesem verklausulierten Text den Schlüssel zum Verständnis von Cornelias einzigartiger Spiritualität, und sie entlockt ihm Bedeutung, als ob sie ein Gedicht interpretierte. Auf einer Ebene, das ist klar, hält Cornelia die Tatsache fest, daß John Henrys Tod auf einen Freitag, den Todestag Jesu, und gleichzeitig auf Mariä Lichtmeß fiel, jenen Tag im liturgischen Kalender, an dem die Katholiken die Darstellung Jesu im Tempel durch Maria und Joseph, wie es das jüdische Gesetz vorschrieb, feiern. Auf einer zweiten Ebene nutzt Cornelia diese Konfiguration biblischer Bilder, um den unerträglichen Verlust ihres Sohnes aus dem Glauben heraus zu deuten. Wie bei Jesus, so gingen auch John Henrys

Tod zwei qualvolle Tage voraus; wie die Maria der Pietá, so hatte auch Cornelia ihren Sohn in den Armen gehalten; und wie bei der rituellen Darstellung ihres Sohnes im Tempel, so scheint Cornelia die Heilige Familie beschwören zu wollen, sich der Darstellung ihres toten Sohnes vor Gott dem Vater hinzuzugesellen.

Elizabeth ist vor allem darauf bedacht zu zeigen, wie diese Identifizierung mit dem leidenden Jesus und seiner gramgebeugten Mutter in Cornelias Bewußtsein zur alles beherrschenden Vision ihres künftigen frommen Lebens als Nonne verschmolz – im »Heiligen Kind«:

> »In Cornelias religiöser Erfahrung wird Mariä Lichtmeß auf die gleiche Weise von Martyrium überlagert, wie ihr Bild von der Mutter, die in Bethlehem ihr Kind in den Armen wiegt, von der Pietá überlagert wird. Es ist beachtenswert, daß ihre Gedanken bei der Niederschrift vom Karfreitag zu Maria Lichtmeß zurückwandern – vom erwachsenen Jesus und seiner Passion zurück zu seiner Kindheit. John Henrys Tod wird für sie zum Zeichen dafür, daß Jesu Passion sie stets zum Heiligen Kind zurückführen wird. Cornelia fand in Wirklichkeit durch Leid und Trennung – durch ihr eigenes Martyrium – zum Heiligen Kind als Mittelpunkt des religiösen Lebens ihrer Ordensgemeinschaft . . .
>
> Jede aufopfernde Mutter, die 43 Stunden lang ein sterbendes Kind in den Armen hält, würde durch das schier unerträgliche Leid zutiefst verwundet. Cornelia setzte sich in diesen Stunden über ihr eigenes Leid hinweg, und indem sie den kleinen Körper mit-leidend in ihren Armen wiegte, wurde ihr die Gnade zuteil, mit Christus zu leiden und seine trauernde Mutter als *Alter ego* zu erkennen. Im Verlauf ihrer übergreifenden Kontemplation deutete sie alles, was geschehen war, zu einem Teil des Mysteriums Christi um. Ihre persönliche Tragödie wurde illuminiert und transponiert durch die Passion Jesu, die die Kindheit Jesu verklärt.
>
> John Henrys Schicksal machte Cornelia hellsichtig. In ihm sah sie Jesus, das leidende Kind des allmächtigen Vaters, ihr eigenes Kind in seiner Bedrängnis. Dieses Mysterium, durch das Christus sich mit der ganzen Menschheit identifizierte, eröffnete sich ihr haut-nah als Berührung, Festhalten, Bemuttern, Trösten und Mit-Leiden mit dem Kind ihres eigenen Leibes. Es kann also nicht überraschen, daß die Inkarnation

(versinnbildlicht in der Figur des ›Heiligen Kindes‹) für sie zu jenem Mysterium wurde, das sie am tiefsten auslotete.«

Elizabeth führt weiter aus, daß Cornelias Verbundenheit mit Gott durch ihre gläubige Reaktion auf den Tod ihres Sohnes vertieft wurde und eine geistliche Persönlichkeit formte.

> »Im Rückblick auf diese Zeitspanne läßt sich erkennen, daß die Gnaden, die Cornelia in ihrem 32. Lebensjahr empfing, gleichzeitig läuternd (ihr Rebstock wurde gestutzt und tief verletzt), erleuchtend (ihr wurde die Gnade zuteil, John Henrys Tod als ihre persönliche Teilhabe am Ostergeheimnis zu verstehen) und vereinigend waren (sie wurde durch ihre Sehnsucht und ihre Liebe eins mit Gott, und sie blieb diesem Geschenk der Vereinigung nicht nur in ›normalen‹ Zeiten treu, sondern auch zu Zeiten, die wahrhaftig außergewöhnlich waren) ...
> Es ist bemerkenswert, daß Cornelias Heiligkeit ihre endgültige Gestalt annahm, als sie noch das Leben einer verheirateten Frau führte. Ihre Lebensumstände sollten sich peu à peu verändern: Sie legte religiöse Gelübde ab, und die Hingabe ihres Lebens an den Glauben kreiste in immer stärkerem Maß um das fleischgewordene Wort, um das Heilige Kind. Ihre Liebe zu Gott, die in Grand Coteau entflammt war, sollte sich weiterhin in der für sie charakteristischen unternehmungsfreudigen Art und Weise äußern.«

Läuterung, Erleuchtung, Vereinigung – diese Kategorien gehören zum mystischen Sprachgebrauch und verweisen darauf, daß Cornelia auf ihre Art im Zeitraum von zehn Monaten einen vergleichbaren spirituellen Weg zurückgelegt hat und durch ihre Liebe zu Gott verwandelt wurde. Die »Sehnsucht nach Gott« und ihre »Empfänglichkeit für die Gnade«, so fährt Elizabeth fort, bildeten die beiden Pole für Cornelias Heiligkeit, die sie jedoch nicht veranlaßte, der Welt den Rücken zu kehren, sondern ihr Engagement für die Welt vollends entfachte.

Von diesem Punkt an zielt Elizabeths Argumentation, um Cornelias heroische Tugenden zu belegen, darauf ab, ihr Leben, Denken und Handeln als unmittelbare Antwort auf ihre Erfahrung und ihr Verständnis göttlicher Liebe zu beschreiben. Alle erforderlichen Tugenden – und noch einige darüber hinaus – sind vorhanden und werden nicht in Kategorien getrennt, sondern in einem kunstvoll gewobenen Muster präsentiert. Die Tugend der Armut zum Beispiel erscheint als Form der Hoffnung und wird durch Cornelias Bereitwilligkeit, ihr komfortables Leben in Natchez gegen die spartanische Einfachheit von Grand Coteau einzutauschen, ebensogut unter Beweis gestellt wie durch ihre Selbstverleugnung als Nonne. Hoffnung wiederum führt zur Nachsicht, und beide Tugenden manifestieren sich, wenn Cornelia von Pierce, Bischöfen sowie von einer Gruppe ihrer eigenen Schwestern verraten wird. Mäßigung nimmt die Form »übernatürlicher Ruhe« inmitten von Klagen und Gegenklagen und Skandalen an. Keuschheit verliert ihren verneinenden Beigeschmack und manifestiert sich in Form heroischer Großzügigkeit, indem Cornelia sich den Wünschen ihres Mannes – und den Forderungen der Kirche – beugt und in die Trennung von ihm einwilligt, damit er Priester werden kann. Gehorsam gegenüber höheren kirchlichen Instanzen erscheint als Geduld mit deren Schwächen. Und um Cornelias wunderbarem Enthusiasmus gerecht zu werden – ihrer Fähigkeit, aus einer Notlage das Beste zu machen, ihrer steten Bereitschaft zum Handeln, ihrem ungebrochenen apostolischen Überschwang –, widmet Elizabeth den Beispielen für eine oftmals vernachlässigte Tugend, nämlich den Eifer, ganze zwölf Seiten.

Beinahe die Hälfte des Textes ist Cornelias Leben entsprechend der Abhandlung christlicher Nächstenliebe oder der Früchte tragenden Liebe zu Gott gewidmet. Hier sind die Beweise zu Variationen über zwei Themen angeordnet: die Liebe zu Gott als Identifizierung mit Christus in seiner aufopferungsvollen Passion und in seinem Tod sowie die Nächstenliebe, inspiriert durch die Inkarnation Gottes im Jesuskind. Dabei stützt sich Elizabeth auf Cornelias Briefe und andere Schriftstücke und zeigt, daß diese beiden großen Mysterien des christlichen Glaubens zu den Polen wurden, die die Achse ihrer geistlichen Erfahrung und Entwicklung bestimmten. Dieser Achse folgend, lassen sich Cornelias Erfahrungen, die ganze Palette ihrer schmerzlichen und freudvollen Momente – Ehe, Mutterschaft, Tod, Trennung, religiöse Berufung, Neuerungen im Erziehungswesen, die Gründung einer Ordensgemeinschaft – im Spannungsfeld zwischen Kreuz und Krippe deuten.

Die *positio* für Cornelia Connelly wurde im Mai 1988 vom Gremium der Historikerkonsultoren gebilligt. Doch da die Causa kein Wunder vorweisen kann und keine der seelsorgerischen Prioritäten der Kongregation erfüllt, ist ihr bisher nicht stattgegeben worden. Und da Cornelias Leben bei den Heiligmachern immer noch als potentiell skandalös gilt, wurde der Fall an die Theologenkonsultoren weitergereicht. Doch unabhängig davon, wie ihr Urteil ausfallen wird, stellt die Beweisführung für Cornelias Heiligkeit einen radikalen Bruch mit traditionellen Argumentationsformen dar.

Zunächst wird die Form – und der Gehalt – der Tugenden von der Person und dem Leben der Kandidatin abhängig gemacht, wodurch die *informatio* Cornelia Connelly ermöglicht, eher als Individuum denn als Typus in Erscheinung zu treten. Und zweitens wird dadurch, daß die Tugenden in einer lockeren Anordnung beschrieben und nicht starr, jede für sich genommen interpretiert werden, ersichtlich, wie sie wechselseitig aufeinander einwirkten. Indem drittens Armut, Keuschheit und Gehorsam auf ihr gesamtes Leben und nicht nur auf ihre Gelübde bezogen werden, geht die *informatio* über die institutionellen Erfordernisse hinaus. Nicht minder aufschlußreich ist die Art und Weise, in der der Text über den Katalog vorgeschriebener Tugenden hinausweist und weitere mit einbezieht. Andererseits stellt die *positio* insgesamt keine wirklich umfassende Studie der geistlichen Entwicklung Cornelias dar, weil sie die charakterlichen Schwächen, die andere in ihr sahen, unberücksichtigt läßt.

Der wichtigste Beitrag jedoch, den die Connelly-*positio* geleistet hat, ist theologischer Art. Obwohl Elizabeths *informatio* die Voraussetzungen der Kongregation hinsichtlich des Beweises heroischer Tugenden erfüllt, so fußt die Beweisführung für Cornelias Heiligkeit doch nicht in erster Linie auf diesen Tugenden selbst. Es ist vielmehr ihre Verbundenheit mit Gott – und die Gnade, die diese Verbundenheit unterstützt –, die ihren heroischen Tugenden zugrunde liegen. Die Quintessenz der Argumentation Elizabeths lautet: Was Cornelias Tugenden »heroisch« macht – was ihrer Reaktion auf widrige Umstände den Anschein gibt, über das gewöhnliche Vermögen hinauszugehen –, ist genaugenommen die Frucht einer Liebe, die das Gewöhnliche in etwas Außergewöhnliches verwandelt. Man kommt also kaum an der Schlußfolgerung vorbei, daß die Stimmigkeit, die man in ihrem Leben findet – die Einzigartigkeit und Integrität ihrer Tugenden, die Ruhe inmitten so vieler Stürme –, eben nicht eine moralische Leistung aus eigener Kraft, sondern Ausfluß der *gratia adiuvans* (helfenden Gnade) Gottes ist. Die theologische Botschaft lautet –

verkürzt –: Heilige sind nicht deswegen heilig, weil sie tugendhaft sind, sondern sie sind tugendhaft, weil sie heilig sind.

Wenn dies in der Tat der Fall sein sollte, dann kann es kaum einen vorgefaßten Katalog von Tugenden geben, anhand dessen Heilige angemessen beurteilt werden können. Sie geben das Maß vor, nach dem gemessen wird, nicht wir. Darüber hinaus scheint es, als könnten historische Untersuchungen allein – wie »kritisch« oder »wissenschaftlich« sie auch immer sein mögen – keine Heiligkeit ans Tageslicht fördern. Sämtliche »Fakten« bedürfen der Interpretation, insbesondere dann, wenn es darum geht, dem Wirken der Gnade auf die Spur zu kommen.

Nichtsdestotrotz: Solange Heilige »von anderen für andere« gemacht werden, so lange muß ein gewisses Prozedere befolgt, müssen bestimmte Maßstäbe angelegt werden. Das ist nirgends nötiger – oder komplizierter – als bei den Causen der Päpste.

9. KAPITEL

Päpste als Heilige – Kanonisierung als Kirchenpolitik

*Die internen Konflikte
auf dem Zweiten Vatikanischen Konzil*

Im Oktober 1963 begannen die 2500 anläßlich des Zweiten Vatikanischen Konzils versammelten Konzilsväter mit der Diskussion über »Die allgemeine Berufung zur Heiligkeit in der Kirche«, einem schriftlichen Entwurf zum Thema Heilige und Heiligkeit, der später Bestandteil der dogmatischen Konstitution über die Kirche (*Lumen Gentium*) wurde. Das Konzil warf viele Fragen auf, an denen sich die Geister der Progressiven und der Konservativen schieden, doch das Thema Heilige gehörte nicht zu den dissensträchtigen Punkten. Jedenfalls so lange nicht, bis sich Leo Joseph Kardinal Suenens aus Malines-Brüssel erhob, einer der Wortführer des progressiven Flügels des Konzils und ein enger Freund des verstorbenen Papstes Johannes XXIII., um zur Frage der Heiligsprechung Stellung zu nehmen. Der formelle Kanonisierungsprozeß der Kirche, so beanstandete Suenens, gehe viel zu langsam vonstatten. Es wäre weit klüger, meinte er, den Prozeß der Heiligsprechung zu beschleunigen, um den Gläubigen zeitgenössische Beispiele der Heiligkeit vor Augen führen zu können, statt sie viele Jahrzehnte, ja sogar Jahrhunderte warten zu lassen und ihnen dann Persönlichkeiten zu präsentieren, deren moralische Bedeutung im Lauf der Zeit unweigerlich geschwunden sei.

Suenens nannte zwar keine Namen, doch den anderen progressiven Bischöfen war durchaus klar, daß der belgische Kardinal bei den zeitgenössischen Beispielen Papst Johannes XXIII. im Auge hatte. Papst Johannes war erst fünf Monate zuvor nach der ersten Tagungsperiode des Vatikanischen Konzils an Krebs gestorben, und mittlerweile mehrten sich die Stimmen, die sich dafür einsetzten, Johannes durch die versammelten Konzilsväter – natürlich mit Einwilligung Papst Pauls VI. – nach alter Sitte heiligzusprechen: durch öffentliche Akklamation.

Die Öffentlichkeit hatte an dem Plan, Johannes XXIII. zum Heiligen zu erklären, nicht das geringste auszusetzen. Der »gute Papst Johannes« hatte sich in seinen kaum fünf Jahren auf dem Stuhl Petri allein durch die bezwingende Kraft seiner Persönlichkeit weltweit Liebe und Bewunderung erworben. Tatsächlich hatte kein Papst seit der Zeit vor der protestantischen Reformation die Herzen der Nichtkatholiken derart eingenommen – und das schloß weltliche Humanisten, Marxisten und sogar Atheisten mit ein. Johannes' menschliche Wärme, sein trockener, derber Humor und sein offensichtliches Vertrauen in die menschliche Natur standen in krassem Gegensatz zu seinem reservierten, aristokratischen und intellektuell einschüchternden Vorgänger Papst Pius XII., der den Stuhl Petri beinahe zwei Jahrzehnte lang innegehabt hatte. Doch der Gegensatz zwischen den beiden war mehr als eine reine Frage der Persönlichkeit. Die von Johannes verfaßten Enzykliken, und besonders sein letzter zündender Appell für den Weltfrieden *Pacem in terris*, wandten sich gegen den kalten Krieg in einer Art und Weise, die ihm sowohl von seiten des kommunistischen Blocks als auch aus dem Westen höchste Anerkennung einbrachte. Darüber hinaus war das Konzil selbst seine Idee. Er hatte es angekündigt, ohne sich zuvor mit der römischen Kurie beraten zu haben, und stürzte damit die gesamte Kirche, die sich zwei Jahrhunderte lang mit der mißtrauischen Beobachtung der modernen Welt zufriedengegeben hatte, in den berauschenden Prozeß des *aggiornamento* (des auf-den-heutigen-Stand-Bringens). Solange die Erinnerung an Johannes' belebenden Geist noch frisch war, erhofften sich manche Konzilsväter eine Aufwertung der Weltmeinung über diesen beliebten Papst, wenn die versammelten Bischöfe bestätigten, daß Johannes nicht nur ein guter Mensch, sondern auch ein Heiliger der Kirche war.

Aus kirchengeschichtlicher Perspektive war die Initiative allerdings mehr als kühn, ja radikal. Wenngleich von Päpsten erwartet wird, der Kirche ein geistliches Vorbild zu sein, sind doch nur wenige der formellen Kanonisierung für wert befunden worden. Die Lehre, die aus der Geschichte der Heiligsprechung gezogen werden kann, scheint zu lauten: Das höchste Kirchenamt ist kein Platz für einen Mann, der die heroische Tugendhaftigkeit anstrebt, die von einem kanonisierten Heiligen erwartet wird.

Von Papst Johannes' 262 Vorgängern auf dem Stuhl Petri in Rom werden 81 von der Kirche als Heilige angesehen. Diese Zahl kann jedoch leicht irreführen. Darunter fallen nämlich, vom Apostel Petrus abgesehen, 47 seiner ersten 48 Nachfolger als Oberhirten der christlichen Kirche in Rom – die Hälfte davon waren Märtyrer, und alle starben vor dem Jahr 500. Von den verbleibenden starben 30 vor 1100, also mehr als ein Jahrhundert bevor die Kirche auch nur die einfachsten Verfahrensweisen zur Begutachtung des Lebens potentieller Heiliger entwickelt hatte. Sie waren kurzerhand durch öffentliche Akklamation heiliggesprochen worden.

In den letzten 900 Jahren sind also nur drei Päpste in den Kanon der Heiligen aufgenommen worden. Der erste von ihnen kann zudem kaum als vorbildlicher Papst bezeichnet werden: Coelestin V., ein Asket und Eremit, unter unglücklichen Umständen gewählt und ungeeignet zum Oberhirten, dankte 1294 nach nur fünfmonatiger Amtszeit ab. Er wurde 1313 heiliggesprochen, immerhin noch zweieinhalb Jahrhunderte vor der Einführung formeller Kanonisierungsprozesse durch die Ritenkongregation im Jahre 1588. Tatsächlich sind nur zwei Päpste nach den institutionalisierten Methoden der Heiligsprechung kanonisiert worden: Pius V. (1566–1572), ein Dominikaner, der die Reformen des Konzils von Trient in die Tat umsetzte, und Pius X. (1903–1914), persönlich ein frommer Mann, der allerdings Denken und Gelehrsamkeit innerhalb der Kirche unterdrückte. Seliggesprochen wurden nur acht weitere Päpste.

1963 gab es also kaum irgendwelche Präzedenzfälle für die Heiligsprechung eines Papstes und für die Umgehung des etablierten Kanonisierungsprozesses in den letzten 400 Jahren auch nicht. Papst Paul VI. hatte also die Möglichkeit, das Konzil entsprechend zu ermächtigen, und Johannes' Befürworter hofften, ihn auf die eine oder andere Weise zum Handeln bewegen zu können.

Als im September 1964 die dritte Tagungsperiode des Konzils eröffnet wurde, war die Kampagne für Johannes' Heiligsprechung in der Außenwelt bereits auf großen Zuspruch gestoßen. In der Diözese Bergamo, in der Johannes' Geburtsort liegt, wurde ein Bittgesuch für seine Kanonisierung von 50 000 Priestern und Laien unterzeichnet und dem Bischof überreicht. Radio Vatikan berichtete, viele Bischöfe nichtitalienischer Herkunft hätten sich ebenfalls dem Ersuchen angeschlossen, und beim Heiligen Stuhl seien formelle Bittgesuche aus aller Herren Länder eingegangen. Das

Thema wurde auf dem Konzil im November 1964 zweimal zur Sprache gebracht. Weihbischof Bogdan Beize aus dem polnischen Lodz deutete in seiner an das Konzil gerichteten Denkschrift an, daß »die Kirche größeren Einfluß auf die Kulturen unserer Zeit hätte, wenn Johannes XXIII. in das Verzeichnis der Seligen aufgenommen würde«. Wenige Tage später schlug der brasilianische Bischof Dom Helder Camara aus Recife anläßlich eines Vortrags in Rom vor, daß Papst Johannes – den weltweit gehegten Erwartungen entsprechend – am Ende des Konzils als »der Prophet neuer Strukturen, als Freund Gottes und als Freund aller Menschen« heiliggesprochen werden sollte.

Die Befürworter konnten zu diesem Zeitpunkt mit der Unterstützung einer ganzen Reihe hochrangiger Kirchenmänner rechnen, die samt und sonders dem Lager der Progressisten des Konzils zuzuordnen waren. Zu den einflußreichsten gehörten die Kardinäle Franz König aus Wien, Bernard Alfrink aus Utrecht, Achille Liénart aus Lille und Giacomo Lercaro aus Bologna sowie Suenens aus Brüssel. Zweifellos hielten diese Männer Johannes für einen Heiligen. Ebenso hielten sie sich selbst für seine wahren geistlichen Erben und für berufen, die von ihm in Gang gesetzte Revolution der kirchlichen Strukturen und Inhalte zu Ende zu führen.

Allerdings hegten die Progressisten ernstliche Befürchtungen, daß die Öffnung, die Johannes eingeleitet hatte – gegenüber den von der Mutterkirche abgespaltenen christlichen Brüdern (Johannes hatte darauf bestanden, nichtkatholische Christen als offizielle Beobachter zum Konzil zu laden), gegenüber Nichtgläubigen, ja sogar Kommunisten (kurz vor seinem Tod hatte er katholische Konservative geschockt, indem er den Schwiegersohn des sowjetischen Ministerpräsidenten Nikita Chruschtschow im Vatikan empfing) und gegenüber der gesamten modernen Welt –, von den Konservativen, die die optimistische Zuversicht des verstorbenen Papstes nicht teilten, unterlaufen würde. Papst Paul VI., sein Nachfolger, galt zwar als gemäßigter Progressiver, zeigte jedoch schon erste Anzeichen innerer Seelenqualen angesichts der zutage tretenden ideologischen Spaltungen unter den Konzilsvätern. Die Progressisten glaubten, Johannes' Heiligsprechung böte die Gewähr für ein reformfreudiges Konzil: Schließlich konnten die Konzilsväter nicht einerseits Johannes als Vorbild für alle Bischöfe der Kirche darstellen und kanonisieren – und andererseits dieses Vorbild desavouieren, indem sie Dekrete und Konstitutionen verabschiedeten, die im Widerspruch zu Johannes' Geist der Erneuerung standen.

Insgesamt gesehen waren die Motive für die angestrebte Kanonisierung Johannes' also ebenso kirchenpolitischer wie religiöser Natur. Soviel war jedenfalls der ausführlichen Eingabe zu entnehmen, die die Führer des progressiven Flügels unter den Konzilsvätern in Umlauf brachten. Sie befaßte sich mit den Fragen, warum und wie Johannes zum Heiligen erklärt werden solle:

»Unter Papst Johannes, einem nicht nur tiefgläubigen, sondern auch wahrlich humanen Mann, machte die Kirche die Liebe für die ganze Welt erneut zu ihrem Zeichen, indem sie jegliche Härte gegenüber Sündern ablehnt und sich dank ihres liebevollen Oberhirten einer Welt gegenüber barmherzig erweist, die alles daransetzt, sich einen agnostizistischen und atheistischen Anstrich zu geben... Von Papst Johannes haben wir gelernt, daß die Welt der Kirche nicht ganz und gar feindselig gegenübersteht, ebensowenig wie die Kirche der Welt. Es ist gut möglich, daß die Welt von uns die Erklärung erwartet, daß wir Papst Johannes nicht als Träumer betrachten, nicht als einen, der flugs alles über den Haufen warf, was mühsam und geduldig wieder in Ordnung gebracht werden muß..., sondern im Gegenteil, daß wir ihn als einen wahren Christen, ja als einen Heiligen betrachten, als einen Mann, den wahre Liebe für die Welt und für die gesamte Menschheit erfüllte, und daß seine Gesinnung, von Papst Paul VI. seit Beginn seines Pontifikats übernommen und nachgelebt, auch die Gesinnung ist, die wir, die Bischöfe, die er zum Konzil versammelt hat, uns gemeinsam mit der gesamten Christenheit zu eigen zu machen wünschen und mit stetig zunehmendem Engagement leben wollen. Welche Aussichten auf pastorale Erneuerung, welche Hoffnungen auf den Dialog werden in Erfüllung gehen, wenn dieses Konzil, das die gesamte Kirche hier auf Erden in solch einzigartiger Weise repräsentiert, die Heiligkeit ihres (verstorbenen) Oberhirten ohne die gewohnten zeitlichen Verzögerungen auf zwar ungewöhnliche, aber durchaus nicht neue Art und Weise verkünden würde!«

Hinsichtlich des Wie der Heiligsprechung wiesen die Autoren darauf hin, daß die Kirche jahrhundertelang Heilige ohne juristische Prozesse anerkannt habe und dies im Fall von Papst Johannes wieder tun könne:

> »Für diesen Fall könnte ad hoc eine Kommission (aus Konzilsvätern) gebildet werden, die sämtliche Faktoren sorgfältig, zügig und objektiv begutachtet. Schließlich kannten wir Bischöfe alle Papst Johannes' Standpunkte und Absichten aus seinen eigenen Äußerungen und Schriften. Und wir alle sind ehrfurchtsvolle Zeugen der Bewunderung und Zuneigung gewesen, die Papst Johannes zeit seines Lebens, und insbesondere bei seinem Tod, von allen Seiten entgegengebracht wurde – ohne Rücksicht auf Zugehörigkeit zu Rassen oder Religionen...
> Warum sollte es nun also nicht möglich sein, daß dieses heilige Konzil den Heiligen Vater ebenso wie bei der Verkündigung aller Glaubenswahrheiten um die Ermächtigung ersucht, Papst Johannes XXIII. mit ihm und unter ihm zu einem vorbildlichen Heiligen zu erklären, dessen Vermächtnis wahrlich zeitlos ist und der allen, besonders aber uns Bischöfen, als Hirte und Führer in der Erkenntnis der verborgenen, aber wirksamen Gegenwart Gottes in der Welt und in allen Menschen guten Willens dient?«

Es bedurfte keines Doktorhuts in Exegese, um zu erkennen, daß der Wortlaut der von den Progressisten verfaßten Stellungnahme darauf abzielte, die Kritik an Papst Johannes, die vom reaktionärsten Flügel des Konzils geäußert worden war, zum Verstummen zu bringen. Gleich zu Beginn des Konzils hatte sich ein aus etwa 200 Bischöfen bestehender »harter Kern« Johannes' Ruf nach *aggiornamento* widersetzt. Ihre Wortführer waren die mächtigsten Kardinäle der römischen Kurie, die die Entscheidung des Papstes, ein ökumenisches Konzil einzuberufen, mit eisigem Schweigen aufgenommen hatten. Diese Bischöfe und Kardinäle, die sich daran gewöhnt hatten, die Kirche von Rom aus zu regieren, empfanden das kurze Pontifikat Papst Johannes' keineswegs als Segen für die Kirche – und hielten ihn allein aus diesem Grund für kein Vorbild der Heiligkeit, dem andere Bischöfe auch noch nacheifern sollten. Im engsten Kreis hatten ihn einige in der Tat schon als »Träumer« abgetan, und im Verein mit Gleichgesinnten fühlten sie sich verpflichtet, die angestammte Ordnung der Kirche wiederherzustellen, die ihrer Meinung nach vom verstorbenen Papst »eilfertig über den Haufen geworfen« worden war. Sie hatten, kurz gesagt, nicht die Absicht, sich auf etwas einzulassen, das sie als politische Kabale betrachteten.

Die Progressisten hofften, ihre Eingabe am 5. November 1964 auf die Tagesordnung zu bringen, dem gleichen Tag, an dem das Konzil die pastorale Konstitution über die Kirche in der Welt von heute (*Gaudium et spes*) beraten sollte. Von sämtlichen Texten, mit denen sich das Konzil beschäftigte, spiegelte dieses den weltoffenen Geist Johannes' XXIII. am stärksten wider. Das Protokoll verlangte jedoch, daß jede Eingabe von mindestens 70 Konzilsvätern unterschrieben sein mußte, und diese trug erst 50 Unterschriften. Die Befürworter gaben sich die größte Mühe, weitere 20 Konzilsväter zu gewinnen, aber die vollständige Liste kam zu spät. Die Bemühungen des progressiven Flügels, Johannes' Heiligsprechung zur Diskussion und zur Abstimmung zu bringen, verliefen, obwohl der Text den Konzilsmoderatoren unterbreitet wurde, zunächst im Sand. Die Befürworter waren jedoch fest entschlossen, während der vierten und abschließenden Tagungsperiode des Konzils ihren Antrag einzubringen.

Die Eingabe drang letzten Endes nie in den Sitzungssaal des Konzils vor – und somit entging das intensive kirchenpolitische Drama, das die Heiligsprechung von Papst Johannes umgab, der Aufmerksamkeit der 3000 Journalisten, die über das Zweite Vatikanische Konzil berichteten. Ein Großteil des Dramas spielte sich außerhalb des Sitzungssaals in den Büros der offiziellen Heiligmacher ab. Mehrere Delegationen von Bischöfen statteten der Kongregation Besuche ab, um deren Meinung über den Vorschlag der Progressisten einzuholen, dem Konzil außerordentliche Kanonisierungsvollmachten zu übertragen. An den Mitarbeitern der Kongregation nagte, wie nicht anders zu erwarten, die Kritik von Suenens und anderen Konzilsvätern, die ihre Forderung nach Papst Johannes' Heiligsprechung mit Klagen über die Dauer der Kanonisierungsverfahren verbunden hatten. Obwohl mehrere Heiligmacher den Prozeß gleichfalls für zu langwierig hielten, interpretierten sie die Bemühungen um Johannes' außerordentliche Heiligsprechung durch das Konzil doch als Kritik an der Kongregation selbst.

Die Heiligmacher hatten allerdings darüber hinaus noch eine Reihe schwerwiegender Einwände. Teilweise waren sie grundsätzlich gegen die vorgeschlagene Methode der Kanonisierung. Es sei nicht Aufgabe des Konzils, so argumentierten sie, irgend jemanden heiligzusprechen. Es sei unklug, sagten sie, die Heiligkeit von Johannes, einmal abgesehen von seinem derzeitigen Ruf, ohne eine genaue Überprüfung seines Lebens und seiner Tugenden zu verkünden. Sie erklärten, daß Päpste, genau wie alle anderen Kandidaten für die Kanonisierung auch, nicht nur ein öffentliches, sondern auch ein privates Leben haben, welches einer peinlich genauen Untersuchung durch die Kongregation bedarf. Ein Mitglied der Kongregation führte aus: »Wenn jemand wirklich bedeutend war, dann kann eine endgültige Biographie erst 50 Jahre nach seinem Tod verfaßt werden. Und bei Päpsten dauert es Jahre, bis alle Dokumente gesammelt sind.«

Nicht weniger fiel ins Gewicht, daß etliche Heiligmacher den Motiven der Progressisten mit tiefem Mißtrauen begegneten. »Sie benutzten Johannes, um mit Pius abzurechnen«, sagte Molinari, der während des Zweiten Vatikanischen Konzils als offizieller *peritus* (Sachverständiger) fungierte. »Sie schufen einen Gegensatz zwischen den beiden Päpsten, welcher der Denkweise Johannes' XXIII. nicht im mindesten gerecht wird. Die letzten paar Stunden waren für Papst Johannes wahrlich eine Qual, denn er wußte genau, daß mehrere Theologen – und außer ihnen auch etliche Bischöfe – versuchten, liberale Ideen durch das Konzil zu peitschen, indem sie so taten, als handelte es sich dabei um Ideen von Johannes persönlich.«

Viele Konservative unter den Konzilsvätern hatten in der Tat das Gefühl, daß es, wenn schon ein Papst heiliggesprochen werden sollte, Pius XII. sein müsse. Als das Konzil eröffnet wurde, war Pius erst vier Jahre tot, und es gab viele Stimmen, die sich für die offizielle Eröffnung seines Kanonisierungsverfahrens aussprachen. In den Augen der Konservativen verkörperte Pius alles, was einen Papst ausmachen sollte: Er war diszipliniert, autoritär und auf derart vielen Fachgebieten bewandert, daß er schon beinahe furchteinflößend wirkte; die moderne Welt (und besonders den Kommunismus) betrachtete er mit Mißtrauen – ja, bisweilen sogar mit Verachtung; er war in sich gekehrt, wenn nicht sogar reserviert; die Auffassung, die er von der Kirche hatte, und die Art und Weise, in der er sie führte, wiesen einwandfrei monarchistische Züge auf; und vor allem war er resolut, wenn es darum ging, die Flut progressistischer Abweichungen von der offiziellen Lehre einzudämmen. Unter seinem Pontifikat wurde beispielsweise eine ganze Reihe höchst prominenter kirchlicher Theologen* zensiert oder zum Schweigen verurteilt, und mehrere konservative Kardinäle forderten vom Konzil die Bestätigung und Bekräftigung ihrer irrigen Theologien. Johannes dagegen hatte die Urteile aufgehoben, und mittlerweile tummelten sich diese progressistischen Theologen in den Korridoren des Konzils, wo sie als offizielle *periti* des im Aufwind begriffenen progressiven Flügels fungierten. Die Konservativen waren also davon überzeugt, daß es sich bei dem Bemühen um die Kanonisierung von Johannes in Wirklichkeit um einen verschleierten Versuch handelte, das Pontifikat Pius' XII. und ihre eigenen orthodoxen Ansichten in Mißkredit zu bringen und sich für die theologischen »Irrtümer«, die Pius zurückgewiesen hatte, zu revanchieren.

Zusammenfassend läßt sich sagen, daß sich der Konflikt zwischen den Progressisten und den Konservativen unter den Konzilsvätern auf die beiden gegensätzlichen Persönlichkeiten Johannes' XXIII. und Pius' XII. zuspitzte. Diese wiederum versinnbildlichten zwei unterschiedliche Auffassungen von Kirche, insbesondere in ihren Beziehungen zur Außenwelt. Niemand verstand das besser als Paul VI., der beiden Päpsten gedient hatte. Als die letzte Tagungsperiode des Konzils im September 1965 eröffnet wurde, wußte er genau, daß die Progressisten fest entschlossen waren, den versammelten Konzilsvätern ihre Eingabe vorzulegen. In diesem Fall war zu erwarten, daß es zu einer spontanen Demonstration für Johannes kam, die in Null Komma nichts weltweit Schlagzeilen machte. Der dadurch entstehende Druck, der Eingabe zuzustimmen, würde enorm sein, das wußte Papst Paul. In den Augen der Welt war Johannes einwandfrei der populärste Mann der Kirche.

Was tun? Paul hegte weder aufgrund seiner Natur noch seines Werdegangs in der Kirche auch nur die geringste Neigung, einmal etablierte Verfahrensweisen zu umgehen. Auf der anderen Seite konnte er es sich kaum leisten, den Eindruck zu erwecken, als würde er Johannes' Heiligkeit bestreiten wollen. Es war nur noch eine Frage von wenigen Tagen, so berichtete man ihm, bis die Progressisten ihren Antrag einbringen würden. Er mußte ihnen

---

* Die wichtigsten waren unter anderen: die Jesuiten Henri de Lubac, Henri Rondet und Henri Bouillard sowie die Dominikaner Marie-Dominique Chenu und Yves-Marie Congar, alle Franzosen.

zuvorkommen. Er wandte sich also insgeheim an zwei Heiligmacher, die er gut kannte und deren Urteil er vertraute. Ihr Vorschlag wurde der Öffentlichkeit am 18. November 1965 unterbreitet: Paul verkündete in einem salomonischen Urteilsspruch, daß er die Kongregation dahingehend instruieren werde, die Kanonisierungsprozesse Johannes' *und* Pius' einzuleiten – im Einklang mit der etablierten Verfahrensweise.

Die Progressisten waren enttäuscht – manche sogar bitterlich. Die Konservativen rieben sich die Hände: In der Tat hätte Paul den offiziellen Prozeß Pius' ohne den Vorstoß zugunsten Johannes' wohl kaum so bald in die Wege geleitet, denn sein Ruf der Heiligkeit war während Johannes' Amtszeit mehr und mehr verblaßt. Doch der wahre Sieger war die Kongregation: Sie war in ihrer Rolle als Heiligmacher bestätigt worden.

Es stellte sich jedoch bald heraus, daß Papst Paul die heikle kirchenpolitische Kontroverse durch die Verknüpfung der Fälle Pius' und Johannes' nicht gelöst, sondern nur verschoben hatte. War es nicht so, daß Paul mit der gleichzeitigen Einleitung beider Fälle auch deren Ergebnisse vorwegnahm? Juristisch handelte es sich um zwei verschiedene Fälle: Jeder Diener Gottes mußte für sich und aufgrund der vorliegenden Erkenntnisse beurteilt werden. Doch konnte die Kirche – aus kirchenpolitischen Gründen – wirklich den einen Papst ohne den anderen heiligsprechen? Eine solche Konstellation war seit Bestehen der Kongregation nie zuvor aufgetreten.

Die Kriterien für die Kanonisierung von Päpsten

Theoretisch unterscheidet sich der Fall eines Papstes nicht von dem irgendeines anderen Kandidaten. Der Verfahrensmodus ist der gleiche, und dieselben Tugenden müssen bewiesen werden. In der Praxis jedoch werden päpstliche Fälle gesondert behandelt und haben ihre eigene Problematik.

Erstens werden päpstliche Fälle nur von einem anderen Papst eingeleitet. Das ist zumindest laut Präzedenzfall so.* Immer un-

---

* Sollte ein Papst während des Besuchs einer anderen Diözese sterben, dann obliegt es theoretisch dem Bischof dieser Diözese, seinen Fall ins Rollen zu bringen. In der Praxis würde er dieses Recht jedoch respektvoll an den Heiligen Stuhl abtreten.

terliegen päpstliche Verfahren von Anfang an der Kontrolle des Papstes; sogar die Promotoren des päpstlichen Falles werden vom jeweiligen Oberhirten ernannt.

Zweitens geht man davon aus, daß ein Papst mit der kirchlichen Lehre übereinstimmt, daher werden die Schriften (wie zum Beispiel die Enzykliken), die er in seiner Eigenschaft als höchster Glaubenslehrer der Kirche veröffentlichte, nicht der üblichen vorläufigen Begutachtung durch die theologischen Zensoren unterworfen. Weil die Worte eines Papstes – wie seine Handlungen auch – unter Umständen aber unklug oder für die Kirche möglicherweise sogar schädlich sein können, sind sie in dieser Hinsicht gegen die Kritik der Konsultoren der Kongregation nicht gefeit. Darüber hinaus kann es gewisse, politisch brisante Dokumente geben – päpstliche Tagebücher sind dafür ein hervorragendes Beispiel –, die nur vom Postulator und vom Relator des Falles gelesen werden dürfen. Die persönliche Korrespondenz und andere private Papiere sind dennoch wichtig für die Gutachter, da sie direkten Aufschluß über das religiöse Leben des Kandidaten geben können.

Drittens verfassen Päpste schon aufgrund ihres Amtes weit mehr Schrifttum als die meisten anderen Diener Gottes; ebenso wird über sie mehr geschrieben. Dieses Material kann natürlich nicht erschöpfend erfaßt und überprüft werden, und in einigen Fällen sind sogar Verdächtigungen laut geworden, daß den Kandidaten belastende Schriftstücke unterschlagen wurden oder bequemerweise verlorengingen.* Doch die Postulatoren sind moralisch dazu verpflichtet, alles relevante Material zu berücksichtigen, und könnten andernfalls das Verfahren sogar gefährden. Da Päpste überdies per se Schlüsselfiguren auf der welthistorischen Bühne sind, erwartet man von den Postulatoren, daß sie nicht nur die unterschiedlichen geschichtlichen Bewertungen des Papstes, sondern auch sämtliche historische Quellen untersuchen. Bei einem Papst wie Pius XII., der vor seiner Wahl zum Oberhirten 22 Jahre lang wichtige diplomatische Posten bekleidete, ist die Auswahl potentiell relevanten Materials schier überwältigend.

Viertens machen sich Päpste, im Gegensatz zu den meisten anderen Heiligen, zwangsläufig viele Feinde, und zwar vor allem

---

* Diese Behauptung wurde im Verlauf eines Privatgesprächs zwischen dem Autor und dem Kirchenhistoriker Francis Xavier Murphy, CSSR, in Verbindung mit dem Prozeß für Papst Pius X. geäußert.

in den Reihen jener, die eng mit ihnen zusammenarbeiten. Vermutlich liegt es daran, daß sich keine päpstliche Causa – vor allem nicht bei solch kontroversen Persönlichkeiten wie Johannes und Pius – rasch abwickeln läßt, solange noch einer ihrer Gegner am Leben ist und über Einfluß in der Kirche verfügt.

Doch der entscheidende Hauptunterschied zwischen päpstlichen und anderen Verfahren ist folgender: Ein Papst wird nicht nur hinsichtlich seiner persönlichen Heiligkeit, sondern auch in seiner Eigenschaft als höchster Glaubenslehrer und Oberhaupt der Kirche beurteilt. Benedikt XIV. läßt in dieser Hinsicht keinen Raum für Zweifel. In seiner Abhandlung über die Selig- und Heiligsprechung widmet er den Pflichten des Amtes, denen die Gutachter im Fall eines Dieners Gottes auf dem Stuhl Petri nachzukommen haben, einen eigenen Abschnitt. Benedikt vertrat die Ansicht, daß die Ansprüche eines Papstes auf Heiligkeit an »seinem Einsatz für die Erhaltung und Verbreitung des katholischen Glaubens, für die Einhaltung und Wiederherstellung kirchlicher Disziplin und die Verteidigung der Rechte des Heiligen Stuhls« gemessen werden sollten. Sein Hauptvorbild war Pius V. An anderer Stelle rät er den Gutachtern, auf Anzeichen von Demut zu achten, und zitiert dazu den heiligen Bernhard, daß »es unter allen päpstlichen Zierden keine gibt, die strahlender wäre«. Deswegen meint Benedikt zum Beispiel auch, niemand solle nach dem höchsten Kirchenamt streben. Nach seiner Wahl zum Papst solle man grundsätzlich bereit sein, das Amt abzulehnen.

Den drei letzten von der Kirche heiliggesprochenen Päpsten nach zu urteilen, wurden Benedikts Vorgaben in jedem einzelnen Fall genauestens eingehalten. Sowohl Coelestin V. als auch Pius V. lebten, selbst als Päpste, äußerst asketisch, und die Quellen erlauben den Schluß, daß sich ihre Heiligkeit vor allem auf ihre mönchischen Tugenden gründete. Am Beispiel Coelestins V. wird deutlich, daß seine miserablen Leistungen als Papst der Anerkennung seiner Heiligkeit keinen Abbruch taten.* Den Äußerungen Benedikts XIV. über Pius V. läßt sich entnehmen, daß sein resolutes Programm der Kirchenreform und sein unnachgiebiger

---

* Sehr zu seinen Gunsten wirkte sich der politische Streit zwischen seinem Nachfolger, Bonifatius VIII. (1294–1303), und König Philipp IV. von Frankreich aus. Die Heiligsprechung Coelestins durch Clemens V. (1305–1314) war nicht zuletzt auf den Druck des französischen Königs zurückzuführen, der sie gleichzeitig als Verweis für Bonifatius auffaßte.

Widerstand gegen Häretiker und Ungläubige in seinem Prozeß eine große Rolle spielten. Auf der anderen Seite waren sowohl Pius V. als auch Pius X. berüchtigt für ihr grimmiges und oftmals ungerechtfertigtes Vorgehen gegen gebildete und adelige Katholiken, die von den römischen Inquisitoren als tatsächliche oder potentielle Häretiker betrachtet wurden. Außerdem läßt die Vertreibung der Juden aus dem Kirchenstaat durch Pius V. – einige wenige, wirtschaftlich »nützliche« ausgenommen – auf ausgeprägten Anitsemitismus schließen. Kurzum, ein Blick auf die drei jüngsten Heiligen unter den Päpsten läßt die Vermutung zu, daß ein Übermaß an »Einsatz für die Erhaltung und Verbreitung des Glaubens« bei der Beurteilung der heroischen Tugenden eines Papstes nicht als Untugend gilt.

Doch die Welt zu Zeiten Pius' XII. und Johannes' XXIII. war eine grundlegend andere, und das gleiche gilt auch für die Ansprüche, die an den Papst gestellt werden. Beide Männer waren zunächst Diplomaten des Vatikans, beide spielten während und nach Beendigung des Zweiten Weltkriegs eine wichtige Rolle, und beide hatten entscheidenden Einfluß auf die Neugestaltung der Kirche, die im Zweiten Vatikanischen Konzil zum Ausdruck kam. Auf der anderen Seite unterscheiden sie sich jedoch in Temperament und Grundeinstellung völlig. Beide hatten ein unterschiedliches Verhältnis zur »Welt« – man könnte fast sagen, sie sprachen nicht die gleiche Sprache. Darüber hinaus darf man nicht vergessen, daß jeder gänzlich unterschiedliche Tendenzen innerhalb der Kirche der Neuzeit vertrat und, soweit ich es beurteilen kann, von gegensätzlichen Flügeln gestützt wurde.

Aus all diesen Gründen war nur schwer zu erkennen, wie Pius XII. und Johannes XXIII. anhand der verhältnismäßig starren Richtlinien, die für ihre Vorgänger entwickelt worden waren, beurteilt werden konnten. Bei beiden Päpsten handelte es sich um international bekannte Persönlichkeiten, deren Worte und Taten weltpolitische Wellen schlugen, und es war klar, daß die Weltöffentlichkeit am Ende ihrer Prozesse mehr als nur ein flüchtiges Interesse bekunden würde. Außerdem konnten, wie mir schien, die Unterschiede zwischen den beiden Päpsten nicht so einfach übergangen werden. Beide Fälle waren aus der Hitze kirchenpolitischer Gefechte heraus eingeleitet worden, und jeder stellte die Heiligmacher, unabhängig von den jeweiligen Erfordernissen heroischer Tugendhaftigkeit, vor die Frage: Wie kann die Kirche einen von beiden heiligsprechen, ohne die weltliche und kirchliche

Politik, für die jeder Papst einzustehen hat, gleichfalls zu billigen? Oder, um die Frage anders zu formulieren: Wie kann die Kirche einen Papst für selig erklären, ohne gleichzeitig seine Entscheidungen als Papst abzusegnen?

Die Kohärenz zweier Pontifikate

Als ich mit meinen ersten Nachforschungen über päpstliche Fälle begann, waren die Kanonisierungsverfahren Johannes' und Pius' beinahe ein Vierteljahrhundert alt. Dennoch war keines von beiden weit genug fortgeschritten, um der Kongregation zur Diskussion vorgelegt zu werden. Papst Paul VI. hatte die Jesuiten mit Pius' Fall und die Franziskaner mit Johannes' Fall betraut. Pius hatte stets eine besondere Affinität zur Gesellschaft Jesu gezeigt; von seinen frühesten Zeiten als Apostolischer Nuntius in Deutschland bis in seine letzten Tage als Papst wählte er seine engsten Berater prinzipiell aus dem Kreis der Jesuiten. Doch das war weder der einzige noch der wichtigste Grund dafür, daß Pauls Wahl auf die Jesuiten fiel: Papst Paul verband eine lange und innige Freundschaft mit Pater Molinari – schon ihre Eltern waren befreundet gewesen –, und Giovanni Battista Montini (der bürgerliche Name Papst Pauls VI.) wußte, daß Molinari einer der versiertesten Heiligmacher war.

Seine Gründe, den Fall Johannes' den Franziskanern zu übertragen, waren bis zu einem gewissen Grad ebenfalls persönlicher Natur. Dem nicht minder erfahrenen Generalpostulator der Franziskaner, Pater Antonio Cairoli, oblag der Fall des Kardinals Andreas Ferrari (1850–1921), einer der Vorgänger Pauls auf dem Stuhl des Erzbischofs von Mailand. Das besondere Interesse des Papstes an diesem Fall rührte daher, daß Ferrari einst seinen Vater, Giorgio Montini, einen Mailänder Zeitungsverleger, während des antimodernistischen Feldzuges unter Pius X. gegen den Verdacht der Häresie verteidigt hatte.*

---

* Unter dem Pontifikat Pius' X. geriet Montini senior im Rahmen des päpstlichen Kampfes gegen den Modernismus in der Kirche nicht nur in ungerechtfertigten Verdacht, sondern wurde auch von Freunden des Papstes angegriffen. Er verlor aufgrund dieser Auseinandersetzung so viel Geld, daß sein Sohn, der künftige Papst, sein Studium am Priesterseminar ein Jahr lang unterbrechen mußte.

Zufällig wurde Ferrari am 10. Mai 1987, als ich gerade wegen meiner Nachforschungen in Rom weilte, seliggesprochen. Eine Woche darauf fand meine erste Zusammenkunft mit Cairoli im Franziskanerkolleg statt. Der kleine, beinahe 80jährige italienische Mönch las bei meiner Ankunft gerade in seinem Brevier. Er war in prächtiger Stimmung: Ferrari war der bis dato letzte von 91 Dienern Gottes, die er vor der Kongregation vertreten hatte, und nun brauchte er sich nur noch um seinen, wie er ihn nannte, geliebten »Papa Giovanni« zu kümmern.

Wir streiften das Thema Ferrari nur kurz. Die Seligsprechung des Kardinals sei ein Akt ausgleichender Gerechtigkeit, meinte ich, da Ferrari unter der von Pius X. veranlaßten Hexenjagd zu leiden gehabt habe. Ich wollte wissen, ob die beiden Männer, der eine selig, der andere ein ausgewachsener Heiliger, im Jenseits wohl auf du und du stünden. Der alte Mönch lächelte. Die Tatsache, daß diese beiden Gegner für heroisch tugendhaft befunden worden waren, so sagte er, beweise, daß die Kongregation jeden Kandidaten nach seinen eigenen Verdiensten beurteile.

»Und was ist mit Pius und Johannes?« fragte ich. »Viele Leute, Katholiken eingeschlossen, bewerten ihre Verdienste nicht nur unterschiedlich, sondern in mancher Hinsicht sogar gegensätzlich.«

Cairoli erhob Einspruch. »Jeder Papst führt das vorangegangene Pontifikat zu Ende«, sagte er. »Ich bin überzeugt, zwischen diesen beiden Päpsten liegen keine Welten. Ihre Pontifikate waren eng miteinander verflochten. Die Unterschiede, die zwischen beiden bestanden, sind übertrieben worden.«

»Dann besteht zwischen dem Ausgang dieser beiden Fälle Ihrer Meinung nach also ein Junktim?«

Giorgio Montini wurde später dank Ferrari rehabilitiert. Doch als der Prozeß vor Ort für Ferrari in die Wege geleitet wurde, haftete dem Namen des Kardinals selbst noch immer der Makel des Modernismus an. Zur größten Freude Papst Pauls wurde der Fall durch Cairoli gerettet, als er einen von Ambrogio Damiano Achille Ratti, dem späteren Papst Pius XI., geschriebenen Brief fand, in dem Ferrari Rückendeckung erhielt. Dieses Dokument ebnete den Weg für Ferraris Seligsprechung – eine Zeremonie, die Papst Paul selbst gerne in Mailand abgehalten hätte, doch er starb vorher. Jedenfalls war Paul Cairoli so dankbar, daß er ihm den Fall von Angelo Giuseppe Roncalli, Papst Johannes XXIII., anvertraute.

»Nein, sie sind völlig unabhängig voneinander. Ich kenne Pater Molinari sehr gut. Ich treffe ihn häufig. Aber wir fragen einander nie, wie es um unsere Fälle steht.« Daraufhin griff Cairoli in seine braune Mönchskutte und zog seine Brieftasche hervor. Er zeigte mir ein Bild von Johannes XXIII., das er stets bei sich trägt. »Jeden Tag bete ich für das Verfahren von Papa Johannes«, sagte er. »Und außerdem bete ich jeden Tag für das Verfahren Pius' XII. Sollte Pius zuerst heiliggesprochen werden – auch gut. Jeder Heilige ist eben anders.«

Johannes und Pius mochten, meinte Cairoli, ganz verschiedene Männer mit unterschiedlichem Persönlichkeitsprofil und andersartigen Anrechten auf den Heiligenstand sein – als Päpste bildeten sie ein Kontinuum. Die Geschichtswissenschaft verfügt natürlich über Mittel und Wege, Kontinuität auch dort zu erkennen, wo in den Augen von Zeitgenossen (und besonders in den Augen von Journalisten, deren geschulter Blick stets nach Kontrasten und Veränderungen sucht) kein Zusammenhang besteht. Doch die Vorstellung, daß »ein Papst das Pontifikat eines anderen vollendet«, stützt sich nicht unbedingt auf nackte Tatsachen. Sie basiert vielmehr, wie die Lehre von der apostolischen Nachfolge, auf der tief verwurzelten katholischen Neigung, die Kontinuität der Kirche zu betonen, insbesondere wenn es um die Nachfolger Petri geht. Gewiß, jeder Papst erbt die unerledigten Geschäfte seines Vorgängers und ist, allein schon von der Natur seines Amtes her, dazu gezwungen, sich an Traditionen zu halten. Dennoch behaupten viele Menschen – einschließlich die beiden rivalisierenden Flügel des Zweiten Vatikanischen Konzils –, einen substantiellen Unterschied zwischen den Pontifikaten von Johannes und Pius zu erkennen. Können sich die Männer des Konzils, von Millionen anderen Menschen einmal abgesehen, wirklich so sehr getäuscht haben?

Molinari und Gumpel glauben, die Frage bejahen zu müssen. Im Frühsommer 1987 nahm Molinari an einer Konferenz in Frankreich teil, auf der er in seinem Referat genau diesen Standpunkt vertrat. »Während des Zweiten Vatikanischen Konzils«, sagte Gumpel eines Abends in Abwesenheit seines Kollegen, »sind die Dinge so dargestellt worden, als herrschte zwischen den beiden Päpsten eine tiefe Kluft. Inzwischen haben uns zahlreiche Studien gezeigt, daß dies nicht der Fall war. Heute kann kein seriöser Wissenschaftler mehr behaupten, zwischen den beiden hätte eine ernsthafte Gegnerschaft geherrscht.«

»Aber Johannes war doch zweifellos liberaler als Pius«, warf ich ein.

»Das ist nicht wahr. Nach dem Tod Papst Johannes', den ich sehr schätze, entstand eine Art Legende, die wir vor allem den Journalisten zu verdanken haben. Pius war distanzierter und reservierter als Johannes, zugegeben. Aber in Wirklichkeit war Johannes viel konservativer. Die Menschen vergessen die römische Synode, die von Johannes zur Vorbereitung auf das Zweite Vatikanische Konzil einberufen wurde. Auf dieser Synode straffte Johannes in seiner Eigenschaft als Bischof von Rom gewisse Dinge, die Pius XII. gelockert hatte.«

Molinari und Gumpel vertreten die Ansicht, daß nicht etwa Johannes, sondern Pius der wahre Initiator des Zweiten Vatikanischen Konzils gewesen sei. Zwar habe Johannes das Konzil schließlich einberufen, so ihre Argumentation, doch auf die Idee, ein ökumenisches Konzil abzuhalten, sei Pius gekommen. Tatsächlich läßt sich inzwischen historisch nachweisen, daß Pius in den vierziger Jahren die führenden Kräfte der römischen Kurie insgeheim anwies, Vorbereitungen für ein Konzil zu treffen und Pläne zu entwerfen. »Kaum jemand weiß, daß schon Pius mit dem Gedanken spielte, ein Konzil einzuberufen«, sagte Gumpel. »Aber er nahm Abstand davon, und dafür gibt es drei Gründe. Erstens hatte er das Gefühl, daß die Welt nach dem Zweiten Weltkrieg erst einmal zur Ruhe kommen müsse, bevor die Zeit für ein Konzil reif sei. Zweitens meinte er, daß die Gläubigen behutsam und schrittweise vorbereitet werden sollten, damit der Wandel innerhalb der Kirche nicht allzu radikal ausfalle. Er wußte ganz genau, welche Veränderungen die Kirche brauchte, aber er hielt eine psychologische Vorbereitung für notwendig. Und drittens fühlte er sich zu alt für die Durchführung eines Konzils. Das sind die Tatsachen.«

Molinari greift bei seiner Beschreibung des Verhältnisses zwischen den beiden Pontifikaten auf biblische Bilder zurück. »Pius hatte das Gefühl, der Boden sei noch nicht bereit«, sagte er. »Aber er brachte auf jedem Feld die Saat aus, die dann unter Johannes XXIII. aufging. Der Samen war gesät worden, und Johannes, der sich dessen bewußt war, sah die Zeit für ein Konzil gekommen. Er hatte keinesfalls die Absicht, sich in irgendeiner Weise gegen Pius zu stellen. Ganz im Gegenteil, er wollte auf der gleichen Linie wie Pius weitermachen und sogar darüber hinausgehen.«

Molinaris Ansicht nach legte Pius XII. außerdem das geistige Fundament für das Zweite Vatikanische Konzil. Seine Enzyklika *Divino afflante Spiritu* (1943) bildete die Grundlage für die dogmatische Konstitution über die göttliche Offenbarung (*Dei Verbum*), seine Enzyklika *Mystici Corporis* die Basis für die dogmatische Konstitution über die Kirche (*Lumen Gentium*). Und er erwartete von diesem Konzil, daß es Dekrete zur Missionstätigkeit der Kirche und zum Laienapostolat verabschieden würde. »Ohne Papst Pius XII. wäre das Zweite Vatikanische Konzil nicht möglich gewesen«, faßte Gumpel zusammen. »In den konziliaren Texten wird, von der Bibel einmal abgesehen, kein anderer Autor so oft zitiert wie er.«

»Meines Wissens«, sagte ich, »stand Johannes, nicht Pius, im Ruf der Heiligkeit, als Papst Paul VI. die beiden Fälle einleitete.« Ich erinnerte daran, daß sogar nichtkirchliche Zeitungen und Zeitschriften sein Hinscheiden wie den Tod eines Heiligen behandelten. Nach meinem Eindruck, bemerkte ich, sei der Fall Pius dem Fall Johannes im Huckepackverfahren aufgeladen worden.

Molinari widersprach. »Beide Männer standen schon zu Lebzeiten eindeutig im Ruf der Heiligkeit«, sagte er. »Aber sie lebten zu unterschiedlichen Zeiten. Vergessen Sie nicht, daß Pius' Pontifikat im Zweiten Weltkrieg begann. Rom wurde bombardiert. Italien war von fremden Truppen besetzt. Die Gläubigen konnten nicht einfach mal eben vorbeikommen, um Pius zu sehen, so wie in den fünfziger Jahren, als Johannes Papst war. Aber nach dem Krieg, da kamen sie. Das war vielleicht ein Anblick! Unglaublich viele Soldaten, und zwar nicht nur Offiziere, sondern auch einfache Soldaten – Briten, Amerikaner, Kanadier, Polen. Sie alle wollten diesem heiligen Mann nahe sein, der stets vom Frieden sprach. Und als er 1958 starb, passierte genau das gleiche wie bei Johannes' Tod. Ich war hier in Rom, als die beiden starben. Und beide Male das gleiche Phänomen: Die Menschen versammelten sich in Castel Gandolfo, wo Pius im Sterben lag, beobachteten die kleine Kerzenflamme im Fenster des päpstlichen Schlafzimmers und warteten auf Nachricht. Und ich kann Ihnen sagen, danach mußten die Priester von sechs Uhr morgens bis zum Mittag Messen an Pius' Grabstätte zelebrieren! Papst Paul VI. wußte darüber Bescheid, ebenso wie über die nicht enden wollende Flut von Bittgesuchen, die Pius' Heiligsprechung forderten. Nicht etwa, daß Papst Paul einfach fand, es sei nett, Pius heiligzusprechen – keineswegs. Es war die Reaktion eines Papstes, der den Zeichen

Gottes, die aus dem Volk kommen, seine volle Aufmerksamkeit schenkte.«

Beide Postulatoren kommen zum selben Schluß: Pius XII. und Johannes XXIII. dürfen nicht als Rivalen betrachtet werden, und zwar weder zu ihren Lebzeiten noch angesichts ihrer Kanonisierungsverfahren. Wenngleich verschiedene Päpste mit jeweils eigenem Anspruch auf Heiligkeit, müssen ihre Pontifikate doch als zwei Phasen ein und derselben Bewegung betrachtet werden.

Mir kam allerdings der Gedanke, daß Pius ganze 19 Jahre Zeit gehabt hatte, in denen er seinen Ruf der Heiligkeit aufbauen konnte, während Johannes dafür nicht einmal fünf Jahre blieben. Dennoch überschattete die Erinnerung an Johannes das Andenken Pius' so stark, daß niemand, der nicht in der Ära Pius' XII. aufgewachsen war, sich überhaupt noch eine Vorstellung davon machen konnte, wie eng dieser adelig wirkende römische Pontifex die Geschicke der Kirche mit seiner eigenen Person verknüpft hatte. Er ist (bis dato) der letzte Papst geblieben, der als ein geistiger Monarch galt, ein Mann, der – um einen dem Sonnenkönig Ludwig XIV. zugeschriebenen Ausspruch zu paraphrasieren – handelte, als wäre er wirklich davon überzeugt: *L'église, c'est moi.*

Während ich Molinaris Schilderungen der Persönlichkeit Papst Pius' XII. lauschte, wurden Bilder aus meiner Kindheit wach. Da gab es einmal das nichtssagende offizielle Konterfei, das in jeder katholischen Kirche und Schule hing – ebenso wie Washington und Lincoln über den Klassenzimmern der Public School präsidierten. Zum zweiten gab es, ähnlich den Heiligenbildchen, die Bildchen vom Papst, die wir in unser »Gotteslob« steckten. Sie zeigten Pius im Profil: asketisch, mit tiefliegenden Augen hinter der randlosen Brille, die langen schlanken Hände zum Gebet geformt – auf die gleiche zeltartige Weise, wie die Nonnen es von uns Kindern bei der Messe verlangten.

Am stärksten jedoch entsann ich mich meiner religiösen Vorstellung. Ich stellte mir vor, wie er ganz allein in einem weit entfernten Palast namens Vatikan wohnte, wo er, was nur Päpste können, in Verbindung mit Gott stand, von dem er die göttliche Weisheit empfing, die er von Zeit zu Zeit weitergab. Ich hatte seine Stimme im Radio gehört, und er wirkte – zumindest für Katholiken – wie ein Prophet, der ab und zu vom Berg herabsteigt, um der Welt mitzuteilen, was Gott denkt.

Während des Krieges besaß ich ein Album, in das ich Schlagzeilen und Bilder von den Schlachtfeldern klebte, die ich in Zeitungen fand. Darunter waren auch immer wieder grobkörnige Bilder des stets weißgekleideten Papstes, der um Frieden betet, des Stellvertreters Christi auf Erden, der in Rom gefangen saß – unsere heilige und leidende Verbindung mit dem Herrn in einer vom Krieg beherrschten Welt. Ich sah ihn in Kinos in der Wochenschau, weiß wie Elfenbein und kerzengerade, wie er sich hierhin und dorthin wandte und mit knochigen Fingern über gebeugten Köpfen, die seinen Segen empfingen, Kreuze in die Luft schlug: »*In nomine Patris et Filii et Spiritus sancti...*« Das Latein kannte ich aus der Messe: Das war unsere Sprache, die Kirchensprache, die nur Katholiken verstanden. So sah ein Papst aus, so hörte er sich an; und in den ersten 23 Jahren meines Lebens war Pius der einzige Papst, den ich kannte.

Und dann, als ich im Winter 1960 zum erstenmal in den Petersdom ging, da traf mich schier der Schlag. Dieser rundliche Mensch dort auf dem Papstthron mit seinen Hängebäckchen und einem Grinsen, das von einem Ohr zum anderen reichte – das sollte der Papst sein? Er war so kurz geraten, daß mir schien, als erreichten die Füße in den päpstlichen Pantoffeln den Boden nicht ganz. Das war Johannes – aber wie ein Papst sah er nicht aus. Was ich damals nicht wußte, war, daß andere ebenso dachten wie ich – wenn auch aus ganz anderen Gründen. In ihren Augen war der echte Papst gestorben und in den Himmel gekommen. Das war genau das Gefühl – mittlerweile so weit entfernt und unter den Schichten längst verronnener Zeit verschüttet –, das Gumpel und Molinari für Pius wiedererwecken wollten. Und ihnen oblag es, unter Vermeidung jeglichen Vorurteils gegenüber Johannes den Beweis dafür anzutreten, daß dieser aufrechte und einsame Kirchenführer, mit dem sich so urwüchsige und mächtige Gefühle verbanden, wahrhaftig ein Heiliger war.

Das Verfahren Papst Pius' XII.

Man kann es drehen und wenden, wie man will: Das Verfahren Eugenio Maria Giuseppe Pacellis ist das komplizierteste und kühnste Unterfangen, auf das sich die beiden Jesuiten jemals eingelassen haben. Pacelli, der aus einer alten adeligen Juristenfamilie stammt, trat 1901 im Alter von 26 Jahren in den Dienst des Vatikans. Zwölf Jahre lang war er Hauptmitarbeiter des Kardinals Pietro Gasparri bei der Kodifizierung des Kirchenrechts. 1917 begann sein über zehnjähriger diplomatischer Dienst in Deutschland, zunächst in München; dann wurde er päpstlicher Nuntius bei der Reichsregierung in Berlin. 1929 wurde ihm die Kardinalswürde verliehen, und 1930 trat er Gasparris Nachfolge als Kardinalstaatssekretär des Vatikans an. In dieser Eigenschaft führte er auch die Verhandlungen für die Konkordate mit Österreich und Nazi-Deutschland.

Im März 1939, als in Europa bereits der Krieg drohte, wurde Pacelli zum Papst gewählt; von den 53 abgegebenen Stimmen waren nur fünf gegen ihn. An Intelligenz und Erfahrung stand er Roosevelt, Churchill und anderen entschlossenen Staatsmännern der Kriegszeit in nichts nach. Pius folgte dem Beispiel seiner unmittelbaren Vorgänger und versuchte, in die Rolle des internationalen Friedensstifters zu schlüpfen: In seiner ersten Weihnachtsbotschaft unterbreitete er der Weltöffentlichkeit seine vom Naturrecht abgeleiteten Prinzipien zur gerechten Beilegung internationaler Konflikte. Es war – wie bei seinen Vorgängern – ein Fehlschlag. Den gesamten Krieg über hielt er an seiner Rolle des »Unparteiischen« fest, eine Position, durch die er sich sowohl seitens der Alliierten als auch seitens der Achsenmächte erheblichen Druck einhandelte. Vergeblich versuchte er, Italien am Kriegseintritt zu hindern, nur bei der Aufrechterhaltung Roms als »offener Stadt« war ihm mehr Erfolg beschieden. Als die Nazis 1943 Rom schließlich besetzten, brachte Pius Tausende von Flüchtlingen, darunter viele Juden, im Vatikan selbst und in verschiedenen vatikanischen Gebäuden der Stadt unter. Da er jedoch befürchtete, offene Kritik werde die Verfolgung von Juden und Katholiken nur noch forcieren, und da er lieber auf diplomatische Vermittlung setzte, blieben seine Äußerungen über den Völkermord der Nazis an den europäischen Juden stets nur allgemein. Bei Kriegsende dankten ihm mehrere jüdische Führer, einschließlich der späteren israelischen Ministerpräsidentin Golda Meir, für die Hilfe, die er den Juden hatte zukommen lassen. Wenige Jahre nach seinem Tod jedoch wurde er in jüdischen Kreisen für sein »Stillschweigen« angesichts des Holocaust gerügt.

Trotz seiner Inanspruchnahme durch den Krieg war Pius XII. erstaunlich aktiv als oberster Glaubenslehrer der Kirche. In seinen Richtlinien an die Universitätsprofessoren gab er sich abwechselnd liberal und restriktiv. In *Divino afflante Spiritu* (1943) zum Beispiel hob er die Verbote seiner Vorgänger auf und stimmte der behutsamen Anwendung der historisch-kritischen

Methode auf die Texte der Heiligen Schrift zu. Auf der anderen Seite begannen mit seiner Enzyklika *Humani generis* (1950) und der Unterdrückung neuer theologischer Tendenzen – einschließlich der unter katholischen Theologen inzwischen weithin akzeptierten Ansicht, daß das Menschengeschlecht nicht von einem einzigen Elternpaar abstammt – schlechte Zeiten für verwegene Denker in der Kirche. Im gleichen Jahr verkündete er als erster Papst seit einem Jahrhundert ein neues Glaubensdogma: die *Assumptio Mariae* (leibliche Verklärung der Unbefleckt Empfangenen Gottesmutter). Doch wie viele andere autokratische Herrscher – ab 1944 fungierte er als sein eigener Staatssekretär – zog sich Pius später immer mehr zurück. Er, der nie besonders zugänglich gewesen war, verbrachte seine letzten Lebensjahre wie ein Eremit in der Abgeschlossenheit der päpstlichen Residenz. Sein Chauffeur behauptete sogar, Pacelli habe ihn während seiner gesamten Dienstzeit nicht ein einziges Mal gegrüßt.

Sobald die Jesuiten mit Pacellis Fall beauftragt worden waren, stellte Molinari ein Team aus vier Mitarbeitern (darunter Gumpel) zusammen, die sich mit jedem, der möglicherweise Briefe des Papstes besaß, in Verbindung setzen sollten. Am Ende enthielt die Liste mehr als 1000 Namen. Bischöfe und Ordensobere wurden gebeten, in ihren Archiven nachzuforschen und beglaubigte Kopien aller Privatbriefe des Papstes, die sich in ihrem Besitz befinden mochten, nach Rom zu schicken. Wer nicht antwortete, erhielt eine zweite Aufforderung. Allein dieser Vorgang nahm zwei Jahre in Anspruch.

Dann wurde ein zweite Liste mit all den Leuten erstellt, von denen man vom Hörensagen wußte, daß sie mit Pacelli Kontakt hatten, und das schloß seine Familie mit ein. Schließlich kamen mehrere tausend Dokumente zusammen, darunter auch die Aufsätze, die er als Student geschrieben hatte. Dies war verblüffend, da Pacelli, als er 1930 Kardinalstaatssekretär unter Pius XI. wurde, den festen Entschluß gefaßt hatte, seine Privatkorrespondenz auf ein Mindestmaß zu beschränken. Zum Beispiel schrieb er kaum je an seine Schwestern, und wenn, dann nur, um ihnen einen Weihnachts- oder Geburtstagsgruß zu schicken. Und seine Schwestern bekamen ihn nur dann zu Gesicht, wenn sie eine Messe besuchten, die er zelebrierte. Kurzum, Pius war kein Mann, der mit seinen persönlichen Gedanken und Gefühlen hausieren ging, nicht einmal bei seiner Familie.

Zu guter Letzt erstellte das Jesuitenteam eine dritte Liste potentieller Zeugen. In Rom, München, Berlin und anderen Orten seiner Karriere wurden Zeugen vernommen und ihre Aussagen protokolliert. Weder Molinari noch Gumpel machen einen Hehl daraus, daß Pacelli in ihren Augen ein Heiliger ist. Gumpel hatte ihn in seiner Kindheit in Deutschland einmal gesehen, sagte er, und in Rom war er später Pius und Johannes während ihrer Amtszeit als Papst begegnet. Allerdings sei ihre Meinung, wie sie rasch hinzufügten, rein subjektiv. Ihre Arbeit bestehe darin, sein Leben so objektiv wie möglich zu begutachten.

Wie sie es angestellt hätten, negative Zeugen ausfindig zu machen, wollte ich wissen.

Ihre Antworten blieben allgemein und vorsichtig – schließlich handelte es sich um einen Papst, über den ich Auskunft einholen wollte. »Nun ja, unter Umständen kennt man jemanden, der zum Schweigen verurteilt wurde oder in seinem Leben, seinem Werdegang oder seiner kirchlichen Karriere auf irgendeine Weise benachteiligt wurde«, sagte Molinari. »Jemand, der einen Groll gegen den Kandidaten hegt oder zumindest anderer Meinung ist.«

Ich bat um Namen, aber Molinari berief sich, wie nicht anders zu erwarten, auf das Geheimhaltungsgebot in schwebenden Verfahren, besonders natürlich in diesem. »Ich kann nichts weiter sagen, als daß ein Postulator, der seine Aufgaben ernst nimmt, auf der Suche nach der Wahrheit ist. Es wäre nicht mit seinem Gewissen vereinbar, ungünstiges Material unter den Tisch fallen zu lassen. Außerdem hat die Kirche, wenn sie nicht die Wahrheit weiß, keinerlei Gewinn davon. Und bei der Wahrheit zu bleiben heißt, mit offenen Karten zu spielen.«

Ich ließ nicht locker. »Aber Sie können doch bestimmt vorhersehen, an welchen Punkten das Verfahren auf Schwierigkeiten stoßen könnte.« Ich wies darauf hin, daß Benedikt XIV. die Gutachter ermuntert hatte, besonders darauf zu achten, wie kirchliche Autoritäten, vor allem die Päpste, ihre Untergebenen behandeln. Ich machte ferner geltend, daß die Art und Weise, wie Päpste Entscheidungen treffen, für das Verfahren nicht minder wichtig sei als der Inhalt dieser Entscheidungen. In diesem Zusammenhang sprach ich das schon legendäre Mißtrauen an, das Pius hegte, insbesondere in den letzten Jahren seines Pontifikats, als er gebrechlich wurde, Visionen von der Jungfrau Maria hatte und außer per Telefon mit kaum jemandem Kontakt aufnahm. Der einsame Mann, den ich mir als Junge vorgestellt hatte, war, wie ich inzwischen wußte, beinahe krankhaft darauf versessen gewesen, die Kirche ganz allein zu führen. Und die unzähligen Reden, Ansprachen und Enzykliken, die einen verwirrend großen Themenkreis behandelten, waren allesamt offenbar das Werk eines Papstes, der einseitig intellektuell ausgerichtet war und anscheinend kaum je das Bedürfnis verspürte, sich mit jemandem zu beraten.

»Ja, Pius war sehr sensibel und hatte einen sehr starken Charakter«, bestätigte Molinari. »Theoretisch sind dies Punkte, die in seinem Fall zu Problemen führen könnten. Sensibilität kann zweischneidig sein. Sensibilität gegenüber Leiden beispielsweise kann sowohl zu Übereifer als auch zu Wohltaten führen. Pius war intellektuellen Fragen gegenüber äußerst wachsam, und diese Art von Sensibilität kann zu einer gewissen Zurückhaltung gegenüber anderen führen. Wir wissen, daß er mit Vertrauensbeweisen nicht schnell bei der Hand war, und das kann zu einer übersteigerten Unabhängigkeit führen.«

Doch der Dreh- und Angelpunkt in Pius' Fall ist nicht persönlicher, sondern politischer Natur: Hat er wirklich alles getan, was er konnte oder getan haben sollte, um dem Völkermord der Nazis an den europäischen Juden entgegenzuwirken?

Gumpel hatte Fragen in dieser Richtung erwartet und brannte schon darauf, sie mir zu beantworten. Dieses Thema berührt ihn selbst zutiefst. Er erinnerte mich wiederholt daran, daß ihn die Nationalsozialisten zweimal aus seiner Heimat vertrieben. Außerdem hatte er in Holland studiert, als die Nazis das Land besetzten. Seine tiefe Bewunderung für Pius reichte weit zurück: Bei einem längeren abendlichen Gespräch in seinem Arbeitszimmer vertraute er mir an, sein Entschluß, Priester zu werden, sei auf Pius XII. zurückzuführen.

»Es gibt einige Leute – vielleicht sogar viele –«, hakte ich nach, »in deren Augen Pius XII. derjenige Papst ist und bleibt, der aus Angst davor, die Verfolgung von Katholiken noch zu verschlimmern, kein Wort über den Holocaust verlor. Wie gedenken Sie mit diesen Anwürfen in seinem Verfahren fertig zu werden?«

»Sie vergessen«, hob Gumpel an, »daß diese Anschuldigungen verhältnismäßig jüngeren Datums sind. Während des Krieges galt Pius allseits als Friedenspapst. Es war erst nach 1963, als der deutsche Schriftsteller Rolf Hochhuth sein albernes Stück *Der Stellvertreter* herausbrachte, daß sich Pius' Ruf, zumindest bei einigen, änderte. Ich kann mich noch erinnern, daß wir damals um eine Gegendarstellung gebeten wurden. Wir lehnten ab, weil wir überzeugt waren, daß sich diese Dinge im Laufe der Zeit von selbst erledigen würden. Und genau das ist auch geschehen. Die Geschichte ist ein gestrenger, aber gerechter Zuchtmeister, und ich bezweifle sehr, daß es auch nur einen einzigen seriösen Wissenschaftler gibt, der Hochhuth ernst nimmt.«

Immerhin räumte Gumpel ein, daß die »jüdische Frage« das schwerwiegendste Thema ist, mit dem sich die *positio* über Pius beschäftigen muß. Ich bat Gumpel und Pater Molinari um Auskunft darüber, wie sie das angehen wollten.

»Es gibt«, sagte Gumpel, »eine große Menge bislang unveröffentlichten Materials zu diesem Thema, das wir zusammentragen müssen, um den Zweifeln, die nach wie vor an Pius' Handlungsweise bestehen, entschieden entgegentreten zu können. Vieles ist jedoch bereits bekannt. 1937 zum Beispiel veröffentlichte Papst Pius XI. die sehr heftige Enzyklika *Mit brennender Sorge* (auf deutsch statt in Lateinisch, wie üblicherweise, und vorsichtshalber an verschiedenen Orten in Deutschland heimlich gedruckt), in der die Nationalsozialisten grundsätzlich als Antichristen gebrandmarkt wurden. Der Brief war von Kardinal Pacelli, dem damaligen Kardinalstaatssekretär, verfaßt worden, der viele Jahre lang als Nuntius in Deutschland tätig war und sich keine Illusionen über die Nationalsozialisten machte. Absolut keine. Außerdem gab es auf diplomatischer Ebene zahlreiche Proteste, von denen die Öffentlichkeit nichts erfuhr.«

»Wenn er schon so gut informiert war – warum protestierte er dann nach seiner Wahl zum Papst nicht ausdrücklich gegen die Nazis?«

Gumpel verschränkte die Finger, beugte sich vor und stützte sich mit beiden Ellenbogen auf den Schreibtisch. »Ich frage Sie offen heraus«, sagte er. »Wenn Sie den Nationalsozialismus so gut gekannt hätten, wie er ihn kannte und wie ich ihn kannte, sind Sie da wirklich sicher, daß Sie eindeutig Stellung bezogen hätten? Gewiß, in der Nachwelt hätte Ihnen das unter Umständen den Ruf eines Helden eingebracht. Das ist die eine Seite. Doch wer auch nur die geringste Erfahrung in Regierungsgeschäften besitzt, der muß auch die Konsequenzen in Betracht ziehen. Werden die Verfolgungen dadurch noch schlimmer? Wie viele Menschen werden deswegen leiden müssen? Papst Pius sprach sich entschieden gegen die menschenverachtende Behandlung der Juden durch die Nazis aus. Aber nach den Erfahrungen mit der holländischen Kirche ließ er davon ab.«

Gumpel rekapitulierte, was mit den zum katholischen Glauben übergetretenen Juden (einschließlich Edith Steins) geschehen war, nachdem die holländischen Bischöfe 1942 den Nationalsozialismus angeprangert hatten. »Für den Papst war dies ein Beispiel dafür, daß öffentliche Proteste zu nichts führten«, sagte er. »Außerdem bat ihn der polnische Episkopat darum, nichts zu unternehmen. Man warnte ihn, daß ein Protest die Lage nur noch verschlimmern würde. Andere Bischöfe taten das gleiche. Der Vorwurf des sogenannten ›Stillschweigens‹ Papst Pius' XII. ist also äußerst umstritten. Die Frage lautete: Würde etwas dabei herauskommen, oder würde sich die Lage dadurch nur verschlimmern? Es gibt eine Reihe von Zeugnissen, aus denen eindeutig hervorgeht, daß sich die Lage durch öffentliche Proteste nur verschärft hätte – einschließlich flehentlicher Bitten von Juden, nichts zu sagen, was die Verfolgung noch verschlimmern würde. Der Heilige Stuhl hat bereits zwölf Bände seiner offiziellen Verlautbarungen aus der Zeit des Zweiten Weltkriegs veröffentlicht, die die Anschuldigung, der Papst habe nichts unternommen, entkräften.«

Zum Beweis seiner heroischen Tugendhaftigkeit – ganz besonders der Kardinaltugenden Weisheit, Gerechtigkeit und Tapferkeit – müssen Gumpel und Molinari offensichtlich nicht nur die Handlungen Pacellis, sondern auch die des Diplomatischen Corps des Vatikans und der europäischen Episkopate während der Nazizeit unter die Lupe nehmen. In dieser Hinsicht, so sagten die beiden, sei ihre Arbeit von der Verfügbarkeit bislang geheimer Verschlußsachen aus den Kriegsarchiven der Deutschen, Italiener, Amerikaner und anderer am Zweiten Weltkrieg beteiligter Staaten abhängig. Sie wiesen mich beispielsweise auf das Werk des britischen Historikers Owen Chadwick hin, der die verschiedenen diplomatischen Druckmittel seitens der Alliierten und der Achsenmächte zusammengetragen hat, mit deren Hilfe Pius XII. zur Aufgabe seiner Neutralität im Zweiten Weltkrieg bewegt werden sollte. »Pater Molinari und ich wissen sehr wohl, daß Pius XII. umstritten ist«, meinte Gumpel. »Wir wollen den Fall so präsentieren, daß die unterschiedlichen Aspekte seines Pontifikats von wirklich erstklassigen Wissenschaftlern bearbeitet werden. Das heißt allerdings, daß wir viel Zeit brauchen. Wir wollen den Fall nicht im Eilverfahren durchziehen.«

Im Lauf des Gesprächs mit den beiden Jesuiten über ihr Projekt wurde mir plötzlich ein Aspekt des Heiligsprechungsverfahrens bewußt, der meiner Aufmerksamkeit bisher entgangen war. Im

Unterschied zu den meisten anderen Fällen wird die *positio* zu Pius XII. eine Gemeinschaftsarbeit sein, die Material von Dutzenden externer Historiker enthalten wird. Gumpel hat bereits einen Überblick über Pacellis Leben entworfen und mehrere Bereiche herauskristallisiert, die eine Zusammenarbeit mit Spezialisten nötig machen. In einigen Fällen hat er die Experten bereits angeschrieben und um Stellungnahme zu bestimmten Fragen gebeten; in anderen hat er ausführliche Monographien angefordert. »Bisher«, vertraute er mir an, »haben wir von der ersten Sorte schon weit mehr als zwei Dutzend und von der zweiten über 15. Die Bereitschaft zur Mitarbeit ist groß. Sehen Sie, in der Geschichtswissenschaft arbeitet man eng zusammen. Diejenigen, die ernsthaft an historischen Themen interessiert sind, helfen bereitwillig aus, denn andersherum funktioniert es genauso. Sie helfen uns, und wir erleichtern ihnen die Dinge. Und heutzutage gibt es eine solche Fülle historischer Abhandlungen über Pius XII., daß es nicht schwierig ist, Leute zu finden, die bestimmte Abschnitte schreiben können.«

Doch welche Kriterien legten Molinari und Gumpel bei der Auswahl der Historiker an? Ich erinnerte an die Kritik des Paters Luigi Porsi, Kirchenrechtler und ehedem *patronus*, der argumentiert hatte, die Reform von 1983 böte in den einleitenden Phasen des Verfahrens keine Möglichkeit für systematische Kritik. Waren Molinari und Gumpel – nach eigener Aussage selbst von der Heiligkeit des Papstes überzeugt – bereit, Forschungsergebnisse von Wissenschaftlern in ihre *positio* aufzunehmen, die den Papst kritisierten? Als Beispiel zitierte ich den amerikanischen Soziologen Gordon Zahn, der sich in seiner Studie *German Catholics and Hitler's War* äußerst kritisch über das Verhalten Pius' XII. während der Nazizeit geäußert hatte.

»Zunächst einmal«, sagte Gumpel, »haben wir zu allem Zugang, was mit dem Pontifikat Pius' XII. zusammenhängt. Aus diesem Grund steht schon eine ganze Reihe von Tatsachen fest. Mit diesem Hintergrundwissen liest man dann ein Buch und erkennt, daß der Verfasser etwa auf eine bestimmte Frage eingeht, aber andere entscheidende historische Tatsachen außer acht läßt. In diesem Fall können wir sofort sehen, daß sich das Urteil des Verfassers auf unvollständige und mitunter sogar falsche Quellen stützt. Gordon Zahn werden wir zum Beispiel nicht konsultieren, denn er hat sich nicht an die Tatsachen gehalten.«

»Aber ist es denn wirklich so einfach«, wandte ich ein, »die

Fakten von ihrer Interpretation zu trennen? Mir scheint, als gäbe es in der Historik keine ›objektiven‹, nicht immer schon irgendwie interpretierten Tatsachen. Ja, bereits die Auswahl relevanter Fakten ist an sich schon eine Form von historischer Interpretation.«

»Einfach ist es nicht«, erwiderte Gumpel, »aber es ist auch nicht unmöglich. Liest man bei einem Autor, Pius XII. habe dies oder jenes gesagt, und hat gleichzeitig das Originaldokument vorliegen, dann erkennt man sofort, ob der Verfasser falsch zitiert oder spekuliert. Der springende Punkt ist der: Kennt sich der Verfasser in seiner Materie aus, oder kennt er sich nicht aus? Hat er einen wirklichen Beweis, der ihm erlaubt, sich so oder so über die Motivation des Papstes in diesem oder jenem Zusammenhang zu äußern?«

»Dann wählen Sie Ihre Mitarbeiter also danach aus, wie sie mit dem Material umgehen, das sich in Ihrem Besitz befindet?«

»Ja. Sehen Sie, in diesem Fall haben wir sowohl Zugang zu allen deutschen als auch zu allen vatikanischen Archiven. Und vor kurzem sind außerdem die Archive des britischen Außenministeriums, soweit es den Zweiten Weltkrieg betrifft, geöffnet worden, so daß uns nun auch dieses Material zur Verfügung steht. Wenn wir also ein Buch lesen, das einen für dieses Verfahren wichtigen Aspekt berührt, dann schreiben wir dem Autor und teilen ihm mit, daß wir sein Werk seriös finden, weil er Quellen zitiert, zu denen wir Zugang haben; allerdings wünschten wir in dieser oder jener Frage mehr Klarheit und bäten um seine Stellungnahme. Sie können sich vielleicht vorstellen, welche Arbeit das macht. Und im Fall eines Papstes muß man bei der Ermittlung der tatsächlichen Geschehnisse bis an die äußersten Grenzen des Möglichen gehen.«

Mir war natürlich bekannt, daß dies nicht der einzige Fall war, mit dem sich Molinari und Gumpel beschäftigten. Deshalb meinte ich, es erscheine mir doch unwahrscheinlich, daß auch nur einer von ihnen das Ende des Verfahrens erleben werde.

Gumpel lächelte ein wenig müde. Zwar schreibt der Vatikan den Männern, die auf diesem Gebiet tätig sind, kein bestimmtes Pensionsalter vor, doch Gumpel bestätigte meine Vermutung: »Ich weiß wirklich nicht, ob ich das Ende dieses Verfahrens noch erleben werde.« Jedenfalls müßten sie, meinte er, keinen feststehenden Abgabetermin einhalten. Selbst wenn die *positiones* fertig wären, fügte er hinzu, würde aufgrund des politischen Klimas in

der Kirche weder Pius' noch Johannes' Fall in Angriff genommen.
»Tatsache ist, daß weder die eine noch die andere *positio* in nächster Zukunft abgeschlossen wird. Wir verstehen uns mit Pater Cairoli sehr gut, und wir wollen auf keinen Fall, daß das Ganze in ein Wettrennen ausartet. Wir haben so etwas wie ein ›Gentlemen's agreement‹ mit ihm, daß wir die Fälle synchron weiterbearbeiten werden.«

Da hatten wir's: Zum erstenmal hatte ein Kongregationsmitglied zugegeben, daß die Schicksale der beiden Fälle, soweit es die verfahrensmäßige Ordnung betraf, miteinander verknüpft waren. Bis dahin hatte jeder, mit dem ich darüber gesprochen hatte, um den heißen Brei herumgeredet, denn dies berührte die brisante kirchenpolitische Seite von Kanonisierungsprozessen. Gumpel jedoch äußerte sich ganz offen über ihre informelle Abmachung und über die Gründe dafür.

»Ich will es einmal ganz unverblümt sagen«, meinte er. »Wenn der gegenwärtige Papst jetzt Pius seligspräche, aber Johannes nicht, dann bekämen wir zu hören, er bevorzuge den Kurs Pius'. Spräche er Johannes, aber nicht Pius selig, bekämen wir umgekehrt genau das gleiche zu hören.«

Das Verfahren Johannes' XXIII.

Angelo Giuseppe Roncalli wurde, anders als Pacelli, weit entfernt vom kulturträchtigen Rom und von den privilegierten Lebensumständen seines Vorgängers geboren. Seine Eltern waren Bauern in Sotto il Monte, und er selbst war Soldat, bevor er Priester wurde. Er bekam ein Stipendium für sein Studium in Rom, wo er promovierte und Pacelli einer seiner Prüfer war, und kehrte vorübergehend nach Sotto il Monte zurück. Kurz darauf setzte er sein Studium am Apollinare in Rom fort, unterrichtete als Hilfsdozent und wurde schließlich Sekretär Giacomo Radini-Tedeschis, des politisch aktiven Bischofs von Bergamo. Das war in der Endphase der leidenschaftlichen Versuche Pius' X., den Modernisten in der Kirche den Garaus zu machen, gleichzeitig die ausgehende Ära des *Sodalitium Pianum* (der nach Papst Pius IX. benannten Sodalität), eines Netzes von Gesinnungsschnüfflern, die im Auftrag des Vatikans verdächtige Modernisten anschwärzten. Auch der Vorgesetzte des jungen Roncalli, Bischof Radini-Tedeschi, den Pius X. mit Vorliebe zur Zielscheibe seines Spotts machte, sowie Roncallis älterer Freund, Kardinal Ferrari aus Mailand, zählten zu denjenigen, die verdächtigt wurden – und Roncalli selbst. Er wurde unter anderem der Lektüre (und Billigung) des französischen Kirchenhistorikers Monsignore Louis Marie Duchesne beschuldigt, dessen dreibändige *Histoire ancienne de l' Église* auf den *Index librorum prohibitorum* gesetzt wurde. Roncalli beeilte sich, den Verdacht auszuräumen. Aber der zermürbende Vorfall mag eine Erklärung dafür bieten, warum er als Papst eine solche Abneigung gegen jede Art intellektueller Unterdrückung hegte.*

Im Ersten Weltkrieg diente Roncalli als Sanitäter und kam an der Front zum Einsatz. Nach dem Krieg arbeitete er mehrere Jahre lang in Rom und wurde schließlich als Apostolischer Visitator nach Bulgarien entsandt, wo es zwischen Katholiken und Orthodoxen zu Unruhen gekommen war. 1934 wurde Erzbischof Roncalli zum Apostolischen Legaten in der Türkei ernannt, wo er nach Ausbruch des Zweiten Weltkriegs unzähligen Juden und Flüchtlingen aus dem nationalsozialistischen Deutschland half. Ein Jahrzehnt später wurde er päpstlicher Nuntius in Frankreich und brachte de Gaulle (der später eine schriftliche Stellungnahme zu Roncallis Kanonisierungsverfahren abgab) geschickt von seinem Vorhaben ab, Rom zur Abberufung von 25 französischen Bischöfen – einschließlich dreier Kardinäle – zu zwingen, die die französische Regierung der Kollaboration mit Pétain beschuldigte. Während seiner Zeit in Paris gründete er ein »Untergrundseminar«, indem er etwa 200 jungen deutschen Seminaristen, die in einem Lager bei Chartres gefangen waren, heimlich Bücher schicken ließ, so daß sie »ihre theologischen Studien hinter dem Stacheldraht fortsetzen konnten«. Zudem bemühte er sich, die Auswirkungen zu mildern, die die Verdammung der französischen Arbeiterpriesterbewegung durch Pius XII. nach sich zog.

1953 erhielt Roncalli die Kardinalswürde und das Erzbistum Venedig und konnte mit Fug und Recht davon ausgehen, daß er seine kirchliche Karriere an diesem Ort beenden würde. Er war 77 Jahre alt, als er 1958 als Kompromißkandidat zum Papst gewählt wurde. Er gab sich den Namen Johannes, weil er, wie er sagte, dem Täufer nacheifern wollte, der dem Herrn den Weg bereitet

---

* Nach seiner Wahl zum Papst ließ sich Roncalli die geheime Akte geben, die man über ihn angelegt hatte. Er las sie und gab sie wieder ins Archiv zurück – anders als sein Vorgänger Pius XII., der ein Dossier mit Beschwerden über ihn aus dem vatikanischen Archiv entfernen ließ.

hatte. Obwohl politischer Außenseiter im Vatikan – »Die stecken mich hier in die Tasche«, beschwerte er sich einmal –, machte er sich sofort an die Vorbereitung des Zweiten Vatikanischen Konzils, trotz des Widerstands, der ihm von etlichen seiner Ratgeber in der römischen Kurie entgegenschlug und dessen er sich voll bewußt war. Seine Eröffnungsrede vor den versammelten Konzilsvätern war eine Offenbarung: Wo frühere Konzile im Umgang mit den Zeitgenossen Strenge geübt hatten, plädierte Johannes für Verständnis. Er glaubte, das Konzil werde nur ein paar Monate lang dauern, statt dessen zog es sich über vier Jahre hin. Das Ende erlebte er nicht mehr mit, aber in den knapp fünf Jahren seines Pontifikats veränderte er das Bild des Papsttums grundlegend – und das der Kirche ebenfalls. Sein Tod wurde, um die Worte einer Zeitungsschlagzeile zu benutzen, betrauert wie »ein Tod in der Familie der Menschheit«.

Verglichen mit der ausgereiften Teamarbeit zwischen Molinari und Gumpel, stand Pater Cairoli sozusagen einem altmodischen Einmannbetrieb im Dienste Johannes' XXIII. vor. Der Fall Roncalli war das letzte und einzige Verfahren des alternden Franziskaners, der, obwohl durch Krankheit gezeichnet und dadurch im Nachteil gegenüber den Jesuiten, mit dem größten Vergnügen alles allein machte.

Er besuchte zum Beispiel sämtliche Orte, an denen Roncalli seine diplomatische Tätigkeit ausgeübt hatte. In Bulgarien wurde er von der Polizei beschattet. In der Türkei interviewte er einen jüdischen Zeitungsherausgeber, der ihm erzählte, daß Roncalli ihm im Zweiten Weltkrieg zweimal die Woche Geld habe zukommen lassen, so daß die jüdischen Flüchtlinge, die sich vor Hitler in Sicherheit gebracht hatten, Nahrungsmittel kaufen konnten. Was Cairoli besonders interessierte, war die Tatsache, daß das Geld nicht von der Kirche, sondern von Franz von Papen, Hitlers Botschafter in der Türkei, kam.

»Diese Geschichte war mir nie zuvor zu Ohren gekommen«, sagte Cairoli. »Aber ich mußte sie mir durch von Papen selbst bestätigen lassen. Er war damals noch am Leben und wohnte in Süddeutschland in der Nähe des Schwarzwalds. Ich besuchte ihn also dort, und er sagte, ja, das könne er voll und ganz bestätigen. Hitler hatte von Papen große Summen Geld gegeben, mit dem er die Türken auf die Seite der Achsenmächte ziehen sollte. Von Papen war katholisch und pflegte bei Roncalli die Messe zu hören. Hinterher trafen sie sich stets zu einem Gespräch. Sie waren beide davon überzeugt, daß Deutschland und Italien den Krieg verlieren würden, und befürchteten, die Sowjetunion würde die Türkei besetzen, sollte sie sich auf die Seite der Achsenmächte schlagen. Papen gab also das für die Türken bestimmte Geld an Roncalli weiter, der es den geflohenen Juden zukommen ließ. Das war das Holz, aus dem der Diplomat Roncalli geschnitzt war!«

Zwar hatte sich Cairoli bereit erklärt, die für diesen Prozeß notwendigen Reisen zu unternehmen, doch mit der Verwaltung der Finanzen wollte er nichts zu tun haben. Er bestand darauf, daß der Kardinalstaatssekretär des Vatikans die beträchtlichen Geldmengen verwaltete, die für Johannes' Verfahren gespendet worden waren. Ansonsten pflegte er äußerste Sparsamkeit. Die Mitarbeiter des Sekretariats hatten ihn zum Beispiel beschworen, eine unerklärliche Heilung in Chikago zu untersuchen. Ein Wunder in Amerika, so meinten sie, könnte Johannes' universellen Ruf der Heiligkeit nur untermauern. Doch Cairoli, der mehr als 20 potentielle Wunder zur Auswahl hatte, entschied sich für eines in Neapel und ein zweites in Sizilien.

»Sehen Sie«, erklärte er mir, »eine Reise nach Chikago bedeutet Kosten für einen Überseeflug. Und die Hotels in Ihrem Land sind viel teurer als in meinem. Die Ärzte werden viel besser bezahlt, und ich muß ihnen doch zumindest anbieten, sie für ihren Zeitaufwand zu entschädigen. In Italien jedoch kann ich billig mit der Eisenbahn fahren, kann in einer *pensione* übernachten, und die Ärzte schreiben keine Rechnung, wenn es um die Bestätigung eines Wunders geht.«

Ich fand es merkwürdig, daß Cairoli nach mehr als 20jähriger Arbeit an dem Verfahren noch immer keinen Relator hatte. Er wolle keinen, sagte er, und auch keinen Mitarbeiter für die gewaltige Aufgabe, die *positio* für Papst Johannes zu verfassen. Er hatte schon ungefähr 6000 Dokumente zusammengetragen, darunter Schriften, die entweder von dem Verstorbenen selbst oder von anderen über ihn verfaßt worden waren, außerdem etwa 300 Zeugenaussagen. Der Konvolut belief sich auf insgesamt über 20000 Seiten. »Ich werde die *positio* selbst schreiben«, teilte er mir eines Nachmittags mit, als wir uns in der Kongregation trafen, »weil ich mit geheimen Dokumenten arbeite, die ich keinem zeigen will.« Sein Haupttreffer ist das persönliche Tagebuch, das Roncalli fast während seines ganzen Erwachsenenalters geführt hat und anhand dessen Cairoli die ununterbrochene heroische Tugendhaftigkeit des Papstes nachweisen will. »Ich halte es in einem Sekretär unter Verschluß«, erläuterte Cairoli. »Und dann verschließe ich den Schlüssel in einem anderen Sekretär, dessen Schlüssel ich immer bei mir trage.« Er schmunzelte über seine ausgeklügelten Vorsichtsmaßnahmen. »Das Tagebuch gehört dem Heiligen Stuhl, aber ich bezweifle, daß es je veröffentlicht wird. Ich glaube nicht einmal, daß sie es ins Archiv des Vatikans stellen werden.«

»Und warum nicht?«

»Roncalli berichtet darin über viele Politiker. Als er zum Beispiel in der Türkei war, als päpstlicher Legat, gab es dort viele internationale Spione aus Deutschland, Rußland und aller Herren Länder. Er schrieb alles auf, was er sah und was er von ihnen hörte. Und als Papst machte er es nicht anders. Die Namen, die da alle drinstehen! Daher glaube ich nicht, daß der Heilige Stuhl dieses Tagebuch zu veröffentlichen gedenkt. Aber eins kann ich Ihnen sagen: Nicht ein einziges Mal habe ich darin etwas gelesen, das sich gegen eine andere Person richtete.«

»Sie glauben also, daß das Tagebuch ein wichtiges Beweismittel für heroische Tugendhaftigkeit sein wird?«

»Ja, gewiß. Sehen Sie, wenn man entschiedene Gegner hat, dann ist es heroisch, ihnen mit Liebe zu begegnen. Papa Johannes hat immer mit Liebe reagiert.«

Dann erzählte mir Cairoli die Geschichte von Domenico Kardinal Tardini, einem Veteranen aus der Amtszeit Pius' XII. Tardini hatte Journalisten gegenüber geklagt, er könne mit dem neuen Papst nicht zusammenarbeiten. Doch als er zu Johannes ging und ihm seinen Rücktritt anbot, bestand der Papst darauf, er solle als sein Kardinalstaatssekretär im Amt bleiben. Cairoli hatte sichtliches Vergnügen am weiteren Verlauf der Geschichte: »Papa Johannes sagte: ›Ich weiß, daß Sie nicht viel für mich übrig haben – und das aus gutem Grund –, aber ich schätze Sie sehr. Sie haben im Zentrum der Kirche gearbeitet und kennen sich in allen wichtigen Fragen bestens aus. Ich war nie im Zentrum der Kirche, sondern an der Peripherie, und ich weiß, was die Peripherie vom Zentrum erwartet. Wir werden uns also wunderbar ergänzen, und wir werden gemeinsam für die Kirche arbeiten.‹ Sehen Sie, Papa Johannes sprach sich nie gegen jemanden aus, der sich gegen ihn ausgesprochen hatte. Mit keinem einzigen Wort. Niemals. Und so war er sein ganzes Leben lang – von wahrlich heroischer Nächstenliebe.«

Ich wußte, daß Johannes zu Lebzeiten zahlreiche Feinde gehabt hatte, vor allem unter den Lästermäulern in der römischen Kurie.

Aber ich wollte erfahren, ob einer seiner Gegner tatsächlich so weit gegangen war, im Verfahren gegen ihn auszusagen.

Cairoli fingerte an dem Rosenkranz herum, den alle Franziskaner um die Taille tragen. »Wir führten an vielen Orten Vernehmungen durch, um Zeugenaussagen zusammenzutragen: in Bergamo, Paris, Sofia, Venedig – überall, wo Roncalli einmal gelebt hat. Die erste fand in Rom statt, wo er gestorben ist, und der erste Zeuge, den ich präsentierte, war Eugène Kardinal Tisserant. Sehen Sie, wir müssen auch alle Zeugen präsentieren, die gegen das Verfahren sind, und ich hatte gehört, daß Tisserant sich gegen Johannes ausgesprochen hatte. Ich bat ihn also um eine Erklärung. Tisserant war damals sowohl Präfekt der *Bibliotheca apostolica Vaticana* als auch Kardinalpräfekt der Kongregation für die Ostkirchen gewesen. Als Johannes Papst wurde, sah er nicht ein, warum ein einziger Mann zwei so wichtige Posten bekleiden sollte, und er bat Tisserant, sich für einen von beiden zu entscheiden. Tisserant wurde wütend. Doch seine Wut galt nur diesem einen Vorfall. Es stellte sich heraus, daß er überhaupt nichts gegen das Verfahren Papa Johannes' einzuwenden hatte.«

»Gab es noch andere, die dagegen waren?« hakte ich nach.

Es gab andere. Einer davon war Giuseppe Kardinal Siri von Genua, ein Reaktionär, wie er im Buche steht, und einer der Hauptgegner jeglicher Reformen auf dem Zweiten Vatikanischen Konzil. Sein Vorbild, Papst Pius XII., hatte ihm 1953 den roten Hut verliehen, als Siri erst 36 Jahre alt war, und ihn zu einem der jüngsten Kardinäle der Kirche gemacht. Jahrzehntelang war Siri ein mächtiger Mann im italienischen Episkopat. Dreimal hatte sein Name auf der Kandidatenliste für das Amt des Papstes gestanden, und dreimal war er übergangen worden.

Wie Cairoli mir berichtete, hatte die Presse Siri landauf, landab mit dem Ausspruch zitiert, es werde 40 Jahre dauern, bis der Schaden, den Papst Johannes durch die Einberufung des Zweiten Vatikanischen Konzils verursacht habe, wieder behoben sei. »Man erzählte mir, Siri sei gegen das Verfahren für Papa Johannes, also besuchte ich ihn in Genua und sagte: ›Euer Eminenz, ich weiß, daß Sie gegen dieses Verfahren sind. Würden Sie bitte vor einer Kommission aussagen?‹ Und er gab zurück: ›Man sagt mir nach, daß ich gegen dieses Verfahren sei, aber das stimmt nicht.‹ Er bestritt sogar, sich nachteilig über Johannes' Einberufung des Konzils geäußert zu haben. Und schließlich erklärte er sich bereit, das vor der Kommission zu bezeugen.«

Cairoli hielt offenkundig jegliche Kritik an Johannes, so einseitig oder milde sie auch ausfallen mochte, für Wasser auf die Mühlen seines Falls. Was ihm hingegen Sorgen bereitete, war, daß man dem Papst eine Neigung zu spontanen Entscheidungen nachsagte. Diese charakteristische Eigenschaft – die ihm die Herzen der bürgerlichen Katholiken zufliegen ließ und die nichtkatholische Welt in seinen Bann zog – ließ seinen Postulator offenbar ernstlich befürchten, sie könne im Verfahren gegen ihn ins Feld geführt werden.

»Manche behaupten, er sei *impulsivo* gewesen. Aber das ist nicht wahr. Was immer er tat – es war nie einfach *impulsivo*. Nehmen wir zum Beispiel sein starkes Bedürfnis nach der Wiedervereinigung mit den orthodoxen Kirchen. 1925 besuchte er (als Apostolischer Visitator) eigenmächtig den Metropoliten (Stefan Gheorgiew), den Patriarchen der orthodoxen Kirche Bulgariens. In Rom war man darüber äußerst ungehalten (vor allem weil der Patriarch in Erwiderung des Besuchs nur einen Sekretär schickte). Der Kardinalstaatssekretär und das Heilige Offizium wollten wissen, was er sich dabei gedacht habe. Roncalli schrieb darauf an seinen Freund Gustavo Testa, den späteren Kardinal: ›Gustavo, sag mir doch bitte, was ich falsch gemacht habe. Das sind Bischöfe wie wir auch. Das sind Priester wie wir auch. Ihre Sakramente haben dieselbe Gültigkeit wie die unsrigen. Sie glauben an einen Gott, so wie wir. Sie ehren die Muttergottes, so wie wir. Und wenn ich dem Neuen Testament zufolge meine Feinde lieben soll, warum darf ich dann nicht auch meine Brüder lieben?‹ Als er die Orthodoxen dann zum Zweiten Vatikanischen Konzil einlud, war das nichts anderes als 1925 auch. Es war, wie ich schon sagte, ganz und gar nichts *impulsivo* daran.«

»Und das Konzil?« wollte ich wissen. »Hat Johannes nicht selbst gesagt, die Idee zur Einberufung sei wie eine plötzliche Eingebung des Heiligen Geistes über ihn gekommen?«

Cairolis Augen weiteten sich hinter seiner randlosen Brille: Er hatte noch eine Geschichte auf Lager. 1905, als der junge Roncalli noch Sekretär des Bischofs von Bergamo war, begleitete er einmal seinen Chef nach Mailand zu einem Besuch bei Kardinal Ferrari. In den Archiven der Mailänder Erzdiözese entdeckte er fünf Bücher, die der berühmte Kardinal Carlo Borromeo über die Anwendung der Lehren des Konzils von Trient auf die örtliche Kirche verfaßt hatte. Roncalli war der Meinung, daß eine kritische Ausgabe dieser Texte veröffentlicht werden sollte, und arbeitete die folgenden 50 Jahre – bis er Papst wurde – an diesem Projekt.

»Im Zweiten Weltkrieg, als Roncalli in Istanbul war, wollte sein Sekretär nach Italien fliegen und seine Eltern besuchen. Roncalli warnte ihn, daß es zu gefährlich sei; das Flugzeug könne von den Briten oder Amerikanern abgeschossen werden. ›Wenn Sie aber trotzdem fliegen‹, meinte er, ›dann bringen Sie mir bitte diese Bücher.‹ Die Bücher befaßten sich mit dem Konzil von Trient. Sie sehen also, daß er sich ständig mit diesem Konzil beschäftigt hat. Und 1944 sprach er in Istanbul vor Deutschen, Amerikanern und anderen darüber, wie die Kirche nach dem Krieg mit der Welt umgehen sollte. Schon damals sprach er von einem Konzil und von der Notwendigkeit, uns auf den Eintritt in diese neue Welt vorzubereiten. Er hat nie daran gedacht, einmal Papst zu werden. Doch als er gewählt wurde, war es nur natürlich, daß er an die Einberufung eines Konzils dachte. Er hatte sich praktisch 50 Jahre lang darauf vorbereitet. Es war nicht *impulsivo*.«

Ich sah Cairoli nie wieder. Er starb im März 1989. Unter den gegebenen Umständen hätte man erwarten können, daß die Kongregation einen so wichtigen Fall wie den Papst Johannes' einem anderen Postulator mit langjähriger Erfahrung übergeben würde. Doch nichts dergleichen. Er wurde dem neuen Generalpostulator der Franziskaner anvertraut. Ein Mitglied der Kongregation erklärte, der Grund dafür sei in der Brisanz der von Cairoli zusammengetragenen Dokumente zu suchen. Das Material sei derart heikel, daß es möglichst wenige Leute zu sehen bekommen sollten.

Obwohl Cairoli nie auch nur die geringste Andeutung über Schwierigkeiten bei Johannes' Verfahren gemacht hatte, tauchten in der Kongregation bald Gerüchte auf, der Prozeß sei ernsthaft in Gefahr. »Erst war es Pius' Fall, der als problematisch galt«, sagte der Archivar Pater Yvon Beaudoin wenige Monate nach Cairolis Tod zu mir. »Jetzt sagt man über Johannes' Verfahren das gleiche. Die Leute reden darüber, die Zeitungen schreiben darüber. Inzwischen wird er für alles verantwortlich gemacht, was seit dem Zweiten Vatikanischen Konzil in der Kirche schiefgelaufen ist.« Andere Mitglieder der Kongregation gaben sich noch düsterer. Nachforschungen über Roncallis Leben, so berichtete man mir, hätten weit ernsthaftere Hindernisse als den Ruf der Impulsivität, dem Cairoli so beherzt entgegengetreten war, zutage gefördert. Die Wunder, die der pfennigfuchsende Mönch für Johannes geltend gemacht hatte, seien keinen Pfifferling wert, solange an der heroischen Tugendhaftigkeit des Papstes echte Zweifel bestünden. Das Verfahren wurde vorsorglich erst einmal auf Eis gelegt, ist aber offiziell nicht gestoppt worden.

Im Gegensatz dazu war das Verfahren für Pius Ende 1989 so weit gediehen, daß mit der Abfassung der *positio* begonnen werden konnte. Dennoch schienen Molinari und Gumpel keine Eile zu haben, ihre Aufgabe zu beenden. Der Grund dafür ist vermutlich darin zu sehen, daß auch Papst Johannes Paul II. beide Verfahren gleichzeitig abgewickelt wissen will.

Wie dem auch immer sein mag, eines steht fest: Die beiden Päpste und ihre Pontifikate gelten politisch als viel zu prekär, um nur einem der Fälle grünes Licht zu geben. In dieser Hinsicht sind sie wohl beide nicht nur Opfer der Vergangenheit, sondern auch der Zukunft: Johannes' XXIII. Schicksal ist teilweise mit der Wertung des von ihm einberufenen Konzils verknüpft, das Schicksal Pius' XII. mit der noch immer schwelenden Auseinandersetzung über seine zurückhaltende öffentliche Reaktion auf den Holocaust. Die 1989 durch den Bau des Karmeliterklosters in Auschwitz hervorgerufene Krise in den jüdisch-katholischen Beziehungen war ein deutlicher Hinweis darauf, wie tief betroffen die Juden auch heute noch über das »Stillschweigen« Pius' XII. zum Holocaust sind. In beiden Fällen werden Erfolg oder Mißerfolg der Verfahren letztlich davon abhängen, wie die Mitglieder des Dikasteriums ihre jeweilige »Opportunität« einschätzen – mit anderen Worten, welchen Eindruck eine Heiligsprechung des jeweiligen Kandidaten auf die Kirche und auf die Weltöffentlichkeit macht.

Mir war jedoch noch immer nicht klar, wie päpstliche Verfahren von den Konsultoren eingeschätzt werden. Konzentrieren sie sich bei der Beurteilung der Amtsleistungen eines Kandidaten, wie Benedikt XIV. vorgeschlagen hatte, vorwiegend auf seinen Eifer bei der Erhaltung und Verbreitung des Glaubens? Bis zu welchem Grad muß sich ein päpstlicher Diener Gottes auch für seine sozialen und gesellschaftlichen Implikationen verantworten? Für die Art und Weise, wie er theologische Dissidenten behandelt? Für seine administrativen Entscheidungen? Für seine Beziehungen zu ausländischen Regierungen? Für seine, um ein Schlagwort des Zweiten Vatikanischen Konzils zu benutzen, Empfänglichkeit für »die Zeichen der Zeit«? Dies sind zweifellos wichtige Faktoren in den Fällen der Päpste Pius und Johannes. Doch im Fall eines weiteren päpstlichen Kandidaten spielten sie eine ebenso große Rolle.

10. KAPITEL

Pius IX. und die posthume Kanonisierungspolitik

Wissen ist Macht im Vatikan, und ein Geheimnis erzählt man selten mehr als einem weiter. Nach über einem Jahr in Rom war ich in den Korridoren der Kongregation für die Heiligsprechungsprozesse zu einer vertrauten Erscheinung geworden. Dennoch dauerte es sehr lange, bis ich erfuhr, daß Johannes Paul II. eine geheime Kommission aus Gelehrten und Prälaten gebildet und mit der Aufgabe betraut hatte, ihn über die Opportunität der Seligsprechung Pius' IX. (1846–1878), eines seiner umstrittensten Vorgänger, auf dem laufenden zu halten. Die Kommissionsmitglieder waren darauf eingeschworen worden, die Überlegungen des Gremiums nicht öffentlich zu diskutieren, ja nicht einmal seine Existenz zuzugeben. So wußte außerhalb der Kongregation fast niemand von dieser Kommission und den Absichten des Papstes.

Daher wußte auch kaum ein Bischof außerhalb Roms, daß Johannes Paul II. 1985 die heroische Tugendhaftigkeit Pio Nonos, wie er allseits genannt wurde, und ein Jahr später sogar ein auf seine Fürbitte hin gewirktes Wunder anerkannt hatte. Normalerweise folgt darauf automatisch die Seligsprechung, falls dies – wie in diesem Fall – keine Probleme verursacht.

Die Probleme, so sagte man mir, waren vor allem politischer Natur. Bis zum heutigen Tage gilt Pio Nono in liberalen und antiklerikalen Kreisen Italiens als rückständiger römischer Pontifex, der sich der Einigung Italiens und der allmählichen Entstehung eines modernen Nationalstaats widersetzte. Es ist daher verständlich, daß manche Kardinäle und andere Mitglieder der römischen Kurie befürchteten, die Seligsprechung Pius' IX. würde diesen Kreisen mit ihrem Einfluß auf die öffentliche Meinung Italiens Zulauf verschaffen und somit mehr Schaden als Nutzen für die italienische Kirche stiften.

Aus gutem Grund stand überdies zu befürchten, daß auch die Kirchen in anderen Ländern und vor allem die westlichen Demokratien an der Seligsprechung Anstoß nehmen würden. Zum einen war es Pius IX. gewesen, der 1864 den berüchtigten *Syllabus* herausgegeben hatte, in dem liberale Ideale wie Gewissensfreiheit und Trennung von Staat und Kirche gegeißelt wurden. Diesen Papst ein Jahrhundert später seligzusprechen, in einer Zeit also, in der die von ihm in Abrede gestellten Werte weithin als Grundsteine einer liberalen Demokratie gelten – ja sogar von der Kirche selbst als menschliche Grundrechte und Werte inzwischen befürwortet werden –, das konnte die Kirche nur der Lächerlichkeit preisgeben. Zum andern handelt es sich bei Pio Nono um jenen Papst, der das Erste Vatikanische Konzil mit dem ausdrücklichen Ziel einberief, die Lehre von der Unfehlbarkeit des Papstes zum Glaubensdogma erklären zu lassen. Da dieses Dogma ein Haupthindernis für die Wiedervereinigung der christlichen Kirchen ist, könnte die Seligsprechung Pius' IX. sehr wohl als Affront gegen die gegenwärtige ökomenische Bewegung gedeutet werden. Zum dritten gibt es viele Katholiken, führende Theologen des neunzehnten Jahrhunderts eingeschlossen, die Pius IX. keineswegs als Heiligen betrachten und schon gar nicht als empfehlenswertes Vorbild für die Gläubigen – auch wenn die Kongregation die gegenteilige Meinung vertritt.

Auf der anderen Seite war Pio Nono bei den einfachen Katholiken seiner Zeit sehr beliebt, und sein Verfahren hat eine Reihe einflußreicher Befürworter auf den Plan gerufen. Seit 1972 wird der Fall von einem Verband prominenter Repräsentanten protegiert, 500 an der Zahl, darunter 30 Kardinäle, 60 Erzbischöfe und 150 Bischöfe, wozu seinerzeit ein gutes Dutzend offizielle Angehörige der römischen Kurie zählten, einschließlich des ehemaligen Kardinalstaatssekretärs Pauls VI., Amleto Cicognani, sowie des damaligen Präfekten der Kongregation für Heiligsprechungsprozesse, Paolo Bertoli, und zweier seiner Nachfolger auf diesem Posten, der Kardinäle Luigi Raimondi und Pietro Palazzini. Letzterer hatte 1987 sogar die führende Rolle im Fall Pius' IX. auf Vatikanebene übernommen.

Im großen und ganzen ging man davon aus, daß Papst Johannes Paul II. persönlich den Fall befürwortete. Historiker vermochten tatsächlich eine innere Logik zu erkennen, die hier am Werk zu sein schien: Pio Nonos Verfahren war von Pius X. eingeleitet worden, einem Gesinnungsgenossen bei der Verdammung liberaler Häresien. Pius X. seinerseits wurde 1954 von Pius XII. heiliggesprochen, also zu einer Zeit, da der Vatikan wieder einmal mit einigen seiner kühnsten Theologen ins Gericht ging. Mitte der achtziger Jahre hatte Johannes Paul II. eine ähnliche Tendenz unter Beweis gestellt, indem er Querdenker in der Kirche an die Kandare nahm. Man ging also allerseits davon aus, daß dieser Papst nur allzu gerne die Gelegenheit beim Schopf packen und Pio Nono in den Kanon der Heiligen aufnehmen würde.

Nur wenige wußten allerdings, daß das Verfahren Pius' IX. von Anfang an nur schleppend vorangekommen war. Pius X. selbst hatte einige charakterliche Aspekte seines Vorgängers in Frage gestellt. Alle Augenzeugen, die im Verlauf der Vernehmungen befragt worden waren, hatten Bedenken geäußert über die Art und Weise, wie Pio Nono die Kirche geleitet hatte. Zweimal war sein Fall noch unter den alten juristischen Bestimmungen den Konsultoren und Prälaten der Kongregation zur Abstimmung vorgelegt worden, und beide Male war er auf alles andere denn einhellige Zustimmung gestoßen.

Mein persönliches Interesse an dem Fall erwuchs vor allem aus der – in meinen Augen – einzigartigen Gelegenheit, genau den Maßstäben auf die Spur zu kommen, welche an einen modernen Papst bezüglich seiner heroischen Tugendhaftigkeit angelegt werden. Dazu mußte ich unbedingt eine päpstliche *positio* lesen. Außer Pius IX. gab es nur einen weiteren Kandidaten, Pius X., aber die Unterlagen seines Verfahrens – zumindest die *positio* – hielt der Vatikan unter Verschluß, weil manche Quellen noch immer als brisant gelten. Und die Geheimniskrämerei, mit der sich die Kommission in der Sache Pius' IX. umgab, ließ mir kaum Hoffnung, jemals offizielle Dokumente zu Gesicht zu bekommen.

Wie der Zufall es wollte, war der letzte einer langen Reihe von Pius' Anwälten noch am Leben. Carlo Snider, ein Schweizer mit langjähriger Erfahrung in der Kongregation, Laie, war 1975 von Paul VI. beauftragt worden, sich ein weiteres Mal mit dem Fall Pio Nonos zu befassen. Seine Aufgabe bestand nicht etwa darin, eine völlig neue *positio* zu verfassen, sondern auf die vom *advocatus diaboli* zusammengefaßte Kritik an diesem Diener Gottes zu antworten. Ich schrieb an Snider und bat, ihn besuchen zu dürfen. Ich wollte wissen, wie er Pio Nono zu verteidigen gedachte. Snider weigerte sich, den Fall mit mir zu diskutieren, solange ihn Kardinal Palazzini nicht dazu ermächtigte. Zu diesem Zeitpunkt erhielt ich jedoch von einem Beamten des Vatikans vertraulich eine

Kopie von Sniders *positio*, die dritte und letzte Fassung, welche die Konsultoren schließlich von Pius' heroischer Tugendhaftigkeit überzeugte.

Der erste moderne Papst

Giovanni Maria Mastai-Ferretti regierte fast 32 Jahre, länger als alle anderen Päpste vor und nach ihm. Er war der letzte Papst, der den Kirchenstaat regierte, und somit auch der letzte, der die Gewalt eines weltlichen Monarchen ausübte. Umgekehrt war er der erste »moderne Papst«, das heißt der erste Pontifex, der in Fragen des Glaubens und der Moral als unfehlbar sowie als Inhaber des Jurisdiktionsprimats über die ganze Kirche anerkannt wurde. Darüber hinaus gilt er insofern als Begründer des modernen Papsttums, als der Heilige Stuhl durch ihn zu einer geistlichen Institution wurde, die durch eine extrem zentralisierte Bürokratie charakterisiert ist. Vor allem aber war er der erste Papst, der »die beinahe mystische Ehrfurcht, die heutige Katholiken mit dem Papsttum verbinden«, auslöste.

Von Veranlagung und Intellekt her war Mastai nur ungenügend auf das höchste Kirchenamt vorbereitet. Als junger Mann litt er an Epilepsie, und das wird in Sniders Verteidigung eine wichtige Rolle spielen. Seine Ausbildung war bescheiden, und mit Ausnahme einer kurzen diplomatischen Reise nach Chile hatte er nur wenig von der Welt außerhalb des Kirchenstaates gesehen. Zunächst war er Bischof von Spoleto, später Kardinal von Imola. Als er 1846 zum Papst gewählt wurde, war er gerade erst 45 Jahre alt.

Nach seiner Thronbesteigung machte sich Pio Nono überraschenderweise zunächst einen Namen als liberaler Reformer. Er erließ eine Amnestie für politische Gefangene des Kirchenstaats, lockerte die Zensurbestimmungen und gewährte Rom eine Verfassung mit einem Premierminister. Diese Maßnahmen schockierten Fürst Metternich, den österreichischen Außenminister, dessen Truppen mehrere norditalienische Territorien besetzt hielten, dermaßen, daß er ausrief: »In Italien hatten wir mit allem gerechnet, aber mit einem liberalen Papst nicht!«

Papa Mastais liberaler Ruf verflüchtigte sich allerdings während der politischen Unruhen des Jahres 1848. Er weigerte sich, den italienischen Unabhängigkeitskampf gegen Österreich zu unterstützen, und berief sich darauf, daß er andernfalls seine religiöse

Aufgabe als Vater aller Gläubigen aufs Spiel setzen würde. Das brachte die Revolutionäre in Rom dermaßen gegen ihn auf, daß sie seinen Premierminister Pellegrino Rossi ermordeten und ihn selbst im Quirinalspalast belagerten. Als Laie verkleidet, gelang Pio Nono die Flucht nach Gaeta, wo er beim König von Neapel Zuflucht fand. 1850 kehrte er als politischer Reaktionär nach Rom zurück. 20 Jahre später besetzten die Armeen des italienischen Risorgimento Rom und schafften den Kirchenstaat ab. Pio Nono weigerte sich, mit den Aufständischen zu verhandeln; schließlich handelte es sich um Freidenker, die Klöster geschlossen hatten und alles daransetzten, die Religion an den Schulen Italiens auszurotten. Statt dessen zog er sich in den Vatikan und die päpstlichen Gärten zurück, wo er und seine Nachfolger bis zu den Lateranverträgen mit Benito Mussolini 1929 freiwillige »Gefangene« blieben. Außenpolitisch konzentrierte sich Pio Nono bis zum Ende seines Pontifikats auf die Wiederherstellung des Kirchenstaates, ohne den, wie er behauptete, die Unabhängigkeit der Kirche nicht gewährleistet sei.

Die alte politische Ordnung zerfiel, aber Pio Nono fand sich nicht damit ab. Wohin sein Blick auch fiel, überall sah er den Aufstieg von Volksherrschaften, die ihn abstießen, und von parlamentarischen Regierungsformen, denen er mißtraute. Schlimmer noch war seiner Ansicht nach jedoch der Triumph des »Liberalismus«, den er als Synthese verschiedener Häresien verstand, als Verleugnung der göttlichen Offenbarung ablehnte und im Laufe der Zeit zunehmend als wahres Teufelswerk disqualifizierte. 1864 steuerte er die Kirche auf Kollisionskurs mit den Hauptströmungen und Ideen des neunzehnten Jahrhunderts und brachte die Enzyklika *Quanta cura* heraus, die im Anhang die 80 Zeitirrtümer des *Syllabus* enthielt. Beide Texte häuften Verdammung auf Verdammung. Nicht nur Liberalismus, Pantheismus und Rationalismus, sondern auch jeglicher Fortschritt, die Trennung von Staat und Kirche, Presse- und Gewissensfreiheit, die Bürgerrechte und die moderne Zivilisation an sich wurden als Übel gebrandmarkt und mit dem Kirchenbann belegt. Nicht willens, die Spreu vom Weizen zu trennen, verdammte der Papst jedes liberale Ideal und jede Strömung seiner Zeit in Bausch und Bogen.

Der päpstliche Bannstrahl erreichte jedoch nur, daß zwischen der Kirche in Rom und den zeitgenössischen Gesellschaften Europas eine tiefe Kluft entstand. Kirchentreue, aber liberale Katholiken, die Ideen wie der Trennung von Staat und Kirche durchaus aufgeschlossen gegenüberstanden, wurden entweder entmutigt oder zum Schweigen verurteilt. Nichtkatholiken sahen die römisch-katholische Kirche in die finsterste Reaktion verfallen. Katholiken in demokratischen und überwiegend protestantischen Ländern wie England und den Vereinigten Staaten hatten einen schweren Stand und mußten sich gegen den Vorwurf verteidigen, ihre Religion gereiche dem Wohl des Landes zum Schaden. Auf der anderen Seite standen die ultramontanistischen Katholiken, die der aggressiven Abfuhr des Papstes an die moderne Welt applaudierten und noch eine Zugabe verlangten. Sie waren überzeugt, die Zukunft der Zivilisation hänge allein von der Erhaltung und Stärkung der päpstlichen Autorität ab.

Die Zugabe ließ nicht lange auf sich warten. 1869 berief Pius IX. das Erste Vatikanische Konzil ein. Nicht wenige der Theologen, die mit der Aufstellung der Tagesordnung beauftragt waren, hätten gerne den *Syllabus* der Zeitirrtümer von den Konzilsvätern zum Dogma erhoben gesehen. Doch Pius IX. hatte sich ein umfassenderes Ziel gesteckt: Er hielt die Zeit für gekommen, die Lehre von der Unfehlbarkeit des Papstes von der Konzilsversammlung – ausdrücklich und feierlich – zum Dogma erklären zu lassen. Schon 1854 hatte er, nach Beratung mit Mitgliedern des Episkopats, die päpstliche Unfehlbarkeit bemüht und die Unbefleckte Empfängnis der Jungfrau Maria zum Glaubensdogma erhoben. Der Mehrheit der Konzilsväter gefiel der Gedanke, daß sich der Papst in seiner Eigenschaft als Oberhaupt der ganzen Kirche in allen Fragen des Glaubens und der vom Glauben deduzierten Moral auf Unfehlbarkeit berufen kann. Doch gab es auch eine starke Minderheit, die es für äußerst unangebracht hielt, die päpstliche Unfehlbarkeit zum Dogma zu erklären und ihr somit den Status einer von Gott geoffenbarten Wahrheit zu verleihen. Ein Teil dieser Minderheit trat dafür ein, die dogmatische Erklärung mit schriftlich festgehaltenen Einschränkungen zu versehen, die den Papst an der Verlautbarung unfehlbarer Äußerungen hindern sollten, die allein seiner theologischen Auffassung entsprachen. Anderen wiederum behagte die mit dem Unfehlbarkeitsdogma gekoppelte universelle Jurisdiktion des Papstes über alle Katholiken nicht; das Konzil solle klarstellen, so ihre Forderung, daß die Bischöfe ihre Herrschaft mittels göttlichen Rechts und in ihrer Eigenschaft als Nachfolger der Apostel Jesu Christi ausüben – nicht als bloße Repräsentanten des Papstes.

Doch Pius IX. stand der Sinn nicht nach Mäßigung. Während

sich die Konzilsväter noch die Köpfe heiß redeten, scheute sich der Papst nicht, massiven Druck auf die Gegner der Unfehlbarkeitsvorlage auszuüben. Als der theologisch brillante Filippo Kardinal Guidi in einem Gespräch mit Pio Nono einwandte, daß »die europäische Tradition nicht mit dem Dogma vereinbar« sei, explodierte der Papst und entgegnete: »*Ich bin die Tradition.*« Daraufhin verbannte er Guidi so lange in ein Kloster, bis er durch Beten zur Einsicht gekommen sei. Am Ende stimmte Guidi für das Unfehlbarkeitsdogma.

Kurzum, was Pius IX. an weltlicher Macht einbüßte, das machte er auf geistlichem Gebiet mehr als wett. Allerdings hat die Geschichte gezeigt, daß das Schwert der päpstlichen Unfehlbarkeit seit dem Ersten Vatikanischen Konzil nur ein einziges Mal aus der Scheide gezogen wurde, und selbst dann erst nach eingehender Beratung mit den Bischöfen; Anlaß war das Dogma der leiblichen Verklärung der Unbefleckt Empfangenen Gottesmutter, das Pius XII. 1950 verkündete. Andererseits hat die Geschichte aber auch gezeigt, daß als Folge der päpstlichen Unfehlbarkeit eine Art »Papstkultur« unter den Katholiken entstand, der die fortschreitende Machtkonzentration im Vatikan das gesamte zwanzigste Jahrhundert hindurch förderte und die Person des amtierenden Pontifex zum Objekt nahezu abgöttischer Frömmigkeit hochstilisierte. Pius war der erste Papst, der sich solcher Verehrung erfreuen konnte, und sein Zeitgenosse und Freund, der heilige Johannes Bosco, stand gewiß nicht allein mit seiner Ansicht: »Der Papst ist Gott auf Erden. Jesus hat den Papst über die Propheten gesetzt, über seinen Vorläufer, über die Engel. Jesus hat den Papst auf eine Stufe mit Gott gestellt.« Ähnlich verfuhren die Jesuiten in Rom, die den Papst verglichen mit »Christus, als wäre er selbst und sichtbar hier herabgestiegen, um die Kirche zu regieren«.

Liberale Historiker gingen und gehen mit Pio Nono nicht gerade sanft um. So stellen sie etwa fest, daß er buchstäblich jeden ernst zu nehmenden intellektuellen Austausch innerhalb der Kirche unterbunden und in seiner Außenpolitik völlig versagt hat; bei seinem Tod unterhielten nur noch vier Länder diplomatische Vertretungen im Vatikan. In jüngster Zeit ist sein Pontifikat jedoch in etwas freundlicherem Licht betrachtet worden. Immerhin versank die Kirche nicht, wie mancher Kritiker vorhergesagt hatte, in Bedeutungslosigkeit. Sie verschanzte sich nur – und überlebte, wenn auch um den Preis erheblicher, ein dreiviertel Jahrhundert währender Machteinbuße. Im nachhinein ist Pio Nono, im guten wie im schlechten, als derjenige zu betrachten, der dem modernen Papsttum seinen Stempel aufprägte. In dieser Hinsicht muß eine Beurteilung seines Pontifikats – zumindest stillschweigend – eine Beurteilung des Gesamtkurses der Kirche seit 1846 mit einbeziehen. Snider war sich, wie ich erfahren sollte, durchaus bewußt, daß seine Befürwortung des Falls auf der ureigensten Überzeugung des Papstes basieren mußte, seine Handlungen seien ihm, unabhängig von menschlichen Maßstäben, von der göttlichen Vorsehung diktiert worden.

Doch wie steht es um Mastais persönliche Tugendhaftigkeit, um den Stoff, aus dem die kanonisierten Heiligen sind? Es gab, wie gesagt, genügend Anhaltspunkte für seine Reizbarkeit und seine Einschüchterungsversuche. Auf der anderen Seite gab es aber auch viele Beweise für seine menschliche Wärme, seinen Charme und Witz (zu dessen Zielscheibe er nicht nur andere, sondern auch sich selbst machte), für seine Tatkraft und vor allem für seine Frömmigkeit. Sein Glaube war unerschütterlich und seine innere Stärke über alle Zweifel erhaben. Trotz seiner »Gefangenschaft« war er der erste Papst, der regelmäßig Audienzen im Vatikan abhielt, und aus ganz Europa kamen die Gläubigen mit der Eisenbahn angereist, nur um ihn zu sehen. Kaum eine Woche nach seinem Tod traf – von Franziskanern aus Wien – im Vatikan das erste Gesuch um seine schnellstmögliche Seligsprechung ein.

Wie läßt sich also Mastais behauptete Heiligkeit bemessen? Auf welche Episoden aus diesem übervollen und kontroversen Leben würden sich die Konsultoren konzentrieren? Welches Gewicht würden ihre Erwägungen über seine Leistungen als Papst haben? Wagten sie es etwa, seine Einschüchterungsversuche um des Unfehlbarkeitsdogmas willen zu kritisieren? Wenn ja – wie verfuhren sie dann mit dem *Syllabus* der Zeitirrtümer, der mit den Konstitutionen und Dekreten des Zweiten Vatikanischen Konzils samt und sonders verworfen worden war? Und wie würden schließlich die im Geist des Zweiten Vatikanischen Konzils geschulten Theologen, Kardinäle und Bischöfe den Vater des Ersten Vatikanischen Konzils beurteilen? Ich kannte das Ergebnis, aber nur Sniders *positio* konnte enthüllen, wie es zustande gekommen war.

Die Einwände gegen das Verfahren Pius' IX.

Snider hielt sich nicht, im Unterschied zu anderen *positiones*, die ich gelesen hatte, an das übliche Schema, das jede der erforderlichen Tugenden zu beweisen suchte. Seine Aufgabe bestand speziell darin, auf die Einwände der Konsultoren einzugehen, die diese anläßlich der beiden Abstimmungen in diesem Verfahren erhoben hatten. Diese Einwände waren von Pater Raffaelo Perez, dem ehemaligen *advocatus diaboli*, in einem knappen Schriftsatz zusammengefaßt worden. Bei der Lektüre stößt man auf eine merkwürdige Mischung strittiger Fragen; einige sind persönlicher, andere politischer Natur, und dazu kommen noch etliche Hinweise auf das mitunter ungebührliche Verhalten des Oberhaupts der katholischen Kirche.

Mehrere Konsultoren und Prälaten stießen sich an Pio Nonos offensichtlichem Mangel an »Sanftmut«. Zeugenaussagen belegten häufige »Wutausbrüche« und »schneidende Bemerkungen gegenüber Menschen von gutem Leumund«. Er war »impulsiv«, schnell bei der Hand mit Spott wie mit Abneigungs- und Mißbilligungsbekundungen, ohne Rücksicht auf die Wirkung, die seine scharfe Zunge auf die verschiedenen Adressaten seines Sarkasmus haben mochte.

In den Augen einiger Konsultoren stellte diese Kratzbürstigkeit einen ernstlichen Mangel an »christlicher Nächstenliebe« dar. Mastai versagte sowohl als Bischof wie als Papst bei der Praktizierung »eines der fundamentalen Gebote christlicher Barmherzigkeit: Was du nicht willst, das man dir tu, das füg auch keinem andern zu«. Es hat den Anschein, als wäre er stets nur allzu bereit gewesen, jede Anschuldigung gegen Dritte ungeprüft zu übernehmen und den Beschuldigten zu bestrafen oder aus dem Dienst zu entlassen, ohne ihn zuvor zur Sache gehört zu haben. Der *advocatus diaboli* verweist vor allem auf die Weigerung des Papstes, die beiden zum Tode verurteilten Anarchisten Monti und Tognetti zu begnadigen, die 1862 eine Kaserne mit päpstlichen Soldaten in die Luft gejagt hatten. Ihre Hinrichtung hatte damals angeblich sogar die Anhänger des Papstes mit Abscheu erfüllt. Der *advocatus diaboli* weist gar darauf hin, daß Pius X. selbst gesagt haben soll: »Allein dieser Tatbestand reicht aus, die Kanonisierung des Dieners Gottes zu verhindern.«

In besagtem Schriftsatz wird Pius IX. außerdem der mangelnden »Klugheit in Regierungsgeschäften« geziehen. Der *advocatus diaboli* zitiert sechs Fälle, in denen Pio Nono unwürdige, unfähige oder »über alle Maßen beschränkte« Männer auf wichtige Posten der päpstlichen Regierung berief. Außerdem wird dem Papst vorgeworfen, »Personen in die Regierung geholt zu haben, die der Religion feindlich gesinnt waren«. Der Schriftsatz erwähnt insbesondere Giacomo Kardinal Antonelli, der Pio Nono 26 Jahre lang als einflußreicher Kardinalstaatssekretär diente. Einer Reihe historischer Berichte zufolge war Antonelli ein geschickter Spendeneintreiber, der nicht nur die vatikanischen Konten auffüllte, sondern gleichzeitig auch ein enormes Privatvermögen anhäufte. Der Schriftsatz nennt ihn zwar nicht ausdrücklich einen Profithai, mahnt jedoch zusätzliche Informationen zu »unbeantworteten Fragen« über Antonellis öffentliches und privates Leben an.

Papst Paul VI. war insbesondere an der Behandlung interessiert, die Pio Nono Pater Antonio Rosmini-Serbati angedeihen ließ. Dieser Pater war einer der hervorragendsten Intellektuellen, die die italienische Kirche hervorgebracht hat, und gleichzeitig einer ihrer frömmsten Männer. Der Schriftsatz wirft die Frage auf, ob Pius IX. in »ausreichendem Maße Nächstenliebe« gegenüber Rosmini geübt habe. Erwähnt wird, daß Pio Nono Rosmini wiederholt versprochen hatte, ihn zum Kardinal zu ernennen, es aber nie wahr machte. Noch wichtiger ist jedoch laut Schriftsatz, daß Pius IX. »Rosmini eingelullt und beruhigt« habe, seine politischen Schriften würden noch überprüft, während er in Wirklichkeit ein Dekret der Kongregation, das die Schriften auf den Index setzte, längst unterschrieben hatte. Rosmini war auch, sollte ich ergänzen, einer der wenigen Intellektuellen der Kirche, der die Einigung Italiens befürwortete. Warum, fragt der *advocatus diaboli*, wies der Papst den Rat Rosminis zurück und wandte sich der Politik Antonellis zu, der sich gegen die Einigung aussprach?

Eine Reihe von Einwänden lassen Zweifel an der politischen Urteilsfähigkeit des Papstes erkennen. Im 1848er Konflikt zwischen Österreich und Piemont erhob Pio Nono Anspruch auf Neutralität, mischte sich jedoch mehrmals zugunsten Österreichs ein. Der Schriftsatz kritisiert außerdem Pio Nonos abrupte und politisch verheerende Kehrtwendung in der Frage der italienischen Unabhängigkeitsbewegung. Es entstand, wie der *advocatus diaboli* ausführt, ein »krasser Widerspruch« zwischen seiner ursprünglichen, der Unabhängigkeit Italiens wohlgesinnten Haltung und seiner späteren »unversöhnlichen Opposition«. Anscheinend schätzte er die Bewegung für eine liberale Regierung, die »in jedermanns Augen unwiderruflich erschien«, falsch ein.

Nach Ansicht einiger Konsultoren schien Pio Nono »gewisse Dinge durcheinanderzubringen«, vor allem wenn es um die Unterscheidung zwischen »göttlichem und menschlichem Recht« ging. Der *advocatus diaboli* zitiert dazu einen Historiker, der Pio Nono Unbeugsamkeit angesichts des unvermeidlichen politischen Wandels anlastet – insbesondere das Dekret, das italienischen Katholiken untersagte, öffentliche Ämter zu übernehmen, ja sogar ihr Wahlrecht als Bürger des neuen italienischen Staates wahrzunehmen – und ihn persönlich für eine ganze Reihe schädlicher Auswirkungen auf die Kirche haftbar macht: hauptsächlich für das »gewaltsame« Ende des Kirchenstaats, für den »noch gewaltsameren« Dauerkonflikt zwischen Kirche und italienischem Staat sowie für »ungezügelten Antiklerikalismus«. Zusätzlich kritisiert ihn der Schriftsatz wegen seines Versagens angesichts »der sozialen Frage« – das heißt angesichts der Bedürfnisse der in Europa entstehenden Arbeiterklasse, die immer mehr unter den Einfluß von Sozialisten und Kommunisten geriet. Diese Bedürfnisse »schienen seiner Fürsorge und seinem seelsorgerischen Augenmerk sehr fern zu liegen«.

Im Anschluß daran fordert der Schriftsatz eine weitergehende Untersuchung dreier wichtiger Ereignisse, die die katholische Kirche in Mitleidenschaft zogen. Zum ersten wird die Frage gestellt, ob der Papst, als er aus Rom nach Gaeta floh – »eines der traurigsten und unrühmlichsten Kapitel seines Pontifikats« –, die notwendige »Seelenstärke« an den Tag gelegt habe. Zum zweiten wird die Frage nach der »Opportunität einiger seiner Positionen im *Syllabus* der Zeitirrtümer« erhoben, »die selbst bei katholischen Autoren auf Kritik stießen«. Zum dritten äußern einige Konsultoren Zweifel daran, daß der Papst den Konzilsvätern auf dem Ersten Vatikanischen Konzil »völlige Freiheit« zum Studium und zur Beratung des päpstlichen Unfehlbarkeitsdogmas gewährte. Hat der Papst die Unfehlbarkeitsgegner wirklich anständig und respektvoll behandelt? Legte er nicht nach dem Konzil andersdenkenden Bischöfen gegenüber eine gewisse Abneigung an den Tag, wenngleich sie am Ende alle – bis auf zwei – seiner Definition zugestimmt hatten?

Dies waren sozusagen die letzten Gräten, die den Theologenkonsultoren und Kardinälen im Halse steckengeblieben waren.

Der Vollständigkeit halber sei hinzugefügt, daß diese Fragen die Kirchenhistoriker schon seit eh und je bewegen, insbesondere was den *Syllabus* der Zeitirrtümer und die Entscheidungsfreiheit der Bischöfe des Ersten Vatikanischen Konzils betrifft. Es kann also kaum überraschen, daß der Schriftsatz empfiehlt, eine Reihe brennender Fragen zur eingehenderen Dokumentation an die historische Sektion der Kongregation zu verweisen.

Zusätzlich zu diesen Charakter und Kompetenz des Kandidaten betreffenden Fragen nennt der *advocatus diaboli* ernste Bedenken, die viele Theologen und Prälaten hinsichtlich der Auswirkungen einer Seligsprechung Pius' IX. auf die Kirche hegten. Manche meinten, dies sei nicht der richtige Zeitpunkt, um Pio Nono – selbst wenn er es verdient haben sollte – für selig zu erklären. Andere befürchteten, daß dadurch »eine neue Kampagne liberaler und antiklerikaler Kräfte ausgelöst werden könnte«. Und wieder andere machten sich Sorgen, seine Seligsprechung könne falsch interpretiert und dahingehend aufgefaßt werden, daß die Kirche Pio Nonos pauschale Verurteilung freiheitlich-demokratischer Institutionen und Prinzipien billige. Vorherrschend war jedenfalls das Gefühl, man dürfe nichts übereilen.

So geschah's denn auch. Snider nahm sich neun Jahre Zeit für seine Stellungnahme. Mehr noch, er bat nicht einmal die Historiker bei der Kongregation um Hilfe. Historische Beweise, so seine Argumentation, stehen auf einem Blatt, die Theologie auf einem anderen. Und die Theologie war es auch – genauer gesagt, die Pläne der göttlichen Vorsehung –, die er letztlich zum Beweis für Pio Nonos heroische Tugendhaftigkeit beschwor.

Die Argumente der Verteidigung

Sniders Stellungnahme ist 223 Seiten lang und in 15 Themenbereiche gegliedert; dazu kommt noch ein Anhang. Sein Stil ist der eines Juristen, beherrscht von Bandwurmsätzen und endlosen Kaskaden typisch italienischer Rhetorik. Bei der Lektüre fühlt man sich unweigerlich an einen Verteidiger erinnert, der auf die Konsultoren und Prälaten einredet, als stünde er im Gerichtssaal. Den Kritikern seines Klienten gegenüber schlägt er mal schmeichlerische, mal gönnerhafte Töne an. Das Erstaunliche ist jedoch, daß er sich durchgesetzt hat.

In den ersten vier Kapiteln gibt Snider einen Überblick über sämtliche Einwände gegen das Verfahren und umreißt die Methode, mit der er sie entkräften wird. Er bezieht sich nicht nur auf die von Pater Perez genannten Fragen, sondern auch auf alle anderen Einwände, die im Lauf des Verfahrens von verschiedenen Konsultoren vorgebracht wurden. So führt er ergänzend an, daß alle bei den Vernehmungen befragten Zeugen »an der Art und Weise, wie Pius IX. sein Amt ausübte, etwas auszusetzen hatten«. Darüber hinaus stellt er fest, daß der Prozeß an einem toten Punkt angelangt sei. In den Augen der befürwortenden Konsultoren würden die Beweise für die heroische Tugendhaftigkeit des Papstes das negative Beweismaterial überwiegen. Die Kritiker verträten den gegenteiligen Standpunkt. »Beide sind im Unrecht«, behauptet Snider. Es gebe einen neutralen Standpunkt, den er in die Diskussion einführen und mit Hilfe der historisch-kritischen Methode verteidigen werde.

Ferner weist Snider darauf hin, daß viele Konsultoren – einschließlich derjenigen, die dem Kandidaten heroische Tugendhaftigkeit zuerkennen – die Opportunität seiner Seligsprechung bezweifeln. Dieser Standpunkt sei zu zaghaft, behauptet Snider, und stellt die rhetorische Frage, ob »die Befürchtungen wegen der Opportunität« nicht auch bei den vorherigen Päpsten, die bereits heilig- oder seliggesprochen wurden, hätten geltend gemacht werden können – insbesondere bei jenen, die durch die Kühnheit ihrer Taten »aus der Masse herausstachen«. Die Sorgen der Verzagten, so fährt er fort, laufen darauf hinaus, daß eine Seligsprechung Pius' IX. in der heutigen Welt falsch aufgefaßt werden könnte. Snider gibt zu, daß eine solche Auszeichnung Pius' IX., der zum Symbol für die Ablehnung bestimmter politischer, gesellschaftlicher und kultureller Strömungen seiner Zeit geworden ist, sehr wohl als Bekräftigung dieses antiliberalen Standpunktes durch die heutige Kirche verstanden werden könnte. Diese Besorgnis, so kontert er, zeugt von mangelndem Vertrauen in das »Lehramt der Kirche« – und hat damit Papst Johannes Paul II. im Visier. Nichtsdestoweniger, so räumt er ein, besteht in dieser Hinsicht eine echte Gefahr, die nicht von Johannes Paul II., sondern von jenen (vermutlich Ultrakonservativen) ausgeht, die »sich aufgrund der anmaßenden Einschätzung ihres Wissens und ihrer Autorität für die einzig verläßlichen Interpreten besagten Lehramts halten und den seelsorgerischen Stil Papst Pius' IX. dazu benutzen würden..., ihren eigenen religiösen, intellektuellen und seelsorgerischen Kurs zu rechtfertigen, ihn in einigen Fällen der Kirche

Kirche sogar aufzuzwingen und jede andere, davon abweichende Strömung zu verdammen.« Das wäre nicht das erste Mal, räumt Snider ein, und die Versuchung, die Seligsprechung Pius' IX. zu mißbrauchen, manifestiere sich vor allem bei jenen, die in Glaubens- und Gewissensfragen eher zu Strenge neigen.

Er behauptet jedoch, die Gefahr des Mißbrauchs sei kein Grund dafür, das Verfahren Pius' IX. einzustellen. Es gibt, wie er aufzeigen werde, gute Gründe für die Verherrlichung des Pontifikats eines Papstes, dessen »Bedeutung und Wert bis in unsere Zeit reichen, weil der Kirche durch sie der Einstieg in die moderne Menschheitsgeschichte mit dem Erbe ewiger Werte und einer intakten Lehre gelang«. Der Nachhall der Maxime Papst Benedikts XIV. über den Glaubenseifer ist hier unverkennbar. Snider will, wie er sagt, demonstrieren, daß das Pontifikat Pio Nonos »nichts anderes zeigt als den Weg, den die Kirche seit der Zeit Pius' IX. bis zum heutigen Tage auf ihrer ununterbrochenen Pilgerreise durch die Geschichte der Menschheit beschreitet«.

Zu diesem Zweck, sagt Snider, ist es nicht nötig, den Fall, wie zunächst empfohlen, zur eingehenden Untersuchung an die historische Sektion der Kongregation zu verweisen. Das würde den Prozeß nur unnötig verlängern und von der Hauptsache, also der Begutachtung von Pius' heroischer Tugendhaftigkeit, ablenken. »Das Studium der Dokumente, sei's der bekannten oder noch unbekannter«, schreibt er, »wird absolut nichts zutage fördern, das – ob nun im positiven oder negativen Sinn – eine endgültige moralische Beurteilung Pius' IX. erlaubt.«

Sodann erläutert Snider, worin die Aufgabe eines jeden, der Pius' IX. behauptete Heiligkeit beurteilen soll, seiner Meinung nach besteht:

> »Wer immer diesen Fall begutachtet, ja, wer immer auch das Urteil fällt, muß sich darauf verstehen, Papa Mastais Standort im Rahmen der Kirchengeschichte sowie der Weltgeschichte seiner Zeit präzise herauszuarbeiten. Wem diese Aufgabe zufällt, der muß die Denkweise des Papstes in bezug auf die Realität der Zeit, in der er lebte, und somit auch in bezug auf die wahren Bedürfnisse von Kirche und Gesellschaft genauestens interpretieren. Man muß die Geisteshaltung verstehen, mit der er seine Mission als Oberhirte der Kirche versah, eine Aufgabe, die auf sein besonderes Charisma (als Papst und oberster Glaubenslehrer der Kirche)

zugeschnitten war, das ihm Gott in seiner Weisheit verliehen hatte, ein Charisma, das uns die übernatürlichen Gründe für sein Pontifikat enthüllt. Wir dürfen nicht vergessen, daß sich der Sinn eines jeden Pontifikats nicht in menschlichen Beweggründen erschöpft. Ein Pontifikat muß im Licht der göttlichen Vorsehung gesehen werden, und zu diesem Zweck ist es notwendig, soweit uns das mit unserer beschränkten Intelligenz möglich ist, Gottes Plan zu verstehen, entworfen zum Wohl der Kirche und der Gesellschaft, in Angriff genommen mit Beginn des Pontifikats Pius' IX. und zum Ausdruck gebracht in den Beschlüssen des Lehr- und Hirtenamts.«

Kurzum: Pio Nono muß in seiner Eigenschaft als Oberhaupt der universalen katholischen Kirche beurteilt werden, nicht nur als Oberhaupt der italienischen Kirche; als geistlicher Führer, nicht nur als Herrscher über einen »moribunden« Kirchenstaat; als ein Mann seiner Zeit, der nichtsdestoweniger »an der sich entfaltenden Heilsgeschichte beteiligt war und der nach den Spuren des Göttlichen in der sich entfaltenden Menschheitsgeschichte suchte«. Eine eingeschränkte Sichtweise – das heißt vor allem, ihn an seinen menschlichen Grenzen als weltlicher Monarch zu messen – kommt laut Snider einer Nichtbeachtung »der heiligen Natur seines Pontifikats« gleich. Snider argumentiert also, mit anderen Worten, daß der letztgültige Maßstab für die Beurteilung Pius IX. nicht in der Profangeschichte liegt, sondern in der Heilsgeschichte, in der sich die »Pläne der Vorsehung« in den Handlungen der Kirche enthüllen. Snider selbst drückt es so aus:

»Das Pontifikat Pius' IX. muß als Fortführung des ewigen Auftrags der Kirche betrachtet werden, als Eintritt dieser Mission in ein neues Zeitalter. Machen wir uns diese Ansicht zu eigen, so erhalten wir nicht nur höchst zuverlässige Hinweise zur historischen Beurteilung, sondern unser Blick wird auch auf die eigentliche Thematik unserer Untersuchung gelenkt: die Stimmigkeit zwischen Geisteshaltung und Leben, zwischen privaten und öffentlichen Handlungen eines Oberhirten und seiner Verantwortung gegenüber Gott und gegenüber der Kirche, zu deren Steuermann er sich in einem wichtigen Moment der modernen Geschichte bestellt sah.«

Im Anschluß daran paraphrasiert Snider – ohne ihn direkt zu zitieren – die Ratschläge Benedikts XIV. zu den Tugenden, die bei einem päpstlichen Kandidaten für die Heiligkeit beachtet werden sollten:

> »Die Beispielhaftigkeit der Tugenden eines Papstes muß auch unter dem Gesichtspunkt seiner fortwährenden Verpflichtung gesehen werden, die Herrschaft Christi in der Welt zu verbreiten; die Eintracht seiner Herde zu wahren; für das als Pfand gegebene Wort Gottes Sorge zu tragen und sich unermüdlich dafür einzusetzen, daß sein Werk auf der ganzen Welt Anerkennung findet; die menschliche Gesellschaft nach den göttlichen Gesetzen zu festigen; den Priestern ein noch tieferes Bewußtsein des priesterlichen Amtes einzuschärfen; das Evangelium mit Nachdruck zu verkünden; den Menschen den Sinn des Lebens begreiflich zu machen und sie zu befähigen, den Wert eines menschlichen Wesens voll und ganz zu verstehen; den Willen Gottes unter allen Umständen und unter allen Voraussetzungen zu erfüllen.«

Die Persönlichkeit Mastai-Ferrettis

Nachdem Snider die Bedingungen und den Kontext seiner Analyse unterbreitet hat, kommt er zur Diskussion der Persönlichkeit Pius' IX. Er war ein Mann wie andere auch, schreibt er, ein gemischter Charakter aus »Freuden, Ungewißheiten, Ängsten, Hoffnungen, plötzlichen Regungen des Aufbegehrens, Schmerzen und Leiden«. Seine Epilepsie unterscheidet ihn von anderen, ein Handicap, so bemerkt Snider, das Pius IX. mit Napoleon, Bismarck, Alexander dem Großen und anderen Persönlichkeiten der Geschichte teilte. Snider beharrt im Unterschied zu einigen Hagiographen darauf, daß die Epilepsie Mastai sein ganzes Leben lang zu schaffen machte und daß der persönliche Kampf, sie in den Griff zu bekommen, »ihm beim Erwerb der Tugenden half«. Seine Krankheit, schreibt er, machte Mastai reizbar und oft jähzornig, und zwar vor allem dann, wenn er unter Druck stand. Doch Snider versichert, dem Papst habe nichts ferner gelegen, als seinem Nächsten moralischen oder materiellen Schaden zuzufügen. Wenn dies dennoch vorkam – was unbestreitbar ist –, so war es den beklagenswerten Auswirkungen seines Gebrechens zuzuschreiben.

Auf der anderen Seite, so behauptet Snider, wies Pius IX. eine Reihe liebenswerter Eigenschaften auf: Er hatte »ein offenes Gesicht und ein offenes Herz«; er »wollte lieben und geliebt werden«, und er zeigte zeit seines Lebens »eine liebenswerte und jugendliche Haltung«. Nun gut, er war bisweilen pessimistisch, aber das waren andere Heilige auch. Wenn er impulsiv war, dann nur, weil er außerdem auch leidenschaftlich und begeisterungsfähig war, und zwar vor allem wenn es um sein »Verlangen nach dem Reich Gottes« ging. Außerdem war er mutig, behauptet Snider, und das läßt sich an seiner Entschlossenheit ablesen, mit der er das Erste Vatikanische Konzil einberief und die Definition des Dogmas der päpstlichen Unfehlbarkeit »in den Klauen einer ungläubigen Zeit« selbst in die Wege leitete.

Obwohl kein Intellektueller, so verfügte Mastai doch über die wundervolle Gabe, schwierige Fragen zu »vereinfachen«. Das, was manche Kritiker als »rückschrittliche« Weigerung betrachten, sich mit neuen Realitäten abzufinden, war in Wirklichkeit die geschärfte Fähigkeit, zum Kern einer Frage vorzustoßen und zu erkennen, welche Schritte »aus Gehorsam gegenüber der Wahrheit« unternommen werden mußten. Snider beteuert sogar, daß Pius IX. »über die Intelligenz verfügte, die Dinge auf Gottes Art zu sehen, das heißt, daß er in gewisser Weise den gleichen Horizont wie Gott hatte«. Bei der Lösung von Problemen verließ er sich nie allein auf den menschlichen Verstand, behauptet Snider, sondern er hatte stets »das Bedürfnis, sich von dem Charisma leiten zu lassen, das er, wie er wußte, als Papst besaß«. Unter dieser Führung war »dieser bewahrende Papst, der (bei seinen Kritikern) in dem Ruf stand, einen verzweifelten Kampf um die Erhaltung des Vergangenen zu führen, (vielmehr in der Lage,) mit bemerkenswerter Klarheit und konsequenter Haltung bessere Zeiten für die Kirche vorauszusehen«.

Das Erstaunliche an all diesen Beteuerungen ist nicht allein die Tatsache, daß sie im Widerspruch zum gängigen historischen Urteil stehen, sondern daß sie außerdem nur mit äußerst dürftigen Fußnoten belegt sind. Abgesehen von wenigen Bezugnahmen auf verständnisvolle Biographen werden seine Behauptungen durch keine Zeugen, die während des Verfahrens gehört wurden, erhärtet. Im wesentlichen präsentiert Snider Pius IX. so, wie dieser sich selber sah. Sobald es jedoch um die Beschreibung seiner kirchlichen Mission geht, bedient sich Snider nicht der Sprache Mastais, sondern jener der Väter des Zweiten Vatikanischen Konzils.

*Liberalismus, päpstliche Unfehlbarkeit
und das Erste Vatikanische Konzil*

Zunächst einmal erinnert Snider die Konsultoren daran, daß die Aufgabe des Papstes darin bestand, »Seelsorger (zu sein), der die Botschaft Christi vom höchsten Thron des kirchlichen Lehramts herab verbreitet, Zeugnis von der Wahrheit ablegt und Sprachrohr des Geistes der Wahrheit ist, der die Kirche, diese Gemeinschaft der Giaubenden, Hoffenden und Liebenden, besonders als gesellschaftlichen Organismus, als priesterliche, königliche und prophetische Gemeinschaft auf ihrer irdischen Reise leitet«. Pius IX. war weit davon entfernt, ein auf die Wiederherstellung der weltlichen Macht des Papsttums versessener Reaktionär zu sein, argumentiert Snider; er war vielmehr ein Reformer, der die Kirche durch den Aufbau neuer Strukturen und die Einführung neuer Lenkungsinstrumente auf eine neue Ära vorbereitete – kurzum, ein früher Vorläufer Papst Johannes' XXIII.

Ferner versichert Snider, daß Mastai sich die Wiederherstellung der sozialen Ordnung zur Aufgabe gemacht hatte. Dies ist eine ganz außergewöhnliche Behauptung, die dem allgemeinen Konsens unter den Historikern zuwiderläuft. Ihrem einhelligen Urteil zufolge widmete sich der Heilige Stuhl der »sozialen Frage« – das heißt dem Aufstieg des Bürgertums und der Entwicklung des städtischen Proletariats – erst unter dem Pontifikat Leos XIII., dem Nachfolger Pius' IX. In blumenreichen Satzgeflechten und bar jeglichen Beweises beschreibt Snider Pius IX. nicht nur als weitblickenden Reformer der säkularen Gesellschaft, sondern unterstellt sogar, Mastai habe die progressive Ekklesiologie des Zweiten Vatikanischen Konzils vorhergesehen:

»Es ließe sich sogar sagen, daß das Pontifikat Pius' IX. von Kirche und Dienst sprach, von Kirche und Armut, von Kirche und Reform, von Kirche und Anpassungsfähigkeit sowie – das sollten wir ohne Zögern hinzufügen – von der Kirche im Dialog, von Kirche und irdischen Vorfindlichkeiten, von der Dynamik des Glaubens und der Eingebundenheit der Menschheitsgeschichte in die Heilsgeschichte; mit einem Wort, (er sprach) von der Kirche und der Welt im gleichen Sinn, mit der gleichen Fülle anschaulicher Argumente, mit den gleichen Worten und Begriffen, wie das Zweite Vatikanische Konzil es ein Jahrhundert später tun sollte.«

Es hat ganz den Anschein, als hätte Snider der historisch-kritischen Methode an dieser Stelle den Rücken gekehrt. In der Tat hat er Sprache und Gedankengut des Zweiten Vatikanischen Konzils nur heraufbeschworen, um Pius IX. in ein rosigeres Licht zu rücken. Wenn die Mission des Papstes, wie Snider unterstellt, wirklich stets die unverrückbar gleiche ist – das Evangelium zu predigen, die Kirche zu führen, ihr religiöses Erbe und ihre Prinzipien zu verteidigen –, dann braucht nur noch dargelegt zu werden, wie dies Pius IX. im Rahmen und inmitten der Herausforderungen seiner Epoche gelang.

In einer Übersicht über die gesellschaftlichen Wirren, die Mastais Pontifikat vorausgingen, merkt Snider an, daß die Französische und die industrielle Revolution eine »völlig neue gesellschaftliche Klasse«, das Bürgertum, hervorgebracht hätten, »die nicht die gleiche religiöse und geistliche Bildung besaß«, deren sich die vormalige Aristokratie erfreute. Die Kirche hatte keine soziale Lehre für diese neue Klasse bereit, und die Tatsache, daß Pius IX. keine konzipierte, so argumentiert Snider, sollte nicht als ein Mangel an Klugheit oder Gerechtigkeitssinn aufgefaßt werden. Noch einmal erinnert er die Konsultoren daran, daß Mastais wichtigste Verpflichtung als Papst nicht intellektueller, sondern seelsorgerischer Natur war. Daher dürften die Fehlurteile, die ihm auf verwaltungstechnischer, politischer oder diplomatischer Ebene unterliefen, auch nicht mit seinen Entscheidungen als Oberhirte und oberster Glaubenslehrer der Kirche in einen Topf geworfen werden.

Snider gibt zu, daß der Vorwurf, das Papsttum unter Pio Nono habe sich gegenüber liberalen Strömungen kompromißlos gezeigt, einen wahren Kern enthält. Schließlich war Mastai in Norditalien aufgewachsen und selbst als Bischof von Imola weit entfernt von den Zentren neuer Ideen und Institutionen, die das Gesicht Europas veränderten. Die Philosophen der Aufklärung, schreibt er, hatten die Wege für ein neues Verständnis der natürlichen Menschenrechte und ihre politische Ausformung geebnet. Dieser Prozeß nahm im Bürger Gestalt an. Neue Staaten entstanden, die auf der Herrschaft des Volkes und der Gleichheit vor dem Gesetz gründeten. Demokratische Verfassungen wurden geschrieben, Organisationen säkularisiert, und der Nationalismus lag in der Luft. Manchen Leuten, vor allem den Ultramontanisten, »kam dies alles wie Teufelswerk vor«. Snider gibt jedoch zu bedenken, daß die römisch-katholischen Autoritäten in der Amtszeit Pio

Nonos den Liberalismus generell »aus der Ferne« beurteilten; sie hätten die liberalen Katholiken in Frankreich und Deutschland gründlich mißverstanden.

Dennoch beharrt Snider darauf, die Tatsache, daß Pius IX. jede »tiefere Wahrnehmung« der zeitgeschichtlichen Ereignisse abging, dürfe nicht gegen ihn verwendet werden. Auch dürfe man nicht ihn persönlich für alle »negativen Konsequenzen«, die der Kirche als Folge seiner Politik entstanden, haftbar machen. Schließlich war er, wie andere Päpste auch, auf seine Repräsentanten angewiesen. Allerdings kann und sollte man ihn, sagt Snider, hinsichtlich seiner »Verpflichtung, der Kirche dabei behilflich zu sein, inmitten all dieser Veränderungen auf die Stimme Gottes zu hören, die in den Zeichen der Zeit, in der man lebt, beständig zum Ausdruck kommt«, zur Verantwortung ziehen.

Die Frage lautet also, ob der Papst mit seiner Reaktion auf die Ideen und Bewegungen seiner Epoche wirklich geistlichen Weitblick an den Tag legte. Oberflächlich betrachtet wohl kaum, gibt Snider zu. Der Papst scheint nicht erkannt zu haben, daß der Liberalismus die Prinzipien der Freiheit und der sozialen Gerechtigkeit in sich barg, die die Kirche zwangsläufig im Lauf der Zeit aufgreifen mußte. Statt dessen stehe Pius IX. mit seiner beharrlichen Ablehnung neuer Ideen seit langem im Kreuzfeuer der Kritik, die besonders seinem apodiktischen *Syllabus* der Zeitirrtümer gilt.

Zu Mastais Verteidigung bringt Snider vor, das sorgfältige Studium seiner päpstlichen Schriften lasse erkennen, daß »er nicht beabsichtigte, die Freiheit zu verdammen, die Zeichen der Gottebenbildlichkeit des Menschen und daher Ausdruck und Garant der Menschenwürde sowie des Respekts vor dem Wert des menschlichen Geistes ist«. Er wandte sich jedoch, fährt Snider fort, gegen die Prinzipien und Implikationen von Rationalismus und Naturalismus, »die zu einem bedrückenden Absolutismus geführt hätten«. Unter diesen Vorzeichen verdammte er auch den Liberalismus, und zwar »zur Ermahnung der Gläubigen, menschlichen Verstand und irdische Institutionen nicht dermaßen zu erhöhen, daß sie darüber den Einen vergaßen, dessen Hand sie erschaffen hat, oder doch zumindest nicht die Gaben, die Gott uns gegeben hat, damit wir uns dieser liberalen Träume bewußt werden können«.

Nach dieser Erklärung für die Verdammung des Liberalismus durch den Papst wendet sich Snider den Fragen zu, die sich um das

Erste Vatikanische Konzil und das Dogma von der päpstlichen Unfehlbarkeit drehen. Pio Nono, so argumentiert er, betrachtete die Unfehlbarkeit »als den einen und einzigen Grund für die Existenz der Kirche in der Menschheitsgeschichte«. In diesem Sinn, fährt er fort, betrachtete Mastai die Unfehlbarkeit nicht als eine Macht, die sich zum Zweck der Selbsterhöhung auf die Person des Papstes konzentriert, sondern als eine Macht zur Wahrung der Einheit in der Kirche. »Die Kirche ist bekanntermaßen in dem Maß unfehlbar«, erinnert Snider seine Leser, »wie sie mit dem Heiligen Vater, der als Hirte aller Gläubigen handelt, eins ist.«

Bleibt die Frage, ob Pius IX. den Vätern des Ersten Vatikanischen Konzils bei der Abstimmung über das Unfehlbarkeitsdogma freie Hand ließ. Snider gibt an dieser Stelle zu, daß die Organisation des Konzils und insbesondere seine vorbereitenden Kommissionen »einer Mentalität folgten, die von keiner Versammlung, sei sie weltlicher oder kirchlicher Natur, heutzutage akzeptiert würde«. Mehr noch, er erinnert die Konsultoren daran, daß sich die Bischöfe selbst noch in der jüngsten Vergangenheit, anläßlich des Zweiten Vatikanischen Konzils, gegen bestimmte organisatorische Prinzipien und Verfahren zur Wehr setzten, durch die sie sich in ihrer Freiheit und der vollen Ausschöpfung ihrer Möglichkeiten eingeschränkt sahen. Er weist darauf hin, daß es auch beim Ersten Vatikanischen Konzil Bischöfe sowohl für als auch gegen das Unfehlbarkeitsdogma gab, die viel zu sagen gehabt hätten, aber nicht zu Wort kamen. So bedauernswert dies auch sein mag, meint er, bleibt doch die Tatsache bestehen, daß nicht genügend Zeit zur Verfügung stand, um jedem Gehör zu verschaffen. Nicht, daß es notwendig gewesen wäre, meint Snider. Die Mehrheit war für das Dogma, und die Mehrheit trug den Sieg davon.

Doch bei der päpstlichen Unfehlbarkeit ging es um mehr als die Frage der Freiheit von Konzilsvätern, versichert Snider. »Man muß sich fragen«, schreibt er, »ob die Dogmatisierung der Unfehlbarkeit des Papstes in Wirklichkeit nicht von unschätzbarer Wichtigkeit für die künftige Geschichte der Kirche war, (ein Ereignis,) in dem die übernatürlichen und die historischen Gründe für das Pontifikat Pius' IX. zum Ausdruck kamen.« Snider behauptet, daß Mastai sich mit der Unfehlbarkeit des Papstes schon sehr früh in seinem Leben und lange vor seiner Wahl zum Papst beschäftigt habe. Er beschwor sie 1854 herauf, als er das Dogma von der Unbefleckten Empfängnis Mariens verkündete. »Sowohl er selbst als auch andere hatten das Gefühl, daß es sich bei der Verkündigung der Unbefleckten Empfängnis um einen von Gott erteilten Auftrag handelte, und dieser Vorgang führte zwangsläufig zur Dogmatisierung der päpstlichen Unfehlbarkeit.« Für Pius IX., sagt Snider, »lag der Hauptzweck päpstlicher Unfehlbarkeit in der Sicherung der Mission des Papstes und der Kirche« in einer Zeit, da das Papsttum seine weltliche Macht verloren hatte. Darüber hinaus betrachtete er die Unfehlbarkeit als eine Abfuhr an den Gallikanismus – das heißt an die unterschiedlichen, nicht allein auf Frankreich beschränkten Bemühungen von Regierungen und/oder nationalen Kirchen, die Autorität des Papstes, besonders bei der Ernennung der Bischöfe, zu umgehen. Im nachhinein, deutet Snider an, sei es möglicherweise als Zeichen der Vorsehung zu verstehen, daß das Erste Vatikanische Konzil durch den Ausbruch des Deutsch-Französischen Krieges 1870 vorzeitig abgebrochen werden mußte – wodurch sich die Diskussion über das Kollegialitätsprinzip, das die Bischöfe an der Unfehlbarkeitsentscheidung mitbeteiligt, um ein ganzes Jahrhundert verschob –, weil dies »praktisch das universelle Prestige der Mission des Papstes als notwendige Vorbedingung für das Leben der Kirche im Lauf der Geschichte erhöhte«.

Im Anschluß daran wirft Snider verschiedene Fragen zu Mastais Amtsführung als Oberhaupt der Kirche wie des Kirchenstaats auf. Mehrere Konsultoren waren beispielsweise der Meinung, Pius IX. habe mit der Herausgabe des *Syllabus* der Zeitirrtümer übertrieben reagiert, zumal es eine ganze Reihe hervorragender katholischer Intellektueller gab, die sich die Prinzipien des politischen Liberalismus zu eigen gemacht hatten und sie mit den Lehren der Kirche in Einklang zu bringen versuchten. Snider räumt ein, daß »wir heute an manchen Formulierungen des *Syllabus* selbstverständlich niemals festhalten würden, weil sie nicht den gesellschaftlichen, kulturellen oder politischen Gegebenheiten unserer Zeit ansprechen«. Auch gibt er zu, daß die Sprache, in welcher der Papst die Übel seiner Zeit verdammt, »ein wenig theatralisch auf uns wirkt«. Aber Pio Nono, meint er, war nicht der einzige Papst, der die rationalistischen Prämissen des Liberalismus kritisiert hat. Dies werde, so behauptet Snider, von Päpsten in ihrer Eigenschaft »als Hüter geistiger Werte« als selbstverständlich erwartet.

Dennoch konzediert Snider, daß Pio Nono eine Reihe hervorragender katholischer Liberaler verdammte, von denen inzwischen erwiesen ist, daß sie treue Söhne der Kirche waren. In Wahrheit, meint Snider, basierte die Mißbilligung des Papstes auf seiner Unwissenheit: Weder lernte er die Männer selbst noch ihre Werke je kennen, noch verstand er die politischen Umstände in Frankreich, Deutschland und anderen Ländern, wo liberale katholische Intellektuelle und Aktivisten versuchten, die positiven Aspekte des Liberalismus mit den kirchlichen Lehren zu verbinden. Auch hier springt Snider für den Papst in die Bresche und beruft sich darauf, daß in der Kirche kein Konsens über die Frage existierte, wie mit dem Liberalismus verfahren werden solle oder wie es um die politische Verantwortung von Katholiken unter liberalen Regierungen bestellt sei. »Pius IX. konnte nicht hellsehen«, schreibt Snider, und obwohl er zu harten Maßnahmen griff (er verbot den italienischen Katholiken, ein politisches Amt zu übernehmen oder auch nur zu wählen), » so hat die Geschichte doch erwiesen, daß hier ein Plan der Vorsehung am Werke war, an dem er Anteil hatte«.

Die Moral der Päpste als weltliche Herrscher

An diesem Punkt greift Snider den speziellen Fall des Paters Rosmini-Serbati auf, dessen Leben und Werk besonders von Johannes XXIII. und Paul VI. bewundert wurden. Aus dem Schriftsatz des *advocatus diaboli* geht eindeutig hervor, daß mehrere Konsultoren die Art, wie Pio Nono diesen heiligmäßigen Mann behandelte, als schlagendes Beispiel für seinen Mangel an Klugheit und Gerechtigkeit betrachteten. Snider bestätigt, daß Rosmini nicht nur ein brillanter Denker und ein frommer Mann, der die nach ihm benannte Priesterkongregation gründete, sondern auch selbst ein geeigneter Kandidat für die Kanonisierung war. Warum also verweigerte ihm Pio Nono den versprochenen roten Hut, und warum verurteilte er zwei seiner hervorragendsten Werke? Diese Verdikte sind es, die den Fall Rosmini-Serbatis in der Kongregation bis heute nicht vorangebracht haben.

Die Antwort ist laut Snider in der schwierigen politischen Position des Papstes zu suchen. Rosmini setzte sich für ein unabhängiges und vereinigtes Italien ein, ein Standpunkt, der ihn mit dem katholischen Österreich entzweite, das sich als Hüter der kirchlichen Freiheit in ganz Europa betrachtete. Außerdem griff er das kirchliche Pfründensystem an, das es den Habsburgern und anderen europäischen Monarchen ermöglichte, Bischöfe ihrer Gerichtsbarkeit zu unterstellen. Rosmini besaß also viele innerkirchliche Feinde, die sich durch seine Ansichten bedroht fühlten. Sie zettelten eine Kampagne gegen Rosmini an, die ihn als einen zweiten Calvin oder Luther verleumdete.

Unter diesen Umständen, führt Snider ins Feld, konnte der Papst sein Versprechen, Rosmini die Kardinalswürde zu verleihen, nicht erfüllen, und noch viel weniger konnte er ihn – wie er einst vorgehabt hatte – zu seinem Staatssekretär ernennen. Das hätte ihm die Österreicher entfremdet, um deren Unterstützung der Papst im Konflikt mit den antiklerikalen Führern des Risorgimento warb. Snider versteigt sich sogar zu der Behauptung, die Entscheidung des Papstes, Rosminis Schriften von den theologischen Zensoren des Vatikans begutachten zu lassen, sei in Wirklichkeit zum Schutz des Autors gedacht gewesen. Pio Nono habe sich dadurch erhofft, so Snider in seiner eindeutig schwächsten und paradoxesten Argumentationskette für den Papst, dem ideologischen Kampf innerhalb der Kirche, der durch Rosminis Schriften entstanden war, ein Ende zu machen. Anders formuliert: Er bestrafte Rosmini, um seine Kritiker zum Schweigen zu bringen, die in Wirklichkeit jedoch ihre Kampagne gegen ihn fortsetzten.

Sniders Erörterung der Affäre Rosmini erweist sich als Auftakt zu einer sehr viel weitreichenderen Frage: Hat Pius IX., das Oberhaupt des Kirchenstaats, bei der Ausübung seiner weltlichen Macht die Tugenden Klugheit und Gerechtigkeit in dem zur Heiligsprechung nötigen heroischen Ausmaß bewiesen? Die Konsultoren hatten im Lauf des Prozesses 19 verschiedene Einwände gegen Mastais Amtsführung geltend gemacht. Dazu gehörten unter anderem: der ungebührliche Einfluß seines Staatssekretärs Kardinal Antonelli; die schlechte Behandlung einer Reihe fähiger und ehrenwerter Männer; die Berufung unfähiger und ungenügend ausgebildeter Leute in Ämter des Kirchenstaats; die 1870 nach dem Ende des Kirchenstaats gefaßte Entscheidung, italienischen Katholiken jegliche Partizipation an der italienischen Politik zu verbieten.

Snider bezichtigt zunächst die Konsultoren, gravierenden Mißverständnissen aufgesessen zu sein. Er beanstandet, sie gingen in jedem einzelnen Fall davon aus, daß der Papst ganz allein für alle Verwaltungsmaßnahmen im Laufe seines Pontifikats verantwortlich zeichnete und diese entweder seiner Impulsivität, seiner Unnachgiebigkeit oder seiner mangelnden politischen Weitsicht zuzuschreiben seien. Dabei übersehen die Konsultoren, so Snider, daß in bestimmten Fällen die Schuld bei Mastais Mitarbeitern zu suchen sei; und selbst wenn die Verantwortung allein beim Papst lag, so versäumten sie doch, seine Absichten und seine Einstellung in Erwägung zu ziehen.

Nach Sniders Ansicht hat das Problem zwei Aspekte: Welches Gewicht soll bei einem Papst der Ausübung seiner weltlichen Macht beigemessen werden, und nach welchen Kriterien sind seine Entscheidungen als politisches Oberhaupt zu bewerten? »Es lag nicht in Gottes Absicht«, schreibt er, »daß Pius IX. oder einer seiner Vorgänger einzig und allein zur Ausübung einer rein weltlichen Macht an die Spitze der katholischen Kirche berufen wurde, einer Macht also, die nur das eine (Ziel) hat, für das private und gesellschaftliche Wohl der Untertanen zu sorgen.« Im Gegenteil, so argumentiert er, Päpste werden gewählt, um die religiöse Mission der Kirche zu leiten, der gegenüber Fragen politischer, wirtschaftlicher oder gesellschaftlicher Natur absolut zweitrangig sind. Das heißt zwar gewiß nicht, daß die Art und Weise, in der ein Papst mit weltlichen Belangen umgeht, bei der Beurteilung seiner Klugheit und Gerechtigkeit bedeutungslos ist – aber es geht ja auch nicht um praxisgerechte Klugheit, sondern um die Moral des Papstes. Mit anderen Worten: um seine »Aufrichtigkeit«.

Snider läßt zwar gelten, daß Pius IX. in weltlichen Dingen Fehlurteile unterliefen, geht aber als guter Verteidiger nicht näher darauf ein. Schließlich, bemerkt er, macht die päpstliche Unfehlbarkeit einen Papst nicht allwissend. Doch jedem Papst ist wahrhaft die Unterstützung des Heiligen Geistes gewiß, »der die Lücken in seinem Wissen füllt, die unbeabsichtigten Verstöße und Irrtümer ausbügelt und ihm die notwendige Erleuchtung gewährt, so daß das Volk Gottes durch sein Pontifikat (wie in diesem Fall) im Pontifex maximus den Stellvertreter Christi und das sichtbare Oberhaupt der Kirche erblicken kann, das wichtigste, unvergängliche und sichtbare Fundament der Einheit des Glaubens und der Gemeinschaft (der Gläubigen)«. Snider erkühnt sich gar zu der Behauptung, gerade die Mängel, die Pio Nono in seiner Eigenschaft als weltlicher Herrscher aufwies, seien Beweis dafür, daß er von Gott geleitet wurde, da die Geschichte inzwischen erwiesen habe, daß Pius tatsächlich die Einheit der Kirche und die Integrität des Glaubens in einer von schwersten Krisen heimgesuchten Zeit bewahrte.

Snider meint, verkürzt gesagt, die Konsultoren sollten, solange nachgewiesen werden kann, daß ein Papst als weltlicher Herrscher sein Bestes tat – also aufrichtig war und das Wohl der Kirche im Auge hatte –, im Zweifel für den Angeklagten entscheiden.

Nun, da er sein generelles Prinzip erläutert hat, greift Snider die erhobenen Bedenken hinsichtlich der Amtsführung des Papstes als weltliches Staatsoberhaupt auf. Und er kommt in jedem Einzelfall zu dem Schluß, daß die Handlungen des Papstes entweder gerechtfertigt waren oder doch zumindest entschuldbar sind. Der Hauptvorwurf lautet, Pio Nono habe der Verlust des Kirchenstaats so stark getroffen, daß er vollkommen übersah, welche Befreiung von politischen Verantwortlichkeiten und Verstrickungen dieser Verlust für das Papsttum mit sich brachte – und damit zukünftigen Päpsten die Möglichkeit bot, sich viel stärker auf die religiöse Sendung, die Botschaft des Evangeliums, zu konzentrieren. Diesem Einwand begegnet Snider mit dem Argument, Mastais Unfähigkeit, sich mit dem Verlust des Kirchenstaats abzufinden, sei zu verstehen als »die Erfahrung eines alten Mannes, der den Untergang einer Welt miterleben mußte, in der er aufgewachsen, an die er gewöhnt war und die sein Leben als Mensch und Priester geprägt hatte«. Weltlicher Machthunger allein um der Macht willen, so Snider, sei ihm jedenfalls nicht vorzuwerfen. Vielmehr betrachtete Pio die weltliche Macht des Papstes als unabdingbare Voraussetzung für die Freiheit der katholischen Kirche.

Was die Klugheit und Gerechtigkeit betrifft, die Pio Nono gegenüber seinen Mitmenschen anläßlich politischer Ernennungen und administrativer Maßnahmen an den Tag legte, so findet Snider für jede Entscheidung des Papstes eine plausible Begründung. Sein Hauptargument lautet, daß solche Fragen für den Beweis der Heiligkeit seines Kandidaten grundsätzlich belanglos sind. Andernfalls, so Snider, müßten die Kritiker nachweisen, daß nur Mastai und niemals einem anderen Papst derartige Fehlleistungen unterlaufen seien. Überdies, erklärt er, »müssen wir, sollte das Verfahren Pius' IX. eingestellt werden, jegliche Form öffentlicher Verehrung der heilig- und seliggesprochenen Päpste verbieten, die Pius IX. vorangingen«, weil sie ebenfalls unvollkommene Hüter weltlicher Macht waren. Snider ist also, um es auf einen Nenner zu bringen, der Ansicht, daß das Verhalten des Papstes in seiner Eigenschaft als weltlicher Herrscher bei der Beurteilung seiner moralischen Tugendhaftigkeit kein ernst zu nehmendes Kriterium ist.

*Der Papst als Reformator von Kirche
und Gesellschaft*

Snider beschäftigt sich sodann mit dem Vorwurf, Pio Nono habe die »soziale Frage« – also die gesellschaftlichen und ökonomischen Umwälzungen, die den Niedergang des Adels in Europa ausgelöst hatten – nicht erkannt, geschweige denn sich damit auseinandergesetzt. Auch darauf hat Snider eine bündige Antwort: Der gesellschaftliche Wandel, der sich vollzog, wurde überhaupt von sehr wenigen Männern in der Kirche wahrgenommen, am wenigsten von Mastai: Wenn der Papst nur »zaghaft und langsam« auf die Bedürfnisse und Hoffnungen der neuen Gesellschaftsklassen reagierte, dann deshalb, weil ihm die Grenzen seines Wissens und seiner Erfahrung in weltlichen Dingen durchaus bewußt waren. Den heraufziehenden »Klassenkampf« in Europa registrierte er deshalb nicht, so Snider, weil das neue Gedankengut erst unter dem Pontifikat seines Nachfolgers, Leos XIII., einer breiten Öffentlichkeit bekannt wurde. Dennoch tat Pius, wie Snider schließt, was getan werden mußte, betrachtet man es unter den Voraussetzungen der damaligen Zeit: »Er bereitete die nötigen geistlichen und moralischen Bedingungen und die dogmatischen Prämissen vor«, die seinem Nachfolger erlaubten, »die soziale Frage als grundsätzliches Problem für die katholische Kirche aufzugreifen«.

Abschließend geht Snider auf die wiederholt vorgebrachten Einwände ein, Pius IX. habe die notwendigen Reformen und die Erneuerung der Kirche vernachlässigt. Zwar räumt er ein, daß Mastai weder über den kulturellen und gesellschaftlichen Schliff eines Rosmini, eines John Henry Newman oder anderer führender Größen der Kirche des neunzehnten Jahrhunderts verfügte; dennoch behauptet er, daß Pio Nono auf seine Art die Kirche »zu einer tiefer gehenden Läuterung« aufrief und in Ausübung seines Lehramts versuchte, der moralischen und geistlichen Stimme der Kirche mehr Gehör zu verschaffen.

Dabei strebte Mastai persönlich nach Erneuerung durch religiöse Hingabe. Snider merkt an, daß es viel schwieriger sei, die heroischen Tugenden eines Papstes nachzuweisen als die eines gewöhnlichen Priesters. Letzterer, so Snider, befindet sich in einer viel günstigeren Position, wenn es darum geht, Einfluß auf das Leben anderer Menschen zu nehmen und es zum Besseren zu verändern. Päpste sind jedoch aufgrund ihrer gehobenen Stellung in der Hierarchie seltener in der Lage, zu anderen ein Vertrauensverhältnis aufzubauen.

Dennoch, versichert Snider, ist bei Pio Nono eine »unablässige und immer tiefschürfendere Beschäftigung mit der Würde des Menschen, mit den Pflichten und der Treue im Glauben« zu erkennen, »die es dem Christen erlaubt, Licht in der Welt seiner Zeit zu sein«. Darauf zählt Snider die wichtigsten seelsorgerischen Verdienste des Pontifikats Pius' IX. auf: die Schaffung vieler neuer Diözesen, Erzbistümer, Vikariate und Apostolischer Präfekturen auf der ganzen Welt; die Wiederherstellung der katholischen Hierarchie in England und Holland; die Gründung mehrerer Priesterseminare und Kollegs für ausländische Studenten in Rom; »die Bereicherung der katholischen Kultur«, vor allem auf den Gebieten der Philosophie und Theologie, durch seine Propagierung der Schriften des heiligen Thomas von Aquin. Verglichen mit diesen Leistungen, behauptet Snider kühn, fällt der negative Einfluß des vielkritisierten *Syllabus* der Zeitirrtümer kaum ins Gewicht.

Warum wollen, fragt Snider, angesichts all dieser Fakten manche Konsultoren noch immer in Pio Nono einen halsstarrigen Mann sehen? Warum muß sein energischer Widerstand gegen Veränderungen der Gesellschaftsordnung und die vorherrschenden liberalen Denkrichtungen einem »hochfahrenden Stolz« angelastet werden? Sollte man unter Berücksichtigung der Tatsache, daß die Zeit völlig aus den Fugen war, nicht vielmehr darin einen Beweis für Klugheit und Besonnenheit sehen? Der Sinn der Erneuerung, meint Snider, liegt nicht darin, die Kirche einfach den sich wandelnden Realitäten der Zeit opportunistisch anzupassen, sondern »die Kirche so zu ändern, daß sie das Antlitz der Zeit verändern kann«.

Schlußplädoyer der Verteidigung

An dieser Stelle kann der Leser beinahe hören, wie Snider zum Schlußplädoyer ansetzt. Die Fragen, mit denen sich die Konsultoren auseinandersetzen müssen, sagt er, sind folgende:

»Was trug das Pontifikat Pius' IX., das von Gott als sichtbarer Einschnitt in die Geschichte ersonnen wurde, zur Verwirklichung des Heilsplanes bei? Wie wurde die Heilsgeschichte in der von Pius IX. geführten Kirche sichtbar fortgeschrieben? Auf welche Weise ermöglichte sein Pontifikat die Integration der Menschheitsgeschichte in die Heilsgeschichte...?«

Folgendermaßen, meint Snider, verstand Mastai die Sendung der Kirche, und danach muß er auch beurteilt werden:

»Als junger Priester wollte er die Geschehnisse, die sich auf der Straße abspielten, unter dem Gesichtspunkt der Manifestation des göttlichen Willens verstehen, und dies reifte in ihm zu einer klaren Vorstellung von der Kirche, wie sie mit der von Gott verliehenen Unfehlbarkeit einschließlich der Fehlbarkeit, der ihre Glieder unterworfen sind, durch die Zeiten voranschreitet. Die berühmte Verkündigung der Unfehlbarkeit ist (daher) lediglich die Krönung dieses Konzepts.«

Was die Fehler und Unzulänglichkeiten seines Pontifikats betrifft, so möchte Snider die Konsultoren davon überzeugen, daß Pio Nono die Ereignisse seiner Zeit »weder vorhersehen noch mildern konnte«. Was er jedoch tun konnte und auch tat, war, auf diese Ereignisse »unablässig in demselben Bewußtsein vom Wirken des Heiligen Geistes durch die Kirche zu antworten, (damit) die Kirche das Licht der Welt sei«. Gewiß, räumt Snider ein, die italienische Kirche mag unter der Ächtung jener Katholiken, die am öffentlichen Leben ihres Landes teilhatten, gelitten haben, und er gibt auch zu, daß dies in der Sache Pius' ein »Problem« darstellt. »Die geschichtliche Wahrheit sieht jedoch so aus«, behauptet er, »daß die Kirche, auch wenn sie (aus eigenen Stücken) den Eindruck erweckt haben mochte, ein Relikt der Vergangenheit zu sein und eine Wahrheit zu vertreten, an der die Intellektuellen der damaligen Zeit kein Interesse mehr hatten, längst nicht mehr von den Stützen (der Gesellschaft) getragen wurde«, die ihr vor der Französischen Revolution in Europa Halt gegeben hatten. Wenn Außenstehende »die Kirche als Privatgesellschaft betrachteten, die nur ihre eigene Sache vertrat«, sagt Snider, so war sie in Wirklichkeit damit beschäftigt, »sich neu zu formieren und neue Kraft zu schöpfen«.

Unter diesen Umständen, fährt Snider fort, sah sich Pius IX. vor eine doppelte Aufgabe gestellt: »das von seinen Vorgängern in Angriff genommene Restaurationswerk fortzusetzen« und »ein

Bollwerk gegen die diversen Erscheinungsformen zeitgenössischer Irreligiosität zu errichten«. Unabhängig von den Erfolgen und Mißerfolgen Pius' IX. muß man erkennen, schließt Snider, daß dieser Papst »seine oberste Pflicht stets darin sah, die Kirche auf ihrem Gang durch die Geschichte zu lenken und ihr den Weg in die Zukunft zu ebnen in der Gewißheit, daß die Pforten der Hölle sie nicht überwältigen werden«.

Die Bedeutung der Sniderschen *positio* liegt weniger in ihrer erfolgreichen Argumentation, sondern in der Art und Weise, wie diese zustande kam. Wenn auch jede Causa nach den Meriten des jeweiligen Kandidaten beurteilt wird, spielen bei den Heiligmachern Präzedenzfälle doch eine große Rolle. Im Fall Pius' IX. geht es um das jüngste und einzige zeitgenössische Beispiel dafür, wie die Kongregation päpstliche Fälle gewichtet. Und dieser Tatbestand erlaubt die eine oder andere Schlußfolgerung.

Zunächst läßt sich aus den Einwänden gegen das Verfahren ersehen, daß Päpste gegen eine strenge Überprüfung nicht gefeit sind. Ein treffendes Beispiel hierfür ist die genaue Untersuchung der Frage, ob Pio Nono den Bischöfen beim Ersten Vatikanischen Konzil freien Spielraum für Beratungen gewährte. Dieser Papst gilt als äußerst heikel und dient vielen andersdenkenden katholischen Theologen als Legitimation für die Ablehnung des Unfehlbarkeitsdogmas. Für die Unabhängigkeit und Integrität des Prozesses spricht ferner, daß die Theologen und Prälaten der Kongregation, die man wohl kaum als Liberale bezeichnen kann, gerade diese brisante Frage erneut eruiert wissen wollten. Auch die Tatsache, daß im Prozeß eine Überprüfung von Mastais offenkundigem Mangel an Nächstenliebe gefordert wurde, sollte man nicht geringschätzen.

Gleichzeitig wird klar, daß Päpste für ihre bürokratischen und administrativen Entscheidungen zur Verantwortung gezogen werden müssen. Mit anderen Worten: Persönliche Frömmigkeit reicht nicht aus, sie müssen außerdem klug und gerecht sein. Nicht ganz so klar ist jedoch, ob zu den Tugenden eines Papstes auch Klugheit in der Beurteilung säkularer Ideen und Bestrebungen zählen muß. Daß kritische Konsultoren Pio Nono für die schädlichen Auswirkungen des *Syllabus* der Zeitirrtümer verantwortlich machen, läßt darauf schließen, daß dieser Aspekt eines Pontifikats in die Beurteilung der heroischen Tugenden eines Papstes einbezogen wird. Andererseits jedoch läßt die Logik von Sniders erfolgreicher Verteidigung vermuten, daß die Absichten eines Papstes – solange sie nur moralisch sind – ausreichen, um die negativen Auswirkungen seiner Verlautbarungen in den Hintergrund zu drängen. Es reicht also, um es kurz und bündig auszudrücken, wenn er »sein Bestes getan hat«.

Der Schluß liegt nahe, daß die »Vollkommenheit«, die von einem Heiligen erwartet wird, nicht Maßstab für alle kirchlichen Verantwortlichkeiten eines Papstes ist. Dies wäre auch in der Tat kaum vorstellbar. Snider selbst argumentiert, es genüge, wenn die positiven Tugenden eines Papstes seine negativen überwiegen. Seine Verteidigung räumt daher auch ein, daß Mastai mit seinen vielen menschlichen Schwächen soviel göttliche Führung wie nur möglich brauchen konnte. Und seine *positio* vermittelt, eben weil sie sich der ganz spezifischen Grenzen ihres Kandidaten bewußt ist, das Bild einer abgerundeteren, »humaneren« Persönlichkeit als die *positiones* für Mutter Drexel und Cornelia Connelly.

Andererseits zielt Sniders Verteidigung darauf ab, daß Päpste anders als sonstige Diener Gottes beurteilt werden sollten. Es geht nicht einfach nur darum, einen Papst an seinem Eifer bei der Erhaltung und Verbreitung des Glaubens zu messen. Ein Papst ist eben ein Papst – und das heißt: Da er mit dem »Charisma« seines Amtes als Pontifex maximus ausgestattet ist, muß man davon ausgehen, daß er den »Plan der göttlichen Vorsehung« erfüllt. Dies ist eine mehr als fragwürdige Begründung. Auf den Einwand, ein Papst könne die Pläne der Vorsehung durchkreuzen oder, um es theologischer auszudrücken, sich dem Geschenk der Gnade verschließen, geht Snider nirgendwo ein. Statt dessen bittet er die Konsultoren und Prälaten, davon ausgehen zu wollen, daß Pio Nono sich stets dem Willen Gottes beugte und sich bei der Ausübung seiner päpstlichen Pflichten entsprechend verhielt. Daß die Richtung, in die er die Kirche lenkte, für viele fromme und verdiente Katholiken nur Leid mit sich brachte, daß er ein ideologisches Bollwerk errichtete, das die römisch-katholische Kirche ihrer Fähigkeit beraubte, sich den Herausforderungen modernen Denkens und gesellschaftlichen Wandels zu stellen, daß er Katholiken gänzlich unnötig dem Verdacht aussetzte, sie könnten keine Demokraten sein, daß er eine rigorose Mentalität schürte, die in ein Pogrom gegen katholische Intellektuelle unter Pius X. ausartete – all diese Bedenken fallen laut Snider bei der Beurteilung der Auswirkungen von Pio Nonos Pontifikat kaum ins Gewicht. Kurzum: Snider fordert die Konsultoren und Prälaten auf, Pius IX. als zwingende und beispielhafte Persönlichkeit der

Heilsgeschichte zu akzeptieren, deren irdische Schwächen nicht zählen.

Was die Konsultoren und Prälaten von Sniders vielfältigen Argumenten im einzelnen hielten, wird man erst erfahren, wenn ihre Stellungnahme veröffentlicht wird. Sie brauchten gewiß nicht allen zu folgen, um den Kandidaten als heroisch tugendhaft zu befinden. Mich machte jedoch stutzig, daß der bekannteste Biograph Pius' IX., der Jesuit und Historiker Giacomo Martina, nicht zu einem der Konsultoren dieses Verfahrens berufen worden war. Martina ist Professor an der Gregoriana in Rom und dient der Kongregation bisweilen als Konsultor. Sein (bislang) drei dicke Bände umfassendes Werk über das Leben und die Person Pio Nonos ist die bis dato ausführlichste Biographie des Papstes und wird von Snider mehr als einmal zitiert. Eines Nachmittags suchte ich Martina an der Universität auf und fragte ihn ohne Umschweife: »Glauben Sie, daß Pio Nono ein Heiliger war?«

»Nein, das glaube ich nicht«, sagte er.

»Glauben Sie, daß man Sie deswegen nicht gebeten hat, über diesen Fall zu urteilen?«

»Das weiß ich nicht. Warum fragen Sie nicht die Mitarbeiter der Kongregation, die die Konsultoren ernennen?«

Das tat ich. Man teilte mir mit, Martina stehe in Rom in dem Ruf, »unausgewogene Meinungen« zu vertreten. Die Tatsache, daß er einen Großteil seines Lebens dem Studium Pius' IX. widmete, mache ihn, wie ich erfuhr, nicht unbedingt zum geeigneten Schiedsrichter über dessen Tugenden.

»Mir scheint«, sagte ich, »daß man ihn absichtlich ausgeschlossen hat, weil er Pius IX. bekannterweise nicht für eine Heiligen hält.«

»Das stimmt nicht«, behauptete der Kongregationsbeamte. »Wir hatten schon viele Konsultoren, die einer Sache nicht gewogen waren. Das ist nicht der Punkt. Aber wir müssen darauf bestehen, daß unsere Konsultoren mehr sind als einfach nur gute Theologen. Sie müssen außerdem auch ausgewogen sein.«

Ich hatte offensichtlich an einen wunden Punkt gerührt. Der Glaubensanwalt mag seine Rolle als *advocatus diaboli* zwar verloren haben, aber zusammen mit dem Sekretär der Kongregation ernennt er die Theologenkonsultoren. Er kann also Theologen, die sich kritisch über den Kandidaten geäußert haben, einfach übergehen und nur solche bevorzugen, die ihm gewogen sind.

Pater Gumpel gibt zu, daß er in einigen Fällen beobachtet hat, wie Konsultoren allein aufgrund ihrer Sympathie für einen Fall ernannt wurden. Ich persönlich hege den Verdacht, daß der Sekretär der Kongregation und der Glaubensanwalt bei einem wichtigen Fall, der einflußreiche Befürworter hat – insbesondere den Papst –, unter dem Zwang stehen, nur positiv eingestellte theologische Konsultoren zu bestellen. Aufgrund der Geheimhaltung und der Subjektivität der Auswahl wäre allerdings der Beweis für die Manipulation dieses Prozesses schwerlich zu führen. Den Kongregationsmitgliedern zu unterstellen, sie gerieten niemals in Versuchung, sich eine solche Politik zu eigen zu machen, hieße, sie mit den heroischen Tugenden der Heiligen auszustatten.

Martina wurde immerhin für ausreichend »ausgewogen« befunden, um in die Beraterkommission des Papstes berufen zu werden, die seit 1985 existiert und sich mit der Opportunität der Seligsprechung Pio Nonos befaßt. Wie viele Kommissionen es außer dieser noch gibt und welcher Art sie sind, ist ein streng gehütetes Geheimnis. Noch immer zögert der Papst mit der Seligsprechung Pius' IX.

Es hat den Anschein, als hätte Snider zwar den Kampf um den Beweis der Tugendhaftigkeit Pius' IX. gewonnen, aber den »Krieg« um die Rechtfertigung der »Opportunität« seines Kandidaten verloren. Ähnliches kann man auch von Kardinal Palazzini behaupten, dem Hauptbefürworter im Falle Pius' IX. Er wurde 1989 im Alter von 75 Jahren von der Kurie in Pension geschickt, ohne daß er die Seligsprechung seines geliebten Pio Nono miterlebt hätte. Pius IX. scheint der posthumen Politik der Heiligmacher zum Opfer gefallen zu sein. Wie heroisch seine Tugendhaftigkeit auch sein mag – sie genügt nicht, um den Schaden wettzumachen, der der Kirche aus seiner Erhebung zu höchsten Ehren entstehen könnte.

Möglicherweise wird die Verfahren Pius' XII. und Johannes' XXIII. das gleiche Schicksal ereilen. Immerhin halten es mehrere Heiligmacher in der Kongregation für unklug, allzu viele Päpste zu kanonisieren. Wie sie kritisch anmerken, wurden allein von den letzten acht Päpsten sechs, darunter Pius IX., zur Seligsprechung vorgeschlagen. »Ich meine, wir sollten nicht den Eindruck erwekken, der Papst sei grundsätzlich ein Kandidat für den Heiligenstand«, sagt Gumpel. Die Tendenz, den Oberhirten der katholischen Kirche als Heiligen zu betrachten, besteht jedenfalls ungebrochen. Schon das Amt des Papstes an sich löst unter den Gläubigen, wie die häufigen Pilgerreisen Johannes Pauls II. belegen, regelrechte Verzückung aus.

Dem Evangelium zufolge steht der Himmel den Geringsten unter den Brüdern Jesu offen. Unter diesem Gesichtspunkt möchte ich Roms Kandidaten für den Heiligenstand einmal genauer unter die Lupe nehmen und herausfinden, welche Art von Menschen der Heiligsprechungsprozeß – aus den verschiedensten Gründen – gewöhnlich übergeht.

11. KAPITEL

Heiligkeit und Sexualität

Wie bei jeder Untersuchung, so ist auch bei dieser vor allem interessant, was gar nicht erst geschieht, und so verraten die Menschen, die *nicht* kanonisiert werden, ebensoviel über den Heiligsprechungsprozeß wie jene, die in den Heiligenkalender eingehen. Schaut man sich etwas genauer in der Runde der Männer und Frauen um, die seit 1588 selig- oder heiliggesprochen wurden, so sind bestimmte Gruppen zahlenmäßig schwach oder gar nicht vertreten. Päpste sind, wie wir gesehen haben, eher unterrepräsentiert, Kardinäle ebenfalls.* Männer sind etwa doppelt so stark vertreten wie Frauen – was sich allerdings im Lauf des zwanzigsten Jahrhunderts deutlich verschoben hat und im wesentlichen auf die vielen Frauenorden zurückzuführen ist, die die Sache ihrer Gründerinnen erfolgreich vertraten.

Wenn aber eine Gruppe eindeutig zu kurz gekommen ist, dann sind es die Laien. 303 Personen sprachen die Päpste vom Jahr 1000 bis einschließlich 1987 heilig, darunter nur 56 männliche und 20 weibliche Laien. Und von den 63 Laienheiligen, deren Personenstand mit Sicherheit verbürgt ist, waren über die Hälfte niemals verheiratet. Viele von ihnen starben den Märtyrertod, sei es als Einzelperson oder als Angehörige einer Gruppe. Aus dem Mangel an verehelichten Heiligen könnte man den Schluß ziehen, emotionale und sexuelle Befriedigung in einer harmonischen Ehe sei mit der heroischen Tugendhaftigkeit, die von Heiligen erwartet wird, unvereinbar.

Was hat der sinnliche Körper an sich, daß er sich in den Augen der Kirche für ihre Heiligen nicht schickt? Und wichtiger noch:

---

* Seit 1588 wurden nur ungefähr sechs Kardinäle kanonisiert.

Warum gibt es kein einziges Beispiel einer oder eines glücklich verheirateten Heiligen?

Keuschheit und heroische Tugendhaftigkeit

Die Geschichte des römischen Katholizismus offenbart eine zumindest zwiespältige Einstellung zur menschlichen Sexualität. Von Anfang an hat die Kirche Keuschheit und Jungfräulichkeit höher eingestuft als den Ehestand, obwohl dieser den Status eines Sakraments besitzt. Die Wurzeln dieser Ambivalenz reichen bis ins Neue Testament zurück, auch wenn es allgemein üblich geworden ist, die Schuld für eine Tradition, die Sexualität mit Sünde gleichsetzt, in den Schriften der Kirchenväter des dritten bis fünften Jahrhunderts zu sehen. Im großen und ganzen ist diese Schuldzuweisung auch berechtigt: Einige der Väter waren schlicht frauenfeindlich. Tertullian zum Beispiel hielt Frauen für die »Einfallspforte des Teufels«. Und der heilige Augustinus, der vor seiner Bekehrung reichlich Erfahrung mit den vergänglichen Genüssen des Fleisches sammelte, lehrte später, daß die sexuelle Begierde Strafe Gottes für den ursprünglichen Ungehorsam gegen Gott (Erbsünde) sei.

Doch wie Peter Brown, ein ausgezeichneter Kenner der christlichen Antike, und andere Wissenschaftler überzeugend nachgewiesen haben, wird die Neigung der Kirchenväter, Sexualität mit Sünde gleichzusetzen, nur allzu leicht überbewertet. Sie sollte auf jeden Fall vor dem breiteren Hintergrund einer ganzen Reihe sozioökonomischer Faktoren gesehen werden, wie sie der griechisch-römische Kulturkreis in der Beziehung zwischen »Körper und Gesellschaft« hervorbrachte. Schließlich *waren* die meisten Christen (einschließlich der Geistlichkeit) verheiratet und hatten Kinder. Erst als sich die Kirche mit dem Gnostizismus konfrontiert sah – einer frühchristlichen Irrlehre, die die Materie (den Körper eingeschlossen) als gottfeindlich betrachtete –, wertete sie die Ehe auf, blieb aber bei ihrer Auffassung, daß die Keuschheit höher einzustufen sei.

Das Anliegen der Kirchenväter, soviel ist heute klar, zielte weniger auf die Gleichsetzung von Sexualität und Sünde als vielmehr auf die Identifikation von Keuschheit mit Heiligkeit ab. Ihre Auffassung vom Christentum war vom Gedankengut des Neoplatonismus durchsetzt, der den Körper als »Unruhestifter« betrachtete, der zur Freisetzung des höheren Lebens von Geist und Verstand an die Kette gelegt werden mußte. Augustinus, der wußte, wovon er sprach, verwies auf die Unfähigkeit des Mannes, im richtigen Moment eine Erektion zu bekommen – oder sie im unrichtigen zu unterdrücken –, als Beispiel dafür, daß der Körper des gefallenen Mannes seinem Willen nicht mehr gehorche. Er sah den Geschlechtsakt an sich als bedauerliche Angelegenheit:

> »Diese Lust aber nimmt nicht nur den ganzen Leib, und zwar nicht äußerlich nur, sondern auch innerlich in Anspruch und regt den ganzen Menschen zumal auf, indem sich mit dem Begehren des Fleisches zugleich eine Gemütsbewegung verbindet und vermischt und so ein Genuß erfolgt, der unter den körperlichen Genüssen obenan steht; in einer Weise, daß in dem Augenblick, wo er seinen Höhepunkt erreicht, fast alles scharfe und umsichtige Denken niedergehalten wird. Aber jeder Freund der Weisheit und heiliger Freuden, der im Ehestande lebt, ... würde lieber, wenn es in seiner Macht stünde, ohne solche Lust Kinder erzeugen ...«

Die Kirchenväter schlußfolgerten aufgrund ihrer Verbindung von hellenistischem und biblischem Gedankengut, daß die Vervollkommnung des Menschen in einer möglichst vollständigen Wiedergewinnung der Kontrolle des Geistes über das finstere Fleisch liegt – ein Zustand, dessen sich ihrer Vorstellung nach Adam und Eva vor dem Sündenfall erfreut hatten. Was das Leben nach dem Tode betraf, so stellten sie es sich als Wiederherstellung der ursprünglichen Integrität Adams vor, frei nach dem Matthäusevangelium, in dem es heißt: »Bei der Auferstehung werden sie weder freien noch sich freien lassen.« Im gegenwärtig gefallenen Zustand der menschlichen Natur galt daher Keuschheit als weitaus förderlicher für das Streben nach religiöser Vollkommenheit denn die Ehe, und in dieser geistlichen Vervollkommnung sahen sie die besondere Berufung der Heiligen.

Im wesentlichen war das nur eine theologische Rechtfertigung der asketischen Praxis, die unter Einsiedlern und Gruppen geweihter Jungfrauen längst vorherrschte. Doch was die gelehrten Kirchenväter für den sehr begrenzten Kreis ihrer lesekundigen Kollegen zu Papier brachten, war von weit geringerer Tragweite als das, was in den frühchristlichen Gemeinden für die Tugenden eines Heiligen gehalten wurde. Immerhin waren dies die Jahrhunderte, in denen sich die Heiligenverehrung als besonderes Merkmal des Christentums herausbildete, und es waren die – nahezu ausnahmslos zölibatären – Heiligen, die von Gebildeten und Ungebildeten gleichermaßen als Vorbilder für menschliche (christliche) Vollkommenheit betrachtet wurden.

Die christliche Vorstellung von Heiligkeit war, wie wir im zweiten Kapitel gesehen haben, von Anbeginn geprägt durch den Entsagungsgedanken: Entsagung des Lebens bei Märtyrern, »der Welt« ganz allgemein und insbesondere »des Fleisches« bei den Asketen. Doch das Bekenntnis zur Keuschheit war ebensowenig reines Fliehen des Fleisches, wie das Märtyrertum reines Fliehen des Lebens war; gleichzeitig bedeutete es, sich der verwandelnden Kraft des kommenden Reiches Gottes und dem zu erwartenden Leben im Himmel zu öffnen. Gewiß, es war eine Tugend, eine anständige christliche Ehe zu führen, die heroische Tugend der Heiligen jedoch lag – für Männer wie Frauen – allein in der lebenslangen Keuschheit.

So und nicht anders lautet die Botschaft zahlloser Heiliger, deren Geschichten und Legenden die Gläubigen über die Jahrhunderte weit stärker geprägt haben als die Schriften gelehrter Bischöfe und Theologen. Zu den ältesten und beliebtesten Heiligenlegenden gehören die von jungfräulichen Märtyrerinnen wie Agatha, Lucia und Agnes, junger Frauen, die sich Christus vermählt hatten und die entweder der Kleider beraubt, körperlich verstümmelt oder in Bordelle verschleppt und letztlich bei der Verteidigung ihrer Jungfräulichkeit getötet wurden. Diese Legenden, die aus dem vierten und fünften Jahrhundert stammen, wurden im Mittelalter immer wieder nacherzählt, ausgeschmückt und verherrlicht (vor allem in Jacobus a Voragines sehr beliebter Sammlung *Legenda aurea*) und dienen selbst heute noch, wie wir sehen werden, als Modelle für christliche Heiligkeit, auch wenn die Gestalten Agatha, Lucia und Agnes nicht mehr als historisch verbürgt gelten. Die Namen dieser Frauen und zahlreicher anderer enthaltsamer Märtyrer werden nach wie vor an besonderen Festtagen geehrt und wurden bis zur Reform der römisch-katholischen Liturgie in den sechziger Jahren tagtäglich im Meßkanon erwähnt.

Typisch für die männlichen Heiligen der Enthaltsamkeit ist die Legende von Alexius, einem jungen Mann aus reichem Hause, der den Armen dienen will, am Hochzeitstag seine Frau verläßt und 17 Jahre lang als Bettler umherzieht. Eine Vision ruft ihn schließlich nach Hause zurück, wo er in einem Verschlag unter der Treppe seines Vaterhauses unterkommt. Unerkannt von seinem Vater und seiner Frau, die er verließ, dient er bis zum Ende seines Lebens als bescheidener Türhüter und erwirbt sich den Ruf eines weisen und heiligen Mannes. Die verschiedenen Fassungen der Legende weichen in Einzelheiten voneinander ab; einmal ist es seine Armut, ein andermal seine Weisheit oder sein Dienst an den Armen, die besonders hervorgehoben werden. Über die Jahrhunderte hinweg gänzlich unverändert blieb allein Alexius' Verschmähung der Ehe erhalten.

Der springende Punkt dabei ist wiederum: Da Heilige durch ihre Legenden bekannt sind, wird auch die Heiligkeit selbst nach dem Muster dieser Legenden gewoben. Wenn die Kirche also nur wenige Verheiratete heiliggesprochen hat, so ist ein Grund dafür auch darin zu sehen, daß es bis heute keine überzeugenden Legenden von Heiligen im Ehestand gibt, die sich mit jenen urchristlichen Gestalten messen könnten, deren Ablehnung von Sexualität und Ehe überliefert ist. Gewiß, seit den Zeiten, da die Heiligengeschichten – wie die der enthaltsamen Märtyrer – aus einer reichen Erzähltradition, an der viele beteiligt werden, entstanden und zur Erbauung und Belehrung dienten, hat sich auch die Hagiographie stark verändert. Aber ebensowenig konnten die Alltagstugenden des häuslichen Lebens die Weltliteratur zu Legenden und Mythen inspirieren – mit einer Ausnahme, wenn man so will: die Verwandlung des Irrfahrers Odysseus in Leopold Bloom, den gehörnten Jedermann aus der Feder James Joyce'.

Trotz alledem hat die Kirche mit ihrem einzigartigen Instrument der Heiligsprechung auch die Fähigkeit, Leben in Geschichten zu übersetzen. Da sie mittlerweile die Lehre, die Ehe sei der Jungfräulichkeit oder dem Gott geweihten Zölibat auf dem Weg zur Heiligkeit überlegen, aufgegeben hat, könnte sie nunmehr Heiligen den Vorzug geben, welche die Tugenden der christlichen Ehe verkörpern. Angesichts der virulenten Untreue und der hohen Scheidungsraten in der heutigen modernen Gesellschaft sollte man eigentlich annehmen, daß die Tugenden, die für die lebenslange Treue katholischer Ehepartner erforderlich sind, mindestens als ebenso »heroisch« gelten müßten wie diejenigen, die zölibatären Nonnen und Priestern abverlangt werden. Wie kommt es dann aber, daß sich in einer Zeit, da die Kirche mehr Menschen selig- und heiligspricht denn je zuvor, kaum einmal eine Ehefrau oder ein Ehemann darunter befindet?

Die Heiligsprechung im Jahr des Laien

Die Frage, wie Ehe und Heiligkeit miteinander vereinbar sind, erhob sich im Oktober 1987 in Rom anläßlich der Weltbischofssynode, die Papst Johannes Paul II. einberufen hatte, um die Rolle des Laien in Kirche und Welt zu diskutieren. Besagte Frage stand nicht auf der offiziellen Tagesordnung, die sich hauptsächlich mit der Funktion des Laien in der Gesellschaft beschäftigte. So manchem Bischof ging sie jedoch im Kopf herum, bis sie lauthals ihre Verwunderung darüber äußerten, daß die Kirche bisher so wenige verheiratete Männer und Frauen der Verehrung als Selige oder Heilige für würdig befunden hat. Kardinal Palazzini, der Kardinalspräfekt der Kongregation für Heiligsprechungsprozesse, war auf Kritik in diesem Punkt vorbereitet. 1980 hatte er schon einmal den Mangel an verehelichten Heiligen mit dem Argument zu verteidigen gesucht, alle Heiligen kämen schließlich aus Familien, »und daher wurden ihre Eltern zugleich mit ihnen geehrt«. Dieses Mal wollte der Kardinal der bischöflichen Kritik den Wind aus den Segeln nehmen, indem er nachwies, daß die Kongregation keinerlei Vorurteile gegen Laienverfahren hegte. Er beauftragte Monsignore Sarno, ihm eine Liste mit sämtlichen Laienverfahren zu erstellen, mit denen sich die Kongregation im letzten Jahr befaßt hatte. Sarno kam auf 17 Kandidaten, von denen vier verheiratet gewesen waren. Ausschlaggebend waren jedoch nicht Palazzinis Einlassungen gegenüber den Bischöfen, sondern die Taten der Kongregation.

Die Synode bildete den Abschluß einer zwölfmonatigen Zeitspanne, die Johannes Paul II. zum »Jahr des Laien« erklärt hatte. Zu diesem Anlaß hatte die Kongregation zwei Jahre harter Arbeit investiert, um dem Papst eine Auswahl von Laien präsentieren zu können, deren heiligmäßiger Ruf sie als vielversprechende Kandidaten für eine Selig- oder Heiligsprechung im Laufe der einen Monat währenden Bischofsberatungen in Rom auswies. Die Postulatoren versuchten, ihre Verfahren durchzupeitschen, die Ortsbischöfe machten sich für ihre Lieblingskandidaten stark. 15 Kandidaten waren schon reif für die Absegnung durch den Papst – weit mehr, als der Oktober Sonntage zählte, an denen die feierliche Zeremonie stattfinden konnte. Manche Kongregationsbeamte befürchteten gar, der Papst könne des Guten zuviel tun und die Persönlichkeit jedes neuen Heiligen oder Seligen ginge dann in der Masse unter. Am Ende wurden drei Kandidaten zur Seligsprechung, zwei (darunter ein Gruppenverfahren) für die Heiligsprechung ausgewählt, und ihrer aller *vitae* sagten mehr über die Haltung der Kirche zu Ehe, Sexualität und Heiligkeit aus als sämtliche matten Reden, die auf der Synode über die Berufung des Laien zur Heiligkeit gehalten wurden.

Am 4. Oktober, dem ersten Sonntag während der Synode, versammelten sich die Bischöfe im Petersdom zur Seligsprechung dreier Laienmärtyrer. Da eines der Hauptthemen der Synode der Rolle der Laienbewegungen – wie etwa der Katholischen Aktion in Italien – gewidmet war, hatte man das Trio offenbar als Beispiele für die Form von Heiligkeit ausersehen, wie sie im Rahmen einer Organisation durch Arbeit »in der Welt« erlangt werden kann. »Alle drei sind Laien, junge Menschen und Märtyrer«, hob der Papst in seiner Predigt hervor und stellte fest, daß sie insgesamt nichts Geringeres als »ein prophetisches Zeichen für die Kirche des dritten Jahrtausends« böten.

Unerwähnt ließ der Papst, daß keiner der drei verheiratet gewesen war. Nur der mutige junge Franzose Marcel Callo, der in Mauthausen umgekommen war, hatte überhaupt ans Heiraten gedacht. Callo hinterließ eine Verlobte, »der er zärtlich und keusch zugetan war«, bemerkte der Papst, seliggesprochen wurde er jedoch für seinen Mut als Bekenner, nicht für seine Keuschheit. Die war der Dreh- und Angelpunkt bei den beiden anderen Kandidatinnen, zwei jungen Italienerinnen, die starben, weil sie sich gegen Vergewaltiger zur Wehr setzten. Antonia Mesina, 25 Jahre alt und ohne Schulabschluß, lebte bei ihren Eltern in Sardinien und wurde, als sie Holz zum Brotbacken sammelte, von einem Bauernjungen tödlich verletzt. Der Papst pries sie für »ihr heroisches Ja... zur Seligpreisung der Reinheit«. Pierina Morosini, 26 Jahre alt, arbeitete in einer Baumwollspinnerei in der Gegend von Bergamo. Ursprünglich wollte sie Nonne werden, hatte sich aber, da ihre Familie auf ihr Einkommen angewiesen war, auf Vorschlag ihres Seelenführers damit begnügt, insgeheim Armut, Keuschheit und Gehorsam zu geloben. Auf diese Weise, so der Papst, hatte sie entdeckt, daß sie »heilig werden konnte, ohne ins Kloster zu gehen«. Nur einmal in ihrem Leben wagte sich Pierinia über die Grenzen ihrer Heimat hinaus, als sie im April 1947 nach Rom fuhr, zur Seligsprechung Maria Gorettis, der jüngsten Märtyrerin der Keuschheit Italiens. Zehn Jahre später starb Pierinia – wie sie es sich erhofft hatte – bei der Verteidigung derselben Tugend. Die alte Geschichte, die der Agatha, der Lucia und der Agnes, in Neuauflage.

Das waren also die ersten drei Schicksale, die Johannes Paul II. am Vorabend des dritten christlichen Jahrtausends dazu bestimmt hatte, katholischen Laien als Beispiel für Heiligkeit zu dienen. Und damit keinem der anwesenden Bischöfe die höhere Bedeutung dieser drei kurzen, kargen Lebensläufe entging, rühmte der Papst die frisch Seliggesprochenen als »›junge und mutige Bürger der Kirche und der Welt‹, Brüder einer neuen Menschheit, freie und gewaltlose Erbauer einer ganz menschlichen Kultur«. Die Christen aus dem vierten Jahrhundert hätten genau verstanden, was er meinte.

Am Sonntag, dem 18. Oktober, versammelten sich die Synodalen abermals vor dem Petersdom, diesmal anläßlich der Gruppenheiligsprechung des Seligen Lorenzo Ruiz und seiner Gefährten – 16 Männer und Frauen aus acht Ländern –, die im siebzehnten Jahrhundert von Japanern gemartert worden waren. Dem liturgischen Kalender zufolge war Missionssonntag, so daß der Sinn der Feierlichkeit wohl darin lag, die neuen Heiligen als Beispiele für den wahren Geist christlicher Missionierung zu präsentieren. Was diese Kanonisierung allerdings mit der Heiligkeit von Laien zu tun haben sollte, sprang nicht so rasch ins Auge. Die Märtyrer standen alle in Verbindung zum Dominikanerorden, so daß die eigentliche Ehre der Heiligsprechung dieser religiösen Gemeinschaft zufiel. Von den 16 Gefährten waren neun Priester, zwei Ordensbrüder und die beiden Frauen Tertiarierinnen. Unter den drei Laien befanden sich zwei unverheiratete Katecheten, die von den Dominikanern angeworben worden waren. Beide hatten die Folter der Japaner nicht unbeschadet überstanden – einer hatte verraten, daß einer seiner Gefährten Priester war, der andere hatte seinem Glauben abgeschworen –, später jedoch wieder den Mut gefunden, um ihres Glaubens willen den Märtyrertod auf sich zu nehmen.

Mein besonderes Interesse weckte Lorenzo Ruiz. Das Verfahren war nach ihm benannt, und sein Bild beherrschte das offizielle Gruppenporträt, das anläßlich der Heiligsprechung über dem Portal des Petersdoms hing. Warum wurde Ruiz, ebenfalls Katechet, so deutlich herausgehoben? Der Bericht über das entsetzliche Martyrium der Gruppe enthielt keinerlei Hinweis darauf, daß er sich etwa heroischer als alle anderen gezeigt hätte. Allerdings war er der erste Filipino, der heiliggesprochen wurde – was der Papst nicht versäumte, den Heerscharen angereister Filipinos auf dem überfüllten Platz zu verdeutlichen –, *und* er war der einzige Verheiratete aus der Gruppe. Doch nicht nur das, er war außerdem Vater von drei Kindern – ein *pater familias*, wie es die Kanonisierungsbroschüre ausdrückte. Aber Ruiz wurde als Missionar und Märtyrer heiliggesprochen, nicht etwa als treusorgender Ehemann und Vater. Im Gegenteil: Aus seiner Kurzbiographie im *L'Osservatore Romano* ging hervor, daß er, um sich den Dominikanern auf ihrer verhängnisvollen Missionsreise anschließen zu können, in Wirklichkeit Frau und Kinder *verlassen* hatte.

Am letzten Sonntag während der Synode kanonisierte Johannes Paul II. einen weiteren Laien, den Seligen Giuseppe Moscati, einen angesehenen Arzt aus Neapel, der 1927 in Ausübung seines Berufes starb. Moscati war einer der wenigen in diesem Jahrhundert kanonisierten Heiligen, der in seiner beruflichen Karriere eine gewisse Bedeutung erlangt hatte: Er war Chefarzt eines Krankenhauses, Universitätsprofessor für Humanphysiologie und physiologische Chemie sowie ein vorbildlicher Lehrer für Medizinstudenten und Krankenschwestern. In seiner Predigt vermerkte der Papst, daß Moscati sich den beneidenswerten Ruf erworben hatte, nicht nur für das körperliche, sondern auch für das seelische Wohl seiner Patienten zu sorgen und dabei auch noch einzigartige Bescheidenheit an den Tag zu legen. Ich hatte den Eindruck, daß er genau jene Eigenschaften verkörperte, auf die ein Katholik, wie Johannes Paul II. oftmals betont hatte, bei einem Laienheiligen Wert legen sollte: gefestigten Glauben, verbunden mit beruflicher Kompetenz und dem Eifer, zur »Zusammenarbeit mit dem Schöpfungs- und Erlösungsplan Gottes«. Allerdings hatte Moscati, wie nahezu alle vom Papst heiliggesprochenen Laien, die nicht den Märtyrertod starben, nie geheiratet. Vielmehr hatte er schon mit 17 Jahren ein Keuschheitsgelübde abgelegt und das Leben eines Mönchs geführt.

In der Woche nach Abschluß der Synode suchte ich Gumpel in seinem Arbeitszimmer auf, um diese von der Kongregation vorgenommene Auswahl Seliger und Heiliger mit ihm zu diskutieren. Monatelang hatte ich von ihm und anderen Heiligmachern immer wieder zu hören bekommen, wie sehr Johannes Paul II. die Laienverfahren am Herzen liegen. Die Kongregation hatte, wie ich feststellte, fast drei Jahre Zeit gehabt, geeignete Kandidaten zu finden, die auf einer ausschließlich den Laien gewidmeten Synode selig- oder heiliggesprochen werden sollten. Und was war dabei herausgekommen? Die Kongregation hatte zwei Fälle jungfräulicher Vergewaltigungsopfer geliefert, einen weiteren jungen

Märtyrer, der niemals Gelegenheit zur Heirat gehabt hatte, einen lebenslangen Junggesellen sowie einen Mann, der Frau und Kinder im Stich ließ, um Missionar zu werden.

»Deutlicher konnte die Botschaft gar nicht sein«, sagte ich. »In puncto Heiligkeit ist es immer noch besser, Sexualität zu umgehen und sich lieber für den Zölibat als für die Ehe zu entscheiden. Was nutzt das ganze Gerede von der Heiligkeit der Ehe, wenn die Kongregation mit keinem einzigen Beispiel für einen glücklich verheirateten Heiligen aufwarten kann?«

Gumpel sah mich an, und sein Blick verriet, daß er rechtfertigen würde, was nicht zu rechtfertigen war. »In den Anfängen des Christentums und im Mittelalter«, erinnerte er mich, »sah die Kirche in Eheleuten keine geeigneten Kandidaten für die Heiligkeit, und die Ausnahmen bestätigen nur die Regel. Die Gott geweihte Keuschheit galt ebenso wie das Märtyrertum als eine höhere Stufe der Vollkommenheit. Und diese Ansicht finden Sie nicht nur bei dieser Kongregation, sondern in der gesamten Kirchenkultur.«

»Nach meinem Eindruck«, erwiderte ich, »hat sich diese Kirchenkultur auch im zwanzigsten Jahrhundert kaum geändert. Noch in Ihrer und meiner Jugend – und ganz gewiß in der des Papstes – galt es auf jeden Fall als gottgefälliger, auf die Ehe zu verzichten und statt dessen Priester oder Nonne zu werden.« Noch 1954, rief ich ihm in Erinnerung, hatte Papst Pius XII. die Enzyklika *Sacra Virginitas* verkündet, eine ausdrückliche Wiederholung der traditionellen katholischen Lehre, daß der Zölibat eine höhere Berufung darstellt als die Ehe. »Und aus dem genauen Wortlaut der Seligsprechungen des derzeitigen Papstes«, fuhr ich fort, »läßt sich die Hoffnung herauslesen, daß die Kirche diese Kultur mit ins dritte Jahrtausend hinübernimmt.«

Für den Papst, meinte der Jesuit und Heiligmacher, könne er nicht sprechen. Aber der Mangel an verheirateten Heiligen sei, so gab er zu bedenken, nicht der Kongregation, sondern den katholischen Laien anzulasten. »Wir alle bedauern, daß wir nicht mehr Kandidaten haben, die verheiratet sind. Aber Sie wissen ja, daß die Verfahren vom Ruf der Heiligkeit abhängig sind, und solange die Ehe von katholischen Laien nicht voll und ganz als möglicher Weg zur Heiligkeit begriffen wird, sieht kein Mensch in Eheleuten potentielle Heilige. Solange sich das nicht ändert, gibt es keine *fama sanctitatis* für Verheiratete, und folglich landen auch keine entsprechenden Verfahren hier in Rom auf dem Tisch.«

Damit hatte er natürlich recht. Wenn die Laien nicht selbst eine Verbindung zwischen Heiligkeit und Ehe herstellen, kann es auch die Kongregation nicht tun. Bislang hatte ich keinen Grund gesehen, an dem Willen der Kongregation, mehr Verheiratete seligzusprechen, zu zweifeln. Auch die Tatsache, daß sie ausnahmslos aus zölibatären Klerikern besteht, bot meinem Eindruck nach keinen Anlaß, sie irgendwelcher Vorurteile gegenüber verheirateten Kandidaten zu verdächtigen. Auf der anderen Seite sah ich aber auch keinerlei Hinweis darauf, daß die neue und aufgeklärtere Sicht der Kirche von der Ehe auch nur den geringsten Einfluß auf die Kongregation in ihrer Beurteilung ehelicher Liebe und Intimität gehabt hätte – jedenfalls nicht in den wenigen Verfahren verheirateter Kandidaten, die bis nach Rom vorgedrungen waren.

Eine Selig- oder Heiligsprechung mit der ausdrücklichen Begründung, der oder die Betreffende sei ein vorbildlicher christlicher Ehepartner gewesen, hat es noch niemals gegeben. Dies erhellt, daß eine heiligmäßige Ehe allein für den Erfolg eines Verfahrens nicht genügt. Zu der Vermutung hingegen, daß eine schlechte, mit Geduld ertragene Ehe viel dazu beitragen kann, den Ruf heroischer Tugendhaftigkeit zu begründen, besteht durchaus Anlaß. Ein Beispiel dafür bot Johannes Paul II. erst 1988 wieder, als er anläßlich seiner Madagaskarreise Victoria Rasoamanarvio (1848–1894) seligsprach. Victoria hatte in einer Zeit, da katholische Geistliche politisch verfolgt und aus Madagaskar ausgewiesen wurden, in einzigartiger Weise zur Erhaltung und Verbreitung des Glaubens beigetragen. Ihre heroische Tugendhaftigkeit wurde allerdings unter anderem damit begründet, sie habe die Ausschweifungen ihres Ehemanns mit vorbildlicher Haltung ertragen. Victoria entstammte einer königlichen Familie, ihr Mann war der Sohn des Regierungschefs, und die Heirat war von beiden Elternpaaren arrangiert worden. Der Mann entpuppte sich als tobsüchtiger Trunkenbold, doch die gläubige Katholikin Victoria lehnte es ab, sich von ihm scheiden zu lassen. »Ich habe diesem Mann mein Leben geschenkt«, soll sie gesagt haben, »und durch ihn habe ich es Gott geschenkt.« Moralisch gesehen hatte Victoria jeden Grund, ihren Mann zu verlassen; nicht einmal die Kirche hätte ihr daraus einen Vorwurf machen können. Bleibt dahingestellt, ob die Heiligmacher in diesem Fall ihre Tugendhaftigkeit noch für hinreichend heroisch befunden hätten.

Daß Verheiratete, die ihr Eheversprechen nicht halten, keine überzeugenden Kandidaten für die Heiligsprechung sein können, versteht sich von selbst. Wie sieht es jedoch aus, wenn eine Witwe einem religiösen Orden beitritt? Oder wenn eine Ehefrau gar ihren Mann verläßt, um ein gottgefälliges Leben zu führen? Setzt ihr zweites Gelübde – ihre »höhere Berufung« – die Verpflichtungen, die sie vorher einging, außer Kraft?

Fälle dieser Art lassen sich unter Gründerinnen religiöser Gemeinschaften häufiger finden, als man erwarten könnte, und manche jüngeren Causen legen die Vermutung nahe, daß man in der Kongregation nicht immer einer Meinung ist. Pater Beaudoin betreut die ältere Causa der argentinischen Nonne Catarina Maria Rodriguez (1823–1896), die 15 Jahre lang mit einem Armeeobersten verheiratet war. Nach dem Tod ihres Mannes und nachdem ihre Kinder herangewachsen waren, gründete sie einen religiösen Orden. Die Dokumentation, die der örtliche Bischof für das Verfahren eingereicht hatte, konzentrierte sich ausschließlich auf das Klosterleben der Kandidatin. Er ging offenbar ganz selbstverständlich davon aus, daß zum Beweis ihrer heroischen Tugendhaftigkeit die Gelübde der Armut, der Keuschheit und des Gehorsams am stärksten ins Gewicht fielen. In diesem Fall wies die Kongregation den Postulator an, Beweismaterial für Catarinas Tugendhaftigkeit aus ihren Jahren als Ehefrau und Mutter beizubringen. Bis vor kurzem durchforstete der Mitarbeiter der Nonnen noch immer die Archive nach Informationen über das verschüttete Leben der Catarina Rodriguez.

Ganz anders fiel das Urteil in einem weiteren Verfahren jüngeren Datums aus. Die betreffende Kandidatin war zwei Jahre lang verheiratet gewesen, hatte dann – mit Zustimmung ihres Gatten – das Gelübde ewiger Keuschheit abgelegt, das gemeinsame Haus verlassen und einen Nonnenorden gegründet. Die Ehe war kinderlos, und dem Mann wurde natürlich nicht erlaubt, ein zweites Mal zu heiraten. Nach dem Tod der Ordensgründerin wurde sie von ihren Nonnen zur Seligsprechung vorgeschlagen.

Als die Dokumentation in Rom eintraf, bemängelte einer der Theologenkonsultoren – der, da diese Diskussionen vertraulich sind, um Anonymität bat –, sie seien unvollständig. »Die *positio* konzentrierte sich ausschließlich auf ihr späteres Nonnenleben«, erinnerte er sich. »Ich bat also um eine Erklärung, welcher Wert den beiden Ehejahren zuzumessen sei. Wieso waren keine Kinder da? Wenn die Ehe nicht gutging, so mein Argument, gab es vielleicht moralische oder psychologische Probleme, denen wir nachgehen sollten.«

»Hat Ihnen der Postulator eine zufriedenstellende Antwort gegeben?« fragte ich.

»Nein. Aber die anderen Konsultoren fanden es seltsam, daß ich, ein Priester und Ordensangehöriger, die Entscheidung der Kandidatin, ihren Mann zu verlassen, problematisierte. Sie vertraten den Standpunkt, diese Frau habe nach zwei Jahren den Entschluß gefaßt, sich vollständig Gott hinzugeben, und da ihr Mann nichts einzuwenden hatte, sah keiner einen Grund, die Ehe unter die Lupe zu nehmen. Ich wurde überstimmt.«

In diesem Fall also hielt man Details über die Ehe der Kandidaten zur Beurteilung ihrer heroischen Tugendhaftigkeit für irrelevant – vielleicht aus dem Grund, weil die Ehe nicht lange bestand, ganz sicher aber, weil sie durch die »höhere Berufung« ersetzt wurde. Daß die Gottesliebe Priorität über die Gattenliebe genießen sollte, ist von jeher ein Grundsatz der Kirche. Indem sie aber weiterhin Frauen, die um der »höheren Berufung« ihre Ehe aufgegeben haben, als Beispiele für heroische Tugendhaftigkeit seligspricht, untermauert die Kirche den Vorrang, den sie der Keuschheit vor der Ehe ohnehin schon seit alters einräumt. Wie anders läßt sich ein Verfahren wie das der Benedicta Cambiagio Frassinello (1791–1858) erklären, die erst jüngst – am 10. Mai 1987 – von Johannes Paul II. seliggesprochen wurde? Diese etwas sprunghafte Italienerin war zwei Jahre lang verheiratet, bevor sie, mit Zustimmung ihres Mannes, den Schleier nahm. Wiederum zwei Jahre später gab sie das Klosterleben auf und kehrte zu ihrem Mann zurück. Sie legte – ebenfalls mit Zustimmung ihres Gatten – ein neuerliches Keuschheitsgelübde ab, worauf die beiden wie Bruder und Schwester zusammenlebten und sich der Betreuung von Waisen und Findelkindern widmeten.

Die Ehe mag von der Kirche auf dem Zweiten Vatikanischen Konzil aufgewertet worden sein, doch läßt sich anhand der Persönlichkeiten, die sie zur Ehre der Altäre erhebt, nur schwerlich schlußfolgern, ein Eheleben eigne sich für Heilige. Wer bei den Heiligen nach einer Richtschnur zur Praktizierung heroischer Tugendhaftigkeit sucht, wird früher oder später zu der Einsicht kommen, daß Intimität und Sexualität am besten zu vermeiden, allenfalls eben noch – zum Zweck der Fortpflanzung – zu dulden sind. Dem Laien allein kann man daraus keinen Vorwurf machen. Die Befugnis, Kandidaten auszuwählen oder abzulehnen, hat die Kongregation – und sie trifft ihre Entscheidungen aufgrund des Beispiels, das den Gläubigen gegeben werden soll. Diese Bedingung spielt bei der Annahme neuer Verfahren sogar eine übergeordnete Rolle. Bislang allerdings haben die Heiligmacher noch keine Neigung gezeigt, diese Möglichkeit voll auszuschöpfen.

Wie wär's denn, wenn dem Papst ein Ehepaar zur Heiligsprechung vorgeschlagen würde? Böte ihm das nicht *die* Gelegenheit, etwas zu tun, was noch kein Papst jemals getan hat? Er könnte damit feierlich die Ehe zu einem der möglichen Wege zur Heiligkeit erklären – und den Verdacht, die Kirche stehe der menschlichen Sexualität noch immer mißtrauisch gegenüber, ein für allemal ausräumen.

». . . und beide werden ein Fleisch sein« – ein Testfall

Es sieht so aus, als könnte sich diese Gelegenheit für Johannes Paul II. noch ergeben. Zum erstenmal seit 400 Jahren führt die Kongregation ein *gemeinsames* Verfahren für ein Ehepaar durch. Die Kandidaten sind Louis und Azélie Guérin Martin, die ihren Ruf der Heiligkeit ihrer jüngsten Tochter verdanken, der heiligen Therese von Lisieux, einer Karmelitin, die schon mit 24 Jahren starb.

In ihrer kurzen Autobiographie, die sie kurz vor ihrem Tod im Jahre 1897 vollendete, schildert Therese eingehend die banalen Alltäglichkeiten ihres Familienlebens und ihrer wenigen Klosterjahre. Die geistliche Botschaft ihrer *Geschichte einer Seele* lautet schlicht und einfach: Jeder kann heilig werden, wenn er (oder sie) nur um Christi Liebe willen die unbedeutendsten Aufgaben in völliger Selbstentäußerung übernimmt. Besonders ergriffen waren ihre eher romantisch veranlagten katholischen Leser jedoch von der frohgemuten Haltung, mit der die junge Nonne ihre Tuberkulose und ihren frühen qualvollen Tod hinnahm.

Thereses *Geschichte einer Seele* wurde, von ihrer Schwester Pauline bearbeitet und von ihrem Orden herausgegeben, bei der römisch-katholischen Leserschaft sofort zum Bestseller. Kaum zwei Jahre nach ihrem Tod erfreute sich Therese auch schon ungewöhnlicher Verehrung, die ihr auf der ganzen Welt den Ruf eintrug, sie könne Wunder wirken. Papst Pius X., unter dessen Pontifikat ihr Prozeß eröffnet wurde, erklärte sie zur »größten aller modernen Heiligen«. Nur 28 Jahre lagen zwischen ihrem Tod und ihrer Heiligsprechung – verglichen mit heutigen Verfahren geradezu ein Rekord.

Darüber hinaus stellte Thereses Autobiographie ihre Eltern in ein verklärendes Licht. In ihren Augen waren sie beide Heilige – vor allem ihr Vater, den sie innig liebte. Sie war nachgewiesenermaßen das Lieblingskind ihres Vaters, und seine abgöttische Liebe wurde von ihr erwidert. Er nannte sie »meine kleine Königin«, sie wiederum nannte ihn »mein König«. Den Nervenzusammenbruch, den Louis Martin nach ihrem Eintritt ins Kloster erlitt, betrachtete Therese als eine Art »Kreuzigung«, und als ihr Tod nahte, sprach sie Gott in ihren Gebeten oft mit »Papa« an. Nach der Veröffentlichung der *Geschichte einer Seele* entwickelte sich allmählich ein Kult um Louis Martin, der offensichtlich auch auf seine Frau übergriff. Papst Benedikt XV. (1914–1922) pries Louis Martin als »ein wahres Vorbild für christliche Elternschaft«. Als Pius XII. Jahrzehnte später der heiligen Therese von Lisieux eine Basilika weihte, ging er so weit zu sagen, daß »sie, die Tochter eines wunderbaren Christen, schon auf den Knien ihres Vaters die Schätze der Nachsicht und des Erbarmens kennenlernte, die Gott in seinem Herzen birgt«.

Es ist anzumerken, daß die Tendenz, den Eltern Heiliger ebenfalls Heiligkeit zuzuschreiben, unter Katholiken weit verbreitet ist. Diese Neigung läßt sich bis zu den Urchristen und ihrer Hochschätzung biblischer Gestalten zurückverfolgen. Die heilige Anna, die ansonsten unbekannte Mutter Mariens, ist ein klassisches Beispiel dafür, die heilige Elisabeth, die Mutter Johannes' des Täufers, nicht minder. Und wäre ihr Sohn nicht so außerordentlich wohlgeraten, so würden auch Maria und Joseph kaum als Heilige verehrt. Der Ruf der Heiligkeit des Ehepaars Martin jedoch muß – im Gegensatz zu diesen biblischen Gestalten – den modernen Kanonisierungsprozeß heil überstehen. 1974 wurde das Verfahren formell eingeleitet und der historischen Sektion anvertraut. Die komplette *positio* liegt seit 1989 vor, doch da sie von den Konsultoren bislang noch nicht begutachtet wurde, sah sich Monsignore Papa, der Relator, nicht in der Lage, mir Einsicht in den Text zu gewähren. Dennoch fanden sich mehrere Mitarbeiter der Kongregation bereit, dieses Verfahren und die Fragen, die es aufwirft, mit mir zu diskutieren.

Der Prozeß der Eheleute Martin – der erste moderne Prozeß eines Ehepaars – stellt die Heiligmacher vor ein bisher nie dagewesenes Verfahrensproblem: Müssen nicht beide Eltern – da dies ja ein *gemeinsames* Verfahren ist – für heroisch tugendhaft befunden werden? Die einzigen ähnlich gelagerten Präzedenzfälle aus jüngerer Zeit sind Gruppenverfahren von Märtyrern. In solchen Fällen kann die Kongregation jedoch – und tut es nicht selten, wenn die Beweislage nicht gesichert ist – jederzeit einen oder mehrere Kandidaten vom Verfahren ausschließen, ohne den Prozeß als solchen zu präjudizieren. Im Fall Martin jedoch wurde das Paar in seiner Eigenschaft als eheliche Gemeinschaft vorgeschlagen. Einen der Gatten auszuschließen hieße, das leuchtende Beispiel für christliche Elternschaft, das die Kirche mit diesem Verfahren anstrebt, von vornherein zum Scheitern zu verurteilen. Fällt aber, anders betrachtet, einer der Gatten bei der Prüfung auf heroische Tugendhaftigkeit durch, so erhebt sich die Frage: Darf allein diese Tatsache schon dem Ehepartner den Weg zur Heiligkeit verbauen?

Der Verfahrensweise nach zu urteilen, deren sich die Kongregation in diesem Fall bedient, hat sie auf diese Fragen noch keine Antwort gefunden und hält sich alle Türen offen. Der *Index ac Status Causarum* zum Beispiel nennt die Martins nicht in einem Atemzug. Zwar wurden beide Verfahren am gleichen Tag formell eingeleitet, doch wurden ihnen zwei verschiedene Aktenzeichen zugeteilt, und Zélie, wie sie genannt wurde, ist gesondert unter ihrem Mädchennamen aufgeführt. Auch die beiden *positiones* sind jeweils eigenständige Dokumente, jedoch zu einem Band gebunden und sollen zusammen beurteilt werden. Aber immer noch herrscht unter den Mitarbeitern der Kongregation Unklarheit über die Frage, ob das Schicksal des einen Ehepartners von dem des anderen abhängig ist.

Wenn überhaupt jemand Licht in die Sache bringen konnte, so war dies der Kardinalpräfekt der Kongregation. Als ich das Thema eines Nachmittags in Kardinal Palazzinis Arbeitszimmer zur Sprache brachte, räumte er ein: »Ja, rein technisch gesehen können die Kandidaten getrennt voneinander beurteilt werden.« Er beharrte jedoch auf der Unteilbarkeit des Verfahrens. Palazzini berief sich auf die katholische Auffassung von der Ehe als intimer Gemeinschaft zweier Menschen und vertrat nachdrücklich die Meinung, daß das Verfahren eines Ehepaares *als solches* alle beide für heroisch tugendhaft befinden müßte. »Fällt einer der Gatten durch«, sagte er, »so müßte ich in Frage stellen, ob wirklich genügend Liebe und Beistand vorhanden waren, um den anderen ›selig‹ zu machen.«

Pater Gumpel ist da ganz anderer Ansicht. Er lehnt es prinzipiell ab, einen der Ehepartner nur deshalb automatisch zu disqualifizieren, weil sich der andere als der Seligsprechung unwürdig erweist. »Einfach zu behaupten, wenn einer der Gatten gefehlt habe, so müsse der andere ebenfalls gefehlt haben, weil beide für ihre Ehe verantwortlich sind – das ist kein überzeugender Ansatz«, betonte er. »Gesetzt den Fall, der Mann hat sich nicht korrekt verhalten, dann müssen wir nachhaken: Lag's an der Gefühlskälte der Frau? Lag's an einer mißverstandenen Religiosität, die sie in einem Lebensabschnitt, in dem sexuelle Hingabe üblich ist, am Vollzug der ehelichen Pflichten hinderte? Und dann kann sich natürlich immer noch herausstellen, daß das gar nicht der Fall war.«

Mein sechster Sinn sagt mir, daß Palazzinis Ansicht sich durchsetzen wird. Der Zweck dieses Verfahrens liegt anscheinend nicht in der Verherrlichung der Tugenden ehelicher Gemeinschaft, sondern in dem Vorbildcharakter für katholische Elternpflichten. »Die Martins werden aufgrund der Erziehung befürwortet, die sie ihren Kindern angedeihen ließen«, meint Pater Beaudoin. Und in dieser Hinsicht kann man sich kaum ein katholischeres Elternpaar vorstellen. Therese war eines von neun Kindern. Davon starben vier schon im Säuglings- oder Kleinkindalter; alle anderen nahmen den Schleier. Pauline wurde gar Oberin des Klosters und war, Beaudoin zufolge, »vielleicht sogar heiliger als die heilige Therese«.

Unabhängig von den Motiven, die ihrem Verfahren zugrunde liegen, bedarf das Zusammenleben des Ehepaars Martin schon deshalb einer genaueren Untersuchung, weil es die Einstellung der Kirche zur menschlichen Sexualität verdeutlicht. Sind diese Eheleute aus dem neunzehnten Jahrhundert wirklich Menschen, die heutigen Katholiken als Vorbilder für Heiligkeit in der Ehe dienen können?

Legt man das zugrunde, was über die Martins bereits veröffentlicht wurde, so war die Sexualität zu Beginn ihrer Ehe ein gravierendes Problem. Zélie hatte ursprünglich die Ambition, Nonne zu werden wie ihre ältere Schwester Elise. Ihr Aufnahmeantrag wurde abgelehnt. Durch Eingebung der Jungfrau Maria, so heißt es, begann sie, Spitzen zu klöppeln, worin sie es zu einer solchen Fertigkeit brachte, daß daraus ein lukratives Geschäft wurde. Auch für Louis war die Ehe entschieden die zweite Wahl. 23 Jahre alt und ein verträumter junger Mann, bemühte er sich um Aufnahme in ein Augustinerkloster, wo man ihn aber seiner unzureichenden Bildung wegen – vor allem seiner fehlenden Lateinkenntnisse – abwies. Er wurde Uhrmacher und blieb zehn Jahre lang Junggeselle, bevor er Zélie heiratete. Und noch am Hochzeitstag flüchtete sich Zélie zum Kloster ihrer Schwester, wo sie an der eisernen Pforte schluchzend eingestand, sie wolle noch immer lieber Nonne werden.

Und genauso lebte sie auch in den ersten zehn Monaten ihrer Ehe – wie eine Nonne. Eine sexuelle Beziehung zwischen ihr und ihrem Angetrauten gab es nicht, wenngleich aus den veröffentlichten Quellen nicht hervorgeht, ob der Anstoß dazu von Zélie oder Louis ausging oder aber auf gegenseitiger Übereinstimmung beruhte. Gesichert ist nur, daß Louis bereit war, ihrer beider Keuschheit durch eine »Josephsehe« zu besiegeln – das heißt, eine lebenslange, nicht vollzogene Ehe nach dem Vorbild Marias und Josephs zu führen. Eine Rechtfertigung dafür fand er in einem theologischen Buch. Den entsprechenden Absatz schrieb er für Zélie ab und bewahrte ihn zeit seines Lebens bei seinen persönlichen Papieren auf. Besagter Abschnitt zitiert Präzedenzfälle von Heiligen (insbesondere die heilige Cäcilia und ihren Mann Valerian, zwei Gestalten der Legende) und wiederholt die traditionelle katholische Ansicht, eine Ehe ohne Geschlechtsverkehr sei der normalen Ehe vorzuziehen, weil sie »die keusche und vollkommene geistliche Verbindung zwischen Jesus Christus und seiner Kirche vollendeter versinnbildlicht«.

Erst auf Anraten eines Priesters gaben die Martins ihren Plan auf, die beiderseitige Keuschheit auch in der Ehe zu wahren. Er überzeugte sie davon, ihre Ehe als Berufung zur Zeugung von Kindern und somit zum höheren Ruhme Gottes zu betrachten. Einen Monat danach war Zélie mit dem ersten von neun Kindern schwanger, die sie im Laufe der nächsten 13 Jahre gebären sollte. Jedes Mädchen wurde mit dem zweiten Namen auf Maria getauft, jeder Junge auf Joseph. Louis und Zélie hofften, zumindest einer ihrer Söhne würde Missionar werden. Statt dessen wurden ihnen fünf Nonnen beschert, darunter Therese, die posthum zur Schutzheiligen der Missionare erklärt werden sollte.*

Das Leben der Martins drehte sich allen Berichten zufolge um Religion und Kirche – nach Ansicht eines der neueren Biographen Thereses ging es zu »wie in einem Kloster«. Zélie führte den

---

* Therese wollte ursprünglich Missionarin in Übersee werden, doch sie galt als zu krankheitsanfällig. Ihr Status als Schutzpatronin der Missionare basiert auf ihrem Briefwechsel mit zwei Missionspriestern, den sie vom Kloster aus führte.

Haushalt wie eine liebevolle Mutter Oberin: Ihr ging es vor allem darum, den Kindern beizubringen, wie man sein Gewissen gründlich erforscht. Louis kannte keine größere Freude, als seine Kinder auf allen Spaziergängen in die örtlichen Kirchen zu führen. Nach dem Damespiel am Sonntagabend las er ihnen aus einem Buch vor, das die liturgischen Feiertage der Kirche erklärte. Wenn Heiraten und Ehe im Kreis der Familie nur selten Gesprächsthemen waren, so lag das daran, daß ein geistliches Leben stets als vorrangige Berufung eingestuft wurde.

Auch das gesellschaftliche Leben der Familie war von der Kirche geprägt. Die Eltern gingen jeden Morgen zur Frühmesse. Zélie gehörte dem Dritten Orden der Franziskaner an, Louis war in mindestens vier kirchlichen Gruppen aktiv. Der örtlichen Bourgeoisie zugehörig, konnten es sich die Martins leisten, ihre Kinder gegen weltliche Einflüsse von außen abzuschirmen. Die Häuser, in denen sie lebten, waren geräumig und bequem, sie hielten sich Dienstboten und, wenn nötig, auch Privatlehrer. Bis 1870 hatte Louis ein kleines Vermögen angespart. Im Jahr darauf verkaufte er sein Uhrmachergeschäft an einen Neffen, um sich fortan nur noch dem Gärtnern, dem Angeln sowie häufigen Kirchenbesuchen hinzugeben. 1877 ging er mit Therese und Céline auf eine Europareise, auf der es zu einem denkwürdigen Besuch des Petersdoms in Rom kam, wo Therese den Papst bestürmte, ihr den Eintritt ins Kloster vor dem allgemein üblichen Alter zu genehmigen. Zélie, ermuntert durch ihren Mann, klöppelte derweilen weiterhin Spitzen und kümmerte sich, solange sie nicht in der Schule waren, um die Kinder.

19 Jahre waren die Martins verheiratet, als Zélie 1877 an Krebs starb. Sie war 45, er 55. Ihr jeweiliger Anspruch auf Heiligkeit soll hier nicht bezweifelt werden – dennoch fragt man sich unwillkürlich, ob ihre Erfahrungen als Eltern tiefgehend und vielfältig genug sind, um sie zu Vorbildern für christliche Ehepartner und Eltern zu machen. Als erstes springt ins Auge, daß die ältesten drei Kinder zu dem Zeitpunkt, da Zélie starb, noch im Teenageralter waren, Céline war erst acht, Therese vier Jahre alt. Die Martins hörten beide mit der Erziehung ihrer Kinder dort auf, wo es für die meisten Eltern erst richtig schwierig wird. Außerdem wuchsen ihre Kinder – an welchem Jahrhundert auch immer gemessen – ziemlich isoliert von allen äußeren Einflüssen auf. Ihr ganzes Leben spielte sich in den konzentrischen Kreisen von Kirche und Familie ab.

Zum zweiten scheint Louis, wiewohl er seine Frau um 17 Jahre überlebte, nach Zélies Tod ein eher passiver Vater gewesen zu sein. Zélie selbst hatte sowenig Vertrauen in die Fähigkeit ihres Mannes, für die Kinder zu sorgen, daß sie noch vor ihrem Tod den Umzug der Familie von Alençon nach Lisieux arrangierte, wo sich ihre Schwester und ihr Schwager der Kinder annehmen konnten. Später bedurfte Louis selbst ebenso gründlicher Fürsorge, wie er sie anderen hatte angedeihen lassen. 1877 erlitt er den ersten von mehreren Schlaganfällen, die ihn in den letzten sieben Jahren seines Lebens zum geistig Umnachteten machten.

Kein Zweifel, es gibt viel Bewundernswertes im Leben von Louis und Zélie Martin. Und eigentlich besteht für mich kein Grund, ihrem Verfahren nicht einen erfolgreichen Abschluß zu wünschen. Aber als Beispiel für eine christliche Ehe schmeckt mir ihr Leben, ja ihre ganze Lebenseinstellung doch allzusehr nach Kloster – und nach einer katholischen Kultur, die Heiligkeit noch immer nicht mit bewältigter Sexualität in Verbindung bringen kann. Was sollen verheiratete Katholiken letzten Endes von einem Paar halten, das ein geistliches Leben der Ehe vorzog, das selbst nach der Heirat bereit war, auf Geschlechtsverkehr zu verzichten, und dessen Kinder, eins wie das andere, lieber ins Kloster gingen, als zu heiraten?

Auch haftet der Familiensaga der Martins eine gewisse Sentimentalität an, auf der das laufende Verfahren aufbaut. Sie stellen den Inbegriff der liebevollen Kleinfamilie dar, bewahrend und ins Gebet vertieft – ein häusliches Kloster, das Verinnerlichung und feinste Empfindungen schützt und fördert. Niemand, von Zélie und den Dienstboten einmal abgesehen, muß wirklich anstrengend arbeiten. Die Außenwelt, bedrohlich wie sie im Frankreich der kirchenfeindlichen Säkularisierung war, wird auf Distanz gehalten. Selbst Therese – »die kleine Blume«, wie sie der Volksmund nennt – wirkt nur authentisch in ihrer verzehrenden Gottesliebe, in ihrer Nächstenliebe, ihrem missionarischen Eifer und in ihrem letzten Kampf darum, sich im Angesicht eines frühen und von großen Schmerzen begleiteten Todes ihr Gottvertrauen zu erhalten. All das läßt sich durch die Lektüre ihrer Briefe besser nachvollziehen als anhand ihrer volkstümlichen Autobiographie, die von ihrer Schwester Pauline redigiert und ausgeschmückt wurde. Aber Therese erreichte gerade eben das Erwachsenenalter. Dennoch gilt sie als der Traum jeden Vaters vom liebenden Kind, ebenso wie Louis den Traum jedes Kindes vom perfekten

Papa verkörpert – im Himmel wie auf Erden. Die Therese, die vom Volk wie von der kirchlichen Hierarchie gleichermaßen gehätschelt wird, ist trotz eines Anflugs mädchenhafter Impulsivität nichts als ein stets aufmerksames und gehorsames Kind – gegenüber den Eltern, gegenüber den Ordensoberen wie gegenüber allen Familien- und Kirchenoberhäuptern. Es verwundert also kaum, daß Pius X. die größte aller modernen Heiligen in ihr sah, ebensowenig, daß ihre Eltern – verhinderte Ordensangehörige – zu nachahmenswerten Vorbildern hochstilisiert werden. Ihr Alltagsleben gibt jedoch nicht den geringsten Hinweis auf geteilte Freuden, auf miteinander erlebte Leidenschaft; man findet keinerlei Anhaltspunkt dafür, daß sie, von der Zeugung der Kinder abgesehen, ihr Sie-werden-ein-Fleisch-Sein als Quell der Gnade oder auch nur des Glücks erfahren hätten.

Für diese beiden galt, ebenso wie für den heiligen Augustinus, die Zeugung von Kindern als einzige Rechtfertigung für Geschlechtsverkehr. Und wenn das Verfahren zugunsten der Martins eine Botschaft verkündet, so die, daß gegen menschliche Sexualität nichts einzuwenden ist, solange sich die Kinder als wohlgeraten erweisen. Wie immer dieses Verfahren ausgehen wird: Die Menschheit wartet nach wie vor auf den Freispruch der Sexualität vom Stigma der bösen Lust – in Gestalt unverklemmter, glücklich verheirateter Heiliger.

12. KAPITEL

Heiligkeit und das geistige Leben

1988 sprach Papst Johannes Paul II. in einer verhältnismäßig bescheidenen Zeremonie den dänischen Bischof Niels Stensen (1638–1686) selig. Das Ungewöhnliche daran ist, daß es sich bei Stensen um einen der wenigen echten Intellektuellen handelt, die in der 400jährigen Geschichte der Kongregation seliggesprochen wurden, wenngleich viele der frühen Kirchenväter und mittelalterlichen Theologen (wie Thomas von Aquin), die heutzutage als Heilige verehrt werden, bedeutende Lehrer und Gelehrte waren. Stensen war ein Wissenschaftler von internationalem Rang, ein Universalgelehrter und ein Genie auf den Gebieten der Paläontologie, Geologie, Medizin und Mathematik. In Fragen der Entstehung von Fossilien und Gebirgsketten und durch die Entdeckung des Gesetzes der Winkelkonstanz der Kristallflächen leistete er Pionierarbeit. Mit 20 Jahren trat Stensen zum Katholizismus über, empfing 1675 die Priesterweihe und wurde schließlich Bischof. Seliggesprochen wurde Stensen jedoch nicht etwa für seine wissenschaftlichen Entdeckungen oder seine Verdienste um die Kirche, sondern für seine persönliche Askese, seine tatkräftige Unterstützung der Armen und für die Inbrunst, mit der er zeit seines Lebens betete. Sein Verfahren, das erst 1984 offiziell eröffnet wurde, konnte 1988 unter Molinaris Leitung rechtzeitig anläßlich des Dänemarkbesuchs Johannes Pauls II. abgeschlossen werden.*

---

* Der zahlenmäßig sehr kleine römisch-katholische Bevölkerungsanteil Dänemarks verzeichnet seit der Genehmigung der Verehrung König Knuts IV. und seiner Reliquien im Jahre 1100 durch Papst Paschalis II. (1099–1118) keinen offiziellen Heiligen mehr. Stensens Kandidatur kam, vom seelsorgerischen

Heilige werden natürlich nicht wegen ihres hervorragenden Intellekts, sondern wegen ihres beispielhaften Lebens kanonisiert. Liebe, nicht Weisheit, gilt als die höchste aller christlichen Tugenden. Und trotzdem springt bei der Durchsicht der seit 1588 von den Päpsten vorgenommenen Heiligsprechungen das Fehlen von hervorragenden Denkern und Schriftstellern mit Ausnahme einiger weniger Ordenstheologen geradezu ins Auge. Woher kommt es, daß eine Kirche, die zumindest seit Thomas von Aquin auf der Vereinbarkeit von Glauben und Vernunft besteht, weder hervorragende Philosophen noch andere Denker oder Schriftsteller gefunden hat, deren Namen dem Kanon der Heiligen hätten hinzugefügt werden können? Was hat es mit dem leidenschaftlichen Leben des Geistes auf sich, das – ähnlich wie die körperliche Leidenschaft – der Heiligkeit hinderlich zu sein scheint?

Ein Grund ist in der Geschichte zu finden: Seit der Französischen Revolution haben sich die Hauptströmungen modernen Denkens außerhalb der Kirche häufig im Widerspruch zu ihr entwickelt. Im gleichen Zeitraum hat Rom sich gegenüber seinen eigenen Intellektuellen und Gelehrten alles andere als großzügig gezeigt. Die Reaktion von Papst Pius IX. auf den politischen Liberalismus und die ihm verwandten Philosophien, das darauffolgende Pontifikat Papst Pius' X. mit seinem Terror gegen verdächtige Modernisten innerhalb der Kirche sowie die Maßnahmen Papst Pius' XII., der noch in den fünfziger Jahren anerkannte katholische Theologen und Exegeten mundtot machte, verkörpern Roms ungebrochenes, tiefsitzendes Mißtrauen gegen ungezügelten Intellekt.

Für echte Intellektuelle bedeutet ernsthaftes Nachdenken, sich sowohl mit der eigenen Tradition als auch mit den Denkern anderer Traditionen auf einen kritischen Dialog einzulassen. Doch die römisch-katholische Kirche identifizierte ihre Tradition bis in die zweite Hälfte dieses Jahrhunderts hinein so ausschließlich mit den Verlautbarungen der Päpste, daß selbst fromme katholische Den-

---

Standpunkt aus betrachtet, also sehr gelegen. Aus Rücksicht auf die Bevölkerungsmehrheit, die der lutherischen Kirche Dänemarks angehört, der Stensen den Rücken gekehrt hatte, sprach der Papst den Bischof und Gelehrten in Rom selig.

ker und Schriftsteller, solange sie die jeweilige päpstliche Orthodoxie herausforderten, kaum jemals als Beispiele für heroische Tugendhaftigkeit hervorgehoben wurden.

Ein weiterer Grund hat mit der Vermittlung zu tun. Intellektuelle und Gelehrte mögen zwar in ihrem persönlichen Bekanntenkreis den Ruf der Heiligkeit genießen, üben aber auf jene, die zu den Toten um Fürsprache für ein Wunder beten, nur geringe Anziehungskraft aus. Deswegen ist es auch höchst unwahrscheinlich, daß sich eine Art posthumer Kult um Intellektuelle bildet, der von der Kirche als Voraussetzung für ein offizielles Verfahren gefordert wird. Umgekehrt verspüren katholische Intellektuelle, sosehr sie die Idee der Heiligkeit auch unterstützen und selbst nach einem heiligmäßigen Leben streben mögen, wenig Neigung, einen verstorbenen Denker oder Gelehrten zu verehren oder die nötigen Schritte zu unternehmen, um ein Verfahren zu seinen Gunsten einzuleiten. »Es ist sehr schwierig, ein Verfahren voranzutreiben, wenn man dabei auf Intellektuelle angewiesen ist«, sagt Pater Eszer. »Die beten nicht zu den Heiligen – sie legen nicht einmal eine schlichte Blume auf das Grab eines Kandidaten.« Er hielt inne, schwang seinen Drehstuhl herum und fixierte mich. »Sehen Sie, Heilige sind etwas für einfache Leute. Nicht für Dumme, aber für Fromme. Arrogante Leute akzeptieren keine Heiligen, denn sie müßten sonst zugeben, daß es Menschen gibt, die vollkommener sind als sie selber.«

Zusammenfassend läßt sich sagen, daß die Glaubenskultur der Katholiken, die Heilige anrufen – und somit eine Voraussetzung für künftige Heiligsprechung erfüllen –, nicht mit der jener Katholiken vergleichbar ist, die Heilige aufgrund ihres Denkens oder ihrer Aussagen verehren.

Papst Johannes Paul II. jedoch ist ein Mann beider Glaubenskulturen: Er ist nicht nur Philosoph und Bühnenautor, sondern auch ein Papst, der sich kniend im Gebet am Grabe des Padre Pio wohl zu fühlen scheint. Mehrmals hat er sich tatkräftig für die Seligsprechung von Personen eingesetzt, die seiner Meinung nach als Vorbilder für katholische Intellektuelle und Künstler dienen können. Die reichlich späte Seligsprechung Niels Stensens diente, wohl auch mit Bedacht, diesem Ziel – ebenso die Seligsprechung Edith Steins: Indem der Papst sie nicht zur Bekennerin, sondern zur Märtyrerin erklärte, konnte er das in ihrem Fall fehlende, durch Fürsprache gewirkte Wunder ausgleichen.

Als überzeugendstes Beispiel für die Bereitschaft des Papstes, zwischen den Glaubenskulturen zu vermitteln, erscheint die äquipollente Seligsprechung von Fra Angelico (Guido di Pietro, um 1400–1455) am 3. Oktober 1982. Fra Angelico war Dominikanermönch und Maler, dessen strahlende, oftmals mystische Fresken und Bilder biblischer Gestalten und Geschehnisse zu den Schmuckstücken religiöser Kunst in der italienischen Renaissance gehören. Von den Dominikanern war er einst als Heiliger verehrt worden, doch sein Verfahren geriet aufgrund mangelnden öffentlichen Interesses ins Stocken, bis Johannes Paul II. knapp vier Jahre nach seiner Wahl seinen Kult bestätigte und ihn damit über den Verfahrensweg der *beatificatio aequipollens* seligsprach. Dabei überging der Papst allerdings die offiziellen Heiligmacher.

»Die Kongregation war aufgebracht, weil sie nicht um ihre Meinung gefragt worden war«, sagte Eszer, der sich gut an das Tohuwabohu in den Diensträumen erinnern kann. »Und wenn man sie gefragt hätte, wäre sie meiner Meinung nach wohl kaum dafür gewesen. Man hätte wahrscheinlich gesagt, daß Fra Angelico keine *fama sanctitatis* mehr hat. Aber was kann man da schon ausrichten? Dieser Papst will die Welt der Kirche und die Welt der Künste, die Wissenschaft und den ganzen intellektuellen Kram unter einen Hut bringen. Und als sich ihm die Gelegenheit dazu bot, ergriff er sie beim Schopf.« Vor allem aber möchte Johannes Paul II. als der Papst in die Geschichte eingehen, der John Henry Newman, den bekanntesten und mit Sicherheit einflußreichsten katholischen Denker und Autor des neunzehnten Jahrhunderts, seliggesprochen und eventuell sogar kanonisiert hat. Zu seinen Lebzeiten (1801–1890) war Newman im römischen Katholizismus eine echte Rarität: ein »öffentlicher Denker«, der sich mit den umstrittensten Fragen seiner Zeit auseinandersetzte und damit bisweilen freimütig auf Gegenkurs zu dem aus Rom blasenden Wind ging. Er war ein vorzüglicher Literat, ein meisterhafter Stilist, zu seiner Zeit vermutlich der beste Prediger im englischen Sprachraum, ein unübertroffener Pädagoge sowie ein – freilich nicht allzu bedeutender – Dichter und Romanschriftsteller. Zudem war er Priester – erst in der anglikanischen, später in der römisch-katholischen Kirche, der erkannte, daß seine Talente nicht zu jenen Qualitäten zu rechnen sind, die die Kirche an ihren Heiligen rühmt. »Heilige sind keine Literaten«, schrieb er, als er hörte, daß ein Freund ihn für einen lebenden Heiligen hielt. »Weder lieben sie die Klassiker, noch schreiben sie Geschichten.«

Newman betrachtete sich auch nicht als Theologen; ihn als

solchen zu bezeichnen würde bedeuten, seine Verdienste in ein falsches Licht zu setzen. Er war einer jener weit selteneren und universaleren Gestalten, ein christlicher Humanist, der den Utilitaristen der Vernunft und des Geistes Paroli bot. Newmans Geist tendierte zu einer ganzheitlichen Vision: zu der Integration von Glauben und Wissen, von Geschichte und menschlicher Erfahrung, Kontinuität und Wandel. Als Denker und Schriftsteller widmete er sich dem kontroversen und kritischen Bereich, wo Religion und Kultur miteinander verschmelzen und sich überlappen. Gewiß war Newman ein Mann seiner Zeit, doch sah er als einziger Katholik seiner Ära die Richtung voraus, welche die von ihm erwählte Kirche ein Jahrhundert später – nicht zuletzt durch seinen Einfluß – beim Zweiten Vatikanischen Konzil einschlagen würde. Während das Erste Vatikanische Konzil die Souveränität und die (wenn auch eingeschränkte) Unfehlbarkeit des Papstes hervorgehoben hatte, legte das Zweite Vatikanische Konzil – wie Newman – Wert auf Kollegialität und Mitverantwortung der Bischöfe bei der Kirchenleitung und der Verwaltung des kirchlichen Lehramts. Während das Erste Vatikanische Konzil sich auf den Gehorsam gegenüber den kirchlichen Autoritäten konzentrierte, erkannte das Zweite Vatikanische Konzil – wiederum wie Newman – die Bedeutung des individuellen Gewissens an. Newmans persönliche Integrität und Heiligkeit waren so unumstritten, daß sogar die durchaus weltliche Londoner *Times* nach seinem Tod in einem Leitartikel erklärte: »Unabhängig davon, ob Rom ihn nun kanonisiert oder nicht: In England wird er für fromme Menschen vieler Glaubensrichtungen ein Heiliger sein.«

Trotz dieser Hochschätzung kam Newmans Verfahren nur langsam in Gang und brauchte lange, bis es in Rom aufgenommen wurde. Und als es soweit war, argwöhnten liberale Katholiken, Newman sei viel zu progressiv gewesen, um bei Johannes Paul II. oder gar bei Kardinal Palazzini, dem konservativen Kardinalpräfekten der Kongregation, auf Gegenliebe zu stoßen. Sie verwiesen darauf, daß Palazzini sich vielmehr für die Kanonisierung Papst Pius' IX. stark mache, der für vieles verantwortlich zeichnete, was Newman in der römisch-katholischen Kirche als unnötig, kultur-, bildungsfeindlich und reaktionär empfunden hatte. Allerdings übersahen die Liberalen, daß Newman in mancherlei Hinsicht selbst ein Konservativer war. Obwohl er anerkannte, daß kirchliche Lehren in Reaktion auf historische Ereignisse entstehen, zeigte er zeitgenössischen Gelehrten, die auch die Bibel mit solchem Entwicklungsdenken relativieren wollten, die kalte Schulter. Darüber hinaus stand Newman dem religiösen Liberalismus seiner Zeit – er bezeichnete ihn als »falsche Gedankenfreiheit« – kritischer gegenüber als der reaktionären Ideologie Papst Pius' IX.

Newmans Einstellung wurde jedenfalls lange vor der Wahl Karol Wojtylas zum Papst für orthodox genug befunden, um an den päpstlichen Universitäten in Rom gelehrt zu werden, und 1987 galt er als verläßlich genug, um – wenn auch nur auszugsweise – für die Kritik des Vatikans an jenen katholischen Ehepaaren bemüht zu werden, die das päpstliche Verbot künstlicher Empfängnisverhütungsmittel nicht mit ihrem Gewissen vereinbaren können. Im selben Jahr ließen sich innerhalb der Kongregation für Heiligsprechungsprozesse etliche Konservative nicht von der Überzeugung abbringen, daß Newman längst hätte heiliggesprochen werden können, wenn nur die katholischen Bischöfe Englands in ihrem Einsatz für die Kanonisierung ein wenig forscher gewesen wären. Eszer selbst versicherte mir, daß die englischen Bischöfe im Fall Newman aus Angst vor Ressentiments von anglikanischer Seite gezögert hätten, den Prozeß voranzutreiben. »Sie haben den Fall nicht anders behandelt als ein Postpaket«, sagte er und mußte selbst über seinen Vergleich lachen. Es ist jedoch verbürgt, daß die englischen Bischöfe die Sache unterstützten und daß der Erzbischof von Canterbury ihnen bereits zugesichert hatte, seinerseits bestünden keine Bedenken.

Rom war offensichtlich nicht der geeignete Ort, um zum Kern der Sache vorzustoßen. Ich vermutete, daß der als Autor höchst produktive Newman die Heiligmacher vor Probleme stellte, mit denen sie sonst nie konfrontiert wurden. Den Grund für das zögerliche Anlaufen von Newmans Heiligsprechungsverfahren konnte ich nur erfahren, wenn es mir gelang, das übliche vatikanische Spinnennetz aus Gerüchten und Klatsch zu durchdringen. Und dies war nur in England möglich.

Newman:
Das Leben eines Denkers in der Kirche

Das Leben John Henry Newmans ist viele Male erzählt und wiedererzählt worden, nicht zuletzt in seiner eigenen vielgerühmten Autobiographie *Apologia pro vita sua*, die er 1864 im Alter von

63 Jahren veröffentlichte. Die neueste Biographie, die sich vor allem auf Newmans mehr als 20 000 Briefe stützt, umfaßt 789 Seiten. Daß die Causen Intellektueller soviel Zeit in Anspruch nehmen, erklärt sich daraus, daß alles, was sie schreiben – und dazu noch alles, was über sie geschrieben wird –, gesammelt und geprüft werden muß. Und je mehr man schriftlich von sich preisgibt, um so größer ist die Gefahr, daß man einen fatalen Mangel an Tugend oder eine ebenso fatale Meinung offenbart, die den verbindlichen Lehren der Kirche zuwiderläuft. Anders als Päpste, deren offizielle Schriften ebenfalls auf mehrere Bände anwachsen können, genießen Intellektuelle nicht den Schutz der Unfehlbarkeit.

Newman war 44 Jahre lang Anglikaner. Rein theoretisch ist alles, was ein Kandidat *vor* seiner Bekehrung gesagt und getan hat, für den Beweis heroischer Tugendhaftigkeit irrelevant. Doch Newman selbst verabscheute es zutiefst, sein Leben in ein Vorher und Nachher einzuteilen. Von Jugend an war er felsenfest davon überzeugt, unter Gottes Führung zu stehen, eine intuitive Erkenntnis, die er später in den bekannten Vers umsetzte: »Lead, Kindly Light.«

Im Alter von 15 Jahren wurde Newman zuteil, was er später stets als persönliches Bekehrungserlebnis bezeichnet hat. Und ähnlich erging es ihm 1833, als er als junger Mann Sizilien bereiste und den Ruf verspürte, für die Reform der anglikanischen Kirche zu arbeiten. Zwischen diesen beiden religiösen Schlüsselerlebnissen lag das Studium am Trinity College in Oxford, wo Newman später den Rang eines Fellow am Oriel College, den begehrtesten Posten an der Universität, errang. Trinity und Oriel waren die Institutionen, die Newman über alles liebte. Seine außergewöhnliche Begabung blieb seinen Professoren und Kollegen nicht verborgen. In den Zwanzigerjahren begann er, wie er später schrieb, »der intellektuellen Brillanz den Vorzug vor moralischen Erwägungen zu geben«.

Oxford war zur damaligen Zeit eine Hochburg der anglikanischen Kirche; Katholiken und protestantischen Dissidenten war der Zutritt verboten. In diesem Umfeld begann Newman, der inzwischen die anglikanische Priesterweihe empfangen hatte und Pfarrer von St. Mary's Chapel geworden war, das eingehende Studium der frühen Kirchenväter; sein Ziel war es, Spuren des anglikanischen »Mittelwegs« zwischen Katholizismus und Protestantismus bereits in der Frühgeschichte des Christentums auszumachen. Im Gegensatz zu liberalen Theologen hielt Newman an der Bedeutung der Offenbarung für das Christentum und historischer Erfahrungen der Kirche fest; sie waren für ihn der Mutterboden für eine erfolgreiche Entwicklung kirchlicher Lehren.

Newmans Forschungen hatten einen polemischen Beigeschmack. Gemeinsam mit einer Gruppe talentierter Universitätskollegen rief er die Oxford-Bewegung ins Leben, eine Bewegung theologischer und spiritueller Erneuerung, die schließlich seine Bekehrung zum Katholizismus herbeiführte. Newman und seine Mitarbeiter beschäftigten sich unter anderem damit, die vorreformatorischen Wurzeln des Anglikanismus aufzuspüren, und forcierten ihr Anliegen in einer Reihe kurzer, anonymer Abhandlungen in der Londoner *Times*. Im 90. Traktat überspannte Newman den Bogen: Er setzte sich für eine katholische Interpretation der 39 Statuten der englischen Hochkirche ein. Dies führte zu einem Verweis der Universität und 24 anglikanischer Bischöfe. 1841 zog Newman sich in eine kleine Gemeinde in Littlemore zurück. Bei der Arbeit an seinem weitausholenden *Essay on the Development of Christian Doctrine* kam er zu dem Schluß, daß die »Wahrheit« auf seiten Roms war. 1845 wurden er und eine Gruppe gleichgesinnter Freunde in die katholische Kirche aufgenommen.

Der Wechsel der Religionszugehörigkeit kam Newman teuer zu stehen. Er wurde aus seinem geliebten Oxford verbannt, ein Ereignis, das er in seinem Roman *Loss and Gain*, einem Bericht über die Konversion zum Katholizismus, beschrieben hat. Seine Familie und die engsten Freunde aus Oxford blieben Anglikaner. Andererseits wurde er von den englischen Katholiken nie 100prozentig akzeptiert. Die Bischöfe der von ihm erwählten Kirche haben seine Begabung nie hinreichend anerkannt und genutzt. Doch Newman fühlte sich durch die Gewißheit, endlich »die wahre Kirche des Erlösers« gefunden zu haben, mehr als entschädigt. Wie Augustinus erkannte Newman in seinem eigenen spirituellen Suchen und Fragen ein Abbild der geschichtlichen Entwicklung, und die Geschichte sollte es sein, die ihn dereinst rechtfertigte. Dennoch fühlte er sich einen Großteil seines Lebens als Katholik mißbraucht, ausgebrannt, durch kleinliche Fehden erschöpft. An einem solchen Tiefpunkt vertraute er seinem Tagebuch an: »Oh, wie elend und trüb ist mein Weg, seit ich Katholik geworden bin! Und hierin liegt der Gegensatz: Als Protestant empfand ich meine Religion als elend, aber mein Leben nicht – doch als Katholik ist mein Leben elend, nicht aber meine Religion.«

Nachdem Newman 1847 in Rom die Priesterweihe empfangen hatte, ließ er sich in Birmingham nieder, wo er dem Auftrag Papst Pius' IX. Folge leistete und eine Gemeinschaft von Oratorianern aufbaute; dieser Orden war 1575 vom heiligen Filippo Neri in Rom gegründet worden. Im Unterschied zu anderen Ordensgemeinschaften leisten die Mitglieder der Oratorianer keine Mönchsgelübde, doch leben sie in Gemeinschaft und brüderlicher Nächstenliebe. Man ging davon aus, daß Newman auf diese Weise andere Konvertiten in eine neue, aus Geistlichen und Brüdern bestehende Gemeinschaft eingliedern könnte, die sich den parochialen Bedürfnissen ansässiger Katholiken verschrieben hatte. Unter Berücksichtigung der unverkennbaren intellektuellen Gaben Newmans erhielt das Oratorium in Birmingham die Ausnahmegenehmigung, sich auch den Geisteswissenschaften zu widmen. Doch das war schon alles, was Newman zum Zusammenhalt der Gemeinschaft beisteuern konnte. An Geld war nur schwer heranzukommen – die englischen Katholiken waren alles andere als wohlhabend –, und es gab Zeiten, da sich der ehemalige Universitätslehrer aus Oxford nicht einmal neue Schuhe leisten konnte.

1850 stellte der Papst die römisch-katholische Hierarchie in England wieder her. Seit 1534, als König Heinrich VIII. sich selbst zum Oberhaupt der englischen Kirche erklärte, hatte es dort keine katholischen Ortsbischöfe mehr gegeben. Die päpstliche Entscheidung führte im protestantischen England zu lautstarken Protesten gegen die Wiederauferstehung des »Papismus«. Newman, als prominentester Überläufer zum Katholizismus, wurde zum bevorzugten Ziel entsprechender Anwürfe. 1851 wurde er wegen Verleumdung vor Gericht gestellt, weil er die sexuellen Verfehlungen des ehemaligen Dominikanerpriesters Giacinto Achilli aufgedeckt hatte, der sich vor der protestantischen Öffentlichkeit als Opfer der Inquisition ausgab. Darüber hinaus kam es zwischen Newman und seinem Freund F. W. Faber, der ebenfalls vom Anglikanismus zum Katholizismus übergetreten war, zu einem schmerzlichen Bruch wegen dem Kurs eines zweiten, in London gegründeten Oratoriums. Interessanterweise ergaben sich die Meinungsverschiedenheiten auch aus Fabers Neigung, die absonderlichsten katholischen Heiligengeschichten zu übersetzen; Newman empfand dies als absurd und schädlich für die Glaubwürdigkeit der Kirche.

Doch die wesentlichen Frustrationen im mittleren Lebensabschnitt Newmans kamen aus dem Kreis katholischer Bischöfe. 1851 wurde er von Erzbischof Paul Cullen von Armagh beauftragt, in Irland eine katholische Universität zu gründen. Zur Vorbereitung hielt Newman eine Reihe von Vorträgen, aus denen im Lauf der Zeit sein klassisches pädagogisches Werk *The Idea of a University* erwuchs. Die irische Kirche – und die englische nicht minder – brauchte nach Newmans Überzeugung einen gebildeten Laienstand. Aber sein Bildungsideal entsprach nicht dem der Bischöfe. Ihnen schwebte eine Universität vor, die wie ein Priesterseminar geführt wurde, deren Lehrplan eng begrenzt war und deren Leitung fest in den Händen von Klerikern lag. Newman stellte sich eine akademische Ausbildung liberaler, klassischer und kollegialer vor; er dachte an eine Art Oxford in römisch-katholischer Tradition. Cullen wollte davon nichts wissen, ebensowenig wie Kardinal Manning, Englands römisch-katholischer Primas. Manning hatte, als Newman einst von seinem Bischof aufgefordert worden war, eine »Mission« für katholische Studenten in Oxford zu gründen, hinter seinem Rücken in aller Heimlichkeit an der Zerschlagung des Projekts gearbeitet. Auch er war, wie Newman, von der anglikanischen Kirche zum Katholizismus übergetreten, doch hegte er, anders als dieser, die Befürchtung, die in Oxford ausgebildeten Konvertiten könnten sich zu einer anglikanischen fünften Kolonne innerhalb der katholischen Kirche entwickeln. »Ich sehe große Gefahr für einen englischen Katholizismus, dessen höchste Verkörperung Newman ist«, schrieb Manning an einen Amtskollegen in Rom. »Das ist nichts anderes als die Übertragung der alten anglikanischen, patristischen, literarischen Oxford-Tonart auf die Kirche.« Newman hingegen war überzeugt, »daß die Kirche genausogut auf Konvertiten vorbereitet werden muß wie die Konvertiten auf die Kirche«. Und unter Vorbereitung verstand er eine fundierte Bildung. »Denn schließlich«, so sagte er im Hinblick auf seine eigene Bekehrung, »waren es nicht Katholiken, die uns zu Katholiken gemacht haben. Zu Katholiken machte uns Oxford.«

Das Schicksal fügte es, daß Newmans Konversion zum Katholizismus in eine Zeit fiel, da die Führung in Rom jedes andere zeitgenössische Denken instinktiv ablehnte. 1864 gab Pius IX. den berüchtigten *Syllabus* heraus; Newman fand ihn überspannt und abstrakt, aber die erst kürzlich wiedereingesetzte englische Hierarchie applaudierte dem römischen Konservatismus. Newman legte, sosehr ihm Mannings »Tyrannei« zu schaffen machte, großen Wert auf kirchlichen Gehorsam und behielt viele seiner Ansichten für sich. Seine kirchliche Entwicklungstheorie machte ihn empfänglich für die Argumente, die Darwin in seinem Werk *Von der Entstehung der Arten* (1859) vorbrachte: »Ich werde entweder mit Darwin aufs Ganze gehen«, vertraute er seinem Tagebuch an, »oder auf Zeit und Geschichte ganz verzichten, also nicht nur an der Theorie der Artenbildung, sondern auch an der Entstehung der Fossilien festhalten.« Doch aus praktischen Erwägungen hielt es Newman für klüger, sich mit öffentlichen Äußerungen zurückzuhalten – schließlich durchkämmten die Schnüffler Pius' IX. die nördlichen Kirchenprovinzen nach potentiellen Häretikern.

Die Reaktion Roms auf einen Artikel, den er 1859 in seiner Eigenschaft als Herausgeber des *Rambler*, einer englischen katholischen Zeitschrift, schrieb, traf Newman dennoch unvorbereitet. Die Überschrift lautete: *Über die Rücksprache mit den Gläubigen in Fragen der kirchlichen Lehre.* Das war etwas, wozu Rom nicht die geringste Neigung verspürte. Newman wurde postwendend von Bischof Thomas Joseph Brown aus Newport »gestrichen« – das heißt, er wurde heimlich in Rom wegen des Verdachts der Anstiftung zur Häresie angeschwärzt.

Als Newman über seine Verfehlung in Kenntnis gesetzt wurde, erbot er sich sogleich, alle eventuell anstößigen Passagen klarzustellen. Der Fall wurde schließlich beigelegt, doch mußte Newman als Herausgeber der Zeitschrift zurücktreten und galt in Rom fortan als vorbelastet. Monsignore George Talbot, der Mittelsmann der englischen Bischöfe beim Vatikan, brandmarkte ihn als Anführer einer liberalen Splittergruppe innerhalb der englischen Kirche. »Wenn der Laienstand in England nicht an die Kandare genommen wird, dann wird er anstelle des Heiligen Stuhls und des Episkopats die katholische Kirche regieren«, warnte er die Beamten des Vatikans. Und dann steuerte Talbot seine eigenen Ansichten zu dieser Frage bei: »Worin bestehen die Aufgaben der Laien? Im Jagen, Schießen und sonstigem Zeitvertreib. Davon verstehen sie etwas. Aber sich in kirchliche Angelegenheiten einzumischen, sind sie keineswegs berechtigt ... Dr. Newman ist der gefährlichste Mann Englands, und Sie werden noch sehen, daß er die Laien gegen Eure Eminenz einspannen wird.«

Fünf Jahre später wurde Newman aus einer anderen Ecke angegriffen. Charles Kingsley, ein bekannter Literat und Hofkaplan der Königin, stellte in einem Londoner Blatt Newmans Integrität in Frage und zweifelte im gleichen Atemzug die Aufrichtigkeit aller katholischen Priester an. »Die Wahrheit um ihrer selbst willen ist noch nie eine Stärke der römischen Kleriker gewesen«, schrieb Kingsley und untermauerte seine Behauptungen mit Zitaten aus einer Predigt Newmans, die dieser einige Jahrzehnte zuvor gehalten hatte, als er noch Anglikaner war. Doch als Newman, gewitzt genug, in einer Gegendarstellung darauf verwies, konterte Kingsley mit einem noch ärgeren Pamphlet.

Newman sah darin, wie er sagte, eine Gelegenheit, »nicht nur meinen Angreifer, sondern auch meine Richter zu bezwingen«. In zehn aufeinanderfolgenden Wochen verfaßte er – während oft schon der Bote der Druckerei auf den neuen Text wartete – eine Darstellung jenes Denkprozesses, der zu seiner Bekehrung geführt hatte. Das Resultat war sein klassisches, 500 Seiten umfassendes Werk *Apologia pro vita sua*, das sich als so bezwingend, eindringlich und überzeugend erwies, daß Newman damit nicht nur sich selbst, sondern die gesamte katholische Kirche Englands entlastete. Sah man von einigen reaktionären kirchlichen Obrigkeiten wie Kardinal Manning ab, dem der Freigeist nach wie vor höchst suspekt war, festigte sich Newmans Ruf von diesem Zeitpunkt an sowohl im eigenen Land als auch im Ausland. 1870 ließ Newman der *Apologia* sein nicht minder brillantes Werk *Grammar of Assent* folgen, eine philosophische und psychologische Untersuchung über die wechselseitigen Beziehungen von Glauben und Vernunft. Manning mußte, ob es ihm nun behagte oder nicht, zugeben, daß Newman im zeitgenössischen religiösen Denken und im öffentlichen Leben Englands fortan als *die* katholische Stimme gelten würde.

Das Erste Vatikanische Konzil wurde 1869 eröffnet. Manning führte die Ultramontanisten an, die wild entschlossen waren, dem Konklave die strengstmögliche Definition der päpstlichen Unfehlbarkeit abzuringen. Die Ultramontanisten wollten nicht nur einen Papst, der in allen wesentlichen moralischen und intellektuellen Fragen unfehlbar urteilen konnte, sondern sie erwarteten von Pius IX. auch, daß er die Verdammung des Liberalismus, des Fortschritts, der Trennung von Staat und Kirche sowie der restlichen Zeitirrtümer des *Syllabus* zum für alle Katholiken verbindlichen Glaubenssatz erklärte. Newman hingegen verabscheute jegliche Fraktionsbildungen innerhalb der Kirche, einschließlich päpstlicher, und sprach sich in strittigen Fragen gegen rigorose Verdammungsurteile aus: »Einem bloßen Irrtum im Bereich der Theologie sollte man mit Argumenten begegnen und nicht mit Autorität, die, wenn überhaupt, erst im Anschluß daran zum Zuge kommen darf.«

Trotz seiner fortschrittlichen Ansichten wurde Newman von drei Bischöfen (darunter auch Brown, der ihn in Rom angeschwärzt hatte) eingeladen, als Gutachter am Ersten Vatikanischen Konzil teilzunehmen. Newman erwog das Für und Wider – und entschloß sich, zu Hause zu bleiben. Er wußte, daß die Mitarbeit in Gremien und Kommissionen noch nie seine Stärke gewesen war. Außerdem fühlte er sich nicht in der Lage, in Anwesenheit von Bischöfen frei und offen zu sprechen. In sein Tagebuch notierte er: »Mit meinen kirchlichen Oberen habe ich nie auf vertrautem Fuß gestanden. Das kommt von meiner Schüchternheit und diesem stets gegenwärtigen, Nervenkraft erfordernden Bewußtsein, daß ich ihnen Gehorsam schulde; das wiederum hindert mich daran, mich in ihrer Gegenwart ungezwungen zu verhalten, meine Meinung freimütig zu vertreten und klar und besonnen mit ihnen zu diskutieren. Es ist mir nie gelungen, sie meine Gegenwart *spüren* zu lassen.«

Newman wußte, daß Papst Pius IX. in der Frage der Unfehlbarkeit unbeugsam war, und obwohl er selbst daran glaubte, hielt er eine dogmatische Festlegung für unklug und unangebracht. Er konnte nirgendwo Häresien entdecken, die eine derart schwerwiegende Entscheidung rechtfertigten. Außerdem vertrat er die Ansicht, daß Unfehlbarkeitsentscheidungen in Absprache und Übereinstimmung mit einer ökumenischen Versammlung der Bischöfe getroffen werden sollten. Auch fürchtete er, eine Unfehlbarkeitserklärung könnte die Päpste zu Alleingängen ermuntern. Vor allem aber betrachtete er die Kirche als eine Gemeinschaft: Denker *innerhalb* der Kirche zu sein hieß, mit der *Gesamtheit* der Kirche zu denken und nicht nur mit demjenigen, der gerade auf dem Stuhl Petri saß. Daß derartige Ansichten ihn beim Vatikan verdächtig machten, war ihm selbstredend bekannt.

Nach vielem Hin und Her und unter beträchtlichem Druck seitens Pius' IX. verabschiedeten die Konzilsväter eine *Pastor Aeternus* (Ewiger Hirte) genannte Konstitution, mit der die Unfehlbarkeit des Papstes und seine unmittelbare Jurisdiktionsgewalt über alle Katholiken festgeschrieben wurden. Doch die endgültige Fassung des Dokuments wahrte gewisse Grenzen, war vorsichtig und bewußt unklar formuliert: Zur größten Bestürzung Mannings und anderer Ultramontanisten bezog sich die Unfehlbarkeit nicht auf *sämtliche* Äußerungen eines Papstes, und nirgendwo wurde festgehalten, daß Päpste von Gott inspiriert sind. Dennoch verfaßte Manning, nach England zurückgekehrt, einen Hirtenbrief über das Konzil, in dem er die vom Konzil verabschiedete Definition übertrieben darstellte. Newman wußte sehr wohl, daß es eine Übertreibung war, aber sein Vertrauen in die Kirche war solcherart, daß er an dem, was Pius IX. ersonnen hatte, nicht irr werden konnte. Seinem Tagebuch vertraute er an:

> »Es ist nicht gut, wenn ein Papst 20 Jahre lang lebt (amtiert). Es ist unnatürlich und führt zu nichts Gutem; er wird zu einem Gott, hat niemanden, der ihm widerspricht, kennt die Tatsachen nicht und begeht, wenn auch unabsichtlich, manche Grausamkeit. In den vergangenen Jahren habe ich mich selbst mit der Gegenwart des Herrn im Tabernakel trösten können. Ich kehre der gestrengen äußerlichen Obrigkeit den Rücken und wende mich an Ihn, der so unermeßlich für alle Prüfungen entschädigt, die letztlich mit der Wirklichkeit gar nichts zu tun haben...«

Einem Freund gegenüber äußerte er sich mit Worten, die im Hinblick auf die ein Jahrhundert später getroffene Entscheidung Papst Johannes' XXIII., das Zweite Vatikanische Konzil einzuberufen, geradezu prophetisch klingen: »Laß uns geduldig sein, laß uns Vertrauen haben. Ein neuer Papst und ein wiedereinberufenes Konzil werden das Boot wieder flott machen.«

Newman hatte nicht die Absicht, sich öffentlich mit der Frage der Unfehlbarkeit auseinanderzusetzen. Doch die Kunde von dem Dogma versetzte das protestantische England in Aufruhr. William Gladstone, der ehemalige Premierminister, wies in einem Aufsatz auf einen Loyalitätskonflikt hin. Es sei für Katholiken im Lichte des Unfehlbarkeitsdogmas unmöglich, gleichzeitig loyale Untertanen des Papstes und der britischen Krone zu sein.

Gladstones Attacke verlangte nach einer Erwiderung, und so griff Newman im Alter von 73 Jahren noch einmal zur Feder. In seinem berühmtesten *Letter to the Duke of Norfolk* machte Newman die Ultramontanisten für Gladstones mißverstandene Interpretation des katholischen Standpunkts verantwortlich. Päpste handeln nicht aufgrund persönlicher Inspiration von Gott, schrieb er. Sollte ein Papst eine Entscheidung treffen, die sich als unmoralisch erweist, so seien Katholiken nicht daran gebunden. »Für die

Einzelperson«, so führte er aus, ist das Gewicht der päpstlichen Hand »nicht wahrnehmbar«. Es gebe nichts in der Erklärung des Konzils, was die Unantastbarkeit des persönlichen Gewissens unterminieren könnte. »Gewiß, falls ich Religion in einen Trinkspruch einbringen muß (was in der Tat nicht ganz angemessen scheint), so werde ich, wenn es Ihnen recht ist, auf den Papst trinken – nein, zuerst auf das Gewissen und dann auf den Papst.«

Newmans Erwiderung brachte nicht nur die mißtrauische englische Öffentlichkeit auf seine Seite, die ihn inzwischen als Nationaleigentum betrachtete und stolz auf ihn war: Sogar Manning akzeptierte die Interpretation seines Gegners. 1874 erfreute Trinity, Newmans altes College, den alternden Mann, indem es ihn zu seinem ersten »Ehren-Fellow« ernannte. Obwohl Katholiken noch immer nicht in Oxford studieren und lehren durften, hatte Newman Trinity stets ein freundliches Andenken bewahrt, und das Löwenmaul, das während seiner ersten Semester an den Mauern des Colleges wuchs, war für ihn ein Symbol seiner »eigenen immerwährenden, ja bis zum Tode reichenden Heimstatt an dieser Universität«. So nahm er eine Einladung zum Essen dankbar an.

Im gleichen Monat starb Pius IX. Auf Betreiben prominenter Laien – und trotz verschiedener Winkelzüge Mannings – ernannte der neue Papst, Leo XIII., Newman fünf Jahre später zu seinem ersten Kardinal. Der greise Feuerkopf durfte darin die endgültige Rechtfertigung seines Lebens als Katholik erblicken, und trotz zunehmender Gebrechlichkeit begab er sich persönlich nach Rom, um den roten Hut in Empfang zu nehmen.

Als Newman starb, wurde er als eine große Persönlichkeit des Viktorianischen Zeitalters gewürdigt. Sein Ruf war so außerordentlich, daß weltweit in 1500 Zeitungen Nachrufe erschienen. 10 000 bis 15 000 Menschen säumten die Straßen Birminghams, als sein Sarg vom Oratorium zum Grab in Rednal überführt wurde, der zwölf Kilometer entfernten Exerzitienstätte der Gemeinschaft, wo seine sterblichen Überreste bis auf den heutigen Tag ruhen. Die Londoner *Times* stand nicht allein, als sie auf die mögliche Heiligsprechung Newmans verwies. Und unter anderen vertrat selbst das standhaft protestantische *Evangelical Magazine* die Meinung: »Unter den unzähligen im katholischen Kalender vertretenen Heiligen gibt es nur wenige, die diesen Titel mehr verdient haben als Kardinal Newman.«

Der lange Marsch nach Rom

Warum dauerte es trotz Newmans heiligmäßigem Ruf ein volles Jahrhundert, bis sein Verfahren in Rom eröffnet wurde? Drei Gründe fallen unmittelbar ins Auge:

Zunächst einmal war die englische Kirche zu klein, zu arm und ganz allgemein zu unerfahren in den verworrenen Protokollfragen der Heiligsprechung. Außerdem war England in den ersten 50 Jahren nach Newmans Tod in zwei Weltkriege verwickelt; das waren kaum geeignete Voraussetzungen für den Beginn eines Kanonisierungsverfahrens.

Zum anderen verbreitete sich Newmans Ruf nach dem Tod seiner engsten Freunde vor allem durch seine literarischen Werke. Das heißt, man bewunderte ihn primär wegen seiner intellektuellen Qualitäten und der Eleganz seiner Prosa, nicht zuletzt auch wegen seiner Integrität – aber nicht unbedingt um heroischer Tugenden willen, auf denen sich der volkstümliche Ruf der Heiligkeit gründet. Sein erster bedeutender Biograph, Wilfried Ward, der ihn noch persönlich gekannt hatte, porträtierte Newman als eher frostig und übersensibel – auch nicht gerade das, was man von einem Heiligen erwartet. Als Wards zweibändige Biographie 1912 erschien, war Newmans Heiligmäßigkeit kein Thema für die Rezensenten.

Und drittens: Der Schatten, der auf dem Höhepunkt der Auseinandersetzungen auf den Querdenker Newman gefallen war, konnte auch durch seine Erhebung zum Kardinal nicht gänzlich vertrieben werden. Die englischen Kirchenführer waren weiterhin eher aus Mannings denn aus Newmans Holz geschnitzt. Nach dem Tod Leos XIII. bestieg Pius X. den Stuhl Petri und zettelte mit seiner Enzyklika *Pascendi* eine erbarmungslose Hexenjagd auf Intellektuelle und Gelehrte an, denen der Makel verschiedener von ihm als Modernismus bezeichneter liberaler Ideen anhaftete. In etlichen Fällen führte die Gesinnungsschnüffelei sogar zu Exkommunikation. Newman galt in den Augen sowohl der Jäger als auch der Gejagten als Protomodernist. Nach der Lektüre von *Pascendi* war Wilfried Ward der Meinung, daß die päpstlichen Verdammungen mit Sicherheit auch Newman betrafen. Seine Ansicht wurde von dem irischen Priester George Tyrrell geteilt, einem der Hauptvertreter des Modernismus, der 1907 exkommuniziert wurde. Die Mitglieder des Oratoriums nahmen Newman in Schutz und rehabilitierten ihn schließlich. Doch

Newmans fortschrittlichste Ideen sorgten in Rom in der ersten Hälfte des zwanzigsten Jahrhunderts auch weiterhin für Unruhe und wurden offiziell erst vom Zweiten Vatikanischen Konzil anerkannt. Gemeint sind hier vor allem seine mit Nachdruck verfochtene Überzeugung, daß kirchliche Lehren einer Entwicklung unterliegen und ohne den historischen Kontext nicht zu verstehen sind, sein Respekt vor dem Laien in der Kirche als eher aktivem Element denn passivem Instrument in den Händen der Geistlichkeit, die Priorität, die er dem individuellen Gewissen einräumte, seine Aufgeschlossenheit gegenüber neuen Ideen im Gegensatz zum Abscheu, mit dem er die knochentrockene Scholastik betrachtete, von der die katholische Theologie beherrscht wurde, und schließlich seine Bedenken gegenüber der vom Ersten Vatikanischen Konzil definierten päpstlichen Unfehlbarkeit. Newman war als Kandidat für die Heiligsprechung nicht tragbar, weil die Kirche keine Denker kanonisiert, deren Ideen sie sich nicht schon selbst zu eigen gemacht hat.

Bezeichnenderweise kamen die ersten Impulse zur Heiligsprechung Newmans von den Katholiken Nordamerikas, die sich in ihrem Streben, Glauben mit Kultur und Politik zu vereinbaren, so ganz anders als etwa die Engländer oder Italiener verhalten. Die ersten Gebetsbilder, mit denen für eine Causa Newman geworben wurde, erschienen auf Veranlassung des damaligen Erzbischofs James Charles McGuigan 1935 im kanadischen Toronto. Sechs Jahre später veröffentlichte *America*, die in New York erscheinende Zeitschrift der Jesuiten, einen Leserbrief, der auf Newmans Heiligsprechung drängte. Es war der Beginn einer Leserbriefkampagne, die sich über vier Monate hin erstreckte. Die Befürworter der Kanonisierung warben nicht für Newman, den Kardinal, oder für Newman, den Mann des Gebets, sondern für den katholischen Denker Newman, in dessen Ringen um die Erfordernisse des Glaubens und um intellektuelle Redlichkeit sie ihre eigenen Anliegen bestätigt fanden.

Dies war der Newman, wie ich ihn aus der Lektüre seiner Schriften während meines Studiums kannte. Und mir schien, daß Newman von all jenen, deren Verfahren bei der Kongregation zur Beurteilung anstand, der einzige war, dessen Leben und Tugenden den Christen des ausgehenden zwanzigsten Jahrhunderts noch etwas bedeuteten. Ich begab mich also nach England, erfüllt von jener nicht geringen Vorfreude, wie sie allen Pilgern, die sich zum Schrein ihres Lieblingsheiligen aufmachen, vertraut ist.

Das Oratorium in Birmingham hat sich seit der Gründung durch Newman nicht verändert: ein gewaltiger Bau aus Ziegelsteinen – nach Newmans eigenen Angaben 1,7 Millionen –, in dem Kirche, Bibliothek und Unterkünfte für die aus einem Dutzend Priestern und Brüdern bestehende Gemeinschaft vereinigt sind. In Newmans ehemaligem kleinen Zimmer – an der einen Wand steht ein Bett, an der anderen Bücherregale – ist seit seinem Tod nichts verändert worden. Hier hatte er seit 1852 gelebt und sich gegen die Kälte mit seinem bevorzugten Gewand, der akademischen Robe und Kapuze aus Oxford, geschützt. An einer Wand hängen die Porträts der Männer aus Oxford, die ihm in die katholische Kirche folgten. Seinen Schreibtisch erhellt eine Leselampe, die Gladstone ihm geschenkt hat. Auf dem Tisch liegt ein Brief an seine Eltern, geschrieben von dem damals Siebenjährigen mit klarer, formstrenger und präziser Handschrift. Ein Heft enthält Notizen aus den Jahren zwischen 1812 und 1834. Sein Kardinalshut, Kreuz und Gewand hängen in einer Ecke, und neben dem Bett steht der Gebetsschemel. Bei näherer Betrachtung seiner Bücher fiel mir auf, daß sie keinerlei Anmerkungen enthielten; sein Respekt vor Büchern war viel zu groß, als daß er in ihnen herumzuschreiben gewagt hätte; er versah lediglich die Innenseite des Einbands mit seinem Namen. Aufs Geratewohl sah ich einen Stapel Briefe durch und wählte einen aus dem Jahre 1867, in dem er, sehr charakteristisch, auf einen persönlichen Angriff antwortet: »Die Heiligen lehren uns«, so begann er, »daß es verdienstvoll sein kann, eine uns zugedachte Beleidigung stillschweigend zu erdulden; davon ausgenommen sind solche, die sich auf unsere Stärke im katholischen Glauben beziehen.« Ich ging mit dem Schreiben so behutsam um, als handelte es sich dabei schon um eine Reliquie zweiter Ordnung.

»Wenn er heiliggesprochen wird, werden wir dieses Zimmer wohl verschließen müssen«, bemerkte Bruder Martin, der mich herumführte. »Sehr unangenehm. Im Erdgeschoß müssen wir dann wohl eine Art Ausstellung für die Touristen einrichten, mit seinen Kleidungsstücken und Bildern und solchem Kram. Hier oben können wir keine Menschenmassen brauchen.«

Wie viele andere im Oratorium ist Bruder Martin ein ehemaliger Anglikaner, der zum Katholizismus konvertiert ist. Ein Hauptgrund dafür war seine Newman-Lektüre. »Seine Denkweise wurde zu meiner Denkweise«, erklärte er kurz und bündig.

Ich wollte gern die Bibliothek sehen. Martin führte mich in

einen ellipsenförmigen Raum mit 20 000 Bänden, die meisten aus Newmans Besitz. Auf einer Seite befindet sich das Stehpult, an dem Newman seine *Apologia* verfaßte. Wie Hemingway zog auch Newman es vor, längere Werke im Stehen zu schreiben. Das Newman-Archiv ist über das gesamte Haus verteilt. Es enthält insgesamt 120 000 verschiedene Titel, ein wahrhaft unerschöpflicher Fundus für das Heiligsprechungsverfahren. Seit Jahrzehnten sind immer wieder Wissenschaftler ins Oratorium gekommen, um über Newman zu forschen; allein das Zusammentragen und Edieren seiner Briefe dürfte zahlreiche Menschen ernährt haben.

Und trotzdem ist das Oratorium mehr als nur der Ehrentempel seines berühmten Gründers. Der Propst, Pater Gregory Winterton, der mich für einen schwärmenden Pilger unter vielen hielt, wies mich sanft zurecht. »Dieses Haus *ist* Newman, daran führt kein Weg vorbei«, sagte er während des Mittagessens im Refektorium. »Doch unser Auftrag gilt den Menschen auf unserer Türschwelle. Dies ist eine Gemeinde. Wir leiten eine Schule, lesen die Messe, hören die Beichte, viele Beichten. Das tat Newman auch, aber die meisten Leute, die hierherkommen, kennen ihn von dieser Seite nicht. Die Spiritualität spielt im Oratorium eine eher untergeordnete Rolle. Auf leisen Sohlen treten, heißt das bei uns – und deswegen ist diese Gemeinschaft auch nie darauf ausgewesen, für Newman ins Horn zu stoßen.«

»Aber wer hat's dann getan?« fragte ich. »Die Nordamerikaner?«

»Nein, der Mann, der den Stein ins Rollen brachte, war Pater Henry Francis Davis, der am Diözesanseminar hier in Birmingham Newmans Lehren weitergab. Etwa ums Jahr 1944 stieß er auf ein Buch, ein französisches, von Louis Bouyer, einem Konvertiten und Priester des Oratoriums in Frankreich. Es war das erste Buch, das sich mit der Religiosität des Menschen und nicht nur des Denkers Newman beschäftigte. Das brachte Davis auf die Idee, Newmans Heiligsprechungsverfahren zu initiieren. Er schrieb einen Artikel, in dem er auf die Einleitung eines Verfahrens drängte, und schickte ihn an sämtliche englischsprechenden Bischöfe auf der Welt mit der Bitte um Unterstützung. Die Reaktion war ermutigend und Grund genug für ihn, nach Birmingham ins Oratorium zu kommen und die Patres zu bitten, sich der Sache anzunehmen. Von den alten waren viele dagegen. Einige glaubten, dies würde die seelsorgerischen Aufgaben der Gemeinde beeinträchtigen. Denn, wie ich bereits sagte: Den Oratorianern liegt nichts ferner, als für einen der Unsrigen ins Horn zu stoßen.«

1955 stimmte das Oratorium endlich zu, den Fall zu unterstützen. Es wandte sich an Bischof Grimshaw von Birmingham mit der Bitte, das bischöfliche Erhebungsverfahren einzuleiten. Doch Grimshaw, dem die dadurch für die Diözese entstehenden Kosten zu schaffen machten, konnte sich drei Jahre lang nicht entschließen, ehe er endlich einwilligte. Das Verfahren stieß jedoch gleich von Anfang an auf erhebliche Schwierigkeiten.

»Die Italiener kennen sich bestens damit aus, wie man Heilige macht, aber wir hatten nicht die geringste Ahnung«, erinnerte sich Winterton. »Wir beriefen beispielsweise vier Männer für den Diözesanausschuß statt der vom Kirchenrecht geforderten drei. Sie befragten also Leute, die Newman gekannt hatten, aber diese hatten ihn nur als hochbetagten Kardinal in Erinnerung. Davon konnten wir kaum etwas verwerten. Davis war Vizepostulator. Aber er war zu sanftmütig, nicht der richtige Typ, der die Bischöfe anspornen und sich ihre Unterstützung sichern konnte. Ohnehin dauerte die Arbeit der Untersuchungskommission nur neun Monate, und sie brachte kaum etwas zuwege. Dann kam ein Brief aus Rom: Ein bischöfliches Erhebungsverfahren werde zu nichts führen. Newman war bereits zu lange tot, und wenn er seliggesprochen werden sollte, dann nur aufgrund eines historisch-kritischen Verfahrens mittels Dokumentenbeweis.«

In den sechziger Jahren und bis in die siebziger Jahre hinein sichtete Pater Charles Stephen Dessain, der Archivar des Oratoriums, den Berg Newmanscher Schriften und bereitete die wissenschaftlichen Ausgaben seines Briefwechsels vor. Das Verfahren selbst jedoch ruhte. 1973 fragte Papst Paul VI. bei den Oratorianern an, wie weit die Ermittlungen gediehen seien. Er wolle, so sagte er, Newman im darauffolgenden Heiligen Jahr 1975 seligsprechen. Winterton fühlte sich durch das Interesse des Papstes angespornt. Für das Verfahren brauchte man nicht nur Dokumente, sondern auch eine durchschlagende Werbekampagne, und nichts lag den reservierten englischen Katholiken ferner als das. 1974 tauchten zwei Nonnen von The Work, einem internationalen Verbund religiöser Frauen, im Oratorium auf. Ihre Mutter Oberin hatte anscheinend Newman gelesen und in ihm einen Geistesverwandten entdeckt. Mit Erlaubnis des Oratoriums eröffnete sie ein Newman-Haus in Rom. Ein Jahr später fand unter der Schirmherrschaft des Oratoriums ein Symposium über

Newman statt, das einen Gottesdienst im Petersdom einschloß, dem sieben Kardinäle beiwohnten. Das machte Eindruck in Rom.

»Ich hatte das Gefühl, daß wir das Eisen schmieden sollten, solange es heiß war«, sagte Winterton, der länger als jeder andere seit Newman Superior des Oratoriums in Birmingham ist. »Wir wandten uns an Erzbischof Dwyer von Birmingham, der, um Gelder flüssig zu machen, nach einigem Hin und Her einen neuen Vizepostulator ernannte und 1979 eine neue historische Kommission ins Leben rief, die Newmans Leben, seine Tugenden und seinen heiligmäßigen Ruf untersuchen sollte. Zudem gründeten wir die ›Friends of Newman‹, damit mehr für Newman gebetet wurde, was man halt tut, um göttliches Wohlgefallen zu erringen.«

Die neue Kommission stand unter der Leitung eines amerikanischen Historikers, des Jesuitenpaters Vincent Blehl, eines Newman-Spezialisten von der Fordham University in New York City; außerdem gehörten der Kommission Pater J. Derek Holmes, ein Kirchenhistoriker von der Ushaw University in England, und Mr. Gerard Treacy an, ein Historiker, der als neuernannter Archivar des Oratoriums den verstorbenen Pater Dessain abgelöst hatte. Ihre Aufgabe war schier uferlos. Die Kommission mußte nicht nur Newmans eigene Werke, immerhin an die 90 Bände, auf ihre theologische und geistliche Bedeutung untersuchen, sondern auch die Briefe, Memoiren, Autobiographien und Biographien seiner Freunde, Mitarbeiter und Feinde überprüfen. Allein die Zahl der Briefe, die zu Newmans Lebzeiten an oder über ihn geschrieben worden waren, belief sich auf 50 000 bis 70 000. Darüber hinaus sammelte die Kommission vereinzelte sekundäre Dokumente, wie Zeitungs- und Zeitschriftenartikel, Biographien über Newman und sogar deren Rezensionen. Die Bibliographie der Sekundärliteratur über Newman (ohne Zeitungsartikel oder Kurznotizen) zählte 1980 5000 Titel. Schließlich sichtete die Kommission noch 70 000 bis 90 000 weitere Briefe, die nach Newmans Tod über ihn an den literarischen Nachlaßverwalter, das Oratorium und die Vizepostulatoren geschrieben worden waren und Zeugnis ablegten für den anhaltenden Ruf seiner Heiligkeit. Die Kommission beendete ihre Arbeit im Mai 1986 und unterbreitete dem Diözesanausschuß einen 6483 Seiten umfassenden Bericht über Newmans Leben, seine Tugenden und seinen heiligmäßigen Ruf.

Unter den Oratorianern besteht kein Zweifel an Newmans Heiligkeit, und man geht davon aus, daß Rom seine Zustimmung geben wird. Unterschiedliche Meinungen gibt es jedoch darüber, was nach der Seligsprechung mit seinen sterblichen Überresten geschehen soll. Newman hatte den Wunsch geäußert, in Rednal im selben Grab wie sein engster Freund und Mitbruder, Pater Ambrosius St. John, begraben zu werden. Doch schon treffen Pilger aus aller Herren Länder, von Deutschland bis zur Ukraine, busweise ein; so müssen die Oratorianer sich entscheiden: Entweder respektieren sie Newmans Wunsch auch weiterhin, oder sie richten in der Pfarrkirche eine Seitenkapelle ein, in der die sterblichen Überreste verehrt werden können. »Sehr lästig, das alles«, meinte Winterton. »Wir können unmöglich ständig einen Mann nach Rednal abkommandieren.« Doch aus der Kirche eine Pilgerstätte zu seinem Andenken zu machen wäre überhaupt nicht im Sinne Newmans, der weder als Anglikaner noch als Katholik viel für Rituale übrig hatte.

Noch weniger lag ihm an katholischer Hagiographie. Auf meinem Rückflug nach Rom versuchte ich mir vorzustellen, was er wohl zu dem enormen Aufwand gesagt hätte, der zur Zeit betrieben wird, um sein Leben in die Form einer für die Beurteilung durch die Kongregation geeigneten *positio* zu gießen. In der Einleitung von Newmans *Essay on St. John Chrysostom* befindet sich eine kritische Passage über die sezierende Betrachtungsweise traditioneller Hagiographen:

> »Ich verlange (von den Biographien der Heiligen) etwas mehr, als die *disiecta membra* dessen hinzustellen, was ein lebendes Ganzes sein sollte. Ich kümmere mich erst in zweiter Linie um Bücher, die einen Heiligen in Kapitel zerlegen: Glaube, Hoffnung, Liebe und die Haupttugenden. Sie sind allzu wissenschaftlich, als daß sie erbaulich sein könnten ... Sie offenbaren keinen Heiligen, sie zerstückeln ihn zu geistlichen Übungen.«

An späterer Stelle äußert sich Newman zur Bedeutung des Zeitfaktors im Leben Heiliger:

> »Eine ganz ähnliche Schwierigkeit sehe ich bei den Schilderern von Heiligenleben, sobald sie ihren Stoff nicht nach den Jahren, sondern nach den Tugenden entwickeln. Solche Lek-

türe ist nicht Geschichte; das ist Sittenlehre, ja, kaum das; denn zeitgeschichtliche Überblicke werden vernachlässigt sein, Jugend, Mannesreife, Alter werden durcheinandergeworfen sein. Ich werde nicht zu meiner eigenen Erbauung dem erhabenen Kampf folgen können, der da in der Seele zwischen dem Göttlichen und dem Menschlichen entbrennt, noch auch den Zeiten der aufeinanderfolgenden Siege, die durch die göttlichen Mächte und Grundgedanken gewonnen werden. Ich werde da nicht entscheiden können, ob es sich um Heldenhaftigkeit bei jungen Heiligen handelt, ob es nicht Schwäche und Versuchung bei den alten gab. Ich werde Handlungen nicht erklären können, welche Erklärung brauchen, denn das Lebensalter der Handelnden ist der Schlüssel, mit dem man in ihr Inneres dringen kann. Ich werde mich ermüdet und enttäuscht sehen und dann gerne zu den Vätern zurückkehren.«

Newman fand großes Gefallen an den Briefen der frühen Kirchenväter wie Basilius, Augustinus und Johannes Chrysostomos, denn bei ihrer Lektüre hatte er das Gefühl, dem »wirkliche(n), verborgene(n), aber menschliche(n) Leben«, der »Innenwelt« der Heiligen in ihrem Ringen mit den strittigen Fragen ihrer Zeit zu begegnen. »Ich möchte einen Heiligen sprechen hören; ich bin damit nicht zufrieden, daß ich ihn wie eine Statue anschaue«, fordert Newman. »Anstatt förmliche Lehrabhandlungen zu schreiben, schrieben sie vom Streit der Meinungen... in Briefform... Für die Gelegenheit schrieben sie und selten nach einem sorgfältig vorbedachten Plane.«

Genauso ein Autor war Newman natürlich selbst. Doch während die alten Kirchenväter durch die Verehrung des Volkes bestätigt und heiliggesprochen wurden, mußte Newman samt seinen Werken verkürzt und in eine formelle *positio* gezwängt, seine Tugenden mußten notiert und wie die Finger einer Hand abgezählt werden. Ich hatte mittlerweile genug *positiones* überprüft, um zu wissen, daß es den Verfassern nur selten gelang, ein vollständiges, abgerundetes Bild der Kandidaten zu zeichnen. Es fragte sich, ob der »echte« Newman, diese einnehmende Gestalt, deren Persönlichkeit auf jeder von ihm geschriebenen Seite quicklebendig wurde, das Kanonisierungsverfahren überstehen würde. Was hatte eine *positio*, gleichgültig wie lang und detailliert, wohl dem hinzuzufügen, was in seinen Werken bereits gegenwärtig und so einladend zugänglich ist?

Diese Fragen stellte ich Pater Blehl, dem Postulator des Falles, der von Gumpels Mitarbeitern mit der Erstellung der *positio* beauftragt worden war. Blehl hatte 1958 in Harvard im Rahmen seiner Doktorarbeit einen Band mit Briefen Newmans herausgegeben und sich seitdem weiterhin mit ihm beschäftigt. Der ergraute und für einen amerikanischen Jesuiten recht förmliche Blehl hegt nur den einen Wunsch: derjenige Gelehrte zu sein, der die »objektiven Beweise« für Newmans Heiligkeit präsentiert. Doch in der Kunst des Heiligmachens ist er ein Neuling. Bei einer herzhaften Flasche Nebbiolo d'Alba während eines Mittagessens in Rom schien er von den anspruchsvollen Anforderungen des Heiligmachungssystems schier überwältigt – und das aus gutem Grund: Die Kongregation hatte es bisher nur selten mit einem Kandidaten zu tun, der so viel geschrieben hat und über den so viel geschrieben worden ist.

Ich brauchte Blehl kaum daran zu erinnern, mit welchem Abscheu Newman die zerstückelten Lebensgeschichten katholischer Heiliger las. Der Jesuit kannte diesen Passus sehr gut. Er wiederum erinnerte mich daran, daß eine *positio* keine Biographie ist, sondern ein Dokument zu dem Zweck, persönliche Heiligkeit überzeugend darzustellen. Blehl war jedoch der Meinung, Newmans anglikanische Lebenshälfte dabei nicht außer acht lassen zu können, obwohl die Kongregation gewöhnlich nur das Leben nach der Konversion in Betracht zieht. »In Newmans Leben sehe ich eine große Kontinuität«, sagte er. »Sein religiöser Weg begann in der anglikanischen Kirche, und er gab nie etwas auf, von dem er meinte, daß es mit seinem Glauben vereinbar war. Sein Bestreben war es, nach seinen Worten, ›dem Licht und dem Ruf‹ zu folgen. Ich untersuche Newmans Leben und Werk auf seine Bemühungen hin, Gott zu dienen und den Anweisungen des Papstes bei der Gründung des Oratoriums in Birmingham Folge zu leisten.«

Es sei gut, daß die Erforschung von Newmans Tugenden erst begonnen habe, nachdem seine sämtlichen Briefe und Tagebücher veröffentlicht worden waren, meinte Blehl. Ohne sie könnte Newmans Seelenleben, das seine Werke nicht offenbaren, kaum vollständig belegt oder eingeschätzt werden. Unter den Tugenden hob Blehl speziell Newmans Demut angesichts der nicht enden wollenden Enttäuschungen hervor, die ihm als Katholik und besonders von seiten Mannings und anderer englischer Bischöfe widerfuhren. Newman beklagte sich bei seinen Ordensmitgliedern im Oratorium nie; sie erfuhren zu ihrem großen Erstaunen erst nach seinem Tod davon. »Meines Erachtens ist er gerade deshalb ein Heiliger«, sagte Blehl. »Die Leute behaupten, er sei ein Skeptiker, ein Fideist, ein Liberaler – Newman war zu seinen Lebzeiten die Zielscheibe vieler derartiger Verdächtigungen. Als wir mit der Arbeit an seinem Fall begannen, erfuhren wir, daß andere Forscher die meisten dieser Probleme bereits aufgeklärt hatten.«

Allerdings gibt es einen Aspekt in Newmans Leben, von dem sich Blehl erhofft, daß er allein durch die *positio* ausreichend erhellt wird: seine Hingabe an die geistlichen Ideale des Oratoriums. Hier handelt es sich um eine Eigenschaft Newmans, von der seine Leser kaum etwas wußten, wenn sie ihnen nicht sogar gleichgültig war. Aber gerade dieser Wesenszug sollte von der Kongregation genauestens auf Anhaltspunkte für heroische Tugenden untersucht werden. »Sie dürfen nicht vergessen, daß man von den Oratorianern erwartete, im stillen und ohne großes Getöse zu wirken«, bemerkte Blehl. »Ihnen oblag es, die Gegensätze innerhalb der katholischen Gemeinde zu überbrücken und nicht etwa neue aufzureißen. Und sie hatten sich in die städtische Umgebung, in der sich das Oratorium befand, einzufügen.«

Ein Großteil der *positio* wird sich darauf konzentrieren, den Beweis dafür anzutreten, daß Newman sich keineswegs in seinem Streben nach persönlicher Heiligkeit abkapselte, sondern alles tat, was von einem Oratorianer erwartet wurde, und zwar nach bestem Vermögen. Blehl führte aus, daß er trotz seines Ansehens und seiner hervorragenden geistigen Fähigkeiten erwiesenermaßen stets bereit war, die Aufgaben anderer zu übernehmen.

»Er machte die Buchführung der Oratoriumsschule, schrieb Briefe an die Eltern von Schülern über deren Leistungen, leitete lateinischsprachige Theateraufführungen, ja er entstaubte sogar die Bücher in der Bibliothek. Er stand den Gemeindemitgliedern, von denen die meisten arm waren, stets zu Diensten, hörte täglich die Beichte, predigte und beaufsichtigte die unterschiedlichen Tätigkeiten im Gefängnis, im Arbeiterhaus und im Waisenhaus. Und in seinem letzten Lebensjahr begab er sich hinaus in Schlamm und Dreck, um einen Streit unter den katholischen Arbeitern der Cadbury-Fabrik zu schlichten, denen mit Entlassung gedroht wurde, falls sie sich weigerten, täglich die Bibelstunden der Quäker zu besuchen. Ein alter Oratorianer faßte seine Erinnerung in einem Satz zusammen: ›Newman brachte es in der Kunst, ein gewöhnlicher Sterblicher zu sein, zur Perfektion.‹«

Blehls geht in seiner Einschätzung noch einen Schritt weiter. »Es gibt Anhaltspunkte dafür, daß Newman fortwährend in der Gegenwart Gottes lebte«, sagte er.

Blehl muß allerdings, wie andere Postulatoren, beweisen, daß auch andere so dachten und sein Kandidat durchgängig im Ruf der Heiligkeit stand. Auch in diesem Punkt geht Blehl davon aus, daß die Historikerkommission die nötige Vorarbeit geleistet hat.

»Newmans religiöser Einfluß auf andere begann zu seinen Lebzeiten«, sagte er. »Wir haben Briefe, Tausende von Briefen, von Katholiken, Anglikanern, Methodisten, Presbyterianern – und da finden sich Sätze wie: ›Bei Gott, ich verdanke Newman meine Seele.‹ Ja, das ist eine ziemlich schwerwiegende Aussage. Seit seinem Tod, und besonders seit der Einleitung seines Verfahrens, haben wir von vielen Leuten Briefe bekommen, die schreiben, daß sie Newmans wegen zum Katholizismus übergetreten sind. Es gibt Briefe, die verlangen, daß er heiliggesprochen wird, andere, in denen steht, daß wir nicht für, sondern zu Newman beten sollten. Meines Erachtens – und nach Aussage der Historikerkommission – ist dieser religiöse Einfluß ein moralisches Wunder.«

Ich wußte, daß die Jesuiten – im Unterschied zu Eszer und anderen Dominikanern – auf moralische Wunder erpicht sind. »Wunder sind erst im Mittelalter zur Vorbedingung für die Heiligsprechung geworden«, erinnerte Blehl mich; er hielt es jedoch für so gut wie ausgeschlossen, daß die Kongregation Newmans geistigen Einfluß als »Ersatz« für eine physische Heilung anerkennen würde. Die *positio*, sagte er, habe Zeugenaussagen für zahlreiche Gnadenerweise und göttliche Zeichen gesammelt, die Newmans Fürsprache zugeschrieben werden; darunter befindet sich jedoch nichts, was als echtes Wunder anerkannt würde. Es mag ironisch scheinen, daß im Fall Dominic Barberis, des italienischen Priesters, der Newman 1845 in die katholische Kirche aufnahm, ein durch ihn gewirktes Wunder gefunden wurde. Barberi wurde 1963 seliggesprochen.

Aus meinen Unterredungen mit Pater Winterton wußte ich, daß er gehofft hatte, Newman werde 1988 selig-, 1989 heiliggesprochen und 1990, an seinem 100. Todestag, zum Kirchenvater ausgerufen. Doch dieser Zeitplan erwies sich als zu optimistisch. Blehl beendete seine *positio* erst im Sommer 1989.

Newman mag der größte katholische Denker seiner Zeit gewesen sein. Das Beispiel seines Lebens und seiner Werke mag Hunderte von Bekehrungen initiiert haben. Durch seinen persönlichen Mut, die Kühnheit seiner Gedanken und seine außergewöhnliche sprachliche Begabung mag er unzähligen Katholiken dabei geholfen haben, ihrem Glauben trotz gewisser rücksichtsloser päpstlicher Erlasse treu zu bleiben. Er mag sich vorausschauender als die vorsichtigeren Profitheologen der Kirche erwiesen haben. Mag sein, daß er sogar der geistige Vater des Zweiten Vatikanischen Konzils gewesen ist. Doch bevor nicht jemand mit einem nachweisbaren, dank Newmans Fürsprache gewirkten Wunder aufwartet, wird sein Verfahren auf Eis liegen.

Papst Johannes Paul II. oder einer seiner Nachfolger könnte auf die Notwendigkeit eines Wunders in Newmans Fall natürlich verzichten. Aber das würde mehr als nur einen Präzedenzfall bewirken. Kein einziger der großen, von Newman so geschätzten Kirchenväter wurde primär wegen seiner geistigen Bereicherung des Glaubens für heilig befunden. Der heilige Hieronymus beispielsweise, der die Bibel ins Lateinische übersetzte, war ein Asket, und Augustinus war Bischof eines wichtigen Bistums. Sogar das Verfahren für Thomas von Aquin, der als bedeutendster Philosoph und Theologe der Kirche gilt, kam zeitweise ins Stocken, als der *advocatus diaboli* beanstandete, daß er zu Lebzeiten zuwenig Wunder gewirkt habe.* Papst Johannes XXII. (1316–1334) würdigte bei Thomas' Heiligsprechung nicht nur dessen intellektuelle Leistungen, sondern auch seine ewige Keuschheit – sowie die nicht weniger als 300 Wunder, die ihm posthum zugesprochen worden waren. Aquins Ruf als Wunderwirker war in der Tat so groß, daß rivalisierende Gruppen von Mönchen sich lange vor seiner Heiligsprechung um seine sterblichen Überreste stritten: Eine Gruppe schnitt den Kopf ab, eine andere eine Hand, und bevor die zerstückelte Leiche endlich zur Ruhe kam, wurde noch das Fleisch heruntergekocht, so daß seine Knochen bequem in einem Reliquienschrein Platz fanden.

Es ist kaum anzunehmen, daß Newman je die gleiche Raserei auslösen wird. (Seine sterblichen Überreste, darf man wohl annehmen, sind wohlbehütet.) Aber wer kann schon sagen, ob man je ein Wunder finden wird? Andererseits muß man sich fragen: Kommt es darauf wirklich an? Inwieweit kann die Heiligspre-

---

* An diesem Punkt argumentierten die Befürworter des Verfahrens, die Bücher Thomas von Aquins seien in ihrer Weisheit selbst als Wunder anzusehen.

chung einen Menschen überhaupt noch erhöhen, der in seinem Einfluß keinem Heiligen, den die Kirche in den letzten 400 Jahren geschaffen hat, nachsteht?

Entscheidend ist, daß das Kanonisierungsverfahren, sosehr die Kirche Heilige von Newmans Format auch brauchen mag, dem Wert intellektueller Gaben nur widerwillig Rechnung trägt. Religiöse Intellektuelle und Künstler bringen den Menschen Christus auf eine moderne Art und Weise näher, und deswegen können sie in einer Hochkultur als Vorbilder für heiligmäßiges Leben dienen. Ihre Askese ist nicht die Askese von Mönchen, ihre Erfahrungen sind nicht die Erfahrungen der Mystiker, ihr Leiden, wiewohl mitunter beträchtlich, ist nicht das Leiden der Märtyrer.

Resümee:
Die Zukunft der Heiligkeit

Ein System ohne Unterschiede?

Joseph Kardinal Ratzinger, Präfekt der Glaubenskongregation und engster Berater Johannes Pauls II. in theologischen Fragen, nahm im April 1989 mit ungewohnt offener Kritik zum Heiligsprechungsverfahren der katholischen Kirche Stellung. Anlaß war eine Fragestunde im Anschluß an eine Rede, die der Kardinal im katholischen Kulturzentrum von Seregeno, einer Kleinstadt unweit von Mailand, gehalten hatte. Auf die Frage, ob er glaube, daß die Kirche zu viele Heilige produziere, gab Ratzinger zu, daß die Zahl der Heiligen und Seligen im vergangenen Jahrzehnt gestiegen sei, und fügte hinzu, darunter befänden sich einige, »die vielleicht einer bestimmten Gruppe von Menschen etwas bedeuten, der großen Mehrheit der Gläubigen jedoch nicht sehr viel«. Ratzinger schlug vor, jenen Heiligen Priorität einzuräumen, deren Leben eine universale und für die Gläubigen unserer Tage relevante Botschaft zu vermitteln hätte. Als Beispiele nannte er Edith Stein und Niels Stensen, obwohl letzterer immerhin 300 Jahre tot ist.

So kurz und bedacht sie waren – Ratzingers Bemerkungen sorgten in der italienischen Presse für Schlagzeilen und waren der *New York Times* und anderen Zeitungen rund um die Welt Kommentare wert. Vor allem die Italiener interpretierten die Bemerkungen des Kardinals als Kritik an der Neigung des Papstes, die Zahl der Heiligen zu erhöhen, sowie als Bestätigung jener Kritiker, die die Kongregation schon seit längerem als »Heiligenfabrik« verspotten. Daß Ratzingers Bemerkungen auch für beträchtlichen Ärger unter den Heiligmachern sorgten, versteht sich von selbst. Der Kardinal war seit vier Jahren Mitglied der Kongregation für Heiligsprechungsprozesse, aus deren Reihen ihm nun vorgeworfen wurde, er hätte, wenn er das System für fehlerhaft halte, seine Kritik zunächst einmal intern äußern können. In einer kurzen öffentlichen Erklärung räumte Erzbischof T. Crisan, der Sekretär der Kongregation, in versöhnlichem Ton ein, »daß es (das Heiligsprechen), wie alles andere, was man Tag für Tag tut, ein wenig von seinem Wert verlieren kann. Wir müssen vorsichtig sein.« Den anderen Mitgliedern der Kongregation wurde indes untersagt, mit Pressevertretern über die Bemerkungen Ratzingers zu diskutieren.

Ich spürte, daß die Heiligmacher sehr verletzt waren. Einer von ihnen beklagte sich über die typisch eurozentrische Sichtweise Ratzingers: Sowohl Edith Stein als auch Niels Stensen seien Nordeuropäer, meinte er und stellte die rhetorische Frage: »Wer ist der Kardinal eigentlich, daß er diesen beiden Weltgeltung zuschreibt und anderen nicht? Und außerdem: Wenn wir von nun an nur noch Heilige mit globaler Bedeutung kanonisieren – wer, von einer gelegentlichen Mutter Teresa einmal abgesehen, kommt dann überhaupt noch in Frage? Wenn wir Ratzingers Rat folgen, dann können wir ebensogut diese Kongregation hier dichtmachen und die Entscheidung über neue Heilige einer Handvoll Kardinälen überlassen.«

Was Ratzinger betraf, so war er über die Spekulationen, die seine Bemerkungen in der Presse hervorriefen, selbst ziemlich aufgebracht. In einem Interview mit *30 Days* (einer ihm wohlgesinnten, konservativen katholischen Monatsschrift, die er des öfteren als Sprachrohr nutzt) versuchte er seine Gedanken zu verdeutlichen:

»Tatsächlich habe ich gesagt, daß dieses Problem bisher nicht existierte, aber jetzt eine schrittweise Auseinandersetzung erfordert. Meine Stellungnahme, die in Wirklichkeit sehr vorsichtig war, geht davon aus, daß jede Kanonisierung unvermeidlich eine Entscheidung zugunsten bestimmter Auswahlkriterien darstellt: Es gibt, wie ich sagte, weit mehr Heilige, als kanonisiert werden können. So wird mit der Eröffnung eines Heiligsprechungsverfahrens bereits eine Auswahl aus einer sehr großen Zahl (potentieller Kandidaten) getroffen. Diese Auswahl ist mit Zufälligkeiten verbunden: So wird es einem Orden leichter fallen, Zeugenaussagen über die Heiligkeit einer bestimmten Person zusammenzutragen und die Verfahrensvorschriften der Kanonisierung einzuhalten, als jenen, die das Verfahren nicht kennen ... Es erscheint mir legitim, die Frage zu stellen, ob die bis jetzt allgemeingültigen Kriterien heute nicht durch die Setzung neuer Schwerpunkte vervollständigt werden sollten, um der Christenheit jene Gestalten vor Augen zu führen, die die Heilige Kirche inmitten so vieler Zweifel an ihrer Heiligkeit mehr als andere sichtbar machen.«

Oberflächlich betrachtet schien Ratzinger nicht mehr zu sagen, als viele andere Kritiker des Systems, darunter sogar einige Heiligmacher, in der Vergangenheit auch schon gesagt hatten – nämlich daß die Förderung von Kandidaten zur Heiligsprechung seit langem eine Domäne der Ordensgemeinschaften ist. Sie sind die einzigen kirchlichen Institutionen, die über die Zeit und die Mittel verfügen und überdies bereit sind, die langen Verfahren, einschließlich solcher für Laien, durchzustehen. Wäre Ratzinger aufrichtiger gewesen, so hätte er freilich auch zum Nutzen aller, die sich dafür interessieren, aussprechen können, an *welche* Kriterien sich die Kongregation bei der Auswahl der Kandidaten hält. Daß er es nicht tat, liegt daran, daß es außer den Prioritäten, die ich im 3. Kapitel erläutert habe (Persönlichkeiten aus der dritten Welt, Laien und andere Kandidaten aus bisher unterrepräsentierten nationalen Kirchen), gar keine erkennbaren Kriterien für die Bevorzugung des einen und die Benachteiligung des anderen Kandidaten gibt.

Es dürfte inzwischen klargeworden sein, daß der *modus operandi* der Kongregation im wesentlichen darin besteht, die von den Ortsbischöfen vorgeschlagenen Verfahren aufzugreifen. Und je mehr Bischöfe einen Fall unterstützen, desto größer sind die Chancen, daß er angenommen wird. In dieser Hinsicht ist die Heiligsprechung ein offener Markt. Gewiß, gelegentlich wird auch mal ein Kandidat abgelehnt, doch weder führt die Kongregation Buch über die Ablehnungen, noch geht aus der neuen Verfahrensordnung hervor, wer im Vorfeld darüber entscheidet, ob der (apostolische) Prozeß eröffnet wird, oder wie die Entscheidung getroffen wird.

In der Vergangenheit war es Aufgabe des *advocatus diaboli* und seines Mitarbeiterstabes, zusammen mit den Zensoren, denen die Beurteilung der Schriften des Kandidaten oblag, Einwände gegen die Eröffnung eines Verfahrens vorzubringen. Die typischen Ablehnungsgründe waren *glaubensrechtmäßiger* Art – das heißt, man hatte herausgefunden, daß der Kandidat irgend etwas Unorthodoxes befürwortet oder geschrieben hatte –, oder aber sie waren *geistlicher* oder *psychologischer* Natur (zum Beispiel, wenn sich ein angeblicher Mystiker als geistig und psychisch labil erwies). Auch aus *technischen* Gründen – etwa Verfahrensfehlern im Rahmen des bischöflichen Erhebungsverfahrens – sowie aus *politischen* oder *seelsorgerischen* Motiven – wenn die Seligsprechung eines Kandidaten womöglich eine Gefährdung der örtlichen Kirche darstellte – konnte eine Zurückweisung erfolgen.

Seit der Reform von 1983 ist keine Einzelperson und kein Gremium mehr mit dieser Entscheidungsbefugnis beauftragt. Als erster offizieller Vertreter der Kirche ist theoretisch der Ortsbischof zu einem Urteil darüber ermächtigt, ob der Einleitung eines Verfahrens ernsthafte Gründe entgegenstehen. In der Praxis ist es jedoch so gut wie unmöglich, herauszufinden, warum sich ein Bischof oder eine nationale Bischofskonferenz weigert, ein formelles Heiligsprechungsverfahren in die Wege zu leiten. Im Normalfall erfolgt keine formelle Ablehnung, sondern das Verfahren wird auf unbestimmte Zeit auf Eis gelegt. In umstrittenen Fällen sind die Ursachen, wie es scheint, gemeinhin politischer oder ideologischer Natur und werden daher offiziell nie zugegeben. So haben zum Beispiel die Befürworter der Heiligsprechung des von den Nazis wegen Kriegsdienstverweigerung hingerichteten Österreichers Franz Jägerstätter jahrelang keine Erklärung für das Ausbleiben der formellen Eröffnung des Verfahrens erhalten. Der Grund scheint darin zu liegen, daß einige österreichische Bischöfe und einflußreiche Kreise in Rom der Meinung sind, Jägerstätters Kanonisierung könne als offizielle Befürwortung des Pazifismus interpretiert werden – eine Haltung, die mit der kirchlichen Lehre vom »gerechten Krieg« kollidiert und bei Johannes Paul II. auf wenig Gegenliebe stößt. Im Fall des Erzbischofs Romero ist bekannt, daß der Papst selbst die salvadorianischen Bischöfe aus seelsorgerischen und politischen Gründen angewiesen hat, trotz des unverkennbaren Rufs der Heiligkeit, der Romero vorauseilt, nicht sofort aktiv zu werden.

Wenn ein Ortsbischof ein Verfahren nach Rom weiterleitet, bemüht sich umgekehrt die Kongregation nach Kräften, ihm entgegenzukommen. Bevor den Konsultoren die *positio* vorgelegt wird, ist kein Mitarbeiter der Kongregation angehalten, das betreffende Verfahren in Frage zu stellen. Obwohl es den Relatoren freisteht, bestimmte Verfahren abzulehnen, akzeptieren sie, wie wir gesehen haben, in der Regel jeden Kandidaten, der ihnen vorgeschlagen wird. Wenn der Relator im Lauf seiner Arbeit an der *positio* ein gravierendes Hindernis für die Anerkennung des Märtyrertums oder der heroischen Tugenden eines Kandidaten entdeckt, so ist er durch den Eid, den er auf die Wahrheit geschworen hat, verpflichtet, dieses Hindernis auch bekanntzumachen. Dies ist jedoch, soweit ich feststellen konnte, seit der Reform noch kein einziges Mal geschehen. Es kommt vor, daß ein Prozeß einschläft, weil nicht genügend Beweismaterial beigebracht werden kann oder weil die Initiatoren – wie im Fall der Philippine Duchesne – vorübergehend oder ganz das Interesse verlieren. Möglicherweise hält der Papst selbst aus seelsorgerischen und politischen Gründen die Fortsetzung eines Selig- oder Heiligsprechungsprozesses für inopportun (dies trifft zum Beispiel auf die gegenwärtige Situation des Verfahrens für Pius IX. zu). Das allgemeine Prinzip ist jedoch klar: Sobald ein Verfahren in Rom angenommen wird, geht man davon aus, daß der Kandidat zumindest seine heroische Tugendhaftigkeit oder seinen Märtyrerstatus bescheinigt bekommen wird. Und je konventioneller und harmloser der Kandidat oder die Kandidatin ist (im Normalfall Gründer von Ordensgemeinschaften), desto größer sind seine oder ihre Chancen, am Ende des Verfahrens heiliggesprochen zu werden.

Selige und Heilige: Die Grenzen verschwimmen

Ratzingers Bemerkungen könnten in diesem Zusammenhang als Appell verstanden werden, nach Kriterien zur Unterscheidung zwischen solchen Kandidaten, deren Leben, Tugenden oder Martyrium eine zeitgemäße Botschaft an die Kirche in ihrer Gesamtheit zu übermitteln haben, und solchen, die lediglich von lokalem Interesse sind, zu suchen. Als vor 400 Jahren die Seligsprechung in die Verfahrensordnung aufgenommen wurde, diente sie der Unterscheidung zwischen »Lokalmatadoren« und universal gültigen Persönlichkeiten. Ersteren war die Seligsprechung (anfangs noch durch den Ortsbischof), letzteren die Kanonisierung (stets durch den Papst) vorbehalten. Diese Trennungslinie gibt es inzwischen nicht mehr. So wie sich das Heiligsprechungssystem entwickelt hat, ist jeder Selige, dem glaubhaft ein zweites durch Fürsprache gewirktes Wunder nachgewiesen wird, automatisch Kandidat für die Heiligsprechung. Der Heiligenkalender der Kirche füllte sich folglich mit Namen, die – wie Philippine Duchesne und Giuseppe Moscati – den Katholiken außerhalb ihrer Heimatländer nichts bedeuten und zum Teil selbst in ihren Heimatländern weitgehend unbekannt sind.

Die Trennung zwischen Selig- und Heiligsprechung ist, kurz gesagt, zu einer theologischen Unterscheidung mit nur geringer praktischer Bedeutung geworden, das heißt, nur die Kanonisierung bietet die »Gewißheit«, daß der Diener Gottes auch tatsächlich im Himmel ist. Jenen Katholiken, die nur Selige oder gar volkstümliche, noch nicht einmal seliggesprochene Gestalten – wie Padre Pio – verehren, berührt diese Garantie freilich nur sehr wenig. In ähnlicher Weise hat auch der Umstand, daß bei Seligen eine eingeschränkte Verehrung gestattet ist, Kanonisierte jedoch universal verehrt werden müssen, wenig praktische Relevanz. Neu kanonisierte Heilige finden nur selten Aufnahme in die liturgischen Kalender der Kirchen außerhalb ihrer eigenen Heimatländer; es ist ganz einfach kein Platz mehr für sie vorhanden. Mehr als zwei Drittel der liturgischen Kalendertage feiern Ereignisse aus dem Leben Christi, der Kirche und der Jungfrau Maria. Dadurch bleiben nur noch etwa 100 Tage für die Heiligenverehrung übrig. So enthält beispielsweise der Kalender der deutschen Kirche keine amerikanischen Heiligen und der französische keine afrikanischen. Aus praktischen Gründen werden nur noch klassische Gestalten, wie der heilige Franziskus oder, in jüngerer Zeit, Therese von Lisieux, regelmäßig in die Kalender außerhalb ihrer Heimatländer aufgenommen. De facto sind also alle Heiligen örtliche oder regionale Heilige, und nur sehr wenigen gelingt es, universale Verehrung zu erlangen.

Die Heiligmacher sind sich der Tatsache wohl bewußt, daß die Grenze zwischen Selig- und Heiligsprechung verschwimmt, ja, sie haben sogar intensiv darüber diskutiert, ob es sinnvoll ist, mit der Seligsprechung in der gegenwärtigen oder einer modifizierten Form fortzufahren, oder ob man sie sogar ganz abschaffen soll. Monsignore Fabiano Veraja, der Untersekretär der Kongregation, bemerkt in seinem Kommentar zur Gesetzgebung von 1983, die Vorschriften seien so formuliert, daß sie weitere Modifikationen ohne zusätzliche Gesetze ermöglichen.

In Zukunft könnte zum Beispiel das Recht der Seligsprechung – wie Kardinal Suenens auf dem Zweiten Vatikanischen Konzil vorgeschlagen hat – den Ortsbischöfen oder nationalen Bischofskonferenzen zurückgegeben werden und die päpstliche Kanonisierung bestimmten Persönlichkeiten mit zeitgemäßer, internationaler Ausstrahlung vorbehalten bleiben. Dies jedenfalls ist eines der Modelle, die in der Kongregation diskutiert werden. Doch welche Heilige sind nun universaler Verehrung würdig und welche nicht? Und wer besitzt am ehesten die Kompetenz, darüber eine Entscheidung zu treffen? Dies sind die Fragen, auf die Ratzinger anspielte, als er von der Notwendigkeit sprach, bestimmte Heilige von anderen zu unterscheiden.

Von Papst Johannes Paul II. ist freilich nicht zu erwarten, daß er während seines Pontifikats die Autorität der Seligsprechung an seine Bischofskollegen zurückgibt. Das gegenwärtige, auf Rom zentrierte System entspricht seiner Auffassung von der Rolle des Papstes als höchstem Lehrer und Hirten der universalen Kirche. Für diesen Papst ist die Heiligsprechung zum Instrument der Kirchenpolitik geworden. Er sieht in ihr ein geeignetes Mittel, die Katholiken allenthalben, namentlich aber jene in der dritten Welt, daran zu erinnern, daß sie alle zu ein und derselben Herde unter einem einzigen Oberhirten gehören. »Wenn er auf Reisen ist, hat er gerne einen Seligen als Mitbringsel im Gepäck«, hat Erzbischof Crisan einmal bemerkt. Er fügte hinzu, daß die professionell vorbereiteten Seligsprechungszeremonien für Katholiken außerhalb Roms »wie aus einer anderen Welt« zu stammen scheinen.

Kann die Kirche zu viele Heilige haben? Auch diese Frage spielte bei der ungewöhnlich heftigen Reaktion auf Ratzingers Bemerkungen eine Rolle. Grundsätzlich ist natürlich jeder Mensch zur Heiligkeit berufen. Doch der Kanonisierungsprozeß wurde, wie wir gesehen haben, eingeführt, um die unter den Gläubigen zu beobachtende Neigung zu dämpfen, Heiligkeit überall zu wittern. Heute hat es eher den Anschein, als wäre die Kirche umgekehrt mit einem System belastet, das trotz hoher Ansprüche mehr Menschen seligspricht, als die Gläubigen haben wollen oder zu brauchen scheinen. Und viele der Seliggesprochenen gleichen sich in ihren Lebensgeschichten und ihrer Beispielhaftigkeit wie ein Ei dem anderen.

Johannes Paul II. vergrößert unterdessen ständig die Schar der Seligen, von denen einige durch die unerbittliche Maschinerie des Systems die Heiligen von morgen sein werden. Am Sonntag, dem 23. April 1989 – um nur ein Routine-Ereignis zu erwähnen –, sprach Johannes Paul II. zwei Priester und drei Nonnen selig, deren Namen außerhalb bestimmter Regionen und ihrer eigenen Orden wohl nie einen Klang haben werden. Bei den Priestern handelte es sich um die spanischen Missionare Martin Lumberas und Melchior Sanchez, die 1632 in Japan gemeinsam den Märtyrertod erlitten. Die Nonnen waren die Französin Catherine Longpré – die im Alter von zwölf Jahren ins Kloster ging, den größten Teil ihres Lebens von Dämonen heimgesucht wurde und 1668, mit 34 Jahren, in Kanada starb –, die Polin Frances Siedliska – eine 1902 verstorbene Ordensgründerin – sowie die Italienerin Maria Anna Rosa Caiani – ebenfalls eine Ordensgründerin, die 1921 das Zeitliche segnete. Gemeinsam gesellen sie sich nun zu einem überwiegend aus Ordensangehörigen bestehenden Fundus an Seligen, die die aussichtsreichsten Kandidaten für künftige Heiligsprechungen darstellen.

Verteidiger des gegenwärtigen Systems geben zu, daß nur wenigen Selig- und Heiliggesprochenen überregionale Bedeutung zukommt, doch beharren sie darauf, daß sie als Repräsentanten verschiedener Länder und Zeiten in ihrer Gesamtheit eine vorbildliche Gruppe bilden, die wie auf einem Deckengemälde die Formen der Heiligkeit in der modernen Welt veranschaulicht. Doch wenn es Ziel der Kanonisierung ist, den Gläubigen neue und einzigartige Beispiele christlicher Heiligkeit vorzuführen, dann muß das System grundlegend überprüft werden. Wenn ein Heiliger wie der andere aussieht, fragt man sich zwangsläufig, wie und wieso Heilige überhaupt produziert werden.

Geheimnis und Geheimniskrämerei

Innerhalb wie außerhalb der Kongregation herrscht eine gewisse Neigung, die unergründlichen Wege Gottes mit der unnötigen Geheimniskrämerei der Heiligsprechungsprozesse durcheinanderzubringen. Bei den Angehörigen der Kongregation basiert diese Neigung, wie ich vermute, auf dem theologischen Ansatz, daß sie eben keine Heiligen *schaffen*, sondern lediglich das Werk Gottes ans Licht bringen. Die Arbeit, die sie bei der Überprüfung der Kandidatenleben auf Martyriums- oder Tugendbeweise leisten, ist nach ihrer Ansicht rein menschliches Tun, wenngleich von göttlichem Handeln flankiert: Zunächst öffnet der Heilige Geist den Gläubigen die Augen für das Heilige und sorgt auf diese Weise für den authentischen Ruf der Heiligkeit (*fama sanctitatis*).

Und am Ende des Prozesses sorgt erneut der Heilige Geist, zumeist in Form medizinisch nicht erklärbarer Heilungen, für die erforderlichen göttlichen Zeichen (*fama signorum*).

Gewiß, einige Mitglieder der Kongregation sind sich der menschlichen Fehlerhaftigkeit wohl bewußt, sowohl ihrer eigenen als auch der des Systems. Dennoch sind sie überzeugt, daß nicht menschliche oder systembedingte Fehler verantwortlich sind, wenn ein Verfahren sich festfährt oder scheitert, sondern Gottes Wille. Wenn Gott einen Diener Gottes kanonisiert haben will, so wurde mir immer wieder versichert, dann wird es auch geschehen. Man muß demnach davon ausgehen, daß das System und seine Betreiber, einschließlich des Papstes, trotz offenkundiger Mängel im Endeffekt immer die Heiligen hervorbringen, die Gott sich wünscht. Und da das System, zumindest bis jetzt, hinter verschlossenen Türen arbeitet und keine fremden Beobachter duldet, herrscht unter frommen Katholiken vielfach die Neigung, den ihnen unverständlichen Prozeß entweder zu bestaunen oder zu bespötteln.

Bis zu einem gewissen Grad – nämlich insoweit, als sie versuchen, das Wirken der göttlichen Gnade im Leben des Kandidaten zu erhellen – haben es die Heiligmacher tatsächlich mit dem Geheimnis zu tun. Wie sie dabei vorgehen, ist dagegen alles andere als geheimnisvoll. Ich habe den Eindruck gewonnen, daß sie sich eines aufgrund seiner bürokratischen Natur komplizierten, in manchen Punkten widersprüchlichen und verworrenen Verfahrens bedienen. Die Kompliziertheit rührt hauptsächlich daher, daß in unterschiedlichen Prozeßphasen jeweils verschiedene Fachkompetenzen zum Tragen kommen. Ein Verfahren kommt erst voran, wenn wie bei einem Tausendfüßler alle dazu erforderlichen Gliedmaßen in Bewegung gesetzt worden sind. Außenstehende überschätzen meines Erachtens die Rolle des Papstes im Heiligsprechungsverfahren, Insider hingegen schieben den Gläubigen zuviel Verantwortung zu. Die nach meinem Dafürhalten einzige unverzichtbare Person ist der Ortsbischof, vor allem weil ihm die alleinige Verantwortung für die Untersuchung von Leben, Tugenden und/oder Martyrium der Kandidaten übertragen worden ist. Wenn der Bischof das Verfahren nicht vorantreibt, wird weder vor Ort noch in Rom etwas geschehen.

Prozeß und Kompetenz

Solange das Heiligsprechungsverfahren als Aufgabe des kanonischen Rechts und seiner Anwälte angesehen wurde, erfreute es sich – wenngleich in übertriebenem Maße – des Rufes der Professionalität. Ein Berufsstand bildet eine Zunft, welche die für alle verbindlichen Wissensvoraussetzungen, Kompetenzen und Verfahrensnormen festlegt. Doch seit der Reform von 1983 (beziehungsweise, wie ich vermute, schon seit langem vorher) ist offenkundig, daß es für diejenigen, die in der Kongregation für Heiligsprechungsprozesse den Ton angeben, sowie – und dies ist noch wichtiger – für Relatoren, Postulatoren und besonders Theologenkonsultoren keine klar umrissenen, verbindlichen Normen gibt.

Den Vorsitz in der Kongregation führt wie in den anderen »Ministerien« des Heiligen Stuhls ein politischer »Beamter«. So wurde zum Beispiel Kardinal Palazzini nach seiner Pensionierung im Jahre 1989 durch Kardinal Angelo Felici ersetzt, der über keine besondere Kompetenz – und überhaupt keine Erfahrung – in der Heiligsprechung verfügt. Aufgrund der bisweilen mangelhaften Fachkompetenz von Relatoren und Konsultoren ist die Kongregation gezwungen, auf die Hilfe externer Mitarbeiter zurückzugreifen, die keinerlei Erfahrungen in der Vorbereitung und Beurteilung der Verfahren haben.

Praktisch nimmt die Kongregation die besten Leute, die sie bekommen kann. Eine spezielle Schule zur Ausbildung von Heiligmachern gibt es im Vatikan nicht. Mitarbeitern und offiziellen Kirchenvertretern in Untersuchungsausschüssen der Diözesen bietet sie allerdings ein *studium* in Form einer Vorlesungsreihe an. Im wesentlichen handelt es sich bei den Heiligmachern um intelligente Leute, die zunächst einmal studieren und promovieren und später als Universitätsangehörige durch Zufall in einem Fachbereich landen, von dem sie ursprünglich nie geglaubt hätten, daß sie ihm eines Tages ihre Arbeitskraft widmen würden. Kompetenz im Heiligsprechen lernt man also erst im Amt, und die Besten der Zunft sind das Produkt langer Erfahrung und harter Arbeit.

Dies alles kann kaum überraschen. Schließlich wimmelt es auch in der Industrie von Ingenieuren, die zu Verkäufern wurden, Verkäufern, die in die Verwaltung gingen, und Spitzenmanagern, die in ihrer Jugend vergleichende Literaturwissenschaft studiert haben. Doch anders als ein gut geführter Konzern belohnt der

Vatikan Kompetenz nicht immer mit Verantwortung. Hinzu kommt, daß sich immer weniger junge Männer zur Priesterschaft berufen fühlen. In solch mageren Jahren müssen sich die vatikanischen Kongregationen mit den verfügbaren Talenten zufriedengeben. Wie ich herausfand, herrscht bei der Besetzung freier Relatorenposten der Kongregation oder bei der Ernennung der Generalpostulatoren der großen Ordensgemeinschaften kein großer Konkurrenzkampf.

Ich will damit nicht sagen, daß die Männer, die in der Kongregation oder für sie arbeiten, zweitklassig sind. Wie andere Behörden des Heiligen Stuhls verläßt sich die Kongregation auf einen Apparat, der sich aus recht unterschiedlichen, vielfach mittelmäßigen, zum Teil aber auch recht hohen Begabungen zusammensetzt. Das Problem liegt meines Erachtens darin, daß all diese Männer in einem System arbeiten, dem die sonst im Berufsleben üblichen Leistungs- und Beurteilungsnormen fehlen. Es bleibt zuviel Spielraum für subjektive Urteile, Manipulationen und Launen.

Der Hauptfehler liegt darin, daß allen unmittelbar am Prozeß Beteiligten am Erfolg des Verfahrens gelegen ist. Dies gilt in besonderem Maß für den Postulator, der für den Antragsteller arbeitet, sowie für den oder die Mitarbeiter, bei denen es sich meist um Leute handelt, die von der Heiligkeit des Kandidaten bereits überzeugt sind. Die meisten Mitarbeiter und Mitarbeiterinnen – wie beispielsweise Schwester Elizabeth Strub, die die *informatio* für Cornelia Connelly schrieb – sind sogar Angehörige des Ordens, der das Verfahren finanziert. Oder sie stammen – wie Pater Joseph Martino, der Autor der *positio* für Katharine Drexel – aus der Diözese, die schließlich von der Kanonisierung profitieren wird. Im Fall Kardinal Newmans ist der Autor der *positio*, Pater Vincent Blehl, ein Gelehrter, der den größten Teil seines Lebens damit verbracht hat, die Werke des Kandidaten herauszugeben, seine Lehren zu verbreiten und sich für seine Heiligsprechung einzusetzen. Man hat den Eindruck, daß sich in der Praxis nur bereits Überzeugte für die mit viel Arbeit verbundene Abfassung der Texte gewinnen lassen, die für das Urteil über die Heiligkeit letztlich entscheidend ist. Zur Sicherstellung eines wirklich sauberen Prozesses müßte man hingegen verlangen, daß diese wichtigen Pflichten von kompetenten Leuten ohne persönliches oder berufliches Interesse am Ausgang des Verfahrens übernommen werden.

Ein anderer ins Auge fallender Mangel besteht darin, daß es

keine Regeln gibt, die die Beurteilung der *positiones* durch eine *neutrale* Kommission der Theologenkonsultoren gewährleisten. So werden zum Beispiel die Richter der *Rota* (des Gerichtshofs der Kurie), die sich mit der Annullierung von Ehen und anderen juristischen Fragen befassen, in regelmäßigen Zeitabständen durch Rotation bestimmt. Doch in der Kongregation für Heiligsprechungsverfahren werden die Theologenkonsultoren in jedem einzelnen Fall vom Glaubensanwalt und vom Sekretär der Kongregation persönlich ausgewählt. Dies hat, wie man mir sagte, einen rein praktischen Grund: Die Kongregation zieht Konsultoren vor, die mit der Sprache und dem Kulturkreis des Kandidaten vertraut sind. Außerdem muß sie ihre Wahl stets unter jenen treffen, die gerade frei sind und einen neuen Fall übernehmen können. Im Heiligsprechungsverfahren für Pius IX. wurde jedoch, wie wir sahen, mit Pater Giacomo Martina der einzige verfügbare Konsultor, der sowohl Biograph des Kandidaten als auch Spezialist war, von der Kongregation übergangen – vermutlich, weil man wußte, daß er von der Heiligkeit des Papstes nicht so recht überzeugt war. Korrekt wäre es gewesen, wenn der Glaubensanwalt bei einem derart umstrittenen Kandidaten eine ausgewogene Zahl von bekannten Befürwortern und Gegnern in die Gutachterkommission berufen hätte. Daß er es *nicht* tat, mag mit ein Grund für die Entscheidung Johannes Pauls II. gewesen sein, ein weiteres Komitee einzusetzen, um sich beraten zu lassen, ob es opportun ist, nach einem positiven Urteil der Theologenkonsultoren die Seligsprechung auch zu vollziehen.

Mögen auch eine Reihe praktischer Gründe dafür sprechen, überzeugte Befürworter mit der Erstellung der entsprechenden *positio* zu beauftragen und die Auswahl der Theologenkonsultoren dem persönlichen Urteil des Glaubensanwalts und des Sekretärs zu überlassen, so bleibt das System wegen des Fehlens eindeutiger Verfahrensrichtlinien dennoch anfällig für Manipulationen.

Man stelle sich nur einmal einen Kandidaten vor, dessen Heiligsprechung sowohl vom amtierenden Papst als auch von der Mehrheit der Kardinäle und Bischöfe unterstützt wird. Es handelt sich um den Gründer eines neuen Ordens. Wer dem Orden im einzelnen angehört, bleibt geheim, doch die Mitglieder würden gern ihre Organisation durch die Heiligsprechung des Gründers bestätigt und aufgewertet sehen. Angenommen, auch mehrere hochrangige Kongregationsangehörige machen aus ihrer Sympathie für den Orden und die Kanonisierung seines Gründers keinen

Hehl... Man kann sich vorstellen, was für ein Druck nun auf dem Relator lastet, von dem eigentlich erwartet wird, daß er sein Urteil unabhängig fällt und sich von außen nicht beeinflussen läßt. Woher nimmt die Kirche in einem solchen Verfahren die Gewähr, daß ohne ein unparteiisches System bei der Auswahl der Theologenkonsultoren strikte Neutralität gewahrt wird? Die Frage stellt sich um so dringlicher, als die Namen der letztlich entscheidenden Kardinäle und Bischöfe im Dikasterium und ihr Abstimmungsverhalten weit über den Abschluß des Verfahrens hinaus geheimgehalten werden.

Man kommt zwangsläufig auf solche Gedanken, wenn man sich den erstaunlichen Fortschritt des Heiligsprechungsverfahrens für den am 26. Juni 1975 verstorbenen Gründer des Opus Dei, Josemaría Escrivá de Balaguer, vor Augen führt. Für die Mitglieder des Opus Dei, einer weltweit tätigen Vereinigung von Priestern und Laien, ist er »Der Vater«, dessen 999 geistliche Grundsätze in *El Camino* (Der Weg) den Weg zur spirituellen Vervollkommnung und zur »Christianisierung« der säkularen Welt leuchten. Innerhalb des Opus Dei galt »Der Vater« schon lange vor seinem Tod als Heiliger, das heißt als ein von Gott geleiteter Führer, dessen persönliche Vision der christlichen Berufung all jenen, die sich den Regeln der Bewegung unterwerfen, einen sicheren Weg zur Erlösung verheißt. Zu den glühenden Bewunderern des Opus Dei zählt auch Johannes Paul II. Auf einer internationalen Konferenz der Bewegung sagte er 1984: »Vielleicht liegt in dieser Formulierung (›Werk Gottes‹ für die Christianisierung der Gesellschaft) die theologische Realität, das Wesen, ja die eigentliche Natur der Berufung des Zeitalters, in dem wir leben und in dem ihr zum Herrn gerufen worden seid.«

Für seine Kritiker hingegen war Escrivá ein ziemlich eitler Mann, der sich gerne huldigen ließ (in seinen Schriften läßt sich sein Wahltitel »Der Vater« im Zusammenhang manchmal kaum von »dem Vater« unterscheiden, an den Jesus sich wendet), sowie der Führer einer Quasisekte innerhalb der Kirche, deren Laiengefolgschaft in ihrer Neigung zu privaten Riten und Geheimgesellschaften, in ihrem peniblen Beharren auf anständiger Kleidung und zurückhaltendem Auftreten an die Mormonen erinnert, sich aber vor allem durch ihre durch nichts zu erschütternde Überzeugung auszeichnet, daß sie allein den Weg gefunden haben, wie der Katholizismus seinen unablässigen Kampf gegen die Welt, das Fleisch und den Teufel führen muß.

Weil das Opus Dei keine Mitgliederlisten veröffentlicht und seine weltlichen Aktivitäten ebenfalls nicht bekanntmacht, ist es von seinen Gegnern als fünfte Kolonne in Kirche und Gesellschaft bezeichnet worden. Seine Mitarbeiter empfangen ihre Direktiven von ihrem Superior in Rom; insofern operieren sie unabhängig von den Ortsbischöfen. In Spanien und verschiedenen Ländern Lateinamerikas gilt das Opus Dei als einflußreiche Kraft in Politik, Erziehungswesen, Wirtschaft und Publizistik. Was immer an diesen Vermutungen stimmen mag – sichere Fakten sind kaum zu bekommen –, fest steht, daß ehemalige Mitglieder aufgrund ihrer Erfahrungen den Sektencharakter der Bewegung bestätigt haben. Vor allem verweisen sie auf die Neigung des männlichen Zweigs der Vereinigung, jüngere Mitglieder von ihren Familien zu trennen, vor allem wenn deren Eltern Gegner des Opus Dei sind. Die Eltern sind verständlicherweise besorgt darüber, daß das Opus Dei von seinen Mitgliedern verlangt, geistlichen Rat nur bei Priestern der Bewegung zu suchen und auch die Beichte nur bei Opus-Dei-Priestern abzulegen. Manche Eltern machen sich auch Gedanken, wie sich die Forderungen der Organisation langfristig auf ihre Kinder auswirken – besonders auf junge Erwachsene, die das Gelübde der ewigen Keuschheit ablegen und unter Beibehaltung ihres weltlichen Berufs als Opus-Dei-»Familien« leben.

Das Opus Dei seinerseits bestreitet, ein Geheimbund zu sein, und weist den Vorwurf zurück, es verfolge irgendwelche anderen Ziele als die spirituelle Vervollkommnung seiner Mitglieder. Die Entdeckung, daß Heiligkeit von jedem Menschen erreicht werden kann, nicht nur von Klerikern und Ordensangehörigen, schreibt das Opus Dei seinem Gründer zu, obwohl die angeblich »revolutionäre« Idee alles andere als neu ist. Mit aggressiven Werbemethoden hat die Organisation indessen gut ausgebildete und karriererebewußte Laien rekrutiert und ihnen – ganz in der Tradition der Jesuitenschulen und -universitäten – den Gedanken mit auf den Weg gegeben, daß man als guter Rechtsanwalt oder Geschäftsmann ebenso Dienst an Gott leisten kann wie als Diener der Kirche. Dem Opus Dei gehören nach eigenen Angaben 76 000 Laien und 1300 Priester in aller Welt an. So wie die Organisation von Mitgliedern beschrieben wird, ist sie nicht viel mehr als eine disziplinierte, ultraorthodoxe Katholikenvereinigung, deren Anhänger ähnlich wie die Tertiarier der traditionellen Ordensgemeinschaften außerhalb von Klostermauern ein quasimonastisches Leben führen und weltliche Karrieren verfolgen.

Was die Mitglieder des Opus Dei tatsächlich von anderen engagierten Katholiken unterscheidet, sind die Verehrung Escrivás und das Studium seiner Schriften. Auch in diesem Punkt erinnern sie an die Jesuiten, die ihre spirituelle Prägung durch die *Geistlichen Übungen* des Ordensgründers Ignatius von Loyola erfahren. Ignatius ist ein kanonisierter Heiliger, und es ist angesichts der Entschlossenheit Escrivás, den Mitgliedern des Opus Dei den Weg zur Heiligkeit zu weisen, nur verständlich, daß diese alles tun, was in ihrer Macht steht, damit auch sein Leben und Werk durch die Heiligsprechung bestätigt werden. Doch allein nach seinen Schriften beurteilt, war Escrivá alles andere als ein besonders origineller Geist. Seine Gedanken sind Derivate und zum Teil ausgesprochen banal, vielleicht persönlich inspirativ, aber ohne elektrisierende Erkenntnisse. Eine Auswahl aus seinen 999 apodiktischen Lehrsätzen verrät bemerkenswerte Engstirnigkeit, Scheu vor der menschlichen Sexualität und Unbeholfenheit im Ausdruck:

Nr. 15: Verschiebe deine Arbeit nicht auf morgen.

Nr. 22: Sei stark. – Sei aufrecht. – Sei männlich. Und dann... sei ein Engel.

Nr. 28: Die Ehe ist für den Großteil des Heeres Christi, nicht aber für seinen Führungsstab. – Nahrung ist für jeden einzelnen Menschen notwendig. Fortpflanzung aber nur zur Erhaltung der Art; ihr dürfen sich einzelne Menschen entziehen.
Sehnsucht nach Kindern?... Kinder, viele Kinder und eine unauslöschliche Lichtspur hinterlassen wir, wenn wir den Egoismus des Fleisches opfern.

Nr. 61: Wenn ein Laie sich zum Sittenrichter aufspielt, irrt er nicht selten; Laien können da nur Schüler sein.

Nr. 132: Sei nicht so feige, »mutig« zu sein: fliehe!

Nr. 180: Wo keine Abtötung, da keine Tugend.

Nr. 573: Dank, mein Gott, für die Liebe zum Papst, die Du mir ins Herz gelegt hast.

Nr. 625: Dein Gehorsam verdient diesen Namen nicht, falls du nicht entschlossen bist, deine blühende persönliche Arbeit aufzugeben, wenn ein Berufener es so für richtig befindet.

Nr. 814: Eine Kleinigkeit, aus Liebe getan, wie wertvoll ist das.

Heilige müssen natürlich nicht unbedingt eloquent sein. Doch wer anderen die Richtung weisen will, sollte eine gewisse Schärfe der spirituellen Wahrnehmung und ein erkennbares Maß an Tiefgang besitzen. Man braucht Escrivás Schriften lediglich mit, sagen wir, den Kolumnen Dorothy Days im *Catholic Worker*, Romano Guardinis Schriften über den Geist des Katholizismus oder Simone Weils Essays über das Streben nach Gott zu vergleichen, um zu erkennen, daß Escrivá bei allen Gaben, die er sonst besessen haben mag, nicht über eine tiefere Kenntnis der Seele oder der Zeit, in der wir leben, verfügt hat.

Kurzum – es gibt im Zusammenhang mit dem Opus Dei und seinem Gründer genügend Fragen, um den traditionell langsamen Umgang der Heiligmacher mit umstrittenen Fällen zu rechtfertigen. Dennoch wurde Escrivá bereits am 9. April 1990, nur 15 Jahre nach seinem Tod, von Papst Johannes Paul II. die heroische Tugendhaftigkeit bestätigt. Außerdem bearbeitet Postulator Pater Flavio Capucci, ein Mitglied des Opus Dei, drei vielversprechende durch Fürsprache gewirkte Wunder. Mit ein bißchen Glück wird Escrivá Therese von Lisieux übertreffen, deren Kanonisierung 23 Jahre nach ihrem Tod bis heute den Rekord darstellt. Warum diese Eile?

Als ich 1987 erstmals mit Pater Eszer, dem Relator des Verfahrens, sprach, verriet er mit keiner Silbe, daß die *positio* über Escrivás heroische Tugendhaftigkeit kurz vor dem Abschluß stand. Doch nachdem Escrivá für verehrungswürdig erklärt worden war, gab Eszer sich weniger zugeknöpft. Erstens, erklärte er mir, sei die formelle Antragstellung auf Eröffnung des Verfahrens durch Kardinal Ugo Poletti, den Vikar von Rom, zum frühestmöglichen Zeitpunkt erfolgt, nämlich fünf Jahre nach Escrivás Tod. Zweitens hätten 69 Kardinäle, 241 Erzbischöfe, 987 Bischöfe (nahezu ein Drittel des katholischen Episkopats) und 41 Ordens- und Kongregationsobere den Antrag brieflich unterstützt. Wie viele der Genannten selbst Mitglieder des Opus Dei sind, ist unbekannt. Auf jeden Fall rühmt sich das Opus Dei einer nach Zehntausenden zählenden Anhängerschaft in aller Welt, weshalb durchaus mit einer so massiven Unterstützung der Causa Escrivá gerechnet werden mußte.

Hinzu kam, daß die Führer des Opus Dei auf den Prozeß vorbereitet waren. Da sie ihren Gründer schon seit langem für einen Heiligen halten, hatten sie sämtliche schriftlichen Beweisstücke bis hin zum kleinsten Zettel aufbewahrt. Insgesamt füllten

Dokumente und Zeugenaussagen 20 000 Seiten. »Meine Hauptaufgabe«, sagte Eszer, »bestand darin, Wiederholungen zu streichen. Sie können den Theologenkonsultoren nicht eine ganze Bibliothek zu lesen geben.« Dennoch umfaßte die fertige *positio* 6000 Seiten.

»Wie war es Ihnen möglich, in so kurzer Zeit eine solche Arbeit zu bewältigen?« fragte ich.

»So viel gab es für mich gar nicht zu tun«, erwiderte er. »Die *positio* wurde vom Postulator geschrieben, für den vier Universitätsprofessoren des Opus Dei tätig waren.«

»Ich dachte, die *positiones* würden unter der Leitung des Relators geschrieben«, warf ich ein.

»Ja, die Oberaufsicht lag bei mir. Aber die Arbeit leisteten die anderen. Ich hatte nur mit dem Postulator zu tun, die übrigen habe ich nie gesehen. Diese Leute vom Opus Dei sind sehr fleißig und sehr diskret.«

»Dann haben Sie die *positio* bearbeitet und herausgegeben?«

»Nein, ich habe bloß die übertriebenen Zeugenaussagen herausgenommen.«

Wie sich herausstellte, waren die Zeugenaussagen in zwei Einvernahmen zusammengetragen worden. Die eine war in Madrid, die andere in Rom durchgeführt worden. Insgesamt wurden 92 Zeugen vernommen, darunter 44 aus dem Laienstand. Wie viele von ihnen Mitglieder des Opus Dei waren, konnte Eszer nicht sagen. Ebensowenig vermochte er zu sagen, wie viele Zeugen sich denn – so es denn überhaupt solche gab – *gegen* das Heiligsprechungsverfahren ausgesprochen hatten.

»Der Mann war sehr umstritten«, sagte ich. »Da muß es doch einige Gegner gegeben haben.«

»Die einzige Kritik am Opus Dei, die ich gelesen habe, stammte von ehemaligen Mitgliedern«, antwortete Eszer. »Von Leuten, die ausgetreten sind.« Und diese seien ja wohl kaum als glaubwürdige Zeugen anzusehen.

»Na gut«, sagte ich und hakte gleich nach. »Hat es denn bei der Abstimmung keine Neinstimmen gegeben?«

»Das kann ich nicht sagen«, erwiderte er und meinte damit, daß er es nicht sagen wollte.

Die *positio* für Escrivá und vielleicht auch als Stimmverhalten der Kardinäle und Bischöfe werden zu einem späteren Zeitpunkt einmal publik. Bis dahin wird niemand wissen, ob die fragwürdigen Aspekte dieses Mannes und seines Werks zur Sprache kamen und gründlich unter die Lupe genommen wurden. Es ist ja möglich, daß Escrivá tatsächlich der große Heilige ist, für den das Opus Dei ihn hält. Doch das Tempo und die Reibungslosigkeit, mit der sein Verfahren die Kongregation durchlaufen hat, werfen viele grundsätzliche Fragen über den Prozeß als solchen auf – über seine Härte, Objektivität, seine sachgerechte Durchführung und die Freiheit von innerkirchlichen Zwängen und Politik.

Zeitgeist und Ruf der Heiligkeit

Zu behaupten, daß der Heilige Produkt eines Systems ist – wie ich es mehrfach getan habe –, ist eine Sache; zu unterstellen, daß diejenigen, die kanonisiert werden, auch wirklich die Heiligen sind, die die Kirche als Vorbilder für diese und andere Zeiten braucht, steht auf einem anderen Blatt. Allein schon die Länge des Prozesses widerlegt die Behauptung, der »Zeitgeist« spiele beim Aufspüren der Heiligen eine Rolle. Damit soll gesagt werden, daß der formale Heiligsprechungsprozeß, wenn er richtig verstanden wird, keine Aktion, sondern eine *Reaktion* ist – und zwar in den meisten Fällen eine reichlich verzögerte. Wer Heiligkeit daher vollkommen mit der formalen Kanonisierung gleichsetzt, übersieht die volkstümliche Komponente des Heiligsprechungsverfahrens. Es kann keine offiziell anerkannten Heiligen geben, wenn es nicht zuvor »Heilige des Volkes« oder zumindest eines bestimmten Teils der Bevölkerung gegeben hat. Und ebendieser aus dem Volk kommende Impuls, nicht so sehr die offizielle Reaktion, setzt die eigentliche Geschichte der Heiligen in Gang.*

---

* Donald Weinstein und Rudolph M. Bell haben in ihrem Buch *Saints and Society: The Two Worlds of Western Christendom, 1000–1700* den Heiligsprechungsprozeß als soziologisches Prisma zur Betrachtung der religiösen Mentalität einer bestimmten geschichtlichen Epoche benutzt. Eine der Schwierigkeiten, die sich dabei ergeben, besteht darin, ob man über die Gestalt spricht, die den Anlaß zu dem Verfahren gab, oder über das, was nach dem Prozeß aus ihr geworden ist. Dieser Unterschied reflektiert die Zeitspanne, die zwischen dem ursprünglichen Ruf der Heiligkeit, dessen späterer Untersuchung und der Bestätigung durch die zuständige kirchliche Autorität liegt. Aber dies ist nur ein Aspekt. Ein weiterer ist die Kluft zwischen dem ursprünglichen, aus dem Volk kommenden Impuls, einen bestimmten Menschen als Heiligen anzusehen, und der rationalen Grundlage der späteren Kanonisierung, die oft die innerkirchlichen Motive der heiligsprechenden Elite widerspiegelt. Ein Extrembeispiel: Man kann die Frage stel-

Unter diesen Voraussetzungen ist es für mich sehr schwer – im Gegensatz zu den Heiligmachern –, zwischen volkstümlichem oder echtem Ruf der Heiligkeit und unechtem zu unterscheiden. In der Vergangenheit hielten sie nach Verehrungsbezeugungen an Grabstätten oder Wallfahrtsorten Ausschau, die es in manchen katholischen Kulturen (oft auch religiösen Subkulturen) tatsächlich auch heute noch gibt. Doch wie wir am Beispiel Kardinal Newmans gesehen haben, gibt es bestimmte Heilige, die zu volkstümlichen Formen kultischer Verehrung nicht anregen. Viele gebildete Katholiken sind überdies nicht geneigt, ihrer Verehrung in traditioneller Form Ausdruck zu verleihen. So bereitet die Lyrik des viktorianischen Jesuiten Gerard Manley Hopkins Millionen Menschen (bei denen es sich keineswegs ausschließlich um Katholiken handelt) nicht nur ästhetisches Vergnügen, sondern vermittelt ihnen auch die Erfahrung christlichen Lebens und Engagements. Dasselbe läßt sich auch über die Schriften des verstorbenen Trappistenmönchs Thomas Merton sagen, der in mehr als einer Hinsicht eine Kultfigur war. Obwohl ich weder das Grab des einen noch das des anderen besucht habe, verehre ich sie beide – doch, soviel ich weiß, reicht diese Art der Verehrung nicht aus, um als Ruf der Heiligkeit anerkannt zu werden. Auf jeden Fall wurde keiner der beiden von seiner jeweiligen Ordensgemeinschaft zur Heiligsprechung vorgeschlagen.

Auf der anderen Seite bleibt es mir ein Rätsel, wie die Kongregation einer Randfigur des neunzehnten Jahrhunderts wie Anna Katharina Emmerich, deren Visionen und Prophezeiungen sich als Stilisierungen eines überreizten romantischen Dichters erwie-

---

len, ob Jeanne d'Arc (1412–1431) die religiöse Mentalität Frankreichs im 15. Jahrhundert reflektiert oder die – geistlichen oder politischen – Prioritäten des Heiligen Stuhls im Jahr ihrer Heiligsprechung 1920. Heilige sind proteische Gestalten, deren erworbener Ruf bisweilen wenig oder gar nichts mit ihrem eigenen Selbstverständnis oder dem des Zeitalters, das ihren heiligmäßigen Ruf hervorbrachte, zu tun hat. Die quasifeministische, quasiemanzipatorische Interpretation der Philippine Duchesne durch ein Mitglied ihres eigenen Ordens, Schwester Catherine M. Mooney, RSCJ (*Philippine Duchesne: A Woman with the Poor*, New York 1990), ist ein Beispiel für die »Umformung« einer Heiligen aus allerjüngster Zeit. Ich kann mir vorstellen, daß ein Vergleich zwischen dieser lebendig geschriebenen Biographie und der *positio* für Philippine Duchesne sehr gut den Unterschied zwischen dem Heiligkeitsbeweis zum Zweck der Kanonisierung und der nach der Kanonisierung möglichen Umstilisierung der Heiligengestalt in ein zeitgemäßeres Vorbild für heroische Tugendhaftigkeit demonstrieren würde.

sen haben, eine bis heute andauernde *fama sanctitatis* bescheinigen kann. Die Geschichten, die Katharina Emmerich erzählt hat, sind ebenso unwahr wie die meisten Geschichten, die über sie erzählt werden – und doch bilden sie die Grundlage für ihren einstmals weitverbreiteten Ruf der Heiligkeit. Was spricht dafür, daß Anna Katharina Emmerich sich auch heute noch jener Reputation erfreut, die für ein formales Heiligsprechungsverfahren erforderlich ist? Wie bei vielen anderen Heiligen, die uns gegenwärtig präsentiert werden, scheint sich ihr heiligmäßiger Ruf auf nicht viel mehr als eine vage Erinnerung zu gründen. Kurz gesagt – die *fama sanctitatis* gehört zu jenen Aspekten der Kanonisierung, für die es keine eindeutig erkennbaren Normen gibt.

Heroische Tugendhaftigkeit und der Bericht über das Leben

Der formale Heiligsprechungsprozeß ist, wie eben erläutert, im wesentlichen die Reaktion auf einen vom Volk ausgehenden Impuls. Aber er ist natürlich auch eine Untersuchung über das Leben des Kandidaten und seinen heiligmäßigen Ruf. Erste Frucht der Untersuchung ist ein geschriebener Text, die *positio*, in der anhand von Zeugenaussagen und kritisch geprüften historischen Dokumenten die Lebensgeschichte dargestellt wird.

Die Heiligmacher der Jesuiten, Paolo Molinari und Peter Gumpel, halten *positiones* aufgrund der in ihnen enthaltenen Informationen über die Formen authentischer christlicher Spiritualität für eine wahre theologische Fundgrube und bedauern, daß diese Texte nicht öfter von Theologen außerhalb der Kongregation gelesen werden. Auch ich hielte es – wenn auch aus anderen Gründen – für gut, wenn den Texten, nach denen Heiligkeit beurteilt wird, mehr Beachtung geschenkt würde. Nach der Lektüre verschiedener *positiones* teile ich inzwischen die von einigen Theologenkonsultoren der Kongregation geäußerte Unzufriedenheit. Sie beklagen sich vor allem darüber, daß die meisten *positiones* nicht zeigen, wie der Diener Gottes in die vom Heiligen erwartete Heiligmäßigkeit hineinwuchs. Das Beweismaterial wird für jede der geforderten Tugenden getrennt gesammelt und der Heiligkeitsbeweis nur allzuoft geführt, ohne die innere Dynamik aufzuzeigen, wie der Kandidat jene einzigartige Heiligkeit entwickelte, die ihn von allen anderen Heiligen unterscheidet.

Für mich ist dies ein sehr ernster Einwand, der es verdienen würde, auch von Theologen und Bischöfen, die nichts mit der Kongregation zu tun haben, diskutiert zu werden. Doch allen Doktortiteln zum Trotz, die von den päpstlichen Universitäten Roms verliehen werden, hat bisher, soweit ich informiert bin, noch keiner diese Texte einer systematischen und kritischen Analyse unterzogen. Kein Außenstehender ist der Frage nachgegangen, warum *positiones* in der gegenwärtigen Form und nicht anders erstellt werden, was man ändern könnte oder sollte – und vor allem, in welchem Verhältnis die Texte zu der grundsätzlichen Frage stehen, warum wir solche Heilige bekommen, wie gegenwärtig der Fall, und keine anderen. In Ermangelung einer derartigen Studie erlaube ich mir die folgenden kritischen Bemerkungen eines privilegierten Beobachters. Ich tue dies in dankbarer Anerkennung der Offenheit all jener, die die Hauptverantwortung bei der Erstellung der *positiones* tragen: der Postulatoren, der Relatoren und ihrer jeweiligen Mitarbeiter. Ich denke, sie werden verstehen, warum ich ihre Arbeit in einem anderen, wenngleich nicht unfreundlichen Licht sehe.

Zunächst einmal setzen die Heiligmacher zu großes Vertrauen in die historisch-kritische Methode als »wissenschaftlicher« Nachweis für die wesentlichen Fakten im Leben eines Heiligen. Sie reagieren damit vielleicht, was verständlich wäre, auf protestantische Vorwürfe, daß die Heiligengeschichten nichts als phantasievolle Legenden seien. Doch die Vorstellung, Geschichtsschreibung sei eine exakte Wissenschaft, ist nur ein frommer Wunsch der Aufklärung. Moderne Historiker geben sich da bescheidener. Sie wissen, daß »Fakten« nur im Verhältnis zu einem Interpretationsraster existieren. Ich glaube daher, daß die Heiligmacher ihr Handwerk – und ganz allgemein ihr Verhältnis zum Genre der Biographie – begrifflich klarer bestimmen könnten, wenn sie anerkennen würden, daß sie dasselbe tun wie alle anderen Historiker auch, das heißt eine Geschichte erzählen. Eine dokumentierte Geschichte, gewiß, aber eben doch eine Geschichte.

Genau dieses narrative Element verbindet die Texte, die zum Zweck einer Heiligsprechung geschrieben werden, mit ihren Vorläufern, den mittelalterlichen Heiligenleben, den Legenden aus frühchristlicher Zeit, den Passionen der Märtyrer und dem Bericht des Lukas über das Martyrium des heiligen Stephan. Jede dieser Erzählformen spiegelt eine bestimmte Kultur und Gesellschaft wider, und jede ist geprägt von literarischen Konventionen, durch die das Wirken der göttlichen Gnade verständlich gemacht wird. Wenn es stimmt, daß Heilige nur durch ihre Geschichten bekannt sind, dann ist es unsere Pflicht, zu prüfen, inwieweit Heiligkeit heutzutage durch jene Konventionen, die die Abfassung moderner *positiones* bestimmen, tatsächlich verständlich gemacht wird.

Die Heiligmacher stehen natürlich auf dem Standpunkt, daß ihre Aufgabe nicht im Geschichtenerzählen besteht, sondern daß sie den Nachweis der heroischen Tugendhaftigkeit erbringen müssen und die *positio* nichts weiter ist als ein Mittel zum Zweck. Im Rahmen der alten, stark juristisch geprägten Verfahrensordnung war dies auch eindeutig der Fall. Solange das Heiligsprechungsverfahren als *processus*, also als Gerichtsverhandlung, angesehen wurde, fungierte die *positio* als juristischer Schriftsatz für den zur Debatte stehenden Kandidaten. Anwälte durchforsteten *vita* und Dokumente nach Belegen für oder gegen die geforderte und im Namen der Kandidaten behauptete heroische Tugendhaftigkeit. Es kam nicht so sehr auf den Text, als vielmehr auf die Dialektik in all der ihr eigenen polemischen Rhetorik und Schärfe an. Wie tendenziös die Argumente im einzelnen auch sein mochten – der geläuterte, aus den Auseinandersetzungen zwischen *advocatus diaboli* und dem *patronus* des Kandidaten hervorgehende »Text« formte die Geschichte, die über die Heiligkeit des Betroffenen entschied. Wie beim Urteil eines Geschworenengerichts erwuchs die endgültige »Wahrheit« über einen Heiligen aus der Kraft der mündlichen Argumentation und nicht aus der Logik der schriftlichen Darstellung.

Die Reform von 1983 schaffte die Anwälte ab und mit ihnen den juristischen Rahmen des Heiligsprechungsverfahrens. Die Beweislast für die nach wie vor erforderliche Feststellung heroischer Tugendhaftigkeit lag fortan bei den Verfassern der *positiones*, dem Relator und seinen Mitarbeitern. Das Ergebnis ist, wie ich verdeutlicht habe, ein sich überschätzendes Genre auf der Suche nach der ihm gemäßen Form. Das Problem liegt hier nicht, wie bei der *fama sanctitatis*, in fehlenden Beurteilungskriterien, sondern in einem Zielkonflikt: Einerseits wird von dem Text die erzählerische Darstellung eines einzigartigen Lebens erwartet; andererseits soll er die Ansprüche der Moraltheologie befriedigen.

John Henry Newman spürte, was geschehen kann, wenn ein Text gezwungen ist, zwei Herren zu dienen. Seine Kritik an Heiligenbiographien, die die Heiligen nicht greifbar machen, sondern sie zerstückeln und zu geistlichen Lektionen verarbeiten, hätte ohne weiteres gegen moderne *positiones* gerichtet sein können. Newman kannte die Voraussetzungen guter Literatur – und er erkannte, daß die Manifestation eines Charakters auch bei einem Heiligen von Elementen der Handlung und der Darstellung abhängig ist, die nicht einfach nach einem Rezept zum Beweis moralischer Tugendhaftigkeit aneinandergereiht werden können. Doch genau dies verlangt die Kongregation heute von einer *positio* – einschließlich jener für Newman selbst.

Erzählung und Beweis der Tugendhaftigkeit lassen sich indessen bei einiger Erfindungsgabe durchaus miteinander vereinbaren. Im 8. Kapitel haben wir gesehen, wie es Schwester Elizabeth Strub gelang, das Leben der Cornelia Connelly so darzustellen, daß es die Form bestimmte, in der sich die im einzelnen erforderlichen Tugenden manifestierten. Die Autorin nahm sich dabei jedoch nicht nur einige Freiheiten gegenüber dem herkömmlichen Aufbauschema der *positiones* heraus, sondern sie sprach – zumindest nach meinem Verständnis – auch eine sehr viel allgemeinere Frage an, deren Beantwortung ebenfalls noch aussteht: Sind Heilige heilig, weil sie tugendhaft sind – oder sind sie tugendhaft, weil sie heilig sind? Im ersten Fall wäre ein Heiligkeitsbeweis mittels einer schematischen Überprüfung der Tugendhaftigkeit verfahrenstechnisch sinnvoll; trifft jedoch letzteres zu, so sollte das Hauptanliegen der Heiligmacher darin bestehen, die Geschichte der einzigartigen Wandlung des Kandidaten durch die Gnade der Liebe Gottes zu erzählen.

Die zentrale Rolle von Geschichten im Heiligsprechungsverfahren habe ich in diesem Buch immer wieder hervorgehoben. Ich habe dies getan, weil der Mensch ein »erzählendes Lebewesen« ist. Wir verstehen uns als handelnde Figuren in einer Geschichte, und wir begreifen andere, Heilige eingeschlossen, durch Geschichten. Im 2. Kapitel konnten wir sehen, daß bei den Urchristen nur der als Heiliger Anerkennung fand, der in seinem Leben sichtbar die Leidens-Geschichte Christi nachvollzog. Das Christentum entwickelte allerdings neben dieser narrativen Tradition auch noch ein anderes Instrument zur Erkenntnis von Heiligkeit. Gemeint ist der gelehrte Diskus unter Moraltheologen, der darauf abzielt, den Charakter beziehungsweise die Tugenden zu erfassen, die von einem Heiligen erwartet werden. Er ist so alt wie die Kirche selbst.

Als Bürger einer griechisch-römischen Kultur erbten die Urchristen den Begriff der *virtus* (Tugend) und paßten ihn ihrem Selbstverständnis als Mitglieder einer neuen Gemeinschaft in Christus an. Schon in den Paulus-Briefen finden wir das christliche Konzept der Gnade durchs Prisma der *virtus* gebrochen: Gnade manifestiert sich als Glaube, Hoffnung und Liebe. Die Gottesliebe ist von allen Tugenden die höchste, da die Seele durch sie Anteil hat am Leben Gottes und sich mit ihm vereinigt. So verstanden erfüllt sie die anderen Tugenden mit Leben und führt sie zur Vollendung. Zudem ist sie die einzige Tugend, die über den Tod hinausragt: Glaube und Hoffnung sind für die Freunde Gottes nicht länger notwendig, weil sie nun die ewige Liebe Gottes besitzen und von ihr umfangen sind.

Wie wir gesehen haben, galten Märtyrer in der Urkirche als Menschen, die die höchste Vollkommenheit der *virtus* erreichten, indem sie ihr Leben opferten, wie einst Jesus es in vollkommener Liebe zum Vater getan hatte. Das Martyrium setzt, mit anderen Worten, die Vollkommenheit in Glaube, Hoffnung und Liebe voraus. Bei jenen, die keine Märtyrer waren, ließ sich die vollkommene Liebe zu Gott nicht so deutlich erkennen. Ihr Anspruch auf Heiligkeit gründete sich nicht darauf, wie sie gestorben waren, sondern wie sie gelebt hatten. Um als Heiliger angesehen zu werden, mußte man daher im Laufe seines Lebens Vollkommenheit des Charakters oder der *virtus* entwickeln. So waren Geschichten und Legenden über Nichtmärtyrer – insbesondere über Asketen – gleichzeitig auch Geschichten über heroische Tugendhaftigkeit.

Mit dem Begriff der *virtus* übernahmen die frühen Kirchenväter auch das griechische Modell der moralisch-tugendhaften Person. Vom guten Christenmenschen erwartete man zusätzlich zu Glaube, Hoffnung und Liebe auch die Erfüllung der klassischen Tugenden Weisheit, Gerechtigkeit, Tapferkeit und Besonnenheit. Gewiß, der höchste Rang gebührte den Tugenden, die Gott durch seine Gnade eingießt, doch schloß dies die klassischen Tugenden, durch welche die Gnade sich im Wechselverhältnis mit Glaube, Hoffnung und Liebe offenbaren sollte, nicht aus. So hatten die Kirchenväter bereits zur Zeit des Augustinus die Grundelemente einer Moraltheologie entwickelt, die schließlich zur Richtschnur wurde, nach der man Heiligkeit bemaß.

Als heuristisches Werkzeug bei der Untersuchung der *vitae* potentieller Heiliger kam dieses Tugendschema erst zur Anwendung, nachdem die Heiligsprechung zu einem formalen päpstlichen Prozeß geworden war. Der Begriff »heroische Tugend« fand 1328 auf dem Umweg über die Übersetzung der *Nikomachischen Ethik* des Aristoteles durch Robert Grosseteste, den Bischof von Lincoln, Aufnahme in das Vokabular der Kirche. Aristoteles hatte mit diesem Begriff moralische Tugendhaftigkeit in heroischem oder gottgleichem Ausmaß beschrieben. Er wurde schließlich von Thomas von Aquin übernommen, dessen Synthese aristotelischer und christlicher Gedanken das begriffliche Rahmenwerk schuf, nach dem Heiligkeit fortan beurteilt werden sollte. Der erste Papst kanonisierte Heilige, dessen Leben auf die drei theologischen Tugenden (Glaube, Hoffnung und Liebe) sowie die vier moralischen Kardinaltugenden (Weisheit, Gerechtigkeit, Tapferkeit und Besonnenheit) untersucht wurde, war der heilige Bonaventura (1221–1274). Danach wurde »heroische Tugendhaftigkeit« in der Fachterminologie der Heiligsprechung zum Synonym für Heiligkeit und schließlich durch Prospero Lambertinis Abhandlung über die Selig- und Heiligsprechung zum Leitbegriff der Kongregation.

Das Problem, das sich den Heiligmachern heutzutage stellt, liegt, so wie ich es sehe, darin, daß sie sich entscheiden müssen, ob sie am Beweis der heroischen Tugendhaftigkeit in der bisherigen Form festhalten wollen oder nicht. Es gibt meines Erachtens drei wichtige Einwände, die dagegen sprechen: Erstens erscheint mir der Tugendbeweis letztlich nicht vereinbar mit der einzigartigen Heiligkeit, wie sie sich in der *vita* des Kandidaten offenbart. Zweitens empfinde ich die herkömmliche Schematisierung der Tugenden als ebenso starr wie willkürlich; um ihr zu entsprechen, muß das Leben des Kandidaten in ein Prokrustesbett gepfercht werden. Drittens zwingt die Gleichsetzung von Heiligkeit mit *vollkommener* Tugend die Heiligmacher dazu, die *positiones* von allen Hinweisen auf menschliche Schwächen des Kandidaten freizuhalten. Damit wird das wahrhaft Exemplarische im Leben eines Heiligen unterdrückt: der Kampf zwischen der Tugendhaftigkeit und dem Bösen. Die Aufgabe der Heiligmacher erschöpft sich, kurz gesagt, im Verfassen von Hagiographien gemäß der historisch-kritischen Methode.

Ich verkenne nicht, daß dies ernsthafte Vorwürfe sind, die über reine Verfahrensfragen hinaus an die Substanz des Heiligsprechungsprozesses gehen. Doch zumindest in der Theorie gibt es keinen Widerspruch zwischen den von der Kirche verlangten Tugenden und der erzählerischen Darstellung eines Heiligenlebens.

Der zeitgenössische britische Philosoph A. MacIntyre hat aufgezeigt, daß jedes System, das Tugenden begrifflich zu fassen und zu ordnen versucht, »mit einer bestimmten Vorstellung von der narrativen Struktur ... des menschlichen Lebens verknüpft ist«. Christliche Tugenden – mit der Gottesliebe als Zentrum und Ursprung – sind daher nur im Rahmen einer Geschichte aufzeigbar und verständlich, die das menschliche Leben als eine Suche nach Einheit oder Freundschaft mit Gott darstellt. Unter dieser Vorgabe ist beispielsweise die Demut zusammen mit der Gerechtigkeit eine Tugend, während in der Aristotelischen Ethik, für die ein Leben mit Gott kein Ziel menschlichen Strebens ist, Demut als Laster gilt.

Aus dieser Sicht betrachtet, scheinen die Lebensgeschichte eines Heiligen und die im Rahmen des Heiligsprechungsverfahrens erforderliche Schematisierung der Tugenden durchaus miteinander vereinbar zu sein. Je mehr ein Heiliger durch das Geschenk der göttlichen Liebe Christus ähnlich wird und je mehr er in seinem Verhalten gegenüber anderen diese Liebe offenbart, desto mehr verkörpert er das christliche Heiligkeitsideal. Aus theologischer Sicht wäre sogar der Schluß gerechtfertigt, daß das eigentliche Thema eines Heiligenlebens nicht der individuelle Mensch ist, sondern das Wirken der Gnade, durch welches jener Mensch zu dem wird, wozu er (oder sie) ausersehen war: zum Freund Gottes.

Wenn jedoch ein Mensch unter Mitwirkung des Geschenks der göttlichen Gnade zum Heiligen wird – warum sollten die Heiligmacher dann noch den Beweis der Weisheit, Gerechtigkeit, Tapferkeit und Besonnenheit verlangen? So wichtig diese Tugenden auch sein mögen – sie sind nicht in Stein gemeißelt. Warum liegt die Betonung nicht auf anderen Tugenden wie Demut, Geduld und Barmherzigkeit – Eigenschaften, auf die Jesus selbst großen Wert legte und die folglich mit Fug und Recht auch von einem christlichen Heiligen erwartet werden können? Warum hält man sich nicht an die Seligpreisungen der Bergpredigt (»Selig sind die Sanftmütigen...« usw.)? Warum, kurz und bündig, konzentriert man sich bei der Erforschung eines Heiligenlebens nicht ausschließlich auf die durch das Neue Testament verbürgten Werte?

Zeigten die Heiligmacher bei den Tugenden, die sie von Heiligen erwarten, größere Flexibilität, so würden sie meiner Meinung nach der Vielfalt und Einzigartigkeit der Freunde Gottes gerechter werden und der Erzählung ihrer Geschichten Vorrang einräumen vor dem Beweis bestimmter Tugenden. Gewiß, jeder christliche Heilige sollte sich durch außergewöhnliche Liebe, Hoffnung und Glaubensstärke auszeichnen – doch muß er unbedingt auch in punkto Weisheit, Gerechtigkeit, Tapferkeit und Besonnenheit eine Ausnahmeerscheinung sein? Um die Wahrheit zu sagen: Heilige können eben nicht immer und jederzeit klug oder gerecht, mutig oder besonnen sein, und im konkreten Fall verlangen die Heiligmacher auch gar keine Perfektion in diesen Kategorien.

Am Beispiel der *positio* Pius' IX. lassen sich, wie mir scheint, die Stärken und Schwächen eines Verfahrens aufzeigen, bei dem diese Tugenden als heuristische Werkzeuge zur Anwendung kommen. Bei der Untersuchung der päpstlichen Amtsführung und einer detaillierten Analyse seiner moralischen Tugenden stellte sich heraus, daß in bestimmten Situationen sein Tun und seine Urteilsfähigkeit alles andere als perfekt waren. Sein Anwalt, Carlo Snider, argumentierte, der Papst habe unter den gegebenen Umständen getan, was er tun konnte. Snider sieht sich genötigt, seine Beweisführung auf eine höhere Stufe zu heben: Wie unklug, ungerecht, unbesonnen oder uncouragiert bestimmte Handlungen des Papstes auch gewesen sein mochten, so seien sie doch durch die sich entfaltende Heilsgeschichte, in der die lange und stürmische Amtszeit Pius' IX. ein entscheidendes Kapitel bilde, bestätigt worden.

Eine ehrlichere und genauere Nacherzählung des päpstlichen Lebens hätte meines Erachtens jeden Rückgriff auf die Heilsgeschichte erübrigt. Ausgehend von der Anerkennung seiner charakterlichen Schwächen, seiner Laster, ja sogar seiner Sünden, hätte die *positio* mit der Schilderung, wie der Papst ganz konkret seine menschlichen Fehler überwand und durch die Gnade Gottes wuchs, die Heiligkeit des Kandidaten belegen können. Doch Sünden sollten, wir wir wissen, in den *positiones* am besten nicht vorkommen. In den offiziellen *vitae* finden derartige Konflikte – das Ringen mit Verzweiflung, Stolz, Neid usw., das Rückschlüsse auf den Charakter zuläßt – allenfalls hier und da einmal in Zitaten aus den Schriften des Kandidaten Erwähnung. Sollen wir etwa glauben gemacht werden, daß Heilige ohne Sünde sind? *Positiones*, die sich ausschließlich mit den Tugenden und ihrer Vervollkommnung befassen, legen diese Vermutung nahe.

So wie das System zur Zeit funktioniert, sind die Theologenkonsultoren – aus rein verfahrenstechnischen Gründen, wie es scheint – aufgerufen, »sündenbereinigte« Lebensbeschreibungen zu beurteilen. Wird im Verlauf der Nachforschungen irgendwo – sei es in den Zeugenaussagen, in den privaten Papieren des Kandidaten, in den vatikanischen Archiven oder bei der Ausarbeitung der *positio* – eine schwere Sünde entdeckt, so ist das Verfahren wahrscheinlich zum Scheitern verurteilt. Im Rahmen der alten, juristisch geprägten Verfahrensordnung war es verständlich, daß der *patronus* des Kandidaten Hinweise auf schwere Sünden vermied; ihnen auf die Spur zu kommen war Aufgabe des *advocatus diaboli*. Dies geschah im Fall Pius' IX., dessen dritte und endgültige *positio* eine Antwort auf die zahlreichen Einwände war, die im Laufe der Zeit zusammengetragen worden waren. Nach der Abschaffung des alten, dialektischen Systems entscheiden der Postulator und der Relator über diese Fragen. Beide stehen sie unter Eid, nichts zu verheimlichen. Doch wenn das Verfahren die Diskussionsphase erreicht, erhalten die Theologenkonsultoren einen Text, der nur das Positive hervorhebt. Sie befassen sich eigentlich nur noch mit den auf die Bestätigung des Kandidaten abzielenden Indizien: Ermöglichen die Dokumente ein Urteil, das dem Kandidaten heroische Tugendhaftigkeit bescheinigt?

Insgesamt gesehen bin ich der Meinung, daß die Methode, nach der *positiones* bis jetzt verfaßt wurden, von ihrer Anlage her nicht imstande ist, dem Leben des Kandidaten in vollem Umfang gerecht zu werden. Um den gegenwärtigen Erfordernissen der Kongregation Rechnung zu tragen, sind die Autoren der *positiones* genötigt, Tugendbeweise einzubauen, die im Rahmen der Lebensgeschichte des Kandidaten unter Umständen völlig irrelevant sind. Auf der anderen Seite müssen sie widersprüchliche Indizien weglassen, obwohl gerade sie entscheidend zum Verständnis der einzigartigen Heiligkeit des Kandidaten beitragen könnten. Ich meine keineswegs, daß auf die Überprüfung der heroischen Tugendhaftigkeit (einschließlich der vier Kardinaltugenden) verzichtet werden soll – im Gegenteil: Die Verankerung der Heiligkeit in der Tugendhaftigkeit ist sogar besonders wichtig in einem Zeitalter wie dem unseren, in dem – zumindest im spirituell umnebelten Klima der Vereinigten Staaten – »Spiritualität« zum Sammelbegriff für gehobene Gefühlszustände aller Art geworden ist, die mit psychischer Selbstkontrolle und der vagen Kommunikation mit einer ebenso unbestimmten wie unverbindlichen höheren Macht einhergehen, mit Charakterstärke und moralischer Herausforderung jedoch nichts mehr zu tun haben. Was ich sagen möchte, ist vielmehr folgendes: Die einseitige Hervorhebung der Tugenden ohne gleichzeitige Würdigung der Fehler und Schwächen kann keine glaubhaften Heiligen schaffen. Wenn das Leben der Kandidaten nach Beweisen für die sieben Tugenden durchkämmt werden muß – was spricht dagegen, es auch auf Spuren der sieben Todsünden hin zu untersuchen?

Heilige, so wie ich sie mir vorstelle, sollten uns überraschen und nicht bloß moralischen und theologischen Erfordernissen genügen. Ihre Geschichten sollten uns in erster Linie nicht an die Großartigkeit eines tugendhaften Lebens erinnern, sondern an die Unvorhersehbarkeit dessen, was mit einem Menschen geschieht, der sich »von der allumfassenden Logik des Lebens in und durch Gott verwandeln« läßt. In diesem Sinn ist das Leben eines jeden echten Heiligen, um es mit Mahatma Gandhis berühmten Worten zu sagen, ein »Experiment mit der Wahrheit«. Der Sinn des Heiligsprechungsverfahrens besteht, so scheint es mir, darin, herauszufinden, ob das Experiment stattgefunden hat, und wenn ja, wie es ausgefallen ist.

Die Geschichte eines Heiligen handelt von Gott und seinem Verhältnis zu den Menschen. »Es ist eine furchtbare Sache, dem lebendigen Gott in die Hände zu fallen«, sagte Dorothy Day des öfteren. Eine Heiligenvita sollte daher keine zweitrangige Arbeit von Theologen sein, denen es lediglich darum geht, etwas zu beweisen, was längst bekannt und akzeptiert ist, sondern ein originärer theologischer Beitrag, der das vorhandene Material über ein durch göttliche Gnade verwandeltes Menschenleben mit christlichem Verständnis und mit christlicher Vorstellungskraft durchdringt. Heilige sind nicht Menschen mit anderen Erfahrungen. Sie machen die gleichen Erfahrungen wie du und ich – nur sehen und verstehen sie sie anders. Und genau dies unterscheidet sie sowohl von anderen Menschen als auch untereinander. Aufgabe der Heiligmacher sollte es sein, diesen spezifischen Unterschied herauszuarbeiten, um zu erhellen, welche neuen Einsichten die Liebe Gottes in dem jeweiligen Kandidaten hervorgerufen hat und wie sie Gestalt annimmt bei einem Mann oder einer Frau, die mit Christus sagen: »Nicht mein Wille, sondern der deine geschehe.« Das ist es, was alle Heiligen gemeinsam haben – und was jedem Heiligen in der christlichen Tradition seine Einzigartigkeit verleiht.

Die »Verheilichung« ist folglich ein Akt religiöser Imagination. Der Heilige stellt sich vor, wie es wäre, wenn er lebte wie Christus, in vollkommenem Gehorsam gegenüber dem Vater, und genau dies tut er schließlich. Die Gemeinde beobachtet den Heiligen und erzählt seine Geschichte: Auch dies ist ein Akt religiöser Imagination. Die Verantwortung der Heiligmacher liegt nicht nur darin, zu verifizieren, was die Gemeinde intuitiv erfaßt hat; sie müssen sich darüber hinaus in die religiöse Vorstellungswelt des Kandidaten einleben, um die Bedeutung seiner spezifischen Heiligkeit besser zu verstehen. Und wenn der Kandidat wahrhaftig heilig ist, so wird seine Geschichte wieder und wieder erzählt werden und als Parabel dienen, die die Kraft der göttlichen Gnade durchscheinen läßt.

Den kirchlichen Heiligmachern scheint die Imagination bedauerlicherweise nicht ganz geheuer zu sein. Seit der Reformation suchen sie Zuflucht beim kanonischen Recht und bei beweisbaren Fakten. Die Neigung, Heiligkeit mit heroischer Tugendhaftigkeit gleichzusetzen, ist in meinen Augen symptomatisch für die Unfähigkeit des Systems, einzusehen, daß auch die eigene Rekonstruktion der Heiligenleben Produkt der Imagination ist. De facto ist jede *positio* die Interpretation eines Lebens nach einem vom Licht des Glaubens erhellten System. Weil aber die Heiligmacher nicht willens sind, diesem Licht ihr volles Vertrauen zu schenken, halten sie nach Zeichen der göttlichen Bestätigung Ausschau – das heißt nach Wundern.

Wunder als Zeichen der Freundschaft Gottes

Es gibt im gesamten Prozeß der Heiligsprechung nichts, was den säkularen Geist so sehr fasziniert – oder empört – wie der Wunderbeweis. Er ist zudem eines der wenigen im Kreis der Heiligmacher diskutierten Themen. Die Ärzte in der medizinischen Kommission der Sachverständigen beharren, wie wir gesehen haben, mehr als alle anderen darauf, daß die Kirche auch in Zukunft vor der Kanonisierung eines Heiligen den Nachweis von Wundern verlangt, die durch seine Fürsprache gewirkt wurden. Für mich ist dies ein eindrucksvoller Beweis, daß nach wie vor Wunder geschehen. Noch eindrucksvoller wäre es freilich, wenn Dr. Raffaello Cortesini, der Präsident der Kommission, seinen Plan in die Tat umsetzen würde, die Fälle, an denen er mitgewirkt hat, zusammen mit der jeweiligen Dokumentation zu veröffentlichen. Er sollte allen Medizinern und Naturwissenschaftlern die Stringenz der

Wunderprozesse und die Beurteilungskriterien der Kommission vorführen.

Ich glaube, daß sich viele Augen auf die Wunder richten. Das Wunderbare auf das zu beschränken, was für die moderne Wissenschaft als nicht erklärbar gilt, bedeutet eine Verengung der traditionellen Bedeutung von Wundern als Zeichen der Freundschaft Gottes. Angenommen, die Gläubigen würden ihre Gebete um Gottes Hilfe ab morgen ausschließlich an Christus richten und folglich durch die Fürsprache von Heiligen vermittelte Wunder unmöglich machen, eben weil sie keiner mehr darum bittet – würde dies die Zahl oder die Bedeutung der Heiligen in irgendeiner Weise beeinträchtigen? Da Katholiken überdies nicht verpflichtet sind, an die einem Heiligen offiziell zugeschriebenen Wunder zu glauben – die Einzelheiten der Wunder bleiben ohnehin weitgehend Betriebsgeheimnis, über das nur die unmittelbar Beteiligten Bescheid wissen –, scheint es auszureichen, wenn ein Kandidat weithin um seines Segens willen angerufen wird. Wie die (vorläufig beendete) Suche nach einem Wunder, das Kardinal Newman zugesprochen werden kann, zeigt, beeinträchtigen fehlende Wunder nicht den Ruf der Heiligkeit.

In der Praxis steht es dem gegenwärtigen Papst ebenso wie jedem künftigen frei, auf den Wundernachweis zu verzichten. Und in Fällen wie dem Newmans sollte er es meines Erachtens auch tun. Es genügt, glaube ich, daß eine große Zahl von Menschen zu Newman um Rat und Erkenntnis betet. Andererseits wäre ich enttäuscht, wenn die Kirche gänzlich auf Wunder als Zeichen göttlicher Bestätigung verzichten würde. Wie die Gnade sind sie Geschenke – und wer sind wir, zu sagen, daß Gott nicht auf die Gebete reagiert, die wir an die Heiligen richten? Man frage nur jemanden, der auch nur ein einziges Mal für einen schwerkranken Freund gebetet hat. Nicht alle Wunder sind das Werk der modernen Wissenschaft. Und wer darauf beharrt, daß »Wissenschaft« letztlich alles erklären wird, der verleiht lediglich einer anderen Form von Gläubigkeit Ausdruck.

Die Kirche sollte allerdings einmal darüber nachdenken, ob sie nicht auf das für die Seligsprechung erforderliche Wunder verzichten kann. Lassen wir doch die Seligen wieder zu dem werden, was sie einst waren – »Lokalmatadoren« –, anstatt in ihnen bloß Aspiranten für noch höhere kirchliche Ehren zu sehen. Lassen wir das Ausmaß des Kults entscheiden, wer der universalen Verehrung würdig ist und wer nicht. Und lassen wir die Kirche Wunder, so wie sie sie versteht, nur von Heiligsprechungskandidaten verlangen.

Orthodoxie und Heiligkeit

Als kirchlicher Prozeß, der sie nun einmal ist, soll die Kanonisierung verständlicherweise den authentischen katholischen Glauben widerspiegeln. Dennoch ist mir gänzlich unklar, welche Art von Orthodoxie von einem Heiligen verlangt wird, oder umgekehrt, wie weit ein Kandidat von der Orthodoxie abweichen darf, bis ihn der Bannstrahl der Verfahrenseinstellung trifft. Der heilige Thomas von Aquin sprach sich zum Beispiel, sechs Jahrhunderte bevor sie zum Glaubensdogma erklärt wurde, gegen die Lehre von der Unbefleckten Empfängnis Mariens aus (das heißt gegen die Lehre, daß Maria ohne Erbsünde auf die Welt kam), bleibt aber trotzdem ein Heiliger. Carlo Borromeo stellte die weltliche Macht des Papsttums in Frage – zu jener Zeit immerhin ein Glaubenssatz – und wurde schließlich trotzdem heiliggesprochen. Meister Eckart hingegen, der mittelalterliche Mystiker und Prediger (um 1260–1328), war ein durchgeistigter Dominikanermönch, der in Gehorsam gegenüber der Kirche starb. Aber weil einige seiner theologischen Gedanken nach seinem Tode von Rom verdammt wurden, wird er wahrscheinlich nie heiliggesprochen werden. Ähnliches gilt für den jesuitischen Mystiker und Wissenschaftler Pierre Teilhard de Chardin (1881–1955), der wegen seiner Überlegungen über das Verhältnis zwischen Schöpfungsgedanken und Evolution vom Vatikan zeitweise zum Schweigen (und damit auch um die notwendige Kritik) gebracht wurde, dessen weltweiter Ruf aber vor allem auf seine tiefe christliche Spiritualität zurückzuführen ist, wie sie in seinem Werk *Der göttliche Bereich* und anderen Schriften zum Ausdruck kommt.

Intellektuelle sind, wie uns der Fall Kardinal Newmans gezeigt hat, als Heiligsprechungskandidaten benachteiligt, weil sie den Dingen auf den Grund gehen und den Glauben in einzelnen Aspekten neu interpretieren. Sie unterliegen dem Risiko, Fehler zu machen – und erhöhen es mit jeder neuen Publikation. Ich möchte hier keine Lanze brechen für Meister Eckart oder Teilhard de Chardin, stelle aber ein System in Frage, das nach meinem Dafürhalten all jene bestraft, deren geistige Vorstöße und Formulierungen nicht immer mit der gerade vorherrschenden kirchlichen Orthodoxie übereinstimmen. Bestünde nämlich der christliche Glaube lediglich aus einem unveränderlichen und ständig wiederholten Katalog autoritärer Lehrsätze, wäre jede Abweichung leicht auszumachen. Doch das Christentum beruht auf Wahrheiten, die letztlich ein Geheimnis sind. Aufgabe der christlichen Denker ist es, dieses Geheimnis unter den Bedingungen des sich wandelnden menschlichen Wissens und der menschlichen Kultur aufzuhellen. Jedenfalls gehört es zur Natur einer dynamischen Orthodoxie, daß sie sich in der Retrospektive ihrer immer gewiß sein kann. Um einen Gedanken Newmans aufzugreifen: Dem Evangelium treu zu sein heißt: sich verändern, orthodox (rechtgläubig) sein, heißt: sich oft verändert zu haben.

Gegenwärtig sieht es freilich anders aus: Je vorsichtiger und konventioneller ein katholischer Denker ist, desto größer sind seine Chancen, heiliggesprochen zu werden. Vielleicht fürchtet man, mit der Kanonisierung eines Denkers auch all seine Schriften zu kanonisieren. Doch das Beispiel der Päpste hat gezeigt, daß die Kanonisierung des Menschen nicht die Bestätigung seiner päpstlichen Amtsführung impliziert. In einem Prozeß, der das Leben eines Menschen so gründlich untersucht wie das kirchliche Heiligsprechungsverfahren, wird es doch gewiß möglich sein, hinter allen Gedanken, Argumenten und Worten, die ein Denker von sich gibt, den forschenden Geist zu erkennen. Im Umgang mit christlichen Denkern und Mystikern wären die Heiligmacher, glaube ich, wohl beraten, eine Betrachtung Simone Weils zu beherzigen, die sich ausgiebig mit spiritueller Theologie befaßt hatte und mit der entsprechenden innerchristlichen Diskussion vertraut war. Als sie das folgende schrieb, dachte sie an Mystiker, doch dürften ihre Worte – mit gewissen Einschränkungen – auch auf Intellektuelle zutreffen:

> »Ein Kollektiv ist Hüter des Dogmas; und das Dogma ist ein Gegenstand der Betrachtung für die Liebe, den Glauben und die Vernunfteinsicht, drei streng individuelle Vermögen. Daher ein Unbehagen des Individuums innerhalb des Christentums, fast seit seinem Ursprung, und in Sonderheit ein Unbehagen der Vernunfteinsicht. Es läßt sich nicht ableugnen.
> Christus selber, der die Wahrheit selbst ist, würde, wenn er vor einer Versammlung, etwa einem Konzil, spräche, nicht die gleiche Sprache führen, deren er sich im vertraulichen

Gespräch mit seinem liebsten Freunde bediente, und gewiß könnte man durch die Gegenüberstellung von Aussprüchen ihn mit dem Anschein der Wahrheit des Widerspruchs und der Lüge zeihen. Denn infolge eines jener Naturgesetze, die Gott selber achtet, weil er sie in alle Ewigkeit will, gibt es zwei völlig verschiedene Sprachen, obgleich sie sich aus den nämlichen Worten zusammensetzen: die Kollektivsprache und die Einzelsprache. Der Tröster, den Christus uns sendet, der Geist der Wahrheit, spricht je nach Gelegenheit bald die eine, bald die andere Sprache, und nach der Notwendigkeit der Natur findet keine Übereinstimmung statt.
Wenn authentische Freunde Gottes – und ein solcher war meinem Gefühl nach Meister Eckart – dergleichen Worte wiederholen, die sie im Verborgenen, im Schweigen, während der liebenden Einigung vernommen haben, und diese Worte dann mit der Lehre der Kirche nicht übereinstimmen, so liegt dies nur daran, daß die Sprache des Marktes nicht die des Brautgemachs ist.«

Müssen Heilige katholisch sein?

Kurz nach dem Zweiten Vatikanischen Konzil wurde ein Mitglied der Kongregation von einer kleinen Gruppe Protestanten aufgesucht und gefragt, ob Rom nicht die Heiligsprechung von Dietrich Bonhoeffer in Erwägung ziehen wolle. Der protestantische Pfarrer und Theologe war 1945 von den Nazis hingerichtet worden. Die Kanonisierung, so die Besucher, wäre nach Jahrhunderten der Verketzerung eine aufsehenerregende Bestätigung der »bestehenden, aber unvollständigen« Gemeinschaft zwischen Rom und seinen »getrennten Brüdern«. Die Antwort lautete, die Heiligsprechung Bonhoeffers wäre eine Form von Wilderei. Den Besuchern wurde nahegelegt, wenn die Protestanten Bonhoeffer für einen Heiligen hielten, so sollten sie ihm die Ehre doch selber antun.

Ich habe großes Verständnis für diese Haltung. Protestanten kennen prinzipiell keine Heiligenverehrung, die mit der katholischen vergleichbar wäre, gedenken jedoch bestimmter Heiliger, darunter auch Bonhoeffers. Es wäre jedoch anmaßend, Leben und Sterben Bonhoeffers den vatikanischen Untersuchungsmethoden zu unterwerfen, und er hätte vermutlich auch sehr große

Schwierigkeiten, die Prüfung in römisch-katholischer Orthodoxie zu bestehen. Zudem würde die Heiligsprechung von jemandem, der einem anderen christlichen Bekenntnis angehört, zweierlei implizieren: zum einen, daß nur diejenigen »richtige« Heilige sind, die Rom kanonisiert hat, und zum anderen, daß die Unterschiede im Glauben und im Ritus, welche die verschiedenen christlichen Kirchen voneinander trennen, im Grunde nur geringfügig sind.

Die erste Annahme ist eindeutig falsch. In seiner Abhandlung über die Selig- und Heiligsprechung diskutierte Prospero Lambertini schon vor zwei Jahrhunderten den Fall eines nichtkatholischen Christen, der für den wahren Glauben an Jesus Christus gestorben war, und kam dabei zu dem Schluß, daß eine solche Person aus der Sicht Gottes, wenn auch nicht aus der Sicht der Kirche, ein Heiliger sei. Mit anderen Worten: Rom erhebt nur Ansprüche in eigener Sache, die Kanonisierung ist ein kirchlicher Akt, also eine Tat der Kirche für die Kirche. Dennoch scheint die katholische Kirche nach einem Weg zu suchen, um auch nichtkatholische Christen anzuerkennen, soweit sie die Voraussetzungen erfüllen. Dies gilt zumindest für Märtyrer. So kanonisierte Papst Paul VI. 1964 22 schwarze Märtyrer aus Uganda, die 1886 brutal ermordet worden waren, darunter 17 jugendliche Diener des geisteskranken Königs von Uganda. Während der Verfolgungen erlitten auch zwei Dutzend anglikanische Christen für ihren Glauben den Märtyrertod. Der Papst trug ihrem Blutzeugnis Rechnung, indem er hinzufügte: »Und wir wollen auch nicht die anderen vergessen, die dem anglikanischen Bekenntnis angehörten und im Namen Christi gestorben sind.«

Trotz allem bleiben hinsichtlich der Bedeutung und der Verehrung der Heiligen eine Reihe von Unterschieden bestehen, über die auch ökumenische Goodwillgesten nicht hinwegtäuschen können. Während ich dieses Buch vorbereitete und schrieb, gab es zum Beispiel in den Vereinigten Staaten einen mit einem gemeinsamen Forschungsprojekt verbundenen Dialog über die Rolle der Heiligen im christlichen Glaubensleben unter besonderer Berücksichtigung der Gottesmutter Maria. Teilnehmer waren – als offizielle Vertreter ihrer Kirchen – katholische und protestantische Gelehrte. Im Februar 1990 stellten sie ein gemeinsames Thesenpapier vor, in dem Gemeinsamkeiten und Konfliktfelder kurz umrissen wurden. Obwohl beide Seiten den gemeinsamen Glauben an Jesus Christus als »einzigen Mittler« zwischen den Gläubigen und »dem Vater« bekräftigten, gaben sie zu, daß die Einstellungen der beiden Konfessionen zu den Heiligen nach fast 500 Jahren Spaltung doch stark voneinander abwichen.

Einige Unterschiede waren glaubensmäßiger Art: Die Protestanten waren zum Beispiel bereit, den pädagogischen Wert der Heiligen und ihrer Geschichten als Vorbild für die Gläubigen anzuerkennen (dies hatte schon Martin Luther getan). Die Heiligen jedoch im Gebet um Hilfe anzuflehen – dafür gebe es weder eine biblische Rechtfertigung, noch sei dies theologisch vereinbar mit Luthers Prinzip der alleinigen Rechtfertigung (Rettung) durch den Glauben an Jesus Christus. Es sei ebenso unnötig wie unwirksam.

In ihrer Antwort machten die Katholiken klar, daß die Anrufung der Heiligen um Fürsprache ihnen in keiner Weise die Vollmacht und die Herrlichkeit verleihe, die allein Christus gebühren. Gebete an die Heiligen konkurrieren nicht mit den Gebeten zu Gott, weil nur Gott durch Christus Gebete beantwortet. Die Anrufung der Heiligen, so die Katholiken, lenke im Gegenteil verstärkt die Aufmerksamkeit auf Christus – werde er doch durch die Verehrung jener, in denen er über die Sünde triumphiere, verherrlicht.

Die Katholiken gaben nichtsdestoweniger bereitwillig zu, daß es bei der Heiligen- und insbesondere der Marienverehrung zu Mißbräuchen gekommen sei und auch heute noch komme. Ferner wiesen die katholischen Theologen darauf hin, daß die Kirche Verehrung und Anrufung der Heiligen zwar empfehle, aber kein Papst und kein Konzil sie für obligatorisch erklärt habe. Beide Seiten stimmten darin überein, daß die glaubensmäßigen Differenzen über die Heiligen nicht so gravierend seien, daß sie nicht überwunden werden könnten.

Doch die Unterschiede in der Glaubenslehre sind letztlich nicht der springende Punkt. Wenn Martin Luther immer wieder betonte, es komme auf den Glauben *allein*, die Schrift *allein* und Christus *allein* an, so verrät dies ein anderes Verständnis der Geschichte des Christentums, als es sich in der von Überlieferung geprägten römisch-katholischen Erfahrung manifestiert. In ihrer abschließenden Reflexion sagen die katholischen Gelehrten:

>»In der katholischen Tradition ist Jesus Christus niemals gänzlich allein. Stets befindet er sich in Gesellschaft von Freunden, lebender wie toter gleichermaßen. Es ist eine ka-

tholische Grunderfahrung, daß diese Freunde Jesu Christi, vorausgesetzt, man erkennt sie und appelliert an sie im rechten Glauben, das eigene Gefühl der Gemeinschaft mit Christus stärken. Wir könnten sagen, es bleibt alles in der Familie; wir sind Teil eines Volkes. Heilige zeigen uns, wie die Gnade Gottes in einem Leben wirken kann; sie geben uns strahlende Muster der Heiligkeit; sie beten für uns. Die Gemeinschaft mit den Heiligen im Geiste Christi bestärkt uns in unserem Glauben. Sie ist schlichtweg Teil unseres katholischen Selbstverständnisses, ein Verbundensein mit Millionen anderen Menschen – nicht nur überall in der Welt, sondern auch über die Zeiten hinweg. Jene, die uns im Glauben vorangeschritten sind, sind noch immer lebendige Glieder des Körpers Christi, und auf unvorstellbare Weise sind wir alle miteinander verbunden.«

In der katholischen Tradition über Heilige zu sprechen weckt folglich bestimmte Empfindungen – jene »unbewußten Überzeugungen von dem, was real ist und was nicht«. Sinn ergeben katholische Heilige nur in einer Welt, in der der »Körper Christi« mehr ist als nur eine Metapher. Wer die Heiligen anruft, ist davon überzeugt, daß es zwischen den Gläubigen auf Erden und jenen, die bei Gott sind, eine organische Verbindung »in Christus« gibt, die stärker und realer ist als die biologischen, psychologischen, sozialen und emotionalen Bande, die in diesem Leben die menschliche Solidarität aufrechterhalten.

Wozu brauchen wir Heilige?

Bei den Vorbereitungen zu diesem Buch wurde ich von zahlreichen Menschen, darunter auch mehreren aus dem Vatikan, gefragt, warum ich mich für das Heiligsprechungsverfahren interessiere. Anfangs lautete meine Antwort: weil bisher niemand in befriedigender Weise erklärt hat, wie es verläuft und warum es stattfindet. Nachdem ich inzwischen das Verfahren aus erster Hand kennengelernt habe, erkenne ich einen weiteren Grund: weil Heilige wichtig sind. Und daraus folgt, daß die Art und Weise ihrer Entstehung ebenfalls wichtig ist – und zwar nicht nur für jene Katholiken, die Heilige verehren, sondern für jeden, der ernsthaft die Frage stellt: »Was bedeutet es, voll und ganz Mensch zu sein?«

Heiligkeit impliziert »Ganzheit«. Doch um es mit John Coleman zu sagen: Heiligkeit »erschüttert oft unsere herkömmlichen Vorstellungen von dem, was ein menschliches Leben ›ganz‹ macht«. Das Streben nach Heiligkeit ist etwas anderes als das Streben nach einem »erfüllten« oder einem moralisch »guten« Leben. Heilige setzen konventionelle Realitäts- und Wertvorstellungen außer Kraft. Die Faszination, die von den Heiligen ausgeht, liegt, wie Coleman scharfsinnig bemerkt, »in ihrer Macht, uns über die Tugend hinaus zur Quelle der Tugend zu locken«. Nicht das Nachahmenswerte macht die Heiligen interessant – echte Heilige gehören nicht zu den Leuten, die es darauf anlegen, »ein gutes Beispiel zu geben« –, sondern das nicht Imitierbare. Mit jedem neuen Heiligen wird eine »furchtbare Schönheit geboren«.

Doch wer interessiert sich heutzutage überhaupt noch für Heilige? Gewiß, die katholische Kirche setzt immer neue Namen auf ihre offizielle Heiligenliste. Doch nur sehr wenige der Kanonisierten sind außerhalb eng umgrenzter Gebiete bekannt. Selbst in der katholischen Liturgie ist es stiller geworden um die Heiligen und ihre Festtage, und in Kreisen katholischer Theologen wird nur selten über Heilige diskutiert.

Und außerhalb der Kirche? Unter Religionswissenschaftlern und Kulturhistorikern ist es ein Gemeinplatz, daß der Heilige als Ideal in den modernen westlichen Gesellschaften nur mehr ein Schattendasein führt. In dieser Hinsicht unterscheidet sich sein Schicksal nicht von dem des Stars: Schnellebige Gesellschaften lieben Zelebritäten – charismatische Personen, die sich kurzer Berühmtheit erfreuen. Wer hingegen durch sein persönliches Beispiel die Schlußfolgerung herausfordert, daß alle Menschen gleich sind, gilt von vornherein als verdächtig. Martin Luther, der beharrlich betonte, daß in den Augen Gottes selbst die Heiligen Sünder sind, war in diesem Sinn der Prophet der modernen Welt – einer Welt, in der keiner wirklich besser ist als der andere.

»Die großen Revolutionen in der Menschheitsgeschichte verändern nicht das Antlitz der Erde«, schreibt der Literaturhistoriker Erich Heller. »Sie verändern das Antlitz des Menschen, das Bild, das er von sich hat und von der Welt um sich herum. Die Erde folgt ihnen lediglich.« Wenn dem so ist – was ist das für eine Gesellschaft, die den Heiligen nicht ertragen kann? Was fehlt den Gesellschaften, in denen es auf den Heiligen nicht mehr ankommt?

Bindung: Der Heiligenkult setzt voraus, daß es eine Verbindung gibt zwischen all jenen, die einmal gelebt haben, und jenen, die noch leben werden – das heißt, es gibt tatsächlich ein irdisches Fundament für die Gemeinschaft der Heiligen. Wäre dem nicht so, so erübrigten sich die Gebete zu verstorbenen Heiligen ebenso wie die Gebete füreinander. Die Vorstellung jedoch, daß alle Menschen über Raum- und Zeitgrenzen hinweg, ja sogar über den Tod hinaus miteinander verbunden sind, widerspricht den Erfahrungen und der Ideologie der westlichen kapitalistischen Gesellschaften, die das autonome Individuum vergötzen. Hier wird selbst das sichtbare, aus Ehe, Familie und Gemeinschaft bestehende Bindegewebe als willkürliche Einschränkung persönlicher Freiheit empfunden. Wenn traditionelle Bande sich auflösen, wächst die Tendenz zu Kollisionen. Wie Billardkugeln prallen die vereinzelten Individuen aufeinander. Wie können wir uns Heilige vorstellen und sie feiern, wenn uns – wie der Soziologe Robert Bellah über die modernen Amerikaner schreibt – »Erinnerungsgemeinschaften fehlen, die uns an die Vergangenheit binden und uns als Hoffnungsgemeinschaften den Blick für die Zukunft öffnen«?

Verwurzelung: Die abendländische Gegenwartskultur zielt auf den autonomen Menschen ab, der als Bürger mit anderen kooperiert, ansonsten aber weitgehend isoliert bleibt. Individualismus, Nützlichkeitsdenken und Selbstverwirklichung prägen die Wertvorstellungen unserer Zeit. Frei sein heißt, die Kontrolle zu behalten. Gelegentlich werden wir jedoch noch von einem machtvollen archaischen Sog ursprünglicher Gemeinschaft und unentrinnbarer Abhängigkeit erfaßt. Wir entdecken, daß wir letztlich doch Teil einer gemeinsamen Geschichte sind. Heute, in dieser letzten Dekade des Jahrtausends, könnte man sagen, daß die neue, alles andere überlagernde Geschichte die Geschichte der Umwelt ist. Durch sie erkennen wir, daß wir alle das Schicksal desselben Planeten und seiner Ökosysteme teilen. Wir werden, mit einer gewissen Demut und ökologischer Bonhomie, zu »Freunden der Erde«.

Um mit der Erde kommunizieren zu können, müssen wir uns freilich erst einmal ihre Geschichte anhören. Und dabei stellt sich heraus: Es geht um Evolution. Je nachdem, wie die Geschichte erzählt wird, erscheint die Menschheit entweder als selbstbewußte Spezies, in der die Evolution ihren höchsten Ausdruck findet, oder aber als Zufallsprodukt eines willkürlichen Prozesses, der flüstert: »Außer mir ist da nichts.« Egal wie, Evolution – können wir daran noch zweifeln? – ist der neue Mythos, den wir brauchen.

Ein Freund Gottes zu sein ist, zumindest in einer Hinsicht, das gleiche, wie ein Freund der Erde zu sein. Um noch einmal Coleman zu zitieren: »Heilige (in allen religiösen Traditionen) regen uns dazu an, unser Leben nach anderen Werten als nur nach Überlegenheit, Nützlichkeit, Autonomie und Macht auszurichten. Als freie Werkzeuge einer höheren Gnade und Vehikel transzendentaler Macht verschaffen sie uns die Vision von einem Leben, das die Empfänglichkeit und den Austausch betont.« Mit anderen Worten: Selfmadeheilige gibt es ebensowenig wie Selfmademen (sosehr uns dies ein alter amerikanischer Mythos auch suggeriert). Wenn wir den Heiligen glauben können, dann sind es Geschenke und Gaben, die uns als Menschen Erfüllung bringen: Was das Geschenk des Lebens beginnt, vollendet das Geschenk der Gnade.

Um ein Freund Gottes zu sein, muß man daher zuerst die Geschichte Gottes erfahren. In jeder religiösen Tradition sind es die Heiligen, die uns enthüllen, was Gott vorhat. Heilige Texte sind natürlich wichtig, doch offenbaren sie uns nur den Kern der Handlung. Nach christlichem Verständnis offenbart Jesus Christus das Wesen und die Ziele Gottes, doch Christen begreifen sie nur, wenn sie sich seine Geschichte zu eigen machen. Hier liegt die Bedeutung der Heiligen für alle Christen.

Besonderheit: Christliche Heiligkeit ist inkarnativ. Jeder Heilige besetzt seine eigene ökologische Nische: zeitlich, räumlich und umstandsbedingt. Die Bedeutung, die Christen seit jeher Grabmälern, Wallfahrtsorten und Pilgerreisen zugemessen haben, zeugt von dem Glauben, daß Gottes Vorsehung sich im Örtlichen, Begrenzten, Besonderen manifestiert. Da die Gnade allgegenwärtig ist, hat das Besondere Ewigkeitswert.

Doch wenn christliche Heiligkeit im Zeitalter eines sich erweiternden globalen Bewußtseins Anerkennung finden soll, dann ist ein neuer Heiligentyp erforderlich – oder zumindest ein neues Bewußtsein für die Bedürfnisse nach Heiligkeit. Simone Weil sah dies mit großer Klarheit. In ihrem letzten Brief an Pater Jean-Marie Perrin – am 26. Mai 1942, kurz vor ihrem Tod – schrieb sie, daß Heilige »Genie« brauchen, um das »Hier und Jetzt« in einer Weise zu beleuchten, wie es die Heiligen der Vergangenheit nicht mehr vermögen. »Ein neuer Typus der Heiligkeit«, malte sie aus, »das ist wie der Ausbruch eines innersten Quells... beinahe so etwas wie eine neue Offenbarung des Weltalls und der menschlichen Bestimmung... Nur eine Art von Perversität kann die Freunde Gottes veranlassen, sich dessen zu berauben, daß sie Genie haben; denn um einen Überreichtum an Genie zu empfangen, genügt es, daß sie es im Namen Christi von ihrem Vater erbitten.«

Nur Gott schafft Heilige. Und doch ist es unsere Aufgabe, ihre Geschichten zu erzählen. Dies ist im Endeffekt die einzige Rechtfertigung für das Verfahren der »Heiligmachung«. Welche literarische Form schickt sich für einen Heiligen? Eine Tragödie gewiß nicht. Eher schon vermag die Komödie die spielerische Fröhlichkeit echter Heiligkeit und die höchste Logik eines in und durch Gott gelebten Lebens zu erfassen. Vonnöten ist auch ein Element der Spannung: Der Ausgang der Fabel bleibt bis zum Ende ungewiß. Wahre Heilige sind die allerletzten auf dieser Erde, die – in diesem oder im nächsten Leben – ihre eigene Erlösung als Selbstverständlichkeit ansehen.

Ich vermute, daß die Geschichte eines Heiligen immer eine Liebesgeschichte ist. Es ist die Geschichte eines liebenden Gottes und eines Geliebten, der lernt, wie er sich revanchieren und diese »strenge und schreckliche Liebe« teilen kann – eine Geschichte, die Mißverständnis und Täuschung, Verrat, Verheimlichung, Verdrehung und Charakterentblößung einschließt. Es ist, wenn man den Heiligen trauen kann, *unsere* Geschichte. Doch ein Heiliger zu sein heißt nicht, ein einsamer Liebhaber zu sein. Es heißt vielmehr, mit allen und allem Lebenden eine tiefere Gemeinschaft einzugehen.

ANHANG

Interrogatorien

Seit dem Mittelalter sind Zeugenaussagen über die Tugenden oder das Martyrium des Kandidaten unabdingbarer Bestandteil des Heiligsprechungsprozesses. Die folgenden Interrogatorien (Fragenkatalog) *wurden von der Kongregation für Heiligsprechungsprozesse ausgearbeitet und dienten während des* apostolischen Prozesses *bei den Anhörungen in Amerika dazu, Informationen über Mutter Katharine Drexel aus Philadelphia zu gewinnen. Sie wurde am 20. November 1988 seliggesprochen.*

1. Wie heißen Sie?
2. Haben Sie die Protokolle mit den Zeugenaussagen über die Dienerin Gottes, Katharine Marie Drexel, gelesen?
3. Verfügen Sie über irgendwelche zusätzlichen Informationen, die nicht in diesen Protokollen enthalten sind?
4. Haben Sie irgendwelche Informationen über den ersten Lebensabschnitt Katharine Drexels, die über das hinausgehen, was in den Protokollen steht? Bitte nennen Sie sie.
5. Haben Sie irgendwelche persönlichen oder sonstigen Kenntnisse, welche die religiöse Berufung Katharine Drexels belegen? Wenn ja, teilen Sie sie uns freundlicherweise mit.
6. Welche Tatsachen sind Ihnen über Katharine Drexels Berufung bekannt?
7. Welche Tatsachen sind Ihnen bekannt über die Errichtung der Religious Congregation of the Sisters of the Blessed Sacrament und die Rolle, die Mutter Katharine Drexel dabei spielte?
8. Welche geistlichen Übungen standen im Mittelpunkt des geistlichen Lebens der Sisters of the Blessed Sacrament?
9. Wann, wie lange und in welcher Weise hatten Sie mit Mutter Katharine Drexel zu tun?
10. Wie oft hatten Sie persönlichen Kontakt zu Katharine Drexel?
11. Wie beurteilten Sie die Autorität Mutter Katharines im Umgang mit den Schwestern der Ordensgemeinschaft?

12. War Mutter Katharine Ihrer Meinung nach gerecht oder zu streng im Umgang mit den Schwestern? Können Sie Ihre Antwort begründen?
13. Glauben Sie, daß Mutter Katharine Drexel bei ihrer Tätigkeit für die Ordensgemeinschaft die klügsten Anweisungen gab? Wenn nicht, warum?
14. Wie beurteilen Sie das Verhältnis zwischen Mutter Katharine und ihrer Schwester, Mrs. Morrell? Bitte erläutern Sie Ihre Antwort.
15. Sind Sie der Meinung, daß Mutter Katharine Drexel die Tugenden Glaube, Hoffnung und Liebe gut praktiziert hat? Wenn nicht: Bei welchen Tugenden zeigte sie Schwächen: a) Im Glauben? b) In der Hoffnung? c) In der Liebe?
16. Glauben Sie, daß Katharine Drexels Leben deutlich macht, daß sie in all ihren Aktivitäten von großer Nächstenliebe geleitet wurde?
17. Was würden Sie über die Art und Weise sagen, die Mutter Katharine Drexel im Umgang mit a) Mitgliedern des Ordens, b) kranken Mitgliedern des Ordens, c) den Angestellten, d) Kindern walten ließ?
18. Wissen Sie, ob Mutter Katharine Drexel bei ihren Entscheidungen Anleitung suchte?
19. Wie nahm Mutter Katharine Drexel die Weisungen ihrer Oberen an?
20. Würden Sie die Art und Weise, wie Mutter Katharine Drexel die Geschicke der Sisters of the Blessed Sacrament leitete, als klug bezeichnen?
21. Suchten andere Menschen Rat bei Mutter Katharine Drexel? Wenn ja, wie oft und warum?
22. Trat Mutter Katharine Drexel für die Rechte anderer ein?
23. Verlangte sie zuviel von anderen? Wenn ja, nennen Sie Beispiele.
24. Wie denken Sie über die Strafen, die Mutter Katharine über die Schwestern verhängte? Entsprachen sie dem jeweiligen Anlaß? Bitte nennen Sie Beispiele.
25. Wie erfolgreich war Mutter Katharine in der Anfangszeit bei der Vergrößerung der Gemeinschaft?
26. Sind Sie der Meinung, daß es ein Zeichen von Mut war, wenn Mutter Katharine Mühsale auf sich nahm? Wenn nicht, warum nicht?
27. Zeigte Mutter Katharine Betroffenheit über die Not anderer? Wenn nicht, nennen Sie bitte Beispiele.
28. Zeigte sich Mutter Katharine bei ihren Tätigkeiten und Arbeiten als selbstbeherrschte Person? Wenn nicht, nennen Sie bitte Beispiele für fehlende Selbstbeherrschung.
29. Suchte Mutter Katharine das Lob anderer, oder war sie in ihrem Tun stets demütig?
30. Welche Einstellung hatte Mutter Katharine zur Armut? Welches Beispiel gab sie den Mitgliedern ihrer Gemeinschaft, das diesen einen Eindruck vom wahren Geist der Armut zu vermitteln imstande war?
31. Bewahrte Mutter Katharine den Geist der Keuschheit?

32. Wie vermittelte Mutter Katharine den Mitgliedern ihrer Gemeinschaft das Verständnis für den wahren Geist der Keuschheit?
33. Griff Mutter Katharine zur Bewahrung der Keuschheit anderer zu übertriebenen Mitteln?
34. Wie zeigte Mutter Katharine ihren wahren Geist des Gehorsams?
35. War Mutter Katharine den verschiedenen kirchlichen Autoritäten gegenüber, deren Untergebene sie war, immer gehorsam?
36. Wie nahm Mutter Katharine die Weisungen auf, die ihr von diesen Autoritäten gegeben wurden?
37. Glauben Sie, daß Mutter Katharine die Bedeutung des Gehorsams stets richtig einschätzte? Wenn nicht, warum nicht?
38. Wie verhielt sich Mutter Katharine gegenüber der Rassentrennung? Wie bekämpfte sie dieses Problem?
39. Wie verbrachte Mutter Katharine die letzten Jahre ihres Lebens?
40. Hatten Sie mit Mutter Katharine während der Zeit ihres Dahinsiechens zu tun? Wenn ja – nahm sie ihr Leiden in einer Weise hin, die auf ihre Bereitschaft zum Leiden schließen ließ? Wenn nicht, erläutern Sie Ihre Antwort.
41. Haben sich die Schwestern, die während der Krankheit mit Mutter Katharines Pflege betraut waren, jemals über diese Aufgabe beschwert? Wenn ja, wie lauteten ihre Beschwerden im einzelnen?
42. Wissen Sie etwas über den Tod Mutter Katharine Drexels?
43. Glauben Sie, daß ihr Begräbnis Hinweise darauf gab, daß sie als heilige oder heiligmäßige Person angesehen wird? Wenn nicht, erläutern Sie bitte Ihre Antwort.
44. Glauben Sie, daß Mutter Katharine zu ihren Lebzeiten im Ruf der Heiligkeit stand? Wenn nicht, erläutern Sie bitte Ihre Antwort.
45. Wie viele Menschen hielten Mutter Katharine zu Lebzeiten schon für heilig?
46. Wie viele Personen, die mit Mutter Katharine zu tun hatten, stellten den Ruf ihrer Heiligkeit in Frage? Warum stellten sie diesen Ruf in Frage?
47. Ist Mutter Katharines Ruf der Heiligkeit nach ihrem Tod gewachsen?
48. Gibt es irgend jemanden, der zu Katharine Drexel nach ihrem Tod um Fürsprache gebetet hat?
49. Wissen Sie, ob durch die Fürbitte Mutter Katharines nach ihrem Tod irgendwelche Gnadenerweise erwirkt worden sind?
50. Glauben Sie, daß Mutter Katharine heutzutage einen weitverbreiteten Ruf der Heiligkeit genießt?
51. Halten Sie Mutter Katharine heute für eine heiligmäßige Person? Wenn nicht, warum nicht?

Anmerkungen

Alle Zitate von lebenden Personen sind, sofern nicht anders angegeben, den Interviews des Autors entnommen.

Einführung

13 Zu Mutter Teresas Leben vgl. Eileen Egan, *Such a Vision of the Street: Mother Teresa – the Spirit and the Work,* New York 1986.
14 ...die russisch-orthodoxe Kirche...: Ein kurzer Abriß zu Geschichte und Kanonisierungsverfahren der russisch-orthodoxen Kirche einschließlich einer Liste der von ihr Kanonisierten findet sich in: Metropolit Juvenalij von Krutitsy und Kolomna, »The Canonization of Saints in the Russian Orthodox Church«, hrsg. von *der Landeskirche der russisch-orthodoxen Kirche* anläßlich der Tausendjahrfeier der Christianisierung Rußlands, die vom 6.–9. Juni 1988 in der UdSSR stattfand (vervielfältigtes Manuskript).
15 ...von anderen für andere vorgenommen: Pierre Delooz, »Toward a Sociological Study of Canonized Sainthood in the Catholic Church«, in: Stephen Wilson (Hrsg.), *Saints and their Cults: Studies in Religious Sociology, Folklore and History,* Cambridge 1983. Zu einer ausführlichen Behandlung des Themas vgl. Pierre Delooz, *Sociologie et Canonizations,* Lüttich 1969.
18 »uns die formellen Kanonisierungsverfahren«: John A. Coleman, »After Sainthood«, in: John Stratton Hawley (Hrsg.), *Saints and Virtues,* Berkeley 1987, S. 224.

1. Kapitel

19 McCarricks Brief an O'Connor: Kardinal-Cooke-Archiv. Gespräch zwischen Veraja und Groeschel: Interview des Autors mit Groeschel.
21 »Eine Kanonisierung ist nie eilig...«: Fabiano Veraja, *Commentary on the New Legislation for the Causes of Saints,* Rom 1983, S. 15.
23 »die ideale Nummer zwei«: *The New York Times Magazine* v. 30. 11. 1986, S. 68.
24 Cookes Abschiedsbrief ist abgedruckt in: John Reardon, Robert L. Stewart und Anne Buckley (Hrsg.), *This Grace Filled Moment,* New York 1984, S. 56 f.
30 »Ich war einsam...«: Dorothy Day, *The Long Loneliness,* New York 1952, S. 157.
30 »Der Gedanke, ihn zu verlassen...«: ebd. S. 148.
30 »Der Skandal...«: ebd. S. 150.
30 »Ich liebte die Kirche...«: ebd. S. 149 f.
31 »effiziente Menschenfreunde«: Robert Coles, *Dorothy Day: A Radical Devotion,* Reading, Mass., 1987, S. 97.
31 »die bedeutendste...«: Der Historiker David O'Brien in *Commonweal* um die Zeit von Days Tod, zit. in: *By Little and By Little: The Selected Writings of Dorothy Day,* hrsg. und mit einer Einleitung von Robert Ellsberg, New York 1983, S. 17.
32 O'Connors Artikel: *Catholic New York* v. 3. 1. 1985.
33 »einer Heiligen für unsere Zeit«: Pater Henry Fehren, »Let's Canonize Dorothy Day«, in: *Salt,* Sept. 1983, S. 4 f.
33 Maggie Hennessys Brief an *Salt,* datiert mit 1. Dez. 1987, ist mit ihrer Genehmigung wiedergegeben.
34 Diane L. Stiers Leserbrief in: *Salt,* Nov./Dez. 1987, S. 24.
35 »Wenn Heiligkeit...«: William D. Miller, *All Is Grace: The Spirituality of Dorothy Day,* New York 1987, S. 102.
35 »Wenn wir uns die Fehler...«: ebd. S. 101.
35 »alle aufgerufen sind...«: ebd. S. 102.
36 *The Eleventh Virgin:* zit. in: William D. Miller, *Dorothy Day: A Biography,* San Francisco 1982, S. 5.
37 Berrigan-Brief: leicht gekürzt veröffentl. in: *Salt,* Nov./Dez. 1987, S. 25.
39 »in der Gegenwart...«: James R. Brockman, SJ, *Romero: A Life,* Maryknoll, N. Y., 1989, S. 243.
40 »Kein Soldat...«: ebd. S. 241.
42 Rivera y Damas' Verbot, eine Gedenktafel anzubringen: Interview des Autors mit Rivera y Damas und Schwester Teresa von Ávila.
43 Entnahme der inneren Organe: Interview des Autors mit Rivera y Damas und Ricardo Urioste.

45 Romeros Hirtenbriefe befinden sich in: Erzbischof Oscar Romero, *Voice of the Voiceless: The Four Pastoral Letters and Other Statements,* Maryknoll, N. Y., 1985, S. 85–113.
46 Spaltung des salvadorianischen Episkopats: Interview des Autors mit Ricardo Urioste.
51 Das Telefoninterview mit Romero findet sich in Brockman, a. a. O. S. 248.
56 »die Starrheit...«: *Catholic New York* v. 12. 4. 1990, S. 33.

2. Kapitel

58 *Bibliotheca Sanctorum,* hrsg. v. Istituto Giovanni XXIII nella Pontifica Universita Lateranese.
59 ... zu lang und zu abgehoben...: unter den neueren Kritikern Lawrence S. Cunningham *The Meaning of Saints,* San Francisco 1980, S. 34–59.
59 »Auge des Betrachters«: James T. Burtchaell, *The Giving and Taking of Life: Essays Ethical,* Notre Dame, Ind., 1989, S. 22.
61 Zum Martyrium des Ignatius von Antiochien s. Ignatius, »Brief an die Römer«, in: Edgar A. Goodspeed (Übs.), *The Apostolic Fathers: An American Translation,* New York 1950, S. 222. Ein ausführlicher Kommentar zum frühkirchlichen Konzept des Märtyrertums findet sich in: W. H. C. Frend, *Martyrdom and Persecution in the Early Church,* Garden City, N. Y., 1967.
64 »Am zuverlässigsten...«: Peter Brown, *The Cult of the Saints: Its Rise and Function in Latin Christianity,* Chikago 1982, S. 6f.
64 »Immer neue Leichen...«: zit. in Brown, ebd.
65 »Grab und Altar«: ebd. S. 9.
65 »teurer als Edelsteine...«: »The Martyrdom of St. Polycarp«, in: *The Acts of the Christian Martyrs,* übs. v. Herbert Musurillo, Oxford 1972, S. 17.
65 »Hier liegt Martin...«: Wiedergegeben in Brown, a. a. O. S. 4.
65 »alle Dinge... Wunder aller Wunder«: zit. in: Benedicta Ward, *Miracles and the Medieval Mind: Theory, Record and Event, 1000–1215,* Philadelphia 1987, rev. Aufl., S. 2f.
66 »Wo immer sich das Christentum...«: Brown, a. a. O. S. 12.
67 Zum Martyrium des Polykarp s. Musurillo, a. a. O. S. 15ff.
68 Zum Augenzeugenbericht Ambrosius von Mailand s. F. R. Hoare (Hrsg. u. Übs.), *The Western Fathers,* New York 1954, S. 184.
68 »Grab, in dem die Reliquien...«: Cunningham, a. a. O. S. 9.
69 »Wenn man vom üppigen Gedeihen...«: Hippolyte Delehaye, *The Legends of the Saints,* New York 1962, S. 20.

71 ... bewegte zum Beispiel den jungen Augustinus...: Peter Brown, »Late Antiquity«, in: *A History of Private Life I: From Pagan Rome zu Byzantium,* hrsg. v. Paul Veyne, Cambridge, Mass., 1987, S. 287.
73 ... Verkauf von Reliquien sowie ihren Export...: P. Chiovaro, »Relics«, in: *New Catholic Encyclopedia,* New York, S. 237.
74 Über den Diebstahl von Reliquien s. Patrick J. Geary, *Futra Sacra: The Theft of Relics in the Middle Ages,* Princeton, N.J., 1978.
77 Zur Diskussion zwischen Lanfrank und Anselm s. Margaret R. Toynbee, *S. Louis of Toulouse and the Process of Canonization in the Fourteenth Century,* Manchester 1929, S. 141 f.
78 ... in einem bemerkenswerten Fall...: ebd. S. 137.
78 Zur Beschwerde Papst Alexanders III. s. Robert J. Sarno, *Diocesan Inquiries Required by the Legislator in the New Legislation for the Causes of Saints,* Diss., Rom 1988, S. 41.
79 ... mit einem Heiligenschein oder einem Strahlenkranz...: ebd. S. 42.
79 »von Königen, Fürsten...«: ebd. S. 9.
81 »den Päpsten und dem hohen Klerus...«: André Vauchez, *La Sainteté en Occident aux derniers siècles du Moyen Âge, d'après les procès de canonisation et les documents hagiographiques,* Rom 1981, S. 14.
81 ... nicht ein einziger Diener Gottes: ebd. S. 13.
81 »die Identifizierung von Heiligkeit...«: ebd. S. 14.
83 »verkündeten die Prediger...« ebd. S. 21.
83 »Auch der nüchternste Theologe...«: ebd. S. 25.
84 »als Folgen einer moralischen...«: ebd. S. 25.
84 »zusammenhängender, ununterbrochener Tugendhaftigkeit«: Innozenz IV., *In quinque liborus decretalium,* zit. in: Vauchez, a. a. O. S. 602, Nr. 51, sowie in: Sherry L. Reames, *The Legenda Aurea: A Reexamination of Its Paradoxical History,* Madison, Wis., 1985, S. 199.
84 »wie man das Leben eines Menschen...«: Vauchez, a. a. O. S. 3.
85 »als Zustand einer so großen...«: ebd. S. 23.
85 Thomas von Cantilupe: Reames, a. a. O. S. 201.
86 »Schatz an stellvertretenden Verdiensten«: Donald Weinstein u. Rudolph M. Bell, *Saints & Society: The Two Worlds of Western Christendom, 1000–1700,* Chikago 1982, S. 249.
86 »Bürokratisierung der Heiligkeit«: Cunningham, a. a. O. S. 48–59.
87 ... persönlichen Fürsprecher im Himmel: Brown, a. a. O. S. 58.
87 »... das ganze Leben...«: Johan Huizinga, *Herbst des Mittelalters,* Stuttgart ^{10}1969, S. 217.
87 »Der Gefühls- und Gedankeninhalt...«: ebd. S. 242.
88 »Die Reformation...«: ebd. S. 244.
88 Martin Luther: Seine kritische Einstellung zur Heiligenverehrung kommt vor allem in seinem *Sendschreiben vom Dolmetschen* (1530) zum Ausdruck.

89 »Nur Menschen von unreligiösem Geist...«: zit. nach John F. Clarkson u. a. (Übs.), *The Church Teaches: Documents of the Church in English Translation,* Rockford, Ill., 1973, S. 215.
89 »seit undenklichen Zeiten«, »kraft dessen, was die Väter...«: Urban VIII., zit. nach Burtchaell, a. a. O. S. 20.
91 »Das ›grelle Licht,...‹«: Canon Macken, *The Canonization of Saints,* Dublin 1910, S. 35f.
92 »In den Heiligsprechungsverfahren...«: ebd. S. 49f.
92 »Das Geheimnis der Heiligkeit...«: Jerrold M. Packard, *Peter's Kingdom: Inside the Papal City,* New York 1985, S. 192.
94 Die Skepsis gegenüber der Presse...: Veraja, a. a. O. S. 15.
95 Noch bis 1982...: Interview des Autors mit Robert Sarno, Mitglied der Kongregation.
96 Olier-Verfahren: Interview des Autors mit Yvon Beaudoin, OMI, Archivar und Relator der Kongregation.
97 ... nur ein Fall bekanntgeworden...: Interview des Autors mit Sarno.
101 Frassati-Verfahren: Interview des Autors mit Paolo Molinari, SJ, Postulator dieses Falls.
104 »mit einigem Recht als das älteste...«: John T. Noonan jr., *Power to Dissolve: Lawyers and Marriages in the Courts of the Roman Curia,* Cambridge, Mass., 1972, S. 9.

3. Kapitel

108 Suenens' Vorschlag: Sarno, a. a. O. S. 18.
111 Frederick Ozaman: Interview des Autors mit Pater William Sheldon, Generalpostulator der Vinzentiner.
112 »Wir wissen nichts...«: Interview mit Yvon Beaudoin.
116 »großen historiographischen Unternehmen«: David Knowles, *Great Historical Enterprises,* London 1963. Meine Darstellung der Bollandisten basiert auf Kapitel 1 »The Bollandists«, S. 3–33, sowie auf Interviews mit vier gegenwärtigen Mitgliedern der Bollandisten, die ich 1987 mit ihnen in Brüssel machte.
117 ... zerstörten sie aber auch die Konventionen...: Kieckhefer, a. a. O. S. 33.
117 Sie fanden sogar eine Rede...: Fabiano Veraja, a. a. O. S. 3.
118 »... hatte er doch zu einer Mentalitätsveränderung...«: ebd.
118 »Und so findet gegenwärtig...«: ebd.
135 »mehrere Milionen Dollar«: *The Wall Street Journal* v. 25. 6. 1975, S. 1.
135 Reaktion der Vinzentiner: Interview des Autors mit William Sheldon.

137 ... Gewürzen, Zucker, Schokolade...: Bernard Plongeron, »Concerning Mother Agnes of Jesus: Themes and Variations in Hagiography (1665–1963)«, in: Christian Duquoc und Casiano Floristan (Hrsg.), *Models of Holiness. Concilium 129,* New York 1979, S. 31.
140 »früheren Lokalmatador...«: Pierre Delooz, »The Social Function of the Canonization of Saints«, in: ebd. S. 23.
141 »Ich will damit nicht sagen...«: Peter Hebblethwaite, *In the Vatican,* London 1986, S. 114.
146 Daten über Heilige aus dem Laienstand: Delooz, in: *Models of Holiness. Concilium 129,* a. a. O. S. 21.
149 »die Ehre, die wir den Heiligen zuteil werden lassen...«: A. E. Green, »Canonization of Saints (Theological Aspect)«, in: *New Catholic Encyclopedia,* a. a. O. S. 59.
150 »Der Papst kann nicht...«: ebd.
150 »Sollte die Kirche...«: ebd.
151 ... es sei noch nie ein Papst...: Eric Waldram Kemp, *Canonization in the Western Church,* London 1948, S. 160.
151 ... ein aufsehenerregendes Buch...: Giordano Bruno Guerri, *Povera Santa, Povero Assassino: La vera storia di Maria Goretti,* Rom 1985.
153 Weißbuch: Commissione di Studio Istituta della Congregazione per le Cause dei Santi, *A Proposito di Maria Goretti Santità e Canonizzazione,* Vatikanstadt 1985.
153 ... kein Recht... in Frage zu stellen...: Die Ansicht war schon lange vor dem Unfehlbarkeitsdogma des Ersten Vatikanischen Konzils gang und gäbe; vgl. Kemp, a. a. O. S. 168.
154 ... notorisch unzuverlässig...: s. Herbert Thurston, SJ, und Donald Atwater (Hrsg.), *Butler's Lives of the Saints.* Vollständige Ausgabe, Bd. 3, Westminster, Md., 1981, S. 338 f.
154 ... nach wie vor umstrittenes Thema...: Zweifel aus konservativer Sicht äußert zum Beispiel Francis A. Sullivan, SJ, *Magisterium: Teaching Authority in the Catholic Church,* Mahwah, N. J., 1983, S. 136.

4. Kapitel

156 »Dieser Heiligsprechungsvorschlag...«: Anne Roiphe, *A Season of Healing: Reflections on the Holocaust,* New York 1989, S. 128.
159 ... Millionen Christen...: Eine ausführliche Darstellung der Literatur über Juden, Katholiken und den Nationalsozialismus findet sich bei Istvan Deak, »The Incomprehensible Holocaust«, in: *The New York Review of Books 36,* Nr. 14, v. 28. 9. 1989, S. 63–72.
160 Zum Konkordat mit dem Heiligen Stuhl s. Anthony Rhodes, *The Vatican in the Age of Dictators (1922–1945),* New York 1973, S. 176.

161 ... von einer einzigen Studentin...: Interview mit Pater Valabek, dem Postulator des Falles.
162 Der Vorwurf lautete...: aus dem Bericht des Offiziers, der die Verhaftung durchführte; dem Autor vorgelesen von Pater Valabek.
165 »Wir erheben zur Ehre...«: Eleni Dimler, »Priest-Journalist, Victim of Nazis, Named ›Blessed‹ by Pope«, in: *Religious News Service,* Vatikanstadt, 4. 11. 1985, S. 12.
166 »Schranken der rationalistischen Vorurteile...«: Edith Stein, *Aus dem Leben einer jüdischen Familie. Kindheit und Jugend,* in: *Edith Steins Werke,* Bd. 7, Freiburg 1985, S. 185.
167 »Dies ist die Wahrheit«: Schwester Renata de Spiritu Sancto, OCD, *Schwester Teresia Benedicta a Cruce, Philosophin und Karmelitin. Ein Lebensbild, gewonnen aus Erinnerungen und Briefen durch Schwester Teresia Renata de Spiritu Sancto,* Nürnberg [7]1954, S. 74.
167 ...jüdische Identität: Interview »Wir sprachen mit Jan Nota – Zeichen der Versöhnung«, *Schwäbisches Tagblatt,* Tübingen, v. 11. 8. 1987.
168 »Aber ich vertraue...«: Edith Stein, *Selbstbildnis in Briefen,* in: *Edith Steins Werke,* Bd. 9, Freiburg 1977, S. 121.
168 »Komm, wir gehen...«: Quelle und Authentizität dieses Zitats sind etwas fragwürdig. Die holländischen Karmelitinnen berufen sich auf Maria Delsing, eine freiwillige Mitarbeiterin Rosa Steins aus dem Laienstand in den externen Quartieren des Klosters in Echt. Sie soll die Bemerkung Edith Steins gegenüber ihrer Schwester mitgehört haben. Ohne Quellenangabe wird der Satz auch zitiert in: Edith Stein, *Heil im Unheil,* in: *Edith Steins Werke,* Bd. 10, Freiburg 1983, S. 166.
168 »Schweizer Konsulat...«: ebd., Bd. 11, 1977, S. 177. Weitere Einzelheiten über diese letzten Bemühungen erwähnt Josephine Koeppel, OCD: *Edith Stein: The Intellectual Mystic,* Wilmington, Del., 1990.
169 Zeugenaussagen zit. nach Interview mit Ambrosius Eszer, Relator des Falles.
170 Petitionsschreiben der deutschen und polnischen Bischöfe: Ambrosius Eszer, »Edith Stein, Jewish Catholic Martyr«, in: *Carmelite Studies 4,* Washington, D. C., 1987, S. 312. Vgl. a. Sarno, a. a. O. S. 21 f.
171 Zu Wojtylas Dissertation über Scheler s. George Hunston Williams, *The Mind of John Paul II: Origins of His Thought and Action,* New York 1981, S. 124–140.
172 »Du bist eine verdammte Jüdin...«: Interview mit Ambrosius Eszer, dem Relator des Falles.
176 »Es steht Ihnen natürlich frei...«: zit. bei Peter Hebblethwaite, »Curia Raps Scholar on Martyr's Fate«, in: *The National Catholic Reporter,* 20. 3. 1987, S. 25.

176 »Die angeblich so anspruchsvollen Untersuchungsverfahren...«: James Baaden, »A Question of Martyrdom«, in: *The Tablet*, 31.1.1987, S. 108.

177 ... Predigt anläßlich der Seligsprechungszeremonie...: miterlebt vom Autor am 1. Mai 1987 in Köln; abgedruckt in: *Carmelite Studies 4*, a.a.O. S. 298–306.

177 »Niemand hat größere Liebe...«: Jo 15, 13.

178 Zu Kolbes Gespräch mit Fritsch s.a. Patricia Treece, *A Man for Others: Maximilian Kolbe, Saint of Auschwitz in the Words of Those Who Knew Him*, San Francisco 1982, S. 171.

178 »Die Gefangenen...«: Boniface Hanley, OFM, *Maximilian Kolbe: No Greater Love*, Notre Dame, Ind., 1982, S. 70.

179 »Märtyrer der Nächstenliebe«: Interview mit Peter Gumpel, SJ.

181 »So habe ich kraft...«: *Der Apostolische Stuhl 1982*, a.a.O. S. 1368.

183 »wie ein Heiliger ausgesehen«: Interview mit Pater Beaudoin, dem zuständigen Relator des Falles.

183 »prophetisches Zeichen...«: *Der Apostolische Stuhl 1987*, a.a.O. S. 1629.

185 ...menschliche Güte...: s. dazu Leonardo Boff, »Martyrdom: An Attempt at Systematic Reflection«, in: *Concilium 163, Martyrdom Today*, hrsg. v. Johannes-Baptist Metz und Edward Schillebeeckx, New York 1983, S. 14.

186 ... als Zeuge ein Einzelgänger...: Gordon Zahn, *In Solitary Witness: The Life and Death of Franz Jägerstätter*, überarb. Auflage, Springfield, Ill., 1986.

186 »... über die Bestätigung der Heiligmäßigkeit«: Sarno, a.a.O. S. 35.

188 »Dies ist nicht nur...«: zit. nach Barbara Crossette, »Sainthood for 117 Outrages Vietnam«, in: *The New Tork Times*, 29.5.1988, S. 5.

191 »Es wäre gleichermaßen töricht...«: Enda McDonagh, »Dying for the Cause: An Irish Perspective on Martyrdom«, in: *Concilium 163, Martyrdom Today*, S. 34.

192 »Es liegt in der Natur...«: Jon Sobrino, *Spirituality of Liberation: Toward Political Holiness*, Maryknoll, N.Y., 1988, S. 84.

5. Kapitel

196 »Ikonen der Agape«: Harvey D. Egan, SJ, *Christian Mysticism: The Future of a Tradition*, New York 1984, S. 16.

196 »der Vater und ich...«: Jo 10,30.

196 »der, der mich sieht...«: Jo 12,45.

196 »Ich lebe...«: Gal 2,20.

196 »Seid überzeugt...«: Therese von Ávila, *Sämtliche Schriften*, Bd. 5, Seelenburg, Kempten 1938, S. 146.

196 »Er ist unser wahrer...«: Juliana von Norwich, *Showings,* zit. nach Katz, a. a. O. S. 16.
197 »Wo Du geheim wohl weilest...«: Heiliger Johannes vom Kreuz, »Gesang zwischen der Seele und dem Bräutigam«, 1. Strophe, aus: *Der Geistliche Gesang.* Zit. in: Edith Stein, *Kreuzeswissenschaft. Studie über Joannes a Cruce,* in: *Edith Steins Werke,* Bd. 1, Freiburg 1950, S. 196.
197 »sekundäre mystische Phänomene«: Eine detaillierte moderne Diskussion dieser Phänomene und ihres Verhältnisses zum mystischen Leben findet sich bei Harvey D. Egan, SJ, a. a. O. S. 304–337.
199 »Der mystische Moment...«: Katz, a. a. O. S. 41.
199 »den ›konservativen‹ Charakter...«: ebd. S. 3–60.
201 »eingegossener Kontemplation«: Die Diskussion, ob es sich um »eingegossene« oder »erworbene« Kontemplation handelt, hat lange Zeit dominikanische und jesuitische Theologen entzweit. Den dominikanischen Standpunkt vertritt zum Beispiel R. Garrigou-Lagrange, OP, *Christian Perfection and Contemplation,* St. Louis, Miss., ^{11}1937, S. 221–235; den jesuitischen Augustin Poulain, SJ, *The Graces of Interior Prayer,* Westminster, Vt., 1978, S. 54–99.
202 Nach einer Zählung...: H. Egan, a. a. O. S. 314. Egans Zahl beruht anscheinend auf einer fragwürdigen Studie aus der Feder von Dr. Antoine Imbert-Gourbeyre, *La Stigmatisation, l'Extase Divine et les Miracles de Lourdes,* Clermont-Ferrand 1895. Imbert-Gourbeyre wird scharf kritisiert von Herbert Thurston, SJ, *The Physical Phenomena of Mysticism,* Chikago 1952, S. 49, Anm. I, und S. 32–130.
205 »Flechte mir deine Dornenkrone...«: M. Manelli und P. Stefano, *Short Story of a Victim: Theresa Musco (1943–1976),* nach der englischen Übersetzung von Johanna Pearson, S. Mari 1984, S. 36.
206 »Theresa weiht...«: ebd. S. 46.
206 Siris Brief: ebd. S. 3.
208 »Als ich Glaubensanwalt war...«: Prospero Lambertini (Benedikt XIV.), *De Servorum Dei beatificatione et Beatorum canonizatione,* 1734–1738, Bd. 3, S. 49; zit. nach Thurston, a. a. O. S. 17.
208 Geschichten über Joseph von Copertino und dem Heiligen zugeschriebene Zitate: Thurston, a. a. O. S. 15–17.
209 Auffällig für den modernen Leser...: Prospero Lambertini, *Heroic Virtue: A Portion of the Treatise of Benedict XIV on the Beatification and Canonization of the Servants of God,* Bd. 3, London 1851. Zitate in diesem und folgendem Absatz, ebd. S. 259, 261, 265.
212 »Liebe, leide und leiste Wiedergutmachung«: Francis Johnston, *Alexandrina: The Agony and The Glory,* Rockford, Ill., 1979, S. 25.
213 »Gib mir deine Hände...«: ebd. S. 34.
214 »wissenschaftlich nicht erklärbar« und andere Zitate aus dem Gutachten: ebd. S. 83f.
215 »Mutter der Armen« usw.: ebd. S. 106.

215 Alle Zitate aus den Berichten der Konsultoren aus: Sacra Congregatio pro Causis Sanctorum (Hrsg.), *Beatificationis et Canonizationis Servae Dei Alexandrinae Mariae da Costa Positio Super Scriptis,* Rom 1977.
221 Der Postulator sitzt an der Ausarbeitung...: Korrespondenz des Autors mit dem Postulator, Dom Fiora, SDB, vom 26.1. 1989.
224 »Während nun Pilatus...«: Anna Katharina Emmerich, *Das Bittere Leiden Unsers Herrn Jesu Christi,* Darmstadt ^{9}1974, S. 244.
225 ... über 2000 Seiten umfassende Version...: Karl E. Schmöger, *Anna Katharina Emmerich. Die Geheimnisse der gottseligen Anna Katharina Emmerich,* Aschaffenburg 1969.
226 Sogar Albert Schweitzer...: *Geschichte der Leben-Jesu-Forschung,* München ^{9}1984.
226 »eine frische Nahrungsquelle...«: Georges Goyau, Epilog zu Jeanne Danemarie, *The Mystery of Stigmata: From Catherine Emmerich to Theresa Neumann,* London 1934, S. 235.
231 »Geht hinaus auf die Koppeln...«: C. Bernard Ruffin, *Padre Pio: The True Story,* Huntington, Ind., 1982, S. 150.
231 ... mit einer Abhöranlage: ebd. S. 285.
232 »Handlungen, die...«: ebd. S. 289.
232 »unverdaulichen Leckerbissen«: ebd. S. 286.

6. Kapitel

238 »... wie ein göttliches Siegel«: »Miracles Are Messages and Signs of a God Who Is Love«, *L'Osservatore Romano,* Nr. 51 u. 52, v. 19. und 26.12. 1988, S. 16.
238 »meinen Aufenthalt im Himmel...«: Therese Martin, *Geschichte einer Seele. Die hl. Therese von Lisieux erzählt aus ihrem Leben,* Johannesbund Verlag, 1980; hier zit. nach Erna und Hans Melchers, *Das große Buch der Heiligen,* München 1978, S. 636.
239 Da 99 Prozent...: Schätzung nach einem Interview des Autors mit Raffaello Cortesini, Präsident der *Consulta Medica,* der ärztlichen Sachverständigenkommission bei der Kongregation für Heiligsprechungsprozesse.
240 Ludwig von Anjou: Toynbee, a. a. O. S. 191f.
247 Der mageren, 49seitigen *positio* zufolge...: *Canonizationis Ven. Servi Dei Joseph Gérard (1831–1914) Positio Super Miraculo,* Rom 1987.
251 Bemüht, dem Rätsel...: *Canonizationis Ven. Servi Dei Juniperi Serra (1713–1784) Relatio et Vota Congressus Peculiaris Super Miro,* Rom 1987.

252 »Die endgültige *positio*...«: *Canonizationis Ven. Servi Dei Juniperi Serra (1713–1784) Positio Super Miraculo*, Rom 1987.
255 »undifferenzierten Tumorneubildung...«: *Canonizationis Beatae Philippine Duchesne (1769–1852) Relatio et Vota Congressus Peculiaris Super Miro,* Rom 1987, S. 6.
256 »Sie... haben offensichtlich...«: Mark I. Pinsky, »Nun's 1960 Recovery May Answer Prayers For Serra's Sainthood«, in: *Los Angeles Times* v. 4. 8. 1987, S. 3.
258 »Die Mitarbeit von Ärzten...«: *L'Osservatore Romano,* Nr. 51–52, a. a. O. S. 16.
258 »Es scheint Anhaltspunkte...«: *L'Osservatore Romano,* ebd.
261 Das Victoria Rasoamanarvio zugeschriebene Wunder: Interview des Autors mit Paolo Molinari, dem Postulator des Verfahrens.
263 »Die Bomber waren...«: Interview durch Theresa Waldrop auf Ersuchen des Autors.
263 »Wir haben dieses Wunder...«: Interview durch Theresa Waldrop auf Ersuchen des Autors.
264 »Angenommen, wir bezeichnen...«: Interview des Autors mit Martin.
267 Ausführlich dargestellt wird...: Paolo Molinari, »Observationes aliquot circa miraculorum munus et necessitatem in causis beatificationis et canonizationis«, in: *Periodica de re morali canonica liturgica 63,* 1974, S. 341–384. Eine gekürzte Version in englischer Sprache erschien als: Paolo Molinari, »Saints and Miracles«, in: *The Way,* Oktober 1978, S. 287–299.
267 »in keiner Weise mit der Heiligenverehrung verknüpft...«: ebd. S. 289.
268 »Zu jener Zeit war...«: ebd. S. 292.
268 »nicht so sehr auf Wundern...«: ebd. S. 291.
268 »... Wir halten es nicht für notwendig...«: ebd. S. 299.
271 Mit einem leidenschaftlichen...: Ambrosius Eszer, »Miracoli ed Altri Segni Divini. Considerationi dommaticostoriche con speziale riferimento alle Cause dei Santi«, in: *Studi in onore del Card. Pietro Palazzini,* Pisa 1987, S. 129.
271 »einer Art Psychoanalytiker...«: ebd. S. 129.
271 »Gott Wunder vollbringt...«: ebd. S. 131.
271 »sehr wohl in der Lage...«: ebd. S. 143.
272 »allein Gott...«: ebd. S. 148.
272 »würde ein Gläubiger in höchster Not...«: ebd. S. 149.

7. Kapitel

277 »Niemand wird so er selbst...«: Hans Urs von Balthasar, *In der Fülle des Glaubens. Hans Urs von Balthasar-Lesebuch,* Freiburg 1980, S. 357.

278 »Hierin liegt...«: Karl Rahner, *Praxis des Glaubens. Geistliches Lesebuch,* Freiburg 1982, S. 240.

279 ... idealtypische Gestalt...: Kieckhefer, a. a. O. S. 32.

279 ... Geschichte eines intellektuellen Kampfes...: Michael Goodich, »The Politics of Canonization in the Thirteenth Century: Lay and Mendicant Saints«, in: Stephen Wilson (Hrsg.), *Saints and Their Cults: Studies in Religious Sociology, Folklore and History,* Cambridge 1985, S. 183.

280 »Ein Handlanger des Teufels...«: Weinstein und Bell, a. a. O. S. 141.

283 ... in Philadelphia geboren...: Es gibt eine leicht verständliche und gut dokumentierte, wenngleich unkritische Biographie aus der Feder einer Angehörigen ihres eigenen Ordens, geschrieben in der Absicht, Mutter Drexels Heiligsprechungsverfahren zu beschleunigen: Schwester Cornelia Consuela Marie Duffy, SBS, *Katharine Drexel: A Biography,* Cornwells Heights, Pa., 1966.

286 Der Text, den er schließlich vorlegte...: Alle folgenden Zitate stammen aus den Bänden I *(Expositio et Documenta),* II *(Summarium Depositionum Testium)* und III *(Relatio Relatoris et Informatio),* von *Canonizationis Servae Dei Catherinae Mariae Drexel* (1858– 1955), Rom 1986.

303 »die Heiligen Probleme der Bedürftigen...«: Kieckhefer, a. a. O. S. 19.

309 »Es ist allgemein bekannt...«: s. dazu Peter Gumpel, SJ, »Report of the Relator«, *Positio: Information for the Canonization Process of the Servant of God Cornelia Connelly (née Peacock) 1809–1879,* Rom 1987.

312 ... Übersetzung eines Gedichts...: eine faszinierende Diskussion des Verhältnisses zwischen Musik und Botschaft bei der Übersetzung von Lyrik findet sich bei John Frederick Nims, *A Local Habitation: Essays on Poetry,* Ann Arbor, Mich., 1985, S. 30–53.

8. Kapitel

317 Alle Zitate stammen aus der *Positio for the Canonization Process of the Servant of God Cornelia Connelly (née Peacock) 1809–1879,* 4 Bde., Rom 1987.

338 »eine groteske, abstoßende...«: Leonard Whatmore, »Cornelia

Connelly: Gold in the Fire«, in: *The Homiletic and Pastoral Review,* Juni 1963. Zit. in *Positio,* Bd. 3, S. 12.
338 »Theologie der christlichen Ehegemeinschaft«: Joseph H. O'Neill, »No Support Here for Mother Connelly's Cause«, zit. in ebd.
338 »Wir können Gottes Anrecht...«: Paolo Molinari, SJ, »Commitment to Love: A Reply to Cornelia Connellys Critics«, ebd. S. A13.
338 »vor allem eine gefestigte...«: ebd.
339 »Er (Gott) wird außerdem...«: ebd. S. A14.
339 »Früchten der Gnade, die...«: S. A15.

9. Kapitel

351 Suenens Stellungnahme ist zusammengefaßt in: Luigi Bettazzi, *Una Chiesa per tutti,* Rom 1971, S. 363 f.
354 »die Kirche größeren Einfluß...«: ebd. S. 364.
354 »der Prophet neuer Strukturen...«: ebd. S. 365.
355 »Unter Papst Johannes...«: ebd. S. 369.
356 »Für diesen Fall...«: ebd. S. 369 f.
356 ... mit eisigem Schweigen...: Giancarlo Zizola, *The Utopia of Pope John XXIII,* übs. v. Helen Barolini, Maryknoll, N. Y., 1978, S. 240.
358 »Wenn jemand wirklich bedeutend war...«: Interview des Autors mit einem Kongregationsmitglied, das in dieser Angelegenheit anonym bleiben wollte.
359 ... die theologischen »Irrtümer«...: Zur Einstellung eines der reaktionärsten Fraktionsführer vgl. Stefano M. Paci und Paolo Biondi, »Interview with Guiseppe Siri«, *30 Days,* Juni 1988, S. 70–74.
362 »seinem Einsatz für die Erhaltung...«: Lambertini, a. a. O., Bd. 2, S. 101.
362 »es unter allen päpstlichen Zierden...«: ebd. S. 98.
362 Fußnote: J. N. D. Kelly, *The Oxford Dictionary of Popes,* New York 1986, S. 206–210 und S. 212 f.
363 Zu Pius V. und den Juden in Rom: Vgl. ebd. S. 268.
365 Zum antimodernistischen Feldzug unter Pius X.: Eine eingehende Untersuchung über die Auswirkungen dieses Feldzugs auf die katholische Geisteswissenschaft, insbesondere in den Vereinigten Staaten, findet sich in Gerald P. Fogarty, SJ, *American Catholic Biblical Scholarship: A History from the Early Republic to Vatican II,* San Francisco 1989.
367 Zu den Konzilsplänen Pius' XII.: Tagesordnung und vorige Beratungen mit den Bischöfen unterschieden sich erheblich von Johannes' Plänen für das Zweite Vatikanische Konzil. Pius' Plan sah einen viel enger gesteckten Rahmen vor. Vgl. Peter Hebblethwaite, *Pope John XXIII: Shepherd of the Modern World,* Garden City, N. Y., 1984, S. 310–312.

371 ...für sein »Stillschweigen«...: Zu einer ausgewogenen Meinung eines zeitgenössischen Historikers vgl. Deak, a. a. O. S. 66.

372 Die Behauptung des Chauffeurs stammt aus einem Interview des Autors mit Pater John Lozano, dem Zensor der Kongregation, der Dokumente über Pius XII. durchsah.

375 »... von Kardinal Pacelli... verfaßt...«: Manche Historiker behaupten, er sei auf Pacellis Bitte hin von Kardinal Faulhaber verfaßt worden, andere, er sei in Castel Gandolfo geschrieben und die Herausgabe auf Pacellis Bitte hin verzögert worden. Vgl. dazu Rhodes, a. a. O. S. 203.

376 ... Werk des britischen Historikers...: Owen Chadwick, *Britain and the Vatican during the Second World War*, New York 1987.

377 ...äußerst kritisch...: Gordon Zahn, *German Catholics and Hitler's War*, Notre Dame, Ind., 1989.

380 Er... wurde beschuldigt...: Francis X. Murphy, CSSR, *The Papacy Today: The Last 80 Years of the Catholic Church from the Perspective of the Papacy*, New York 1981, S. 34f. Vgl. auch Hebblethwaite, Pope John XXIII, a. a. O. S. 52f. und S. 73f.

380 de Gaulle und die Bischöfe: ebd. S. 205–207.

380 »ihre theologischen Studien...«: Lawrence Elliott, *Johannes XXIII. Das Leben eines großen Papstes*, Freiburg 1974, S. 178.

381 »ein Tod in der Familie der Menschheit«: Murphy, CSSR, »Pope John XXIII«, in: *Encyclopedia of Religion*, Bd. 8, New York 1988, S. 110.

385 »*impulsivo*«: Ein Beweis dafür, wie ernst dieser Vorwurf gegen Roncalli von seinen Freunden genommen wurde, läßt sich in der von Kardinal Giacomo Lercaro von Bologna verfaßten Verwahrung dagegen sehen, in: Giacomo Lercaro und Gabriele DeRosa, *John XXIII: Simpleton or Saint?*, Chikago 1965, S. 22–26.

10. Kapitel

391 »die beinahe mystische Ehrfurcht...«: William J. Basuch, *Pilgrim Church: A Popular History of Catholic Christianity*, Mystic, Conn., 1989, S. 334.

391 »In Italien hatten wir...«: E. E. Y. Hales, *Pio Nono: A Study in European Politics and Religion in the Nineteenth Century*, New York 1954, S. 19.

392 ... verdammte der Papst jedes liberale Ideal...: ebd. S. 255–290.

393 ...eine starke Minderheit...: John Tracy Ellis, *Perspectives in American Catholicism*, Baltimore 1963, S. 123–188. Vgl. auch Margaret O'Gara, *Triumph in Defeat: Infallibility, Vatican I, and the French Minority Bishops*, Washington, D. C., 1988.

394 »die europäische Tradition nicht...«: Rhodes, a. a. O. S. 19.
394 »Der Papst ist Gott auf Erden...«: Patrick Granfield, *The Limits of the Papacy,* New York 1987, S. 42, Nr. 30.
394 »Christus, als wäre er selbst...«: Basuch, a. a. O. S. 332f.
396 Die Zitate aus Sniders *positio* sind entnommen: *Canonizationis Servi Dei Papae IX Novissima Positio Super Virtutibus,* Rom 1984.
397 ... ein enormes Privatvermögen anhäufte: Rhodes, a. a. O. S. 36.
403 Eine gegensätzliche Ansicht zu Mastais Epilepsie findet sich bei G. Martina, »Justified Reservations on a Recent Work«, in: *L'Osservatore Romano* v. 9.3. 1978, S. 10.
417 Zu andersdenkenden katholischen Theologen vgl. z. B. Hans Küng, *Unfehlbar? Eine Anfrage,* Zürich und Köln [8]1980, und Francis Simons, *Infallibility and the Evidence,* Springfield, Ill., 1968.
421 ... regelrechte Verzückung...: Zum Verhältnis zwischen Kanonisierung und anderen Formen der Berühmtheit vgl. Leon Braudy, *The Frenzy of Renown: Fame and Its History,* New York 1986.

11. Kapitel

423 »Einfallspforte des Teufels«: Tertullian, »De cultu feminarum«, zit. in: Karlheinz Deschner, *Das Kreuz mit der Kirche. Eine Sexualgeschichte des Christentums,* Düsseldorf und Wien [6]1982, S. 209.
423 »Körper und Gesellschaft«: Peter Brown, *The Body and Society: Men, Women, and Sexual Renunciation in Early Christianity,* New York 1988.
424 »Diese Lust aber nimmt...«: Aurelius Augustinus, *Der Gottesstaat,* Bd. II, XIV, 16, Kempten und München 1914, S. 337. Eine neuere dt. Übersetzung: Aurelius Augustinus, *Der Gottesstaat,* übs. v. W. Thimme, Einsiedeln [2]1982.
424 »Bei der Auferstehung...«: Mt 22,30.
425 Alexius-Legende: Eine neuere Wiedergabe findet sich in: Cardinal John J. Wright, *The Saints Always Belong to the Present,* San Francisco 1985, S. 43–54.
426 ... hat sich auch die Hagiographie...: Kieckhefer, a. a. O. S. 33f.
427 »und daher wurden ihre Eltern...«: Peter Hebblethwaite, »Pope John Paul Canonizing Saints at Record Pace«, in: *National Catholic Reporter* v. 22.5. 1987, S. 7.
428 Predigt in der Messe zur Seligsprechung von M. Callo, P. Morosini und A. Mesina am 4. Oktober 1987 s. *Der Apostolische Stuhl 1987,* a. a. O. S. 1627–1632.
429 Predigt bei der Heiligsprechung der 16 Märtyrer von Nagasaki am 18. Oktober 1987 s. ebd. S. 1645–1650.

430 Predigt in der Messe zur Heiligsprechung des neapolitanischen Arztes G. Moscati vom 25. Oktober 1987 s. ebd. S. 1654–1658.
435 Thereses kurze Autobiographie: Therese Martin, a. a. O.
435 »größten aller modernen Heiligen«: Dr. Joyce R. Emert, OCDS, *Louis Martin: Father of a Saint,* Staten Island, N. Y., 1983, S. 44.
436 »ein wahres Vorbild...«: ebd. S. 180.
436 »sie, die Tochter eines wunderbaren Christen...«: ebd. S. 17f.
436 Maria und Joseph: Maria gilt von Anbeginn als Heilige, wohingegen ihr Gatte Joseph immer wieder Zeiten durchmachte, in denen er gänzlicher Mißachtung anheimfiel oder als Hahnrei durch den Kakao gezogen wurde. Vgl. Wilson, a. a. O. S. 7.
437 ... nennt die Martins nicht in einem Atemzug: Louis ist auf S. 181, Azélie auf S. 195 aufgelistet. *Index ac Status Causarum,* Vatikanstadt 1988.
439 »die keusche und vollkommene geistliche Verbindung...«: Emert, a. a. O. S. 20.
439 »wie in einem Kloster«: Monica Furlong, *Thérèse of Lisieux,* New York 1987, S. 5.

12. Kapitel

446 »öffentlicher Denker«: Diese Bezeichnung verdanke ich den Vorlesungen des verstorbenen Professors Frank O'Malley von der University of Notre Dame. Vgl. Frank O'Malley, »The Thinker in the Church: The Spirit of Newman«, in: *The Review of Politics,* Bd. 21, Nr. 1, Januar 1959, S. 5–23. Reprint in: Joseph W. Houppert (Hrsg.), *John Henry Newman,* St. Louis, o. J.
446 »Heilige sind keine Literaten«: zit. in: Brian Martin, *John Henry Newman: His Life and Work,* New York 1990, S. 156.
447 »Unabhängig davon, ob Rom...«: Leitartikel zum Tode von John Henry Newman, *London Times* v. 12. 8. 1890.
448 Zusicherung des Erzbischofs von Canterbury: Interview des Autors mit Kanonikus Christopher Hill, Sekretär des Erzbischofs für ökumenische Angelegenheiten in London.
449 Die neueste Biographie und gleichzeitig die umfassendste ist: Ian Ker, *John Henry Newman: A Biography,* Oxford 1988.
449 »Lead, Kindly Light«: John Henry Newman, *Verses on Various Occasions. Newman's Works,* London 1903, S. 156.
449 »der intellektuellen Brillanz...«: John Henry Newman, *Apologia pro vita sua,* Garden City, N. Y., 1956, S. 135; zit. in: J. M. Cameron, »Newman the Liberal«, in: *Nuclear Catholics and Other Essays,* Grand Rapids, Mich., 1989, S. 216.
450 Bei der Arbeit...: John Henry Newman, »Essay on the Development of Christian Doctrine«, in: *Essays and Sketches,* New York 1948.

450 ... in seinem Roman ...: John Henry Newman, *Loss and Gain: The Story of a Convert. Newman's Works,* London 1903.
450 »die wahre Kirche...«: John Henry Newman, *Letters and Diaries,* Bd. 11, Oxford 1976, S. 3.
450 »Oh, wie elend...«: zit. in: Ker, a. a. O. S. 520.
452 ... klassisches pädagogisches Werk ...: John Henry Newman, *The Idea of a University, Newman's Works,* London 1903.
452 »Ich sehe große Gefahr...«: zit. in: Cameron, a. a. O. S. 225.
453 »Ich werde entweder...«: zit. ebd. S. 226.
453 »Wenn der Laienstand...«: »Guidance of Newman«, in: *The Tablet* v. 21. 6. 1986, S. 651.
453 »Worin bestehen die Aufgaben...«: ebd.
454 »Die Wahrheit um ihrer selbst willen...«: zit. in: Newman, *Apologia pro vita sua,* a. a. O. S. 38.
454 »nicht nur meinen Angreifer...«: zit. in: J. M. Cameron, *John Henry Newman. Writers and Their Work,* Nr. 72, London 1956, S. 33.
454 ... sein nicht minder brillantes Werk ...: John Henry Newman, *Grammar of Assent. Newman's Works,* London 1903.
454 »Einem bloßen Irrtum...«: zit. in: Cameron, »Newman the Liberal«, a. a. O. S. 223.
455 »Mit meinen kirchlichen Oberen...«: Newman, *Letters and Diaries,* Bd. 29, a. a. O. S. 61 f.
456 »Es ist nicht gut...«: zit. in: Ker, a. a. O. S. 659.
456 »Laß uns geduldig sein...«: zit. ebd. S. 660.
457 Gladstones Aufsatz: W. E. Gladstone, »The Vatican Decrees in Their Bearing on Civil Allegiance: A Political Expostulation«, London 1874, Reprint in: Alvan S. Ryan, *Newman and Gladstone: The Vatican Decrees,* Notre Dame, Ind., 1962.
457 »Gewiß, falls ich Religion...«: John Henry Newman, »A Letter to his Grace The Duke of Norfolk on Occasion of Mr. Gladstone's Recent Expostulation«, London 1875, Reprint in ebd. S. 138.
457 »eigenen, immerwährenden... Heimstatt...«: zit. in: Ker, a. a. O. S. 711.
457 »Unter den unzähligen...«: zit. in: Vincent Ferrer Blehl, »Prelude to the Making of a Saint«, in: *America,* Bd. 160, Nr. 9, v. 11. 3. 1989, S. 214.
458 Sein erster bedeutender Biograph...: Wilfried Ward, *The Life of John Henry Cardinal Newman,* London 1912.
461 »... stieß er auf ein Buch...«: Louis Bouyer, *Newman: His Life and Spirituality,* New York 1958.
463 Die Bibliographie der Sekundärliteratur...: John R. Griffin, *Newman: A Bibliography of Secondary Sources,* Front Royal, Va., 1980.
464 »Ich verlange...«: John Henry Newman, *Sankt Chrysostomos / Schicksale des Theodoret.* Aus dem Englischen übersetzt von J. Karl, Mainz 1923, S. 21. Eine deutsche Übersetzung der Einleitung des

»Essay on St. John Chrysostom« ist auch enthalten in: Hilda Graef, *Gott und mein Ich. Die Spiritualität John Henry Newmans,* Frankfurt/M. 1967.

464 »Eine ganz ähnliche Schwierigkeit...«: Newman, *Sankt Chrysostomos / Schicksale des Theodoret,* a. a. O. S. 23.

465 »wirkliche(n), verborgene(n)...«: ebd. S. 6.

465 »Ich möchte einen Heiligen sprechen hören...«: ebd. S. 8.

465 »Anstatt förmliche Lehrabhandlungen...«: ebd. S. 12.

467 »Er machte die Buchführung...«: Gespräch des Autors mit dem Postulator für Newmans Verfahren, Vincent Ferrer Blehl, SJ.

469 Aquins Ruf als Wunderwirker...: James A. Weisheipl, OP, *Friar Thomas D'Aquino: His Life, Thought and Works,* New York 1974, S. 347f.

Resümee

471 »die vielleicht...«: Marina Ricci, »A Few False Facts and... the Polemics Rage«, in: *30 Days,* Jg. 2, Nr. 5, Mai 1989, S. 16.

471 Kommentar der *New York Times:* Alan Riding, »Vatican ›Saint Factory‹: Is It Working Too Hard?«, in: *The New York Times,* 15. 4. 1989, S. 4.

472 »daß es (das Heiligsprechen)...«: John Thavis, »Booming Saint-Making Industry Might Be Slowing«, in: *National Catholic News Service,* 31. 3. 1989, S. 16.

472 »Tatsächlich habe ich gesagt...«: Marina Ricci, »I Never Said There Are Too Many«, Interview mit Joseph Kardinal Ratzinger, in: *30 Days,* Mai 1989, S. 18f. (Übersetzt nach dem englischen Wortlaut des Interviews, da es keine autorisierte deutsche Übersetzung gibt; Anm. d. Red.)

476 Monsignore Fabiano Veraja...: Veraja, a. a. O. S. 4–6; ausführlicher in: Fabiano Veraja, *La Beatificazione. Storia, Problemi, Prospettive. Sussidi per lo studio delle Cause dei Santi 2,* Rom 1983.

477 »Wenn er auf Reisen ist...«: John Thavis, a. a. O. S. 16.

477 Am Sonntag, dem 23. April 1989...: »Pope Beatifies Five Religious in Vatican Ceremonies«, in: *L'Osservatore Romano,* Nr. 17, 24. 4. 1989, S. 12.

483 999 geistliche Grundsätze: Josemaría Escrivá de Balaguer, *Der Weg,* Köln [10]1982.

483 »Vielleicht liegt in dieser Formulierung...«: zit. in: *Catholic Almanach,* 1985, Huntington, Ind., 1984, S. 81.

483 Unkritische, in Opus-Dei-Verlagen erschienene Darstellungen sind die Biographie Josemaría Escrivá de Balaguers von Francois Gondrand *(At God's Pace,* New Rochelle, N. Y., 1989) sowie die Beschreibung des Opus Dei von Dominique Le Tourneau *(What is Opus*

Dei?, Dublin 1987). Eine kritische Darstellung gibt Michael Walsh, *Opus Dei: An Investigation into the Secret Society Struggling for Power within the Roman Catholic Church,* London 1989. Vgl. auch Penny Lernoux, *The People of God: The Struggle for World Catholicism,* New York 1989.

485 »Verschiebe deine Arbeit nicht...« und folg. Zitate: Escrivá de Balaguer, a. a. O. S. 6, 8, 9, 17, 32, 43, 138, 151, 199.

486 Dennoch wurde Escrivá...: »Promulgation of Decrees«, in: *L'Osservatore Romano,* Nr. 16, v. 16. 4. 1990, S. 2.

494 Schon in den Paulus-Briefen...: 1 Kor 13,13.

495 ... der heilige Bonaventura...: K. V. Truhlar, »Virtue, Heroic«, in: *New Catholic Encyclopedia,* Bd. 14, New York 1967, S. 709.

496 »mit einer bestimmten Vorstellung...«: A. MacIntyre, *After Virtue,* Notre Dame 1982, S. 163.

496 »Selig sind die Sanftmütigen...«: Mt 5,5.

499 »von der allumfassenden Logik...«: Coleman, in: John Stratton Hawley (Hrsg.), a. a. O. S. 212.

499 »Experiment mit der Wahrheit«: Mahatma K. Gandhi, *Eine Autobiographie oder Die Geschichte meiner Experimente mit der Wahrheit,* Gladenbach ^{4}1984.

499 »Es ist eine furchtbare Sache...«: Miller, *All is Grace,* a. a. O. S. 63.

499 Heilige sind nicht Menschen...: Über Erkenntnis und Erfahrung s. John S. Dunne, CSC, *The Way of All the Earth,* New York 1972. Vgl. auch Kenneth L. Woodward, »What Is God? John Dunne's Life of Discovery«, in: *Notre Dame Magazine,* Bd. 9, Nr. 3, Juli 1980, und »Spiritual Adventure: The Emergence of a New Theology«, in: *Psychology Today,* Bd. 11, Nr. 8, Januar 1978.

499 »Nicht mein Wille...«: Mt 26,39.

502 ... in seinem Werk...: Pierre Teilhard de Chardin, *Der göttliche Bereich. Ein Entwurf des Inneren Lebens,* Olten und Freiburg ^{10}1985.

503 »Ein Kollektiv ist Hüter...«: Simone Weil, Brief vom 15. 5. 1942 an Jean-Marie Perrin, in: *Das Unglück und die Gottesliebe,* München ^{2}1961, S. 63 f.

504 Zu Bonhoeffer s. Eberhard Bethge, *Dietrich Bonhoeffer. Theologe – Christ – Zeitgenosse,* München ^{6}1986.

505 »Und wir wollen auch nicht...«: zit. nach Associated Press, »The First Black Saints – 22 Africans Canonized«, in: *New York Herald Tribune,* 19. 10. 1964, S. 2.

505 ... gemeinsames Thesenpapier...: »The One Mediator, The Saints and Mary: Lutherans and Catholics in Dialogue«, Minneapolis 1991 (im Druck).

506 »In der katholischen Tradition...«: ebd. S. 136.

507 »unbewußte Überzeugungen...«: Erich Heller, *The Disinherited Mind,* New York 1959, S. 263. Vgl. auch Kenneth L. Woodward,

»Religion, Art and the Gothic Sensibility«, in: *Perspectives,* Bd. 9, Nr. 1, Januar/Februar 1964, S. 14–17.
507 ... stärker und realer: Vgl. in diesem Zusammenhang die folgende, auf biologischen Erkenntnissen basierende, psychologisch nachprüfbare, aber soziologisch anpassungsfähige Studie: Arthur Kornhaber und Kenneth L. Woodward, *Grandparents/Grandchildren: The Vital Connection,* Garden City, N. Y., 1981.
508 »erschüttert oft...«: Coleman, in: John Stratton Hawley (Hrsg.), a. a. O. S. 211.
508 »in ihrer Macht...«: ebd. S. 220.
508 »furchtbare Schönheit«: William Butler Yeats, »Easter 1916«, in: *The Collected Poems of W. B. Yeats,* New York 1955, S. 178.
508 ... in Kreisen katholischer Theologen...: Kieckhefer, a. a. O. S. 34.
508 »Die großen Revolutionen...«: Heller, a. a. O. S. 265f.
509 »Erinnerungsgemeinschaften...«: Robert Bellah, Richard Masden, William Sullivan, Ann Swidler und Steven Tipton, *Habits of the Heart,* Berkeley 1985, S. 152f.
509 ... ihren höchsten Ausdruck findet...: s. Pierre Teilhard de Chardin, *Der Mensch im Kosmos,* München ^{7}1964.
510 »Außer mir ist da nichts«: Konstantin Kolenda, *Cosmic Religion: An Autobiography of the Universe,* Prospect Heights, Ill., 1989. Eine dritte Position zwischen Chardin und Kolenda vertritt Thomas Berry (*The Dream of the Earth,* San Francisco 1988).
510 »Heilige... regen uns dazu an...«: Coleman, in: John Stratton Hawley (Hrsg.), a. a. O. S. 211.
510 »Ein neuer Typus der Heiligkeit...«: Simone Weil, Brief vom 25. 5. 1942 an Jean-Marie Perrin, in: *Das Unglück und die Gottesliebe,* a. a. O. S. 88.
511 »strenge und schreckliche Liebe«: Ellsberg, a. a. O. S. 264. Der vollständige Satz – »Verglichen mit der Liebe in Träumen ist die Liebe in der Praxis eine strenge und schreckliche Sache« – war ein Lieblingszitat Dorothy Days und stammt ursprünglich aus Dostojewskijs Roman *Die Brüder Karamasow.*

Literatur

Dokumente

Der Apostolische Stuhl. Ansprachen, Predigten und Botschaften des Papstes, Erklärungen der Kongregationen, hrsg. vom Sekretariat der Deutschen Bischofskonferenz in Zusammenarbeit mit der Redaktion des deutschsprachigen *L'Osservatore Romano,* Köln 1982 bis 1987.

Canonizationis Servae Dei Marcelli Callo (1921–1945) Positio Super Martyrio et Super Virtutibus, Rom 1986.

Positio for the Canonization Process of the Servant of God Cornelia Connelly (née Peacock) 1809–1879, 4 Bde., Rom 1983, 1987.

Beatificationis et Canonizationis Servae Dei Alexandrinae Mariae da Costa Positio Super Scriptis, Rom 1977.

Canonizationis Servae Dei Catherinae Mariae Drexel (1858–1955). Bd. I: *Expositio et Documenta.* Bd. II: *Summarium Depositionum Testium.* Bd. III: *Relatio Relatoris et Informatio,* Rom 1986.

Canonizationis Beatae Philippine Duchesne (1769–1852) Positio Super Miraculo, Rom 1987.

Canonizationis Beatae Philippine Duchesne (1769–1852) Relatio et Vota Congressus Peculiaris Super Miro, Rom 1987.

Canonizationis Ven. Servi Dei Joseph Gérard (1831–1914) Positio Super Miraculo, Rom 1987.

Canonizationis Beati Ioannis Macias, OP (1585–1645), Positio Super Miraculo, Rom 1974.

Canonizationis Servi Dei Papae IX Novissima Positio Super Virtutibus, Rom 1984.

Canonizationis Ven. Servi Dei Juniperi Serra (1713–1784) Positio Super Miraculo, Rom 1987.

Canonizationis Ven. Servi Dei Juniperi Serra (1713–1784) Relatio et Vota Congressus Peculiaris Super Miro, Rom 1987.

Commissione di Studio Istituta della Congregazione per le Cause dei

Santi, *A Proposito di Maria Goretti, Santità e Canonizzazione*, Vatikanstadt 1985.

Diocesan Process for the Beatification of Edith Stein, Köln 1983.

Kleines Konzilskompendium. Sämtliche Texte des Zweiten Vatikanums mit Einführungen und ausführlichem Sachregister, hrsg. v. Karl Rahner und Herbert Vorgrimmler, Freiburg, Basel u. Wien 1974.

New Laws for the Causes of the Saints, übers. v. Robert J. Sarno, Rom 1983.

Bücher

Abbott, Walter M. *The Documents of Vatican II,* New York 1966.

Athanasius, *Vita Antonii,* hrsg. v. Adolf Gottfried, Graz u. Leipzig 1987.

Augustinus, Aurelius, *Der Gottesstaat,* übs. v. W. Thimme, Einsiedeln ²1982.

Balthasar, Hans Urs von, *In der Fülle des Glaubens. Hans Urs von Balthasar-Lesebuch,* hrsg. v. M. Kehl und W. Löser, Freiburg 1980.

Basuch, William J., *Pilgrim Church: A Popular History of Catholic Christianity,* Mystic, Conn., 1989.

Bellah, Robert, Richard Masden; William Sullivan; Ann Swidler u. Steven Tipton, *Habits of the Heart,* Berkeley 1985; dt. *Gewohnheiten des Herzens,* übs. v. Ingrid Peikert, Köln 1987.

Berry, Thomas, *The Dream of the Earth,* San Francisco 1988.

Bethge, Eberhard, *Dietrich Bonhoeffer,* New York 1970; dt. *Dietrich Bonhoeffer, Theologe – Christ – Zeitgenosse,* München ⁶1986.

Bettazzi, Luigi, *Una Chiesa per tutti,* Rom 1971.

Bibliotheca Sanctorum, hrsg. v. Istituto Giovanni XXIII nella Pontifica Universita Lateranese, Rom o. J.

Blehl, Vincent Ferrer, SJ, u. Francis X. Connolly (Hrsg.), *Newman's Apologia: A Classic Reconsidered,* New York 1964.

Bouyer, Louis, CO, *Newman's Vision of Faith: A Theology for Times of General Apostasy,* San Francisco 1986

–, *Newman: His Life and Spirituality,* übs. v. J. Louis May, New York 1958.

Braudy, Leo, *The Frenzy of Renown: Fame and Its History,* New York 1986.

Brentano, Clemens, *Historisch-kritische Ausgabe sämtlicher Werke und Briefe,* Bd. 26, *Das bittere Leiden Unseres Herrn Jesu Christi. Nach den Betrachtungen der gottseligen Anna Katharina Emmerich,* hrsg. v. Bernhard Gajek, Stuttgart 1980.

Brockman, James R., SJ, *The Word Remains: A Life of Oscar Romero,* New York 1986.

– *Romero: A Life,* Maryknoll, N. Y., 1989.

Brown, Peter, *The Cult of the Saints: Its Rise and Function in Latin Christianity,* Chikago 1982.
– *The Body and Society: Men, Women, and Sexual Renunciation in Early Christianity,* New York 1988.
Burtchaell, James Tunstead, CSC, *The Giving and Taking of Life: Essays Ethical,* Notre Dame, Ind., 1989.
Chadwick, Owen, *Britain and the Vatican during the Second World War,* New York 1987.
Cameron, J. M., *John Henry Newman. Writers and Their Work,* Nr. 72, London 1956.
– *Nuclear Catholics and Other Essays,* Grand Rapids, Mich., 1989.
Clarkson, John F., u. a. (Übs.), *The Church Teaches: Documents of the Church in English Translation,* Rockford, Ill., 1973.
Coles, Robert, *Dorothy Day: A Radical Devotion,* Reading, Mass., 1987.
Congregatio Pro Causis Sanctorum, *Index ac Status Causarum,* Vatikanstadt 1985.
– *Index ac Status Causarum,* Vatikanstadt 1988.
Cunningham, Lawrence S., *The Meaning of Saints,* San Francisco 1980.
Danemarie, Jeanne, *The Mystery of Stigmata: From Catherine Emmerich to Theresa Neumann,* übs.v. Warre B. Wells, London 1934.
Day, Dorothy, *Loaves and Fishes,* New York 1963.
– *The Long Loneliness,* New York 1952.
Delehaye, Hippolyte, SJ, *The Legends of the Saints,* New York 1962.
Deschner, Karlheinz, *Das Kreuz mit der Kirche. Eine Sexualgeschichte des Christentums,* Düsseldorf u. Wien ^{6}1982.
Duffy, Cornelia Consuela Marie, SBS, *Katharine Drexel: A Biography,* Cornwells Heights, Pa., 1966.
Dunne, John S., *The Way of All the Earth,* New York 1972.
Duquoc, Christian, u. Casiano Floristan (Hrsg.), *Models of Holiness. Concilium 129,* New York 1979.
Egan, Eileen, *Such a Vision of the Street: Mother Teresa – the Spirit and the Work,* New York 1986.
Egan, Harvey D., SJ, *Christian Mysticism: The Future of a Tradition,* New York 1984.
Elliott, Lawrence, *Johannes XXIII. Das Leben eines großen Papstes,* Freiburg 1974.
Ellis, John Tracy, *Perspectives in American Catholicism,* Baltimore 1963.
Ellsberg, Robert (Hrsg.), *By Little and By Little: The Selected Writings of Dorothy Day,* New York 1983.
Emert, Dr. Joyce R., OCDS, *Louis Martin: Father of a Saint,* Staten Island, N. Y., 1983.
Emmerich, Anna Katharina, *Das bittere Leiden Unsers Herrn Jesu Christi.* Aus den religiösen Schriften Clemens Brentanos hrsg. und mit einem Nachw. vers. v. T. Rody, Darmstadt ^{9}1974.
Escrivá de Balaguer, Josemaría, *Der Weg,* Köln ^{10}1982.

Fogarty, Gerald P., SJ, *American Catholic Biblical Scholarship: A History from the Early Republic to Vatican II*, San Francisco 1989.

Forest, Jim, *Love Is the Measure: A Biography of Dorothy Day*, New York 1986.

Frend, W. H. C., *Martyrdom and Persecution in the Early Church*, Garden City, N. Y., 1967.

Frossard, Andre, *Die Leidenschaft des Maximilian Kolbe*, Stuttgart 1988.

Furlong, Monica, *Thérèse of Lisieux*, New York 1987.

Gandhi, Mahatma, *Eine Autobiographie oder Die Geschichte meiner Experimente mit der Wahrheit*, Gladenbach [4]1984.

Garrigou-Lagrange, R., OP, *Christian Perfection and Contemplation*, St. Louis, Miss., [11]1937.

Geary, Patrick J., *Futra Sacra: The Theft of Relics in the Middle Ages*, Princeton, N. J., 1978.

Gondrand, François, *At God's Pace*, New Rochelle, N. Y., 1989.

Goodspeed, Edgar J., *The Apostolic Fathers: An American Translation*, New York 1950.

Graef, Hilda, *Gott und mein Ich. Die Spiritualität John Henry Newmans*, Frankfurt/M. 1967.

Granfield, Patrick, *The Limits of the Papacy*, New York 1987.

Griffin, John R., *Newman: A Bibliography of Secondary Sources*, Front Royal, Va., 1980.

Guerri, Giordano Bruno, *Povera Santa, Povero Assassino: La vera storia di Maria Goretti*, Rom 1985.

Hales, E. E. Y., *Pio Nono, A Study in European Politics and Religion in the Nineteenth Century*, New York 1954.

Hanley, Boniface, OFM, *Maximilian Kolbe: No Greater Love*, Notre Dame, Ind., 1982.

Hawley, John Stratton (Hrsg.), *Saints and Virtues*, Berkeley 1987.

Hebblethwaite, Peter, *In the Vatican*, London 1986.

– *Pope John XXIII: Shepherd of the Modern World*, Garden City, N. Y., 1984.

Heller, Eric, *The Disinherited Mind*, New York 1959; dt. Heller, Erich, *Enterbter Geist*, Frankfurt 1988.

Hoare, F. R. (Übs. u. Hrsg.), *The Western Fathers*, New York 1954.

Hochhuth, Rolf, *Der Stellvertreter. Ein christliches Trauerspiel*, Reinbek o. J.

Houppert, Joseph W. (Hrsg.), *John Henry Newman*, St. Louis o. J.

Huizinga, Johan, *Herbst des Mittelalters*, Stuttgart [10]1969.

Imbert-Gourbeyre, Dr. Antoine, *La Stigmatisation, l'Extase Divine et les Miracles de Lourdes*, Clermont-Ferrand 1895.

Johnston, Francis, *Alexandrina: The Agony and the Glory*, Rockford, Ill., 1979.

Katz, Steven T. (Hrsg.), *Mysticism and Religious Traditions*, New York 1983.

Kelly, J. N. D., *The Oxford Dictionary of Popes*, New York 1986.
Kemp, Eric Waldram, *Canonization in the Western Church*, London 1948.
Ker, Ian, *John Henry Newman: A Biography*, Oxford 1988.
Kieckhefer, Richard, u. George D. Bond (Hrsg.), *Sainthood: Its Manifestations in World Religions*, Berkeley 1988.
Knowles, David, *Great Historical Enterprises*, London 1963.
Koeppel, Josephine, OCD, *Edith Stein: The Intellectual Mystic*, Wilmington, Del., 1990.
Kolenda, Konstantin, *Cosmic Religion: An Autobiography of the Universe*, Prospect Heights, Ill., 1989.
Kornhaber, Arthur, u. Kenneth Woodward, *Grandparents/Grandchildren: The Vital Connection*, Garden City, N. Y., 1981.
Küng, Hans, *Unfehlbar? Eine Anfrage*, Zürich u. Köln [8]1980.
Lambertini, Prospero, *De Servorum Dei beatificatione et Beatorum canonizatione*, 5 Bde., Bologna 1734–1738.
– *Heroic Virtue: A Portion of the Treatise of Benedict XIV on the Beatification and Canonization of the Servants of God*, 3 Bde., London 1851.
Lercaro, Giacomo, u. Gabriele DeRosa, *John XXIII: Simpleton or Saint?*, Chikago 1965.
Le Tourneau, Dominique, *What Is Opus Dei?*, Dublin 1987.
MacIntyre, A., *After Virtue*, Notre Dame 1982.
Macken, Canon, *The Canonization of Saints*, Dublin 1910.
Manelli, M., u. P. Stefano, *Short Story of a Victim: Theresa Musco (1943–1976)*, übs. v. Johanna Pearson, S. Mari 1984.
Martin, Brian, *John Henry Newman: His Life and Work*, New York 1990.
Martin, Therese, *Geschichte einer Seele. Die hl. Therese von Lisieux erzählt aus ihrem Leben*, Johannesbund Verlag, 1980.
McDonnell, Colleen, u. Bernard Long, *Heaven: A History*, New Haven, Conn., 1989.
Melchers, Erna u. Hans, *Das große Buch der Heiligen*, München 1978.
Metz, Johannes-Baptist, u. Edward Schillebeeckx (Hrsg.), *Concilium 163, Martyrdom Today*, New York 1983.
Miles, Margaret, *Carnal Knowing: Female Nakedness and Religious Meaning in the Christian West*, Boston 1989.
Miller, William D., *All Is Grace: The Spirituality of Dorothy Day*, New York 1987.
– *Dorothy Day: A Biography*, San Francisco 1982.
Molinari, Paolo, SJ, *Saints: Their Place in the Church*, New York 1965.
Murphy, Francis X., CSSR, *The Papacy Today: The Last 80 Years of the Catholic Church from the Perspective of the Papacy*, New York 1981.
Musurillo, Herbert (Übs.), *The Acts of the Christian Martyrs*, Oxford 1972.
Newman, John Henry, *Apologia pro vita sua*, Garden City, N. Y., 1956; dt. John H. Newman, *Ausgewählte Werke*, Bd. 1, übs. v. Maria Knoepfler, Mainz [4]1983.

- *Essays and Sketches*, New York 1948.
- *Essay on St. John Chrysostom*, in: dt. *Sankt Chrysostomos/Schicksale des Theodoret*, übs. v. J. Karl, Mainz 1923.
- *Grammar of Assent. Newman's Works*, London 1903; dt. *Ausgewählte Werke*, Bd. 7, *Entwurf einer Zustimmungslehre*, hrsg. v. Werner Bekker, Matthias Laros u. Johannes Artz, Mainz 1961.
- *The Idea of a University. Newman's Works*, London 1903; dt. *Ausgewählte Werke*, Bd. 5, *Vom Wesen der Universität*, hrsg. v. Matthias Laros, Werner Becker u. Heinrich Bohlen, Mainz 1960.
- *Letters and Diaries*, hrsg. v. C. Stephen Dessain, Oxford 1976.
- *Loss and Gain: The Story of a Convert. Newman's Works*, London 1903.
- *Verses on Various Occasions. Newman's Works*, London 1903.

Nims, John Frederick, *A Local Habitation: Essays on Poetry*, Ann Arbor, Mich., 1985.

O'Gara, Margaret, *Triumph in Defeat: Infallibility, Vatican I and the French Minority Bishops*, Washington, D. C., 1988.

Packard, Jerrold M., *Peter's Kingdom: Inside the Papal City*, New York 1985.

Pinchas, George A. (Hrsg.), *The Simone Weil Reader*, New York 1977.

Poulain, Augustin, SJ, *The Graces of Interior Prayer*, Westminster, Vt., 1978.

Rahner, Karl, SJ, *Praxis des Glaubens. Geistliches Lesebuch*, Einl. u. hrsg. v. Karl Lehmann u. Albert Raffelt, Freiburg u. Zürich 1982.

Reames, Sherry L., *The Legenda Aurea: A Reexamination of Its Paradoxical History*, Madison, Wis., 1985.

Reardon, John, Robert L. Stewart u. Anne Buckley (Hrsg.), *This Grace Filled Moment*, New York 1984.

Renata de Spiritu Sancto, OCD, *Edith Stein*, übs. v. Cecily Hastings u. Donald Nicoll, New York 1952; dt. *Schwester Teresia Benedicta a Cruce, Philosophin und Karmelitin. Ein Lebensbild, gewonnen aus Erinnerungen und Briefen durch Schwester Teresia Renata de Spiritu Sancto*, Nürnberg [7]1954.

Rhodes Anthony, *The Vatican in the Age of the Dictators (1922–1945)*, New York 1973.

Roiphe Anne, *A Season of Healing: Reflections on the Holocaust*, New York 1989.

Romero, Oscar, *Voice of the Voiceless: The Four Pastoral Letters and Other Statements*, übs. v. Michael Walsh, Einl. v. Jon Sobrino u. Ignacio Martin-Baro, Maryknoll, N. Y., 1985.

- *The Violence of Love: The Pastoral Wisdom of Archbishop Oscar Romero*, übs. u. kompil. v. James R. Brockman, SJ, San Francisco 1988.

Ruffin, C. Bernard, *Padre Pio: The True Story*, Huntington, Ind., 1982.

Ryan, Alvan S., *Newman and Gladstone: The Vatican Decrees*, Einl. v. Alvan S. Ryan, Notre Dame, Ind., 1962.

Sandfuchs, W., *Pater Rupert Mayer. Sein Leben in Dokumenten und Bildern*, Würzburg 1987.

Sarno, Robert J., *Diocesan Inquiries Required by the Legislator in the New Legislation for the Causes of Saints*, Rom 1988.

Schmöger, Karl E. (Hrsg.), *Anna Katharina Emmerich. Die Geheimnisse der gottseligen Anna Katharina Emmerich. Aus den Tagebüchern des Clemens Brentano*, Aschaffenburg 1969.

Schulz, Winfried, *Das neue Selig- und Heiligsprechungsverfahren*, Paderborn 1988.

Schweitzer, Albert, *Geschichte der Leben-Jesu-Forschung*, München ^{9}1984.

Simons, Francis, *Infallibility and the Evidence*, Springfield, Ill., 1968.

Stein, Edith, *Edith Steins Werke*, Bd. 1–12, hrsg. v. Lucy Gelber, Romaeus Leuven u. a., Freiburg 1950ff.

Sobrino, Jon, *Spirituality of Liberation: Toward Political Holiness*, Maryknoll, N. Y., 1988; dt. *Geist, der befreit. Lateinamerikanische Spiritualität*, übs. v. Karel Hermans, Freiburg, 1988.

Sullivan, Francis A., SJ, *Magisterium: Teaching Authority in the Catholic Church*, Mahwah, N. J., 1983.

Teilhard de Chardin, Pierre, dt. Ausg.: *Der göttliche Bereich. Ein Entwurf des Inneren Lebens*, Olten u. Freiburg ^{10}1985.

– *Der Mensch im Kosmos*, München ^{7}1964.

Therese von Ávila, *Sämtliche Schriften*, Bd. 5, *Seelenburg*, übs. u. bearb. nach der spanischen Ausgabe des P. Silverio de S. Teresa C. D. v. P. Aloysius Alkofer, Kempten 1938.

Thurston, Herbert, SJ, *The Physical Phenomena of Mysticism*, Chikago 1952.

–, u. Donald Atwater, (Hrsg.), *Butler's Lives of the Saints*, vollst. Ausg., Bd. 3, Westminster, Md., 1981.

Tourneau, Dominique Le, *What is Opus Dei?*, Dublin 1987.

Toynbee, Margaret R., *S. Louis of Toulouse and the Process of Canonization in the Fourteenth Century*, Manchester 1929.

Treece, Patricia, *Man for Others: Maximilian Kolbe, Saint of Auschwitz in the Words of Those Who Knew Him*, San Francisco 1982.

Underhill, Evelyn, *Mysticism*, New York 1974; dt. *Mystik. Eine Studie über die Natur und Entwicklung des religiösen Bewußtseins im Menschen*, übs. v. H. Meyer-Benfey, Bietigheim-Bissingen ^{4}1973.

Vauchez, André, *La Sainteté en Occident aux derniers siècles du Moyen Âge, d'après les procès de canonisation et les documents hagiographiques*, Rom 1981.

Veraja, Fabiano (Hrsg.), *Commentary on the New Legislation for the Causes of Saints*, Rom 1983.

Veyne, Paul (Hrsg.), *A History of Private Life I: From Pagan Rome to Byzantium*, Cambridge, Mass., 1987.

Walsh, Michael, *Opus Dei: An Investigation into the Secret Society Struggling for Power within the Roman Catholic Church*, London 1989.

Ward, Benedicta, *Miracles and the Medieval Mind: Theory, Record and Event, 1000–1215*, Philadelphia ²1987.

Ward, Wilfred, *The Life of John Henry Cardinal Newman*, London 1912.

Weil, Simone, *Attente de Dieu*, Paris 1966; dt. *Das Unglück und die Gottesliebe*, München 1953.

Weinstein, Donald, u. Rudolph M. Bell, *Saints & Society: The Two Worlds of Western Christendom, 1000–1700*, Chikago 1982.

Weisheipl, James A., OP, *Friar Thomas D'Aquino: His Life, Thought and Works*, New York 1974; dt. *Thomas von Aquin. Sein Leben und seine Theologie*, übs. v. Gregor Kirstein, Graz 1980.

Williams, George Hunston, *The Mind of John Paul II: Origins of His Thought and Action*, New York 1981.

Wilson, Stephen (Hrsg.), *Saints and Their Cults: Studies in Religious Sociology, Folklore and History*, Cambridge 1985.

Wright, Cardinal John J., *The Saints Always Belong to the Present*, San Francisco 1985.

Yeats, William Butler, *The Collected Poems of W. B. Yeats*, New York 1955; dt. *Werke*, 6 Bde., hrsg. v. Werner Vortriede, Darmstadt 1977.

Zahn, Gordon, *German Catholics and Hitler's War*, Notre Dame, Ind., 1989.

– *In Solitary Witness: The Life and Death of Franz Jägerstätter*, Springfield, Ill., 1986; dt. *Er folgte seinem Gewissen. Das einsame Zeugnis des Franz Jägerstätter*, übs. v. Grete Steinböck, Graz ³1988.

Zeno, Dr., OFM Cap., *John Henry Newman: His Inner Life*, San Francisco 1987.

Zizola, Giancarlo, *The Utopia of Pope John XXIII*, Maryknoll, N.Y., 1978.

Artikel und Nachschlagewerke

Baaden, James, »A Question of Martyrdom«, *The Tablet* v. 31. 1. 1987, S. 108.

Blehl, Vincent Ferrer, »Prelude to the Making of a Saint«, *America*, Bd. 160, Nr. 9, v. 11. 3. 1989, S. 213–216.

Chiovaro, P., »Relics«, *New Catholic Encyclopedia*, Bd. 12, New York 1967, S. 234–240.

Crossette, Barbara, »Sainthood for 117 Outrages Vietnam«, *The New York Times* v. 29. 5. 1988, S. 5.

Deak, Istvan, »The Incomprehensible Holocaust«, *The New York Review of Books*, Bd. 36, Nr. 14, v. 28. 9. 1989, S. 63–72.

Dimler, Eleni, »Priest-Journalist, Victim of Nazis, Named ›Blessed‹ by Pope«, *Religious News Service*, Vatikanstadt, v. 4. 11. 1985, S. 12.

»Edith Stein, Jewish Catholic Martyr«, *Carmelite Studies 4,* Washington, D. C., 1987, S. 310–327.

Eszer, Ambrosius, »Miracoli ed Altri Segni Divini. Considerationi dommaticostoriche con speciale riferimento alle Cause dei Santi«, *Studi in onore del Card. Pietro Palazzini,* Pisa 1987.

Fehren, Henry, »Let's Canonize Dorothy Day«, *Salt,* September 1983, S. 4f.

Gellese, Liz Roman, »American Saint's Cause Took Century of Work, Millions in Donations«, *The Wall Street Journal* v. 25. 6. 1975, S. 1.

Green, A. E., »Canonization of Saints (Theological Aspect)«, *New Catholic Encyclopedia,* Bd. 3, New York 1967, S. 59–61.

»Guidance of Newman«, *The Tablet* v. 21. 6. 1986, S. 650f.

Hebblethwaite, Peter, »Curia Raps Scholar on Martyr's Fate«, *The National Catholic Reporter* v. 20. 3. 1987, S. 1.

– »Pope Cites Stein's Jewish Roots«, *National Catholic Reporter* v. 15. 5. 1987, S. 24.

– »Pope John Paul Canonizing Saints at Record Pace«, *National Catholic Reporter* v. 22. 5. 1987, S. 7.

Interview »Wir sprachen mit Jan Nota – Zeichen der Versöhnung«, *Schwäbisches Tagblatt,* Tübingen, v. 11. 8. 1987.

Johannes Paul II., Papst, »Homily at the Beatification of Edith Stein (Friday, May 1, 1987, 10 a. M.)«, *Carmelite Studies 4,* Washington, D. C., 1987, S. 298–306.

Juvenalij, Metropolit von Krutitsy und Kolomna, »The Canonization of Saints in the Russian Orthodox Church«, hrsg. von der *Landeskirche der russisch-orthodoxen Kirche* anläßlich der Tausendjahrfeier der Christianisierung Rußlands, die vom 6.–9. Juni 1988 in der UdSSR stattfand (vervielfältigtes Manuskript).

Leitartikel zum Tode von John Henry Newman, *London Times* v. 12. 8. 1890.

Martina, G., »Justified Reservations on a Recent Work«, *L'Osservatore Romano,* engl. Wochenausgabe, v. 9. 3. 1978.

May, Georg, »Die Konkordatspolitik des Heiligen Stuhls von 1918 bis 1974«, *Handbuch der Kirchengeschichte,* Bd. 7, hrsg. v. Hubert Jedin u. Konrad Repgen, Freiburg, Basel u. Wien 1985, S. 179–229.

»Miracles Are Messages and Signs of a God Who Is Love«, *L'Osservatore Romano,* engl. Wochenausgaben Nr. 51 u. 52, v. 19./26. 12. 1988, S. 16.

Molinari, Paolo (ohne Namensnennung), »La moltiplicazione del riso per i poveri«, *Il miracolo: Relta o suggestione?: Rassegna di fatti straordinari nel cinquantennio 1920–1970,* Rom 1981, S. 133–141.

– »Martyrdom: Love's Highest Mark and Perfect Conformity to Christ«, *The Way,* Winter 1980, S. 14–24.

– »Observationes aliquot circa miraculorum munus et necessitatem in causis beatificationis et canonizationis«, *Periodica de re morali canonica liturgica,* Nr. 63, 1974, S. 341–384.

- »Saints and Miracles«, *The Way,* Oktober 1978.
- »The Theology of Canonization«, *The Way,* Winter 1980, S. 7–13.
Molinari, Paolo, u. Peter Gumpel, »Heroic Virtue: The Splendor of Holiness«, *The Way,* Winter 1980, S. 25–34.
Murphy, F. X., »Pope John XXIII«, *Encyclopedia of Religion,* Bd. 8, New York 1988, S. 107–110.
O'Connor, Kardinal John J., »A Good Question«, *Catholic New York* v. 3. 1. 1985, S. 12.
O'Malley, Frank, »The Thinker in the Church: The Spirit of Newman«, *The Review of Politics,* Bd. 21, Nr. 1, Januar 1959, S. 5–23.
»The One Mediator, The Saints and Mary: Lutherans and Catholics in Dialogue«, Minneapolis 1991 (im Druck).
Paci, Stefano M., u. Paolo Biondi, »Interview with Guiseppe Siri«, *30 Days,* Juni 1988, S. 70–74.
Pinsky, Mark I., »Nun's 1960 Recovery May Answer Prayers for Serra's Sainthood«, *Los Angeles Times* v. 4. 8. 1987, S. 3.
»Pope Beatifies Five Religious in Vatican Ceremonies«, *L'Osservatore Romano,* engl. Wochenausgabe Nr. 17, v. 24. 4. 1989, S. 12.
»Promulgation of Decress«, *L'Osservatore Romano,* engl. Wochenausgabe Nr. 16, v. 16. 4. 1990, S. 2.
Ricci, Marina, »A Few False Facts and ... the Polemics Rage«, *30 Days,* Jg. 2, Nr. 5, Mai 1989, S. 16–18.
- »I Never Said There Are Too Many«, Interview mit Kardinal Joseph Ratzinger, *30 Days,* Mai 1989, S. 18–20
Riding, Alan, »Vatican ›Saint Factory‹: Is It Working Too Hard?«, *The New York Times* v. 15. 4. 1989, S. 4.
Thavis, John, »Booming Saint-Making Industry Might be Slowing«, *National Catholic News Service* v. 31. 3. 1989, S. 16.
»Three Martyrs Beatified in St. Peter's Basilica«, *L'Osservatore Romano,* engl. Wochenausgabe Nr. 40, v. 5. 10. 1987, S. 20.
»Tribute to a Martyr: Archbishop Romero Praised as a Pastor as Well as a Prophet«, *Catholic New York* v. 12. 4. 1990, S. 33.
Truhlar, K. V., »Virtue, Heroic«, *New Catholic Encyclopedia,* Bd. 14, New York 1967, S. 709f.
Veraja, Fabiano, *La Beatificazione. Storia, Problemi, Prospettive. Sussidi per lo studio delle Cause dei Santi 2,* Rom 1983.
Woodward, Kenneth L., »Spiritual Adventure: The Emergence of a New Theology«, ein Gespräch mit John Dunne. *Psychology Today,* Bd. 11, Nr. 8, Januar 1978.
- »What Is God? John Dunne's Life of Discovery«, *Notre Dame Magazine,* Bd. 9, Nr. 3, Juli 1980.
- »How America Lives with Death«, *Newsweek* v. 6. 4. 1970, S. 88.
- »Religion, Art and the Gothic Sensibility«, *Perspectives,* Bd. 9, Nr. 1, Januar/Februar 1964, S. 14–17.

Register

Kursiv gesetzte Textzeilen markieren Buch- oder Zeitschriftentitel und sonstige Schriftstücke. Kursiv gesetzte Zahlen beziehen sich auf Fußnoten.

Abraham 14, 225
Académie Française 226
Achilli, Giacinto 451
Acta Martyrum 189
Acta Sanctorum Bollandistarum 69, 117
Adam 424
Agatha, heilige 165, *165*, 425, 428
Agnes von Böhmen *89*
Agnes von Jesus, Mutter (Agnes Galand) *280*
Alexander der Große 403
Alexander III., Papst 78
Alexander IV., Papst 82
Alexius, heiliger 425
Alfrink, Kardinal Bernard 354
Alkoholismus 264 f.
Allah 13, 199
All is Grace (Alles ist Gnade) (Day) 36
Alphege, heiliger 77 f.
Ambrosius, heiliger 68
America 459
Amico, Don Franco 206
Amore, Augustino 112
Anachoreten (Eremiten) 62
Anbetung Christi (latreia) 67
Anciaux, Joseph 191, 290
Audivimus (Alexander III.) 78
Andreas, heiliger 73
Anglikanische Kirche 449, 452
Anglikanismus/Anglikaner 14, 450 f.
Anna, heilige 88, 436
Anselm (Mönch) 77
Antisemitismus 269, 363

Antonelli, Kardinal Giacomo 397, 411
Antonius von Padua, heiliger 71, 84 f., 267
Apologeten 62, 129
Apologia pro vita sua (Newman) 448, 454, 461
Arayjo, Gomez de 214
ARENA *40*
Aristoteles 495
Armersfoort 162
Arnim, Achim von 223
Asketen 71 f., 82
Asperti, Samuele 324 f., 337
Athanasius 71
Aubuisson, Roberto d' *40*
Augustinus von Hippo, heiliger 16, 65, 71 f., 76, 198, 271, 423 f., 450, 465, 469, 494
Auschwitz 166, 168, 177, 179 f., 387

Baaden, James 175 f.
Balthasar, Hans Urs von 277, 478
Bankanja, Isidor 133
Barberi, Dominic 468
Basilius 465
Batterham, Forster 30
Bauer, Bruno 226
beati 80
Beaudoin, Yvon 112, 117, 122 ff., 126, 146, 148, 183, 386, 433, 438
Beize, Weihbischof Bogdan 354
Bekenner 63, 70, 72
Bekenntnisse (Augustinus) 16
Bell, Rudolph M. 48
Bellah, Robert 509

Bellarmin, Kardinal Robert 116
Benedikt, heiliger 282
Benedikt XIV., Papst 90, 159, 202, 207–210, 235, 272, 362, 373, 387, 401, 403, 495, 505
Benedikt XV., Papst 148, 436
Bergpredigt 31
Berkeley, Robert 320
Bernard, Maria 254f.
Bernhard von Clairvaux, heiliger 153, 362
Berrigan, Daniel 37f.
Bertoli, Kardinal Paolo 106, 389
Bestattung ad sanctos 67
Bibliotheca apostolica Vaticana 384
Bibliotheca Sanctorum 58
Bilokation 194, 197, 233
Bilotta, Vincenzo Giulio 252
Birgitta von Schweden, heilige 85, *85*, 86
Bismarck, Otto von 403
Blake, Ursula *315*, 335
Blanc, Bischof Anthony 320
Blehl, Vincent 463, 466–468, 481
Blondin, Maria Anna 144
Bloy, Leon 5
Bodhisattvas 13
Bollandisten 116ff., 154
Bonaventura, heiliger 495
Bonhoeffer, Dietrich 14, 504
Borgowiecz, Bruno 178
Borra, Don Giuseppe 206
Borromeo, Kardinal Carlo 385, 502
Boudreaux, Bischof Warren 30, 297
Bouillard, Henri *359*
Bouyer, Louis 461
Bowles, Gebrüder 329f.
Bowles, Emily 329f.
Brahma 199
brandae 68
Brandsma, Titus 134, 161–166, 172, 183, 260
Brautmetaphorik 196
Brentano, Clemens 223ff., 227, 229
Brown, Peter 64ff., 74, 423
Brown, Bischof Thomas Joseph 453, 455
Buddhismus/Buddhisten 13, 198
Bürgerkrieg, Spanischer 163
Bureau of Catholic Indian Missions (BCIM) 290f.

Burtchaell, James Tunstead 10
By Little and By Little, The Selected Writings of Dorothy Day (Day) 32

Cabrini, heilige Frances 31, 256, *298*
Cäcilia, heilige 439
Caiani, Maria Anna Rosa 478
Cairoli, Antonio 364f., *365*, 366, 379, 381–386
Callo, Marcel 182f., 428
Calvin, Johannes 87, 411
Camara, Bischof Dom Helder 354
Camino, El 483; siehe auch Escrivá de Balaguer
Campbell, Joseph 198
campesinos 46, 189
Capucci, Flavio 486
Carmelite Studies 11
Carter, Jimmy 25
Catholic Board for Mission Work among the Colored People (CBMWACP) 292
Catholic New York 32
Catholic Poor Schools Committee 329
Catholic Worker 30, 36, 486
Catholic Workers, The 29; siehe auch Katholische Arbeiterbewegung
Chadwick, Owen 376
Chavez, Weihbischof Gregorio Rosa 55
Chenu, Marie-Dominique *359*
Christopherus, heiliger 16, 70, 127
»Christus, Alter« 82
Chruschtschow, Nikita 354
Churchill, Winston 371
Cicero 72
Cicognani, Amleto 389
Claretiner 33, 37
Claudel, Paul 226
Clemens VIII., Papst 154
Clemens X., Papst *140*
Coelestin V., Papst 53, 362
Cohalan, Florence 23
Coleman, John 10, 508, 510
Collegium Relatorum 110
Common Law 90
communidades de bas 48
Congar, Yves-Marie *359*
Connare, Bischof William 297, 300
Connelly, Adeline 316, 321, 328, 335

550

Connelly, Cornelia 314–349, 418, 481, 493
Connelly, John 321
Connelly, John Henry 318f., 344–347
Connelly, Mary Magdalen 319
Connelly, Mercer 316, 319f., 324, 327, 335
Connelly, Pierce 314, 316–328, 330, 335ff., 339, 344, 348
Connelly, Francis 319, 321, 324, 327f., 335
Connelly versus Connelly (Theaterstück) 333
Consulta Medica 241f., 244, 246f., 249, 250ff., 254, 257, 260, 262, 270
Cooke-Bruderschaft, Kardinal 20, 22
Cooke, Kardinal Terence James 19ff., 24–29, 31ff., 94, *145*
Cornell, Tom 36
Cortesini, Raffaello 245f., 248f., 265, 500
Costa, Alexandrina da 211–219, 221
Cowley, Malcolm 29
Cowley, Peggy 29
Crisan, Erzbischof T. 106, 472, 477
Cristiani, Alfredo *40*
Cruchon, George 337
Cullen, Erzbischof Paul 452
Cunningham, Lawrence 10

Dachau 162f., 165
Danell, Bischof 331f.
Darwin, Charles 331, 453
Davis, Henry Francis 461
Day, Dorothy 29–36, 38, 486, 499
Day, Tamar Therese 36
De civitate Dei (Augustinus) 72
Dei Verbum (dogmatische Konstitution über die göttliche Offenbarung, Die) 368
Dekretalen (Gregor IX.) 78
Delehaye, Hippolyte 69
Delgado, Jesús 48–51
De miserabili conditione Catholicorum nigrorum in America (Anciaux) 290
Demokratisch-Revolutionäre Front (FDR) 48
De Servorum Dei beatificatione et Beatorum canonizatione (Über die Seligsprechung der Diener Gottes und die Kanonisierung der Seligen) (Benedikt XIV.) 90, 202
Des Knaben Wunderhorn (Brentano) 223
Dessain, Charles Stephen 462
Deutsch-Französischer Krieg 409
Dirvon, Joseph 135
Divino afflante Spiritu (Pius XII.) 368, 371
Divinus perfectionis Magister (Johannes Paul II.) 109
Dominikaner 82, *83*
Dominikus, heiliger 81f.
Donatisten 76
30 Days 472
Drexel, Anthony 287
Drexel, Elizabeth 288
Drexel, Emma Bouvier 287
Drexel, Katharine 11, 22, 139, 274ff., 283–290, 292–297, *297*, 298, *298*, 299–309, 312, 316, 342, 418, 481, 515ff.
Drexel, Louise 288
Dritte Welt 54
Drummond, Henry 325, 327
Duchesne, Louis Marie 380
Duchesne, Rose-Philippine *23*, 253ff., 475f., *489*
Dunne, John 11
Dwyer, Erzbischof George 463
Dyrda, Boniface 251ff., 256

Eckart, Meister 198, 502, 504
Edith-Stein-Archiv 169; siehe auch Stein, Edith
Edith-Stein-Forschung 169
Edmund von Abingdon, heiliger 79
Eleazar von Sabran 85
Eleventh Virgin, The (Die elfte Jungfrau) (Day) 36
Elias (Prophet) 116
Eliot, George 5
Elisabeth, heilige 436
El Salvador 39f., *40*, 41f., 44–53, 55, 59, 142, 190
Emmerich, Anna Katharina 221–229, 489f.
Episcopal Convention 316
Eremiten (Anachoreten) 62
Escrivá de Balaguer, Josemaría 125, 483, 485–488

Essay on the Development of Christian Doctrine (Newman) 450
Esther (biblische Königin) 167
Eszer, Ambrosius 113, 122, 124–127, 148, 153, 155, 171–176, 201, 228f., 262, 263ff., 270ff., 445f., 448, 468, 486f.
Eva 424
Evangelical Magazine 457

Faber, F. W. 451
fama sanctitatis 190, 332f., 431, 446, 479, 490, 492
fama signorum 479
Farbundo Martí Befreiungsfront (FMLN) 48
Farkas, Charles 11
Fátima 203, 212, 215
Felici, Kardinal Angelo 480
Felicitas, heilige 68
Ferrari, Kardinal Andreas 364f., *365*, 380
Ferrarons, Liberata 133
Filippo Neri, heiliger 451
Findley, Robert 11
Flannery, Michael 27
Flaxman, Schwester 11
Forest, Jim 36
Forgione, Francesco (Padre Pio) 193, 231
Fra Angelico (Guido di Pietro) 446
Franco, Francisco 163
Franziskaner *83*, 364
Franz von Assisi, heiliger (Franziskus) 15, 31, 38, 81f., *82*, 83, 86, 123f., 153, 193f., 198, 202, 220, 229, 233, 278, 282, 476
Franz von Sales, heiliger *165*
Frassati, Pier Giorgio 101
Frassinello, Benedicta Cambiagio 434
Freud, Sigmund 210f., 217f.
»Friends of Newman« 463
Frings, Kardinal Joseph 169f.
Fritsch (Kommandant) 178, 180

Gabriel, Erzengel *165*
Gagliardi, Erzbischof Pasquale 231
Gajowniczek, Franz 178
Galgani, Gemma 203
Gandhi, Mohandas K. (Mahatma) 284, 499

Garay, Alvaro Antonio 40
Garrone, Kardinal Gabriel 47
Gasparri, Kardinal Pietro 370
Gates, David 11
Gaulle, Charles de 380
Geistlicher Gesang (Johannes vom Kreuz) 197
Georg, heiliger 87
Gérard, Joseph 247
Gerarda, Erzbischof Emmanuele 47
German Catholics and Hitler's War (Zahn) 377
Geschichte der Leben-Jesu-Forschung (Schweitzer) 226
Geschichte einer Seele (Therese von Lisieux) 438
Gladstone, William 456, 460
Glemp, Kardinal Józef 170
Goethe, Johann Wolfgang von 223
göttliche Bereich, Der (Teilhard de Chardin) 502
Gold, Mike 30
Gollin, James 10
Gonzales, Marie Enfanta 301
Goretti, Maria 151ff., 185, 428
Goyau, Georges 236
Grammar of Assent, The (Newman) 454
Grande, Rutilio 45, 51
Grant, Bischof 328f.,
Grassi, Giovanni 322
Gregor IX., Papst 78, 267
Gregor XVI., Papst 317, 320ff., 336
Grimshaw, Bischof Francis 462
Groeschel, Benedict 20ff., 24, 26–29
Grosseteste, Robert 495
Gruppenmartyrien 145; siehe auch Martyrium/Märtyrer
Guardini, Romano 30, 486
Guérin Martin, Azélie 435–442
Guérin Martin, Celine 440
Guérin Martin, Louis 435–441
Guérin Martin, Pauline 439, 441
Guérin Martin, Therese 439–442
Guerri, Giordano Bruno 151
Guidi, Kardinal Filippo 394
Gumpel, Kurt Peter 114, 122, 127ff., 137, 153ff., 180, 186, 201f., 204, 228, 259f., 266f., 270ff., 275, 286,

295, 304, 309, 315, 339, 366f., 370, 372–379, 381, 387, 420, 430f., 437, 466, 490
Gurloes, Abt 78
Gurus 13
Gutierrez, Louís, José Gómez 122

Habig, Marion 251
Häresie 76, 96
Hammarskjöld, Dag 14
Hausler, Judith 11
Haynes, Mary Juliana 11
Hebblethwaite, Peter 141
Heiligengräber 66
Heiligenkalender 75
Heiligenkulte 58, 63–74
Heiligenlegenden 17
Heiliger, Definition 57ff.
Heilige, Verehrung der (douleia) 67
Heiligsprechung 14, 89, 103f., 120, 476; siehe auch Kanonisierung
–, äquipollente 89, 100
–, kirchenrechtlicher Vorgang 15
–, Kosten der 135–140
–, Verfahren 75, 94–104
Heine, Heinrich 223
Heinrich II., König v. England 159
Heinrich VIII., König v. England 451
Heller, Erich 508
Hemingway, Ernest 461
Hennessy, Maggie 33
Hensel, Luise 223, 229
Heterodoxie 96, 200
Hickey, Kardinal James 107
Hieronymus, heiliger 469
Hinduismus 198
Hindus 13, 199
Hinterberger, Ancilla 263
Hitler, Adolf 159f., 174, 269, 381
Hochhuth, Rolf 374f.
Höffner, Kardinal Joseph 170
Höss, Maria Kreszentia 262f.
Holmes, J. Derek 156f., 169, 371
Holocaust 156–181, 387
Holy Trinity Church 316
Homiletic and Pastoral Review 338
Hopkins, Gerard Manley 226, 489
Huizinga, Johan 87
Humani generis (Pius XII.) 372
Hus, Jan 87

Husserl, Edmund 166f.
Hyazinth, heiliger 153f.

Idea of a University, The (Newman) 452
Ignatius von Antiochien, heiliger 61
Ignatius von Loyola, heiliger 15, 198, 217, 278, 282, 319, 485
Imcamp, Wilhelm 263
Independiente, El (San Salvador) 42
Index ac Status causarum 89, 146, 153, 437
Index librorum prohibitorum 96, 380
Indianer 144, 283–286, 288f., 292ff., 296, 299ff., 303f., 306
Inedia 197
Ingarden, Roman 171
Innozenz IV., Papst 82, 84
Innozenz XI., Papst 237, 273
Internationales Medizinisches Komitee 257
inventio 73
Irish Republican Army (IRA) 27
Isaak 225
Isabella I., Königin von Spanien 313
Islam 198

Jacobus a Voragine 425
Jägerstätter, Franz 185f., 474
Jakob 225
James, M. 298f.
Jane Frances de Chantel, heilige 339
Jeanmard, Bischof Jules 300
Jeanne d'Arc 200, *489*
Jesuiten 45, 52f., 55, 364
Jesus Christus 30f., 53f., 56, 60–63, 69f., 74, 77, 88, 158, 167, 177, 185, 190f., 196–199, 205, 225, 265f., 288, 346, 494, 496, 505f.
Johannes, Evangelist 198
Johannes XV., Papst 76
Johannes XXII., Papst 469
Johannes XXIII., Papst 14, 105, 139, 148, 237, 351–360, 362ff., *365*, 366f., 369f., 373, 379–387, 405, 410, 420, 456
Johannes Bosco, heiliger 394
Johannes Chrysostomus 465
Johannes vom Kreuz, heiliger 161, 168, 197–200, 217, 236
Johannes Paul I., Papst 148, 232
Johannes Paul II., Papst 14, 17, 41,

47, 49f., 55, *89*, 92, 98, 109, 114, 133, 140–145, 147f., 155ff., 161, 165, 171, 176f., 179, 181ff., 188, 194, 230, 238, 248, 250, 257ff., 262, 269, 272, 277, 314, 387–390, 400, 421, 427, 429f., 432, 434f., 443–447, 469, 471, 474, 477, 482f., 486
Johannes der Täufer 69, 77, 436
Johnson, Lyndon B. 25
Joseph, heiliger 85, 345, 436, 439
Joseph von Copertino, heiliger 208
Joyce, James 249, 426
Judas, heiliger 256
Juden 156f., 160f., 166–177
Judentum 14, 198
Julian Apostata, Kaiser 64
Juliana von Norwich 196, 198
Jung, Carl Gustav 211, 217

Kanonisierung 75–80; siehe auch Heiligsprechung
–, Definition 16
Karl I., Kaiser von Österreich-Ungarn 125
Karl VII., Kaiser 262
Karthago, Synode von 68
Katharina von Genua, heilige 203
Katharina von Siena, heilige 15, 35, 85, *85*, 86, 196, 198
Katholische Arbeiterbewegung 31, 34, 36, 182; siehe auch Catholic Workers, The
Katz, Steven T. 199
Kenrick, Bischof Francis Patrick 23
Kieckhefer, Richard 10
King, Martin Luther jr. 25, 51, 284, 301
Kingsley, Charles 453
Kirche und politische Volksbewegungen, Die (Hirtenbrief)(Romero) 46
Klara von Assisi, heilige 15, 82, *165*
Klarissenorden 82
Knut IV., König *443*
König, Kardinal Franz 354
Kolbe, Maximilian Maria 142, 177–181, 183, 186, 189
Kol, König 78
Konstantin, Kaiser 62
Koppel, Josephine 11
Korea 31

Kowolska, Faustina 141
Kreuzeswissenschaft (Stein) 168
Kristallnacht 168
Krol, Erzbischof John J. 284, 286
Kroll, Jack 11

Lamas 13
Lambertini, Prospero 90, 495, 505
Lanfrank, Erzbischof 77f.,
La Salette 203
La Stampa 101
Lateau, Louise 203
Lateinamerika 188–192
Leben der Gesegneten Jungfrau, Das (Brentano) 225
Leben des Antonius, Das (Athanasius) 71
Leben des Martin von Tours, Das (Severus) 69
Legenda aurea (Jacobus a Voragine) 425
Leo XIII., Papst 262, 405, 414, 457f.
Lercaro, Kardinal Giacomo 354
Letter to the Duke of Norfolk (Newman) 456
Levitation 197
lex credendi 75
lex orandi 75
libelli 69
Lichtenberg, Bernhard *164*
Liénart, Kardinal Achille 354
Lincoln, Abraham 369
Lipps, Hans 167
Longpré, Catherine 478
Loss and Gain (Newman) 450
Lourdes 66, 203
Lozano, John 217, 219, 221
Lubac, Henri de *359*
Lucia, heilige *165*, 425, 428
Luciani, Albino 232; siehe auch Johannes Paul I., Papst
Ludwig von Anjou, heiliger 240
Ludwig XIV., König v. Frankreich 237, 369
Lukas, Evangelist 60
Lumberas, Martin 478
Lumen Gentium (dogmatische Konstitution über die Kirche, Die) 18, 351, 368
Luther, Martin 74, 86ff., 411, 506, 508

Macca, Valentinio 122
Machejek, Michael 122
Macias, John 260f.
Macintyre, A. 196
Macken, Kanonikus 91, 104, 110
MacLaughlin, Helen 254
Manning, Kardinal Henry Edward 451–457
Märtyrer 60–63, 70, 158f., 177; siehe auch Martyrium
Margareta Maria Alacoque, heilige 214
Margareta von Cortona 233
Maria (Mutter Jesu) 96, 178, 203, 212, 221, 224, 345f., 273, 476, 502, 505
Maria Theresia 262
Martin, Dermot 264
Martin von Porres, heiliger *165*, 256
Martin von Tours 65
Martina, Giacomo 482
Martino, Joseph 286–296, 298, 302, 304f., 308, 481
Marty, Martin E. 11
Martyrium 60f., 158, 160, 177, 494; siehe auch Märtyrer
–, christliches 190f.
Martyrium des Polykarp 67
–, rotes 62
–, weißes 62
Martyrologien 75
Marx, Karl 271
Masses, The 30
Mastai-Ferretti, Giovanni Maria 391, 395f., 401; siehe auch Pius IX., Papst
Matt-Talbot-Klub 265; siehe auch Talbot, Matt
Maurin, Pierre 30
Mauthausen 182
Maximilian, Erzherzog 318
Mayer, Rupert 130, 269f.
Mayhew, Alice 12
May, John 254
Mazenod, Charles Joseph Eugène 124
McCarrick, John J. 19, 21
McClosky, John 318
McDonagh, Enda 191
McGrath, James 11, 285, 294
McGuigan, James Charles 459
McShea, Joseph *297*, 300
Meir, Golda 371

Merton, Thomas (Mönch) 131, 198, 489
Metternich, Fürst Klemens Wenzel von 318, 391
Michael, Erzengel 70
Missionarinnen der Nächstenliebe 13
Mit brennender Sorge (Pius XI.) 375
Moccia, Francesco 122
Mohammed (Prophet) 198
Molinari, Paolo 113, 117, 122, 127, 129ff., 139, 150, *164*, 183f., 187, 254, 259ff., 264, 267–273, 281f., 307, 315, 335, 338f., 341, 358, 364, 366–370, 372–378, 381, 387, 490
Montini, Giorgio 364f.
Montini, Giovanni Battista 364; siehe auch Paul VI., Papst
Mooney, Catherine M. *489*
Mormonen 483
Morell, Louise 140, 516
Moscati, Giuseppe 476
Moses 14, 496
Moslems 13, 199
Murphy, Francis Xavier 11, *361f.*
Musco, Theresa 204–207
Mussolini, Benito 105, 151, 184, 392
Mystici Corporis (Pius XII.) 368
Mystiker 196–236

Nagasaki 178
Napoleon I. 403
Nationale Liga für die Verteidigung der Religionsfreiheit 187
Nazis 156–181
Neumann, Bischof Johann Nepomuk 23, 31, 100, 135
Neumann, Therese 203
Newman, John Henry 322, 414, 446–470, 481, 489, 492, 501ff.
Newsweek 11f.
Newton, Isaac 271
New York Times 471
Nizäa, Konzil von 68
Nikomachische Ethik (Aristoteles) 495
Nixon, Richard 25
Nohilly, Thomas 11
NSDAP 161f., 174

Oblaten der Unbefleckten Jungfrau Maria (OMI) 123

Oblate Sisters of Providence 301
O'Connell, Marvin 10
O'Connor, Kardinal John J. 20ff., 24, 29, 31ff.
O'Connor, James 287ff., 296, 306
O'Halloran, Jim 11
Olier, Jean-Jacques 96
O'Malley, Frank 11
O'Meara, Thomas 10
O'Neill, Eugène 29
O'Neill, Joseph H. 338
Opus Dei 106, 122, 125, 483–488
Oratorianer/Oratorium 451f., 460–464, 467f.
Oriel College 449
Osservatore Romano, L' 106, 430
Ottaviani, Kardinal Alfredo 232
Ozanam, Frédéric 111

Pacelli, Eugenio Maria Giuseppe 370–373, 375ff., 379; siehe auch Pius XII., Papst
Pacem in terris (Johannes XXIII.) 352
Päpste, Kanonisierung von 360–364
Palazzini, Kardinal Pietro 105–109, 139ff., 146f., 152, 180, 183, 250, 271, 389f., 420, 427, 437f., 447, 480
Papa, Giovanni 121
Papen, Franz von 381f.,
Parsifal (Wagner) 174
Partido Revolucionario Institucional (PRI) 187
Pascendi (Pius X.) 458
Paschalis II., Papst *443*
Pasquinangeli, Camillo 248
Passionsekstasen 211, 213ff., 217
Pastor Aeternus (Konstitution mit dem Unfehlbarkeitsdogma) 455
Patrick, heiliger 19, 87
Paulus, Apostel 17, 61, 153, 196f.
Paulus, heiliger 15, 201, 233
Paul VI., Papst 43, 106, 108f., 127, 148, 163, 170, 179, 181, 228, 230f., 264, 352–355, 359f., 364, *365,* 368f., 389f., 397, 410, 462, 505
Peacock Cornelia; siehe Connelly Cornelia
Pennsylvania, University of 316
Perez, Raffaello 163
Perpetua, heilige 68
Perrin, Jean-Marie 510

Perry, Weihbischof Harold 296
Pétain, Henri Philippe 380
Petrus, Apostel 15, 61, 153, 353
Petti, Antonio 107, 308
Phänomenologie 166, 171
Pietro, Guido di 446
Pilatus, Pontius 224
Pinho, Mariano 213
Pinto, Jorge 42
Pio Nono 388–392, 394, 396–399, 401f., 406, 408–420; siehe auch Pius IX., Papst
Pio, Padre 194f., 201, 229–235, 275, 445, 476; siehe auch Forgione, Francesco
Pius IV., Papst 194f., 201, 229–235, 275, 445, 476
Pius V., Papst 353, 362f.
Pius IX., Papst 11, 325, 379, 388ff., 393f., 396f., 399–417, 419f., 444, 447f., 451, 452–457, 475, 482, 497f.
Pius X., Papst 117, 148, 273, 353, *361f.,* 363ff., *365,* 379, 389f., 396, 418, 435, 442, 444, 458
Pius XI., Papst 99, 117, 148, 160, 167, 194, *365,* 372, 375, 388, 391
Pius XII., Papst 118, 148, 152, *165,* 185, 253, 352, 358–364, 366–371, 373–380, *380,* 383f., 386f., 390, 394, 420, 431, 436, 444
Planck, Max 271
Plato 72, 276
Poletti, Kardinal Ugo 486
Popery: Its Character and Its Crimes (Taylor) 323
Porphyrios 72
Porsi, Luigi 114
Press, Aric 12
Pro, Humberto 187
Pro, Miguel Augustin 186f.
Puy-Michel, Dauphine von 85

Quanta cura (Pius IX.) 392

Radini-Tedeschi, Bischof Giacomo 379f.
Rahner, Karl 278
Raimondi, Kardinal Luigi 389
Rambler 453, 464
Rasoamanarvio, Victoria 261f., 432
Ratti, Ambrogio Damiano

Achille 117; siehe auch Pius XI., Papst
Ratzinger, Kardinal Joseph 180, 471ff., 475, 477
Reaganomics (Reagansche Wirtschaftspolitik) 37
Redemptoristen 23, 135
Reformation 14, 17, 74f., 86–91, 273, 352, 500
Regalado, Hector Antonio 39f.
Reinach, Adolf 167
Reinach, Frau 167
Reliquien 58, 73f.
–verehrung 68, 73f.
Ricci, Katharina 209
Ricci, Matteo 130
Ritter der Unbefleckt Empfangenen 178
Ritter der Unbefleckt Empfangenen 178
Rivera y Damas, Erzbischof Arturo 42f.
Rodriguez, Catarina Maria 433
Roiphe, Anne 157
Rolle, Richard 198
Romero, Carlos Humberto 45
Romero, Erzbischof Oscar Arnulfo 39ff., 43f., 46–55, 59, 142, 190, 474
Roncalli, Angelo Giuseppe 379f., *380*, 381–386; siehe auch Johannes XXIII., Papst
Rondet, Henri *359*
Roosevelt, Theodore 291, 371
Rosa, Franco de 243, 255
Rosati, Bischof Joseph 317, 336
Roses among Lilies (Hörspiel) 333
Rosmini-Serbati, Antonio 397
Rossi, Paolo 232–236
Rossi, Pellegrino 392
Rota (Gerichtshof der Kurie) 482
Ruiz, Lorenzo 429f.
Ruysbroek, Jan van 198
Ryan, Erzbischof James 286

SA 175
Sachsenhausen 269
Sacra Virginitas (Pius XII.) 431
Sailer, Bischof Johann Michael 223
Saints and Society: The Two Worlds of Western Christendom (Weinstein/Bell) *488*

Saint-Sulpice, Compagnie de 96
Sanchez, Melchior 478
santi 80
Saravia, Alvaro Rafael *40*
Sarno, Robert 201, 252, 253, 286, 308, 427
Savonarola, Girolamo 209
Scheler, Max 166
Schmöger, K. E. 225ff.
Schwarze 283–286, 288f., 292ff., 296, 299ff., 304, 306
Schweitzer, Albert 226
Seligsprechung 14, 80, 89, 100, 102f., 120, 476
–, äquipollente 89, 100
Sergius, heiliger 66
Serra, Pater Junípero 250, 256, 313f.
Seton, Elizabeth Bayley 31, 135f.
Seuse, Heinrich 198
Severus, Sulpicius 69
Sheldon, William 135
Shipley, David 12
Siedliska, Frances 478
Siena, Bernardo von 235
Siri, Kardinal Giuseppe 206, 384
Sisters of the Blessed Sacrament for Indians and Colored People 11, 139, 283, 290, 296, 515f.
Sisters of the Holy Family 301
Sixtus V., Papst 89, 153
Snider, Carlo 390f., 395f., 399–420, 497
Sobrino, Jon 52–55, 191f.
Society of the Holy Child Jesus 314f., 322ff., 332, 337, 345
Society of the Sacred Heart Sisters 253f., 319, 321
Sodalitium Pianum 379
Souders, Marilyn 11
Spellman, Kardinal Francis 19, 22f.
SS 175
Stanislaus von Krakau, heiliger 81
Stein, Edith 11, 156f., 166–177, 183, 186, 239, 269, 274, 376, 445, 471f.; siehe auch Teresia Benedicta a Cruce
Stein, Rosa 166, 168
Stellvertreter, Der (Hochhuth) 374
Stensen, Bischof Niels 443ff., *443f.*, 471f.
Stephan, heiliger 60f., 72f., 153, *165*, 491

Stier, Diane L. 34
St. John, Ambrosius 464
Strauß, David Friedrich 226
Strub, Elizabeth Mary 315, *315*, 342–349, 481, 493
Suenens, Kardinal Leo Joseph 108, 351, 354, 357, 476
Sufis 13f.
Sullivan, John 11
Syllabus (Pius IX.) 392f., 395, 398f., 407, 409, 415, 417, 452, 454

Tablet, The 176
Talbot, George 453
Talbot, Lord John, Graf von Shrewsbury 318, 320, 322, 325, 331
Talbot, Matt 264
Tardini, Kardinal Domenico 383
Taylor, William 323
Teilhard de Chardin, Pierre 198, 502
Tekakwitha, Kateri 144, 259, 270
Tennyson 91
Teresa von Ávila, Schwester 39, 42f.
Teresa v. Kalkutta, Mutter 13, 54, 193, 472
Teresia Benedicta a Cruce 156, 172; siehe auch Stein, Edith
Tertiarier *83, 85*
Tertullian 423
Testa, Gustavo 385
Therese von Ávila, heilige 15, 35, 39, 161, 167, 196, 198ff., 203, 217, 236, 278, 438
Therese von Lisieux, heilige 29, 35, 130, 238, 435f., 476, 486
Thomas von Aquin 82, 149, 167, 185, 198, 279f., 415, 443f., 469, *469*, 495, 502
Thomas Becket, heiliger 40, 81, 159
Thomas von Cantilupe, heiliger 85
Times (London) 447, 450, 457
Timotheus, heiliger 73
Tisserant, Kardinal Eugène 384
Touissaint, Pierre *144f.*
Towneley, Colonel 328, 330
translatio 73, 76
Treacy, Gerard 463
Trient, Konzil von 89, 150, 273, 385f.
Trinity College (Oxford) 449, 457
Tschernobyl 124
Tyrrell, George 458

Udalricus (Ulrich) von Augsburg, heiliger 76
Ultramontanisten 454, 455f.
Unbefleckte Empfängnis, Dogma der 393, 408, 502
Unfehlbarkeit, Dogma der päpstlichen 149–155, 389, 393f., 398, 408f., 412, 455f.
unio mystica 197
Urban, Amanda 12
Urban II., Papst 78
Urban VIII., Papst 89, 95, 109, 280
Urioste, Ricardo 43f.

Valabek, Redemptus 131, 257, 260
Valerian 439
Vatikanisches Konzil, Erstes 150, 354f., 389, 393ff., 398f., 404, 408f., 417, 447, 459
Vatikanisches Konzil, Zweites 18, 105, 108, 124, 127f., 190, 203, 206, 235f., 253, 277, 341, 351–360, 363, 366ff., 381, 384–387, 395, 404ff., 408, 434, 456, 459, 469, 476, 504
Vauchez, André 80–85
Venanzi, Enrico 109, 129, 137, 204
Venatius 140
Veraja, Fabiano 20ff., 27, 106, 118, 335, 476
Veronika, heilige 70
Vianney, Jean-Baptiste Marie 193
Vietnam 187f.
–krieg 25, 31
Virgili, Maria Angela 131
Visionen 220
vitae 75, 84, 86, 90, 120, 155, 202, 494
Von der Entstehung der Arten (Darwin) 453

Wagner, Richard 174
Waldrop, Theresa 12
Wall Street Journal 135
Ward, Wilfried 458
Washington, Booker T. 291, 369
Watergate-Affäre 25
Webber, Terry 24–27
Weil, Simone 5, 486, 503, 510
Weinstein, Donald *488*
Weltkirchenrat 40
Weltkrieg, Erster 269
Weltkrieg, Zweiter 31, 126, 155, 262, 363, 367f., 376, 378, 380

Whatmore, Leonard 338
Whelon, Joseph 11
Winterton, Gregory 461–464, 468
Wiseman, Bischof Nicholas 322
Wojtyla, Karol 145, 171, 179, 194f., 448; siehe auch Johannes Paul II., Papst
Work, The 462
Wunder 65, 84, 202, 237–273, 500ff.
–heilungen 74, 241–50

Xavier University (New Orleans) 283, 290

Young, Mary David 302

Zahn, Gordon 377
Zum Problem der Einfühlung (Stein) 166

GOLDMANN TASCHENBÜCHER

Fordern Sie das kostenlose Gesamtverzeichnis an!

Literatur · Unterhaltung · Bestseller · Lyrik
Frauen heute · Thriller · Biographien
Bücher zu Film und Fernsehen · Kriminalromane
Science-Fiction · Fantasy · Abenteuer · Spiele-Bücher
Lesespaß zum Jubelpreis · Schock · Cartoon · Heiteres
Klassiker mit Erläuterungen · Werkausgaben

****

Sachbücher zu Politik, Gesellschaft,
Zeitgeschichte und Geschichte; zu Wissenschaft,
Natur und Psychologie
Ein Siedler Buch bei Goldmann

****

Esoterik · Magisch reisen

****

Ratgeber zu Psychologie, Lebenshilfe,
Sexualität und Partnerschaft;
zu Ernährung und für die gesunde Küche
Rechtsratgeber für Beruf und Ausbildung

Goldmann Verlag · Neumarkter Str. 18 · 8000 München 80

Bitte senden Sie mir das neue Gesamtverzeichnis.

Name: _____

Straße: _____

PLZ/Ort: _____